# KIT de construcción de sitios Web para Windows 95

*Scott Zimmerman*
*Christopher L.T. Brown*

**TRADUCCIÓN:**
Agustín Cacique Valadez
Licenciado en Comunicación Social
Universidad Autónoma Metropolitana

**REVISIÓN TÉCNICA:**
Sadi I. Marroquín Román
Ingeniero en Sistemas

**PRENTICE-HALL HISPANOAMERICANA, S.A.**

**MÉXICO** - NUEVA YORK - BOGOTÁ - LONDRES - SYDNEY
PARÍS - MUNICH - TORONTO - NUEVA DELHI - TOKIO - SINGAPUR
RÍO DE JANEIRO - ZURICH

*Para Hershey, y su amable tolerancia. SZ.*

*Para Bobbie Sue, mi inspiración. CB.*

**EDICIÓN EN ESPAÑOL**

| | |
|---|---|
| **DIRECTOR GENERAL:** | MOISÉS PÉREZ ZAVALA |
| **GERENTE DIVISIÓN COMPUTACIÓN:** | FRANCISCO J. DELGADO RODRÍGUEZ |
| **GERENTE EDITORIAL:** | MARICELA VILLAGÓMEZ ESTRADA |
| **EDITOR DE DIVISIÓN COMPUTACIÓN:** | MARÍA ELENA GÓMEZ CARBAJAL |
| **DIRECTOR DE EDICIONES:** | ALBERTO SIERRA OCHOA |
| **GERENTE DE EDICIONES:** | JUAN ANTONIO RODRÍGUEZ MORENO |
| **SUPERVISOR DE TRADUCCIÓN:** | ENRIQUE PALOS BÁEZ |
| **SUPERVISOR DE PRODUCCIÓN:** | GUILLERMO HERRERA NAVA |

**EDICIÓN EN INGLÉS**

| | |
|---|---|
| **PRESIDENTE, SAMS PUBLISHING** | RICHARD K. SWADLEY |
| **EDITOR, SAMS.NET PUBLISHING** | GEORGE BOND |
| **GERENTE EDITORIAL** | MARK TABER |
| **EDITORA JEFE** | CINDY MORROW |
| **GERENTE DE COMERCIALIZACIÓN** | JOHN PIERCE |

**KIT DE CONSTRUCCIÓN DE SITIOS WEB PARA WINDOWS 95**

---

Traducido el inglés de la obra: WEB Site Construction Kit for Windows 95

Authorized translation from the English Language edition published by SAMS.NET PUBLISHING


Spanish language edition published by
**Prentice-Hall Hispanoamericana, S.A.**


Edición en español publicada por:
Prentice-Hall Hispanoamericana, S.A.
Derechos Reservados © 1996

Enrique Jacob 20, Col. El Conde
53500 Naucalpan de Juárez, Edo. de México

**ISBN 968-880-794-X**

Miembro de la Cámara Nacional de la Industria Editorial, Reg. Núm 1524
Original English Language Edition Published by SAMS.NET PUBLISHING
Copyright © 1996
All Rights Reserved

**ISBN 1-57521-072-X**

Impreso en México/Printed in Mexico

**Editor de adquisiciones**
*Mark Taber*

**Editora de desarrollo**
*Fran Hatton*

**Especialista de desarrollo de software**
*Merle Newlon*

**Editora de producción**
*Mary Inderstrodt*

**Editores de redacción**
*Keith Davenport*
*Margaret Berson*

**Revisores técnicos**
*Brian Kent-Proffitt*
*John W. Nelson*

**Coordinador editorial**
*Bill Whitmer*

**Coordinadora de edición técnica**
*Lynette Quinn*

**Formador**
*Frank Sinclair*

**Asistente editorial**
*Carol Ackerman*

**Diseñador de portada**
*Jason Grisham*

**Diseñadora del libro**
*Alyssa Yesh*

**Redactor**
*Peter Fuller*

**Supervisor del equipo de producción**
*Brad Chinn*

**Producción**
*Georgiana Briggs, Michael Brumitt, Mike Dietsch, Tom Dinse, Judy Everly, Jason Hand, Sonja Hart, Mike Henry, Ayanna Lacey, Paula Lowell, Casey Price, Bobbi Satterfield, Josette Starks, Andrew Stone, Susan Van Ness, Todd Wente, Colleen Williams*

NOV

LITOGRAFICA INGRAMEX, S.A. DE C.V.
CENTENO No. 162-1
COL. GRANJAS ESMERALDA
MEXICO 09810, D.F.

5000 1996

# Resumen de contenido



Prefacio ........ xx
Introducción ........ xxiii

**Parte I Empecemos con World Wide Web ........ 1**
1 Guía para la tecnología Internet ........ 3
2 Todo lo que usted necesita ........ 21
3 Cómo conectarse a Internet ........ 37

**Parte II Listo para correr ........ 51**
4 Acceso telefónico a redes y TCP/IP para Windows 95 ........ 53
5 Guía del encargado de Web (Webmaster) para Exchange y Eudora ........ 67
6 Guía del Webmaster para Explorer y Navigator ........ 73
7 Guía del Webmaster para FTP y Grupos de Noticias ........ 79
8 Cómo poner en línea su servidor Web para Windows 95 ........ 89

**Parte III HTML, el lenguaje de Web ........ 99**
9 Un recorrido guiado por HTML ........ 101
10 Mapeo de imágenes y Multimedia ........ 123
11 Introducción a los formularios Web y a los scripts CGI ........ 139
12 Extensiones Netscape y HTML 3.0 ........ 155
13 Cómo trabajar con HTML para construir un sitio muestra ........ 165

**Parte IV Expanda su servidor Internet ........ 185**
14 Anuncie su sitio Web al mundo ........ 187
15 Comercio en Web ........ 197
16 Cómo mantener su sitio Web ........ 207
17 Sirviendo correo electrónico en Internet ........ 223
18 Cómo correr un servidor FTP y administración remota de un sitio Web ........ 233
19 Bases de datos y Web ........ 241
20 Robots Internet y más productos para seguridad ........ 255

**Parte V Fortalezca su servidor Internet ........ 267**
21 Programación de un sitio Web con Perl ........ 269
22 Programación CGI de poder con C/C++ ........ 295
23 WinCGI y SQL con Visual Basic ........ 319
24 Programación Web interactiva con Java ........ 333
25 El futuro de Web ........ 355

**Parte VI Apéndices ........ 363**

A Proveedores de servicio Internet ........ 365
B Consideraciones sobre los servidores Web para Windows ........ 375
C El formulario InterNIC ........ 383
D Recursos Internet para el Webmaster de Win95 ........ 395
E RFCs seleccionadas ........ 403
F Consideraciones sobre 36 robots Internet ........ 415
G Enciclopedia de HTML ........ 423
H Interfaz Windows CGI 1.2 ........ 465
I Qué hay en el CD-ROM ........ 477
Bibliografía ........ 485
Glosario ........ 487
Índice ........ 501

# Contenido


**Parte 1 Empecemos con World Wide Web .......... 1**

**1 Guía para la tecnología Internet .......... 3**

¿Qué es TCP/IP? .......... 4
¿Qué es el modelo para redes OSI? .......... 6
¿Qué es un servidor de lista? .......... 8
¿Qué es un grupo de noticias? .......... 9
¿Qué son FTP y FTP anónimo? .......... 10
¿Cómo puedo encontrar cosas en Internet? .......... 11
¿Cuál es la diferencia entre SLIP y PPP? .......... 12
¿Cuál es el adecuado para mí: Switched-56, X.25, Frame Relay, ISDN, T1, T3 o ATM? .......... 12
Switched-56 .......... 13
X.25 .......... 13
Frame Relay .......... 13
ISDN .......... 13
T1 y T3 .......... 13
ATM .......... 14
¿Qué tan rápida es Internet? .......... 14
¿Un servidor Web de Windows 95 está más expuesto a los hackers que uno basado en NT? .......... 15
¿Qué es lo “Hiper” de HTML? .......... 16
¿Cómo puedo aprender más acerca de Internet? .......... 18
¿Qué sigue? .......... 19

**2 Todo lo que usted necesita .......... 21**

Hardware para sitio Web .......... 22
Una plataforma básica .......... 23
¿Qué hay de la tarjeta de video? .......... 24
Una plataforma más rápida .......... 25
Software servidor para correr un servidor Internet completo .......... 27
Microsoft Windows 95 .......... 27
Kit de recursos de Microsoft Windows 95 .......... 27
Microsoft Plus! Complemento para Windows 95 .......... 28
Todo el software servidor para construir un sensacional sitio Web .......... 28
Servidor HTTP FolkWeb versión 1.1 .......... 28
Servidor Web de escritorio Purveyor para Windows 95 .......... 29
Seguro POTP FTP versión 1.5 .......... 29
Serv-u FTP versión 1.1 .......... 29
WinSMTP versión 1.07 Beta 1.8s .......... 29
Kit de herramientas WAIS EMWAC .......... 29

Herramientas HTML para sitios Web ........ 29
WebEdit versión 1.3 ........ 29
Paint Shop Pro versión 3.11 ........ 30
Map This! versión 1.2 ........ 30
Lenguajes de programación para sitios Web ........ 30
Kit para desarrollo de software SunSoft Java ........ 30
Perl NT versión 5.001 ........ 30
Herramientas CGI para sitios Web ........ 30
Blat versión 1.4 ........ 30
CGIKit versión 1.2 ........ 31
Cold Fusion ........ 31
CGI PerForm versión 1.11 ........ 31
Software para cliente Internet incluido con este libro ........ 31
Microsoft Internet Explorer versión 2.0 ........ 31
Eudora Light versión 1.5.2 ........ 31
CuteFTP versión 1.4 Beta final 3 ........ 32
News Xpress versión 1.0 Beta 4 ........ 32
Archie versión 0.8 ........ 32
Software de utilidades esenciales para sitios Web ........ 32
Doctor antivirus ........ 32
Antivirus ThunderBYTE versión 6.50a ........ 33
WinZip versión 6.0 ........ 33
WinWhois versión Beta 1.0 ........ 33
RAS+95 ........ 33
RoboDUN versión 0.61 ........ 33
Windows NetTools versión 1.0 ........ 33
Windows Keep_ISP versión 1.0 ........ 34
WWWusage ........ 34
Software recomendado disponible en Internet ........ 34
Netscape Navigator versión 2.0 ........ 34
Otros recursos para software actual ........ 34
¿Qué sigue? ........ 35

**3 Cómo conectarse a Internet ........ 37**

Tipos de acceso a Internet ........ 38
Servicio de información en línea versus un proveedor de servicio Internet ........ 38
Por qué rentar espacio en Web ........ 39
¿Conexión de acceso telefónico o línea dedicada? ........ 40
Velocidad de conexión y opciones de hardware ........ 41
Otras opciones de conexión ........ 42
Continuemos con ISDN ........ 42

**20 Robots Internet y más productos para seguridad ..... 255**
Robots Internet ..... 256
Por qué excluir a los robots ..... 258
Ejemplos ..... 260
Firewalls y servidores Proxy ..... 260
Otras configuraciones Firewall ..... 262
Virus en software ..... 265
Consejos varios sobre seguridad ..... 265
¿Qué sigue? ..... 266

**Parte V Fortalezca su servidor Internet ..... 267**

**21 Programación de un sitio Web con Perl ..... 269**
Dónde obtener Perl ..... 270
Aprenda Perl ..... 271
Símbolos ..... 271
Componentes del script ..... 271
Variables y caracteres especiales ..... 272
Operadores aritméticos ..... 273
Operadores de asignación ..... 273
Operadores lógicos ..... 274
Operadores de concordancia de patrones ..... 274
Operadores de cadena ..... 274
Operadores relacionales ..... 275
Comandos básicos Perl ..... 275
Flujo de enunciados de control ..... 277
Módulos Perl ..... 278
Ejecute el script ..... 278
Análisis estadístico del sitio Web ..... 278
WWWusage ..... 279
Formatos para archivos de registro ..... 280
Una atenta mirada a WWWusage ..... 281
Configure WWWusage ..... 281
Manejo de formularios CGI con Perl ..... 287
Instalación ..... 287
Utilización ..... 288
Variables reservadas ..... 289
Configure el script ..... 290
Establezca los valores predeterminados ..... 290
Direcciones de correo restringidas ..... 291
Formularios definidos por el usuario ..... 291
Manejo del formulario CGI en Perl ..... 292
¿Qué sigue? ..... 293

**22 Programación CGI de poder con C/C++ ... 295**

Kit CGI 1.2 ... 296
  Instale el Kit CGI ... 296
Un sistema CGI avanzado ... 297
Programación en C con CGI ... 299
CGI PerForm ... 304
  Cómo trabaja CGI PerForm ... 304
  Cómo se instala CGI PerForm ... 305
  Así se utiliza CGI PerForm ... 305
  El archivo de comandos de CGI PerForm ... 307
  Descripción de las claves ... 311
  El archivo de columna de CGI PerForm ... 313
  El archivo plantilla de CGI PerForm ... 314
  Códigos para Formato de tiempo ... 314
  Variables de ambiente para CGI PerForm ... 315
  Variables ... 316
  Lista de apilamiento ... 316
Gateway CGI2Shell ... 316
  Utilización de GCI2Shell ... 317
CGIC ... 317
Biblioteca CGI de EIT ... 317
Almacén para desarrolladores Web ... 317
¿Qué sigue? ... 318

**23 WinCGI y SQL con Visual Basic ... 319**

Programación para base de datos en Web con Visual Basic 4.0 ... 320
  ¿Cómo trabaja? ... 321
  El código HTML ... 322
  El programa C++ ... 323
  El programa Visual Basic ... 327
  Examine la base de datos con Data Manager ... 329
Guía rápida para SQL ... 331
¿Qué sigue? ... 332

**24 Programación Web interactiva con Java ... 333**

¿Por qué utilizar Java? ... 334
¿Necesito ser programador para utilizar Java? ... 335
¿Qué es un applet Java? ... 335
El SDK de Java ... 335
Añada un applet Java a su página sin necesidad de programación ... 336
LED Sign ... 337
  El archivo del script LED ... 338
  Las opciones ... 338
  Las funciones/transiciones ... 338

Utilización ... 339
Color del texto ... 340
Etiquetas de variables ... 341
Conexiones URL ... 341
Misceláneos sobre LED Sign ... 341
Agregue LED Sign a sus páginas Web ... 342
El código fuente de LED ... 342
El ambiente de desarrollo Espresso ... 353
¿Qué sigue? ... 353

**25 El futuro de Web ... 355**

El futuro de Windows 95 ... 356
El futuro de HTML ... 357
Nuevas técnicas en los servidores Web ... 357
Inclusiones del lado del servidor ... 358
Server-Push y Client-Pull ... 358
Java y HotJava ... 358
VRML ... 359
Microsoft Internet Studio ... 359
Nuevas direcciones de Netscape y Microsoft ... 360
Intranet corporativa ... 361
Avances en la tecnología de redes ... 361
Módems de 33.6 Kbps ... 362
Avances en los productos ISDN ... 362
Notas finales ... 362

**Parte VI Apéndices ... 363**

**A Proveedores de servicio Internet ... 365**

**B Consideraciones sobre los servidores Web para Windows ... 375**

SerWeb ... 375
Web4HAM ... 376
WHTTPd ... 376
Beame & Whiteside BW Connect ... 376
ZBServer ... 376
Purveyor ... 376
EMWAC HTTP Server for Windows NT ... 376
WebSite ... 376
Alibaba ... 377
Servidor SAIC-HTTP ... 377
Netscape Communications y Netscape Commerce de Netscape Communications ... 377
NetPublisher Demonstration Server de Ameritech Library Services ... 377
Commerce Builder de Internet Factory ... 377

Servidor WWW FolkWeb de ILAR Concepts ... 378
Servidor Web Folio Infobase de Folio Corporation ... 378
Quarterdeck WebServer 32 ... 378
FrontPage ... 378
WebQest por Questar ... 378
Revisión de los servidores Web para Windows 95 ... 378
Revisión de los servidores Web para Windows NT ... 381

**C El formulario InterNIC ... 383**

Número de versión de dominio: 2.0 ... 383
INSTRUCCIONES GENERALES ... 387
REGISTRO DE UN NUEVO NOMBRE DE DOMINIO ... 388
MODIFICACIÓN DE UN REGISTRO PARA NOMBRE DE DOMINIO 391
ELIMINACIÓN DE UN REGISTRO PARA NOMBRE DE DOMINIO ... 393

**D Recursos Internet para el Webmaster de Win95 ... 395**

Desarrollo de World Wide Web ... 396
Sitios para bajar archivos de Windows 95/NT ... 396
Grupos y asociaciones de usuarios de Windows NT ... 397
Sitios Web informativos para plataformas Win32 ... 398
Software para servidor Internet ... 399
Newsletters y FAQs de Windows 95/NT ... 399
Grupos de noticias de interés ... 400
Servidores de listas ... 400
Acerca de ISDN y Windows ... 401
Recursos comerciales ... 401

**E RFCs seleccionadas ... 403**

Dónde y cómo obtener nuevas RFCs ... 403
Depósitos primarios ... 404
Depósitos secundarios ... 407
Acervo UUNET ... 409
ÍNDICE DE RFC ... 409

**F Consideraciones sobre 36 robots Internet ... 415**

JumpStation ... 415
RBASE Spider ... 415
The WebCrawler ... 416
The NorthStar Robot ... 416
W4 (el vagabundo de World Wide Web) ... 416
*html_analizer-0.02* ... 416
MOMspider ... 416
HTMLgobble ... 416
WWWW-el Gusano (Worm) de World Wide Web ... 417
W3M2 ... 417
Websnarf ... 417

The Webfoot Robot ... 417
Lycos ... 417
ASpider (Araña asociativa) ... 417
SG-Scout ... 418
EIT Link Verifier Robot ... 418
NHSE Web Forager ... 418
WebLinker ... 418
Emacs-w3 Search Engine ... 418
Arachnophilia ... 418
Mac WWWWorm ... 419
Churl ... 419
Tarspider ... 419
The Peregrinator ... 419
Checkbot ... 419
Webwalk ... 419
Harvest ... 420
Katipo ... 420
InfoSeek Robot 1.0 ... 420
GetURL ... 420
Open Text Corporation Robot ... 420
The TkWWW Robot ... 420
A Tcl W3 Robot ... 421
Titan ... 421
CS-HKUST WWW Index Server ... 421
WizRobot ... 421

**G Enciclopedia de HTML ... 423**

**H Interfaz Windows CGI 1.2 ... 465**

Introducción ... 466
Lanzamiento del programa CGI ... 466
Línea de comandos ... 466
WinCGI-exe ... 466
Método de lanzamiento ... 467
El archivo de datos CGI ... 467
La sección [CGI] ... 467
Request Protocol ... 468
Request Method ... 468
Executable Path ... 468
Logical Path ... 468
Physical Path ... 468
Query String ... 468
Referer ... 468
From ... 468

Content Typ ... 468
Content Length ... 469
Content File ... 469
Server Software ... 469
Server Name ... 469
Server Port ... 469
Server Admin ... 469
CGI Version ... 469
Remot Host ... 469
Remot Address ... 469
Authentication Method ... 470
Authentication Realm ... 470
Authenticated Username ... 470
La sección [Accept] ... 470
La sección [System] ... 470
GMT Offset ... 470
Debug Mode ... 470
Output File ... 471
Content File ... 471
La sección [Extra Headers] ... 471
La sección [Form Literal] ... 471
La sección [Form External] ... 471
La sección [Form Huge] ... 472
Ejemplo de decodificación de formulario ... 472
Procesamiento de resultados ... 472
Líneas especiales de encabezado ... 473
Otros encabezados ... 473
Regreso directo ... 473
Ejemplos ... 474
Ejemplo de código de referencia ... 474
Enumerando claves y valores CGI ... 475

**I Qué hay en el CD-ROM ... 477**

Instalación del servidor FolkWeb ... 478
Soporte técnico ... 478
Instalación de otro software del disco ... 478
\cgi\cgi–samp ... 479
\cgi\cgi2shel ... 479
\cgi\cgikit ... 479
\cgi\coldfusi ... 479
\cgi\counter ... 479
\cgi\perform ... 479
\cgi\perform\calendar ... 479
\cgi\perform\catalogue ... 480

\cgi\perform\cool link ........ 480
\cgi\perform\docs ........ 480
\cgi\perform\feedback ........ 480
\cgi\perform\gstbook ........ 480
\cgi\perform\random_i ........ 480
\cgi\perform\srv_push ........ 480
\cgi\perform\topc_lst ........ 480
\cgi\vb ........ 480
\client ........ 480
\frames ........ 481
\ftpd ........ 481
\httpd ........ 481
\imagemap ........ 481
\java ........ 481
\misc ........ 481
\perl ........ 481
\site ........ 481
smtpd ........ 482
\supp ........ 482
\tools ........ 482
\tools\keep_isp ........ 482
\virus ........ 482
\winzip95 ........ 482
Qué podemos decirle de Shareware ........ 482
**Bibliografía ........ 485**
**Glosario ........ 487**
**Índice ........ 501**

# Prefacio

World Wide Web es una herramienta muy poderosa de comunicación y, actualmente, esencial para los negocios. A menos que usted haya estado escondido en una cueva el año pasado, ya debe saber que Web ha llegado a ser la opción más viable para quienes necesitan viajar por la supercarretera de la información. Esta popularidad proviene de la facilidad con que se puede obtener información (la mercancía de la era de la información) en Web. Cuantas más personas utilicen las computadoras personales en sus casas y trabajos, Web se podría convertir en algo tan común como el teléfono o la televisión. En realidad, durante 1994 se vendieron más computadoras personales que televisores en Estados Unidos y, cuando usted corra su propio sitio Web, esas computadoras podrían estar en manos de sus clientes.

Si usted ha tenido oportunidad de utilizar Web (también llamada WWW o W3), quizás se asombre de cómo se ha colocado en primer lugar. La respuesta es que cualquier persona puede ayudar a su construcción. A diario se retiran partes viejas —y se incluyen otras nuevas— y quienquiera que tenga una computadora y un mensaje que enviar puede iniciar un sitio Web.

Configurar un sitio Web puede ser benéfico, tanto para negocios, educación o investigación, como por gusto. *Kit de construcción de sitios Web para Windows 95* le mostrará cómo hacerlo. En sus manos está determinar su mensaje para el resto del mundo.

Este libro ha sido diseñado para SOHO (oficina pequeña, oficina en casa), sintetizando los conocimientos de Web hacia los detalles esenciales que una persona de negocios, presionada por el tiempo, necesita saber. Nuestro objetivo es hacer que funcione como los planos para un constructor, guiándole por todo el proceso de la configuración y administración de un sitio Web con Windows 95 (y el CD, que contiene el equipo *completo* de software que usted necesita). Muchas partes del libro son opcionales. Si aprender sobre Internet pudiera parecer abrumador, no se preocupe, siempre puede volver a los capítulos iniciales una y otra vez.

El *Kit de construcción de sitios Web para Windows 95* va mucho más allá de lo básico para usar Internet, y se adentra en el terreno de lo que significa ¡ser en realidad parte de Internet! Hasta ahora, configurar un sitio Web ha requerido vastos conocimientos en varios protocolos Internet y amplia experiencia. Aun ahora muchas personas dan por hecho que se necesita ser administrador de un sistema UNIX para correr un servidor Internet. Esto no sólo es incorrecto, sino que además creemos que prácticamente ningún otro libro le mostrará lo fácil y poco costoso que es en realidad. (Con la humilde excepción de nuestro primer libro *Web Site Construction Kit for Windows NT.*)

World Wide Web cambia extremadamente rápido. Hemos hecho todos los esfuerzos para verificar que la información de este libro sea adecuada al momento de su impresión. También nos hemos esforzado por incluir en este volumen la información más útil que usted pueda necesitar. Esperamos que nuestra referencia cruzada hacia otras secciones del libro y hacia la propia Internet, sea una valiosa ayuda para incrementar sus conocimientos. Desafortunadamente, algunos libros acerca de Web ofrecen mucho más relleno que detalles. Por favor, no compre otro libro sobre Web hasta haberlo comparado con el nuestro.

Le deseamos que tenga buena suerte en su esfuerzo. Tal vez estemos entre las muchas personas que visitarán su página Web algún día, pronto.

Scott Zimmerman, Christopher L. T. Brown
San Diego, diciembre, 1995

# Reconocimientos

Como cualquier otro libro técnico, éste no habría podido ser terminado sin la ayuda de muchas otras personas. Externamos nuestro sincero aprecio a Brandon Plewe por habernos proporcionado la mayoría del material HTML del capítulo 5. Asimismo a Geary Bulrice por su constante inquietud del cómo y porqué. Igualmente importante fue Drake Rowe, por su valentía para editar el primer borrador. Gracias a Bob Denny por permitirnos reimprimir la especificación WinCGI. Apreciamos en gran medida el permiso de Martijn Koster para incluir parte de su material de investigación sobre robots Internet y por donar su tiempo para la revisión del capítulo 15. Hershey Quintana contribuyó a la investigación y la edición gráfica.

Chris Wensel nos permitió amablemente incluir el software CGI Perform y la documentación. Richard Graessler fue especialmente útil con la ingeniería de software requerida para correr servidores múltiples EMWAC. No menor agradecimiento va para J.J. Allaire por proporcionar el software y documentación para Cold Fusion.

También debemos nuestra gratitud a los miembros de los siguientes servidores de listas, ya que sin sus consejos nuestro conocimiento sobre NT y Web no sería lo que es hoy: `IWNTUG@IWNTUG.ORG`, `webserver-nt@DELTA.PROCESS.COM`, `http_winnt@Emerald.NET`, y a todos con quienes platicamos sobre Internet. Aplausos a Stirling Goetz por dirigir un divertido e informativo Grupo de Usuarios de NT en San Diego.

Gracias en forma especial a los autores de los excelentes paquetes de software que incluimos. Esperamos que nuestros gentiles lectores aprecien el duro trabajo que implica la creación de todo el software que se necesita para hacer funcionar un sitio Web.

**Nota:** ¿Qué significa *surfear con un visualizador Web*? Ésta es una extraña mutación del inglés (puesto que los términos empleados provienen de este idioma, como surfear, del verbo en inglés *to surf*) que permite a los expertos en computadoras verse a sí mismos como atletas de playa. En realidad, aunque surfear en la Red no es tan demandante atléticamente como surfear en la playa, la analogía tiene alguna base. Cuando utiliza un programa para cliente, o visualizador, usted comienza su aventura visual en un lugar llamado *página principal* de su servidor Internet favorito. Desde aquí, usted puede recorrer la supercarretera de la información entre éste y otros servidores, visualizando el contenido de cada destino mientras usted avanza. Cuando usted lo crea conveniente, se puede adentrar en una palabra clave que se vea prometedora y, con el clic de un botón, ser lanzado hacia otro servidor que puede residir al otro lado del planeta.

# ¿Necesito conocer de programación o protocolos?

HTML (Lenguaje de Marcado de Hipertexto) y HTTP (Protocolo de Transferencia de Hipertexto) son los lenguajes de Web, en cierto sentido. A pesar de su nombre, a HTML no se le considera en realidad un lenguaje de programación. En breve, usted verá lo fácil que es. Seguiremos explorando HTML a lo largo del libro, y cuando termine de leerlo usted estará muy familiarizado con éste. Pero no tema, no se necesita saber un lenguaje de programación antes de comenzar.

En Web, las conversaciones entre cliente/servidor se llevan a cabo utilizando HTTP y no necesita conocer a fondo los detalles de bajo nivel de HTTP para correr un sitio Web.

Además de la cantidad de código HTML, se exponen varios programas escritos en Visual Basic, C, Perl y Java. Todos los programas están listos para correr, de manera que usted no necesita saber programación. Sin embargo, también incluimos el código fuente para que quienes están familiarizados con estos lenguajes puedan estudiar los programas para mayor información o hacer ampliaciones.

Este libro no cubre la forma en que trabaja Internet o los protocolos de Internet de una manera significativa. Internet es un tema muy extenso —en cierta medida demasiado extenso para ser cubierto totalmente en un libro—. Usted encontrará que la investigación adicional dentro de los protocolos y técnicas de seguridad le serán, a la larga, de ayuda y que en el Apéndice D y en la Bibliografía encontrará algunas referencias que también le serán de utilidad.

# ¿Qué es exactamente un sitio Web?

Buena pregunta. La respuesta práctica es: una computadora, un sistema operativo, un programa servidor Web, un contenido que otras personas quieren ver y, generalmente, una conexión a Internet. Quizás el hecho de que esto suene tan difuso es porque cada semana aparecen muchos y diferentes tipos de sitios Web. El límite de lo que usted puede hacer con un sitio Web es su imaginación.

**Nota:** World Wide Web está creciendo a una velocidad fenomenal de 50 a 100 sitios por semana.

Un sitio Web brinda al mundo, con una gráfica, la información que usted tiene que ofrecer. Varias compañías utilizan Web para dar servicio al cliente las 24 horas. Otras, por medio de Web, proveen distribución electrónica de software, dan aviso sobre oportunidades de empleo, o venden bienes y servicios. Hay lugares que corren sitios Web para recolectar información de computadoras remotas, como proyectos de investigación en gran escala o fuerzas internacionales de ventas. Algunas compañías utilizan Web internamente para publicar su manual de empleados o brindar un buzón electrónico de sugerencias. Incluso la Casa Blanca corre un sitio Web.

El nombre de World Wide Web es muy adecuado. De manera semejante a una telaraña (la palabra *web* en inglés significa telaraña), usted puede pensar en Internet como los filamentos de una telaraña y en los servidores como las intersecciones de esos filamentos. World Wide Web cubre, literalmente, todo el globo terráqueo. Para cuando usted lea esto, habrá aproximadamente 20,000 servidores (intersecciones) en Web. Cada servidor en Web se considera un sitio Web.

Un hecho poco conocido sobre Web es que no solamente trabaja en la Internet global, sino también es una gran idea para una red interna (*intranet*). En otras palabras, los formularios y las bases de datos de Web son una excelente forma para que las compañías comuniquen y transporten información a través de una LAN o WAN. Al respecto, las páginas Web pueden reemplazar o ser un complemento de productos de bases de datos de multiusuarios como Lotus Notes. Posteriormente tendremos mucho más que decir acerca de estas excitantes posibilidades.

# ¿Por qué Windows 95?

Hay muchas razones para utilizar Windows 95 como sistema operativo para su sitio Web. Lo primero que se me ocurre es que usted probablemente ya tiene Windows 95. Aproximadamente 20 millones de personas adquirieron Windows 95 durante 1995; ¡y estuvo a la venta sólo cuatro meses! Se estima que de 20 a 50 millones de usuarios de Windows 3.1 esperan conocerlo un poco más antes de decidir actualizarse con Windows 95.

Aquí hay otras razones para utilizar Windows 95 para un servidor Internet en comercios pequeños o para un servidor personal:

- Es barato, fácil de utilizar y no requiere una capacitación avanzada en la administración del sistema.
- Corre en cualquier máquina PC compatible. Al adquirir una computadora para Win95, usted tiene varias opciones excelentes, dependiendo de cuánto pueda y quiera pagar.
- Tiene software TCP/IP y acceso telefónico a redes integrado, lo que es perfecto para acceso a Internet.

- Corre software 32 bits y soporta multilectura anticipada, de modo que da un rendimiento estable a cargas pesadas de usuarios.
- Hay cientos de programas comerciales disponibles en Internet cliente y servidor freeware y shareware para Windows 95, casi en cualquier categoría.

**Nota:** Para mayor información acerca de Windows 95 e Internet, vea la página Web de Microsoft en `http://www.microsoft.com/`.

# Análisis costo-beneficio

Hoy en día, las empresas difícilmente se pueden permitir no tener una presencia en Internet. Una razón es el costo de los anuncios tradicionales, ya sea la Sección Amarilla, periódicos, revistas, televisión o el correo. Ciertamente no queremos adivinar qué vehículo de mercadeo es el mejor para su negocio, pero este libro le mostrará cómo puede entrar en la Red por mucho menos que cualquiera de las otras opciones.

Otra razón digna de tomarse en cuenta para estar en Web es que vivimos en una economía global muy competitiva y que ningún negocio puede darse el lujo de ignorar una oportunidad de alcanzar un nuevo mercado. Con un sitio Web, usted puede llegar a las personas más pronto que con cualquier otro medio. Hay gente en todo el mundo, en diversos campos profesionales, que utilizan diariamente Internet para adquirir productos. Además, se pueden cambiar rápidamente los documentos en línea con un efecto instantáneo, eliminando el gasto y los problemas potenciales de imprimir información obsoleta. Y si su negocio da soporte telefónico a clientes, un sitio Web le puede ahorrar tiempo y dinero y dar una mayor satisfacción al cliente.

Puesto que la cantidad de proveedores de servicio Internet (ISPs) va en aumento, el costo mensual de la conexión disminuye. Una compañía pequeña puede afrontar cómodamente el gasto de una conexión por módem de tiempo completo a Internet; algunos proveedores ofrecen tarifas hasta de $90 USD por mes, que incluye los servicios de nombre de dominio. Ya que la ISDN (Red Digital de Servicios Integrados) se sigue expandiendo, se ha convertido en un método popular y provechoso de obtener acceso de alta velocidad a Internet. En el capítulo 3, "Cómo conectarse a Internet", usted encontrará estos términos, y todo lo que necesita saber para elegir un proveedor de servicio Internet.

# Análisis del riesgo

Entre tanta publicidad sobre Internet, usted probablemente ha escuchado historias acerca de los hackers (intrusos informáticos) y los virus. El término *hacker* se refiere a alguien que trata de irrumpir en los sistemas de su computadora para jugar, robar información o sabotear los recursos de la red. Es cierto que hay riesgos asociados a la apertura de su red hacia Internet. Pero ninguno de ellos es inmanejable, y el riesgo de mantener un equipo de negocios encerrado dentro de su propio mundo es de suyo mucho más grave. Sorprendentemente, a menudo sale a colación el tema de los riesgos de seguridad en Internet, sin mencionar los riesgos de robo físico de la computadora. No necesitamos hacer hincapié en que basta un agujero para hundir un barco.

En las páginas de este libro se exponen varias medidas de seguridad que usted puede desplegar utilizando el software que hemos incluido en el CD-ROM, incluyendo el software antivirus. Sin embargo, la cobertura a fondo de la seguridad en Internet está más allá de las posibilidades de este libro. Le invitamos a ver la Bibliografía para mayores referencias.

Y ahora, empecemos.

# Parte I

# Empecemos con World Wide Web

Esta parte del libro está diseñada para ayudarle a cimentar rápidamente su sitio Web, a cuyo término se habrá completado la parte teórica y puesto en marcha el proyecto de la construcción de su sitio Web.

- **Capítulo 1**, "Guía para la tecnología Internet", define la terminología esencial y establece las bases. Presenta algunos de los programas populares de Internet, y cómo buscar en Internet.
- **Capítulo 2**, "Todo lo que usted necesita", describe todo el software incluido en el CD-ROM y brinda las pautas para los requerimientos de hardware del servidor Web.
- **Capítulo 3**, "Cómo conectarse a Internet", le ayuda a descifrar más palabras raras, y a aprender a hacer las preguntas correctas cuando seleccione su Proveedor de Servicio Internet. Este capítulo también expone la tecnología para módem e ISDN.

# Capítulo 1

# Guía para la tecnología Internet

- ¿Qué es TCP/IP?
- ¿Qué es el modelo para redes OSI?
- ¿Qué es un servidor de lista?
- ¿Qué es un grupo de noticias?
- ¿Qué son FTP y FTP anónimo?
- ¿Cómo puedo encontrar cosas en Internet?
- ¿Cuál es la diferencia entre SLIP y PPP?
- Switched-56, X.25, Frame Relay, ISDN, T1, T3 o ATM
- ¿Qué tan rápida es Internet?
- Seguridad para servidor Web de Windows 95
- ¿Qué es lo "Hiper" de HTML?
- ¿Cómo puedo aprender más acerca de Internet?

Para quien el argot de Internet es novedoso, este capítulo establece las bases para el resto del libro. Presentamos varios términos que usted escuchará a menudo conforme vaya seleccionando un Proveedor de Servicio Internet (ISP) y construyendo un sitio Web. Si encuentra cualquier término técnico que no hayamos definido aquí, puede referirse al glosario del libro.

Prácticamente en cualquier lugar de Internet que vea, hay documentos llamados FAQ (Preguntas que se hacen con frecuencia). El propósito de estos archivos de texto es responder a las preguntas comunes para los recién llegados. Las FAQ evitan que quienes tengan experiencia respondan preguntas repetidas y narren sus experiencias una y otra vez. Sin importar su nivel de experiencia, las FAQ son siempre un buen lugar para empezar cada vez que usted intente algo nuevo en Internet.

Otra ventaja del formato de las FAQ es que usted puede hacer un rastreo rápido de las preguntas para ver cuáles de éstas le interesan, sin tener que leer necesariamente todo el documento. Por esta razón, y debido a que tenemos varios temas misceláneos que discutir en este capítulo, hemos tomado prestado el concepto FAQ para la organización de nuestro material. Las preguntas que seleccionamos para este capítulo son las que nos intrigaron cuando empezamos a utilizar Internet, y las que se nos suelen hacer cuando ayudamos a otros a entrar en la Red.

Al contestar estas preguntas, hemos tratado de entrar un poco más en detalle que los típicos archivos FAQ en Internet, pero de ningún modo cubrimos cada tema por entero. Se han escrito libros completos sobre la mayoría de estas materias y nuestro propósito ha sido proporcionar sólo las bases, pues sabemos que el proyecto de su sitio Web está impaciente por alzar el vuelo.

Si usted no puede esperar para empezar o si ya tiene alguna experiencia con Internet, se puede saltar este capítulo. Siempre podrá regresar a él más tarde.

# ¿Qué es TCP/IP?

Si Internet fuera un ser vivo, TCP/IP sería su flujo sanguíneo. Éstas ahora famosas siglas significan "Protocolo de control de transmisión/Protocolo Internet". TCP/IP proporciona un método para que cualquier computadora en Internet envíe paquetes electrónicos de información confiable y eficiente hacia cualquier otra computadora en Internet. Estamos hablando de millones de computadoras, con diferentes CPUs y sistemas operativos, que son capaces de identificarse entre sí —aun cuando no estén conectadas directamente—. (De hecho, algunas computadoras Internet ni siquiera están conectadas mediante cables, pero esto es otra historia.) Todos los paquetes deben ser capaces de cruzar las fronteras entre compañías y países, y aun así encontrar su destino.

La única manera de realizar todo esto es que cada computadora tenga una dirección. Una dirección en Internet se llama *dirección IP de 32 bits*. La frase *de 32 bits* significa que se utilizan 4 bytes para mantener la información, e *IP* se refiere al protocolo Internet, como en TCP/IP. En general las direcciones aparecen en forma decimal punteada, como ésta: `123.64.12.88`. Cada número decimal va de 0 a 255.

La mayoría de los humanos tiene mejores cosas para hacer que decodificar números como éstos y determinar a quién o a qué pertenece una dirección. Por lo tanto, los ingenieros e investigadores que crearon Internet idearon varios esquemas ingeniosos que nos permiten referirnos a las computadoras por nombre en vez de por dirección IP. De esta manera, podemos dejar que las máquinas hagan el trabajo de traducir los números, y nosotros referirnos a los recursos de la computadora en una forma más significativa, como `www.ibm.com` y `president@white-house.gov`.

El primer ejemplo (`www.ibm.com`) es conocido como *nombre de dominio completamente calificado*, o FQDN. Ahora usted probablemente ya sabe que el segundo ejemplo se llama *dirección de correo electrónico*. Incluso si no entiende toda la sintaxis, probablemente pueda adivinar a qué se refieren estas direcciones. `www.ibm.com` es la página principal de IBM en Web, y la segunda (`president@white-house.gov`) es su vínculo directo de alta velocidad con la Casa Blanca (útil si tiene en mente algo de vital importancia relacionado con la nación estadounidense).

Ambas direcciones de ejemplo incluyen un nombre de dominio. El *nombre de dominio* es la última parte a la derecha, como `com` o `gov`. Internet está dividida en varios dominios o jerarquías. Ésta es parte de la solución al problema de cómo enviar paquetes electrónicos en forma precisa entre los millones de computadoras que están en Internet. Véalo de esta manera: Un nombre de dominio es similar al nombre de un estado o país en el sobre de una pieza de correo regular. De hecho, algunos nombres de dominio son *exactamente* eso. Aquí hay sólo algunos de los nombres de dominio comunes con los que se encontrará:

- `com`—Negocios comerciales.
- `net`—Relacionado con la Red.
- `gov`—Agencias gubernamentales, dependencias y departamentos.
- `org`—Organizaciones, generalmente no lucrativas.
- `mil`—Instalaciones militares de investigación.
- `edu`—Universidades e instituciones educativas.
- `jp`—Japón.
- `de`—Alemania.
- `ca`—Canadá.
- `uk`—Reino Unido.
- `au`—Australia.

La figura 1.1 ilustra la jerarquía de los nombres de dominio.

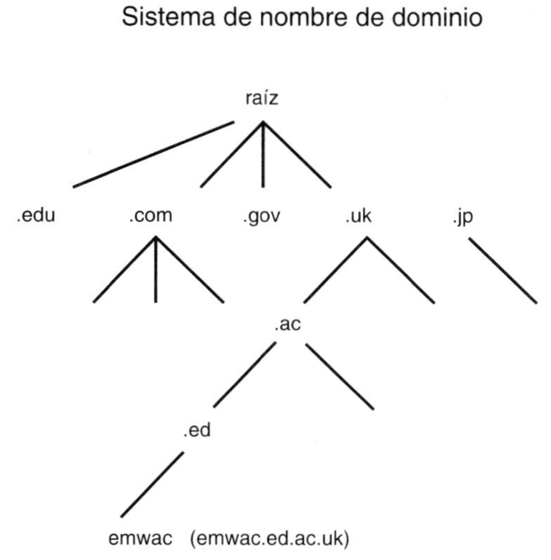


**Figura 1.1.**
*Sistema de nombre de dominio.*

Cuando enviamos un paquete electrónico de datos, quizás a un punto al otro lado del mundo, las computadoras conectadas en Internet se turnan para pasarse el mensaje entre ellas hasta que llega a su destino. En realidad, no todas las computadoras entre el punto de origen y el de destino toman parte; únicamente las gateways. *Gateway* (también llamado *enrutador* o *equipo de puerta de enlace*) es un tipo especial de computadora cuya función es mirar hacia un paquete IP y determinar si guarda el paquete para una computadora de la red local o lo transfiere a la próxima red en la cadena y deja que ésta lo descifre. Este paso de una a otra computadora se llama *dar un salto.*

¿Qué pasa si alguien apaga alguno de los gateways que hay entre el punto A y el punto B después que nuestro mensaje ha comenzado su recorrido? ¿Y si un aumento de voltaje altera un bit, lo que hace que la dirección se torne errónea en algún lugar de la línea? ¿O qué sucede si nuestra información es tan grande que haya de ser dividida y enviada en varios paquetes? ¿Cómo sabrá el receptor cuando ya ha llegado todo? Éstas son tan sólo algunas de las razones por las que se usa TCP junto con IP. El IP carga los paquetes y TCP es el contador que se asegura de la entrega. Si un paquete se pierde o altera a lo largo del camino, TCP lo notará y se enviará de nuevo.

# ¿Qué es el modelo para redes OSI?

TCP/IP transporta los paquetes ajustándose a un modelo de cómo se supone que trabajan las redes. La ISO (Organización Internacional de Estándares) une el modelo de referencia OSI (Interconexión de sistemas abiertos) de modo que haya una interfaz de los productos de la red. (Quizás otra razón de haberlo hecho así fuera para formar un palíndromo con las siglas.)

El modelo consta de siete capas, pero no todas se utilizan en todos los casos. A pesar de ello, puesto que es sólo un modelo, brinda una base teórica invaluable para todas las exposiciones sobre redes.

La tabla 1.1 presenta una breve descripción de cada una de las siete capas del modelo OSI. Nótese que la capa 1 está contenida en hardware y de la 2 a la 7 están implementadas en software. La lista parece estar en orden inverso. Los ingenieros de redes, por lo general, observan el flujo de datos al originarse en la capa de aplicación y moverse hacia abajo a través de las capas que se dirigen hacia el hardware. El proceso entonces se invierte cuando el paquete llega a su destino.

Tabla 1.1. Las siete capas del modelo OSI.

| *Capa* | *Implementada en* | *Descripción* |
|---|---|---|
| Capa 7 | Aplicación | Los usuarios del programa interactúan con ésta para iniciar la transferencia de la información en la red |
| Capa 6 | Presentación | Encripta o desencripta la información, empaca o desempaca la información, y convierte la información entre formatos |
| Capa 5 | Sesión | Determina cuándo inicia y cuándo termina la transmisión de información |

| *Capa* | *Implementada en* | *Descripción* |
|---|---|---|
| Capa 4 | Transporte | Tiene que ver con la calidad de la información en el circuito; incluye protocolos para revisión de errores |
| Capa 3 | Red | Establece la ruta de la red desde el remitente hasta el receptor |
| Capa 2 | Vínculo de la información | Asegura la construcción de varios bits dentro de un cuadro de información |
| Capa 1 | Física | Incluye las especificaciones para las señales eléctricas y la transmisión de bits |

Afortunadamente, hay una analogía sencilla que permite explicar todo esto. Imagínese que quiere enviar una carta por correo normal, no por correo electrónico. En este caso, la hoja de papel es la aplicación. El sobre juega el papel de la capa 6, el buzón es la sesión (capa 5) y el cartero es el transporte (capa 4). El costal del correo hace las veces de la capa 3, la red. El camión del correo es el vínculo de la información (capa 2), y el camino funciona como el medio físico (capa 1). La figura 1.2 ilustra esta analogía. Si estos conceptos aún le parecen confusos, no se preocupe. Por lo general se requiere mucha experiencia trabajando con diferentes productos de red, antes de que nos quede claro el concepto de las capas.

**Figura 1.2.**
*El modelo de referencia OSI.*

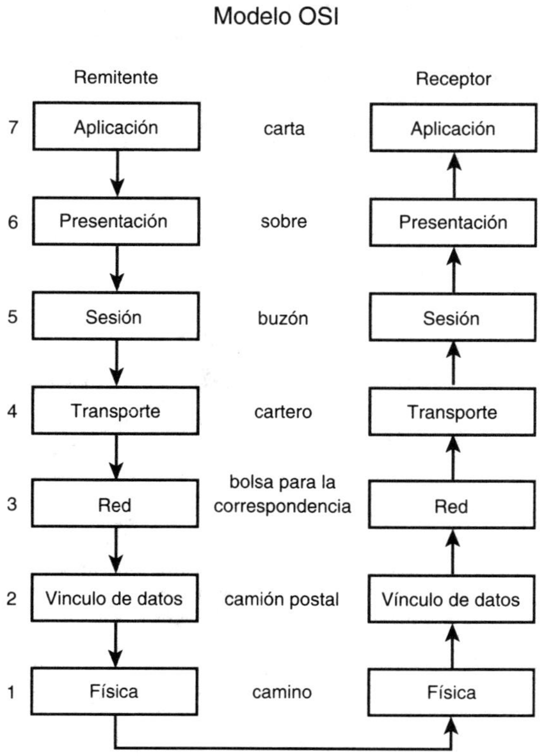

El trabajo que cada capa realiza del lado del envío lo hace en forma inversa por la capa correspondiente por el lado de la entrega. Por ejemplo, si la capa de presentación del lado del envío realiza una encriptación, la capa correspondiente del lado de la entrega hará una desencriptación.

Cuando usted escuche que los distribuidores de software TCP/IP hablen de *pila de protocolos* es por la forma en la que estas capas están apiladas una sobre otra. En cada nivel hay varias alternativas o protocolos complementarios de dónde escoger. En muchos casos, los protocolos de un nivel se pueden intercambiar con los protocolos del siguiente nivel.

La estructura de siete capas no siempre se observa en forma estricta. De hecho, TCP/IP es un ejemplo muy importante de la divergencia del estándar. Muchos expertos consideran que estas cinco capas son un reflejo muy cercano de cómo trabaja TCP/IP:

| | |
|---|---|
| Capa 5 | La capa de aplicación, como en OSI (por ejemplo, FTP). Si se requieren una encriptación o compresión, ésta se hace en la capa de aplicación, en lugar de en la capa de presentación ausente. |
| Capa 4 | La capa de transporte; TCP construye o lee un paquete. |
| Capa 3 | La capa Internet; IP construye o lee un paquete. |
| Capa 2 | La capa de la Red, similar al modelo OSI. |
| Capa 1 | La capa física, igual que OSI. |

# ¿Qué es un servidor de lista?

Los servidores de lista (también llamados *listservs* y *servidores de listas de correspondencia*) soportan a un grupo de personas (llamados *suscriptores*) que quieren compartir correo electrónico entre sí sobre un tema dado. Por ejemplo, el Grupo de Usuarios de Windows NT en San Diego dirige un listserv ideado para enviar notas de interés a los usuarios de NT. Básicamente, cuando usted envía correo electrónico al servidor de lista, éste lo enviará a todos los otros suscriptores del servidor de lista. Vea la figura 1.3.

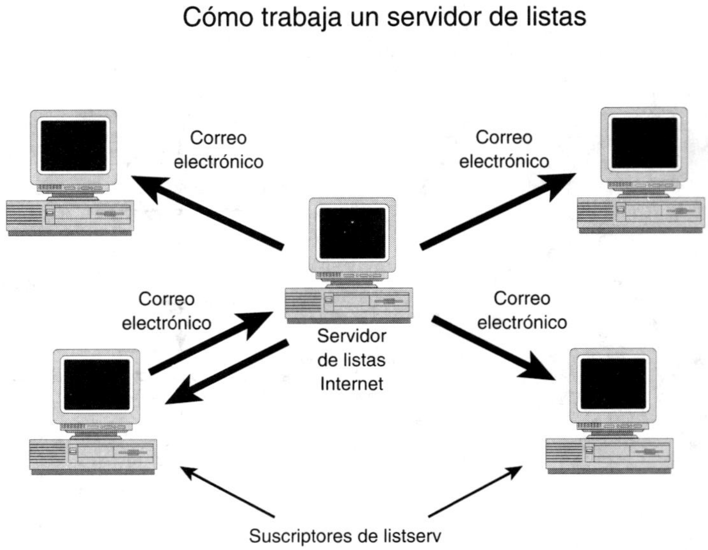


**Figura 1.3.**
*Cómo trabaja un servidor de listas.*

**Atención:** Es importante entender que un listserv tiene dos direcciones de correo electrónico. La primera dirección se utiliza para iniciar o cancelar suscripciones. La segunda dirección se utiliza para enviar mensajes a todos los suscriptores. Asegúrese de revisar en detalle cómo suscribirse a un listserv antes de que accidentalmente envíe su mensaje a la dirección equivocada. Enviar un correo electrónico en forma inadecuada a un grupo en Internet, incluso accidentalmente, puede dar como resultado que su propio buzón se llene de protestas de enojo. A esto se le llama *quemarse.* Si le llega a pasar alguna vez, lo mejor es dejar que el asunto se extinga en lugar de replicar. En el Apéndice C se mencionan algunos servidores de listas útiles para Windows 95 y Encargados de Web (Webmaster).

# ¿Qué es un grupo de noticias?

Los grupos de noticias son transportados por una parte de Internet que se llama Usenet. Al igual que un servidor de listas, cada grupo de noticias está dedicado a un tema en particular. Según el último conteo, había más de 16,000 grupos de noticias en Internet. Los temas abarcan prácticamente todo, desde discusiones sobre computadoras, política, deportes, hasta los temas más extraños. La mayoría de los grupos de noticias caen dentro de uno de los siguientes niveles principales de clasificaciones:

- `alt`—Temas alternos, algunos de los cuales le pueden parecer increíbles (por ejemplo, `alt.1d`, `alt.misantrophy`, y `alt.geek`).
- `biz`—Aspectos de negocios.
- `comp`—Tecnología, software y protocolos sobre computadoras.
- `misc`—Temas misceláneos como misc.transport.trucking y misc.books.technical.
- `news`—Noticias y eventos actuales.
- `rec`—Recreación.
- `sci`—Ciencia.
- `soc`—Sociedad.
- `talk`—Otros temas misceláneos, como `talk.environment`.

Las clasificaciones le indican qué tipo de grupos de noticias podría encontrar en determinada área. Los nombres de los grupos de noticias están organizados en jerarquía (los científicos de las computadoras sólo quieren tres estructuras) de manera que la naturaleza de los temas cubiertos sea hasta cierto punto más clara conforme usted sigue el nombre de izquierda a derecha. Por ejemplo, hay cientos de grupos de noticias `comp` que discuten sobre computadoras. Por debajo de `comp` hay varios grupos de noticias que discuten sobre protocolos. Uno de ellos se llama `comp.protocols.tcp-ip`, que como se puede imaginar, transporta conversaciones (también llamadas *artículos*) acerca de TCP/IP.

**Tip:** La primera vez que usted se exponga a un grupo de noticias, probablemente estará temeroso. Hay dos razones para ello, y puede experimentar ambas en el mismo día. Usted se dará cuenta del increíble potencial de los grupos de noticias como un recurso comercial y como herramienta de investigación; incluso le impactará el contenido profano y pornográfico de algunos de los grupos de noticias `alt`. Tenga presente que Internet lo utiliza todo tipo de personas.

En el capítulo 7, "Guía del Webmaster para FTP y Grupo de noticias" hablaremos más sobre cómo puede aprovechar el potencial de los grupos de noticias de negocios y técnicas.

# ¿Qué son FTP y FTP anónimo?

La comunidad UNIX inventó el Protocolo de Transferencia de Archivos (FTP) para realizar transferencias bidireccionales de archivos entre computadoras. Al igual que la mayoría del software Internet, FTP opera al estilo cliente/servidor. Hasta hace un par de años, bastaba saber un poco de UNIX y correr un programa cliente FTP; actualmente hay excelentes versiones GUI —como el shareware para cliente FTP Windows incluido con este libro— que lo hacen tan fácil como arrastrar y soltar un elemento en la pantalla. Windows NT también incluye una línea de comando para cliente FTP y, por supuesto, un servidor FTP.

Por lo general un servidor que corre FTP designa una cuenta de usuario para cada una de las personas a las que habrá de garantizar acceso. A cada cliente se le pide insertar su nombre y clave de acceso cuando se registra en el servidor FTP. Esto se hace para proteger al servidor de que usuarios desconocidos tomen archivos delicados. Una vez que usted tiene una cuenta con un servidor FTP, puede copiar archivos hacia y del servidor cada vez que quiera.

El problema con esto es que algunos sitios mantienen bibliotecas de software e información de dominio público. Dichos sitios tienen estos archivos disponibles para quienquiera que se interese, pero no saben de antemano quiénes serán sus clientes. Y aun cuando lo supieran, sería una pesadilla tratar de mantener semejante base de datos para usuario, debido a que algunos sitios son visitados por decenas de miles de usuarios.

La respuesta a este dilema es el *FTP anónimo*. Éste trabaja como un FTP normal, pero con una modificación sencilla. Usted, el cliente, firma con la palabra `anonymus` en el nombre de usuario FTP y, por convención, inserta su dirección de correo electrónico como la clave de acceso. (Esta convención se elaboró para permitir a los servidores FTP hacer un seguimiento de quién está visitando un sitio, pero nunca hemos oído de un servidor que en realidad haga algún procesamiento de las direcciones de correo electrónico.) Después que usted se registra en forma anónima, por lo general tendrá acceso restringido al sistema de archivos del servidor. Sin embargo, esto debería permitirle navegar hacia los directorios que necesite.

El cliente siempre inicia las transferencias de archivos FTP y pueden ser ejecutadas en modo ASCII o binario. Si sabe que el archivo que va a subir (enviar al servidor) o bajar (copiar del servidor) es un archivo de texto ASCII, en realidad puede utilizar cualquiera de los métodos debido a que *todos* los archivos de computadora son archivos binarios, las transferencias ASCII serán ligeramente más eficientes para los archivos ASCII. Por otra parte, si el archivo no es ASCII, usted debe transferirlo utilizando el modo binario.

# ¿Cómo puedo encontrar cosas en Internet?

Mucho antes de Web, estaba Gopher. Aunque todavía se utiliza, muchas personas consideran a Gopher como el antiguo predecesor de World Wide Web. Los servidores Gopher proporcionan menús para seleccionar los documentos de texto que están disponibles en línea.

Como en un visualizador Web, un cliente Gopher le habilita para navegar más y más profundo en Internet, hasta que usted encuentre lo que está buscando. Gopher difiere de Web en que usted debe seguir capas de menús hasta que finalmente alcance un documento, en tanto que con Web los propios documentos pueden proporcionarle vínculos hacia otros documentos.

Con todos los servidores Web y Gopher, Internet ha crecido tanto que nadie puede hacer un seguimiento de todo lo que tiene que ofrecer. Cuando usted quiera información, cualquier clase de información, de seguro ésta existe *en alguna parte* en Internet; el problema es encontrarla. Con los años, la comunidad Internet ha desarrollado varias soluciones a este problema. Cada solución es una herramienta, y es mejor conocer la herramienta correcta de trabajo. He aquí tres herramientas de búsqueda en Internet:

| | |
|---|---|
| Archie | Archie busca nombres de archivos o de directorios en sitios FTP anónimos que contienen la palabra que usted especifique. El programa incluido en este libro contiene una agradable GUI y está precargado con una lista de servidores Archie. También puede llamar a Archie desde un visualizador Web, un menú Gopher, o incluso mediante correo electrónico si conoce la dirección de correo electrónico de un servidor Archie. |
| Veronica | Este acrónimo significa "Índice muy fácil a nivel Red orientado a roedor para archivos computarizados." ¡Uff! De hecho, Veronica corre desde un menú Gopher. Usted le da una palabra para buscar, y éste regresará con una lista de los elementos del menú Gopher que contienen dicha palabra. También se puede buscar de modo más específico por nombres de directorio o de archivos. |
| WAIS | Significa "Servidor de información de área amplia." Los clientes WAIS dirigen las búsquedas de bases de datos que son índices de archivos contenidos en el servidor. Los encargados de Web utilizan WAIS para hacer que sus sitios Web sean localizables por palabra clave. Este tema se desarrolla más a fondo en el capítulo 19: "Bases de datos y Web." |

Como ya lo habrá notado, Web es una gran forma de encontrar cosas en Internet. Esto es cada día más cierto conforme se incrementen el número de sitios que utilicen WAIS y el de sitios para búsqueda dedicada. Para mayor información acerca de las páginas de búsqueda en Web, vea la última sección de este capítulo: "¿Cómo puedo aprender más acerca de Internet?"

# ¿Cuál es la diferencia entre SLIP y PPP?

SLIP, que significa Protocolo Internet para línea serial (inventado a principios de los años 80 para transmitir paquetes sobre una interfaz serial, como el módem), fue diseñado para obtener sencillez y eficiencia. La falta de revisión de errores y control de flujo de SLIP condujeron al reciente desarrollo de PPP, que es un protocolo más robusto.

PPP quiere decir Protocolo Punto a Punto. Entre otras cosas, PPP incluye la autentificación, revisión de errores y control de flujo. Estas características permiten a PPP brindar una funcionalidad de capa de vínculo similar a la que se encuentra en una LAN Ethernet. Como una opción, PPP es el camino preferido a tomar. El acceso telefónico a Redes de Windows 95 soporta tanto SLIP como PPP.

Por cierto, al referirse a SLIP y PPP se les conoce como *protocolos de línea* debido a que están relacionados con la confiabilidad del circuito de la red, mientras TCP e IP se refieren a *protocolos de información* ya que están diseñados para transferir datos de aplicación. Los protocolos de línea operan en el nivel 2 del modelo OSI, y los protocolos de información lo hacen en los niveles 3 y 4.

# ¿Cuál es el adecuado para mí: Switched-56, X.25, Frame Relay, ISDN, T1, T3 o ATM?

Antes de explicar cada uno de estos servicios por separado, comenzaremos por tender la infraestructura de todos ellos. Además de las líneas telefónicas analógicas utilizadas por los módems y las líneas digitales dedicadas, como T1 (ver abajo), hay tres tipos de *servicios de conmutación* ofrecidos por compañías telefónicas para redes de computación:

- *Conmutada por circuito* —Funciona como una conexión dedicada temporal, según se necesite.
- *Conmutada por paquete* —Es una red virtual (llamada *nube*), administrada por la compañía telefónica, que permite múltiples conexiones punto a punto en una WAN.
- *Conmutada por celda* —La más nueva de las tres, ofrece una velocidad potencial más rápida.

El término *conmutación* significa que usted no posee ni alquila una línea dedicada, aunque pague por la disponibilidad de un cierto mínimo de ancho de banda. La tecnología de conmutación es posible gracias a las computadoras de alta velocidad y a un software muy sofisticado, desarrollado por las compañías telefónicas. Debido a que el ancho de banda o unidad de recurso está constantemente conmutada de un usuario a otro de acuerdo con la demanda, el costo para cada individuo es significativamente reducido. La conmutación es similar al tiempo compartido.

Recuerde, todas estas tecnologías transmiten directamente información digital, sin que haya una conversión a analógico. Algunas transmiten tráfico de voz, pero éste también es digital, sobre un medio de fibra óptica.

# Switched-56

Switched-56 es una tecnología de conmutación por circuito que no puede llevar voz. Por muchos años, ésta ha representado un punto intermedio de costo y desempeño entre las líneas analógicas y las especializadas(T1). Muchos Proveedores de Servicio Internet (ISPs) ofrecen una opción de conexión mediante este servicio.

# X.25

X.25 es un conjunto de protocolos de conmutación por paquete que incluye una extensa revisión de error diseñada para cuando las redes eran menos confiables de lo que son hoy en día. No lo ofrecen comúnmente los proveedores de servicio Internet.

# Frame Relay

Frame Relay, o relevador de cuadro, es una tecnología de conmutación por paquete prácticamente nueva. Es mucho más eficiente que X.25 debido a que evita el reconocimiento del paquete y la revisión de error, ahorrando así los gastos de estas funciones. Cada día es más popular para WANs dentro y alrededor de un área metropolitana, pues es mucho menos costoso que T1.

# ISDN

Con un módem y una línea telefónica, usted puede enviar datos de una computadora a cualquier persona en el mundo. El propósito del módem es convertir la información digital en analógica para que pueda ser transportada en una línea telefónica estándar antes de ser convertida de nuevo a digital en el extremo que la recibe. Si usted cree que el proceso suena algo enredado, tiene razón.

La Red Digital de Servicios Integrados [ISDN (Integrated Services Digital Network)] promete cambiar todo eso para los usuarios comerciales y caseros. ISDN es un conjunto de protocolos que habilita a las compañías telefónicas para transportar datos directamente de las computadoras en su forma digital original, sin tener que convertirla una y otra vez en analógica. La transmisión de información digital brinda un mejor desempeño y menor posibilidad de errores. Además, ISDN puede transportar tanto voz como datos, y un hardware ISDN para PCs le permitirá incluso hacer dos o tres llamadas ¡al mismo tiempo!

Al adquirir ISDN, hay dos puntos que considerar sobre el precio: la Interfaz de Velocidad Básica (BRI) y la Interfaz de Velocidad Primaria (PRI). BRI consiste en dos canales de información de 64 Kbps y un tercer canal, que la compañía telefónica utiliza para la administración de llamadas. Los dos canales de información se llaman canales B, y el canal de control de llamadas se llama canal D. La velocidad del canal D es de 16 Kbps.

PRI consta de 23 canales B y un canal D de 64 Kbps.

# T1 y T3

Éstos son los servicios de línea alquilada que proporcionan conexiones dedicadas de muy alta velocidad entre dos puntos. T3 es la columna vertebral de Internet, con un caudal de procesamiento de 45 Mbps. T1, que corre a una velocidad de 1.544 Mbps, se utiliza en columnas vertebrales regionales y también la ofrecen muchos ISPs para clientes que tienen la necesidad —y el dinero— para una conexión de ancho de banda amplia.

# ATM

Al igual que Frame Relay y X.25, el Modo de Transferencia Asincrónico [ATM (Asynchronous Transfer Mode)] permite que múltiples conexiones lógicas sean multiplexadas sobre una sola interfaz física. El flujo de información en cada conexión lógica está organizado dentro de paquetes de tamaño fijo, llamados *celdas*. Al igual que con Frame Relay, no hay control de error vínculo por vínculo ni control de flujo. ATM aprovecha totalmente la ventaja de la alta velocidad de información de la fibra óptica, lo que permite una selección dinámica de las velocidades de información. Actualmente ATM brinda el mejor desempeño y tiene el rendimiento de mayor potencial, pero algunas personas consideran que es muy futurista. Para ser honestos, no somos expertos en ATM y por lo tanto no podríamos decirle por qué se le considera poco práctico; lo que sí podemos decirle es que hay varios libros dedicados a ATM, y éste no es uno de ellos.

# ¿Qué tan rápida es Internet?

Realmente es una pregunta un tanto ambigua puesto que hay varias medidas de velocidad, mas tal como aparece podríamos decir que tiene una respuesta muy fascinante.

Un programa llamado *ping* muestra que un paquete promedio en Internet recorre la distancia de California a Japón y de regreso en aproximadamente ¡un segundo! Sabiendo que esta distancia es de aproximadamente 9,600 kilómetros, podemos decir que esto sucede a una velocidad cercana a los 19,200 kilómetros por segundo, poco más o menos, que puede ser un poco más baja si el paquete tiene que pasar a través de un satélite orbital.

Lo más sorprendente es que el paquete podría ser recogido por, tal vez, 20 gateways a lo largo del camino (como fue reportado por el programa *tracert*), cada una tratando de descifrar a dónde lo va a mandar después. Luego, otras 20 gateways, no necesariamente las mismas que las de la primera parte del viaje, trabajan enviando el paquete de regreso a su origen; ahí es donde su programa ping puede calcular el tiempo del viaje redondo.

Y si eso no es lo suficientemente asombroso, considere que cada una de estas 40 computadoras ¡tiene que esperar hasta que el cable de la red esté completamente despejado de todo tráfico antes de que pueda poner el paquete en la línea de nuevo y dirigirlo a la siguiente computadora! Y lo verdaderamente asombroso no es su sorprendente velocidad, sino que todo esto funcione.

> **Nota:** Ping y tracert se mencionan en el capítulo 16, "Cómo mantener su sitio Web", y en el Apéndice A del Kit de recursos para Windows 95 publicado por Microsoft Press.

Para responder de otra manera la pregunta sobre la velocidad de Internet, hemos preparado la tabla 1.2 en que se muestran las velocidades de varias tecnologías para red comúnmente encontradas.

Tabla 1.2. Tecnologías para transmisión de información y velocidades.

| *Tecnología de red* | *Ancho de banda, o velocidad de conexión* | *Tiempo (en segundos) para transferir una página Web de 30 Kb* |
|---|---|---|
| Módem V.32 o V.42 | 14.4 Kbps | 17.067 |
| Módem V.34 o V.FC | 28.8 Kbps | 8.533 |
| Switched-56 | 56 Kbps | 4.285 |
| BRI ISDN | 56 Kbps–128 Kbps | 1.875 a 4.285 |
| Frame Relay | 56 Kbps–128 Kbps | 1.875 a 4.285 |
| PRI ISDN | 56 Kbps–1.5 Mbps | 0.156 a 4.285 |
| T1 | 1.544 Mbps | 0.152 |
| LAN Ethernet | 10 Mbps | 0.0234 |
| T3 | 45 Mbps | 0.0052 |
| FDDI | 100 Mbps | 0.0023 |
| Fast Ethernet | 100 Mbps | 0.0023 |
| ATM | 50 Mbps–622 Mbps | 0.0004 a 0.0015 |

Debido a que una página Web típica puede constar de 8 Kb de texto y 22 Kb de información en imagen, hemos seleccionado de modo arbitrario un documento de 30 Kb de tamaño para estimar el tiempo que le tomaría viajar del servidor al cliente. Advertimos al lector que esto es únicamente con fines de ilustración y que éste *no* es un ejemplo real, pues hay muchos otros factores que contribuyen al tiempo total que se requiere para transportar un documento en Internet. De hecho, el tiempo total siempre será más lento del que se muestra en la tercera columna de la tabla 1.2, puesto que el resto del tráfico de red impedirá que una sola transferencia de archivo ocupe todo el ancho de banda. Asimismo, se suele dar por hecho que existen varios hosts intermedios entre el servidor y el cliente, y que no se puede saber la velocidad en vínculo que utiliza cada uno de esos hosts.

# ¿Un servidor Web de Windows 95 está más expuesto a los hackers que uno basado en NT?

El Departamento de la Defensa de Estados Unidos define siete niveles de sistemas de seguridad para computadoras: D1 (el menos seguro), C1, C2, B1, B2, B3, A (el más seguro). Windows NT ha sido designado como C2; DOS y el Sistema 7.x de Macintosh caen en el nivel D1 y la mayoría de los sistemas UNIX están colocados en C1 (por abajo de Windows NT).

El nivel C1 requiere que los usuarios se registren dentro del sistema con claves de acceso protegidas. Una vez que se han registrado, los usuarios no tienen acceso ilimitado al sistema de archivos a menos que el administrador del sistema haya decidido configurar su cuenta con un nivel de permiso.

C2 amplía el nivel C1 a la auditoría. Éste es un concepto importante ya que permite que el administrador del sistema haga un seguimiento de los eventos clave que se llevan a cabo en el sistema y los analice para detectar fallas en la seguridad. Windows NT tiene excelentes capacidades para auditoría; desafortunadamente, esto no protegerá el sitio Web de la amenaza de los intrusos informáticos (*hackers*).

> **Nota:** Es importante señalar que no todas las máquinas que corren Windows NT estarían clasificadas automáticamente para alcanzar el estándar de C2. NT siempre puede *alojar* un sitio para computadora certificado como C2, pero intervienen muchos otros factores en la clasificación, algunos de los cuales van más allá del reino del software; por ejemplo, un servidor seguro no alcanza el nivel C2 si está ubicado en un área pública.

Windows NT es un sistema operativo mucho más seguro que Windows 95, pero muchas de estas características en realidad no son vitales para proteger su sitio de los hackers. Éstos utilizan muchas técnicas para irrumpir en las computadoras y siempre están inventando nuevas técnicas. Le sugerimos construir su política de seguridad con base en el software para servidor que usted corre en Internet, en vez de basarla en el sistema operativo mismo. Por ejemplo, los servidores Web, los servidores FTP y el servidor SMTP, incluidos con este libro, ofrecen varias opciones de configuración de seguridad para proteger su sitio.

Sin embargo, hay un tipo de riesgo a la seguridad que ni estos servidores ni Windows 95 pueden evitar: el ataque de un virus informático. Para esto, le recomendamos correr un programa antivirus en el grupo de inicio de Windows 95 y tener cuidado al instalar un nuevo software de Internet en su disco duro.

Vea el capítulo 20 para mayor información acerca de los aspectos de seguridad de Windows 95. Para una explicación detallada de la seguridad en Internet, vea la excelente referencia "Firewalls y la seguridad en Internet", de Prentice Hall Hispanoamericana.

# ¿Qué es lo "Hiper" de HTML?

El Lenguaje de Marcado de Hipertexto [HTML (HyperText Markup Language)] es una parte del Lenguaje Estándar de Marcado Generalizado [SGML (Standard Generalized Markup Language)]. HTML fija codigos en un documento para resaltar sus características y estructura para su despliegue subsecuente. HTML fue inventado en 1990 en CERN, el laboratorio europeo de física de las partículas, en Suiza. La invención de Mosaic (el famoso visualizador Web que corre en varias plataformas diferentes de computadora), impulsó el crecimiento de Web, pues finalmente hizo que Internet se viera más gráfico que el encriptado para el usuario promedio.

El propósito de HTML es permitir que los documentos contengan vínculos electrónicos hacia otros documentos de relevancia. Un documento puede crear un vínculo hacia otro archivo de texto, imagen, audio o video. HTML pudo haber adquirido el "hiper" de su nombre del video juego Asteroides, popular en los ochentas, que incluía un botón para el hiperespacio por el cual se lanzaba al jugador en peligro hacia algún lugar aleatorio. Era éste un juego fascinante pues el jugador nunca estaba seguro de que habría menos peligros a su llegada al destino sorpresa.

El vínculo electrónico de un documento a otro es semejante a presionar el botón para el hiperespacio de Asteroides, puesto que usted puede ser lanzado del archivo que está leyendo actualmente; desde luego, usted espera no ser lanzado al azar. Desafortunadamente, la visualización Web a veces puede parecer aleatoria para el recién llegado. Algunas páginas en Web le dan poca información para proseguir cuando usted está considerando un salto hacia otro documento; esto es cuestión sólo de un diseño de página Web poco organizado. En el mejor de los casos, Web puede llevarle rápidamente hacia la información exacta que está buscando. Esta situación continuará mejorando conforme más sitios adopten las líneas guía estilo HTML e incorporen herramientas de búsqueda como WAIS. Para quienes aún duden de que Web es una forma rápida de encontrar información, consideren el tiempo que toma ir a la biblioteca pública para encontrar un libro.

Debemos mencionar otros dos visualizadores Web: Lynx es un visualizador de sólo texto para computadoras que carecen de gráficos, y en general se considera a Netscape Navigator como lo mejor de lo mejor. Netscape siguió los pasos de Mosaic y dejó nuevas huellas, como la incorporación de descarga FTP, capacidades para lector de noticias, y ahora Java, sólo por nombrar algunas. Si algunos de estos términos son nuevos para usted, por favor sea paciente dado que llegaremos a ellos a su debido tiempo.

Regresemos al punto de cómo trabaja Web de hecho con los documentos en hipertexto. La interacción entre HTML y HTTP se puede explicar más fácilmente con una ilustración. (Vea la figura 1.4.)

1. El usuario inserta el URL [Localizador de Recurso Uniforme (Uniform Resource Locator)], una especie de nombre simbólico para una dirección IP) de una página Web pura dentro de su visualizador Web (cliente). O hace clic sobre una palabra subrayada que sirve como vínculo hacia otra página Web.
2. La solicitud es llevada a través de Internet hacia el servidor Web de referencia por medio del Nombre de Dominio Completamente Calificado (Fully Qualified Domain Name).
3. El servidor Web localiza la página HTML solicitada utilizando el nombre de la ruta de acceso suministrado y manda el archivo de regreso al cliente a través de Internet.
4. El visualizador Web del cliente almacena temporalmente el archivo en la máquina local, interpreta el contenido del archivo HTML y lo despliega en la pantalla.

**Figura 1.4.**
*Cómo trabaja HTML.*

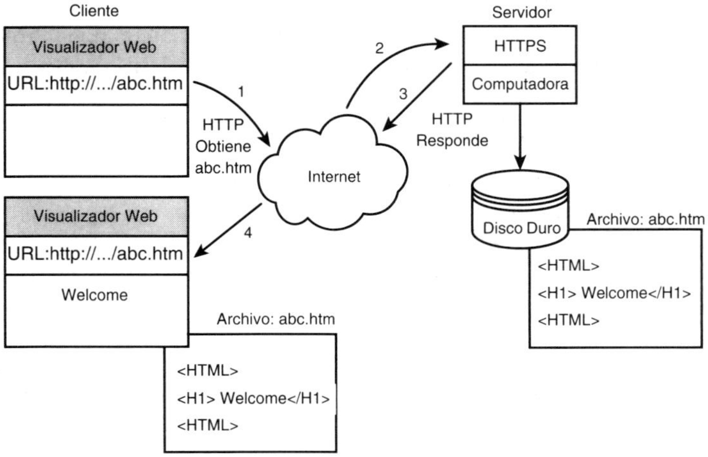

# ¿Cómo puedo aprender más acerca de Internet?

En realidad, Internet por sí sola es una excelente manera de obtener más información. A lo largo de este libro, hacemos referencia al URL de las páginas Web y a los sitios FTP donde se pueden encontrar archivos e información adicionales que le ayuden a construir un sitio Web.

> **Nota:** Al insertar un URL dentro de su visualizador Web, recuerde que algunas partes de éste pueden ser sensibles al caso, por ejemplo: no olvide seguir un URL de un punto; algunos URL requieren una diagonal al final.
>
> Para el lector técnico, la porción FQDN de un URL no es sensible al caso, pero la porción del nombre de la ruta de acceso sí lo es en sistemas UNIX.

Ocasionalmente los sitios pueden mover la información durante una reorganización y el URL ya no funciona; a esto se le llama *vínculo vencido*. Aquí procuraremos enunciar únicamente los vínculos que se sabe son estables; pero si usted tiene problemas con cualquiera de los vínculos del libro, trate de utilizar alguna de las páginas de búsqueda en línea para encontrar alternativas.

Las *páginas de búsqueda* son sitios Web especiales dedicados a ayudarle a encontrar cualquier cosa que Web tenga que ofrecer. Aquí hay algunas páginas de búsqueda buenas:

- Yahoo—Éste es quizás el sitio Web más conocido. Está tan bien organizado y presentado que cualquier persona puede utilizarlo. Inténtelo; le gustará.

  `http://www.yahoo.com/`

- WebCrawler—Este sitio Web proporciona un excelente programa de consultas que puede buscar cualquier tema en World Wide Web. Lo provee America Online como un servicio a la comunidad Internet.

  `http://www.webcrawler.com/WebCrawler/WebQuery.html`

- The Lycos Hunting WWW Information—Esta herramienta realiza su propia búsqueda de Web para información actual sobre otros sitios. Actualiza su índice semanalmente y se le considera muy exacto.

  `http://lycos.cs.cmu.edu/`

- Commercial Services on the Net—Este sitio Web proporciona una lista de las compañías que están haciendo negocios en Internet. Investigue si su o sus competidores ya están aquí.

  `http://www.directory.net/`

# ¿Qué sigue?

Usted ya está armado con esta información básica sobre Internet, y ahora estamos listos para hablar del hardware y software que necesitará. Terminaremos la Parte I con una exposición sobre cómo conectarse a Internet.

# Capítulo 2

# Todo lo que usted necesita

- Hardware para sitio Web
- Software servidor para correr un servidor Internet completo
- Todo el software servidor para construir un sensacional sitio Web
- Herramientas HTML para sitios Web
- Lenguajes de programación para sitios Web
- Herramientas CGI para sitios Web
- Software para cliente Internet incluido con este libro
- Software de utilidades esenciales para sitios Web
- Software recomendado disponible en Internet
- Otros recursos para software actual

Este capítulo examina el hardware y software que usted necesitará para correr un sitio Web profesional. La sección de hardware presenta tanto el sistema PC básico como el sistema PC ampliado. Procuraremos dar los consejos específicos acerca del hardware, pero tenga presente que hay casi tantos tipos de computadoras como usuarios.

Se presenta un acercamiento al tema del software tanto del lado del cliente como del servidor. Aunque un sitio Web necesita correr software para servidor, cualquier Webmaster le dirá que usted también va a necesitar buenas herramientas para cliente que le ayuden a explorar Web y le tengan al corriente de sus avances (casi un trabajo de tiempo completo, por la velocidad a que Web está cambiando). Las herramientas para cliente que se proporcionan en este capítulo (e incluidas en el CD-ROM) le permitirán aprovechar los grandes recursos de Internet que se enuncian a lo largo del libro y en el Apéndice D, "Recursos Internet para el Webmaster de Win95".

Consulte el glosario cada vez que aparezcan términos desconocidos.

# Hardware para sitio Web

La mayoría de los usuarios de PC que han estado en esto por algún tiempo ya conocen la emoción de cambiar su vieja y lenta máquina —que fuera de lo mejor en su momento— por una nueva máquina que cuesta aproximadamente lo mismo, pero que ofrece el doble de rendimiento, y con el doble de capacidad en disco duro. El hecho es que la mayoría de los programas escritos para Windows hace un par de años aún corren de manera excelente en las máquinas actuales que tienen Windows 95 y probablemente lo seguirán haciendo así por dos años o más. Este nivel de compatibilidad significa que podemos seleccionar cualquier tipo de configuración para PC que se ajuste a nuestras necesidades y a nuestros bolsillos. No hay que preocuparse por la pérdida de la inversión en software de ayer si queremos aumentar mañana el rendimiento de nuestro hardware.

> **Tip:** Antes de comprar cualquier hardware para correrlo con Windows 95, es bueno considerar si se deseará escalar su sitio Web a Windows NT, que es un sistema operativo más poderoso, más seguro y más robusto. La mayoría de los programas de 32 bits escritos para Windows 95 son altamente compatibles con Windows NT. De la misma forma, la mayoría del hardware que corre Windows 95 también podrá correr Windows NT; aunque NT es un poco más selectivo, debemos decirlo, para la compatibilidad del software. Por ejemplo, NT necesita un mínimo de 16 Mb en RAM para un desempeño razonable, en tanto que Windows 95 lo puede lograr con sólo 8 Mb.
>
> Si usted quiere conservar su inversión en hardware cuando escale a Windows NT, antes de hacer un desembolso mayor revise la lista de compatibilidad para hardware de NT. Este documento lo publica Microsoft y puede ver la versión más actualizada en su sitio Web: `http://www.microsoft.com/ntserver/hcl/hclintro.htm`. Para mayores detalles sobre la construcción de un gran sitio Web en NT, vea nuestro primer libro, *Web Site Construction Kit for Windows NT*, publicado por Sams.net.

Esta sección esboza dos configuraciones de PC en los lados opuestos del espectro en términos de precio y desempeño. En la parte inferior, empezamos haciendo notar que Windows 95 puede correr casi en cualquier tipo de PC compatible con Intel 386 con un mínimo de 8 Mb en RAM. Más allá, las siguientes pautas le ayudarán a cubrir sus necesidades, ya sea que usted esté comprando nuevo hardware o tomando en consideración si su computadora actual tiene la suficiente potencia para servir como su sitio Web.

Cuando busque una nueva computadora, considere la siguiente teoría: "Compre hasta que ya no pueda." En otras palabras, busque toda la operatividad que pueda adquirir; si no cree que la vaya a necesitar ahora, probablemente la querrá mañana.

Los precios de las unidades IDE grandes han descendido en forma significativa de un año a la fecha. (IDE, EIDE y SCSI son convenciones de hardware de diferentes tipos de unidades en diversos tipos de computadoras). A menos que su presupuesto sea muy bajo, no hay razón para comprar una unidad de disco duro de menos de 1 Gb (gigabyte). Actualmente los precios para unidades de 1 Gb están por debajo de los 200 dólares; sin embargo, si aun así desea calcular el espacio mínimo en disco para correr su sitio Web, trate de seguir esta lista y complete las cifras.

1. Deje un espacio de por lo menos 50 Mb para el sistema operativo Windows 95. Estime otros 30 Mb para memoria virtual basada en disco, que se usa para intercambiar RAM al disco.
2. Deje 20 Mb para el software que se incluye con este libro.
3. Deje otros 20 Mb (aproximadamente) para el software que viene con el paquete Windows 95 Plus (opcional) y el Kit de recursos de Windows 95 (opcional).
4. Decida si planea instalar otro software, como procesadores de palabras o bases de datos, en la misma unidad. Si es así, ¿qué tan grandes son dichos programas?
5. Calcule el tamaño de sus páginas Web. ¿Va a incluir muchos gráficos o grandes volúmenes de documentación? Para más información sobre este tema, consulte el capítulo 10, "Mapeo de imagen y Multimedia."

# Una plataforma básica

Si algunos de los consejos anteriores le parecen ambiguos, tiene razón: Ésta no es una ciencia exacta. Hagamos una aproximación completamente diferente: un ejemplo de anuncio para una configuración muy típica de PC que pondrá su sitio Web en línea, no importa si usted es florista o propietario de una tienda de mascotas. El siguiente es un anuncio de ejemplo.

**Se vende computadora**

486 a 33 MHz, 16 Mb en RAM, 450 Mb de espacio en disco duro, unidad de disco flexible de 3.5'', unidad CD-ROM, monitor Super VGA de 15 pulgadas, 1 Mb de RAM de video VLB, mouse, teclado, módem externo a 14.4 Kbps. Precio 1,000 USD.

Esta máquina correrá Windows 95 razonablemente bien. Al momento de escribir esto, esta configuración tenía un costo de aproximadamente 1,300 USD nueva y 1,000 USD usada. Aunque podría aumentar un poco más el costo, se recomienda conseguir un gabinete tipo torre en vez de uno tipo escritorio, pues por lo general es mucho más sencillo instalar unidades de disco duro adicionales en un gabinete tipo torre.

Asegúrese de que la computadora venga con una fuente de poder de por lo menos 250 watts. Algunos anuncios no mencionan estos aspectos, por lo que tendrá que preguntar. También, pregunte al vendedor si el CD-ROM es de doble (2X) o cuádruple (4X) velocidad. Las unidades de cuádruple velocidad son más rápidas, pero incluso en las de doble velocidad se puede instalar el software para sitio Web, a menos que también planee ejecutar juegos multimedia en la misma computadora.

Con el costo de los módems a 28.8 Kbps alcanzando los 150 USD, más y más clientes Web están corriendo a esa velocidad. Por lo general, la computadora cliente es el vínculo más lento en la cadena. Aunque usted podría estar satisfecho con un módem a 14.4 Kbps, no querría que sus clientes consideraran su servidor como el vínculo más lento. Recomendamos comprar un módem a por lo menos 28.8 Kbps para un sitio Web pequeño, o considerar ISDN si espera más visitantes.

# ¿Qué hay de la tarjeta de video?

Casi todas las tarjetas de video de alto rendimiento desarrolladas durante los últimos tres años tienen una conexión directa de la tarjeta principal a la CPU [Unidad Central de Procesamiento (Central Processing Unit)]. Esto se logra a través de una o dos tecnologías de estándares: VLB o PCI. Estos dos estándares contrastan, pero también coexisten, con ISA, que es el diseño original PC para agregar tarjetas adaptadoras de hardware.

VLB o VESA-LB [Bus local de la Asociación de Estándares en Electrónica-Video (Video Electronics Standar Association Local Bus)] fue el trabajo de un consorcio industrial de fabricantes de hardware que estaban involucrados en el desarrollo de una vía estándar para incrementar la velocidad del despliegue de video en las PCs. Su estándar fue muy exitoso durante algunos años, pero se cree ahora está siendo desplazado por la popularidad de las tarjetas principales PCI. Intel proporcionó los cerebros detrás de PCI [Interconexión para Componente Periférico (Peripheral Component Interconnect)] como una forma de mejorar el desempeño de la PC más allá de las futuras capacidades de VLB.

Cuando compre una PC, entérese qué tipo de diseño de bus está construido en la tarjeta principal, para que pueda seleccionar la tarjeta de video adecuada para el bus. Ya sea que escoja PCI o VLB, obtendrá mejor desempeño que con sólo ISA. La mayoría de las computadoras PCI y VLB tienen, además de las cuatro ranuras ISA regulares, dos o tres ranuras de bus local que le permiten conectar los otros periféricos cruciales, como las tarjetas controladoras de disco duro o los adaptadores SCSI. Al comprar una tarjeta adaptadora, usted puede decidir por una ISA regular, una PCI, o una VLB. Las tarjetas ISA trabajan en prácticamente cualquier PC, pero lo que debe evitar es comprar una tarjeta PCI para una computadora VLB, o viceversa.

La cantidad de RAM en su tarjeta de video [también llamada tarjeta de arreglo para gráficos en video (Video Graphics Array) o tarjeta Super VGA] determina la resolución máxima y cantidad de colores que se pueden desplegar en el monitor. Actualmente la mayoría de las tarjetas vienen con por lo menos 1 Mb, lo que significa que pueden correr 256 colores a una resolución de 1.024 pixeles en el eje de las *X* por 768 pixeles en el eje de las *Y*. Conforme los precios de los monitores de alta resolución descienden, más y más usuarios están comprando tarjetas de video con 2 Mb en RAM. Con más RAM de video instalada, el panel de control de Windows 95 ofrece más opciones para combinaciones de resolución/ color. La mayoría prefiere una mejor resolución para que aparezcan más datos en la pantalla. Sin embargo, al *incrementarse* la resolución, el tamaño del pixel *disminuye* y se necesita un monitor más grande para no forzar la vista al leer. Un monitor de 15´´ es adecuado para una resolución de 800 × 600 y uno de 17´´ es el mínimo para brindar una buena visión a una resolución de 1,024 × 768. Usted apreciará la diferencia.

> **Tip:** Al seleccionar la configuración para la pantalla en el panel de control (Control Panel), no se deje seducir al escoger una cantidad mayor de colores de los que en realidad necesita. De acuerdo con la velocidad de su tarjeta de video y su software controlador, incrementar la cantidad de colores puede dar como resultado una notable caída en el desempeño del trazado en pantalla. A menos que usted trabaje con software para edición de imagen, se podrían requerir solamente 256 colores; eso es todo lo que el propio Windows 95 (excluyendo Plus Pack) y la mayoría de los programas actuales utilizan. Por otra parte, si usted trabaja con imágenes de escáners, programas para fotos o de Internet, usted podría requerir la compra de una tarjeta de video con más de 2 Mb para estar seguro de obtener la máxima resolución y la mejor combinación de colores.

# Una plataforma más rápida

Si ya tiene tiempo trabajando con computadoras, es probable que sepa que la computadora de 33 MHz mencionada en el anuncio anterior no va a ser una plataforma muy poderosa. Claro, hará el trabajo, pero la pregunta es "¿cuándo?" Si a usted le gusta tener su máquina lista cuando tenga o espere tener muchos navegadores Web visitando su servidor, necesitará una máquina más rápida y con mayor capacidad.

Aquí tiene una lista de la configuración de hardware, muy similar al tamaño típico del sitio Web del autor, `www.fbsolutions.com`.

- Computadora Pentium a 90 MHz en un gabinete de torre con mouse y teclado. Pero asegúrese de que también incluye una UART 16550 en el puerto serial para uso con módems externos. Usted probablemente no necesitará una tarjeta de video de alta velocidad en un servidor Web, pero aun así necesitará saber si la computadora soporta PCI o VLB cuando considere comprar tarjetas adaptadoras.
- Fuente de poder de 250 watts. Ésta le debe dar suficiente cobertura para la energía que consumen cuatro unidades de disco, una unidad CD-ROM, un respaldo en cinta, una unidad de disco flexible, la tarjeta VGA y la tarjeta adaptadora para unidad de disco.
- 16 Mb en RAM. Windows 95 corre con más eficiencia con 16 Mb que con 8 Mb ya que hay una menor necesidad de almacenar temporalmente memoria extra en el archivo de intercambio del disco duro. Incluso el tiempo de acceso en RAM es mucho más rápido que en disco duro.
- Monitor SVGA de 15 o 17´´. Una computadora para sitio Web necesita estar encendida todo el tiempo. Pero si no se va a trabajar en ella todo el tiempo, sería preferible apagar el monitor o conseguir uno de los nuevos monitores que ahorran energía (también llamados monitores *green*), los cuales reducen el consumo de energía en un 90%.

- Unidad CD-ROM SCSI interna y tarjeta adaptadora SCSI. Estos elementos no son estrictamente necesarios. Sin embargo, si usted planea escalar a Windows NT, éste se instala más fácilmente desde unidades CD-ROM SCSI. Además de las unidades CD-ROM, también se pueden conectar muchas unidades para respaldo en cinta, unidades ópticas y unidades de disco duro a un adaptador SCSI en vez de a un IDE.
- Unidad de disco duro de 512 Mb. Ésta es la unidad C: o de *arranque*. Usted puede instalar el sistema operativo y todos los programas de utilidad en esta unidad. Ésta puede ser tanto SCSI como IDE, pero si se ha hecho una inversión en una tarjeta adaptadora SCSI para una unidad de CD-ROM, podrá obtener mejores resultados con las unidades de disco duro SCSI. Por otra parte, los controladores IDE, o controladores IDE mejorado, pueden soportar cuatro discos duros; los discos duros IDE son por lo general menos costosos que los discos duros SCSI. Investigue cuántos dispositivos internos puede soportar su tarjeta controladora. Usted puede anticipar las necesidades futuras de por lo menos cuatro.
- Unidad de disco duro de 1 Gb. Ésta es la unidad D: y mantendrá todos los archivos del sitio Web y los archivos FTP. Esta unidad también puede ser SCSI o IDE. Las razones por las que le sugerimos tener dos unidades físicas son las siguientes: Se obtiene un mejor desempeño al tener dos discos girando cuando se cargan varios archivos, hay mayor confiabilidad si cada unidad se utiliza con menos frecuencia, y un sistema de dos unidades puede tener mejor protección contra virus y otros riesgos.
- Unidad de disco flexible de 3.5´´. Actualmente ya casi no se venden sistemas con formato de disco flexible de 1.2 Mb de 5 1/4´´, por lo que probablemente le bastará el de 1.44 Mb de 3.5´´.
- Módem V.34 o interfaz ISDN. Con estos dispositivos usted puede decidirse por interno o externo. Los módems externos brindan luces indicadoras y dejan una ranura de expansión dentro de la computadora para un uso posterior. V.34 es un estándar reciente para módem ratificado por CCITT para cubrir velocidades de transmisión de datos de hasta 2.8 Kilobits por segundo, o Kbps. En el capítulo 3 se da una explicación de los costos mensuales para conexiones por módem e ISDN. Si su computadora tiene una UART 16550, obtendrá el mejor desempeño con un módem V.34.
- Dispositivo DAT de respaldo de 2 Gb. Se recomiendan ampliamente los respaldos automatizados de archivos. (Vea la barra inferior para ampliar el tema.)
- Fuente de poder ininterrumpible, o UPS. Aunque es opcional, se recomienda para sitios Web comerciales para conducir en forma ordenada un cierre de actividades, en caso de un corte en el suministro de energía. Vea el capítulo 16, "Cómo mantener su sitio Web", para saber cómo forzar a Windows 95 y al servidor Web a reiniciar el programa al restablecerse la energía.

### ¿Realmente necesito comprar un dispositivo para respaldo?

Si considera que un respaldo en cinta es un lujo, nos permitimos hacerle notar que de este modo estará descargando toneladas de software de Internet. Encontrará que casi a diario se anuncia un nuevo software, y querrá aprovechar las nuevas herramientas que le ayudarán a mantener su servidor corriendo eficientemente.

Es verdad que usted puede restaurar productos en software ajustados para compresión desde el medio original, pero cuando considere la cantidad de tiempo de descarga que le tomaría recuperar todos sus archivos comprimidos si alguna vez se pierden, estará de acuerdo con nosotros en que un dispositivo de respaldo será un componente esencial.

Últimamente, hay varias alternativas excitantes para el respaldo por medio de cinta: Las unidades Zip de 100 Mb de Iomega y las unidades ópticas de 4.6 Gb de Pinnacle Micro son dos alternativas dignas de mencionar. Estas unidades funcionan a la velocidad de los discos duros e incluyen medios reemplazables en la forma de unidades de disco flexible. Las unidades Zip cuestan alrededor de 200 USD, y tres discos de 100 Mb cuestan aproximadamente 50 USD. La unidad óptica Pinnacle cuesta cerca de 1,500 USD, y los discos ópticos aproximadamente 200 USD, lo que añade una buena cantidad al costo de la computadora, pero no hay una forma más barata de agregar un número infinito de unidades de 4.6 Gb a su sistema.

Syquest vende la Unidad-EZ de 135 Mb para competir con la unidad Zip Iomega de 100 Mb. Ahora Iomega ha anunciado una unidad Jaz de 1 Gb. Debemos mencionar que ni la unidad Jaz ni la unidad óptica Pinnacle de 4.6 Gb se han puesto a la venta. Al escribir esto, a mediados de enero de 1996, ambos productos estaban por salir a la venta *en cualquier momento.*

También hay que considerar los productos similares de Bernoulli.

# Software servidor para correr un servidor Internet completo

Ahora vamos a describir todo el software que necesita para correr su servidor Internet completo. Comenzamos con el propio sistema operativo. Salvo el propio Windows 95, casi todo el resto del software mencionado aquí —que vale cientos de dólares— ¡está en el CD-ROM incluido en este libro!

## Microsoft Windows 95

Windows 95 es un producto comercial de Microsoft. Recomendamos comprar la versión en CD-ROM para una instalación más fácil. Cuesta entre 80 y 100 USD.

## Kit de recursos de Microsoft Windows 95

El Kit de recursos de Microsoft Windows 95 es opcional, pero es accesible para las cuestiones de configuración avanzada de red. Éste consiste en un libro de 1,300 páginas y un CD-ROM con varias utilerías de software. Su precio de venta es de 50 USD.

**Tip:** Todo el contenido del libro del Kit de recursos de Windows 95 está disponible como un archivo de ayuda con la versión en CD-ROM de Windows 95. Esto le puede ahorrar 50 USD, pero entonces usted no tendría el software con el Kit de recursos ni el libro para leer en la cama.

## Microsoft Plus! Complemento para Windows 95

Microsoft Plus! es un paquete en CD-ROM opcional que vende Microsoft por aproximadamente 50 USD. Contiene varias extensiones para Windows 95, incluyendo protectores de pantalla, temas en color para el escritorio, una primera versión del visualizador Web Internet Explorer, compresión para disco duro mejorada (DriveSpace 3) y Agentes para el Sistema, que le ayudan a conservar su computadora en forma automática. El CD que viene con este libro incluye una versión más reciente de Internet Explorer. Plus! también incluye un servidor para acceso telefónico a redes, que le permite acceso remoto a su máquina.

# Todo el software servidor para construir un sensacional sitio Web

Esta sección le proporciona una lista completa de todo el software que necesita para construir un poderoso y confiable sitio Web al menor precio posible. Todos estos paquetes están disponibles en el CD incluido, a menos que se mencione otra cosa.

Nuestra principal consideración al seleccionar el software para este libro fue que cada paquete trabajara confiablemente y fuera económico. Seleccionamos estos productos en particular debido a que sabemos por propia experiencia que son compatibles y que trabajan bien. Terminamos con una variedad de software comercial, shareware y productos freeware. Internet está llena de otro software que le ayudará a configurar y correr su sitio Web. En algunos casos podría encontrar un producto freeware que hará el mismo trabajo que alguno de los productos comerciales, o shareware que seleccionamos para este libro.

Desde luego, no espere que todos los programas estén libres de imperfecciones. Aunque hemos quedado satisfechos con su desempeño, todos ellos son relativamente nuevos y no han sido probados con un control de tiempo. Por favor observe las diversas restricciones de uso y redistribución que sus autores han colocado en ellos.

He aquí una breve descripción de cada paquete. A lo largo del libro daremos más información sobre cómo instalar y correr estos programas. Asimismo, encontrará documentación útil en los archivos readme que vienen con cada paquete. Para una lista completa del software que se incluye en el CD, vea el Apéndice I.

## Servidor HTTP FolkWeb versión 1.1

Éste es un excelente shareware servidor Web de 32 bits de Ilar Concepts, Inc. Aún tenemos mucho más que decir acerca de este producto a lo largo del libro. Correo electrónico: `support.@ilar.com`.

## Servidor Web de escritorio Purveyor para Windows 95

Éste es un excelente servidor Web para Windows 95 de Process Software. Process ha producido y vendido su servidor Web para Windows NT desde hace ya algún tiempo, y aprovechan esa experiencia para el lanzamiento de este producto. Contacto en `http://www.process.com`. (Versión para evaluación por 30 días.)

## Seguro POTP FTP versión 1.5

POTP quiere decir almohadilla de poder de un tiempo (Power One Time Pad), que es un algoritmo de encriptación. Este paquete incluye un Cliente FTP con Seguro POTP, un Servidor FTP con Seguro POTP y FileCrypt POTP, un programa de encriptación en archivo independiente. Correo electrónico: `sales@elementrix.co.il`.

## Serv-u FTP versión 1.1

Un servidor FTP es una forma para copiar archivos hacia su servidor cuando esté con computadoras remotas en Internet. Si usted tiene clientes que corren sus propias páginas Web en su servidor, darles acceso FTP a sus archivos significa que usted no tiene que estar involucrado cuando ellos quieran subir sus últimos archivos HTML. En el capítulo 18, "Cómo correr un servidor FTP", hablaremos más sobre este programa. Correo electrónico: `RJB@eel-mail.mc.duke.edu`.

## WinSMTP versión 1.07 Beta 1.8s

SMTP es un protocolo utilizado para servir correo electrónico en Internet. Este programa le permite crear sus propias direcciones de correo electrónico para usted mismo, sus empleados y sus clientes; una vez puesto su propio nombre de dominio. Hablamos de nombres de dominio en el siguiente capítulo y acerca de cómo correr este servidor SMTP en el capítulo 17, "Cómo servir correo electrónico en Internet". Contacto en `http://www.seattlelab.com`.

## Kit de herramientas WAIS EMWAC

El Kit de herramientas WAIS le permite crear índices localizables de la información almacenada en su sitio Web. En el capítulo 19, "Bases de datos y Web" se describe todo el funcionamiento de este sorprendente programa freeware. Correo electrónico: `C.J.Adie@ed.ac.uk`.

# Herramientas HTML para sitios Web

Esta sección enumera varias herramientas clave para construir las páginas HTML que comprenden el corazón de un sitio Web.

## WebEdit versión 1.3

Éste es un excelente shareware editor de HTML para Windows. Lo incluimos por primera vez en el capítulo 8: "Cómo poner en línea su servidor Web para Windows 95". Éste será un asistente invaluable durante la Parte III, cuando escribamos código HTML. Póngase en contacto con Kenn Nesbitt en `webedit@thegroup.net` o en `http://wwwnt.thegroup.net/webedit/webedit.htm`.

### Paint Shop Pro versión 3.11

Éste es un excelente programa de 16 bits del tipo shareware para gráficos en Windows. Le mostraremos sólo algunas de las cosas agradables que puede hacer por su sitio Web en el capítulo 10, "Mapeo de imagen y Multimedia". Contacto en `http://www.jasc.com/index.html`.

### Map This! versión 1.2

Éste es un programa GUI de 32 bits para Windows, escrito por Todd Wilson, que automatiza la creación de archivos *.map para mapas de imágenes. Después de ver este programa en el capítulo 10, no creerá que es gratis. Ponerse en contacto con Todd Wilson vía correo electrónico en `tc@galadriel.ecaetc.ohio-state.edu` o vía Web, `http://galadriel.ecaetc.ohio-state.edu/tc/mt`.

## Lenguajes de programación para sitios Web

Explicaremos en detalle estas herramientas de programación en la Parte V del libro. Por favor considere opcional el software de esta sección, si no se considera a sí mismo un programador.

### Kit para desarrollo de software SunSoft Java

Explicamos Sunsoft Java en el capítulo 24, "Programación Web interactiva con Java." Básicamente, JavaScript es un nuevo lenguaje desarrollado por SunSoft y Netscape para brindar a los programadores una forma de hacer más interactivo a Web. Contacto con SunSoft en Web: `http://java.sun.com/`.

### Perl NT versión 5.001

PERL (Lenguaje Práctico para Extracción y Reportes) es un lenguaje interpretado diseñado para rastrear arbitrariamente archivos de texto, extraer información e imprimir reportes. Es también un buen lenguaje para muchas tareas de administración del sistema. PERL para NT se distribuye bajo la Licencia Pública General GNU, lo que básicamente significa que es freeware. A pesar de su nombre, este programa también corre en Windows 95. El contacto es Intergraph Corporation.

## Herramientas CGI para sitios Web

El software de esta sección le ayudará a mejorar su sitio Web desde el solo desplegado de texto y gráficos a un interactivo que permite a sus clientes llenar formularios electrónicos.

### Blat versión 1.4

Ésta es una utilería de comando del dominio público para Windows que envía un archivo en forma de correo electrónico a un usuario vía SMTP. CGI PerForm requiere a Blat para la funcionalidad de envío de correo. Contacto con Mark Neal en `mjn@aber.ac.uk` o con Pedro Mendes en `prm@aber.ac.uk`.

## CGIKit versión 1.2

Éste es un programa freeware lenguaje C (con documentación) que hace hasta cierto punto compatible el procesado de los formularios Web con la especificación CGI. El código fuente original viene con el EMWAC HTTPS para Windows NT, en una versión ampliada, la cual se incluye en este libro para hacer un análisis gramatical en cadena. Ha sido compilado en savedata.exe, con el cual puede correr si no tiene un compilador C. El capítulo 11, "Introducción a los formularios Web y CGI", cubre este programa ampliamente. Póngase en contacto con Christopher L. T. Brown en `clbrown@netcom.com`.

## Cold Fusion

Ésta es una versión restringida de un producto comercial que lleva la funcionalidad de la base de datos ODBC a Web. Entraremos en detalles al respecto en el capítulo 19, "Bases de datos y Web". Contacto en `http://www.allaire.com/cfusion/`.

## CGI PerForm versión 1.11

Ésta es una aplicación CGI en shareware que procesará el contenido de los formularios HTML de varios modos e incluye la capacidad de enviar correo electrónico basado en los datos del formulario. Ha sido desarrollado por Real Time Internet Services. Correo electrónico, `webinfo@rtis.com` o `http://www.rtis.com/nat/software/`.

# Software para cliente Internet incluido con este libro

Esta sección cubre lo más sobresaliente de los principales programas para cliente encontrados en el CD-ROM. Consulte el Apéndice H para conocer la estructura de directorios del CD-ROM y una breve descripción de todo el software. O mejor aún, ¡déle un vistazo al CD!

## Microsoft Internet Explorer versión 2.0

Éste es un excelente visualizador nativo en Web para Windows 95 construido por Microsoft para competir con Netscape. Formará parte integral de las versiones futuras de Windows 95. Contacto en `http://www.microsoft.com/windows/ie/ie.htm`.

## Eudora Light versión 1.5.2

Eudora es el cliente de correo electrónico para Windows más popular hoy día en Internet. Aunque Eudora no es freeware, cuesta únicamente una estampilla y una tarjeta postal. El autor de este programa sostiene que:

> Si usted prueba Eudora y decide que le gustaría utilizarlo regularmente, entonces sólo envíe una tarjeta postal a la dirección siguiente:

Jeff Beckley
QUALCOMM Incorporated
6455 Lusk Blvd.
San Diego, CA 92121-2779
USA

Eudora Light carece de algunas de las características avanzadas de la versión comercial, como descifrado automático de anexos y revisión de ortografía. Para más información sobre la versión comercial de 32 bits, vea `http://www.qualcomm.com/quest/QuestMain.html`.

## CuteFTP versión 1.4 Beta final 3

Ésta es una sorprendente aplicación GUI de cliente FTP para Windows. Soporta las operaciones de arrastrar y soltar (*drag-and-drop*) entre directorios, de manera que supera al programa de línea de comandos incluido en Windows 95. Correo electrónico: `alex@sbk.trigem.co.kr`.

## News Xpress versión 1.0 Beta 4

Éste es un excelente shareware GUI para leer (y enviar a) los grupos de noticias de Internet. Vea el capítulo 7, "Guía del Webmaster para FTP y grupos de noticias", para mayor información sobre la utilización de éste y de CuteFTP. Correo electrónico: `kenng@hk.super.net`.

## Archie versión 0.8

Es un programa GUI de 16 bits, de cliente Archie que le permite buscar servidores Archie para encontrar el contenido de los directorios FTP publicados a través de Internet. Su autor es Clifford Neuman, con cambios de Brendan Kehoe y George Ferguson. Contacto: David Woakes, `david.woakes@dial.pipex.com`.

# Software de utilidades esenciales para sitios Web

Si usted quiere explotar todo el potencial de Internet, cualquier experto le dirá que lo esencial son el software antivirus y un buen programa de compresión/descompresión. Con estas herramientas usted puede hacerlo tanto rápida como confiablemente.

## Doctor antivirus

Incluimos la versión shareware en el CD, pero también hay una versión comercial más poderosa. Este programa es muy fácil de utilizar; sólo descomprima y corra el programa de configuración. Correo electrónico: `support@thomnet.com`.

# Antivirus ThunderBYTE versión 6.50a

Éste es otro excelente programa antivirus para Windows 95. Se ofrece soporte vía CompuServe en el Foro ThunderBYTE. Teclee `GO TBYTE`.

# WinZip versión 6.0

Los archivos comprimidos tienen por lo general la mitad de su tamaño normal, y por lo tanto viajan a través de Internet dos veces más rápido. Toma mucho menos tiempo comprimir y descomprimir los archivos que transmitirlos. WinZip proporciona una agradable interfaz gráfica de arrastrar y soltar, aplicando la alta tecnología de compresión PKZIP. Parte del software incluido en el CD-ROM está en el formato .zip, y WinZip descomprimirá esos archivos durante la instalación hacia su disco. Éste es también muy útil para estar cerca de todas sus adquisiciones de archivos en Internet. Póngase en contacto con Nico Mak Computing, vía correo electrónico, `70056.241@compuserve.com` o en su página Web: `http://www.winzip.com/winzip/`.

# WinWhois versión Beta 1.0

Esta utilería GUI conecta a un servidor whois. WinWhois le permite obtener información valiosa sobre los dominios de Internet de la base de datos DNS InterNIC. Por ejemplo, usted puede ver el punto de contacto de cualquier dominio Internet registrado. Póngase en contacto con Koichi Nishitani en, `njknish@mit.edu`. O con Larry Kahn en CompuServe, `71434,600`, o por correo electrónico Internet, `kahn@drcoffsite.com`.

# RAS+95

Este programa shareware se pone a cargo cuando el acceso telefónico a redes de Windows falla. Si su conexión a Internet se pierde, RASPlus marca de nuevo automáticamente ¡en menos de un segundo! Correo electrónico: `rlamb@cftnet.com` o en la página Web `http://www.cftnet.com/mall/rasplus`.

# RoboDUN versión 0.61

Este programa le permite automatizar el proceso de conectarse con su proveedor de servicio Internet. Pregunte por el autor en CompuServe `76450,2754` o por correo electrónico Internet, `markga@epix.net`.

# Windows NetTools versión 1.0

NetAlert monitorea un puerto red TCP/IP comprobando que el puerto está escuchando. Cuando el puerto desciende o asciende, enviará una señal de alerta por correo electrónico. (La versión de Windows NT también ofrece paginación electrónica). Usted puede utilizar esta aplicación para revisar su conexión a Internet aplicándola a comprobar un puerto muy conocido en la red de su proveedor de servicio.

PortScan revisará su red para los puertos TCP/IP abiertos. Es una herramienta muy útil para ver si hay algún puerto abierto que no debería estarlo. Versión para Windows de una utilería utilizada hace tiempo por los administradores de sistemas UNIX. Contacto: Christopher L. T. Brown en `clbrown@netcom.com`.

### Windows Keep_ISP versión 1.0

Éste es un programa freeware de dominio público muy sencillo, que llama a su proveedor de servicio Internet en un intervalo determinado para que no lo desconecten. Lo describiremos posteriormente en el capítulo 16, "Cómo mantener su sitio Web". Correo electrónico, `scottz@sd.znet.com`.

### WWWusage

Éste es un script de PERL freeware que analizará los archivos de registro de varios servidores World Wide Web y producirá útiles resúmenes, incluyendo listas de los documentos más utilizados y los usuarios y sitios más activos. En el capítulo 21 se explicará en detalle. Para mayor información, ponerse en contacto con Richard Graessler en `rickg@pobox.com`.

## Software recomendado disponible en Internet

He aquí un programa Web muy agradable, del que seguramente ya ha oído, pero desafortunadamente no lo pudimos obtener para el CD.

### Netscape Navigator versión 2.0

Con mucho, el visualizador Web más popular, ya que Netscape ha actualizado con frecuencia su software y ayudado a definir el límite de HTML. El visualizador Web Netscape siempre ha manejado muy bien las extensiones HTML, y su popularidad ha alentado cada vez a más encargados de Web a incorporar las extensiones Netscape en el diseño de sus páginas Web. Las extensiones Netscape definen ampliamente a HTML 3.0. Contacto en `http://www.netscape.com/`.

## Otros recursos para software actual

Si usted no está contento con nada del software mencionado aquí, hay una gran variedad de productos adicionales disponibles en Internet. En algunos casos, usted los puede bajar inmediatamente con su visualizador Web o cliente FTP.

He aquí algunas páginas Web con buena información para que empiece su búsqueda del software disponible en Internet.

- Una lista muy completa del software para Windows 95:

  `http://www.windows95.com/`
- La lista Consumate Winsock Apps:

  `http://cwsapps.texas.net`

- El (autoproclamado) acervo de software para Windows más grande del mundo:

  `http://www.winsite.com/`

- La página principal de Microsoft:

  `http://www.microsoft.com/`

**Tip:** Para recibir noticias quincenales sobre Windows 95 vía correo electrónico, suscríbase a WinNews de Microsoft. Para suscribirse a las cartas de noticias, envíe correo electrónico a `news@microsoft.nwnet.com` con las palabras `SUBSCRIBE WINNEWS` como único texto en su mensaje.

# ¿Qué sigue?

El capítulo 3 explica los detalles de la conexión a Internet. Una vez hecha la conexión, el resto del libro se refiere totalmente a cómo configurar y aprovechar el software mencionado en este capítulo.

# Capítulo 3

# Cómo conectarse a Internet

- Tipos de acceso a Internet
- Servicio de información en línea versus un proveedor de servicio Internet
- Por qué rentar espacio en Web
- ¿Conexión de acceso telefónico o línea dedicada?
- Velocidad de conexión y opciones de hardware
- Otras opciones de conexión
- Continuemos con ISDN
- Computadoras individuales versus una LAN
- Cómo abrir su cuenta Internet
- Qué se necesita para que ISP le dé servicio
- Cómo registrar su nombre de dominio

El propósito de este capítulo es acabar con toda la confusión acerca de los diferentes métodos para entrar en Internet. Hay tantos tipos de conexiones para Internet que es imposible decir que uno es mejor que el otro. Este capítulo presenta los pros y contras de las diferentes opciones (al menos las que recordamos).

El objetivo es darle suficiente información para que con pleno conocimiento tome una determinación sobre cuál plan es el mejor para su sitio Web. Este capítulo se enfoca en las conexiones con módem e ISDN, pero también contempla LANs y las líneas de renta.

Asimismo se explica cómo abrir una cuenta Internet con un proveedor de servicio y registrar un nombre de dominio con InterNIC.

# Tipos de acceso a Internet

Si usted quiere establecer una conexión Internet por primera vez, probablemente haya notado que hay un caos de opciones (y tecnicismos relacionados con éstas). Esperamos que aún no haya caído en la frustración, porque ha llegado al lugar indicado.

A fin de abordar el gran problema de cómo conectarse a Internet, en este capítulo seguimos la filosofía de divide y vencerás. Empecemos considerando las muchas maneras en que se puede categorizar el acceso a Internet. Nos concentraremos sólo en los criterios siguientes, aunque debemos reconocer que probablemente haya otros que también podrían ser considerados:

- Servicio de información en línea o un Proveedor de Servicio Internet (ISP).
- Conexión de acceso telefónico o línea dedicada.
- Velocidad de conexión y opciones de hardware.
- Computadora individual o Red de Área Local (LAN).

Si alguna terminología le parece extraña, no se preocupe. Aquí se explican todas estas opciones. El punto es que usted va a ver un gran conjunto de superposiciones entre las diferentes formas de clasificar el acceso a Internet. Por ejemplo, si usted elige ya sea una conexión de acceso telefónico o una línea dedicada, también dependerá de (o podríamos decir que será dictada por) su elección de hardware. Consideremos cada categoría una por una.

# Servicio de información en línea *versus* un proveedor de servicio Internet

Utilizamos la frase *servicio de información en línea* para referirnos a America Online, CompuServe, GEnie, Microsoft Network o Prodigy. Cada uno de estos servicios le cobra una cuota de suscripción mensual por una conexión de acceso telefónico para módem (que es un ejemplo de la categoría de superposición mencionada anteriormente). Estos servicios organizan o añaden el contenido de la información más allá de lo que encontrará en la sola Internet.

Por el contrario, los ISPs por lo general no agregan nada a su acceso a Internet; únicamente se lo dan tal como es y dan por hecho que usted sabe cómo manejarlo. Algunos le dejan bajar un paquete shareware de programas para cliente Internet, y después usted sigue solo.

La similitud entre los ISPs y los servicios en línea es que ambos le cargan una tarifa mensual fija, con una cantidad determinada de horas "gratuitas" de tiempo de conexión. Si sobrepasa su tiempo límite, se le hace un cargo independiente por hora. Usted siempre tendrá más horas gratuitas y cuotas por hora más bajas con los ISPs que con los servicios en línea.

Hasta hace muy poco, usted no podía tener acceso decente a Internet en la mayoría de los servicios de información. Hoy, usted puede visualizar por Web o por los grupos de noticias desde todos estos servicios. Algunos incluso le permitirán efectuar un pago para tener su propia página principal en su servidor Web. De manera similar, algunos ISPs también le rentarán espacio en el disco de su máquina servidor si quiere que ellos publiquen sus páginas Web. A esto también se le llama *anfitrión Web.*

# Por qué rentar espacio en Web

Divaguemos por un momento un poco para explicar este tema. La pregunta que parece surgir, "¿Por qué necesito tener mi propio sitio Web si puedo pagar a alguien para que me lo haga?" Contratar a alguien con un servidor Web para publicar el contenido que usted desea puede ser la opción correcta si coincide con *todos* estos criterios:

- Usted sólo quiere hacer una prueba con una inversión muy baja. Ésta es una advertencia si considera que esto suena razonable: Si sus necesidades se expanden hasta llegar a querer su propio servidor, usted tendrá que mover su página principal y publicar el cambio de su URL ¡para todos los que estén en Web! Esto podría alterar sus referencias comerciales mientras la gente se aprende su nueva localización.
- No tiene una gran cantidad de información que publicar. Con una página alojada en otro servidor, usted paga el servicio por megabyte. Si necesita publicar gráficos o documentos extensos, a la larga le podría costar más que correr su propio servidor.
- No planea tener ninguna base de datos de tamaño considerable ni interacciones por correo electrónico con los clientes que visiten su página principal. En otras palabras, usted no realizaría ninguna programación CGI para crear formularios de encuesta para sus clientes (la Parte V cubre este tema en detalle). Sin una conexión directa al servidor, sus oportunidades para consultar la base de datos y las estadísticas del servidor estarán limitadas.
- No le importa si sus clientes tienen acceso limitado o lento al sitio. Tenga presente que los proveedores de servicio no garantizan cuántas páginas principales más estarán en el mismo servidor al igual que la suya. Algunos de los sitios para sus otros clientes podrían llenarse por ser muy populares y saturar al servidor.
- Usted no planea cambiar su contenido muy seguido. Es posible cambiar sus páginas en el servidor a distancia desde su PC utilizando FTP, pero es menos conveniente.

**Advertencia:** Algunos proveedores de servicio le dicen que le están dando espacio en Web y que su URL será algo así como `ftp://serviceprovider.com/pub/YourUserId/file.html`. ¡No caiga en este truco! Lo que le están dando es sólo un directorio FTP para guardar sus archivos HTML. Cierto, quienes tienen un visualizador Web pueden tener acceso y desplegar sus archivos HTML, pero accesarían a éstos a través del protocolo FTP, que requiere que el visualizador del cliente se registre como un usuario anónimo. Este proceso toma tiempo y no es la forma correcta de servir un documento HTML.

El punto clave de esta lista no es ayudarle a seleccionar entre los ISPs y los servicios en línea; más bien, es mostrarle que usted probablemente no quiera que alguno de ellos publique su página principal en su nombre. Suponemos que usted está leyendo este libro porque quiere aprender cómo administrar sus páginas Web en forma más dinámica.

Si ya pasó por esta lista con plena conciencia y aún está pensando en rentar espacio en Web (quizás temporalmente), Éste libro tiene mucho que darle a ganar aún. En realidad, finalmente usted estará bien preparado para el día en que decida tomar el control total de su sitio Web.

Antes de que tenga la impresión de que estamos en contra de los ISPs, permítanos regresar de nuestra divagación a la pregunta en mente: ¿Debería usted abrir una cuenta con un ISP o con un servicio en línea?

Recuerde que un ISP ofrece acceso total a Internet las 24 horas del día, todos los días del mes. Usted tendría que reunir una gran cantidad de billetes para obtener un trato similar con un servicio en línea. Aun cuando hayamos determinado que no queremos que un ISP publique nuestra página Web por nosotros, de todas formas necesitamos su servicio para conectar nuestro servidor Web a Internet.

Ahora que tiene la información básica, consideramos que usted verá esta pregunta como un asunto fácil de arreglar. El ejemplo de sitio Web que le vamos a ayudar a construir en este libro estará corriendo las 24 horas del día en su propio servidor Windows 95, y le vamos a mostrar cómo desarrollar su propio software de interacción con el cliente en Web. Por eso, en este punto, tomamos la decisión de ir con un ISP. El Apéndice A nos podría ayudar a seleccionar un ISP dentro del país. Recuerde que a la velocidad con que surgen los ISPs, no hay manera de que el Apéndice A de este libro sea una lista actualizada, pero es un buen lugar para comenzar.

# ¿Conexión de acceso telefónico o línea dedicada?

Establecimos ya que queremos abrir una cuenta con un ISP. Una de las primeras cosas que el ISP nos va a preguntar es si queremos una conexión de acceso telefónico (también llamada *en demanda*) o una línea dedicada (también llamada *exclusiva*).

Al punto en que han llegado las opciones de hardware, una cuenta de acceso telefónico se puede ofrecer tanto sobre módem como ISDN y una línea dedicada lo puede ser para módem, ISDN, Switched-56, Frame Relay, T1 Fraccional, o T1.

Por suerte, aún no necesitamos meternos en todo esto. Decidir entre una u otra no es cuestión de juzgar las demandas anticipadas de desempeño en nuestro sitio. Más bien, es sólo una cuestión de costos y conveniencia. Recuerde que el sitio Web debe correr las 24 horas del día. Tal como se presenta, usted puede lograrlo tanto con una cuenta de acceso telefónico o una de línea dedicada.

Ciertamente, esta terminología puede sonar un poco confusa. Hay una explicación más profunda, mas para hacer que esto sea lo más sencillo posible, acordemos que por el momento sólo nos referimos a conexiones para módem. La diferencia entre una línea de acceso telefónico y una línea dedicada es que la primera se conecta a una cuenta mancomunada (*pool)* para módem en la oficina del ISP, y la segunda proporciona un número telefónico privado al ISP. La ventaja de ésta es que no tenemos que preocuparnos por tener una señal de ocupado. Si se perdiera la conexión dedicada, podemos volver a marcar al ISP en nuestro número privado, sin el riesgo de no poder regresar inmediatamente a la línea. Desafortunadamente, pocos ISPs pueden ofrecerle un número telefónico especializado reservado para su cuenta. A cualquier precio, usted necesita definitivamente una dirección de IP reservada (más sobre esto después).

Dados los altos costos de las conexiones más sofisticadas, supongamos que decidimos tener una línea dedicada vía módem. El capítulo 16, "Cómo mantener su sitio Web", le muestra cómo evitar que a la conexión se le acabe el tiempo y cómo configurarla con la opción de remarcado automático para recuperarse de una desconexión.

# Velocidad de conexión y opciones de hardware

Aquí es donde entra la alta tecnología. El simple hecho de decir que queremos una línea dedicada en realidad no acorta la brecha entre los diferentes tipos de conexiones en hardware. Dependiendo de su ISP, usted tendrá una opción de conectarse por módem, ISDN, Switched-56, Frame Relay o T1. Tal vez en este momento usted deseara regresar a la tabla 1.1, que muestra el desempeño relativo de éstas y otras tecnologías de transmisión.

Este punto es, las más de las veces, una cuestión de costo contra desempeño. Si su presupuesto es bajo, una conexión por módem es, tal vez, su mejor opción pues su desempeño es suficientemente razonable para la mayoría de las necesidades de los negocios pequeños.

Al seleccionar un módem, asegúrese de que soporta V.34 —el estándar preferido para *transmisión de datos* a 28.8 Kbps sobre líneas telefónicas—. Si su módem también soporta V.42bis, que es un estándar para *compresión de datos,* su caudal de transmisión podría ser de hasta cuatro veces la velocidad de transmisión del módem. Hacemos hincapié en decir *de hasta,* ya que hay otros factores que por lo general le impiden llegar hasta el nirvana a una velocidad de 115 Kbps.

El primer factor es el ruido en la línea. Las líneas telefónicas están probablemente sobreutilizadas, y no se puede hacer nada al respecto. El ruido en la línea causa errores en los paquetes que se están transmitiendo. TCP/IP y PPP detectarán esto y forzarán a los paquetes a ser retransmitidos, reduciendo efectivamente el caudal de transmisión. La buena nueva es que no tenemos que preocuparnos por esto en la capa de aplicación, pues esto se efectúa de manera transparente gracias a los protocolos de bajo nivel. Por supuesto, lo notaremos en la capa de aplicación, en cuanto la barra de estado de CuteFTP reporta que nuestra descarga V.34 está corriendo solamente 3 Kbps aproximadamente. Eso se traduce a cerca de 24 Kbps, un poco menos de los 28 Kbps potenciales. (Por cierto, este autor no ha sabido de ningún usuario Internet que constantemente tenga una conexión de más de 26 Kbps y esté utilizando un módem de 28.8 Kbps).

> **Nota:** Kbps significa *kilobytes* por segundo, y Kbps quiere decir *kilobits* por segundo. Puesto que hay 8 bits en un byte, 1 KBps es 8 veces más rápido que 1 Kbps.

El segundo factor es la velocidad del DTE [Equipo para Terminal de Datos (Data Terminal Equipment)] al DCE [Equipo para Comunicaciones de Datos (Data Communications Equipment)] entre su computadora y su módem. (Ésta a menudo se llama *velocidad DTE*). Aun cuando su línea telefónica y su módem sean capaces de comunicarse a 115 Kbps, usted tiene que asegurarse que su computadora pueda procesar la información a esa velocidad. Esta es la razón de que tener una UART 16550 es esencial. La UART está ya sea construida sobre un módem interno o entre la tarjeta principal y las conexiones para el puerto serial de su módem externo. La 16550 es capaz de amortiguar más información que sus predecesoras, la 8250 y la 16450. Además, el sistema operativo y la aplicación que usted tiene —en este caso el servidor Web— deben estar corriendo lo suficientemente rápido para soportar las interrupciones que se dan cuando llega nueva información en el puerto COM. También ayuda si evita correr programas serios de compresión de números en background, u obtiene una Pentium (o algo más rápido).

**Precaución:** Un pequeño consejo sobre la selección de sus protectores de pantalla, pues el propietario de una máquina para sitio Web por lo general no la usa tanto como los clientes que la visitan con sus navegadores Web. Si esto es cierto en su caso, significa que su protector de pantalla va a tener mucho trabajo. Eso está bien para evitar daño a su monitor, pero recuerde que algunos protectores de pantalla (en especial aquellos que contienen gráficos más realistas) utilizan mucho más ciclos del CPU que otros. Si usted quiere que su servidor le dé el mejor rendimiento bajo cargas pesadas de trabajo, debería evitar los protectores de pantalla tridimensionales. Estos protectores de pantalla corren complejos algoritmos, lo que reducirá el rendimiento general de su servidor.

# Otras opciones de conexión

Si considera que su sitio Web necesita incrementar su ancho de banda más allá de 28.8 Kbps, debería considerar ISDN. Este libro no cubre las otras opciones de conexión como Frame Relay o T1, pues son temas sobre los que se han escrito libros enteros.

# Continuemos con ISDN

Además de las conexiones estándar para módem, el acceso telefónico a redes de Windows 95 soporta ISDN. La red digital de servicios integrados es un conjunto de protocolos de transmisión digital definidos por el CCITT. Los protocolos tienen aceptación de estándares mundiales.

Dos factores definen el precio de ISDN: la Interfaz de Velocidad Básica (BRI) y la Interfaz de Velocidad Primaria (PRI). Ambas constan de una cantidad determinada de canales B de 64 Kbps y un canal D compartido. La BRI contiene dos canales B, y la PRI contiene 23. Los canales B, o canales portadores, se utilizan tanto para transmisión de voz como de datos. El canal D, o canal de información (refiriéndose a la información de la compañía telefónica), se utiliza para configurar las llamadas y monitorear el estado de todos los canales B. A usted se le cobra por el tiempo de utilización de cada canal B. Una de las maravillas de ISDN es que puede cargar con dos canales B para incrementar el caudal de transmisión si necesita transferir un archivo extenso.

> **Nota:** Para una guía en línea para principiantes acerca de ISDN, vea estos sitios:
> `http://www.alumni.caltech.edu/~dank/isdn/`
> `http://www.pacbell.com/`

Para utilizar ISDN, usted necesitará un enrutador especial o tarjeta adaptadora. Hay una cantidad creciente de productos disponibles en hardware para ISDN. Esta es una útil lista de las compañías que actualmente fabrican dispositivos ISDN para computadoras personales y redes:

**Ascend Communications, Inc.**, 800-621-9578
**AT&T Distributor: Volt**, 800-566-8658
**Connective Strategies, Inc.**, 703-802-0023
**CoSystems, Inc.**, 408-748-2190
**DGM&S, Inc.**, 609-866-1212
**Digiboard**, 800-344-4273
**Eicon Technology Corp.**, 514-631-2592
**EuRoNis**, +33-142334098, Paris
**Extension Technology Corp.**, 415-390-8130, 508-872-7748
**Fujitsu ISDN Division**, 800-228-ISDN (4736)
**Hayes Microcomputer Products, Inc.**, 415-974-5544, 404-441-1617
**Hewlett-Packard**, 800-637-7740
**International Business Machines Corp.**, 800-IBM-2YOU
**CALL**, 919-254-0434, 507-253-7294
**ISCOM, Inc.**, 301-779-1368
**ISDN Systems Corp.**, 703-883-0933
**Link Technology, Inc.**, 215-357-3354
**Mitel Corp.**, 613-592-2122
**Motorola UDS**, 510-734-8820, 714-285-0824, 205-430-8902
**MPR Teltech Ltd.**, 604-293-6047
**NCR Network Products Division** 612-638-7685, 612-638-7828
**OST, Inc.**, 403-817-0400
**Silicon Graphics**, 415-390-2522
**Sun Microsystems Computer Corp.**, 415-336-4433
**Xyplex**, 800-338-5316

Una cuestión muy ligada a su elección de la velocidad de conexión y a las opciones de hardware, es si usted planea correr en una PC autónoma o desde una PC en una red de área local.

# Computadoras individuales *versus* una LAN

Si su compañía ya está corriendo un servidor Internet, usted puede conectarse a Internet a través de su LAN a ese servidor. El costo y rendimiento de esta opción debería ser favorable; la única mala noticia es que hay implicaciones de seguridad. Tendrá que planearlo cuidadosamente con un administrador de red capacitado o un ingeniero calificado por Microsoft. He aquí un par de puntos a considerar:

- Utilice un *firewall* (muro de fuego) para mayor seguridad, pues en caso de que su sitio Web sea parte de una LAN no debería estar expuesto a Internet. Vea el capítulo 20, "Robots Internet y más productos para seguridad", para mayor información acerca de los firewalls.
- Considere las direcciones TCP/IP; en caso de que su sitio Web sea parte de una LAN ésta tiene que estar corriendo previamente algún otro protocolo. Si su LAN está corriendo DHCP (Protocolo Dinámico para Control de Host), tendrá que ponerse de acuerdo con el administrador de su sistema para que la máquina que usted quiera que sea su servidor Web tenga una dirección IP estática en vez de una dinámica. A esto se le conoce como *cliente reservado*, y su configuración está más allá del alcance de este libro. Para mayor información, consulte el Kit de recursos de Windows 95 en la Bibliografía.

El resto de esta sección explica brevemente cuatro tipos de alternativas para conexiones Internet, en orden creciente de costo. Las primeras dos están basadas en una PC individual y por lo tanto requieren el acceso telefónico a Redes; las dos últimas están basadas en un ambiente LAN.

# Tipo 1: Win95 + acceso telefónico a Redes + Módem de 28 Kbps + línea telefónica estándar

Esta conexión es la más sencilla y económica. Le bastará una computadora con Windows 95 para el acceso telefónico a Redes y su servidor Web, un módem (interno o externo) y una línea telefónica estándar para marcar a su ISP. Vea la figura 3.1.

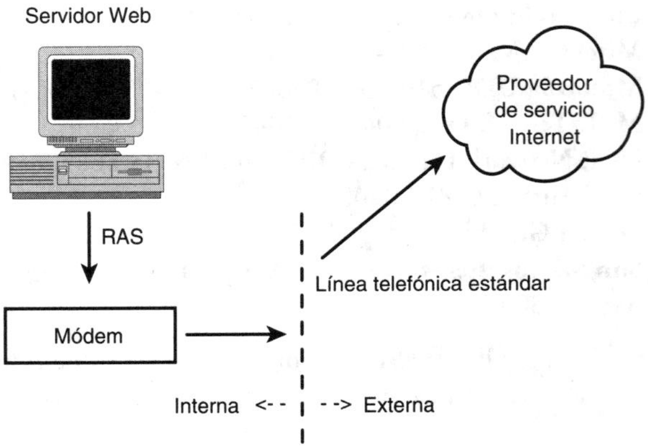


**Figura 3.1.**
*Conexión de acceso telefónico de 28.8 Kbps.*

# Tipo 2: Win95 + acceso telefónico a Redes + adaptador ISDN + línea ISDN

Este arreglo está un paso arriba en costo y rendimiento respecto a la configuración anterior para módem. Se reemplaza el módem con una tarjeta adaptadora ISDN. La línea ISDN instalada por la compañía telefónica se conecta directamente en la parte posterior del adaptador ISDN en la PC. Vea la figura 3.2.

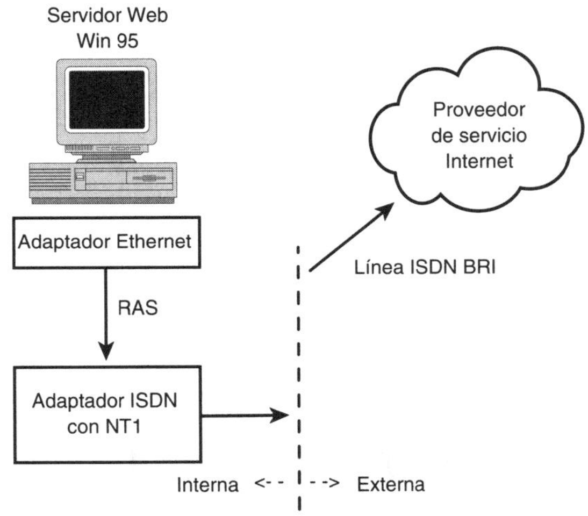


**Figura 3.2.**
*Conexión ISDN de acceso telefónico a redes.*

# Tipo 3: Win95 + tarjeta Ethernet + enrutador ISDN + CSU/DSU + línea ISDN

Con la adición de la tarjeta Ethernet para correr en una LAN, esta configuración cuesta más que los diagramas stand-alone (independientes) anteriores. Vea la figura 3.3. Sin embargo, esta configuración le brindará acceso Internet a todos los usuarios de su LAN, además de proporcionarle un sitio Web de alto rendimiento para sus clientes.

Una CSU/DSU es una Unidad de Servicio Canal/Unidad de Servicio de Información. En este caso, una CSU/DSU es a una línea digital lo que un módem a una línea analógica. Algunos enrutadores ISDN, como el Ascend Pipeline 50 HX, incluyen la CSU/DSU.

Las ventajas clave de esta opción son

- No tiene que correr RASPlus 95 (que se explica en el capítulo 16) para mantener la conexión.
- Si hay varios usuarios de Internet en la LAN, puede utilizar con mayor holgura su ancho de banda, en vez de pagar por todo el ancho de banda, que a menudo se desaprovecha.
- El enrutador ISDN puede comprimir su flujo de información para el ISP hasta cuatro veces. (Por supuesto, los módems también comprimen.)

- Finalmente, usted gana seguridad al utilizar el enrutador para filtrar los paquetes. Asimismo, puede eliminar el tráfico entrante de algunas direcciones IP después de utilizar un programa de monitoreo de red para descubrir a un supuesto hacker.

**Figura 3.3.**
*Conexión ISDN para red.*

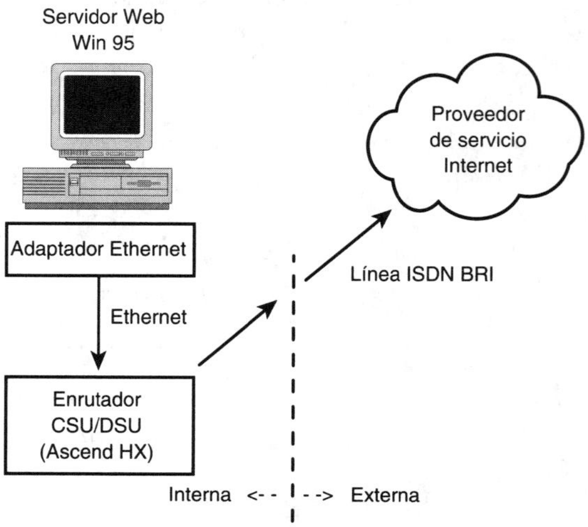


# Tipo 4: Win95 + tarjeta Ethernet + enrutador + CSU/DSU + línea alquilada de 56 Kbps

Ésta es esencialmente la misma configuración de la anterior, salvo por el cambio en el tipo de enrutador. Su decisión para seguir con esta opción depende del costo de la línea alquilada por la compañía telefónica y la disponibilidad de esta conexión en su ISP. Vea la figura 3.4.

**Figura 3.4.**
*Conexión para red con línea alquilada.*

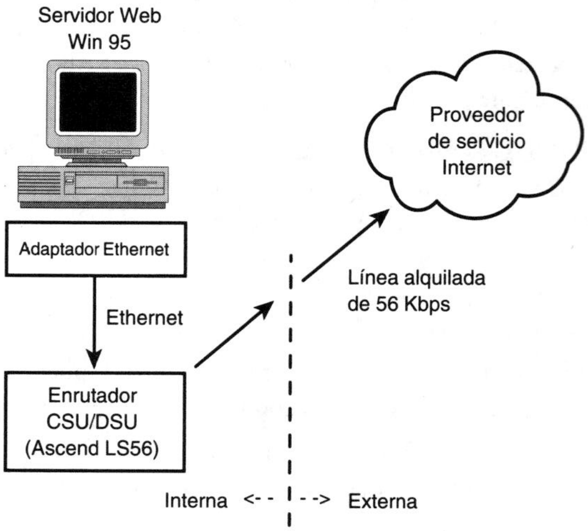

Para la oficina pequeña u oficina casera, trabajar con una línea ISDN puede ser su pasaporte. Muchas compañías de telecomunicación ofrecen ahora tarjetas o enrutadores ISDN que incluyen por lo menos un puerto para teléfono analógico, conocido como POTS [siglas en inglés para Antiguo Sistema Telefónico Plano (Plain old Telephone System)]. Esta configuración le permitirá mantener una conexión ISDN hacia su ISP tanto para enviar un fax o hacer una llamada telefónica en la misma línea al mismo tiempo. Si además del adaptador ISDN usted tiene un módem estándar conectado a su servidor, podría conectarlo a un puerto analógico del adaptador ISDN para respaldo. De esta forma, si el enrutador ISDN cae a su ISP, aún se podría hacer una conexión utilizando el módem estándar.

# Cómo abrir su cuenta Internet

Los Proveedores de Servicio Internet (ISPs) surgen por todas partes. Si usted es como la mayoría de la gente, necesitará un ISP que le sirva de intermediario hacia Internet; es decir, a menos que tenga la fortuna de poseer su propia conexión T3 a la dorsal de Internet.

La mayoría de los proveedores de Internet tienen una o varias líneas T1, y su conectividad con la dorsal está hecha en su mayor parte a través de líneas T3, y casi siempre ofrecen conexiones de acceso telefónico estándar vía módem (14.4 Kbps-28.8 Kbps). La mayoría también ofrecen Frame Relay (56 Kbps-1.544 Mbps), y/o ISDN BRI (56 Kbps-128 Kbps). Los ISPs grandes y bien establecidos incluso ofrecen conexiones T1. Algunos de los principales aparecen en el Apéndice A.

Al seleccionar un ISP hay varias cosas importantes que considerar. Primero, seleccione un ISP con una buena reputación para servicio al cliente. Una vez encontrado un proveedor de servicio en su área, llámele y vea si le puede proporcionar los servicios que usted quiere, a un precio razonable.

Segundo, calcule qué calibre de hardware está corriendo el proveedor. Por ejemplo, ¿Cuenta con un sistema de tolerancia a fallas? ¿Cuántos servidores tiene? ¿Cuántos clientes y líneas telefónicas/módems tiene? Esto es importante si usted quiere evitar tener una señal de ocupado. Con suerte, el rendimiento del ISP se ajusta a las necesidades de sus clientes. Lo que es más importante, ¿qué tan seguido se cae su sistema (lo que también se llama Tiempo principal entre fallas)?

Finalmente, cada ISP tiene una lista diferente de costos de configuración y cuotas mensuales. Usted podría requerir una comparación de precios entre los ISPs que está consultando. Vea la siguiente sección donde se describen algunas de las preguntas que debería hacer.

Este libro da por hecho que usted está utilizando una conexión de acceso telefónico o dedicada de 28.8 Kbps, pero tendría que asegurarse de que el ISP tiene la capacidad de proporcionarle conexiones con un ancho de banda más amplio para un posterior crecimiento; quizás hasta T1.

# Qué se necesita para que ISP le dé servicio

Aquí están los servicios que se requieren para el ejemplo de sitio Web que usted construirá en este libro.

1. Una cuenta Internet PPP [Protocolo Punto a Punto (Point to Point Protocol)] de acceso telefónico para negocios, de 28.8 Kbps. SLIP también trabajará, pero PPP es mejor.

2. Una línea para módem y un puerto en la máquina del proveedor de servicio.
3. Una dirección IP estática. Algunos ISPs utilizan una dirección IP dinámica para conservar su propia cuenta mancomunada de direcciones IP. Una dirección IP dinámica cambia cada vez que usted se registra y no funcionará para nuestros propósitos. Debe insistir en la estática.
4. Un registro de DNS [Servicio de Nombre de Dominio (Domain Naming Service)] para su sitio, por ejemplo, `yourco.com`.
5. Registros CNAME para `www.yourco.com` y `ftp.yourco.com` (si desea dar servicios FTP). Estos CNAMEs, o nombres canónicos, son alias para el dominio de `yourco.com.`, lo que permite usar el URL `http://www.yourco.com/` en sus visualizadores Web para su sitio Web y el URL `ftp://ftp.yourco.com` para su sitio FTP, aunque ambos estén en la misma máquina.
6. Hacer saber al ISP qué servidores de protocolos intenta usted correr y asegurarse de que los puedan soportar. En nuestro ejemplo de sitio Web correremos los siguientes servidores de protocolos:
   - SMTP-Protocolo Simple de Transferencia de Correo
   - FTP-Protocolo de Transferencia de Archivos
   - HTTP-Protocolo de Transferencia de Hipertexto

> **Tip:** Asegúrese de que el ISP tenga un acopio de noticias en la red para su grupo de noticias favorito. Esto es opcional pero es muy recomendable para los sitios Web de negocios. Se sorprenderá de lo que puede encontrar si usted monitorea los grupos de noticias clave que tienen que ver con su negocio. Definitivamente no le recomendamos que corra NNTP [Protocolo de Transferencia de Noticias en Red (Network News Transfer Protocol)]. En su lugar, todo lo que usted necesita es suscribirse al grupo de noticias seleccionado. Bajar solamente los encabezados de los artículos, evitará impactar su sitio Web.
>
> Por otra parte, si usted quiere correr NNTP, necesitará por lo menos 9 Gb de espacio en disco, una conexión de alta velocidad y un servidor independiente. Con 16,000 grupos de noticias, NNTP está hambriento de fuentes y no es conveniente saturar el rendimiento de su sitio Web.

# Cómo registrar su nombre de dominio

Debido a que cada una de las interfaces en Internet debe tener una dirección IP única, debe haber una autoridad central para asignar estas direcciones. Esta autoridad es el Centro de información sobre la Red Internet (InterNIC). El ISP le enviará un formulario que usted llena y envía por correo electrónico a `hostmaster@internic.net` para registrar su dominio. Asimismo, tiene la opción de correr su propio servidor DNS, pero eso complicaría el asunto significativamente.

En el Apéndice C y en el CD-ROM se incluye una muestra del formulario de registro DNS utilizado por InterNIC al momento de escribir esto. Para obtener el formulario más actualizado de InterNIC, utilice su navegador Web y vaya a los servicios de registro InterNIC en `http://rs.internic.net/rs-internic.html`.

Luego de enviar el formulario recibirá una respuesta automática diciéndole que InterNIC ha recibido su solicitud y cuándo estará disponible su nombre de dominio para su uso. Al último nombre de dominio que este autor solicitó le tomó ocho días ser procesado (debido a una acumulación de 4,000 solicitudes de nombres de dominio en InterNIC).

# ¿Qué sigue?

Ahora que ha abierto una cuenta y asignado un nombre de dominio, usted está listo para avanzar. Oiga, pero no crea que nos íbamos a tomar una semana para tener oficialmente un nombre de dominio. Apenas tendremos el tiempo suficiente para que usted instale su servidor y haya escrito todo su código HTML. Tal vez antes termine las Partes II y III antes de que necesite su nombre de dominio.

# Parte II

# Listo para correr

Los próximos cinco capítulos le ayudarán a estar preparado para correr en Web tan rápido como sea posible. Para cuando haya terminado el capítulo 8, se lo garantizamos, usted tendrá presencia en Internet.

- **Capítulo 4**, "Acceso telefónico a redes y TCP/IP para Windows 95", describe la configuración del software Internet fundamental en Windows 95.
- **Capítulo 5**, "Guía del encargado de Web (Webmaster) para Exchange y Eudora", explica dos programas que sirven a la función de más utilización en Internet: el correo electrónico. Utilizar Exchange o Eudora es esencial para estar preparado y correr en Web.
- **Capítulo 6**, "Guía del Webmaster para Explorer y Navigator", va un paso más allá y describe la configuración de estos dos populares visualizadores Web. Tener su visualizador preparado y corriendo es también un paso esencial para construir su sitio Web.
- **Capítulo 7**, "Guía del Webmaster para FTP y Grupos de noticias", le enseña las bases de dos programas shareware en Internet relativamente desconocidos. Se asombrará del potencial para investigación y recuperación de información que guardará en Cute FTP y News Xpress.

- **Capítulo 8,** "Poniendo en línea su servidor Web para Windows 95", es donde en realidad se comienzan a cocinar las cosas, pues usted mismo instalará el Servidor HTTP y pondrá su primera página Web en línea.

# Capítulo 4

# Acceso telefónico a redes y TCP/IP para Windows 95

- Cómo preparar Windows 95
- Cómo instalar y configurar TCP/IP
- Cómo instalar acceso telefónico a redes
- Conexión de acceso telefónico a Internet
- Cómo instalar WinZip

Aquí es donde empieza lo emocionante. Al terminar este capítulo usted tendrá una conexión a Internet, pero antes tenemos mucho que tratar sobre Windows 95, TCP/IP y el Acceso telefónico a redes (Dial-Up Networking) e incluso instalará un programa compresión/descompresión de archivos muy accesible llamado WinZip, que le ayudará a instalar mucho del software incluido en el CD.

Los temas están presentados en forma práctica. Abarcamos únicamente lo que usted necesita saber porque queremos fincar nuestra promesa de prepararlo para correr lo antes posible.

# Cómo preparar Windows 95

Por principio, usted necesita decidir la estructura de la unidad de disco y directorios que va a usar. Para el ejemplo de sitio que elaborará en este libro, será una unidad C: (con por lo menos 300 Mb), en la cual instalará Windows 95, las utilerías y otros programas (aplicaciones para cliente Internet). Aunque no es forzoso, creemos que es buena idea mantener su sistema operativo y los programas de aplicación físicamente separados de los archivos y directorios de su sitio Web.

Si aún no lo ha hecho, éste es el momento para instalar Windows 95. No hay espacio para explicar los detalles de la *instalación* de Win95, pero cubriremos aspectos de la *configuración* de Windows 95 cuando sea necesario. Para ayudarse a instalar Win95, por favor consulte las guías de Microsoft que acompañan al producto.

La unidad D: estará dedicada a los archivos Web y a los archivos FTP para el sitio Web. Cuanto más grande sea esta unidad, tanto mejor. Una unidad de 1 Gb puede parecer excesiva para una compañía pequeña, pero le permitirá tener espacio para crecer. El siguiente paso es hacer un mapa de la estructura de los directorios de la unidad D:. Sugerimos crear los siguientes subdirectorios como una buena forma de organizar su sitio Web:

- `D:\http`—mantiene los archivos principales HTML y el software para servidor Web.
- `D:\http\cgi-bin`—mantiene todos los guiones y aplicaciones CGI.
- `D:\http\images`—directorio común para archivos de gráficos.
- `D:\http\log`—para que el servidor HTTP dé acceso a los archivos de registro.
- `D:\http\pub`—mantiene todos los archivos FTP de publicidad disponibles.

Éstos debieran ser todos los directorios que se necesitan para empezar. Conforme pase el tiempo y la compañía crezca, se pueden añadir otros directorios para separar en forma lógica los archivos HTML adicionales. Por ejemplo, usted también puede instalar el servidor SMTP (capítulo 17) y el servidor FTP (capítulo 18) en la unidad D:.

Ahora viene la parte divertida: la instalación y configuración de los componentes Internet de Windows 95. En este capítulo se da por supuesto que usted ya tiene instalado Windows 95 y está listo para configurar TCP/IP y Acceso telefónico a redes (Dial-Up Networking).

# Cómo instalar y configurar el TCP/IP

Esta sección le muestra cómo instalar TCP/IP antes del Acceso telefónico a redes (Dial-Up Networking); una vez instalado el último, éste hará, automáticamente, uso de cualquier protocolo para red que ya esté cargado. Hay muchas formas de configurar Windows 95 para acceso a Internet, pero aquí no los describiremos; de modo que nos quedaremos con lo meramente esencial. En la mayoría de los casos, esto debería bastar y podría incluso simplificar las cosas cuanto fuera posible. No explicaremos los aspectos de configuración para LAN, pero nuestras sugerencias tampoco entrarán en conflicto con LAN (por ejemplo, cuando se conecta una máquina con Windows 95 a un servidor para LAN con Windows NT).

> **Tip:** Para información acerca de la configuración de Windows 95 para Internet, vea el *Windows 95 Resource Kit* publicado por Microsoft. Si usted no quiere pagar 50 USD por ese libro/CD y tiene la versión en CD del propio Windows 95, puede leer con atención el archivo de ayuda del Kit dirigiendo Explorer hacia esta ruta en el CD:
>
> `\Admin\Reskit\Helpfile\Win95rk.hlp.`
>
> Sólo haga doble clic en el archivo, y podrá leer todo el material contenido en el Kit de recursos impreso.
>
> Otro recurso útil es la configuración de TCP/IP para Windows 95 HOW-TO/FAQ, compilada por Michael Rose. Se puede encontrar en línea en este URL:
>
> `http://www.aa.net/~pcd/slp95faq.html`

Lo primero que tiene que hacer es revisar si ya tiene TCP/IP corriendo en Windows 95 (en caso de que no esté seguro de cómo se instaló el sistema operativo cuando compró su máquina). Estos pasos lo revisarán si ya lo tiene; en caso contrario, le mostraremos cómo agregarlo:

1. Haga clic en el menú Inicio | Configuración | Panel de control (Start Menu | Settings | Control Panel). Usted también puede obtener el panel de control vía Mi PC o Explorer, pero el menú Inicio parece ser un poco más rápido en mi máquina.
2. Haga doble clic en el icono Red. Usted deberá ver el cuadro de diálogo que aparece en la figura 4.1. Si su pantalla muestra TCP/IP en la lista, como lo hace ésta, puede pasar a la sección llamada Configurando el TCP/IP ("Configuring TCP/IP").
3. Si aún no tiene cargado el TCP/IP, seleccione el botón Agregar (Add). Deberá ver el cuadro de diálogo que se muestra en la figura 4.2.
4. Seleccione Protocolo (Protocol) en la lista y de nuevo el botón Agregar (Add). Verá el cuadro de diálogo que se muestra en la figura 4.3.
5. Seleccione Microsoft en la lista de la izquierda y TCP/IP en la de la derecha. Elija OK.

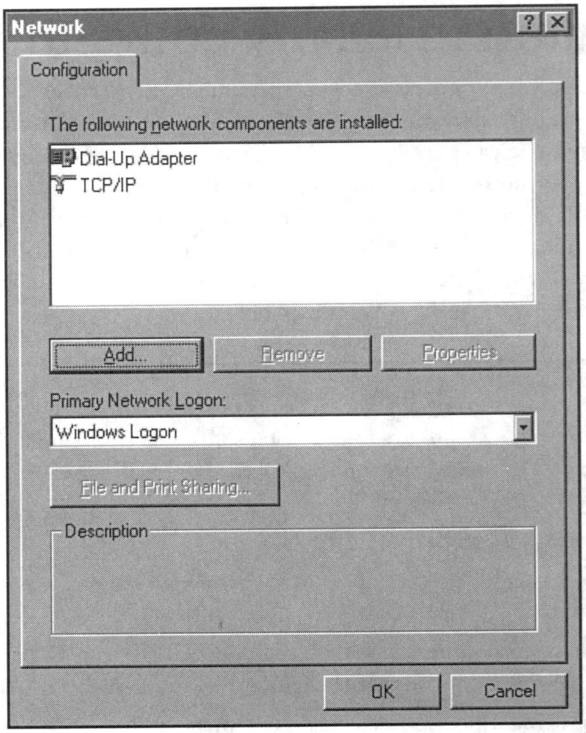


**Figura 4.1.**
*Esta máquina Windows 95 ya tiene TCP/IP.*

Así, cada vez que inicie Windows 95 se cargará el TCP/IP en su máquina. Vea de nuevo la figura 4.1 por un momento. Ahora deberá ver TCP/IP en la lista de su máquina, tal como se ve en la figura 4.1. Usted también puede ver otros protocolos para red (por ejemplo, NetBEUI, o IPX/SPX) en la lista de su máquina. Si usted no está corriendo en una LAN, puede elegir y eliminar estos protocolos; eliminar los protocolos que no se utilizan libera un poco de memoria extra para que Windows 95 corra otros programas. Si usted está corriendo en una LAN, tal vez no debiera eliminarlos, a menos que esté seguro de que otras computadoras con las que necesite comunicarse no las utilizan.

Hablando de la optimización de memoria, otra cosa que usted no necesita si no está en una LAN es el Cliente para redes Microsoft (Client for Microsoft Networks). Si éste aparece en la lista de redes, elimínelo a menos que esté planeando registrarse dentro de una LAN Windows. El componente cliente le permite su clave de acceso y compartir sus archivos con otras máquinas en la red. Usted no querría hacer esto en Internet.

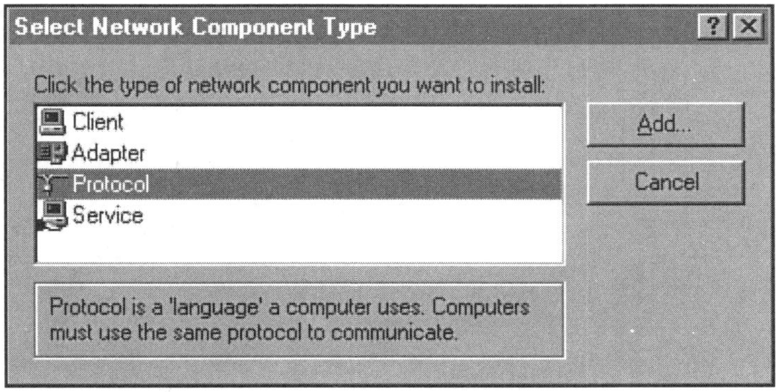


**Figura 4.2.**
*Añadiendo a Windows 95 los componentes para red.*

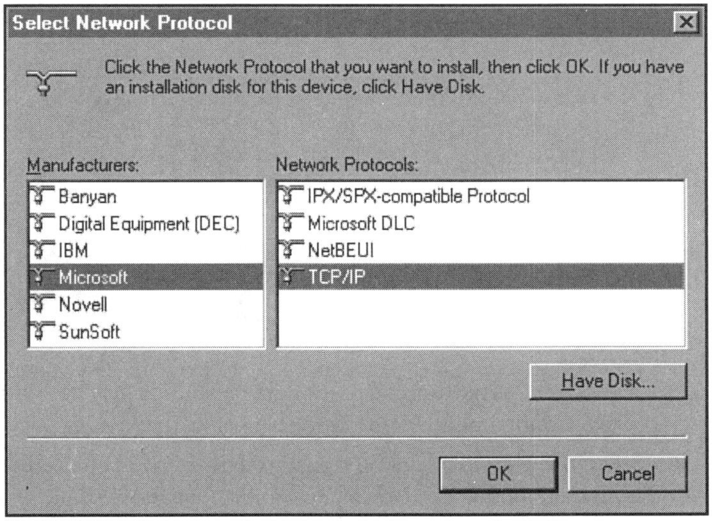


**Figura 4.3.**
*Este cuadro de diálogo agrega el TCP/IP Microsoft.*

# Cómo configurar el TCP/IP

Tener cargado el TCP/IP es sólo el comienzo; aún hay que configurarlo con una dirección Internet e insertar un poco de información acerca del ISP. He aquí los pasos para hacerlo:

1. Si no aparece el cuadro de diálogo para Red del panel de control (Control Panel Network), seleccione el menú (Inicio | Configuración | Panel de control (Start Menu | Settings | Control Panel). Haga doble clic en el icono Red.
2. Seleccione TCP/IP en el cuadro de lista y elija Propiedades (Properties).
3. Oprima la ficha Dirección IP (IP Address) como se muestra en la figura 4.4.
4. Seleccione el botón de radio titulado Especificar una dirección IP (Specify an IP Address). Llene la dirección IP de 4 bytes que le dio su ISP o su administrador de red. No tiene que llenar el espacio Subnet Mask a menos que le haya sido dado uno específicamente. Si éste se deja en blanco, Windows 95 le pondrá en forma predeterminada en la Clase-C Subnet Mask, que es `255.255.255.0`.

**Figura 4.4.**
*Configure la dirección IP para TCP/IP.*

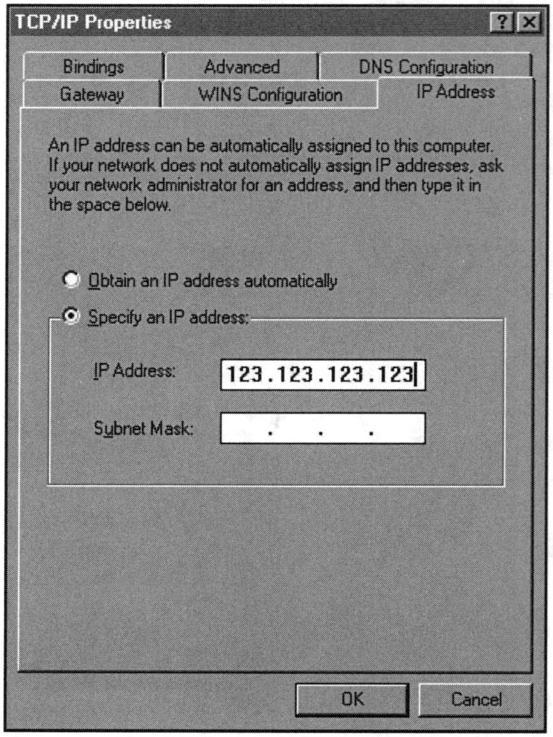


5. Hay dos fichas más antes de cerrar este cuadro de diálogo. Elija la ficha de Configuración DNS (DNS Configuration) como se muestra en la figura 4.5.
6. Seleccione el botón de radio titulado Activar DNS (Enable DNS). Inserte el hostname de su computadora y su nombre de Dominio (Domain) con que se registró con su ISP o con InterNIC. Si usted no ha recibido su nombre de dominio oficialmente, tendrá que dejar desactivado DNS y operar solamente con la dirección IP.
7. En el cuadro de texto para la orden de búsqueda (Server Search Order) del servidor DNS, escriba la dirección IP de 4 bytes del Servidor de nombre de dominio (Domain Name Server) que corre su ISP. Elija Agregar (Add). Si se le han dado, usted puede escribir direcciones IP adicionales. La Orden de búsqueda del sufijo de dominio (Domain Suffix Search Order) es opcional.
8. Haga clic en la ficha Gateway (Equipo puerta de entrada) como se muestra en la figura 4.6.
9. Escriba la dirección IP de 4 bytes dada por su ISP en el cuadro de texto para New Gateway. Elija Agregar (Add) para incluirla en la lista de gateways instalados (Installed gateways).
10. Elija OK para regresar al cuadro de diálogo en el panel de control de redes (Control Panel Network). Ahora ya está configurado TCP/IP.

Si en este punto usted elige OK en el cuadro de diálogo para redes, Windows le preguntará si quiere reiniciar su sistema; es un paso necesario para efectuar estos cambios. Posiblemente, al terminar la siguiente sección se requiera reiniciar el sistema.

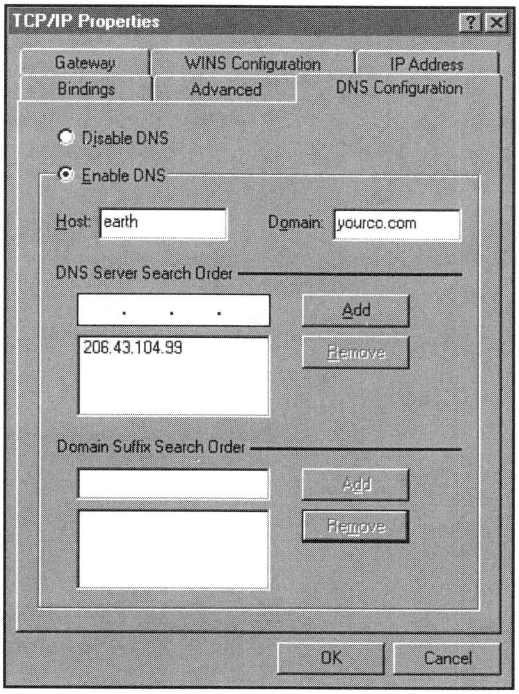


**Figura 4.5.**
*Inserte la información DNS proporcionada por su ISP.*

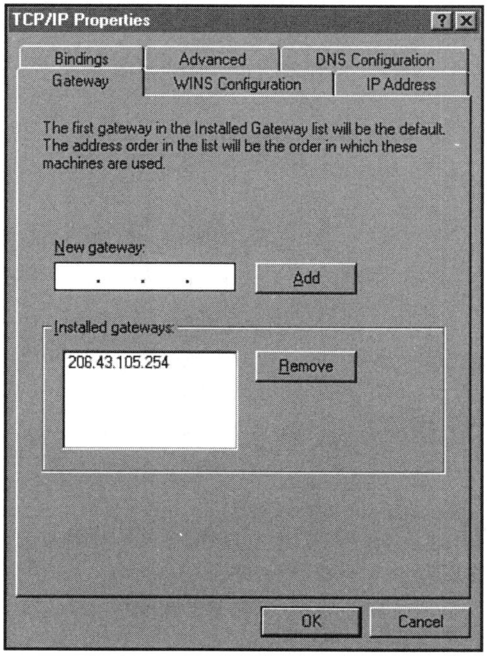


**Figura 4.6.**
*Configure la Dirección IP del Gateway proporcionada por su ISP.*

# Cómo instalar Acceso telefónico a redes

Es probable que este programa ya haya sido instalado con su Windows 95. Si se actualizó de Windows para Trabajo en grupo (Workgroup) con RAS instalado, Windows 95 automáticamente instalará Acceso telefónico a redes (Dial-Up Networking). Siga estos pasos para comprobar si así es, o agréguelo si no está cargado:

1. Haga clic en el menú Inicio | Configuración | Panel de control (Start | Settings | Control Panel). Haga doble clic en el icono etiquetado como Agregar/Eliminar programas (Add/Remove Programs).
2. Haga clic en la ficha de Configuración de Windows (Windows Setup) como se muestra en la figura 4.7.

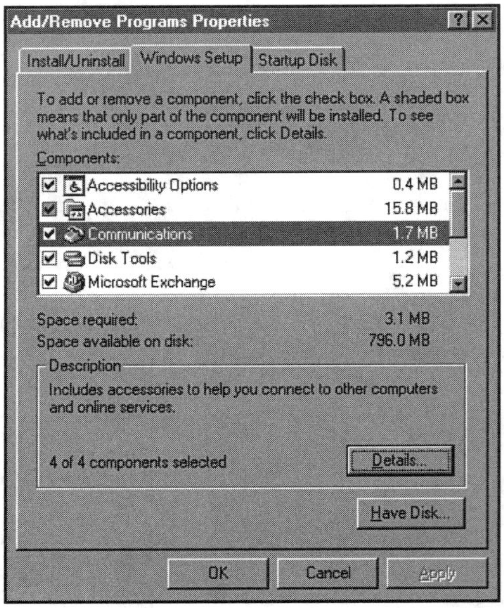


**Figura 4.7.**
*Este es el cuadro de diálogo para Configuración de Windows 95.*

3. Seleccione la columna Comunicaciones (Communications) y elija el botón Detalles (Details). Éste abre el cuadro de diálogo que se muestra en la figura 4.8.
4. Si Acceso telefónico a redes (Dial-Up Networking) no está verificado, por favor hágalo y elija OK. De lo contrario, elija Cancelar (Cancel).

Así queda instalado Acceso telefónico a redes. Hay dos secciones más que atender antes de que se pueda conectar a Internet. En la siguiente sección, usted configurará el Adaptador de acceso telefónico (Dial-Up Adapter) para utilizar los protocolos correctos.

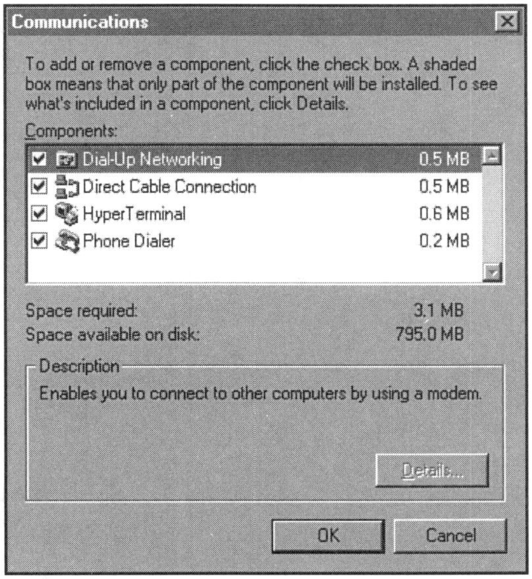


**Figura 4.8.**
*Enlistando los componentes para Comunicaciones de Windows 95.*

# Cómo configurar el Adaptador de acceso telefónico

Estos son los pasos para preparar el Adaptador de acceso telefónico (Dial-Up Adapter) para su uso con Internet:

1. Haga clic en el menú Inicio | Configuración | Panel de control (Start Menu | Seeting | Control Panel). Haga doble clic en el icono redes (Network). Si no aparece el Adaptador de acceso telefónico (Dial-Up Adapter) en la lista, necesita reiniciar el sistema para efectuar los cambios de la sección anterior.
2. Seleccione el Adaptador de acceso telefónico (Dial-Up Adapter) en la lista y elija el botón Propiedades (Properties).
3. Haga clic en la ficha Ligaduras (Bindings). Aparece el cuadro de diálogo que se muestra en la figura 4.9.
4. Asegúrese que TCP/IP aparezca en la lista y esté revisado.
5. Oprima la ficha Avanzado (Advanced), como se muestra en la figura 4.10; usted tiene la opción de utilizar un archivo de registro. Seleccionar NO es probablemente más eficiente, a menos que tenga planeado depurar su conexión. Seleccione SÍ para la opción de Usar encabezado de compresión IPX. Esta opción puede no ser compatible con su ISP, por lo que tendrá que verificarlo antes con ellos; si no está capacitado para resolver esta cuestión, trate de correr con dicha opción activada. Si eso no da resultado, usted siempre puede regresar y desactivarla más tarde. Elija OK.

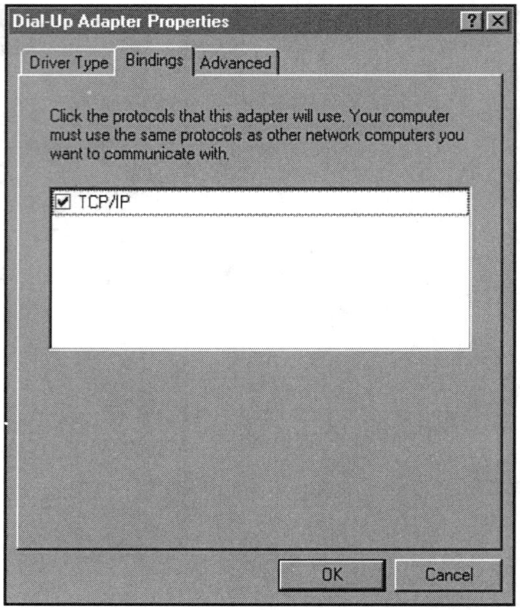


**Figura 4.9.**
*Modo de verificar las ligaduras del Adaptador de acceso telefónico.*

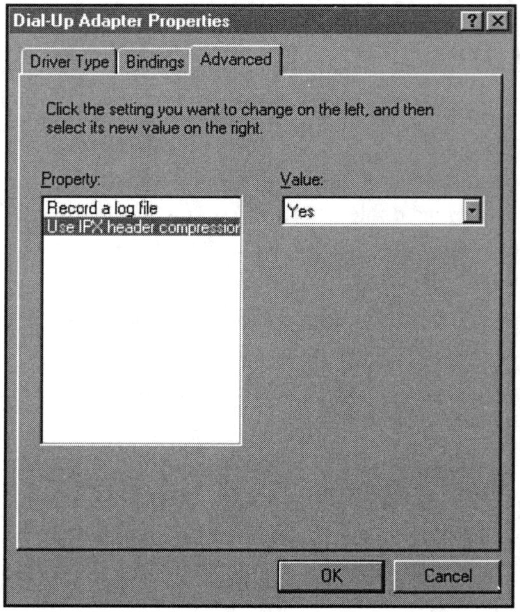


**Figura 4.10.**
*Configurando los parámetros avanzados del Adaptador de acceso telefónico.*

6. Ahora usted necesita elegir OK en el cuadro de diálogo para Control Panel Network. Será necesario reiniciar el sistema.

# Conexión de acceso telefónico a Internet

Aquí están los pasos para llamar a su ISP y conectarse a Internet:

1. Una vez que su computadora haya terminado el reinicio de la sección anterior, haga doble clic en Mi PC y deberá ver un nuevo elemento para el Acceso telefónico a redes (Dial-Up Networking). Haga doble clic ahí. Si no está, aún necesita seguir los pasos de la sección anterior.
2. Usted deberá ver un icono o un elemento de lista titulado Hacer nueva conexión (Make New Connection). La forma en que se despliega la carpeta depende de los parámetros del menú Ver (View). Nuestra pantalla se ve como la figura 4.11. Haga doble clic en el icono Hacer nueva conexión (Make New Connection).

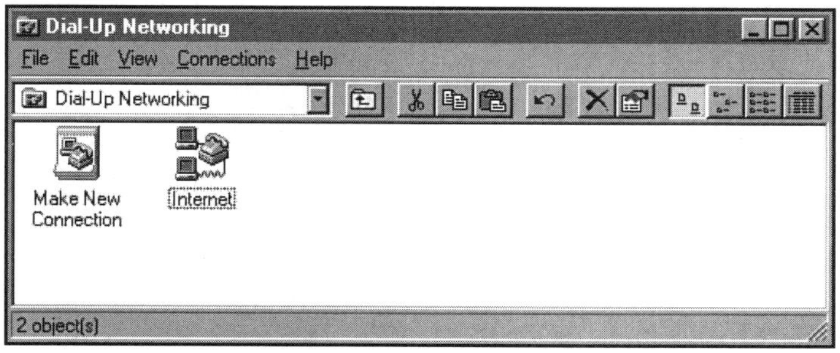


**Figura 4.11.**
*Cómo se hace una nueva conexión de acceso telefónico a redes.*

3. Usted verá el asistente diseñado para hacer nuevas conexiones. Siga los pasos que le presenta: Seleccione su módem, escriba el número telefónico de su ISP local, y asigne un nombre a esta conexión.
4. De acuerdo con la secuencia del registro de entrada con su ISP, tal vez requiera la opción de llamar una ventana terminal después de hecha la conexión del módem. La manera de hacerlo está en el primer paso del asistente; elija el botón Configuración (Configure) que se encuentra debajo de Seleccionar un módem (Select a Modem) y oprima la ficha Opciones (Options), como se muestra en la figura 4.12.
5. Después de terminar con el asistente de nueva conexión, usted deberá tener un nuevo icono en la carpeta de Acceso telefónico a Redes (Dial-Up Networking). Haga clic con el botón derecho y elija Propiedades (Properties) en el menú desplegable. Deberá ver el cuadro de diálogo de la figura 4.13.
6. Elija el botón Tipo de servidor (Server Type). Usted verá el cuadro de diálogo que se muestra en la figura 4.14.
7. Seleccione el elemento para PPP: Windows 95, Windows NT 3.5, Internet. Éste supone que su ISP ofrece servicio PPP. Si no, consulte el *Windows 95 Resource Kit* para mayor información sobre el establecimiento de las conexiones SLIP. Seleccione las otras opciones como se muestra en la figura 4.14. Por ejemplo, asegúrese de haber verificado TCP/IP. Usted no podrá utilizar una clave encriptada a menos que su ISP le dé esa característica. De manera similar, el ISP debe permitir la compresión de software, o usted no podrá revisar ese elemento. Si no está seguro, seleccione Habilitar compresión de Software (Enable Software Compression) y vea si funciona. Elija OK para guardar los cambios de Tipos de servidor y elija nuevamente OK para guardar las propiedades de la nueva conexión.

Ahora usted está listo para intentar la conexión. Tal vez quiera arrastrar el nuevo icono de la carpeta de Acceso telefónico a redes hacia su escritorio para facilitar su acceso desde ahí. Después haga doble clic en el icono para conectarse a Internet.

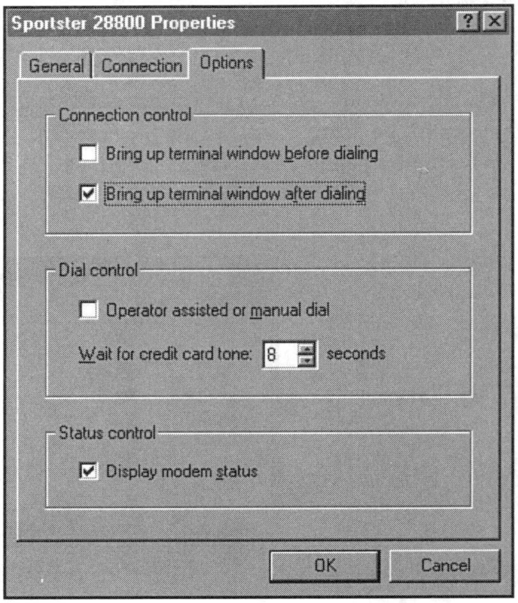


**Figura 4.12.**
*Activando la ventana terminal después de marcar.*

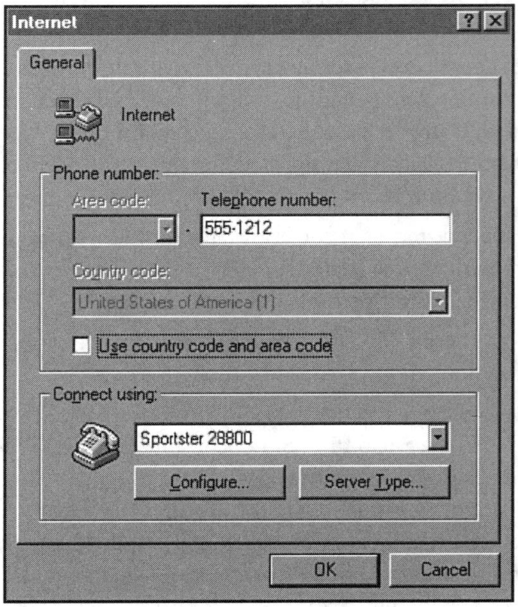


**Figura 4.13.**
*Cómo se personalizan las propiedades de la conexión del ISP.*

**Figura 4.14.**
*Ajustando el tipo de servidor para la conexión del ISP.*

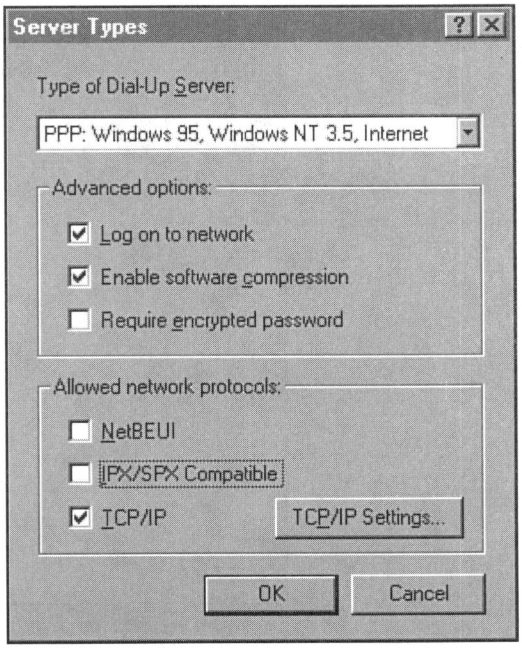


# Cómo instalar WinZip

WinZip es un shareware desarrollado por Nico Mak Computing, Inc. Es necesario que usted emplee algún tipo de utilería de descompresión de archivos del tipo PkUnzip antes de instalar el servidor Web y el editor Web.

WinZip es un archivo de autoextracción en el CD-ROM. El archivo se llama WZNT56.EXE (o WZBT60.EXE). Todo lo que tiene que hacer para instalarlo es copiar el archivo hacia uno de los directorios WinZip o Utilerías (Utilities) de su servidor y después hacer doble clic en el archivo desde Explorer. Una vez que el archivo se extrae a sí mismo en una ventana DOS, usted puede correr el programa de configuración WinZip. Sólo haga doble clic en SETUP.EXE en el directorio del que se extrajo WinZip. El programa de configuración instalará e iniciará WinZip por usted. Usted deberá ver la pantalla principal de WinZip, que se muestra en la figura 4.15.

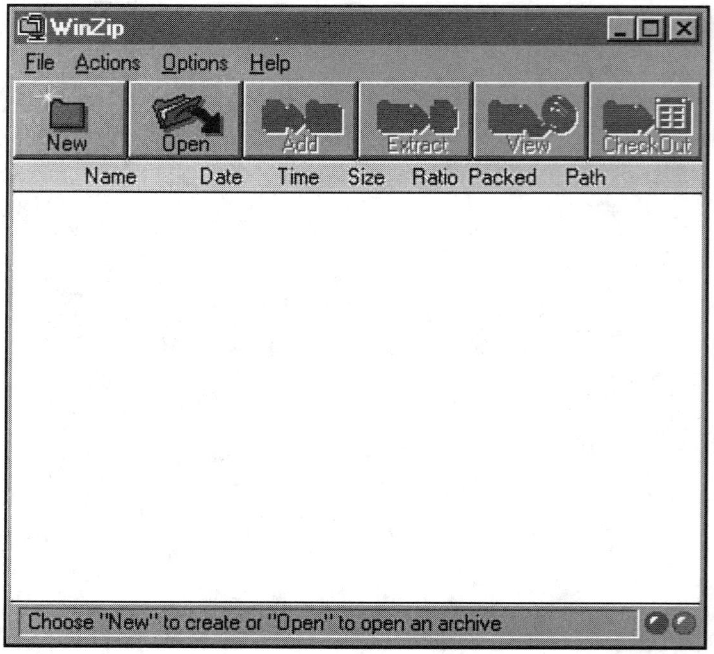


**Figura 4.15.**
*La ventana principal de WinZip.*

# ¿Qué sigue?

Ahora que ya ha instalado Acceso telefónico a redes, TCP/IP y WinZip, está en condiciones de conquistar Internet. Los capítulos siguientes le encaminan (rápidamente) mediante utilización de varias aplicaciones comunes para cliente: dos clientes para correo electrónico, dos visualizadores Web, un cliente FTP y dos lectores de noticias.

Las razones que tenemos para presentar estas aplicaciones para cliente (aun cuando el libro trata sobre cómo correr un servidor Internet) son, primero, que algunos lectores pueden requerir ayuda para entender el impacto y el amplio aparato de herramientas para cliente que de pronto proporciona al escritorio el hecho de tener una conexión a Internet. Segundo, estas aplicaciones para cliente fueron seleccionadas debido a que son esenciales para la investigación en línea que un buen Webmaster debe conducir regularmente para procurar soporte y estar informado.

Concluiremos esta segunda parte del libro instalando nuestro primer software servidor: el servidor Web. ¡Dos de ellos en realidad!

# Capítulo 5

# Guía del encargado de Web (Webmaster) para Exchange y Eudora

- Un vistazo al correo electrónico (E-Mail) con Microsoft Exchange.
- Un vistazo al Correo electrónico (E-Mail) con Eudora Light.

Una de las primeras cosas que necesitará para su proyecto de construcción de sitio Web es la capacidad para correo electrónico (e-mail). Usted tiene que ser capaz de comunicarse con los ISPs durante el proceso de selección de alguno para abrir su cuenta. Luego tendrá que escribirse con ellos una y otra vez sobre temas como los parámetros óptimos para módem, números telefónicos locales, registro de los nombres de dominio e incluso identificar los problemas que pudiera tener. Por todas estas razones, usted necesita que su correo electrónico funcione lo antes posible.

Este capítulo explica la configuración de dos clientes de correo electrónico entre los cuales usted tiene que elegir. Y lo mejor es que ¡ambos son gratuitos!

Exchange viene con Windows 95, y Eudora Light está en el CD o puede ser bajado de Qualcomm. Su autor describe a Eudora como *postcardware*, que significa que él sólo le pide el envío de una tarjeta postal para registrar el producto.

# Un vistazo al correo electrónico con Microsoft Exchange

He aquí los pasos rápidos de la configuración de Exchange para correo electrónico Internet.

1. Haga doble clic en el icono Inbox del escritorio de Windows 95.
2. Del menú de herramientas, elija Servicios (Services). Esto abrirá un cuadro de diálogo similar al de la figura 5.1. Verifique si tiene Correo Internet (Internet Mail) en la lista. Si no, elija el botón Agregar (Add), seleccione Correo Internet (Internet Mail) en la siguiente pantalla, y entonces elija OK para agregar el correo Internet a la lista de la figura 5.1.

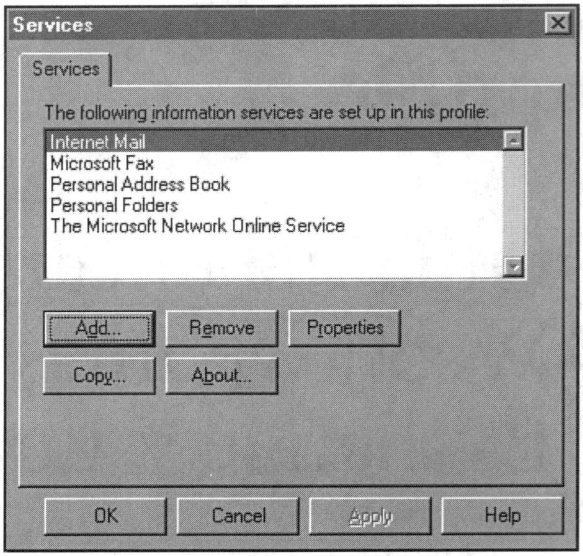


**Figura 5.1.**
*Cuadro de diálogo de los servicios de Exchange.*

3. Seleccione Correo Internet (Internet Mail) y elija el botón Propiedades (Properties). Esto abrirá el cuadro de diálogo que se muestra en la figura 5.2. Utilice la información proporcionada por su ISP para llenar esta pantalla.
4. Otras opciones de configuración son muy variables como para cubrirlas aquí en un sentido general. Por ejemplo, pregunte a su ISP acerca de la dirección del servidor SMTP y a sus receptores qué formato utilizar para enlaces de archivos. En cualquier caso, los parámetros establecidos anteriormente deben bastar para un acceso típico. Elija OK para guardar estos parámetros. Elija de nuevo OK para cerrar el cuadro de diálogo de Parámetros.
5. Desde el menú principal de Exchange, elija Componer | Nuevo Mensaje (Compose | New Message). Esto abrirá un nuevo cuadro de diálogo como el de la figura 5.3. Complete la dirección para correo Internet del receptor, escriba un motivo, y escriba un mensaje. Elija Archivo | Enviar (File | Send) u oprima en el icono del sobre amarillo que está en el extremo izquierdo de la barra de botones. Si usted se envía a sí mismo un mensaje, tomará sólo un momento para viajar hacia su ISP y después mostrarse en su Inbox. Usted puede aumentar

la velocidad del proceso seleccionando Herramientas | Enviar Uso Ahora | Correo Internet (Tools | Deliver Now Using | Internet Mail) del menú principal de Exchange.

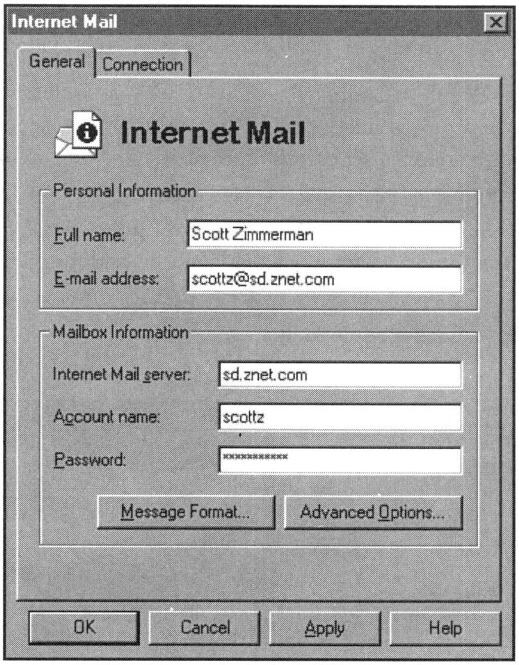


**Figura 5.2.**
*El cuadro de diálogo para correo Internet permite configurar fácilmente su cuenta de correo electrónico*

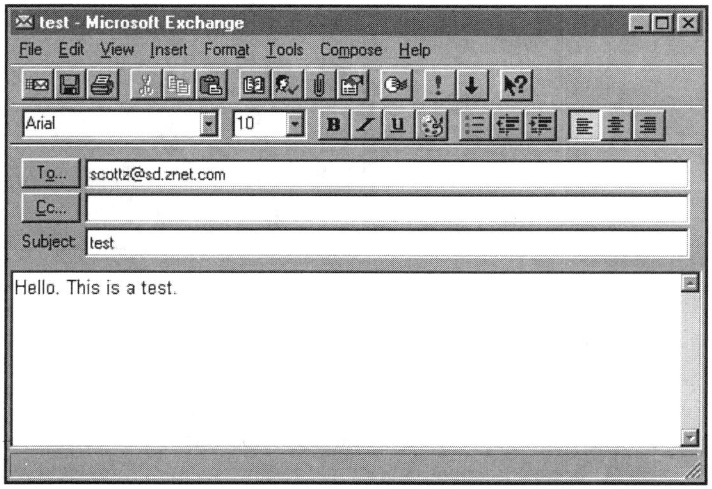


**Figura 5.3.**
*Forma de enviar un mensaje de prueba para correo electrónico en Exchange.*

Esto es lo básico de Exchange. Si usted decide utilizarlo como su cliente correo electrónico, encontrará que éste comprueba ser una útil herramienta cuantas veces se le ofrezca. La siguiente sección contempla otro popular cliente para correo electrónico en Windows.

# Un vistazo al correo electrónico con Eudora Light

Aquí están los pasos rápidos para estar listo y correr con el cliente correo electrónico Eudora Light:

1. Copie el archivo eudor152.exe del CD hacia su directorio de destino ya seleccionado en el disco duro. Eudora no tiene (ni necesita) un programa de instalación, por lo que los archivos del programa pueden ser extraídos directamente a un subdirectorio Eudora, en vez de serlo hacia el conocido directorio \temp. Haga doble clic en el archivo Explorer para autoextraerlo.
2. Al utilizar Explorer, arrastre el archivo Eudora.exe hacia su escritorio Windows 95 (este paso es opcional). Haga doble clic en el icono de Eudora.
3. Del menú principal de Eudora, elija Especial/Configuración (Special/Settings). Esto abrirá el cuadro de diálogo que se ilustra en la figura 5.4.

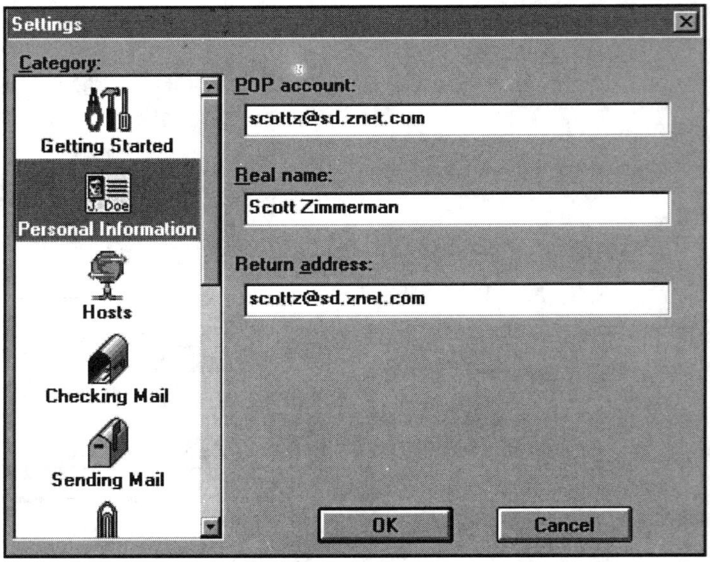


**Figura 5.4.**
*Cuadro de diálogo para la configuración de Eudora Light.*

4. Haga click en el icono de Información personal (Personal Information) en el cuadro de lista de la izquierda y complete la información sobre la cuenta de correo que le dio su ISP. Esta pantalla es en realidad la misma que la de Inicio (Getting Started) salvo que ésta también incluye su dirección de regreso. Es importante que usted llene el área para dirección de Regreso. Por lo general, tendrá que ser la misma dirección que la de su cuenta POP. Cuando haya terminado, elija el botón OK para guardar las configuraciones. Nuevamente: usted podría requerir configurar otros parámetros dependiendo de su situación.
5. Del menú Mensaje (Message), seleccione Nuevo Mensaje (New Message). Esto abrirá un cuadro de diálogo semejante al que se muestra en la figura 5.5.

**Figura 5.5.**
*Cuadro de diálogo para mensaje nuevo en Eudora Light.*

6. Llene las áreas correspondientes a Para (To) y Motivo (Subject) y escriba un mensaje de prueba. Cuando esté listo, elija el botón Enviar (Send).

> **Tip:** Para información más detallada acerca de la configuración y uso de Eudora Light, vea el archivo eudora.doc en el CD. Ésta es la Guía para el usuario Eudora en formato Word.

Esto cubre lo básico del correo electrónico desde dos perspectivas. Depende de usted decidir qué herramienta prefiere para sus tareas cotidianas de correo electrónico Internet.

# ¿Qué sigue?

Algunas personas emplean casi todo su tiempo en Internet utilizando tanto el cliente para correo electrónico como el visualizador Web. Por lo tanto, el capítulo siguiente se refiere a la otra herramienta más común que usted utilizará: el visualizador Web. Daremos un vistazo a los dos visualizadores más populares para Windows 95.

# Capítulo 6

# Guía del Webmaster para Explorer y Navigator

- Una guía rápida para Microsoft Internet Explorer
- Netscape Navigator

Obviamente, además de servir Web, un Webmaster también necesita visualizar Web. Esperamos que no sienta que éste es un tema demasiado básico para un libro sobre cómo construir un servidor Web. Quizás lo sea. Pero consideramos que sería una buena idea darle un vistazo a algunas de las funciones que ofrecen estos dos populares visualizadores para Windows 95. Le prometemos ser lo más breve posible puesto que tenemos otras cosas más interesantes que tratar. Si usted ya está familiarizado con el uso de su visualizador, por supuesto que puede saltarse o pasar rápidamente este capítulo.

# Una guía rápida para Microsoft Internet Explorer

Si usted instaló Microsoft Internet Explorer del paquete Microsoft Plus!, probablemente necesitará reinstalarlo del CD que viene con este libro, pues incluye la versión 2.0. Y lo mejor de todo es que ¡es gratis!

Algunas de las características en la nueva versión de Internet Explorer son un nuevo lector de noticias, soporte para VRML (llamado *ActiveVRML*), código optimizado de 32 bits para multihilos en Windows 95, soporte para etiquetas HTML 3.0 y soporte para SSL [Capa de sockets de seguridad (Secure Sockets Layer)].

Estos son los pasos para instalar Microsoft Internet Explorer:

1. Copie el archivo msie20dl.exe del CD al directorio \temp en su disco duro. Haga doble clic en el archivo y se autoinstalará.
2. Una vez que el Kit de instalación de Internet Explorer haya terminado de copiar los archivos, le pedirá reiniciar el sistema para completar el proceso.
3. Después de reiniciar haga doble clic en el nuevo icono que tiene en su escritorio y que está etiquetado como Internet. La primera vez que lo corra, le llevará a través de un asistente para configurar su acceso a Internet. Si trabajó con el capítulo 4, la información para el Acceso telefónico a redes ya está guardada para usted. Pero todavía tiene que seguir todo el camino del asistente para obtener el Microsoft Internet Explorer. Cuando usted termine el asistente, deberá ver Internet Explorer, como se muestra en la figura 6.1.

Una de las características agradables acerca de Explorer es su capacidad para enviar correo electrónico que contiene un vínculo empotrado hacia una página Web. Esto se debe a su estrecha integración con las funciones OLE de Windows 95. Por ejemplo, suponga que usted visita una página interesante a varios niveles abajo de Yahoo (`http://www.yahoo.com`) y quisiera enviarme un mensaje para que lo vea. Si usted conoce mi dirección de correo electrónico y sabe que estoy corriendo Windows 95, todo lo que tiene que hacer es seguir estos pasos:

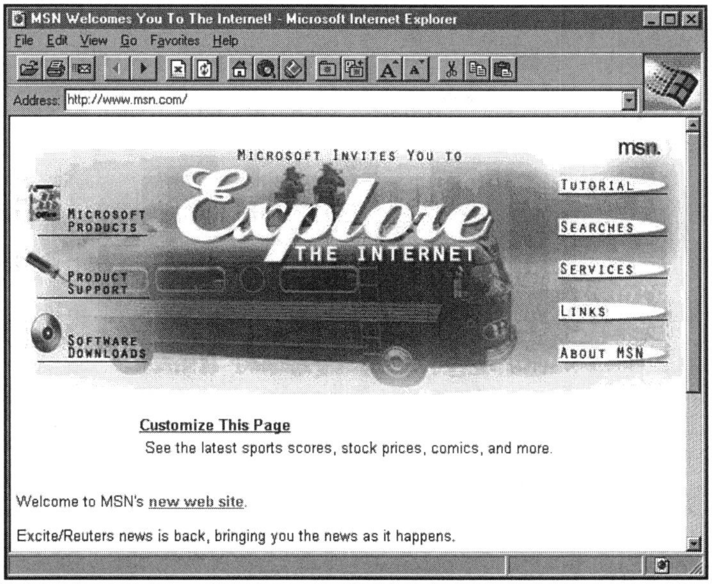


**Figura 6.1.**
*Microsoft Internet Explorer 2.0 viendo la página principal de MSN*

1. Elija Archivo | Enviar (File | Send) del menú Internet Explorer. La primera vez que intenta esto, se abrirá el cuadro de diálogo mostrado en la figura 6.2. Este cuadro de diálogo le pide seleccionar un perfil de correo electrónico para utilizarlo con el mensaje.

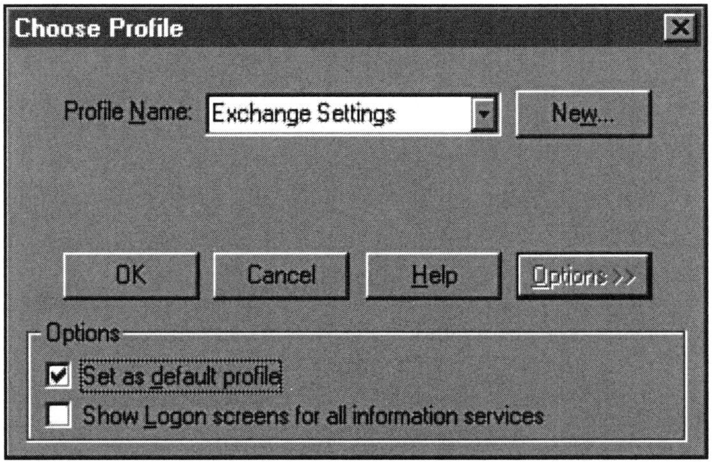


**Figura 6.2.**
*El cuadro de diálogo para perfil de correo electrónico de Explorer 2.0.*

2. Seleccione las configuraciones Exchange (Exchange Settings); elija el botón Opciones (Options), active el cuadro de revisión para Set como perfil predeterminado, y elija el botón OK. La próxima vez no le molestará con la pregunta sobre el perfil. Ahora le puede tomar varios segundos cargar el cuadro de diálogo Mensaje Nuevo de Microsoft Exchange (Microsoft Exchange New Message).
3. Nótese que el cuerpo del mensaje incluye un icono con el título de la página Web que usted estaba visitando. Escriba el motivo y la dirección del receptor para el nuevo mensaje y seleccione Archivo/Enviar (File/Send) del menú. Su mensaje está en camino. La parte agradable es que el receptor puede hacer doble clic en el icono para invocar automáticamente a su visualizador Web e ir ¡a la misma página Web!

**Nota:** Microsoft ha lanzado recientemente Internet Explorer 2.0 para Windows 3.1 y Macintosh, además de la versión en CD incluida en este libro que es para Windows 95.

# Netscape Navigator

Usted puede haber escuchado sobre la fiebre que ha ocasionado Netscape en Wall Street. La razón de tal entusiasmo es que actualmente Netscape tiene una buena ventaja en la carrera por la popularidad para el mejor visualizador en Internet.

Usted puede pensar que si Microsoft Internet Explorer es un producto gratuito, pocas personas pagarían por Netscape Navigator. Al momento de editar este libro, Netscape estaba por terminar un gran programa beta sobre la versión 2.0 de su nuevo visualizador; incluso han estado proporcionando durante los últimos meses la versión beta de su visualizador. Sin embargo, para cuando este libro salga a la venta eso deberá haber cambiado, en cuanto Netscape empiece a vender la versión 2.0 de Navigator. ¿Lo comprará la gente? Es la pregunta del millón de dólares.

Hay muchas razones por las que los expertos piensan que Navigator probablemente tendrá éxito. Éstas son sólo algunas:

- Contiene el *de facto* y la mejor implementación de HTML 3.0. Eso porque Netscape ha marcado consistentemente el paso al proponer e implementar nuevas y útiles ampliaciones a HTML. Navigator también incluye varias extensiones que ni siquiera están en el estándar propuesto para HTML 3.0. Algunos Webmaster en Internet ya están anunciando que sus páginas estarán ampliadas con Netscape más allá del punto de la compatibilidad con versiones anteriores de otros visualizadores. (Vea el capítulo 12 para más información acerca de las Extensiones Netscape para HTML).
- Navigator ya incluye soporte para Java. Microsoft Internet Explorer probablemente no tendrá esta característica en algunos meses.

- Navigator es en verdad un visualizador Web de la segunda generación y ya ha estado corriendo en otros sistemas operativos por más de un año.
- Además de HTML 3.0 y Java, Navigator incluye soporte para correo electrónico, grupos de noticias, FTP y VRML. (¿Mencionamos Java? Eso es algo de lo que todo el mundo habla actualmente.)

Realmente no necesitamos hablar sobre la configuración de Navigator 2.0 porque se venderá como un producto comercial. Si decide comprarlo, incluirá un programa de instalación e instrucciones apropiadas de cómo configurarlo.

Tocaremos un poco el tema de las extensiones de Netscape a lo largo de este libro, y muchas de las figuras ilustran Navigator. Sin embargo, usted no necesita estar corriendo Netscape para aprovechar este libro. Aunque hemos empleado mucho tiempo utilizando Navigator, le podemos decir que Microsoft Internet Explorer es también un visualizador Web muy capaz. Una vez más, de usted depende elegir la aplicación adecuada, aquella con la que usted se sienta más a gusto.

# ¿Qué sigue?

Otras dos tareas comunes del Webmaster son las transferencias de archivos en Internet y la búsqueda de los grupos de noticias. En el siguiente capítulo presentaremos las herramientas que usted necesita para realizar fácilmente estas tareas.

# Capítulo 7

# Guía del Webmaster para FTP y Grupos de Noticias

- Cute FTP
- Visite un Sitio FTP con Netscape Navigator
- News Xpress
- Para leer los Grupos de noticias con Microsoft Internet Explorer

Este capítulo le muestra cómo instalar otras dos aplicaciones para cliente muy útiles para manejar el Protocolo de transferencia de archivos (File Transfer Protocol) y el Protocolo de transferencia de noticias en red (Network News Transfer Protocol). También da un vistazo al cómo puede realizar algunas de estas tareas con su visualizador Web.

# Cute FTP

Enfrentémoslo, para el Webmaster a la transferencia de archivos sólo le sigue en importancia el correo electrónico. Los visualizadores Web de hoy le permiten bajar archivos de la mayoría de los sitios sin necesidad de un cliente FTP, pero si usted quiere subir archivos, o tener una FTP poderosa, definitivamente, tendrá que revisar Cute FTP. Hay muchas aplicaciones disponibles para cliente FTP que podrá correr en Windows 95; algunas de ellas incluso son freeware. De todas las aplicaciones para cliente FTP que hemos tratado (y en verdad tratamos), la que más nos gustó fue Cute FTP.

## Instalación de Cute FTP

Estos son los pasos a seguir para instalar Cute FTP de su CD hacia su disco duro:

1. Descomprima Cute FTP desde el CD hacia un directorio de su disco duro y cree para cuteftp32.exe. Si ya se actualizó de una versión previa, tendrá que conservar su archivo tree.dat. Todos los demás archivos pueden ser reemplazados sin riesgo.

> **Tip:** El archivo cuteftp.exe es una versión de Cute FTP de 16 bits para usar con Windows 3.1 o 3.11 que se puede borrar sin problema para ahorrar espacio en disco.

2. Copie el archivo ctl3dv2.dll en el directorio \WINDOWS\SYSTEM y elimínelo del directorio Cute FTP.
3. Inicie Cute FTP y mande llamar el cuadro de diálogo Opciones (File | Options menu). Llene el área de Dirección de correo (Mail Address) con su propia dirección de correo electrónico.

Eso es todo. Ahora ya tiene una de las mejores aplicaciones para cliente FTP que le ayudará con las transferencias de archivos.

# Corra Cute FTP

Lo primero que verá cuando corra Cute FTP es el Administrador de sitios FTP (FTP Site Manager), como se muestra en la figura 7.1.

Este cuadro muestra las direcciones predefinidas de varios sitios FTP anónimos. Usted puede añadir fácilmente nuevos sitios a estas carpetas o editar la información sobre los sitios existentes. Por ahora, trate de visitar el sitio de Microsoft para bajar la versión más reciente de Internet Explorer.

1. Seleccione la carpeta de sitios de la compañía en la ventana del lado izquierdo y haga doble clic en el renglón para Microsoft en la ventana del lado derecho.
2. Cute FTP le mostrará la secuencia de registro (login) en la ventana superior, su unidad local en la ventana izquierda y la estructura del directorio remoto en la ventana derecha. Haga doble clic en la carpeta para Softlib. Vea la figura 7.2.

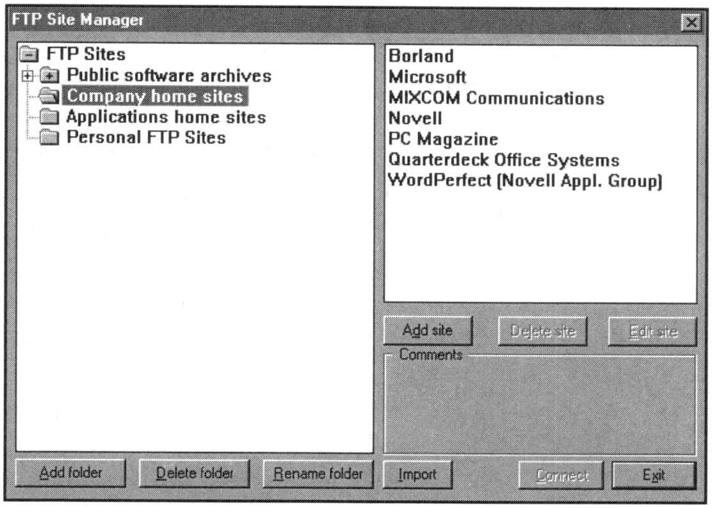


**Figura 7.1.**
*El administrador de sitio Cute FTP le permite organizar las direcciones de sus sitios FTP favoritos.*

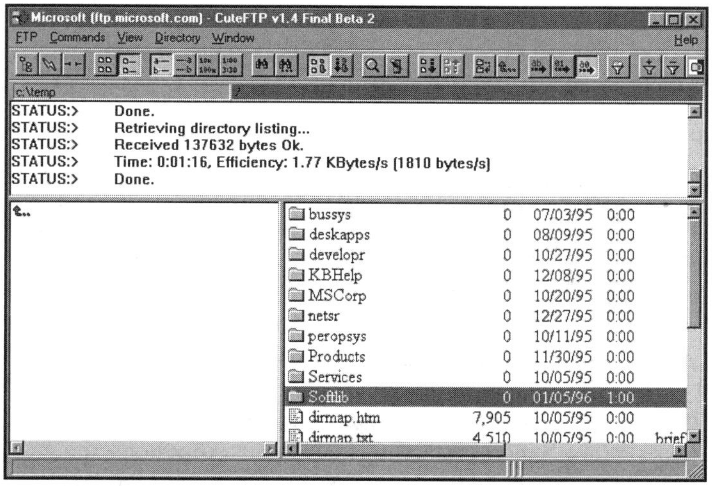


**Figura 7.2.**
*Un doble clic en la carpeta Microsoft Softlib le proporciona el subdirectorio de archivos en el servidor Microsoft.*

3. Después haga doble clic en la carpeta para MSLFILES. Esto le traerá un directorio con una larga lista de archivos que usted puede bajar. Le ayudará conocer el nombre del archivo que está. En este caso, digamos que queremos obtener el archivo MSIE20.EXE. Por favor no trate de bajar este archivo en particular porque ya lo tiene: ¡está en el CD! Este ejemplo hipotético ilustra la manera en que usted puede bajar una versión futura de Internet Explorer cuando esté disponible.
4. Antes de copiar el archivo, tendrá que navegar por la ventana izquierda hacia el directorio local en su sistema, donde quisiera recibir el archivo. Por ejemplo, haga clic en el icono de dos puntos que está en la parte superior para moverse un nivel en su estructura de directorios. En este ejemplo hemos colocado el directorio local en c:\temp en la carátula de la ventana izquierda.

5. Ahora ya está listo para hacer clic en el archivo y arrastrarlo de la ventana derecha a la izquierda. Suelte el botón del ratón y comenzará la transferencia del archivo. Vea la figura 7.3.

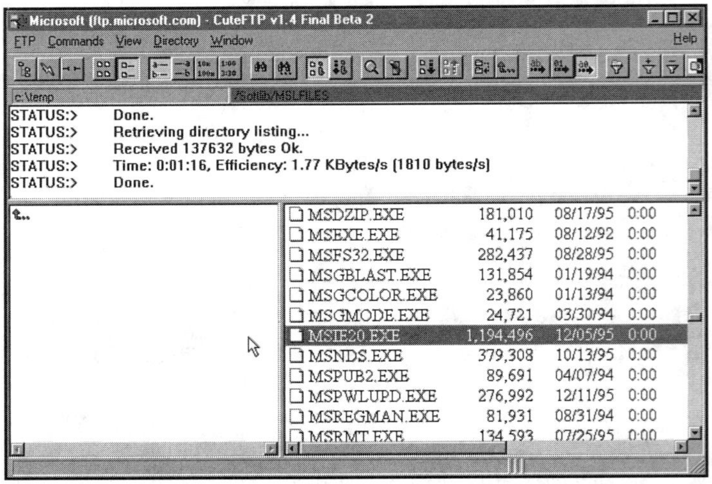


**Figura 7.3.**
*Al arrastrar el archivo de la ventana derecha a la izquierda se inicia la descarga.*

Cute FTP lo mantendrá al tanto del progreso de la transferencia del archivo en la barra de estado.

**Nota:** Ahora que usted ha visto lo fácil que es *bajar* un archivo *desde* un sistema remoto, usted ya sabe cómo *subir* un archivo *hacia* un sistema remoto. Básicamente, es sólo cuestión de arrastrar un archivo desde su unidad local (la ventana de la izquierda) hacia la unidad remota (la ventana derecha).

Otro truco que le gustará conocer sobre Cute FTP es cómo ajustar los directorios predeterminados en los sistemas local y remoto cuando se establece una conexión. Ahora usted no tendrá que perder tiempo navegando en las estructuras de los directorios en ninguna de las ventanas. Este truco requiere que editemos el profile del sitio FTP. Digamos que queremos editar el sitio de Microsoft.

1. En el Administrador de sitio FTP (FTP Site Manager), seleccione Microsoft. Elija el botón Editar (Edit) sitio. Esto abrirá el cuadro de diálogo que se muesra en la figura 7.4.
2. Para el Directorio inicial remoto (Initial Remote Directory), escriba la ruta de acceso del servidor en el que le gustaría colocarse al abrirse la conexión. Por ejemplo, `/softlib/mslfiles`. Nótese que como FTP empezó en el mundo UNIX, utiliza diagonales para los separadores de directorio.
3. Para el Directorio inicial local (Initial Local Directory), escriba en su unidad la ruta de acceso preferida. Por ejemplo, `c:\temp`. Elija el botón OK para guardar el profile editado.

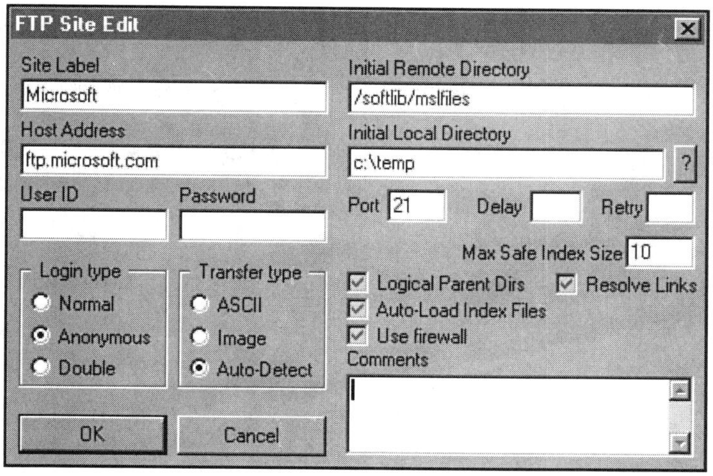


**Figura 7.4.**
*Modo de editar la información del sitio para Microsoft.*

> **Nota:** Puede dejar en blanco los espacios de identificación del usuario y clave de acceso para sitios FTP anónimos. ¿No es eso magnífico?

# Visitemos un sitio FTP con Netscape Navigator

Veamos ahora cómo podemos bajar de nuevo el mismo archivo, pero esta vez intentémoslo con la función FTP construida en Netscape Navigator.

1. Ejecute Navigator, escribiendo este URL en la casilla location en la parte superior de la pantalla: `ftp://ftp.microsoft.com/`. Presione Enter. Vea la figura 7.5.
2. Haga doble clic en la carpeta para Softlib y nuevamente doble clic en la carpeta para MSLFILES.

> **Tip:** Pudimos habernos ahorrado el tiempo del recorrido por los directorios en el paso 2, si hubiéramos insertado al inicio un URL completo. Por ejemplo:
> `ftp://ftp.microsoft.com/Softlib/MSLFILES/`

3. Cuando seleccione el archivo que quiere bajar, Netscape lo llevará hacia el cuadro de diálogo común Guardar como 32 bits (Save As). Todo lo que tiene que hacer es llevarlo al directorio destino en su unidad local para que proceda la transferencia.

Eso es todo lo que tiene que ver realmente con FTP. Muy sencillo, ¿no? Ya sea que usted utilice su visualizador Web o Cute FTP, encontrará que sabiendo cómo copiar los archivos Internet con FTP es un proceso muy sencillo con el que nos podemos familiarizar fácilmente. Ahora hablemos acerca de otra importante aplicación para cliente: un lector de noticias.

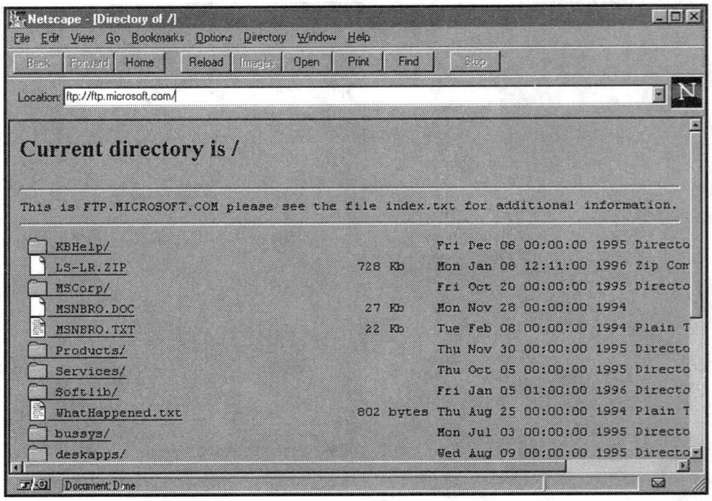


**Figura 7.5.**
*Visitando el sitio FTP de Microsoft con Navigator.*

# News Xpress

Como Webmaster usted encontrará en los grupos de noticias de Usenet un valioso recurso para mantenerse actualizado en las últimas técnicas para desarrollo en Web. Éstos también resultan clave para ayudarle a localizar los problemas con el software o el hardware. News Xpress es un freeware lector de noticias para Usenet, que le permite organizar fácilmente los grupos de noticias a los que usted se quiere suscribir.

## Cómo instalar News Xpress

Para instalar News Xpress desde el CD hacia el disco duro, sólo hay que dar estos pasos:

1. Descomprima News Xpress del CD dentro de un directorio de su disco duro y cree para nx.exe.
2. Si usted instaló Cute FTP, puede borrar ctl3dv2.dll del subdirectorio News Xpress; de otra forma tendrá que copiarlo dentro del directorio \WINDOWS\SYSTEM y borrarlo del directorio News Xpress.

Ahora ya cuenta usted con una de las mejores aplicaciones para cliente de Noticias Usenet que le permitirá estar actualizado.

## Corra News Xpress

Hablemos acerca de utilizar News Xpress para suscribirse a un grupo de noticias accesible. Suponga que queremos leer artículos acerca de los servidores World Wide Web para Windows. Eso suena como algo interesante para este momento de nuestras vidas. Aquí están los pasos de una sesión sencilla de inicio.

1. Del menú principal, elija Configurar | Instalar ( Config | Setup). Esto abrirá el cuadro de diálogo que se muestra en la figura 7.6.

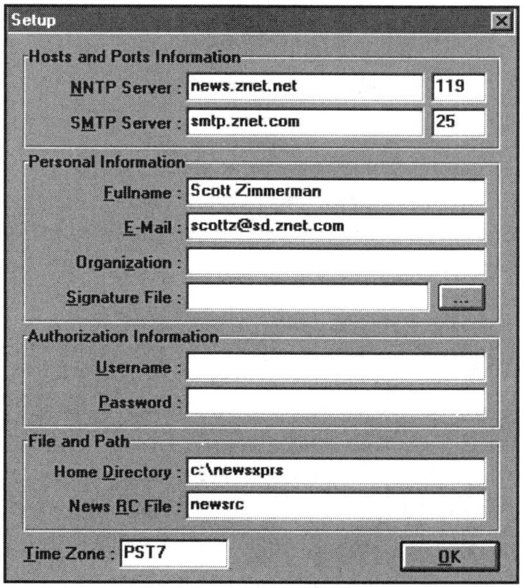


**Figura 7.6.**
*Cuadro de diálogo de configuración de News Xpress.*

2. Inserte aquí la información suministrada por su ISP. El área más importante es el nombre del Servidor NNTP (NNTP Server). Las otras áreas probablemente pueden dejarse vacías hasta que esté listo para depositar artículos o enviar respuestas por correo electrónico. (Por cierto, favor de no llenar el cuadro de diálogo con la misma información que se muestra en la ilustración de la pantalla.) Elija OK cuando esté listo para conectarse.
3. Del menú principal, elija Archivo | Conectar (File | Connect). Esto debería conectarle al servidor NNTP en su ISP; lo que le tomaría sólo un momento.
4. Del menú principal, elija Ver | Todos los Grupos (View | All Groups). Puede que le tome un momento bajar todos los nombres de los grupos; después de todo, andan por ahí más de 16,000. Su ventana aparecerá como en la figura 7.7.

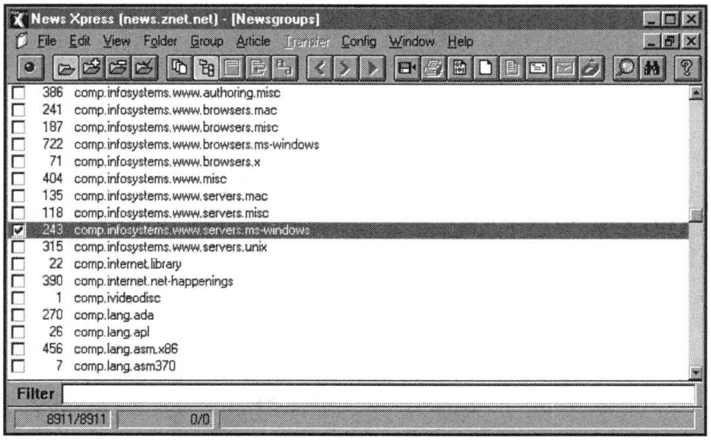


**Figura 7.7.**
*Con News Xpress, el despliegue de todos los grupos de noticias y la selección de algunos para suscribirse es rápido.*

5. Podemos ahorrarle algún tiempo diciéndole que hay varios grupos de noticias buenos por debajo de la jerarquía comp.*. Descienda hacia `comp.infosystems.www.servers.mswindows` y haga doble clic en él para suscribirse y bajar los encabezados de los artículos.
6. Ahora ya puede desplazarse a través de los artículos y hacer doble clic en los que le gustaría leer.

Hay tantos grupos de noticias, que le resultaría muy tedioso encontrar uno bueno que tenga la información que esté buscando. Por fortuna, hay una página Web que le ayudará a buscar el nombre de un grupo de noticias que coincida con la palabra clave que usted introdujo. Revise `http://www.tile.net/tile/listserv/index.html`.

# Leyendo los Grupos de noticias con Microsoft Internet Explorer

Sólo para variar, intente lo mismo en Internet Explorer. Le sorprenderá saber cuánta funcionalidad ha sido empacada últimamente dentro de los visualizadores Web. Usted puede leer los grupos de noticias a su conveniencia, y también enviar correo electrónico, sin tener que dejar la comodidad del visualizador.

Aquí están los pasos típicos para configurar Internet Explorer y leer los artículos en el mismo grupo de noticias seleccionado anteriormente.

1. Ejecute Internet Explorer y elija Ver | Opciones (View | Options) del menú principal. Esto abrirá un cuadro de diálogo como el que se muestra en la figura 7.8.

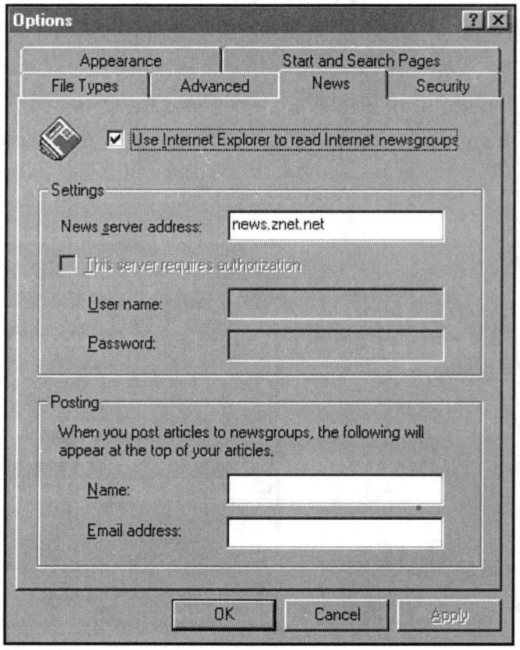


**Figura 7.8.**
*Configurando Internet Explorer para localizar el servidor NNTP.*

2. Verifique de la parte superior e inserte la dirección de su servidor de noticias. Puede dejar en blanco su nombre y dirección de correo electrónico por el momento, a menos que haya considerado enviar artículos. Elija OK.
3. Puede escribir tanto la ruta completa del grupo de noticias al cual se quiere suscribir como desplazarla hasta que encuentre uno que le interese. Digamos que usted escribe `news:comp.infosystems.www.servers.ms-windows` en el área de texto para Dirección de la parte superior. Presione Enter después de escribir la dirección. Observe que usted necesita anteponer `news:` al nombre, de otra forma el visualizador supondrá que se trata de HTTP. Vea la figura 7.9.

**Figura 7.9.**
*Con Internet Explorer es fácil leer artículos en un grupo de noticias seleccionado.*

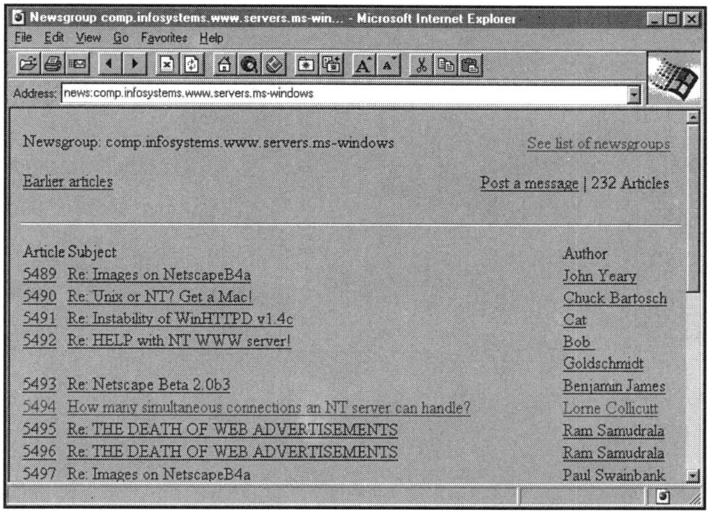


4. Ahora ya puede desplazarse entre los artículos y ver los encabezados interesantes. Todo ello con un simple clic para abrir un artículo.

**Tip:** Para cuando necesite artículos interesantes rápidamente: busque artículos con `Re:` en el título. Lo que suele suceder es que alguien que tiene problemas con algún aspecto de su computadora deposita una solicitud de ayuda. La información buena (la respuesta) se encuentra generalmente en la contestación, y la contestación por lo general incluye una copia de la pregunta original. Por supuesto, si usted conoce la respuesta a la pregunta original, por favor comparta su filantropía con el resto de nosotros y deposite usted mismo una contestación.

# ¿Qué sigue?

En el capítulo siguiente le mostramos cómo instalar una aplicación para servidor. Usted tendrá dos servidores Web con los cuales podrá trabajar y evaluar antes de decidir cuál servidor Web dará cabida permanentemente a su página principal. Y recuerde, hay muchos otros servidores Web para Windows además de los que están en el CD.

# Capítulo 8

# Cómo poner en línea su servidor Web para Windows 95

- Modo de instalar el servidor Web Purveyor Desktop
- Cómo instalar el servidor Web FolkWeb
- WebEdit

Este capítulo es central para todo el libro. Usted puede formar todo su sitio Web en torno a cualquiera de los dos excelentes servidores Web que estamos a punto de instalar. Al final de este capítulo usted tendrá su propia página principal corriendo en World Wide Web.

Purveyor Desktop es un servidor Web profesional con código heredado del popular servidor Web para Windows NT Process Software. FolkWeb es prácticamente un principiante, pero también ofrece un conjunto de funciones profesionales y a fondo que incluye la seguridad. Las versiones de evaluación de ambos productos están en el CD-ROM integrado.

# Modo de instalar el servidor Web Purveyor Desktop

Descomprima el archivo PURVEYOR.ZIP del CD-ROM al directorio `\TEMP` (o a cualquier directorio elegido, de preferencia uno que esté vacío) en su disco duro. A partir de aquí, usted puede correr SETUP.EXE y seguir las preguntas en la pantalla durante la instalación. Hacer doble clic en SETUP.EXE se considera la forma antigua de correr los programas de configuración.Hay una nueva convención para instalar aplicaciones de software que Microsoft ha construido en Windows 95. La nueva forma involucra la selección del Panel de Control (Control Panel) del menú Inicio (Start) y la posterior selección Agregar/Eliminar Programas (Add/Delete Programs). Esto hace correr a un asistente, y usted puede buscar la ubicación del archivo SETUP.EXE. En la mayoría de los casos, no tiene mucha importancia el método que se elija, pero los futuros programas de instalación pueden llegar a depender de este nuevo método.

La Configuración de Purveyor (Purveyor Setup) le invita a insertar lo siguiente:

- Nombre del usuario—Necesario. El nombre del usuario puede constar de hasta 64 caracteres alfanuméricos.
- Nombre de la compañía—Opcional.
- Número serial—Si tiene una copia para evaluación de Purveyor inserte `P-Eval.`; dispone de 30 días para evaluar Purveyor, después de lo cual debe comprar una licencia. La aplicación deja de correr si el periodo de evaluación termina antes de que usted cambie a un número serial con licencia.

Process Software Corporation también distribuye Purveyor por Internet (`http://www.process.com`). Si usted adquirió Purveyor de esta forma, haga lo siguiente:

- Abra el indicador de MS-DOS y vaya a la unidad y directorio donde usted bajó el kit de instalación.
- Escriba el nombre del kit de instalación y presione Enter.
- Escriba `SETUP` y presione Enter.

Siga todas las indicaciones conforme aparecen en la pantalla. Copiará los archivos de Purveyor al directorio que usted especifique.

# Antes de iniciar Purveyor

El sistema instala Purveyor y abre automáticamente la hoja de propiedades de Configuración de Purveyor (Purveyor Configuration). Antes de iniciar el Servidor Purveyor, tenga presente estos dos puntos:

- Oprima el botón Ayuda (Help) para abrir el sistema de ayuda y después seleccione *Configurar el servidor (Setting Up the Server)* para las direcciones y tips sobre qué hacer a continuación.
- Configure la base de datos para usuario de Purveyor (Purveyor's User) y la base para grupo de Purveyor (Group), si planea utilizar las funciones para control de acceso del servidor. Consulte la sección Seguridad en la configuración (Configuring Security) de la ayuda en línea para mayor información.

# Empecemos con Purveyor

Es posible correr Purveyor Desktop sin servicio de Web, algo así como correr en balde. Debe arrancar el servidor para que éste sirva páginas HTML. Después de correr Purveyor Desktop, ya puede arrancar el servidor en dos modos. Para arrancar desde la hoja de propiedades de Configuración de Purveyor, haga lo siguiente:

1. Seleccione la página de Configuraciones principales (Main Settings).
2. Oprima el botón Inicio (Start). Vea la figura 8.1 para la página de configuraciones de parámetros principales de configuración de Purveyor (Purveyor Configuration Main Settings).

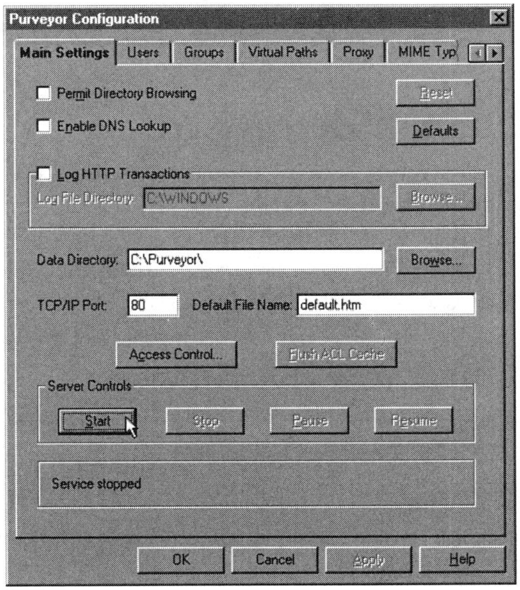


**Figura 8.1.**
*Usted arranca el servidor en la página de configuraciones principales de Purveyor.*

En la otra alternativa para arrancar el servidor desde el indicador de MS-DOS, escriba lo siguiente:

```
https -start
```

# Cómo detener Purveyor

También se puede detener el servidor de Purveyor de dos maneras. Utilice la hoja de propiedades de Configuración para detener Purveyor:

1. Seleccione la página Configuraciones principales (Main Settings).
2. Oprima el botón Detener (Stop).

Si prefiere detener el servidor desde el indicador MS-DOS, escriba esto:

```
https -stop
```

# Para desinstalar Purveyor

Si, después de probar el programa, decide que Purveyor no es para usted, puede utilizar el programa de desinstalación incluido para eliminar Purveyor automáticamente de su computadora. Primero, detenga el servidor como se describió anteriormente. Luego, haga doble clic en el icono Agregar/Eliminar (Add/Remove Programs) que está en el Panel de control, seleccione Purveyor, y haga clic en Desinstalar (Uninstall). Tanto Windows Explorer como el Panel de control deben estar cerrados durante el proceso de desinstalación debido a cómo Purveyor añade funciones a esas utilerías (para más información sobre esto, vea el archivo de ayuda de las características de seguridad de Purveyor).

> **Nota:** Ocasionalmente, el programa de desinstalación falla al desinstalar el archivo llamado purveyor.dll. Este archivo se puede eliminar manualmente si así lo desea.

# Información de registro

Si se decide por Purveyor, llame o envíe correo electrónico a Process Software para una licencia y número serial permanente, que usted puede insertar haciendo clic en la ficha de licencia (License) que se encuentra en la hoja de propiedades para la Configuración de Purveyor y seguir las instrucciones. Si no se registra el software, Purveyor deja de correr después de 30 días. Purveyor no despliega la ficha de licencia si usted introduce un número serial válido durante la instalación.

# Configuración del servidor

Después de instalar Purveyor, usted puede aceptar los parámetros predeterminados y proceder directamente a arrancar el servidor y probar la instalación. Personalizar su instalación, cosa que puede hacer en el momento que lo desee, incluye lo siguiente:

- Reconfigurar la instalación predeterminada si es necesario.
- Probar el servidor.
- Configurar las páginas principales.
- Servir archivos y directorios específicos a los usuarios.
- Crear usuarios y grupos.

- Controlar el acceso a los directorios y archivos en el servidor.
- Presentar en la pantalla el acceso interno a World Wide Web.

Tocaremos algunos de estos pasos más adelante, muchos de los cuales son opcionales.

# La configuración predeterminada

El procedimiento de instalación configura automáticamente a Purveyor de modo que le permite correrlo y utilizarlo correctamente. La configuración inicial define algunas de las formas en que corre el servidor, los archivos que sirve y los registros que mantiene. Usted puede ver o cambiar los parámetros predeterminados utilizando la hoja de propiedades para la Configuración de Purveyor (Purveyor Configuration). Los parámetros de configuración predeterminados del servidor se describen brevemente en la siguiente lista:

- Directorio de información (Data Directory): Determina el directorio raíz de los archivos que usted sirve a clientes Web. Predeterminado = C:\PURVEYOR.
- Directorio de archivo de registro (Log File Directory): Especifica el lugar en que el servidor almacena los registros de las transacciones HTTP que se realizan en cada periodo de 24 horas. Predeterminado = `C:\WINDOWS`.
- Activación de la localización DNS (Enable DNS Lookup): Indica si los nombres de dominio del cliente y las direcciones IP son almacenadas por el servidor en el registro de las transacciones. Predeterminado = deseleccionado (Default=Unchecked). Nótese que esta opción degrada ligeramente el desempeño.
- Transacciones para registro HTTP (Log HTTP Transactions): Avisa al servidor si debe mantener un registro para las transacciones de World Wide Web que tienen lugar en cada periodo de 24 horas. Predeterminado = deseleccionado (Default=Unchecked). Nótese que seleccionar esta opción afecta el desempeño del servidor debido a que al archivo adicional I/O se le obliga a escribir hacia el registro de archivos.
- Puerto TCP/IP (TCP/IP Port): Especifica el puerto a través del cual el servidor conduce las transacciones de World Wide Web. El valor predeterminado de 80 es estándar a lo largo de Web.
- Nombre predeterminado de archivo (Default File Name): Indica el nombre del archivo de alto nivel o página principal que Purveyor sirve a los clientes que lo requieren. Predeterminado = Default.htm (Default=Default.htm). Utilizamos este nombre para la página principal que se construyó en el ejemplo de sitio Web del capítulo 13, "Cómo trabajar con HTML para construir un sitio muestra".

# Pruebe el servidor

Después de instalar Purveyor, pruebe el servidor para asegurarse que está corriendo adecuadamente. Para una prueba completa del servidor se debe tener un visualizador World Wide Web instalado en el mismo sistema que Purveyor y sobre otro sistema remoto que tenga acceso al sistema del servidor. Hay tres formas importantes de probar el servidor:

- Verificar el estado de funcionamiento del servidor (inicio, paro, pausa).
- Utilizar un visualizador Web local para ver documentos en el servidor.
- Utilizar un visualizador Web remoto para ver documentos en el servidor. Se supone que usted ya ha configurado TCP/IP y establecido su conexión a Internet, o que usted tiene una LAN con otra máquina TCP/IP que puede emplear como cliente.

## Confirme que el servidor está corriendo

Para asegurarse de que el servidor realmente está corriendo, haga lo siguiente:

- Oprima el botón Inicio (Start) en el escritorio de Windows 95 y seleccione Configuración | Panel de control (Settings | Control Panel).
- Abra la hoja de propiedades para la configuración de Purveyor, haciendo clic en el icono de Purveyor.

Cuando el servidor está corriendo, el botón Inicio (Start) aparece inhibido. Si el servidor no está corriendo, oprima el botón Inicio (Start) para darle arranque.

Usted también puede entrar a la hoja de propiedades para la configuración de Purveyor haciendo clic en el icono *Mi PC* de Windows 95; seleccione la opción Panel de control (Control Panel), y haga clic en el icono Purveyor.

## Utilice un visualizador local Web para ver documentos en el servidor

Si quiere probar la capacidad de su servidor para documentos locales, debe tener un cliente World Wide Web instalado en el sistema del servidor. Para ello, haga lo siguiente:

- Confirme que su servidor está corriendo.
- Arranque un visualizador Web en el sistema local del servidor.
- Seleccione la opción del visualizador que le permite abrir URLs en localizaciones remotas.
- Inserte la dirección completamente calificada de su host local. Por ejemplo:

```
http://localhostname
```

El visualizador despliega la misma página principal que usted le dio durante el procedimiento de instalación.

## Rutas de acceso virtuales

Las rutas de acceso virtuales le permiten servir archivos mediante URLs personalizados sin que los clientes sepan exactamente en qué parte de su computadora están localizados. Por supuesto, el cliente necesita saber el nombre de la ruta de acceso virtual para que la puedan solicitar a su servidor.

Las rutas de acceso virtuales comienzan con un carácter de tilde (~). Un ejemplo de ruta de acceso virtual es: `http://www.ycurco.com/~cdrom/files.html`. La figura 8.2 muestra la ficha para las rutas de acceso virtuales de la configuración de Purveyor (Purveyor Configuration Virtual Paths).

# Cómo instalar el servidor Web FolkWeb

El servidor Web FolkWeb del CD-ROM tiene un periodo gratuito de evaluación. El software requiere aproximadamente 3 Mb de espacio libre en disco. Instalar el servidor FolkWeb es muy sencillo. Después de descomprimir el archivo del CD-ROM hacia su directorio \TEMP con WinZip, utilice Explorer y haga doble clic en SETUP.EXE. [O use el asistente Agregar/Eliminar programas (Add/ Remove Programs) como se mencionó anteriormente].

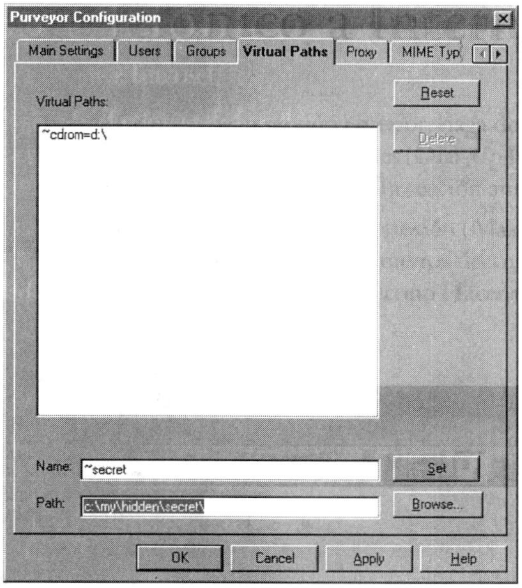


**Figura 8.2.**
*Con Purveyor es fácil crear rutas de acceso virtuales en su servidor.*

Siga las instrucciones del programa de instalación. Se le pedirá su nombre de dominio completamente calificado (machine.yourco.com, por ejemplo), su dirección de correo electrónico y la ruta de acceso para copiar los archivos FolkWeb. Usted siempre podrá cambiar la configuración de su nombre DNS y la dirección de correo electrónico, si lo requiriera más tarde.

Junto con la instalación del servidor FolkWeb, también se instalan los controladores ODBC y una base de datos muestra de Microsoft Access. Ésta registra la base de datos muestra con el administrador ODBC bajo el nombre de Fuente de datos (Data Source) de IlarDtb. Para mayor información sobre las capacidades de ODBC y de la base de datos del servidor Web, vea el capítulo 19, "Bases de datos y Web", y la Guía del usuario de FolkWeb.

Una vez instalado FolkWeb, tal vez quiera colocarlo en su grupo de inicio (Start group) o arrastrarlo hacia el escritorio de Windows 95 para crear un acceso directo hacia FolkWeb.

# Ahora configuremos FolkWeb

Por lo general FolkWeb corre minimizado durante su ejecución. He aquí los pasos para ajustar las configuraciones de FolkWeb:

1. Después de arrancar FolkWeb, haga clic en el icono de FolkWeb que está en la barra de tareas (Task Bar) para restaurarlo en una ventana del escritorio.
2. Del menú FolkWeb, elija Control, lo que abre el cuadro de diálogo que se muestra en la figura 8.3.
3. De este cuadro de diálogo usted puede modificar el directorio de recursos (Resource Directory) o el recurso del predeterminado (Default Resource). El directorio de recursos es donde usted almacena su página principal. El recurso predeterminado es el archivo que se envía cada vez que un cliente solicita una ruta de acceso (incluyendo rutas de acceso virtuales) sin especificar

el nombre del archivo HTML. Tomando la figura 8.3 como ejemplo, un URL de `http://www.yourco.com/` cargaría un archivo llamado default.htm (el recurso predeterminado) en C:\folkweb\htmlsite\ (el directorio de recursos).

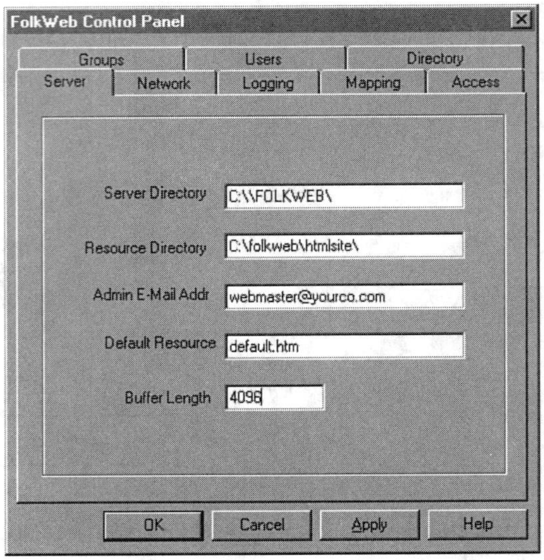


**Figura 8.3.**
*El cuadro de diálogo control de FolkWeb facilita ajustar las configuraciones.*

Una de las cosas más interesantes que usted puede hacer con el servidor FolkWeb es conectar una base de datos ODBC a Web ¡sin programación! Desafortunadamente, no tenemos para explicar esto aquí pero la guía del usuario de FolkWeb contiene instrucciones paso a paso.

# WebEdit



En esta sección, usted instalará y utilizará el shareware editor HTML del CD-ROM. Este programa le permite construir una página Web sencilla con sólo oprimir un botón. Y le mostraremos cómo modificar el archivo para convertirlo en su propia página Web.

WebEdit fue desarrollado por Knowledge Works, Inc. Existen muchos otros editores HTML por ahí, pero no hemos encontrado uno que combine tan bien el precio y las características de éste.

Para instalar WebEdit, copie el archivo del CD-ROM hacia el directorio `\TEMP` de su disco duro. Descomprima el archivo con WinZip y corra el archivo `SETUP.EXE` del mismo directorio.

La razón de utilizar WebEdit es porque todo lo que tenemos que hacer es correr su Asistente de página principal (Home Page Wizard) para generar la estructura básica de un documento HTML. Éstos son los pasos para obtener su primera página principal Web en un santiamén:

1. Corra WebEdit.
2. De la barra del menú principal, elija Archivo | Asistente de página principal (File | Home Page Wizard).

3. Si lo desea, puede explorar las posibilidades del Asistente, pero por ahora hagámoslo sencillo. Sólo elija el botón Terminar (Finish) y luego seleccione el botón OK, lo que da como resultado una pantalla WebEdit como la que se ve en la figura 8.4.

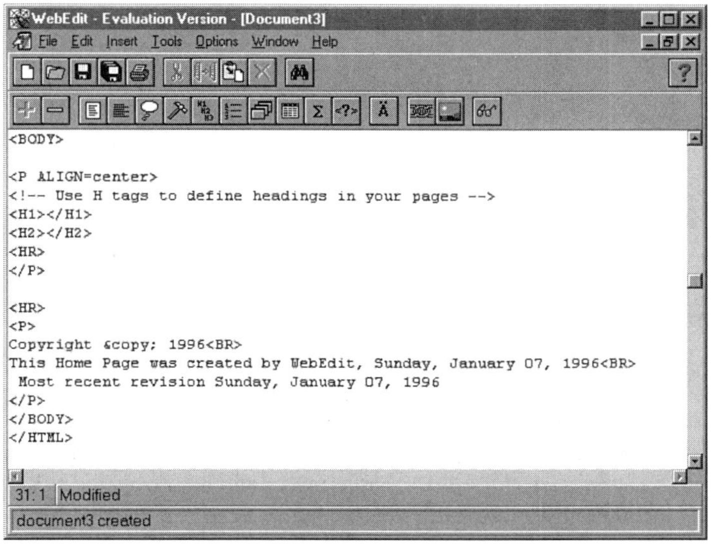


**Figura 8.4.**
*WebEdit después de utilizar el asistente de página principal Wizard.*

4. Así tenemos el código HTML que se muestra en el listado 8.1. Ahora todo lo que tenemos que hacer es personalizar el código para que se ajuste a nuestros propósitos (básicos). Por ahora, por qué no sólo insertar el nombre de su compañía entre las etiquetas HTML `<TITLE>` y `</TITLE>` en la línea 7 del archivo. Por ejemplo, `<TITLE>`*`SuCía`*`</TITLE>`. Ahora haga lo mismo entre las etiquetas `<H1>` y `</H1>` en la línea 18 del archivo. Por ejemplo, `<H1>`*`SuCía`*`</H1>`. Nótese que la barra de estado de WebEdit despliega el número de línea y columna de la posición del cursor. Eso le ayuda a localizar la línea 18.

## Listado 8.1. El archivo default.htm creado por el asistente para página principal de WebEdit.

```
 1: <HTML>
 2: <!---------------------------------------------------->
 3: <!--     This Web page was created by                -->
 4: <!--     the WebEdit Home Page Wizard                -->
 5: <!---------------------------------------------------->
 6: <HEAD>
 7: <TITLE></TITLE>
 8: </HEAD>
 9:
10: <!-- Modify the BODY tag to change the background    -->
11: <!-- image or color, or the color of the font.       -->
12: <!-- Background images, colors and font colors may   -->
13: <!-- not appear in some browsers.                    -->
14: <BODY>
```

*continúa*

```
<P ALIGN=center>
<!-- Use H tags to define headings in your pages  -->
<H1></H1>
<H2></H2>
<HR>
</P>

<HR>
<P>
Copyright &copy; 1996<BR>
This Home Page was created by WebEdit, Sunday, January 07, 1996<BR>
 Most recent revision Sunday, January 07, 1996
</P>
</BODY>
</HTML>
```

5. Ahora hay que guardar el archivo del listado 8.1 como default.htm en el directorio de recursos del servidor Web. Así, cualquier visualizador Web que visite nuestro sitio recibirá este archivo automáticamente.
6. Intentémoslo. Abra su visualizador Web e inserte un URL como `http://www.yourco.com`. Esto deberá funcionar desde su máquina local aun cuando su nombre de dominio no estuviera registrado con InterNIC, siempre y cuando haya registrado el TCP/IP como se describió en el capítulo 4. La figura 8.5 muestra cómo luce la pantalla en Navigator.

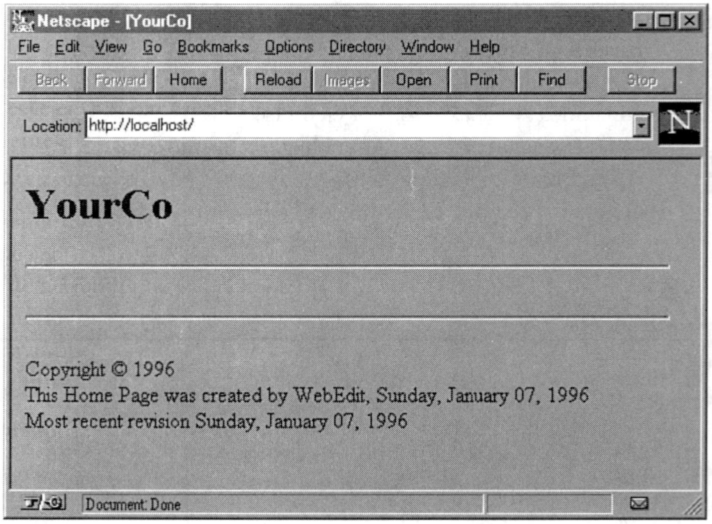


**Figura 8.5.**
*Su propia página principal default.htm, corriendo en su propio servidor Web.*

# ¿Qué sigue?

Para ser honestos, la página principal que se muestra en la figura 8.5 no es lo que pudiéramos llamar artística; más de eso se trata en la Parte III del libro, cómo explotar el potencial real de HTML. Y, después de todo ¡usted ya está realmente en Web!

# Parte III

# HTML, el lenguaje de Web

En esta parte del libro, usted explorará HTML a profundidad. Tener su sitio Web listo y corriendo es una cosa; tenerlo brindando a su audiencia significativas y atractivas páginas es otra.

- **Capítulo 9**, "Un Recorrido Guiado por HTML", cubre todos los elementos básicos que usted necesita para escribir código HTML.
- **Capítulo 10**, "Mapeo de imágenes y multimedia", es donde usted agrega gráficos, audio y video para hacer que sus páginas Web cobren vida.
- **Capítulo 11**, "Introducción a los formularios Web y a los scripts CGI", le da una idea de la capacidad ilimitada de Web. Aquí es donde usted entra a la programación en C, y todo el material está precompilado en el CD-ROM, listo para correr.
- **Capítulo 12**, "Extensiones Netscape y HTML 3.0", cubre los principales desarrollos en HTML, incluyendo el estilo.
- **Capítulo 13**, "Cómo trabajar con HTML para construir un sitio muestra", le da todo el código de fuente comentado, para un sitio Web completo. Usted es libre de personalizar el sitio muestra para sus propios propósitos.

# Capítulo 9

# Un recorrido guiado por HTML

- Antecedentes
- Un documento básico
- A escribir documentos
- Estilo y organización del documento
- Referencia de elementos
- El futuro de HTML
- Alternativas para HTML

Una de las bases primarias de World Wide Web es el Lenguaje de marcado de hipertexto (HTML). HTML es el formato primario en el cual se distribuyen y ven los documentos en Web. Muchas de sus características, como el formato independiente de la plataforma, el diseño estructural y en especial el hipertexto, lo hacen un muy buen formato de documentos para Internet y WWW.

En este capítulo usted entenderá lo básico de HTML y cómo puede crear documentos en este formato. Una breve descripción de las etiquetas comunes y una guía de estilo para crear buenos documentos HTML le ayudarán a seguir el camino para meter su información en WWW. También tocaremos algunas de las funciones más avanzadas, así como una visión del futuro de HTML.

# Antecedentes

Como una de las especificaciones fundamentales que definen a Web (junto con HTTP y los URLs), HTML fue desarrollado originalmente por Tim Berners-Lee en CERN hacia 1989. HTML fue ideado como un formato para que los científicos pudieran utilizar diversas computadoras y compartir información a su conveniencia en red; para ello se requirieron varias características. La *independencia de plataformas*, en la cual un documento se puede desplegar de igual modo en computadoras con diferentes capacidades (es decir, fuentes, gráficos y color), era vital para una audiencia variada. El *hipertexto*, que significa que cualquier palabra o frase de un documento puede hacer referencia a otro documento, permitiría una navegación más fácil entre y en los muchos y extensos documentos que hay en el sistema. Los *documentos estructurados* rigurosamente permitirían aplicaciones avanzadas como la conversión de documentos a y desde otros formatos, y la búsqueda en bases de datos de texto.

# SGML y HTML

Berners-Lee decidió utilizar el lenguaje estándar de marcado generalizado (SGML) como un patrón. Puesto que era un nuevo estándar internacional, SGML tenía las ventajas de la independencia de estructura y de plataforma. Su estado también le aseguraba una larga vida, lo que quiere decir que los documentos formateados en SGML no necesitarían ser reconstruidos unos años después.

SGML es independiente de la plataforma debido a que se enfoca a codificar la *estructura semántica*, o algo parecido, de un documento, no necesariamente su apariencia. De este modo, el título de un capítulo se etiquetaría como "Título de capítulo", en vez de "Helvética 18pt centrada". Aunque el segundo estilo se rompe si el documento se ve en una computadora que no tenga el tipo de letra helvética o soporte una escritura en diferentes tamaños, el primer estilo puede ser desplegado (en forma inteligente) en cualquier sistema. Cada lector define la apariencia del título de los capítulos de modo que sea útil en su computadora, y cualquier texto con ese estilo se formatea en forma apropiada.

Otra característica de esta estructura es que el texto codificado semánticamente puede ser procesado automáticamente por una computadora en una forma más inteligente. Por ejemplo, si cada título de capítulo se marca con la etiqueta "Título de capítulo" ("Chapter Title"), quizás con el número de capítulo como atributo, un lector podría solicitar ver solamente el capítulo 18; el software SGML automáticamente buscaría el título del capítulo 18 y el título del capítulo 19 y extraería todo lo que se encuentra entre ellos. Esto no podría hacerse con el texto marcado con fuentes y códigos de formato sin sentido (para la computadora).

Una gran ventaja de SGML es su flexibilidad. SGML no es propiamente un formato, sino una especificación para definir otros formatos. Los usuarios pueden crear nuevos formatos para codificar toda la estructura de determinados tipos de documentos (por ejemplo, manuales técnicos, directorios telefónicos y documentos legales), y cualquier software habilitado para SGML puede entenderla, con sólo leer la primera definición. Se ha creado una gran cantidad de definiciones de tipo de documento (DTDs), tanto para documentos comunes como para documentos muy especializados. HTML es sólo una DTD, o *aplicación*, de SGML.

# La evolución de HTML

Durante muchos años, el uso de HTML (y de WWW) creció muy lentamente, a pesar de todas estas posibilidades, sobre todo porque no tenía suficientes características como para hacerle cualquier tipo de publicidad electrónica profesional; tenía algún control de fuentes, pero no tenía gráficos. La codificación semántica no era importante para las personas cuando no podían hacer que luciera bien.

Entonces todo cambió. Cuando NCSA construyó por primera vez Mosaic a principios de 1993, agregó sus propias características a HTML, incluyendo gráficos en línea. Esto permitió que de repente las personas agregaran logos, iconos, fotografías y diagramas a sus documentos; el tamaño y uso de Web hicieron explosión. Para el año siguiente, el desarrollo de HTML se dio básicamente muy *ad hoc*. Se introdujeron nuevas piezas de HTML por uno u otro visualizador de cuando en cuando; unas se quedarían y otras desaparecerían; algunas de las cosas que se agregaron estaban pobremente diseñadas, y otras ni siquiera eran compatibles con SGML.

En mayo de 1994 parecía que HTML estaba creciendo fuera de control. En la primera conferencia sobre WWW en Ginebra, Suiza, se organizó un grupo de trabajo en HTML, cuya tarea principal fue formalizar HTML, conforme se utilizaba, dentro de un SMGL DTD conocido como HTML Nivel 2. (El Nivel 1 fue definido para HTML tal como fuera diseñado originalmente por Berners-Lee.) Una vez que se estandarizó, se pudo extender de una manera segura a los futuros niveles, e incluso aprovecha las posibilidades del SGML original y su estructura formal. Al tiempo de esta edición, HTML Nivel 2 estaba en vías de completarse, habiendo pasado por varios borradores, y seguramente será el formato estándar que todos los visualizadores WWW puedan entender.

Aun cuando no es estándar, actualmente HTML 3.0 ya tiene una amplia utilización, y agrega muchas características que eran necesarias para la especificación de HTML 2.0. El capítulo 12, "Extensiones Netscape y HTML 3.0", y el Apéndice G, "Enciclopedia HTML", detallan qué características se encuentran en qué versiones. Este capítulo se queda con los elementos básicos de HTML 1.0 y 2.0 para que usted se pueda adentrar fácilmente en ellos.

Los documentos HTML están en formato de texto ASCII y pueden ser creados utilizando la mayoría de los editores de texto. Algunos editores de Windows están disponibles específicamente para edición en HTML. En el CD hemos incluido uno que es muy simple e intuitivo: WebEdit.

# Un documento básico

Demos antes un vistazo a un documento HTML sencillo para ver cómo aparece normalmente. La manera más fácil de ver HTML es dejar que un visualizador Web interprete el archivo por nosotros. La figura 9.1 presenta un archivo HTML muy sencillo tal como aparecería en Web.

**Figura 9.1.**
*Una página HTML sencilla, mostrando texto y gráficos.*

El listado 9.1 es el código HTML que se utilizó para desplegar la figura 9.1. Si se fija en el código HTML, notará que no es muy difícil hacer que el texto corresponda con la apariencia que tiene en el visualizador Web. Usted puede aprender muchas cosas acerca del Lenguaje de marcado de hipertexto de este documento básico.

## Listado 9.1. El código HTML de nuestra página Web sencilla.

```
<HTML>
<HEAD>
<TITLE>Boston's Story</TITLE>
</HEAD>
<BODY>
        <H1>Welcome to Boston's Life</H1>
        Hi, my name is Boston. Here is a picture of me:<P>
        <IMG SRC="boston.jpg"><P>
```

```
        <H4>A Brief Autobiography</H4>
        <UL>
                <LI>Born in Bonsall, CA March 5, 1995.
                <LI>Got my shots and went to new home in San Diego, April 30, 1995.
                <LI>Now spend time catching Frisbees and looking out the window.
        </UL>
        <HR>
        <ADDRESS>Okay, so e-mail me: boston@xyz.com
        </ADDRESS>
</BODY>
</HTML>
```

Siempre es importante recordar que HTML (como una aplicación de SGML) codifica sólo la *estructura* del documento. La mayor parte de la *apariencia* del documento, como los estilos de escritura, el color y el tamaño de la ventana, está bajo el control final del visualizador y de las personas que lo utilizan. Sin embargo, la mayoría de los visualizadores reproducen las cosas de manera semejante; conforme se describen las diferentes partes de HTML, también se va dando su reproducción normal.

# Sintaxis básica para HTML

Un documento HTML consta de dos tipos de contenidos: el *texto* normal del documento y los códigos, o *etiquetas.* Éstas son cadenas de texto rodeadas de un signo menor que y otro mayor que, como `<HTML>` en la primera línea. Por lo general las etiquetas tienen la siguiente estructura:

```
<tagname attribute=value attribute=value ... >
```

El nombre de la etiqueta (`tagname`) es el tipo de texto que se definirá por la etiqueta; los `atributos` (algunas etiquetas no tienen, otras tienen varios, pero la mayoría son opcionales) dan información adicional acerca de cómo se debe comportar el elemento.

Por ejemplo, en la etiqueta `<HEAD>` de la segunda línea del archivo de ejemplo HTML, `HEAD` es el nombre de la etiqueta y no tiene ningún atributo asociado. Más abajo del archivo está una etiqueta con el nombre `IMG` y un solo atributo `SRC` que tiene el valor `boston.jpg`. Es importante recordar que el nombre de la etiqueta y el atributo no son sensibles al tamaño de letra. Usted puede utilizar letras mayúsculas o minúsculas indistintamente. Los valores asignados para los atributos pueden ser sensibles al tamaño de letra, dependiendo del atributo.

Las etiquetas y el texto se combinan para formar *elementos.* Cada elemento representa un objeto en el documento, como un encabezado, un párrafo o una imagen. Un elemento consta de uno o dos grupos de etiquetas y por lo general de algún texto asociado.

Hay dos tipos de elementos: los elementos contenedores y los elementos vacíos. Los *elementos contenedores* representan una sección de texto y están conformados por el cuerpo de texto (u otros elementos) delimitados por una etiqueta al principio y al final. (La etiqueta final está definida por una / antes del nombre de la etiqueta y nunca lleva atributos). Por ejemplo, en la tercera línea del archivo ejemplo, las etiquetas `<TITLE>` y `</TITLE>` definen al texto entre ellas como un título.

Por otra parte, un *elemento vacío* consta de una sola etiqueta que no altera ningún texto; en su lugar, inserta algo dentro del documento. Por ejemplo, el elemento/etiqueta `<IMG SRC=...>` coloca la imagen en el documento.

Juntos, elementos contenedores y elementos vacíos, definen totalmente cómo se ha de formatear y desplegar un documento. Otras cosas comúnmente utilizadas para formatear texto (como los tabuladores, los espacios de más y los retornos de carro) se tratan en HTML como si fueran un solo espacio. Por ejemplo, el archivo HTML puesto como ejemplo podría haber sido escrito con tres líneas en blanco después de cada etiqueta y diez espacios entre cada palabra, pero aparecerían exactamente de la misma forma (como si todo el archivo hubiera sido escrito en una sola línea). Aunque esto puede dificultar el simple formateado, permite a los escritores hacer el documento HTML más legible al utilizar técnicas para el estilo de programación como los espacios en blanco de más y los tabuladores (como son utilizados en el archivo de ejemplo muestra), sin afectar el despliegue del documento final.

# Descripción de los elementos en un documento muestra

Esta sección revisa los elementos utilizados en el documento muestra. El archivo del ejemplo contiene las etiquetas comunes utilizadas en la mayoría de los documentos. (Las definiciones a profundidad de cada elemento son dadas más adelante en el capítulo.)

Primero, deberán aparecer tres elementos contenedores en cada archivo HTML. Usted se puede imaginar a estos elementos contenedores como emparedados; al igual que las piezas de pan, cada etiqueta de apertura debe estar seguida por la correspondiente etiqueta de cierre.

- `<HTML>`*text*`</HTML>`: Este elemento contiene al archivo completo de todo el archivo (es decir, la primera etiqueta aparece al principio del archivo, y la segunda etiqueta aparece al final del archivo) y define al *texto* que se encuentra en su interior como un documento HTML. Este elemento contenedor (el más grande) contiene los siguientes dos elementos contenedores, en orden.
- `<HEAD>`*text*`</HEAD>`: Este elemento es el *encabezado* y contiene información sobre el documento (por lo general de una a tres líneas) que no es parte del texto. Juega el mismo papel que las cabeceras de cada página de este libro: Da el contexto y la posición para el texto, pero no es parte de la narrativa.
- `<BODY>`*text*`</BODY>`: Este elemento contiene otros elementos que representan el *cuerpo del texto* del documento, por lo general toda la extensión del archivo.

Juntos, estos tres elementos crean una plantilla, que todos los documentos HTML deben seguir:

```
<HTML>
<HEAD>
   Elementos del encabezado
</HEAD>
<BODY>
   Cuerpo del documento
</BODY>
</HTML>
```

El elemento `<HEAD>` puede contener varios elementos únicos; sin embargo, la mayoría de los documentos contienen sólo el que se muestra en el ejemplo:

- `<TITLE>`*text*`</TITLE>`: Este elemento es el título del documento. Por lo general el título se muestra en el visualizador aparte de la página de texto (por ejemplo, en el marco de la ventana o en una parte de la ventana separada del documento).

El elemento <BODY> en el archivo del ejemplo contiene varios elementos comunes:

- <H1>*text*</H1>: Este elemento identifica el texto que se encuentra en su interior como un *encabezado principal* (por ejemplo, el título al principio de un documento). Se pueden tener hasta seis niveles de encabezados utilizando las etiquetas <H1>, <H2> y así hasta <H6>. (Cuanto más bajo es el número significa que el encabezado es de mayor importancia.) Los encabezados por lo general se presentan en un tipo de letra más grande (los encabezados más importantes están en un tipo de letra grande) con un espacio en blanco arriba y abajo.
- <P>: Esta etiqueta marca la separación entre dos *párrafos* del cuerpo del texto (es decir, el texto que no es parte de algún otro elemento).
- <IMG SRC="boston.gif">: Este elemento coloca la *imagen* en el documento, la cual se puede encontrar en el URL dado en el atributo SRC. (Para una explicación de los URLs, vea el capítulo 1, "Guía para la tecnología Internet").
- <UL> *text* <LI> *text* </UL>: Esta construcción brinda una *lista desordenada* de artículos; la etiqueta <LI> comienza cada artículo. Por lo general, se coloca una entrada (viñeta (bullet)) al principio de cada registro.
- <A HREF="http://www.mtsmith.vt.us/">*text*</A>: Este tipo de elemento marca un *ancla* en el hipertexto, también conocida como *hipervínculo*. El `texto` se resalta de alguna forma dentro de la pantalla (en color, con un subrayado o algo similar); cuando este texto está seleccionado en la pantalla (es decir, apuntado con el ratón), se recupera el documento dado por el URL en el atributo HREF (Referencia de hipertexto)(Hypertext Reference).
- <HR>: Este elemento coloca una *regla* horizontal, o línea, a través de la ventana, generalmente con un espacio arriba y abajo.
- <ADDRESS>*text*</ADDRESS>: Este elemento marca un bloque de texto que sirve como una *dirección* de correo electrónico o postal. La dirección se suele presentar en una fuente ligeramente diferente que la del cuerpo del texto (por ejemplo, un tipo de cursiva más pequeño) y no utiliza un espacio extra entre los párrafos del cuerpo (formateados con el elemento <P>).
- <BR>: Este elemento fuerza un *corte de línea* en el texto, de manera que cualquier texto que le siga se coloca en la siguiente línea.

Estos elementos se describen con mayor detalle, junto con muchos otros elementos válidos, más adelante en este mismo capítulo.

# A escribir documentos

Ahora que ha visto un documento HTML en acción, probablemente se pregunte "¿Cómo puedo hacer uno de estos?" Hay varias opciones para crear archivos HTML, que van de las sencillas y fáciles, hasta las poderosas y difíciles. La mayoría de las herramientas HTML actuales no son tan útiles como podrían llegar a ser, pero la gran demanda de herramientas HTML fáciles *y* poderosas asegura que en un futuro cercano serán más robustas.

# Editores de texto

Debido a que los documentos HTML son en realidad archivos de texto plano, la primera solución (y actualmente la más común) es crearlos utilizando un editor de texto que sea completo, como Notepad. Usted crea el documento HTML escribiéndolo exactamente como tiene que aparecer —incluso la escritura a mano de las etiquetas— y terminando con un archivo que se parece mucho al ejemplo mostrado al principio de este capítulo.

El inconveniente de esta aproximación es que como los editores ignoran el tipo de archivo que usted está editando, no le pueden ayudar gran cosa. Éstos no pueden corregir una sintaxis pobre, ofrecer alguna sugerencia sobre la utilización de los elementos, ni mostrar cómo aparecerá el producto terminado en un visualizador WWW. Usted debe cuidar que el documento no tenga errores y tendrá que editarlo a menudo una y otra vez para corregirlos. Si decide utilizar un editor de texto para crear HTML, deberá tener también a la mano un visualizador WWW para revisar continuamente el documento y resolver cualquier problema que encuentre.

# Editores HTML

Nosotros, los autores, hemos probado más de una docena de métodos para la creación de archivos HTML. Coincidimos en que el más sencillo es un programa simple pero poderoso llamado WebEdit hecho por Ken Nesbitt. WebEdit está incluido en el CD, y ya explicamos el proceso de instalación en la Parte II, "Listo para correr." WebEdit es shareware. Muchos otros editores HTML en shareware y freeware están disponibles en Internet, pero después de observar la dificultad de utilizar algunos otros paquetes, dimos la bienvenida a WebEdit como un compañero para muchas de nuestras labores de edición en HTML.

# Plantillas para procesador de palabras

Las herramientas de esta categoría no son programas en toda la extensión de la palabra, pero existen como macros o accesorios que operan dentro de su procesador de palabras o programa para autoedición (*desktop publishing*) favorito. La ventaja de estas plantillas es que le permiten crear documentos HTML utilizando las mismas herramientas e interfaz para crear documentos normales; producen archivos en HTML en vez del formato normal del programa. La desventaja es que dichas plantillas no están disponibles actualmente para la mayoría de software procesador de palabras y utilizar un procesador de palabras grande para crear un documento pequeño, de una sola página, puede resultar lento y laborioso. Sin embargo, probablemente estas plantillas sean muy buenas para trabajar en documentos HTML extensos. He aquí algunas de las que sí están disponibles:

- Internet Assistant (para Microsoft Word), de Microsoft:
  `http://www.microsoft.com/msoffice/freestuf/msword/download/ia/default.htm`
- GT_HTML.DOT (para Microsoft Word), de Georgia Tech University:
  `http://www.gatech.edu/word_html/release.htm`

# Convertidores HTML

Muchos de los documentos que usted quiere aportar a WWW al parecer ya existen en su computadora. Gran cantidad de personas tienen muchos documentos creados previamente por medio de un procesador de palabras o un programa de autoedición; no es necesario crearlos de nuevo o convertirlos a HTML a mano. Para ayudarle en este proceso, hay varias herramientas que pueden convertir los documentos a HTML; simplemente toman los códigos del formato interno del software y los convierten en elementos HTML.

Para que estos convertidores trabajen limpiamente, su documento original deberá ser construido con la misma filosofía de HTML y SGML: usando una estructura semántica clara. Por ejemplo, si en el documento original se utilizan los estilos mencionados (como el Título del capítulo y el Artículo de la lista), estos estilos pueden ser convertidos directamente en los elementos HTML correspondientes [*Título de capítulo (Chapter Title* = `<H1>`), *Artículo de lista (List Item* = `<L1>`), y así sucesivamente]. Por otra parte, es difícil o imposible que el convertidor interprete el marcado no semántico (como "Helvética 14pt centrada"). Casi todos los procesadores de palabras y programas para autoedición tienen una función de estilos.

En las siguientes secciones se explican dos tipos de convertidores HTML.

## Macros para procesador de palabras

Éstos operan dentro del procesador de palabras o el programa para autoedición, a través del documento línea por línea y convierten cada código en un equivalente para HTML. Al final, el usuario ve un archivo HTML puro que se puede guardar como sólo texto. Éste es un paquete que lo hace para Word:

- ANT_HTML.DOT (para Microsoft Word), por Jill Swift:
  `http://www.w3.org/hypertext/WWW/Tools/Ant.html`

## Programas de conversión autónomos

Estas herramientas se utilizan fuera del software de origen. Leen el documento original del disco, convirtiéndolo y guardando el resultado como un documento HTML. Aquí hay dos de ellos; si su software no está representado, probablemente puede convertir el archivo en un formato que pueda ser utilizado por alguna de estas herramientas. (Por ejemplo, usted puede convertir el archivo en un formato RTF y luego convertirlo en un archivo HTML.)

- RTFTOHTML (para archivos en formato rico en texto) (Rich Text Format):
  `ftp://ftp.cray.com/src/WWWstuff/RTF/rtftohtml_overview.html`
- qt2www (para Quark XPress), por Jeremy Hylton:
  `http://the-tech.mit.edu/~jeremy/qt2www.html`

# Estilo y organización del documento

Al empezar a escribir documentos HTML, es importante que tenga presente los siguientes tips. Procure que sus documentos obedezcan estas reglas generales de estilo, con lo cual lucirán más bien, serán mejor utilizados —y con más frecuencia— por los lectores y más fáciles de mantener para usted:

- Planee su información cuidadosamente. La única razón por la que la gente pone información en WWW es porque espera que otros la puedan utilizar. (A menudo, el contribuyente espera un beneficio subsecuente por este uso). Por lo tanto, el objetivo principal de organizar los documentos y archivos que usted pone en su servidor es hacer que la información sea fácil de accesar para los usuarios.

Aunque esta organización difiera de sitio en sitio, usted deberá tener presentes algunos puntos. Utilice prodigiosamente el hipertexto; entre más avenidas posibles tengan las personas para navegar a través de su información, habrá más oportunidades de que encuentren lo que quieren. Cree páginas navegables como directorios y tablas de contenidos para ayudar a la gente a buscar la información. También, sea muy claro cuando describa vínculos y opciones de menú; esto disminuye la cantidad de caminos erróneos para sus usuarios.

- Utilice un HTML válido. En los primeros días de World Wide Web, HTML no estaba bien definido, ni tampoco era la forma en que tenía que ser reproducido. Muchas etiquetas tomaban distintas formas, y los visualizadores estaban escritos para ser dejados en los documentos de análisis para manejar las distintas formas en que aparecía cada etiqueta. Aunque HTML está ahora más estructurado y estable, los visualizadores aún suelen permitir una sintaxis variante para poder leer la gran cantidad de documentos viejos que hay por ahí.
- Aunque muchas sintaxis "tramposas" (por ejemplo, utilizar `<UL>` sin `<LI>` para hacer párrafos con sangría) pueden producir un resultado placentero en su visualizador, su apariencia varía de un visualizador a otro (algunos ignoran por completo a `<UL>` cuando está solo) y puede producir un despliegue muy pobre en la pantalla de alguien más. Aunque usted no puede tener un control total de lo que aparece en la pantalla de cada usuario, la manera más segura de que usted cree documentos que se vean un tanto uniformes es utilizar HTML como fue diseñado.
- Utilice archivos pequeños. Cuando se crea un documento en papel, éste generalmente consta de un archivo largo y se distribuye como una simple pieza de papel. Este planteamiento a menudo es indeseable en World Wide Web. Por lo general a las personas no les gusta leer grandes cantidades de texto en una pantalla. Un lector también dudaría mucho en bajar un archivo de 1 Mb cuando sólo busca un párrafo.

  La gran ventaja del hipertexto es que permite texto no lineal: Los lectores pueden ir de uno a otro lado dentro y entre los documentos, leyendo y entendiendo algunas partes en el orden y la forma que más le parece a cada quien. Un buen documento está dividido en muchos archivos pequeños, cada uno no mayor de una o dos pantallas de largo, interconectados con la etiqueta `<A>` para producir hipervínculos hacia los lugares apropiados. Los buenos subdocumentos para una tabla de contenidos e índice permiten a los usuarios encontrar y recuperar sólo aquellas partes del documento que necesitan.
- Tenga presente que algunos usuarios querrán, naturalmente, imprimir determinados documentos. Si su documento está contenido en muchos archivos HTML independientes, el lector tendrá que unirlos unos con otros para imprimir o guardar todo el tema. Usted puede decidir, basándose en cada caso, la mejor manera de presentar cada documento.
- Ponga fecha a la página. Es una buena idea incluir la fecha de la última edición del documento, lo que permite a quienes regresan a su página saber si ha sido actualizada.
- No sature su documento con gráficos. Aunque el despliegue de gráficos como parte de un documento es una de las posibilidades más poderosas de HTML, a menudo se exagera en esto. Las imágenes utilizan mucho más ancho de banda que el texto normal, por lo que una página con una gran cantidad de gráficos extensos se lleva mucho más tiempo para bajar que una sin ellos. De hecho, muchos usuarios, como los que están conectados por líneas telefónicas lentas y quienes utilizan terminales de sólo texto (que todavía representan una parte significativa de la audiencia de Internet) ni siquiera verán sus gráficos. Los gráficos también incrementan el

espacio que ocupa su documento en la pantalla, forzando a las personas a desplazar la página hacia abajo para ver el resto. Estas son algunas reglas a seguir cuando trabaje con gráficos:

> Concentre sus gráficos donde ofrezcan el mayor beneficio, como ilustraciones, logotipos y cabeceras del documento. (Las imágenes grandes que aparecen en la parte superior de las páginas principales pueden servir como imagen corporativa.)
>
> Reduzca la cantidad de colores en cada imagen. Muchos monitores despliegan sólo 256 colores a la vez, por lo que los colores de todas las imágenes en la página se deben ajustar a este número. Si usted no adapta las imágenes, el visualizador lo hará y muy rara vez hace un trabajo aceptable. Si incluye fotografías, éstas deberán utilizar entre 50 y 100 colores cada una. (Este límite se puede ajustar con la mayoría de software para gráficos.) Limitar los colores también reduce el tamaño del archivo que se va a bajar.
>
> Haga los gráficos tan pequeños (en tamaño de memoria) como sea posible. Por ejemplo, si usted quiere incluir una fotografía, ponga en el documento una *minigráfica* (una pequeña réplica) de la foto, que está ligada a la gráfica de tamaño real que las personas pueden bajar si en realidad quieren verla. O vincule un gráfico grande con una referencia en el texto.
>
> Nunca se base en los gráficos para comunicar su mensaje. Cualquier información importante (títulos, opciones de menú, etc.) que aparezca en el gráfico también deberá aparecer en el texto. Esto significa que puede utilizar el atributo `ALT` en la etiqueta `<IMG>` o tener una página duplicada que puedan utilizar los visualizadores de sólo texto.
>
> Podría proporcionarse un vínculo al gráfico, que diga al usuario qué tan largo es antes de que decida bajarlo.

- Pruebe su documento con varios visualizadores. Éstos varían enormemente en el modo de reproducir HTML. También, algunos visualizadores (como Netscape) utilizan elementos adicionales que no son parte del "verdadero" HTML y que no son soportados por ningún otro visualizador. Web tiene muchos documentos que, obviamente, fueron escritos con un solo visualizador en mente pues lucen horrible en todos los demás.

  Si es posible, consiga acceso a por lo menos dos visualizadores (de preferencia uno de gráficos y uno de sólo texto) que pueda utilizar para ver sus documentos. Aunque los documentos creados con este método no se vean tan bien en su visualizador favorito como deberían, en general se verán bien en todos los visualizadores.

# Referencia de elementos

Las siguientes secciones proporcionan una breve guía para casi todos los elementos utilizados en HTML Nivel 2. Para una referencia más comprensible, vea la especificación oficial de HTML 2.0 en `http://www.w3.org/hypertext/WWW/MarkUp/html-spec/index.html`. Recuerde que los nombres de las etiquetas y los atributos no son sensibles al tamaño de la letra y pueden estar escritos en mayúsculas o minúsculas.

## Elementos *<HEAD>*

Las etiquetas siguientes se permiten en la cabecera del documento HTML.

# Título del documento

Éste es el nombre del documento. El título está escrito generalmente en un tipo de letra más grande que el del documento a fin de dar al usuario un marco de referencia. Por ejemplo, si el documento es un capítulo de un libro, `<TITLE>` contendría probablemente tanto el título del libro como el título del capítulo. De esta forma, si alguien siguió un hipervínculo desde alguna otra parte directamente hacia este capítulo, esta persona no estaría perdida, sino que sabría que este archivo es parte de un libro en particular. Por ejemplo:

```
<TITLE>text</TITLE>
```

# Vínculo externo

Éste establece una relación entre el documento actual y otro documento. El atributo `name` da un nombre al vínculo, como `Mail to Author`. El atributo `rel` describe el tipo de vínculo, como `"made"` (el autor), `"parent"` (un documento más grande del cual éste forma parte), `"next"` (la sección que sigue en un documento de múltiples archivos) y `"prev"` (la sección anterior). El atributo `HREF` apunta al documento referido. Actualmente muchos visualizadores no usan esta etiqueta, pero aparentemente los visualizadores futuros agregarán un nuevo botón a la pantalla para que cada `<LINK>` permita a los usuarios saltar fácilmente al documento relacionado. Por ejemplo:

```
<LINK name="text" rel="text" href="URL">
```

# Meta-información del documento

Ésta toma en consideración la información extra acerca del documento, como sus datos de modificación, derechos de autor, o abstractos. Esto se hace al asignar un nombre y un valor, como `<META NAME="copyright" CONTENT="1995, Sams.net Publishing">`. Las etiquetas `<META>` separadas están incluidas para cada elemento de información. Actualmente, los visualizadores usan muy poco esta etiqueta. Por ejemplo:

```
<META NAME="text" CONTENT="text">
```

# Localización del documento actual

Ésta le permite especificar todo el URL de este documento. Aunque puede parecer redundante, esta información le es útil si utiliza los URLs relativos en los hipervínculos. Utilizando esta base, los hipervínculos se resuelven correctamente aun cuando este documento se solicite con un URL diferente del que usted espera (por ejemplo, si los usuarios lo guardan en su disco local y tratan de utilizarlo allí). Por ejemplo:

```
<BASE HREF="url">
```

# Documento localizable

Éste coloca un campo de búsqueda en el documento o en alguna otra parte de la pantalla, permitiendo a los usuarios introducir palabras clave para buscar a través de este documento. Usted no puede agregar esta etiqueta de manera arbitraria a cualquier documento y esperar que trabaje. Su servidor debe estar configurado para procesar esta consulta, utilizando una herramienta de búsqueda de cabos sueltos como WAIS. Para una explicación completa sobre este tema, vea el capítulo 19, "Bases de datos y Web". A continuación un ejemplo:

```
<ISINDEX>
```

# Elementos vacíos

Como dijimos al principio de este capítulo, los *elementos vacíos* son aquellos que insertan objetos dentro de un documento por sí mismos, sin importar el texto que los rodea. Cada uno de ellos consta de una sola etiqueta. Por ejemplo:

```
<IMG SRC="graphic.gif">
```

# Regla horizontal

Este elemento tira una línea horizontal a través de la página, con una línea en blanco arriba y otra abajo, y en general se utiliza para separar las secciones principales de un documento (por ejemplo, antes de `<H1>` o `<H2>`). Algunos visualizadores gráficos dan a la regla una vista realzada en 3-D. Por ejemplo:

```
<HR>
```

# Corte de línea

Este elemento fuerza al texto subsecuente hacia la línea siguiente. Al contrario de la etiqueta `<P>`, el texto antes y después de la etiqueta `<BR>` se considera como un solo párrafo. La etiqueta `<BR>` por lo general se utiliza para crear bloques apretados de información en líneas cortas, como las direcciones de correo, por ejemplo:

```
<BR>
```

# Imagen en línea

Éste coloca una imagen dentro del documento, tal como se encuentra en el URL especificado en el atributo `src` (que es obligatorio). El formato más común para estas imágenes es el Formato de intercambio para gráficos (CompuServe's Graphics Interchange Format) o GIF de CompuServe. Si el visualizador no soporta las imágenes en línea (por ejemplo, el visualizador Lynx no lo hace), se despliega el texto dado en el atributo opcional `ALT`. Si el atributo `ALT` no está dado, se puede desplegar en esta situación un colocador predeterminado como `[IMAGE]`. (Para asegurarse de que nada se desplegará si no se muestra el gráfico, utilice el atributo `ALT = " "`). El atributo opcional `align` especifica cómo se alineará verticalmente la imagen con la línea del texto actual. (El alineamiento predeterminado más frecuente es `BOTTOM`, pero éste varía en cada visualizador.)

El atributo `ISMAP` le permite crear gráficos interactivos, o *mapas de imagen.* Si se utiliza la sintaxis `<A href="http://URL1"><IMG src="URL2" ismap></A>` y usted apunta hacia un lugar en la imagen, las coordenadas *x* y *y* se pasan al hipervínculo (por ejemplo, `http://URL1?x,y`). Sin embargo, el servidor HTTP debe ser capaz de manejar las consultas a mapas de imagen. En el capítulo 10 se dan detalles paso a paso para hacer esto con Purveyor o FolkWeb. Para mayor información de mapas de imagen, busque *The World Wide Web Unleashed 1996, is the most recent edition*, publicado por Sams.net. Por ejemplo:

```
<IMG src="URL" alt="text" align=TOP/MIDDLE/BOTTOM ISMAP>
```

# Comentario

Cualquier texto dentro de este elemento se ignora. Este elemento se utiliza para incluir notas que puedan ser leídas por el escritor pero que no forman parte del texto del documento (lo que es especialmente útil cuando varios escritores trabajan en el mismo documento). La útil técnica de programación de hacer comentarios temporales sobre secciones del código no se puede hacer aquí; muchos visualizadores anteriores utilizan un solo > como carácter de cierre del comentario, de manera que cualquiera de las etiquetas incluidas en el comentario (como `<BR>`) hacen que éste termine antes e interprete cualquier texto de comentario restante como cuerpo del texto. Por ejemplo:

```
<!-- text -->
```

# Contenedores de caracteres

Los contenedores de caracteres le permiten formatear o describir palabras y frases dentro de los párrafos. Aunque éstos se pueden utilizar dentro de los bloques que no forman parte del cuerpo y dentro del texto normal, todas las etiquetas excepto `<A>` pueden producir resultados poco atractivos en algunos visualizadores.

# Vínculos de hipertexto

Los vínculos de hipertexto son el corazón de HTML. Éstos le permiten, con un solo clic del ratón, moverse de un lugar a otro dentro de un documento o incluso hacia otro documento totalmente diferente en cualquier parte de Internet. De esta utilización de hipervínculos es donde World Wide Web obtiene su nombre; los vínculos forman una telaraña de documentos que cubre el planeta.

# Ancla de hipertexto

Se utiliza para marcar la referencia o la fuente de un vínculo de hipertexto. Se debe incluir cualquiera de los atributos `HREF` o `NAME`. (Ambos están permitidos, pero no suelen aparecer juntos.) El atributo `HREF` especifica un URL al cual está vinculado el atributo incluido para *`texto`*. (El *`texto`* aparece resaltado; al ser seleccionado se solicita el nuevo objeto). `HREF` puede hacer referencia a otro documento HTML, a una imagen o a cualquier otra cosa que puede ser direccionada utilizando un URL. El ancla de hipertexto también puede incluir una etiqueta `<IMG>`, para que los gráficos en línea (como los iconos) se conviertan en vínculos.

El atributo `NAME` da un nombre único a la etiqueta incluida, permitiendo a los usuarios y a otros documentos HTML apuntar directamente a esta parte del documento. Por ejemplo, un URL como `http://.../thisdoc.html#part1` carga a `thisdoc.html` e intenta colocar el texto marcado con `<a NAME="part1">` en la parte superior de la pantalla. Por ejemplo:

```
<A HREF="URL" NAME="text">text</A>
```

# Estilos lógicos

Los estilos lógicos le permiten dar un significado real a las secciones del texto. Actualmente sólo se utilizan para formatear, pero se pueden usar para algunos tipos de procesamiento más inteligentes, como la asignación automática de notas al pie de página.

**Énfasis.** Se utiliza para resaltar las secciones del texto por diversas razones y se presenta en *cursiva.*

```
<EM>text</EM>
```

**Énfasis fuerte.** Otra forma de resaltar en general. Normalmente se presenta en **negritas**.

```
<STRONG>text</STRONG>
```

**Citas.** Se utiliza para marcar una cita para otro documento, como en un libro impreso (por ejemplo, *Great Expectations*). Se presenta en *cursiva.*

```
<CITE>text</CITE>
```

**Código de computadora.** Con él se marca el texto de una computadora (por ejemplo, `presione cualquier tecla`). Se presenta en una fuente de tamaño fijo como `Courier`.

```
<CODE>text</CODE>
```

**Variable.** Utilizada para marcar una variable aplicada en una fórmula matemática o programa de computadora (por ejemplo, $z = x + y$). Normalmente se presenta en *cursiva.*

```
<VAR>text</VAR>
```

**Entrada de teclado.** Se utiliza para marcar el texto que va a ser escrito en el teclado por el usuario (por ejemplo, `presione la tecla` **`enter`**). Se presenta en una fuente de tamaño fijo como `Courier`.

```
<KBD>text</KBD>
```

## Estilos físicos

Considerados originalmente versiones *baratas* de los estilos lógicos, los elementos de estilo físico se han vuelto muy populares debido a que se asemejan a la manera en que las personas están acostumbradas a resaltar un texto (es decir, literalmente en vez de semánticamente).

Negrita (Bold):

```
<B>text</B>
```

Cursiva (Italics):

```
<I>text</I>
```

Texto de máquina de escribir, presentado en una fuente de tamaño fijo como Courier:

```
<TT>text</TT>
```

# Contenedores de bloque

En HTML, un *bloque* se define como una pieza de texto marcado que por sí mismo ocupa una cantidad determinada de espacio vertical en un documento, como un párrafo o un encabezado. Los siguientes elementos pueden ser adyacentes entre sí, pero no pueden estar anidados (es decir, usted no puede tener una <P> dentro de una<H1> porque representan diferentes tipos de bloques).

# Encabezados (de 1 hasta 6)

Actúa como un título para una sección del documento. Los encabezados de números bajos representan los encabezados más importantes y por lo general se presentan en texto más grande. Debido a la mezcla de los parámetros de distribución predefinidos, algunos visualizadores despliegan erróneamente a <H5> y <H6> más pequeños que el cuerpo del texto. En tanto estos dos elementos no sean desplegados en forma más consistente, debería evitarlos cuanto sea posible. El siguiente es un ejemplo:

```
<H#>text</H#>
```

# Párrafo

En la mayoría de los visualizadores actuales, esta etiqueta se utiliza en la primera forma como un separador de párrafo. Así, marca la división entre los párrafos del cuerpo del texto normal. No se recomienda utilizar esta etiqueta entre el cuerpo del texto y algún otro elemento. (Por ejemplo, no utilice ...<P><H1>...). Como el segundo elemento implica un corte de línea, algunos visualizadores ponen demasiado espacio entre los elementos. La segunda forma (un contenedor para cada párrafo) representa una estructura SGML más válida y pronto será el estándar. Sin embargo, la etiqueta de cierre </P> será opcional, por lo que la mayoría de los documentos que han sido creados utilizando la primera forma todavía funcionarán.

```
text<P>text
<P>text</P>
```

# Nota extendida

Se utiliza para notas largas que funcionan como párrafos separados. Se suele presentar del mismo modo que un párrafo normal, pero con ambos márgenes con sangrías.

```
<BLOCKQUOTE>text</BLOCKQUOTE>
```

# Dirección de correo

Enfocada específicamente a las direcciones postales, esta etiqueta se suele utilizar para marcar bilíneas (nombre del autor) y direcciones de correo electrónico. Se presenta en una fuente más pequeña o en cursiva, y por lo general utiliza la etiqueta <BR> para separar las líneas individuales de la dirección.

```
<ADDRESS>text</ADDRESS>
```

# Texto preformateado

Como en HTML se ignoran los espacios extra y los tabuladores, algunas clases de texto, como la poesía, las tablas y los listados de programas de computadora, son difíciles de codificar. Con esos tipos de texto se utiliza el elemento <PRE> para formatear todo lo que contiene tal como aparece, incluyendo los espacios, los tabuladores y las alimentaciones de líneas. Éste también es útil para campos de formularios.

```
<PRE>text</PRE>
```

# Listas

Como existen varias etiquetas HTML, este elemento es conveniente para desplegar listas de artículos. Las listas se pueden ordenar (numerar), desordenar [desplegar gráficamente como artículos con viñetas (bullets)] o aparecer como columnas de términos y definiciones. Asimismo, los artículos de la lista pueden ser hipervínculos hacia otros documentos en Web.

# Lista articulada

Ésta crea una lista que contiene diferentes artículos, cada uno comenzando con `<LI>` y por lo general separa a cada artículo con una posición del tabulador. Existen cuatro tipos: `<UL>` es una *lista desordenada* [cada entrada normalmente va precedida por una viñeta (bullet)]; `<OL>` es una *lista ordenada* (cada entrada está numerada); `<MENU>` es un *menú de opciones*; `<DIR>` es un *directorio* (diseñado para ser una lista dividida en 2 o 3 columnas como un directorio en disco; en la mayoría de los visualizadores actuales, el elemento `<DIR>` se presenta igual que `<UL>`. Estas listas se pueden anidar entre sí, permitiendo complejas jerarquías de lista como los contornos.

```
<TYPE>
        <LI>text
        <LI>text
        <LI>text
        ...
</TYPE>
```

# Lista de definición

Esta sintaxis construye una lista en la cual cada entrada tiene dos partes, como en un glosario: un *`término`* (que sigue a `<DT>`) y una *`definición`* (que sigue a `<DD>`). Por lo general ésta se presenta exactamente de la misma manera que la sección de este capítulo, con la definición debajo del término. El atributo opcional `COMPACT` fue diseñado para producir una lista compacta más verticalmente en la cual los términos y las definiciones están colocados en columnas lado a lado, aunque la mayoría de los visualizadores la ignoran.

```
<DL COMPACT>
        <DT>term text
               <DD>definition text
        <DT>term text
               <DD>definition text
        ...
</DL>
```

# Formularios

La característica de los formularios de HTML es un elemento que da verdadero poder a Web para realizar aplicaciones interactivas en vivo. Sin embargo, el formulario HTML representa sólo la mitad de esta característica. Después que el usuario llena el formulario, éste es sometido a un programa especializado, o *script*, el cual toma la información y hace algo útil con él (por ejemplo, se la envía por correo electrónico). Usted debe ya sea escribir el script por sí mismo (lo que quiere decir que tiene que programar) o encontrar un script preescrito que se ajuste a sus necesidades. Esto nos lleva al tema de la interfaz común para puerta de acceso (CGI) (Common Gateway Interface), que se explica en detalle en el capítulo 11 y en toda la Parte V. Para los objetivos de este capítulo, nos quedamos en la parte HTML del proceso.

# Formulario

El elemento `<FORM>` incluye todo el formulario y brinda algunas definiciones básicas. El formulario puede tomar sólo parte del documento HTML; de hecho, un solo documento puede contener varios formularios separados que realizan diferentes funciones. El atributo `method` especifica la forma en se envía la información hacia el servidor HTML; el atributo `action` da el URL del script que tiene que procesar la información sometida (por lo general `http://.../cgi-bin/`*`scriptname`*).

```
<FORM method="[GET¦POST]" action="URL">form body</FORM>
```

# Entrada de formulario

Esta etiqueta vacía se utiliza para colocar diferentes campos en el formulario y permitir a los usuarios insertar información. El atributo `name` brinda un nombre único al campo; el atributo opcional `value` da un valor predeterminado para esta etiqueta. Cuando el formulario es sometido, la información es devuelta como un conjunto de pares de nombre-valor separados por el símbolo "&" (ampersand) como en

```
http://.../cgi-bin/script?name=me&address=here&time=now.
```

El atributo `type` da el estilo del objeto que se va a utilizar. (Vea la siguiente lista de puntos).

```
<INPUT name="text" type="" size=## value="text" CHECKED>
```

- `CHECKBOX` utiliza un simple botón de apagado y encendido. El valor es `ON` u `OFF`.
- `RADIO` es similar a `CHECKBOX`, pero le permite seleccionar una de muchas opciones teniendo varias etiquetas de radio con el mismo nombre pero con diferentes valores. `RADIO` regresa el atributo `VALUE` de la etiqueta seleccionada. (`VALUE` no es opcional con este tipo).
- `TEXT` coloca una ventana de una línea para permitir a los usuarios escribir algo dentro de ella. El valor devuelto es el texto que se insertó.
- `IMAGE` coloca una imagen en el formulario, permitiendo a los usuarios apuntar hacia ésta, devolviendo las coordenadas de los pixeles *x* y *y* de la ubicación seleccionada. `IMAGE` opera de manera similar a `<IMG ISMAP>`, pero dentro de un formulario. Para este tipo se incluyen los atributos `SRC` y `ALIGN` del elemento `<IMG>`.
- `SUBMIT` coloca un botón en el formulario que somete al formulario al URL `action` en la etiqueta `<FORM>`. La etiqueta para el botón se especifica por el atributo `VALUE`.
- `RESET` limpia el formulario, devolviendo a todos los campos sus valores predeterminados.
- `HIDDEN` no despliega nada en el formulario. Le permite pasar información que no se puede cambiar junto con el resto del formulario (utilizando los atributos `name` y `value`).

El atributo `CHECKED` es utilizado con los tipos `CHECKBOX` y `RADIO` para dar a entender si el botón está seleccionado por omisión o no. El atributo `size` es utilizado para ajustar el tamaño de la ventana de un campo de texto (en caracteres).

# Selección de la opción

Ésta presenta una lista de valores posibles para el campo, articulados por la etiqueta <OPTION>; por lo general se presenta como un menú desplegable. Los campos NAME y VALUE son los mismos que para <INPUT>. El *texto* que sigue a cada etiqueta <OPTION> se despliega en el menú. Si no se se da el atributo VALUE, *text* se devuelve si se ha seleccionado dicha opción. El atributo MULTIPLE permite seleccionar más de una opción, y el atributo selected identifica la opción predeterminada. Por ejemplo:

```
<SELECT NAME="text">
        <OPTION VALUE="OPT1" selected>Option 1
        <OPTION VALUE="OPT2">Option 2
</SELECT>
```

# Entrada de texto multilineal

Éste es similar a <INPUT TYPE="*text*">, pero permite muchas líneas. El atributo NAME es el mismo que para <INPUT>,en tanto que los valores de los números para los atributos ROWS y COLS definen el tamaño. El *texto* contenido en el elemento se muestra en la ventana predeterminada.

```
<TEXTAREA NAME="text" ROWS=## COLS=##>text</TEXTAREA>
```

# Entidades

Muchos caracteres que aparecen en los documentos pueden ser imposibles de meter en un archivo HTML, incluyendo los caracteres que tienen un significado especial para HTML (por ejemplo, los caracteres < y >) y los caracteres internacionales y tipográficos que no se encuentran en la mayoría de los teclados.

Estos caracteres pueden ser incluidos en documentos utilizando *entidades*, piezas de texto que juntas significan un solo carácter. La sintaxis general incluye un ampersand, un nombre único para el carácter y un punto y coma. Por ejemplo, Gröning produce Gröning. Existen dos tipos generales, como se describe en las siguientes secciones. Para una lista completa, por favor vea el Apéndice G.

# Caracteres reservados

Los *caracteres reservados* son caracteres de uso normal, utilizados para otros propósitos en HTML, que pueden causar confusión si se aplican por sí mismos.

| *Entidad* | *Desplegado como* |
|---|---|
| < | Signo menor que (<) |
| > | Signo mayor que (>) |
| & | Ampersand (&) |
| " | Comillas (“) (por lo general no son necesarias) |

## Caracteres internacionales

Los *caracteres internacionales* son utilizados en la mayoría de los idiomas europeos que no son el inglés, en referencia a los nombres del conjunto de caracteres ISO Latin 1. Enseguida unos cuantos ejemplos:

| *Entidad* | *Desplegado como* |
|---|---|
| Á | "A" mayúscula con acento agudo (Á) |
| ô | "o" minúscula con acento circunflejo (ô) |
| Æ | "AE" mayúscula con ligadura (Æ) |
| ç | "c" minúscula con cedilla (ç) |

# El futuro de HTML

Para el momento en que usted lea esto, la especificación para HTML Nivel 2 deberá estar completa y la mayoría de los visualizadores deberán estar utilizando esta especificación como un estándar. Sin embargo, el Nivel 2 no representa la forma final de HTML. Este lenguaje continuará evolucionando y añadiendo nuevas posibilidades en los años que vienen.

Aunque la versión actual de HTML tiene muchas características poderosas, también tiene sus desventajas. Constantemente se están dando sugerencias al grupo de trabajo de HTML, quienes las considera para incluirlas en el estándar. Al parecer las ampliaciones permitirán poner una mayor variedad de documentos en Web, lo que hará que los documentos se vean mejor y sean más fáciles de manejar y utilizar.

# La presentación *versus* el debate de la estructura

El área primaria que está evolucionando actualmente es el formateo de documentos. El debate que está en boga es sobre qué tanto control de la apariencia del documento debe dejarse en manos del usuario y qué tanto debe ser decidido por el editor. Años de investigación se han enfocado en el diseño gráfico y la tipografía, y existen métodos variados para usar la apariencia del texto y los gráficos a fin de comunicar un mensaje particular. Para los diseñadores y publicistas que han llegado a ser los expertos en este arte, es importante que la persona que contribuye con la información tenga un alto grado de control sobre la apariencia del documento.

Sin embargo, en World Wide Web, el usuario puede seleccionar las fuentes, los tamaños de las ventanas, los colores y muchas otras variables de la presentación. Aunque esto es una frustración para muchos editores, es una parte importante de Web. No todos los usuarios tienen los mismos tipos de letras, colores y área disponible en la pantalla, y deben hacer que la página WWW se ajuste a sus limitaciones. Además, las diferencias físicas de los usuarios hacen que surjan necesidades especiales en la apariencia de las páginas; por ejemplo, las personas con vista irregular pueden requerir una tipografía muy grande; un usuario invidente no ve absolutamente nada y tiene que dejar que el documento sea leído en voz alta por la computadora.

Se debe llegar a un compromiso. Los proveedores de información necesitan tener la posibilidad de determinar una gran parte de la apariencia del documento cuando sea importante. Por otra parte, los usuarios necesitan tener la opción de ignorar o alterar la apariencia cuando sea necesario. El objetivo principal de Web es la divulgación de la información; el contenido de los documentos debería siempre ser más importante que su apariencia. Todo lo que se pueda hacer para mejorar la comprensión por parte de los usuarios, incluyendo tanto la apariencia determinada como la alterable, también es importante para esa divulgación.

Para más información acerca de las soluciones propuestas para algunos de estos problemas, vea el capítulo 12, "Extensiones Netscape y HTML 3.0."

# Alternativas para HTML

Es dudoso que alguna vez HTML sea capaz de proporcionar todo el diseño creativo y la funcionalidad que demanda la verdadera edición electrónica; nunca fue pensado para eso. Han surgido nuevos tipos de archivos para consignar estas debilidades. Estos tipos de archivos están dirigidos hacia las aplicaciones más especializadas, y actualmente hay muy poco software para utilizarlos. Sin embargo, al parecer algunos de éstos se convertirán en partes principales (quizás iguales o superiores a HTML) de World Wide Web.

- **Formato de documento portátil** (Adobe). PDF, el formato utilizado en Adobe Acrobat, tiene casi todas las posibilidades para el diseño de página que se pueden imaginar. (Está basado en PostScript). Los lectores de Acrobat pronto se convertirán en conocedores prácticos de Internet y podrán incluir hipervínculos URL tal como lo hace HTML. Las desventajas de utilizar PDF son éstas: PDF es un formato propietario, cerrado de Adobe; los archivos PDF son mucho más grandes que los archivos equivalentes HTML; y PDF es complejo, lo que lo hace difícil para la generación automática por guiones y otro software. Otros formatos comerciales para documentos electrónicos, como Folio y WordPerfect Envoy, tal vez también agreguen estas posibilidades. Para mayor información, diríjase a `http://www.adobe.com/Acrobat/Acrobat0.html`.
- **Hyper-G**. Este sistema de hipertexto distribuido es muy semejante en propósito a WWW; de hecho, fue probablemente cuestión de suerte que uno se haya vuelto popular y el otro no. Hyper-G tiene un formato para documentos llamado HTF que en algunos aspectos es más poderoso que HTML.
- **Formato de vector simple/HyperCGM**. Muchas áreas (incluyendo la ingeniería, el diseño gráfico y la cartografía) necesitan un formato común para distribuir gráficos de vector (basados en objetos). Tanto la creación de un nuevo formato desde el principio como la alteración de un formato existente como CGM para permitir hipervínculos son aún tema de discusión. Probablemente, un formato para gráficos de vector que sea firme permitiría los sistemas de información basados completamente en gráficos (en vez de los basados en documentos) dentro de Web. Para más información, contacte `http://www.niiip.org/svf/`.
- **Lenguaje de modelado para realidad virtual.** También existe un sector al que le gustaría poder distribuir realidad virtual sobre Web. La especificación está casi terminada y permitirá el diseño y distribución de "escenas" que dan apariencia tridimensional a los objetos y los lugares en Web. Para más información, póngase en contacto con `http://vrml.wired.com/`.
- **El lenguaje JavaScript**. Este lenguaje orientado a objetos ha sido desarrollado por Sun Microsystems y Netscape Communications para brindar a los desarrolladores un método para crear aplicaciones Web interactivas. El lenguaje es una extensión de C++ y ha sido diseñado con la seguridad de la red en mente. Actualmente, usted debe correr ya sea el visualizador Web

HotJava de Sun o Netscape Navigator 2.0 para cosechar los beneficios de las posibilidades interactivas de JavaScript. Para mayor información, vea `http://java.sun.com` o *Presenting Java*, de John December, publicado por Sams.net. También le ayuda ver el capítulo 24, "Programación Web interactiva con Java", que presenta una aplicación muy útil escrita en Java.

- **Los procesadores de palabras para conocedores prácticos de Web.** Para cuando usted lea esto, deberá haber al menos dos procesadores de palabras comerciales con soporte para Web: Microsoft Word (con el Asistente Internet) y WordPerfect [con el publicista para Internet (Internet Publisher)]. Estos añadidos incluirán varias posibilidades nuevas:
  - Creación y conversión HTML dentro del procesador de palabras.
  - El procesador de palabras puede actuar como un visualizador Web, leyendo HTML (por lo que usted no necesita obtener un visualizador independiente como Mosaic o Netscape).
  - Pequeños visualizadores independientes, que se pueden distribuir libremente, para que los documentos se distribuyan en su formato nativo (incluyendo vínculos de hipertexto y todo el formateo) de modo que las personas puedan verlos sin tener que comprar todo el procesador de palabras.

Aunque pocas de estas alternativas están disponibles hoy en día, pronto estarán por ahí, incrementando la flexibilidad (y la confusión) de WWW. Probablemente se volverán más populares en mercados específicos que requieren tipos de información muy especializados (como mapas, diagramas e ilustraciones técnicas) y con publicistas profesionales que necesitan un control detallado de las presentaciones que no pueden, o no deberían, ser parte de HTML.

# ¿Qué sigue?

Ahora que hemos entendido las bases de HTML, estamos listos para movernos dentro de algunos temas más avanzados. El siguiente capítulo cubrirá los gráficos en mucho más detalle e intentará explicar toda esta excitación por la multimedia en Web. Tendremos mucho más que decir acerca de HTML en los capítulos 12: "Extensiones Netscape y HTML 3.0" y 13: "Cómo trabajar con HTML para construir un sitio muestra."

# Capítulo 10

# Mapeo de imágenes y Multimedia

- Planeemos los mapas de imágenes
- A trazar los pasos básicos
- Cómo instalar Map This
- Para obtener LView Pro
- Instalando Paint Shop Pro
- Archivos de mapas, a la manera de CERN
- A crear mapas de imágenes
- GIFs transparentes y entrelazados
- Cómo agregar Multimedia a sus páginas Web

World Wide Web se hizo famosa debido a su capacidad de integrar texto y gráficos. Este capítulo trata en su totalidad sobre la creación de gráficos Web interactivos en HTML. El capítulo 9 le introdujo en la creación de un hipervínculo de un archivo HTML a otro. Como usted recuerda, los vínculos pueden incluso hacer referencia a archivos GIF, pero lo sorprendente acerca de los vínculos es que éstos pueden hacer referencia a otros documentos en cualquier parte de Web. Con esta posibilidad, usted puede empotrar una fotografía del transbordador espacial de la NASA en su página Web, por ejemplo.

Este capítulo le muestra cómo puede marcar regiones de sus archivos gráficos Web como si fueran puntos activos. Los *puntos activos* son el área del archivo GIF que sirve como hipervínculo cuando el usuario del programa Web para cliente los selecciona con un ratón.

La colocación de puntos activos en sus gráficos es conocida como creación de *imágenes seleccionables*, o *mapas de imágenes*. Los servidores HTTP que instalamos en el capítulo 8 soportan la utilización de imágenes seleccionables. En otras palabras, éstos pueden devolver diferentes documentos al navegador Web según el lugar de la imagen que el usuario seleccione con el ratón.

# Planeemos los mapas de imágenes

Antes que nada, unas palabras de advertencia acerca de las imágenes en sus páginas Web. Primero, no se entusiasme mucho con los gráficos. Las imágenes grandes no correrán muy bien con las velocidades típicas de los módems que los clientes Web corren actualmente.

Desde luego, los mapas de imágenes seleccionables trabajan sólo con los visualizadores Web orientados a gráficos. Usted siempre deberá proporcionar métodos alternativos basados en texto para accesar a la misma información; cómo hacerlo, es una cuestión de estilo. Consideramos que es mejor incluir hipervínculos de sólo texto en cada página, además de los vínculos para mapas de imagen.

Finalmente, y esto tal vez resulte obvio, procure seleccionar los gráficos relevantes en realidad para el tema de su página Web.

# A trazar los pasos básicos

Hay varios pasos involucrados en la creación de mapas de imagen seleccionables. He aquí el plan básico de ataque:

1. Cree u obtenga un archivo de imagen GIF y decida dónde poner los *puntos activos*. Los gráficos deberán estar en formato GIF para lograr una portabilidad más amplia entre todos los visualizadores Web. Utilice un escáner (rastreador) o una utilería para captura de pantalla, como LView Pro o Paint Shop Pro. Usted también puede generar imágenes con cualquier programa para dibujo que pueda guardar archivos GIF.
2. Desarrolle un archivo para mapa de imagen que describa la ubicación de cada punto activo y especifique el URL asociado con cada punto activo. Tanto FolkWeb como Purveyor utilizan el formato CERN descrito más adelante.
3. Haga una referencia del mapa de imagen en el archivo HTML.
4. Siempre pruebe el mapa de imagen seleccionable para asegurarse de que trabaja en la forma que usted quiere.

Las secciones que siguen dan una visión más detallada de los pasos involucrados, pero antes, instale Map This y Paint Shop Pro. Map This hace la penosa tarea de crear los archivos de mapas, en tanto que Paint Shop Pro le permite convertir capturas de pantalla en archivos GIF y guardar las imágenes transparentes y entrelazadas, de lo que hablaremos más tarde.

> **Nota:** Para mayor información acerca de GIF y de otros formatos de archivos gráficos, vea *O'Reilly and Associates' Encyclopedia Of Graphics File Formats*, de James D. Murray y William vanRyper.

# A instalar Map This

Map This es un programa diseñado para crear archivos de mapeo para imágenes seleccionables en World Wide Web. Siga estos pasos para instalar Map This directamente del CD-ROM:

1. Corra WinZip y seleccione el botón Abrir (Open) de la barra de herramientas; elija Archivo/Abrir Archivo (File/Open Archive), o presione Control-O.
2. En el cuadro de diálogo WinZip Abrir Archivo (WinZip Open Archive), seleccione su unidad CD-ROM, elija el directorio \HTML_TOOLS, y seleccione el archivo MAPTHIS.ZIP. Elija OK.
3. Haga clic en el botón Extraer (Extract) de la barra de herramientas, elija Acciones/Extraer (Actions/Extract), o presione Control-E.
4. En el cuadro de diálogo Extraer (Extract), especifique el directorio de su servidor donde quisiera instalar el programa. Elija OK. Todos los archivos serán copiados del CD-ROM hacia el disco duro.
5. Usted puede crear un icono en su escritorio o puede correr Map This haciendo doble clic en la aplicación desde el interior de Windows 95 Explorer. Si no está familiarizado con alguno de estos pasos, consulte su *Guía para el usuario de Windows 95.*

Aquí tiene una breve descripción de los archivos que Map This instala en su disco duro:

| *Archivo de Map This* | *Descripción* |
|---|---|
| README.WRI | Notas de último momento |
| SERVEME.WRI | Documentación para configurar un mapa de imagen |
| MAPTHIS.EXE | Programa |
| MAPTHIS.HLP | Archivo de ayuda |
| EXAMPLES\LAKE.IMP | Ejemplo de mapa de lago |
| EXAMPLES\LAKE.GIF | Ejemplo GIF para dicho lago |
| EXAMPLES\NSCAFISH.IMP | Archivo del mapa original para un ejemplo del mapa de NSCA |
| EXAMPLES\NSCAFISH.GIF | GIF para el mapa de NSCA |
| EXAMPLES\CERNDRAG.MAP | Archivo del mapa original para el ejemplo del mapa de CERN |

| *Archivo de Map This* | *Descripción* |
|---|---|
| EXAMPLES\CERNDRAG.GIF | GIF para el mapa de CERN |
| EXAMPLES\README.TXT | Breve descripción de cada mapa |

# Para obtener LView Pro

LView Pro es un editor de archivos de imagen para Microsoft Windows 95 y Windows NT 3.5x. Trabaja con archivos de imagen de los siguientes formatos: JPEG, JFIF, GIF 87a/89a, TIFF, Truevision Targa, BMP de Windows y OS/2, ZSoft's PCX, PBMPLUS' PBM, PGM y PPM.

LView Pro es una excelente herramienta shareware para muchas de las cosas que usted estará haciendo en este capítulo. Por desgracia, no pudimos obtenerlo para el CD-ROM. Pero no se preocupe por eso: usted puede obtener la última versión de LView Pro de 32 bits en docenas de lugares en Internet. Por ejemplo, `http://yahoo/computers/software/graphics` incluye un vínculo hacia LView Pro. O usted puede intentar en `http://www.tucows.com`. De cualquiera de las dos formas, una vez que usted lo haya bajado, puede descomprimirlo e instalarlo igual que Map This.

No es forzoso utilizar LView Pro dado que hemos incluido un programa similar llamado Paint Shop Pro en el CD. Mencionamos LView Pro sólo como una alternativa.

# Instalación de Paint Shop Pro

Paint Shop Pro es un programa shareware para gráficos muy popular en Internet. También puede manejar todas las tareas gráficas a las que se enfrenta un Webmaster. Muchas de las instrucciones siguientes son semejantes en concepto tanto para LView Pro como para Paint Shop Pro.

Paint Shop Pro se instala de la misma manera que Map This. Sólo utilice WinZip como se describe en los anteriores cinco pasos. Usted puede elegir para Paint Shop Pro un directorio de su disco duro independiente del que seleccionó para Map This o WinZip. Por otra parte, a algunas personas les gusta mantener todos sus programas de utilerías en un directorio llamado *bin*; la elección es completamente suya.

Para obtener más información acerca de Paint Shop Pro y LView Pro, acuda a este sitio Web:

```
http://dragon.jpl.nasa.gov/%7eadam/transparent.html#DOS/Windows
```

# Archivos de mapas, a la manera de CERN

En el formato para punto activo CERN, que es el que utilizan tanto el servidor Purveyor Desktop como el servidor FolkWeb, cada línea del mapa se ve como esto:

```
shape (x1,y1) (x2,y2) ... (xn,yn) URL
```

donde `shape` es uno de los siguientes:

- `circle`—un círculo con dos pares de coordenadas: el centro y cualquier punto de la circunferencia.
- `poly`—un polígono con un máximo de 100 vértices; cada coordenada es un vértice.
- `rect`—un rectángulo con dos pares de coordenadas: superior izquierda e inferior derecha.

Las coordenadas se expresan en pares *x, y* contados en pixeles desde la esquina superior izquierda de la imagen. El URL puede apuntar a cualquier recurso en World Wide Web o hacia un archivo en su sitio.

# A crear mapas de imágenes

Demos un vistazo a la creación de un archivo de mapa para una imagen de ejemplo. El primer paso, como se esbozó anteriormente, es obtener un archivo GIF. Usted utilizará Paint Shop Pro o LView Pro para hacer una captura de pantalla y guardarla como GIF.

Supongamos que nuestro sitio Web va a tener una colección de archivos freeware multimedia que la gente podrá bajar. En ese caso, queremos que las personas elijan de nuestras fuentes, sonidos y otros archivos multimedia. También vamos a dejar que busquen un archivo en particular en todo el sitio o en Web, para lo cual creamos el archivo GIF que se muestra en la figura 10.1. Si este ejemplo no parece demasiado fascinante, usted puede utilizar cualquier GIF que se ajuste a sus necesidades.

**Figura 10.1.**
*Ejemplo de imagen seleccionable.*

# Capturas de pantalla con LView Pro

Estos son los pasos para crear un archivo GIF en LView Pro:

1. Cargue LView Pro.
2. Seleccione la ventana de su escritorio que quiere cambiar a gráfico GIF. Esto la convierte en la ventana *activa.* Coloque esta ventana de modo que no oculte la barra de menú de LView Pro.
3. Elija Edición | Captura | Ventana (Edit | Capture | Window) en LView; verá que LView Pro se minimiza. Espere un par de segundos mientras éste procesa la imagen; LView Pro se restablece cuando la imagen esté lista.

4. Elija Archivo | Guardar como (File | Save As). En Guardar como (Save As) escriba: combo box, seleccione GIF 89a. Asigne un nombre al archivo y elija en qué directorio lo va a guardar. Nosotros guardamos el nuestro en `IMAGEMAP.GIF`. Elija OK.
5. Salga de LView Pro.

Ya tiene un archivo GIF con el cual trabajar en los pasos restantes para crear un archivo de mapa.

# Capturas de pantalla con Paint Shop Pro

Por otra parte, estos son los pasos similares para crear un archivo GIF utilizando Paint Shop Pro:

1. Corra Paint Shop Pro.
2. Seleccione el menú Captura (Capture) y después haga clic en Configurar tecla de función (Hot Key Setup). Vea la figura 10.2 y hágase una nota mental de qué tecla está configurada actualmente para hacer capturas de pantalla. Elija OK.

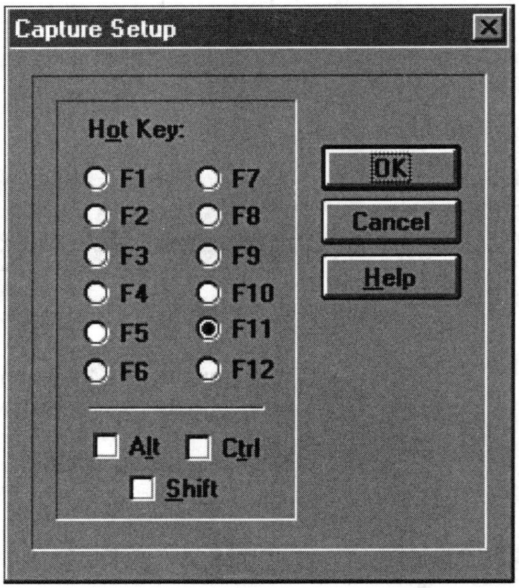


**Figura 10.2.**
*Configuración de las teclas de función para la captura de pantalla en Paint Shop Pro.*

3. Seleccione de nuevo el menú Captura (Capture) y luego haga clic en el elemento menú llamado "Window". Esto hace que Paint Shop Pro se minimice, de modo que tendrá una oportunidad de arreglar su escritorio como desee antes de hacer la captura de la pantalla. Ahora seleccione la ventana activa que le gustaría convertir en un GIF.
4. Presione la tecla de función configurada para las capturas de pantalla y notará que Paint Shop Pro se restablece inmediatamente con una nueva ventana hija que muestra un mapa de bits de la ventana que estaba seleccionada cuando usted presionó la tecla de función.
5. Elija Archivo | Guardar como (File | Save As). En el cuadro combinado Lista tipo de archivo (List Files of Type:) elija GIF—CompuServe. En el cuadro combinado Subformato de archivo (File Sub-Format:) elija Versión 89a. Elija ya sea Entrelazado (Interlaced) o No entrelazado

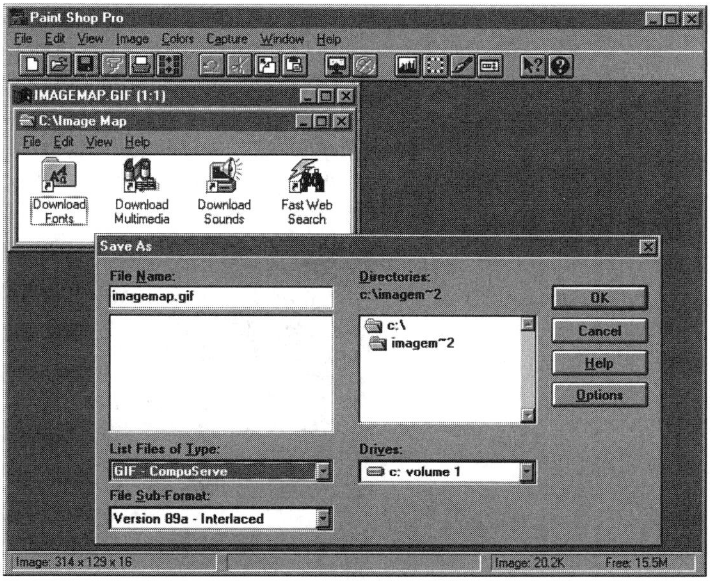


**Figura 10.3.**
*Cómo guardar el archivo GIF para mapa de imagen en Paint Shop Pro.*

(Noninterlaced) (más adelante daremos mayor información). Asigne un nombre al archivo y elija un directorio en el cual guardarlo. Vea la figura 10.3. Nosotros guardamos el nuestro en IMAGEMAP.GIF. Elija OK.

6. Salga de Paint Shop Pro.

Esto le deja con un archivo de imagen que usted mismo hizo, el cual puede empotrar en su código HTML. También podría utilizar Paint Shop Pro o LView Pro para editar la imagen.

# El archivo de mapas en sí

El segundo paso en importancia es crear el archivo de mapa que haga referencia a los activos en el archivo GIF. Aquí están las instrucciones para crear un archivo de mapa:

1. Cargue Map This.
2. Elija Archivo | Nuevo (File | New).
3. Elija el botón etiquetado Encontremos uno (Let's Go Find One).
4. Visualice la ubicación de su archivo GIF. Seleccione IMAGEMAP.GIF, el cual guardamos en la sección previa utilizando ya sea LView Pro o Paint Shop Pro. Elija OK.
5. Map This abre el archivo GIF como la imagen de fondo en la cual usted puede crear y seleccionar las regiones de los puntos activos. Antes de eso, necesitamos asegurarnos de que hay una opción. Elija Archivo | Preferencias (File | Preferences). En el cuadro de diálogo que aparece, asegúrese de que esté seleccionado el cuadro de revisión para información del área nueva, llamado Prompt. Elija OK para salir del cuadro de diálogo. Elegir esta opción hará que Map This nos indique el URL apropiado cada vez que dibujamos una región de punto activo en la imagen de fondo.

6. Ahora estamos listos para trazar las regiones seleccionables en nuestra imagen. Por ejemplo, haga clic en la herramienta Rectángulo (Rectangle) y utilice el ratón para seleccionar un área rectangular del archivo GIF. Cuando lleve el botón del ratón a la esquina diagonal opuesta de la región rectangular, Map This le pedirá insertar el URL que se mandará al navegador del cliente al seleccionar esta área. Repita este paso para cada punto activo. Vea la figura 10.4 para un ejemplo de cómo se ve esto después de seleccionar dos regiones.

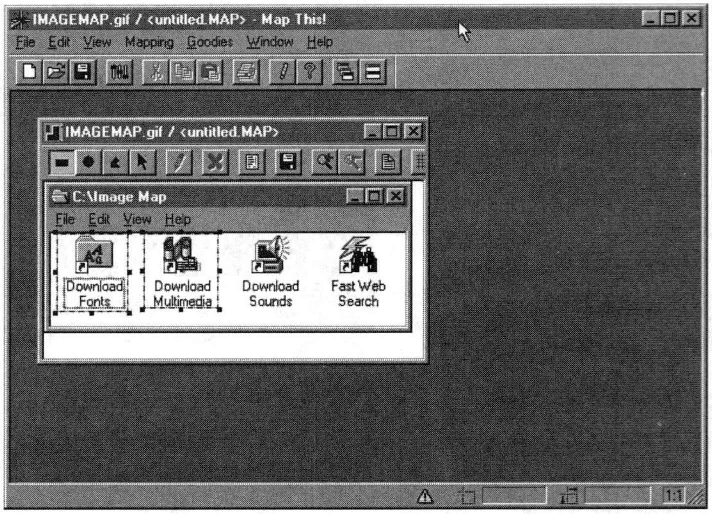


**Figura 10.4.**
*Cómo seleccionar áreas rectangulares en el mapa de imagen con Map This.*

7. Elija Archivo | Guardar como (File | Save As). Map This le pide información sobre el archivo de mapa. La mayoría de los campos son opcionales, pero los dos que usted debe llenar son el URL predeterminado (Default URL) y el formato del archivo de mapa (Map file format). Esto lo explicaremos más tarde, pero por lo pronto llene el URL predeterminado como `http://www.yourco.com/error.htm`. Por ahora, no importa si éste es o no un URL válido. Asegúrese de elegir *CERN* para el formato del archivo de mapa. Vea la figura 10.5. Elija OK.

8. Ahora Map This deberá pedirle por separado el URL correspondiente para cada punto activo. Si esto no sucede, es porque la opción que lo lleva a cabo está deshabilitada bajo Archivo | Preferencias (File | Preferences). En cualquier caso, usted tendrá que saber cómo editar las regiones después de que las haya guardado. Del menú, seleccione Ver | Lista del área (View | Area List). La figura 10.6 muestra la lista de las regiones. Usted puede seleccionar un elemento y elegir Editar para cambiar el URL que se utilizará al seleccionar el cliente las regiones.

9. Por lo general los archivos de mapa se guardan en el formato *.MAP, por lo que debe utilizar el cuadro combinado Guardar como tipo de archivo (Save File As Type) para elegir *.MAP. Dé un nombre a su archivo de mapa. Probablemente quiera utilizar el mismo nombre base del archivo GIF en el que está basado. Por lo tanto, guardamos el nuestro como IMAGEMAP.MAP ya que está asociado a IMAGEMAP.GIF. Elija OK.

10. Salga del programa Map This.

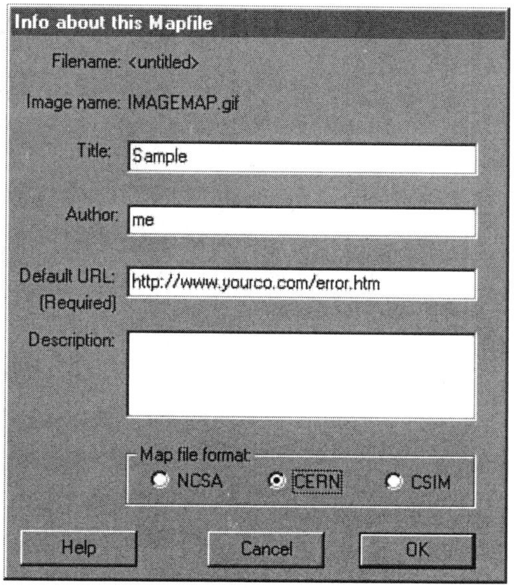


**Figura 10.5.**
*Cómo guardar la información básica acerca del archivo de mapa.*

Así, Map This ha creado el archivo IMAGEMAP.MAP. Vea el siguiente segmento de código para las partes importantes del archivo; hemos quitado los comentarios. Si ve el archivo creado por Map This, utilizando Notepad o cualquier editor de texto, usted puede ignorar las líneas de comentario (que comienzan con #) escritas automáticamente por Map This en la parte superior del archivo.

```
default http://www.yourco.com/error.htm
rectangle (86,45) (148,107) http://www.yourco.com/font.htm
rectangle (12,45) (71,110) http://www.yourco.com/multimed.htm
rectangle (161,43) (223,107) http://www.yourco.com/sounds.htm
rectangle (238,45) (300,112) http://www.yourco.com/search.htm
```

Nótese que IMAGEMAP.MAP contiene varios URLs inválidos. El URL predeterminado es el que se llenó en el paso 7 ya mostrado. El URL para cada punto activo repetirá lo que usted insertó en el paso 8. Si para este capítulo no sabe su nombre de dominio oficial cuando ya esté trabajando, puede dejar IMAGEMAP.MAP tal cual. Cuando obtenga su nombre de dominio oficial y haya establecido su estructura de directorio HTML, puede regresar al archivo de mapa y trabajarlo con un simple editor de texto. De cualquier forma, es mucho más fácil que utilizar un editor de texto para insertar a mano todas las coordenadas *x*, *y* de los pixeles.

Si el URL que usted quiere utilizar en un archivo de mapa contiene un # (que indica una ubicación dentro de un documento), deberá citar todo el URL (que comienza con `http://`) en el archivo de mapa, de manera que el servidor envíe un mensaje de redirección al cliente. Nótese que el # al que nos estamos refiriendo aquí no es el mismo # que sirve para marcar las líneas de comentarios en el archivo de mapa.

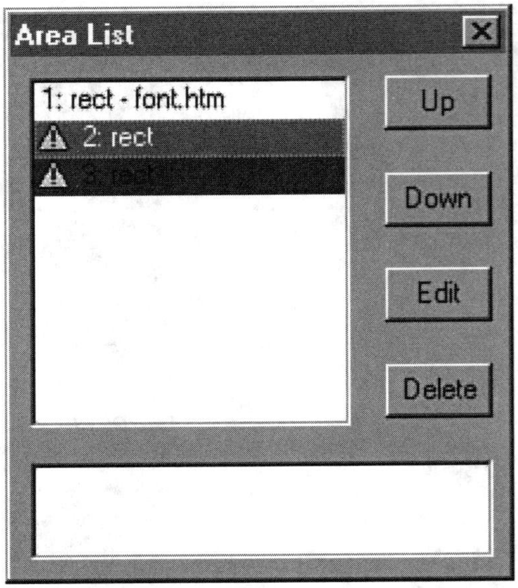


**Figura 10.6.**
*Lista del área de las regiones en Map This.*

Este último punto es un tanto sutil, por lo que tal vez se requiera una explicación más a fondo. Los caracteres # (algunas personas los llaman signos de número, otras, curiosamente, los llaman gatos) se pueden utilizar en dos casos: como comentarios en un archivo de mapa o dentro de cualquier URL que haga referencia a la localización de un marcador (también llamados *etiquetas*) dentro de un archivo HTML. Como los archivos de mapas pueden contener URLs, el segundo uso puede aparecer en un archivo de mapa, pero es distinto al de los caracteres para comentarios.

> **Tip:** En general, es buena idea utilizar siempre todo el URL (empezando con `http://`) en el archivo de mapa para todos los hipervínculos.

# Cómo trabaja

Las coordenadas del clic de un usuario se pasan del cliente hacia su servidor. Éste busca entonces el archivo de mapa para determinar si el clic está dentro de un punto activo. Si se encuentra una combinación válida, se usa el URL correspondiente para enviar un documento hacia el visualizador Web. Si no se encuentra ninguna combinación, se regresa un URL predeterminado. A veces se requiere un URL predeterminado para cuando alguien hace clic sobre un punto que no está activo, para que hable. Hay formas para manejar esto. Lo mejor es devolver un mensaje de error con un vínculo de regreso al archivo mapa de imagen para que puedan intentar de nuevo. Vea el listado 6.1 para un ejemplo, llamado ERROR.HTM.

## Listado 6.1. ERROR.HTM: Cómo manejar los clics que no están dentro de un punto activo.

```
<HTML>
<HEAD>
<!-- Created: 9/20/95 9:20:31 PM -->
```

```
<TITLE>Imagemap ERROR</TITLE>
</HEAD>
<BODY>
<H1>Imagemap Error</H1>
You have selected an area of the Imagemap that is not valid. Please try again.<P>
<A HREF="http://www.yourco.com/xyz.htm">[Return]</A>
<HR>
Last Updated: Wednesday, September 20, 1995
</BODY>
</HTML>
```

# Mapas de referencia de imágenes seleccionables en archivos HTML

El siguiente paso principal al crear un mapa de imagen es dejar que el visualizador Web sepa que está accesando a un archivo HTML con una imagen en línea que es un mapa de imagen seleccionable. Esto se hace añadiendo el calificador `ISMAP` a la etiqueta `<IMG>` dentro de `A HREF`. Por ejemplo:

```
<A HREF="image.map"><IMG SRC="image.gif" ISMAP></A>
```

Es importante entender por qué existen dos nombres de archivo en este código. Ésta es la manera en que los clics del ratón a la imagen están hipervinculados a los documentos (vía los URLs del archivo de mapa), que podrían estar en cualquier lugar de Internet.

Sintácticamente, tiene tres opciones al especificar cualquiera de los nombres de archivos en el código anterior: utilizar un no nombre absoluto para la ruta de acceso, en cuyo caso se supone que los archivos están en el directorio actual; incluir un nombre para la ruta de acceso local (ya sea relativo o absoluto); o bien utilizar un URL completo. Antes de decidir que la primera respuesta es obviamente la más fácil, deberá saber que ésta no trabaja en todos los servidores Web. Algunos servidores requieren un nombre para ruta de acceso. Si éste describe a su servidor o si usted coloca el archivo de mapa o el archivo GIF en un directorio diferente de la página HTML, tendrá que usar un nombre para ruta de acceso.

La tercera opción —usar un URL completo— siempre funciona, incluso para archivos de su propio sitio Web. En realidad, eso no es tan ineficiente como parece, ya que el URL probablemente esté oculto en el servidor, lo que provocará una búsqueda casi instantánea.

Vea el siguiente código HTML para ver lo que se necesita para atar todo esto junto. Las líneas clave que forman la asociación entre el archivo de mapa y el GIF están marcadas en negritas.

```
<HTML>
<HEAD><TITLE>A Sample Clickable Image</TITLE></HEAD>
<BODY>
<H1>Download Multimedia Files</H1>
<HR>
Point and click on an icon:<P>
<HR>
<A HREF="imagemap.map">
<IMG SRC="imagemap.gif" ISMAP>
</A>
<HR>
</BODY>
```

Nótese el uso del atributo `ISMAP` en la etiqueta `<IMG>`. Éste le dice al cliente que anexe las coordenadas del ratón al URL cuando lo envíe al servidor. El URL del ancla `<A>` incluida debe hacer referencia a un archivo de mapa en su sitio Web, con la extensión .MAP. Este archivo contiene la información que hace un mapeo de las coordenadas de la imagen hacia el URL. Sólo el URL se devuelve al cliente.

## Compruebe el mapa de imagen

Al igual que con todos los archivos HTML, es importante probar todas las funciones del archivo, en especial cuando se utiliza un mapeo de imagen o guiones CGI. Pruebe siempre sus mapas de imagen por completo. Nunca falla: el único vínculo que usted no revisó es el que tiene algo malo.

# GIFs transparentes y entrelazados

Conforme usted visualiza Web, se dará cuenta de que algunas de las páginas por las que usted pasa tienen imágenes en línea que se mezclan con el fondo, o un efecto de disolvencia, o ambos. Estas imágenes se conocen como *GIFs transparentes y entrelazados.*

Los GIFs transparentes parecen mezclarse suavemente con la pantalla del usuario, aun cuando éste haya fijado un color de fondo que difiera con el predeterminado. Si el visualizador Web soporta la transparencia, el color de fondo del GIF será reemplazado por el color de fondo del visualizador.

Los GIFs transparentes tienen sentido sólo para imágenes que se considera que tienen un sólido fondo y un frente con algunos *orificios* en éste. Por ejemplo, una imagen de la bandera norteamericana probablemente no tendría nada en el frente que pudiera ser transparente. Por el contrario, en una imagen del logo de una compañía que dice YourCo, Inc. con letras azules sobre un fondo blanco, los espacios entre las letras y dentro de las *o*'s se podrían hacer transparentes de manera que los caracteres se muestren a través de cualquier fondo.

Los GIFs entrelazados, por otra parte, aparecerán primero como una imagen completa en baja resolución y continuarán ganando resolución hasta que se cargue toda la imagen. Normalmente una imagen cargará a partir del renglón superior hacia el renglón inferior. Las imágenes entrelazadas permiten al usuario tener una buena idea acerca de la manera en que lucirá la imagen (mientras el usuario está leyendo el texto de la página). Por supuesto, el visualizador debe tener la capacidad de desplegar imágenes entrelazadas para el efecto deseado. La buena nueva es que los visualizadores que no soportan las imágenes entrelazadas desplegarán la imagen de una manera normal, como es costumbre.

Mejores noticias todavía, como que LView Pro y Paint Shop Pro ¡pueden crear GIFs transparentes y entrelazados! Cualquiera de estos programas se ajustará fácilmente a muchas de sus necesidades gráficas diarias, incluyendo las tomas de pantalla, conversiones de formatos de archivos gráficos y la creación de GIFs transparentes y entrelazados.

Además de LView Pro y Paint Shop Pro, hay docenas de páginas Web basadas en la forma que conducirán sus conversiones de archivos GIF directamente desde Web. Uno de los mejores que hemos encontrado es el Imagemachine, `http://www.vrl.com/imaging/index.html`.

# Creando GIFs transparentes y entrelazados con LView Pro

Aquí están los pasos para crear GIFs transparentes y entrelazados utilizando LView Pro:

1. Inicie LView Pro, si aún no está corriendo.
2. Elija Archivo | Abrir (File | Open). Seleccione su imagen y elija OK para cargarla.
3. Elija Retoque | Color de Fondo (Retouch | Background Color).
4. Elija la opción titulada "Utilizar la selección de la máscara" (Mask selection using). (Opcional.)
5. De la paleta de colores en la parte superior del cuadro de diálogo, seleccione el cuadro de color que corresponda a su color de fondo. Elija OK.

Después, ajuste LView Pro para guardar su GIF en formato entrelazado. Éste es un solo paso: Elija Archivo | Propiedades | GIF (File | Properties) y seleccione ambas opciones, "Guardar Entrelazado" (Save Interlaced) y "Guardar Información del Color Transparente en Archivos GIF89a" (Save Transparent Color Information to GIF89a Files). Elija OK.

Finalmente, guarde el GIF en formato GIF89a:

1. Elija Archivo | Guardar como (File | Save As).
2. Seleccione GIF 89a (*.GIF) del cuadro combinado de tipo de archivo.
3. Si lo desea, renombre su archivo. Elija OK.

Eso es todo lo que hay que hacer; ahora ya tiene un GIF transparente y entrelazado.

# Agregue Multimedia a sus páginas Web

Cuando lleguemos al capítulo 24, "Programación interactiva de Web con Java", explicaremos algunas de las nuevas posibilidades sorprendentes de Web respecto a la multimedia. En el presente, usted puede crear páginas HTML con multimedia incrustado sin necesidad de técnicas de programación. Todo lo que necesita es agregar a su página los vínculos hacia el archivo multimedia que quiera que sea presentado.

Suponga que usted quiere que una persona que está visualizando por su página pueda reproducir una grabación Windows Audio WAV que hizo para que les dé la bienvenida a su sitio Web. Si el archivo WAV que contiene su mensaje de bienvenida se llama WELCOME.WAV, simplemente agregue el vínculo con la etiqueta `<A>`, tal como agregaría cualquier otro vínculo en su página. Por ejemplo:

```
<A HREF="welcome.wav">Press Here for Welcome Message</A>
```

¡Guau! Eso fue fácil. Bueno, no tan rápido. Por supuesto usted puede crear un vínculo a cualquier tipo de archivo en su página, y una vez que la persona presiona el hipervínculo, el archivo será transportado a la aplicación del cliente (el visualizador Web) vía HTTP. La clave de todo esto está en que el visualizador Web en el extremo receptor de este vínculo debe estar configurado para manejar el archivo que está entrando.

La mayoría de los visualizadores Web están configurados para manejar archivos *.HTML, *.HTM, *.TXT y *.GIF. A éstos y otros tipos de archivos estándar se les da un tipo MIME. Vea el siguiente cuadro de texto para una explicación básica de MIME. Para otros tipos de archivos que no sean los básicos que mencionamos, usted sólo tiene que configurar su visualizador Web para manejar el tipo MIME de ese archivo asociado.

**¿Qué es MIME?**

MIME significa Extensiones multipropósito para correo Internet (Multipurpose Internet Mail Extensions). MIME es un estándar para los enlaces de correo electrónico Internet y los documentos multimedia enviados a través de HTTP. La razón por la que éste aparece en ambas aplicaciones es que las dos se usan con frecuencia para transferir archivos binarios como gráficos, audio y video.

Básicamente, MIME codifica/descodifica la información binaria en ASCII de 7 bits utilizando un algoritmo llamado *base 64*. La razón de que se convierta a ASCII es porque el correo electrónico soporta sólo palabras de 7 bits de tamaño para asegurar la compatibilidad con todos los sistemas de computadoras que hay en Internet.

Si usted quiere saber todos los detalles, vea la Petición para comentarios [RFC (Requeste For Comments)]. MIME está definido por la RFC 1341. Vea el Apéndice E, "RFCs seleccionadas" para mayor información sobre la obtención de las RFCs seleccionadas.

Además de configurar su visualizador Web para estar al tanto del tipo de archivo, también necesitará una aplicación capaz de desplegar o reproducir el archivo. Usted ya tiene una aplicación que puede manejar este trabajo para varios tipos de archivos multimedia. Windows 95 incluye el reproductor de Multimedia, que puede reproducir archivos AVI, MID y WAV. Sólo siga estos pasos para configurar Netscape Navigator para que pueda utilizar el reproductor de Multimedia:

1. Corra Navigator y elija Opciones | Preferencias Generales (Options | General Preferences). Seleccione la etiqueta Ayudantes (Helpers) en el cuadro de diálogo.
2. Ahora verá una lista de todos los tipos MIME que Navigator está configurado para manejar. Resalte el tipo MIME para "audio/x-wav" con la extensión de archivo "wav" (vea la columna que está a mano derecha). Elija el botón de radio Lanzar la aplicación (Launch the Application). Vea la figura 10.7.
3. Elija visualizador (Browse) y seleccione MPLAYER.EXE. Éste deberá estar en su directorio Windows donde instaló Windows 95.
4. Elija OK.

Así ya está configurado Netscape Navigator para lanzar el reproductor de Multimedia cada vez que oprima un hipervínculo hacia un tipo de archivo *.WAV. Ahora puede seguir los mismos pasos para archivos *.AVI.

Nótese que en el paso 2 hay otras opciones para el botón de radio Acción (Action). Usted no tiene que configurar Navigator para lanzar una aplicación para cada tipo de archivo MIME. Por ejemplo, cuando los archivos de sólo texto sean recibidos por Navigator a través de HTTP, puede elegir "Ver en el visualizador" (View in Browser) o "Guardar a Disco" (Save to Disk).

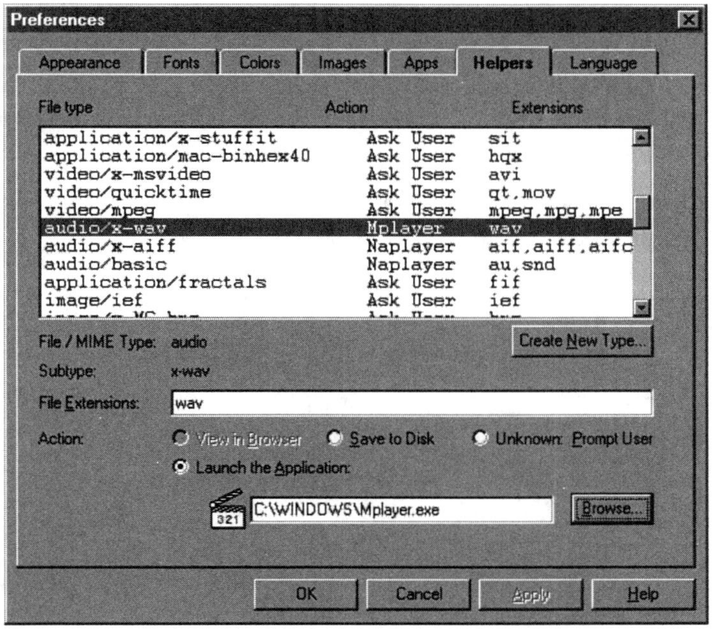


**Figura 10.7.**
*Configurando los tipos MIME de Navigator.*

A todo lo largo de Internet usted encontrará aplicaciones Windows para reproducir una variedad de formatos multimedia. Puede encontrar una aplicación capaz de reproducir su formato multimedia deseado, buscando a través de los archivos para aplicación que se encuentran en el Apéndice D.

Netscape Navigator está configurado por omisión para manejar muchos más tipos de MIME que los mencionados aquí, incluyendo los archivos para audio *.AU y *.AIFF.

**Nota:** Una de las principales desventajas de multimedia en Internet es que los archivos de gráficos y de audio deben ser bajados por completo y luego pasados a una aplicación para que los reproduzca. Esto toma tiempo si consideramos las velocidades estándar de los módems y limita el valor de mantenimiento de la presentación. Pero ya hay nuevas soluciones a la mano.

Se está haciendo un gran trabajo para crear reproductores de multimedia *fluidos* para la Red. Un archivo fluido se envía de tal manera que el reproductor que se encuentra en el extremo receptor sea capaz de empezar a reproducir el archivo antes de bajarlo por completo. Una de estas aplicaciones es RealAudio de Progressive Networks. Este paquete incluye el reproductor RealAudio en el cliente y un servidor RealAudio corriendo en el sitio Web. Se puede encontrar más información sobre RealAudio en `http://www.realaudio.com`.

# ¿Qué sigue?

El siguiente capítulo da otro firme paso hacia el corazón de HTML: la programación CGI. Los temas que se abarcan no son ligeros. Sin embargo, quienes lleguen hasta el final verán el sorprendente potencial develado de Web.

# Capítulo 11

# Introducción a los formularios Web y a los scripts CGI

- Cómo trabaja CGI
- Cómo seleccionar un lenguaje de programación para CGI
- Variables ambiente CGI
- Para entender la Entrada/Salida con CGI
- Un ejemplo CGI sencillo en HTML y C
- Prueba de los sistemas CGI

La Interfaz común para puerta de enlace CGI (Common Gateway Interface) es un estándar que rige la manera en que las aplicaciones externas se ligan a los servidores Web. El razonamiento detrás de la invención de CGI es simple: Sin ésta, la especificación HTTP y todos los servidores Web se habrían convertido en un trabajo de remiendos de extensiones *ad hoc.*

CGI es un modo de escribir programas que habrán de correr en el servidor al ser invocados por el visualizador Web para cliente mediante el código HTML. Estos programas pueden haber sido escritos en lenguaje C, aunque C es sólo una posibilidad. Para una explicación de otras opciones vea la sección "Cómo seleccionar un lenguaje de programación para CGI."

Para este momento, el lector hábil puede haber notado que hay no menos de cuatro áreas de destreza en programación necesarias para ¡hacer galopar este caballo! Contémoslas: CGI, HTTP, HTML y C (o algún otro lenguaje de programación). Y sólo para tenerlo en cuenta, quizás quiera agregar la API de Win32 y SQL, dependiendo de lo que en realidad hará su programa Web luego que haya terminado de realizar su trabajo de cimentación.

La razón que nos decidió a enfrentar esta desafiante experiencia es porque CGI abre la puerta a grandes nuevas oportunidades. Los programas CGI a menudo están asociados con los formularios Web. Cuando el usuario termina de llenar un formulario HTML y lo somete a consideración, el flujo de datos que se devuelve al servidor se llama *formulario de datos.* Tenga presente que no le va a pasar nada a los datos si usted envía un formulario HTML en blanco al servidor del cliente Web, y éste lo somete a consideración; a menos que usted lo propicie. (De hecho, los datos del formulario simplemente aterrizarán en el contenedor de bits si no son para CGI). Por ejemplo, CGI es una necesidad si usted quiere guardar los datos del formulario en una base de datos del servidor o tal vez dichos datos se debieran enviar por correo electrónico al Webmaster o a algún otro interesado. Quizás la intención del formulario sea enviar los datos de vuelta al cliente por medio de fax o correo electrónico. El formulario también se podría utilizar para obtener una consulta a la base de datos del usuario, que luego se enviará a un equipo de base de datos, antes de que los resultados formateados sean finalmente devueltos al cliente como un archivo HTML. Estas son sólo algunas de las posibilidades disponibles para cualquier valiente que se atreva a entrar en los detalles de la programación Web para cliente/servidor con CGI. (En realidad, hay herramientas para que mucho de esto se pueda hacer sin necesidad de programación; y le vamos a hablar de varias de ellas.)

Aunque todas estas cosas se pueden realizar con la programación tradicional, llevarlo a cabo en Web hace que las aplicaciones sean independientes de la plataforma, bien distribuidas, fáciles de actualizar y desarrollar.

El propósito de este capítulo es darle los fundamentos de CGI y mostrarle un par de ejemplos sencillos de CGI. No se requiere tener conocimientos de programación, pero sería muy útil. Si no sabe de programación, le bastará hojear este capítulo para darse una idea de las posibilidades. Por otra parte, si usted quiere utilizar CGI en su sitio Web, este capítulo tiende las bases para la Parte V, que cubre CGI a mucho mayor profundidad.

**Nota:** Los programas CGI también se llaman *scripts* o *aplicaciones* CGI. La razón por la que son llamados scripts es porque pueden ser escritos en Perl o en el shell de comandos UNIX, en cuyo caso éstos son interpretados en vez de compilados. Cuando se utiliza lenguaje C o Visual Basic para CGI, se prefieren los términos *programa CGI* o *aplicación CGI* al de *guión CGI,* debido a que estos lenguajes no son interpretados en el sentido tradicional de los archivos para scripts. Algunas personas se refieren a todas estas cosas sólo como *CGIs.*

Los scripts CGI no se deben confundir con un nuevo producto de Microsoft llamado Visual Basic Script (Guión VB) o con un nuevo producto de Sun y Netscape llamado JavaScript. Ni JavaScript ni el Guión VB están necesariamente asociados con la Interfaz Común para Puerta de Enlace (Common Gateway Interface).

# Cómo trabaja CGI

La figura 11.1 muestra un panorama de alto nivel de cómo trabaja el procesamiento de formularios en CGI. Hay muchos otros detalles de HTTP y TCP/IP de los que se muestran aquí, pero los omitimos para concentrarnos en los conceptos básicos de CGI.

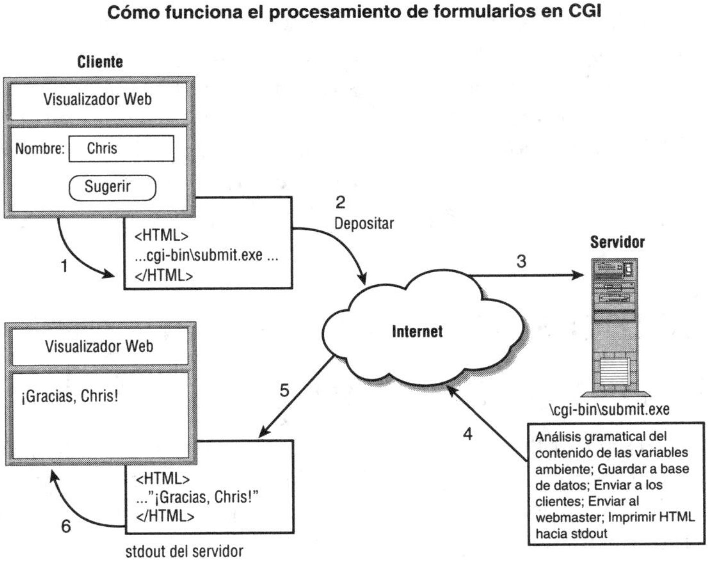


**Figura 11.1.**
*Cómo procesa CGI los formularios Web.*

A continuación los pasos correspondientes a la figura 11.1. (Se supone que usted está familiarizado de cómo se crea y despliega un archivo HTML en el visualizador Web, que es donde comenzamos la secuencia del paso 1.)

1. Luego que el usuario ha terminado de insertar la información del formulario en el visualizador Web, él o ella elige el botón Sugerir (Submit), que está codificado entre las etiquetas `<FORM>` y `</FORM>` del archivo HTML. El botón sugerir es un vínculo hacia la aplicación CGI en el servidor. Para más información acerca de los Formularios HTML, vea los capítulos 9 y 13.
2. El visualizador utiliza el método `POST` del protocolo HTTP para enviar los datos del formulario al servidor. También se puede utilizar el método `GET`, pero se prefiere `POST` para datos del formulario.
3. Los datos viajan a través de Internet y llegan al servidor, el cual pasa entonces los datos hacia la aplicación CGI.

4. Además de analizar los datos del formulario y procesarlos como se desea, la aplicación CGI debe escribir la respuesta HTML que se enviará de regreso al cliente. La especificación CGI dice que el servidor Web deberá leer el dispositivo stdout de la aplicación CGI.
5. El servidor agrega la información apropiada de la cabecera HTTP y envía la salida de la aplicación CGI de nuevo a través de Internet como un archivo de respuesta HTML, que el visualizador Web recibe en la memoria.
6. El visualizador interpreta el código HTML y despliega los resultados en la pantalla para el usuario. Como mínimo, este archivo generalmente deberá contener alguna notificación de que los datos fueron procesados por el servidor, seguida de un hipervínculo para lanzar al usuario de regreso a la página HTML en la que estaba antes de elegir el vínculo a la página del formulario. En otras palabras, deberá poner al cliente de nuevo donde él o ella estaba poco antes de que llegara al paso 1 de esta lista.

**Precaución:** Permitir que cualquier persona con un visualizador Web ejecute las aplicaciones en su servidor es una cuestión de seguridad. Es una buena idea asegurarse de que todas las aplicaciones CGI están aisladas en un directorio y que nadie más tiene acceso a ese directorio. En el servidor de Final Bit Solutions, todas las aplicaciones CGI se mantienen en un directorio llamado cgi-bin que está bajo la raíz del servidor. Cuídese de utilizar aplicaciones CGI del dominio público que no han probado ser seguras con el tiempo.

# Cómo seleccionar un lenguaje de programación para CGI

Tanto el servidor Purveyor Desktop como el servidor FolkWeb se ajustan al estándar CGI 1.1. La aplicación CGI debe ser un programa de modo de consola y estar ubicado dentro del árbol del directorio de datos HTTP. Al decir *modo de consola*, nos referimos a que las aplicaciones CGI no se pueden programar para API de Windows, o programas GUI.

El servidor Purveyor Desktop soporta otra forma de CGI, que Process Software llama *CGI moderada*. La CGI moderada le permite desarrollar programas para API de Windows en lenguajes como Delphi o Visual Basic. De manera similar, el servidor FolkWeb soporta un estándar popular en Web llamado WinCGI 1.2. (Vea el Apéndice H). WinCGI está muy bien situado para desarrollar aplicaciones Web en Visual Basic.

En UNIX, que es donde empezó Web, las aplicaciones CGI suelen estar escritas en C, Perl o en el lenguaje de comandos del shell de UNIX. En Windows NT, usted puede utilizar C/C++ o Perl con la mayoría de los servidores, y Visual Basic con algunos. Muchos Webmaster para Windows NT corren un intérprete de Perl 4 de dominio público para CGI y estadísticas de sitio. Perl 5, que incluye algunas extensiones agradables orientadas a objetos, ha llegado recientemente a escena. En el capítulo 21 le guiaremos a través de un agradable programa en Perl 5 que le ayudará a seguir las estadísticas de su sitio Web.

Tanto Perl como C tienen sus campos de apoyo. Perl ofrece un sensacional manejo de archivos y cadenas, y el código es hasta cierto punto fácil de escribir y modificar. Por otra parte, dado que C es un lenguaje compilado, ofrece más eficiencia, tanto de la optimización del código compilado como del hecho de que el intérprete no es lanzado para cada sugerencia de datos del formulario que hace el cliente. Además, muchos reclaman la mejor seguridad proporcionada por los programas compiladas con respecto a los scripts, ya que los intrusos informáticos pueden modificar más fácilmente el texto de un guión antes de su ejecución.

En este capítulo y en el 22, "Programación CGI de poder con C/C++", estaremos utilizando el lenguaje C. Los programas han sido compilados con Borland C++ 4.x y Visual C++ 2.x. El programa en este capítulo es sólo una demostración; en el capítulo 22 le mostraremos cómo construir una aplicación CGI muy útil. En el capítulo 23 compilaremos un programa similar en C++ y lo integraremos con Visual Basic para hablar con cualquier base de datos Access u ODBC.

No hay problema si no tiene planeado aprender programación. La mayoría de los ejemplos ya están compilados en el CD-ROM y correrán sin que usted tenga que saber cómo programar.

# Variables de ambiente CGI

El servidor utiliza variables de ambiente para pasar información a la aplicación CGI. Las variables de ambiente se colocan después de que se recibe la solicitud HTTP `GET` o `POST` (vea la siguiente sección) y antes de que el servidor ejecute la aplicación CGI. Encontrará que la mayoría de las variables de ambiente son hasta cierto punto estándar de servidor a servidor, pero note que hay algunas diferencias. Nada evita que los que hacen un servidor Web agreguen variables de ambiente para su propio uso.

El estándar CGI especifica determinadas variables de ambiente que se utilizan para llevar información hacia un guión CGI. El siguiente subgrupo de estas variables de ambiente está soportado por la mayoría de los servidores HTTP. Por favor no se desespere; la mayor parte de los programas CGI no necesitan utilizar todas estas variables de ambiente:

`CONTENT_LENGHT` La longitud del contenido como lo da el cliente.

`CONTENT_TYPE` Para consultas que han agregado información, como `POST` y `PUT`, éste es el tipo de contenido de datos.

`GATEWAY_INTERFACE` Revisión de la especificación CGI a la cual se ajusta este servidor. Formato: CGI/revisión.

`HTTP_ACCEPT` Los tipos MIME que aceptará el cliente. Formato: tipo/subtipo, tipo/subtipo.

`PATH_INFO` Información extra de la ruta de acceso, como la da el cliente. Esto permite que los scripts sean accesados por su nombre de ruta de acceso virtual.

`QUERY_STRING` La información que sigue al signo ? en el URL al que este guión hace referencia. Ésta es información para consulta.

`REMOTE_ADDR` Dirección IP del host remoto que hace la solicitud.

`REQUEST_METHOD` Método con el cual se hizo la solicitud, como `GET`, `HEAD` y `POST`.

`SCRIPT_NAME` Ruta de acceso virtual para el guión que se está ejecutando.

SERVER_NAME Hostname del servidor, el alias DNS o la dirección IP.

SERVER_PROTOCOL Nombre y revisión del protocolo de información con el que viene esta solicitud. Formato: protocolo/revisión.

SERVER_PORT Número de puerto al cual se envía la solicitud.

SERVER_SOFTWARE Nombre y versión del software servidor que está respondiendo a la solicitud. Formato: nombre/versión.

Otras cabeceras HTTP recibidas del cliente están disponibles en variables de ambiente de la forma HTTP_*. Por ejemplo, el valor de la cabecera Usuario-Agente (User-Agent) está disponible en HTTP_USER_AGENT. Note que el guión corto (-) en los nombres de cabecera se reemplaza con un guión bajo (_) en los nombres de las variables de ambiente correspondientes. El entendimiento de la especificación para HTTP es probablemente un prerrequisito para un total entendimiento del propósito de algunas de estas variables de ambiente.

# Para entender la Entrada/Salida con CGI

La aplicación CGI accesa la información acerca de cómo fue invocada a través de las variables de ambiente inicializadas por el servidor Web; éste lee cualquier información suministrada por el cliente (en una solicitud POST) vía el stdin y envía una salida al cliente a través de stdout. En realidad es muy sencillo, una vez que usted lo domine.

## *GET* versus *POST*

GET y POST son dos métodos HTTP para enviar datos del formulario al servidor Web. Cuando usted escriba un formulario HTML 2.0, debe especificar qué método HTTP utilizará el visualizador cuando se envíen los datos del formulario de vuelta al servidor.

Mire atentamente el pequeño bloque de código HTML que abarca un formulario completo. Vea el listado 11.1. Los números de las líneas no son parte del código HTML. Nótese que en la línea 2 el formulario utiliza Method="POST", que podríamos cambiar fácilmente por "GET". La principal diferencia entre GET y POST es que la aplicación CGI recibirá los datos de POST leyendo el dispositivo stdin, en tanto que los datos de GET se recibirán en la línea de comandos y en la variable de ambiente QUERY_STRING.

### Listado 11.1. Un pequeño y dulce formulario HTML.

```
1. <HTML><HEAD><TITLE>Simple Form</TITLE></HEAD><BODY>
2. <FORM Method="POST"
3. Action="http://url\cgi-bin\prog.exe">
4. Your Name: <INPUT Name="user" SIZE="30"><P>
5. <INPUT Type=submit Value="Click here to send">
6. </FORM></BODY></HTML>
```

Por lo general, sus formularios serán mucho más complejos que éste, que contiene sólo un campo de entrada. Dado que muchos sistemas operativos imponen cierto límite a la longitud de la línea de comandos, generalmente es mejor utilizar POST. Por otra parte, si usted sabe que los datos de su formulario son pocos, puede utilizar GET.

# Líneas de comando CGI

En el caso de una solicitud GET (o ISINDEX, explicada en el capítulo 19), los datos del formulario estarán en la línea de comandos y en la variable de ambiente QUERY_STRING. La línea de comandos contendrá un signo de interrogación después del nombre de la aplicación, como un delimitador que marca el principio de los datos del formulario. Por ejemplo, suponga que usted cambia el código HTML en el listado 11.1 para utilizar Method="GET", y el usuario escribe la cadena User's Name (Nombre del Usuario) en el campo de texto llamado User (Usuario).

La línea de comandos de la aplicación CGI se vería así:

```
\cgi-bin \prog.exe?user=User%27s+Name
```

Y la variable de ambiente QUERY_STRING se vería así:

```
user=User%27s+Name
```

Nuestra primera observación es que esto se ve un tanto extraño. Nuestra segunda observación es que los datos de QUERY_STRING tienen una apariencia un poco más amigable que los datos de la línea de comandos, por lo que, definitivamente, hay que trabajar con QUERY_STRING.

Ahora veamos qué pasa con todos esos caracteres extraños. Vaya a la línea 4 del listado 11.1 que llamamos el campo de entrada user. Ahora nos están enviando de regreso esa etiqueta como la primera palabra de QUERY_STRING. Todo lo que sigue al signo de igual en la QUERY_STRING representa los datos que el usuario escribió en ese campo en particular. Dado que se puede utilizar más de un campo, cada uno se debe nombrar de manera única en el formulario HTML y en los datos de QUERY_STRING que se envían de vuelta a la aplicación CGI.

Recuerde que en nuestro ejemplo se asume que el usuario escribió User's Name sin punto al final. (Si hubiera escrito un punto, eso sería otra historia; habrá más acerca de esto después). Revisando la QUERY_STRING de arriba, nos damos cuenta que prácticamente tenemos lo que escribió el usuario, excepto por el %27, que reemplaza al apóstrofo, y el signo de más, que reemplaza al carácter de espacio.

HTTP recurre a esas traducciones debido a las convenciones de los sistemas operativos con respecto a los caracteres reservados para los nombres de archivos. HTTP utiliza el mismo mecanismo para pasar los URLs, de manera que el servidor necesita ser capaz de distinguir entre los dos.

El signo de porcentaje es un carácter de escape hexadecimal, y los dos dígitos que le siguen se utilizan para indicar el código ASCII de un carácter reservado. Aquí, el signo de apóstrofo tiene un código hexadecimal de 27. Si el usuario hubiera escrito un punto, éste habría sido reemplazado por %2E. No todos los servidores codifican estos caracteres, ya que si son o no reservados depende del sistema operativo. Por ejemplo, el apóstrofo y el punto son legales en algunos sistemas UNIX.

El signo de más es simplemente la convención para codificar los caracteres de espacio. Otra traducción común es el carácter de guión codificado como un guión bajo.

Finalmente, si hubiera otros campos de entrada en el formulario HTML, éstos seguirían los datos del campo usuario. Cada par name=value estaría separado por un carácter de ampersand.

# Resumen de siete caracteres extraños

La tabla 11.1 es una rápida revisión de los caracteres especiales con los que usted se encontrará en CGI. Algunas de estas convenciones conforman lo que se conoce como codificación URL.

Tabla 11.1. Caracteres especiales en CGI.

| *Carácter* | *Descripción* |
|---|---|
| + (signo de más) | Se usa en lugar de los espacios en la entrada de usuario. |
| = (signo de igual) | Separa el nombre del campo del valor del campo. |
| ? (signo de interrogación) | Se usa para marcar el principio de los datos del formulario en la línea de comandos. |
| _ (guión bajo) | Se usa para reemplazar los guiones. |
| % (signo de porcentaje) | Codifica los caracteres ASCII reservados, seguido de dos dígitos hexadecimales. |
| & (ampersand) | Usado como la separación entre los pares nombre/valor para cada campo en el formulario HTML. |
| # (signo de número) | Se usa en los URLs para indicar una sección dentro de un documento HTML, como una especie de separador. No está estrictamente relacionado con CGI; se puede utilizar en cualquier URL para un documento HTML que contenga una etiqueta `<A>` con un atributo de Nombre (llamado *ancla*). |

# Leyendo desde stdin

Recuerde que `QUERY_STRING` no se utiliza para el método `POST`. Puesto que `POST` es probablemente más típico, usted necesita entender cómo leer stdin para recuperar los datos del formulario.

Primero, el servidor fija la variable de ambiente `CONTENT_LENGHT` para decir cuántos bytes hay que leer de stdin. Usted no debe leer más de esa cantidad.

Además de eso, el programa invocado por `POST` leerá y examinará los datos del formulario del dispositivo stdin en vez de la variable de ambiente `QUERY_STRING`. De cualquier forma, usted deberá tener algunas rutinas estándar en C o Perl para ayudarse a llevar a cabo la codificación estándar. Los programas en C de este capítulo (así como los del capítulo 22) incluyen varias funciones útiles para ese propósito. Siéntase en libertad de personalizarlos y utilizarlos en sus propios programas.

# Escribiendo hacia stdout

Cuando la aplicación CGI examina y procesa los datos de entrada, debe enviar una respuesta al servidor. El servidor reexpedirá la respuesta al cliente después de aplicar una cabecera según las reglas del protocolo de transferencia de hipertexto.

El servidor escucha el dispositivo stdout de la aplicación CGI mientras éste se ejecuta. El programa CGI puede generar un código HTML sobre la marcha para referir al servidor hacia otro documento que se quisiera enviar en su lugar, tanto si quisiera componer un documento HTML sobre la marcha, o referirse a otro documento —vía HTTP, FTP o Gopher— en cualquier parte de Web.

Vea la sección titulada "Un ejemplo CGI sencillo en HTML y C" para todos los detalles acerca de la composición de un documento HTML de respuesta desde el interior de una aplicación CGI.

Si usted quiere que el servidor envíe otro documento que ya existe, puede utilizar el código `Location`. En C, usted podría ejecutar un `printf` que se ve un poco como esto:

```
printf("Location: ftp://FQDN/dir/filename.txt\n\n");
```

Usted debe seguir la información de cabecera con una línea en blanco; de este modo, hay dos caracteres de nueva línea en el ejemplo.

> **Tip:** Es muy importante que su programa CGI produzca una línea en blanco extra después de la cabecera HTTP y antes del contenido del documento. Esto es una causa común de problemas cuando se trata de depurar los sistemas CGI.

### Cómo aprender más acerca de CGI

El abuelo de todos los centros de información CGI en Internet es NCSA, el Centro Nacional para Aplicaciones de Supercómputo (National Center for Supercomputing Applications) en la Universidad de Illinois. En la especificación CGI se dan los detalles completos sobre cómo escribir scripts CGI. Esta especificación se puede encontrar en línea en `http://hoohoo.ncsa.uiuc.edu/cgi/`. Usted encontrará que NCSA tiene material CGI para todos los niveles, desde principiantes hasta avanzados, así como una suite CGI de prueba en la que se pueden probar los programas y ver el código. Al momento de escribir esto, la versión 1.1 era la última especificación CGI. Ésta no está disponible como un documento solo, sino que consiste en varias páginas hipervinculadas que se mantienen en NCSA.

El tema para escribir programas CGI bajo Windows está cubierto en el Apéndice H, "La interfaz Windows CGI 1.2", escrito por Bob Denny. Escribió la especificación WinCGI para brindar una capacidad CGI al producto Website desarrollado por él para Windows junto con O'Reilly. Ha dado amablemente su permiso para esta reimpresión. Los programas Windows no tienen acceso a las variables de ambiente CGI del mismo modo que DOS y UNIX.

Para mayor información acerca de CGI, por favor revise estos otros recursos:

- Uno de los mejores documentos CGI y HTML disponible en cualquier parte de Internet, es el escrito por Michael Grobe de la Universidad de Kansas. Puede encontrar "*An Instantaneous Introduction to CGI Scripts and HTML Forms*" en `http://kufacts.cc.ukans.edu/info/forms/forms-intro.html`.

- Para una agradable introducción a los formularios HTML y CGI, vea: `http://www.utirc.utoronto.ca/HTMLdocs/NewHTML/htmlindex.html`. Este URL es sensible al tamaño de letra.
- David Robinson ha escrito una versión por separado y detallada de la especificación CGI. Al contrario de la especificación NCSA, su versión está como un documento independiente disponible tanto en formato HTML o Postscript (lo que significa que es más fácil de imprimir), y da una descripción de todas las variables de ambiente de CGI. Vea `http://www.ast.cam.ac.uk/%7Edrtr/`.
- Ya sea que usted quiera depositar una pregunta acerca de algún obstáculo en CGI con el cual necesita ayuda o simplemente recolectar tips leyendo las experiencias de otros, el grupo de noticias CGI es definitivamente el lugar donde tiene que estar: `comp.infosystems.www.authoring.cgi`.
- Finalmente, aunque no por eso el último, no deje de visitar `www.yahoo.com`. Seleccione Computers/WWW/CGI y hojee los muchos recursos disponibles.

# Un ejemplo CGI sencillo en HTML y C

Esta sección cubre una transacción CGI completa, del servidor al cliente, de regreso al servidor, y de vuelta al cliente. Este ejemplo no pretende ser útil, excepto como una plantilla de la cual usted puede construir una aplicación CGI más sofisticada.

El sistema CGI que usted va a construir aquí comienza con un archivo HTML que contiene un formulario. Cuando los datos del formulario son suministrados por el usuario, el servidor determina que el atributo `Action` para el formulario hace referencia a la aplicación CGI. El servidor iniciará la aplicación y le enviará los datos del formulario que están en stdin. Después, el servidor pondrá atención al stdout de la aplicación CGI.

El programa CGI está escrito en C. El programa le mostrará cómo recuperar los datos del formulario, examinarlos y enviar de vuelta un documento HTML. La respuesta HTML está construida dentro de la aplicación CGI, puesto que usted deberá insertar parte de los datos del formulario en su respuesta. Usted no siempre tiene que crear HTML sobre la marcha dentro de un programa CGI, pero ello hará sus páginas Web más dinámicas.

# El formulario de entrada de datos

Para hacer una demostración de CGI, necesitamos empezar con una página HTML que contenga un URL hacia una aplicación CGI. Vea la figura 11.2 que explica cómo aparece el formulario de entrada de datos en el visualizador, conforme lo llena el usuario.

En el listado 11.2 se muestra el código HTML que mantiene a la bola rodando con el ejemplo de programa CGI. Este archivo, y el programa en C de abajo, están disponibles en el CD-ROM si usted quiere experimentar con ellos. Nótese que usted necesitará cambiar el URL en `FORM ACTION` para referirse a su sitio (o utilice un *host local*).

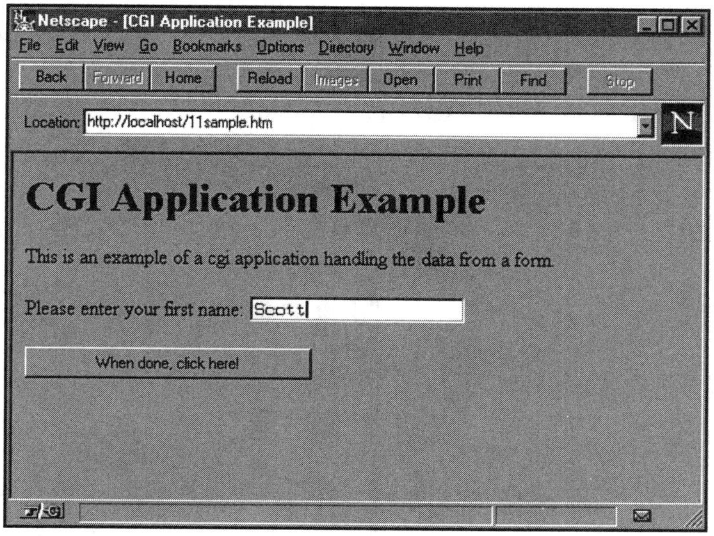


**Figura 11.2.**
*Formulario para la entrada de datos que el usuario llena.*

Listado 11.2. El código HTML que crea el formulario.

```
<HTML>
<HEAD>
<!— Created: 8/21/95 7:48:53 PM —>
<TITLE>CGI Application Example</TITLE>
</HEAD>
<BODY>
<H1>CGI Application Example</H1>
This is an example of a cgi application handling the data from a form. <BR>
<FORM ACTION="http://www.fbsolutions.com/cgi-bin/cgisamp.exe" METHOD="Post">
Please enter your first name: <INPUT NAME="name" TYPE="text"><p>
<INPUT TYPE=submit value="When done, click here!">
</FORM>
</BODY>
</HTML>
```

# El código C

Antes de mostrarle el programa en C que procesará los datos del formulario, explicaremos la salida del programa en C. El listado 11.3 es el código HTML que se devuelve al cliente después de que el servidor lo obtiene del stdout de la aplicación CGI.

Listado 11.3. El código HTML escrito para stdout por cgisamp.c.

```
<HEAD><TITLE>Submitted OK</TITLE></HEAD>
<BODY><h2>The information you supplied has been accepted.<br> Thank You Scott</h2>
<h3><A href="http://www.fbsolutions.com/book/cgisamp.htm">[Return]</a></h3></BODY>
```

La figura 11.3 muestra el visualizador en el lado del cliente después de que la aplicación CGI ha terminado de procesar los datos del formulario. Nótese que en la figura 11.3 (y en el listado 11.3) la respuesta HTML enviada por la aplicación CGI es personalizada por cada conjunto de datos del formulario; ésta incluye el nombre que el usuario proporcionó.

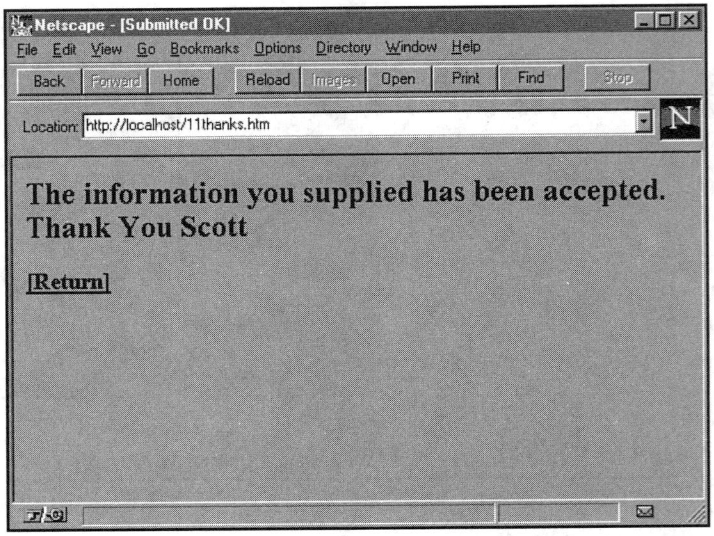


**Figura 11.3.**
*Resultado de la aplicación CGI como la ve el cliente*

El listado 11.4 muestra el programa completo en C llamado cgisamp, ejecutado por el servidor cuando el cliente suministra los datos del formulario. Aquí está una rápida lista de las cinco funciones de cgisamp:

- `strcvrt` Convierte todas las ocurrencias de un carácter a otro dentro de una cadena dada.
- `TwoHex2Int` Llamado cuando un carácter de porcentaje marca un código de escape.
- `UrlDecode` Expande todos los códigos de escape llamando a `TwoHex2Int`.
- `StoreField` Recupera los pares campo/valor de los datos del formulario.
- `main` Lee los datos del formulario de stdin y escribe la respuesta HTML stdout.

## Listado 11.4. La aplicación CGI escrita en lenguaje C.

```
/*************************************************************************
 *  File: cgisamp.c
 *
 *  Use: CGI Example Script.
 *
 *  Notes: Assumes it is invoked from a form and that REQUEST_METHOD is POST.
 *  Ensure that you compile this script as a console mode app.
 *
 *  This script is a modified version of the script that comes with EMWAC
 *     HTTPS.
 *
 *  Date: 8/21/95
 *  Christopher L. T. Brown  clbrown@netcom.com
 *
*************************************************************************/
```

```
#include <stdio.h>
#include <stdlib.h>
#include <string.h>
#include <ctype.h>
#include <io.h>

char InputBuffer[4096];
static char * field;
static char * name;

/* Convert all cOld characters   */
/* in cStr into cNew characters. */
void strcvrt(char *cStr, char cOld, char cNew)
{
       int i = 0;

       while(cStr[i])
       {
              if(cStr[i] == cOld)
                     cStr[i] = cNew;
              i++;
       }
}

/* The string starts with two hex */
/* characters.  Return an integer */
/* formed from them.              */
static int TwoHex2Int(char *pC)
{
       int Hi, Lo, Result;

       Hi = pC[0];
       if('0' <= Hi && Hi <= '9')
              Hi -= '0';
       else if('a' <= Hi && Hi <= 'f')
              Hi -= ('a' - 10);
       else if('A' <= Hi && Hi <= 'F')
              Hi -= ('A' - 10);

       Lo = pC[1];
       if('0' <= Lo && Lo <= '9')
              Lo -= '0';
       else if('a' <= Lo && Lo <= 'f')
              Lo -= ('a' - 10);
       else if('A' <= Lo && Lo <= 'F')
              Lo -= ('A' - 10);

       Result = Lo + 16 * Hi;
       return(Result);
}

/* Decode the given string in-place */
/* by expanding %XX escapes.        */
void urlDecode(char *p)
{
       char *pD = p;

       while(*p)
       {
```

*continúa*

Listado 11.4. Continuación

```
            if (*p == '%')        /* Escape: next 2 chars are hex            */
            {                     /* representation of the actual character.*/
                    p++;
                    if(isxdigit(p[0]) && isxdigit(p[1]))
                    {
                            *pD++ = (char)TwoHex2Int(p);
                            p += 2;
                    }
            }
            else
                    *pD++ = *p++;
    }
    *pD = '\0';
}

/* Parse out and store field=value items. */
/* Don't use strtok!                      */
void StoreField(char *f, char *Item)
{
    char *p;

    p = strchr(Item, '=');
    *p++ = '\0';
    urlDecode(Item);
    urlDecode(p);
    strcvrt(p, '\n', ' ');
    strcvrt(p, '+', ' ');          /* Get rid of those nasty +'s */
    field = f;                     /* Hold on to the field just in case. */
    name = p;                      /* Hold on to the name to print*/
}

int main(void)
{
    int ContentLength, x, i;
    char *p,
            *pRequestMethod,
            *URL,
            *f;

    /* Turn buffering off for stdin.*/
    setvbuf(stdin, NULL, _IONBF, 0);

    /* Tell the client what we're going to send */
    printf("Content-type: text/html\n\n");

    /* What method were we invoked through? */
    pRequestMethod = getenv("REQUEST_METHOD");

    /* Get the data from the client      */
    if(strcmp(pRequestMethod,"POST") == 0)
    {
            /* according to the requested method.*/
            /* Read in the data from the client. */
            p = getenv("CONTENT_LENGTH");
            if(p != NULL)
                    ContentLength = atoi(p);
            else
                    ContentLength = 0;
```

```
            if(ContentLength > sizeof(InputBuffer) -1)
                    ContentLength = sizeof(InputBuffer) -1;

            i = 0;
            while(i < ContentLength)
            {
                    x = fgetc(stdin);
                    if(x == EOF)
                            break;
                    InputBuffer[i++] = x;
            }
            InputBuffer[i] = '\0';
            ContentLength = i;

            p = getenv("CONTENT_TYPE");
            if(p == NULL)
                    return(0);

            if(strcmp(p, "application/x-www-form-urlencoded") == 0)
             {
                    p = strtok(InputBuffer, "&");        /* Parse the data */
                    while(p != NULL)
                    {
                            StoreField(f, p);
                            p = strtok(NULL, "&");
                    }
             }
      }

    URL = getenv("HTTP_REFERER");                /* What url called me.*/
    printf("<HEAD><TITLE>Submitted OK</TITLE></HEAD>\n");
    printf("<BODY><h2>The information you supplied has been accepted.");
    printf("<br> Thank You %s</h2>\n", name);
    printf("<h3><A href=\"%s\">[Return]</a></h3></BODY>\n", URL);

    return(0);
}
```

Nótense las llamadas en la rutina `main` hacia la función de la librería C `getenv`. Esa es la manera en que el programa puede determinar si `REQUEST_METHOD` es igual a `POST` y cuántos bytes deberá leer al revisar `CONTENT_LENGHT`.

Otro punto muy importante que hay que resaltar sobre la función principal es que ésta debe hacer salir una cabecera HTTP parcial para que vaya con el documento HTML que él crea. Esta línea aparece cerca de la parte superior de la función:

```
printf("Content-type: text/html\n\n");
```

Usted puede necesitar agregar más tarde un manejador de error, en cuyo caso probablemente crearía un documento alterno HTML de respuesta. De todos modos, esta cabecera HTTP necesitará estar impresa. La convención CGI requiere que a la cabecera le siga una línea en blanco antes del código HTML que se envía. Esa es la razón por la que `printf` incluye dos códigos de nueva línea (newlines) al final. Por favor disculpe nuestros frecuentes recordatorios, pero esto es sumamente importante.

El tipo de contenido indica un codificado MIME que le dice al visualizador del cliente que el flujo de datos que sigue es un código HTML en formato ASCII. Hay varios tipos de codificación MIME estándar. Para mayor información, vea la especificación CGI o la documentación del Servidor Web Purveyor Desktop.

## El script CGI más corto

Hay un tipo MIME estándar para texto ASCII plano, Tipo de contenido: texto/plano. Éste resulta útil en un ejemplo de CGI trivial pero interesante, que se usa a menudo como prueba de que el servidor Web y CGI están instalados y corriendo adecuadamente. La idea es invocar un archivo por lotes de DOS que repita los valores de las variables de ambiente CGI del servidor de nuevo hacia el visualizador Web. Todo lo que tiene que hacer es guardar el siguiente texto dentro de un archivo llamado test.cmd en su directorio cgi-bin:

```
echo content-type: text/plain
echo.
echo script_name = %script_name%
```

Después escriba un línea en su página principal que se vincule con test.cmd. El programa le deberá decir su nombre. También lo puede modificar fácilmente para sacar otras variables de ambiente.

# Prueba de los sistemas CGI

Lograr que los sistemas CGI trabajen en forma adecuada requiere, obviamente, la capacidad de integrar varias herramientas sofisticadas. ¿Y qué hará un buen ingeniero de software cuando se enfrente al reto de construir un sistema complejo? Establecer marcas claras para alcanzar el objetivo general, construir el software pieza por pieza (de preferencia como cajas negras con tan pocas interfaces como sea posible), y probar cada módulo por separado mientras logra probar que se alcanzan las marcas exitosamente.

Por ejemplo, pruebe el formulario HTML independientemente del programa CGI. Usted se puede tomar tiempo para construir un ambiente de prueba para la aplicación CGI, de modo que pueda verificar sus salidas/entradas completamente independientes de cualquier interacción con el servidor Web. Hacer esto podría ocasionar un gran retroceso al momento de depurar o ampliar el sistema, sobre todo si es una aplicación grande o si tiene interfaces hacia una base de datos. La meta es reducir el ciclo editar/compilar/vincular/probar, en una sola vuelta de ser posible. Un ambiente de prueba que no involucra correr el servidor, lanzar el visualizador y llenar el formulario, a la larga producirá ahorros de tiempo significativos.

# ¿Qué sigue?

Ahora que hemos cubierto todas las bases de CGI, la Parte V entrará en ejemplos más realistas. Los programas que construiremos en los capítulos 21 a 24 ya están compilados en el CD y le pueden proporcionarle aplicaciones Web muy útiles, incluso sin involucrarlo en la programación.

# Capítulo 12

# Extensiones Netscape y HTML 3.0

- Cómo IETF y Netscape han desarrollado HTML
- Extensiones Netscape para HTML
- El poder de HTML 3.0
- Más tips rápidos sobre el estilo de HTML

El capítulo 11 contenía un poco de material avanzado, por lo que si se siente algo aturdido en estos momentos, no sienta que está solo. Por fortuna, el trabajo difícil ha terminado en su mayor parte y se puede vislumbrar un relevo. Si a usted le gustó el capítulo 9, "Un recorrido guiado por HTML", éste también le va a gustar. Ya que el capítulo 9 se presentó como una introducción para quienes diseñan por primera vez páginas Web, su intencionalidad omitió algunos de los avances más recientes en HTML. Aquí es donde encaja este capítulo. Aquí hablamos sobre varias de las cosas más actuales que están sucediendo en Web.

# Cómo IETF y Netscape han desarrollado HTML

Como habrá oído, Netscape Communications ha sido un líder en el nuevo desarrollo de HTML. Aunque HTML 2.0 no había sido oficialmente adoptado al momento de escribir esto, está casi totalmente basado en HTML 1.0 y en las extensiones Netscape. En otras palabras, Netscape procura fijar el estándar, y hasta ahora la comunidad Web ha visto sus sugerencias con buenos ojos.

La IETF [Fuerza Internet para Tareas de Ingeniería (Internet Engineering Task Force)] es la responsable de escribir las especificaciones formales de HTML. En realidad, la IETF (que es responsable de muchos otros estándares, como las RFCs) da los proyectos como éstos a un grupo de trabajo, en este caso al W3C (World Wide Web Consortium). Primero W3C, y luego IETF, siguen un muy cuidadoso proceso para asegurarse de que los nuevos estándares HTML cubran las necesidades de la comunidad Web y sean retrocompatibles (en la medida de lo posible) con los documentos Web existentes. Cuando HTML 2.0 llegue al final de ese proceso, podrá buscarlo para adoptarlo.

Hasta ahora Netscape no se ha quedado quieto. Sus extensiones también han contribuido para el diseño de HTML 3.0, al que originalmente se refería como HTML+. El HTML 3.0 no oficial ya es soportado por varios visualizadores Web, incluyendo Netscape Navigator (por supuesto) y un visualizador del dominio público llamado *Arena* que IETF está construyendo. Si se decide a aprovechar cualquiera de las extensiones Netscape o de HTML 3.0 en sus páginas Web —y está a punto de ver que hay muchas ventajas para hacerlo— puede contar por lo menos con el hecho de que un buen porcentaje de clientes que visiten su sitio podrán ver sus páginas Web reproducidas como usted quería. Esto es sumamente sencillo por la gran popularidad de Netscape. Sin embargo, utilizar estas extensiones puede hacer que sus páginas se vean extrañas en otros visualizadores Web hasta que HTML 2.0 y HTML 3.0 sean adoptados por una mayor cantidad de usuarios.

Hay un aspecto confuso en cuanto a la cantidad de versiones. Quizás el mapa de las versiones de HTML de la figura 12.1 le ayudará a aclarar esto. Aunque las extensiones Netscape en realidad no tienen un número formal de versión, la gente de la Red habla de ellas en términos de la última versión de Netscape Navigator que está disponible. Por ejemplo, Netscape Navigator 1.2N aplica las extensiones Netscape 1.2. Conforme Netscape incluya otras ideas de HTML 3.0 en Navigator, las versiones en borrador de HTML 2.0 y 3.0 también evolucionan para incluir muchas de las ideas de Netscape.

**Figura 12.1.**
*Mapa de las versiones de HTML.*

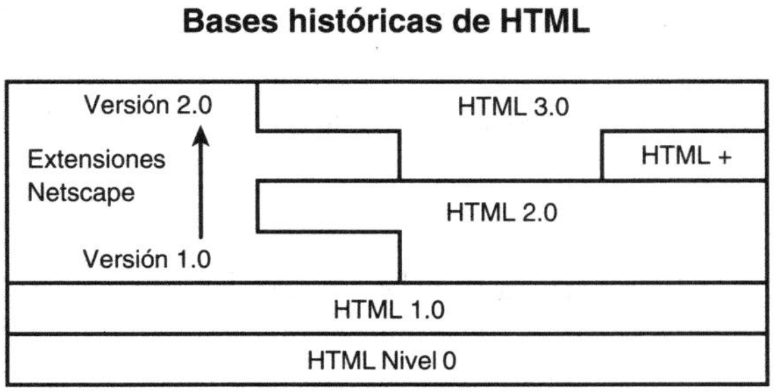


# Extensiones Netscape para HTML

Las extensiones Netscape para HTML consisten en nuevas etiquetas y atributos. Éstos han sido construidos sobre las especificaciones ampliamente adoptadas de HTML 1.0, de una manera que se supone ser retrocompatible con los visualizadores WWW existentes. De esta forma, si un visualizador anterior alcanza una página con una nueva etiqueta que no entiende, éste sencillamente la ignorará. Se espera que la página aún esté desplegada de una manera legible, aunque no exactamente como se pretendía.

Esta sección explica algunas de las principales extensiones de Netscape. Muchas de éstas ya están en la especificación para HTML 2.0; algunas otras están en HTML 3.0.

## *<ISINDEX>*

Para la etiqueta `<ISINDEX>`, Netscape ha agregado el atributo `PROMPT`. `<ISINDEX>` indica que un documento es un índice localizable. Se agregó `PROMPT` para que el autor del documento pueda especificar qué mensaje va a aparecer antes del campo de entrada de texto del índice. Sin un indicador propio, el predeterminado es ese mensaje estándar con el que pudo haberse encontrado antes: `This is a searchable index. Enter search keywords:` (Éste es un índice localizable. Escriba las palabras clave:.)

## *<HR>*

Netscape agregó cuatro nuevos atributos a la etiqueta `<HR>` para permitir que el autor del documento describa cómo se deberá ver la regla horizontal:

- `<HR SIZE=`*`number`*`>`

  El atributo `SIZE` permite al autor dar una indicación de qué tan delgada deberá ser la regla horizontal

- `<HR WIDTH=`*`number¦percent`*`>`

  La regla horizontal predeterminada siempre es del ancho de la página. Con el atributo `WIDTH`, el autor puede especificar un ancho exacto en pixeles o un ancho relativo, medido como un porcentaje del ancho del documento.

- `<HR ALIGN=`*`left¦right¦center`*`>`

  Ahora que las reglas horizontales no tienen que ser del ancho de la página, el autor necesita especificar si debieran estar cargadas hacia el margen izquierdo, al margen derecho o al centro de la página.

- `<HR NOSHADE>`

  Para cuando realmente quiera una barra sólida, el atributo NOSHADE le permite especificar que usted no desea ningún sombreado en la regla horizontal.

## <UL>

Netscape añadió un atributo TYPE a la etiqueta <UL> de modo que sin importar el nivel de sangría que usted tenga, pueda especificar si quiere un TYPE=disc, TYPE=circle o TYPE=square para su viñeta.

## <OL>

Netscape agregó los atributos TYPE y START a la etiqueta <OL> como sigue:

- <OL TYPE=*type*>

  Éste permite a los autores especificar si quieren marcar sus elementos de lista con: mayúsculas (TYPE=A), minúsculas (TYPE=a), números romanos grandes (TYPE=I), números romanos pequeños (TYPE=i), o los número predeterminados (TYPE=1).

- <OL START=*number*>

  Para listas que quiera empezar con valores diferentes a 1, tiene el nuevo atributo START. START siempre está especificado en los números predeterminados y se convertirá con base en el atributo TYPE antes de ser desplegado. De esta forma, START=5 desplegará tanto una E, e, V, v o 5 basado en TYPE.

## <LI>

Netscape también añadió el atributo TYPE a la etiqueta <LI>. Éste toma los mismos valores tanto de <UL> como de <OL>, dependiendo del tipo de lista en que se encuentre, y cambia el tipo de lista para ese elemento y todos los subsecuentes. Para listas ordenadas, han añadido el atributo VALUE de manera que pueda cambiar la cuenta para ese elemento de lista y todos los elementos subsecuentes.

## ALIGN

Las adiciones a las opciones ALIGN necesitan una amplia explicación. Las imágenes con los valores de alineación *(left)* y *(right)* son tipos completamente nuevos de imagen flotante. Una imagen especificada como ALIGN=left flotará a todo lo largo del margen izquierdo (dentro del espacio próximo disponible ahí), y el texto subsecuente envolverá el lado derecho de la imagen. Asimismo, para ALIGN=right, la imagen se alinea con el margen derecho y el texto envuelve al izquierdo. Por ejemplo

```
<IMG ALIGN=left¦right¦top¦texttop¦middle¦absmiddle¦baseline¦bottom¦absbottom>
```

ALIGN=top se alinea por sí mismo con la parte superior del elemento más alto en la línea.

ALIGN=texttop se alinea por sí mismo con la parte superior del texto más alto en la línea.

ALIGN=middle alinea la línea de base de la línea actual con el centro de la imagen.

ALIGN=absmiddle alinea el centro de la línea actual con el centro de la imagen.

`ALIGN=baseline` alinea la parte inferior de la imagen con la línea de base de la línea actual.

`ALIGN=bottom` es idéntico a `ALIGN=baseline`.

`ALIGN=absbottom` alinea la parte inferior de la imagen con la parte inferior de la línea actual.

## <*IMG WIDTH*=value *HEIGHT*=value>

Los atributos `WIDTH` y `HEIGHT` se agregaron a `<IMG>` sobre todo para acelerar el despliegue del documento. Si el autor los especifica, el visualizador del documento no tendrá que esperar a que la imagen sea cargada sobre la red y su tamaño sea calculado.

## <*BR*>

El `<BR>` normal sólo inserta una línea de corte. Netscape agregó un atributo `CLEAR` a `<BR>`, de manera que `CLEAR=left` cortará la línea y se moverá verticalmente hacia abajo hasta que usted tenga un margen izquierdo limpio. `CLEAR=right` hace lo mismo para el margen derecho, y `CLEAR=all` se mueve hacia abajo hasta que ambos márgenes estén limpios de imágenes.

## <*NOBR*>

La etiqueta `<NOBR>` significa *sin corte*, o sea que todo el texto entre el comienzo y el fin de las etiquetas `<NOBR>` no puede tener líneas de corte insertadas entre ellas.

## <*WBR*>

La etiqueta `<WBR>` significa *corte de palabra*. Ésta se utiliza en los raros casos en que usted tiene una sección `<NOBR>` y sabe exactamente dónde quiere que corte el texto. La etiqueta `<WBR>` no forzará una línea de corte.

## <*FONT SIZE*=value>

`<FONT SIZE>` le permite cambiar el tamaño de la fuente. Los valores válidos van de 1 a 7. El tamaño predeterminado de la fuente es 3. El valor dado para `SIZE` puede tener opcionalmente un carácter de + o de - frente a éste, para especificar que es relativo a la fuente base del documento. La fuente base predeterminada es 3 y se puede cambiar con la etiqueta `<BASEFONT>`.

## <*BASEFONT SIZE*=value>

Ésta cambia el tamaño de la fuente base. El valor del atributo `SIZE` está predeterminado a 3 y tiene un rango válido de 1 a 7.

## <*CENTER*>

Ésta es una de la extensiones Netscape más utilizadas. Todas las líneas del texto entre el principio y el final de `<CENTER>` están centradas entre los márgenes izquierdo y derecho reales.

## *<BLINK>*

Esta etiqueta enfatiza las secciones de sus documentos haciendo que el texto incluido parpadee (en serio). Tenga cuidado de no abusar de este efecto, porque mucha gente lo considera malo para la vista.

## Entidades de caracteres

Finalmente, las dos entidades recientemente nombradas vienen en páginas comerciales accesibles:

`®`—el símbolo para Marca Registrada estaba disponible anteriormente sólo como `®`

`©`—el símbolo para Copyright; esta entidad trabaja como `©`, pero ahora usted no tiene que seguir buscando el número mágico.

> **Tip:** Para una explicación más completa de las extensiones de Netscape para HTML 2.0 y HTML 3.0, vea Netscape Home Page en `http://www.netscape.com/`.

# El poder de HTML 3.0

Netscape Navigator actualmente soporta HTML 3.0. Gran parte de HTML 3.0 está documentado y en uso hoy día en Web, pero es un blanco móvil. Un par de adiciones importantes para Netscape Navigator 1.1 que no están en HTML 3.0 son las imágenes de fondo y la actualización dinámica de los documentos. Y el soporte de tablas de Netscape va más allá del diseño propuesto para tablas en la versión de HTML 3.0 que está actualmente en desarrollo.

Muchas personas se confunden creyendo que las extensiones de Netscape para HTML son HTML 3.0, pero no es así. La IETF y Netscape cooperaron, pero cada uno de ellos tiene sus propios planes. Aunque muchas de las extensiones Netscape se han dirigido a HTML 3.0, también hay varias que no están en el plan actual de Internet. Actualmente no hay una especificación pública para las extensiones de Netscape, excepto la información en su sitio Web, ya mencionada.

> **Tip:** Un excelente lugar en la Red para encontrar información acerca de las diferencias entre HTML 2.0 y HTML 3.0 es "How to Tame the Wild Mozilla."
>
> `http://webreference.com/html3andns/`
>
> (*Mozilla* es la manera en que Netscape se refiere a sí mismo en los mensajes de petición HTTP). Este URL también incluye novedades de último momento acerca de Web. ¡Definitivamente, verifíquelo!

Aun cuando el visualizador Netscape es ampliamente utilizado (el sitio Web de Beverly Hills Software en `http://www.bhs.com` reporta que el 87% de todas las solicitudes de agente usuario son de clientes Netscape), se debe tener cuidado al utilizar las extensiones para Netscape. Una práctica común es incluir un comentario en su página principal diciendo algo como: "esta página utiliza las extensiones Netscape y se ve mejor utilizando un visualizador compatible con Netscape". Aun cuando use una sentencia como ésta, es una buena idea examinar sus propios documentos HTML con varios visualizadores durante la etapa de diseño. Al hacer esta comparación, usted encontrará que puede lograr un feliz compromiso que permita que las páginas ampliadas con Netscape no se vean horribles bajo otros visualizadores. Nos gusta comparar la reproducción de nuestro código HTML entre Netscape, Mosaic y Microsoft Internet Explorer. Considerando que Internet Explorer está ahora en manos de 20 millones de usuarios Web potenciales, que Mosaic es popular en UNIX y en Macintosh, y que Netscape es, bueno, Netscape, este trío deberá cubrir la gran mayoría de Web. Si todos estos visualizadores despliegan su documento como lo quiere, sabe que su HTML es bastante seguro para todo Web.

**Tip:** Nótese que la especificación de HTML 3.0 aún está en desarrollo. Aunque algunas partes han sido estables por algún tiempo, otras, sin duda, cambiarán. La mejor forma de seguir los cambios de HTML es estando en línea con cualquiera de estos sitios:

- Netscape Communications.

  `http://www.netscape.com/`

- Varios papeles y especificaciones sobre lenguaje de marcado de hipertexto

  `http://www.ietf.cnri.reston.va.us/ids.by.wg/html.html`

- El proyecto del visualizador Arena para HTML 3.0 (actualmente disponible para UNIX; entérese: se está considerando una versión para Windows)

  `http://www.w3.org/hypertext/WWW/Arena/Status.html`

- La especificación HTML+ (un poco atrasada).

  `http://www.w3.org/hypertext/WWW/MarkUp/HTMLPlus/htmlplus_1.html`

HTML 3.0 tiene varias características nuevas de importancia. Por mencionar algunas: tablas; figuras (`<fig>`) como un sustituto de la etiqueta para imagen (`<img>`); soporte para fórmulas matemáticas; banderas; divisiones; notas al pie de página; y hojas de estilo. En el Apéndice H encontrará una enciclopedia completa acerca de HTML, que muestra las etiquetas que están especificadas para HTML 3.0 y para HTML 2.0. He aquí un vistazo a los principales cambios en 3.0.

# Tablas en HTML 3.0

Las tablas fueron la característica más solicitada para HTML 3.0. La IETF decidió pegar un modelo sencillo pero poderoso para crear tablas de buen aspecto. Vea en la figura 12.2 un ejemplo de tabla creada en HTML 3.0 como aparece en Netscape Navigator.

Esta tabla fue creada por medio del siguiente pequeño código HTML:

```
<HTML>
<HEAD>
<!— Created: 9/26/95 9:22:11 PM —>
<TITLE>Sample table</TITLE>
</HEAD>
<BODY>
```

```
<H1>Sample Table</H1>
<TABLE BORDER>
<TR>
<TD>apples</TD>
<TD>25</TD>
</TR>
<TR>
<TD>oranges</TD>
<TD>10</TD>
</TR>
</TABLE>
<HR>
Last Updated: Tuesday, September 26, 1995
</BODY>
</HTML>
```

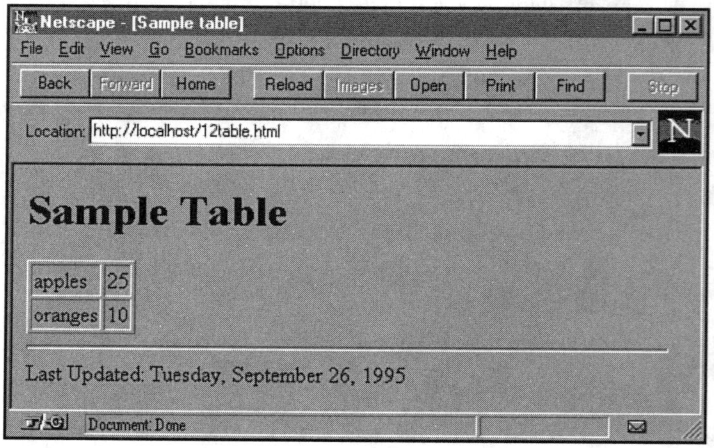


**Figura 12.2.**
*Una tabla HTML 3.0 sencilla, como se muestra en Netscape Navigator 2.0 beta.*

La etiqueta `<TABLE BORDER>` inicia la tabla. Cada etiqueta `<TR>` define una columna de la tabla. La etiqueta `<TD>` define los elementos de datos de la tabla, conforme usted lea la tabla.

# Marcos de Netscape

Una de las características más mencionadas que Netscape agregó a Navigator 2.0 son los Marcos (Frames), que son incluso otra adición para HTML 3.0. Una página Web con marcos se parece mucho a una página Web dentro de una página Web. Aquí está la estructura básica de una página formada por marcos:

```
<HTML>
<HEAD>
</HEAD>
<FRAMESET>
</FRAMESET>
</HTML>
```

Nótese que en una página Web con marcos la etiqueta `<BODY>` está reemplazada por la etiqueta `<FRAMESET>`.

La figura 12.3 es un ejemplo de los marcos HTML y muestra cómo se puede modificar su página YourCo (lo que explicaremos con detalle en el capítulo siguiente) para desplegar cuatro páginas HTML en una. Cada marco se puede ajustar de tamaño por separado, arrastrando la esquina entre ellos. Ciertamente, cada marco se puede comportar incluso como un visualizador independiente. Hay muchos usos prácticos para los marcos. Una vez más, sólo depende de su imaginación lo que pueda hacer con esta nueva posibilidad.

El código fuente completo para este ejemplo de marcos está disponible en el CD-ROM. Por favor vea este URL para conocer todos los detalles y la sintaxis para crear marcos HTML:

`http://home.mcom.com/assist/net_sites/frame_syntax.html.`

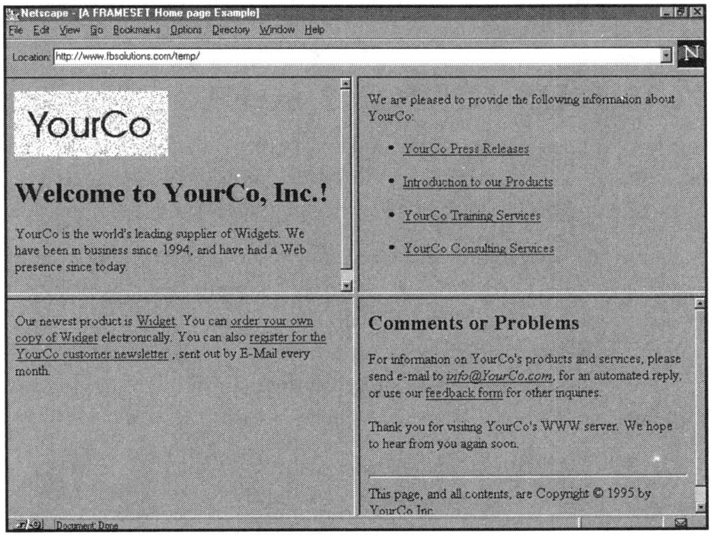


**Figura 12.3.**
*Ejemplo de sitio YourCo, mostrando los marcos HTML en Navigator 2.0.*

> **Nota:** Es buena idea no exagerar con las extensiones para Netscape; en especial con los marcos. Si va a incluir el uso de marcos en su página, siempre es bueno utilizar la etiqueta `<noframes>` para incluir una versión sin marcos de su página tal como lo hicimos con la página YourCo.

# Hojas de estilo en HTML 3.0

HTML se ideó para marcado de *contenido* de documentos del lado del servidor. Por diseño, no fue pensado para proporcionar un control directo sobre la apariencia exacta del documento en el visualizador del lado del cliente. Una razón es la portabilidad. No hay forma de controlar el visualizador y la fuente que tendrá disponible cada cliente. Este estado de cosas puede frustrar a los diseñadores gráficos. Las hojas de estilo están pensadas para dar a los diseñadores de las páginas, o incluso al usuario del visualizador, la oportunidad de regir cómo se habrá de desplegar la página en términos de fuentes, colores y otros elementos.

La IETF aún está considerando cómo implementar exactamente las hojas de estilo dentro de HTML 3.0. Para información actualizada, por favor vea los URLs mencionados anteriormente.

## Matemáticas en HTML 3.0

La mayoría de nosotros probablemente no ha sufrido mucho por no poder escribir el símbolo del cálculo integral dentro de su código HTML. Sin embargo, considerando que Web comenzó en un laboratorio de física, es natural que estas características encontrarían algún día su camino hacia HTML. Desafortunadamente, estas características de 3.0 son tan cambiantes como las hojas de estilo. Para un mejor aprendizaje, por favor vea el Apéndice H, "Enciclopedia HTML", como una introducción al respecto, o visite las especificación HTML 3.0 en `http://www.ietf.cnri.reston.va.us/ids.by.wg/html.html`.

# Más tips rápidos sobre el estilo de HTML

El estilo y las hojas de estilo son similares, pero no iguales. Aunque las hojas de estilo brindan cierto grado de control sobre la apariencia de los documentos Web, el aspecto del estilo es más bien un tema sobre qué hacer y qué no hacer en el diseño de páginas Web (ya sea que se utilicen o no las hojas de estilo).

Los puristas de Web hacen énfasis en cosas como "es el contenido, no la presentación". No obstante esta filosofía, los diseñadores de Web tienen, obviamente, un mayor interés por el control de muchos de los factores de la apariencia, como la utilización de un hipervínculo, una lista o el nivel 2 de encabezado. Usted puede estar tentado a pensar que algunas opciones son arbitrarias, pero tenga cuidado. Si sus páginas muestran falta de interés por determinados estándares aceptados para Web o son difíciles de leer, puede dejar de tener visitantes constantes. Hay mucho que decir para tener un buen estilo.

He aquí algunas fuentes concernientes al estilo de HTML:

- *Style Guide for Online Hypertext,* por el padre de Web, Tim Berners-Lee.

  `http://www.w3.org/hypertext/WWW/Provider/Style/Overview.html`
- *Web Style Manual,* por Patrick J. Lynch.

  `http://info.med.yale.edu/caim/StyleManual_Top.HTML`
- *Tips for Writers and Designers,* por David Siegel.

  `http://www.best.com/~dsiegel/tips/tips_home.html`
- *From Grass Roots to Corporate Image,* por Christine A. Quinn, Director Electrical Engineering Computer & Network Services, Universidad de Stanford.

  `http://www.ncsa.uiuc.edu/SDG/IT94/Proceedings/Campus.Infosys/quinn/quinn.html`

# ¿Qué sigue?

Ahora que ya sabe todo lo interesante de HTML, es tiempo de ponerse a trabajar. El siguiente capítulo presenta cómo reunir un sitio Web completo basado en varios archivos HTML. Los archivos incluyen hipervínculos, gráficos, CGI, correo electrónico y posibilidad de bajarlos.

# Capítulo 13

# Cómo trabajar con HTML para construir un sitio muestra

- Planee su sitio Web
- Instale los archivos para el sitio Web muestra
- Cómo configurar el sitio muestra
- Revisión de las etiquetas para el formulario de HTML 2.0
- Cómo entender el código HTML, paso a paso

Hasta aquí ya ha recorrido un camino largo en poco tiempo. Su servidor Web está listo y corriendo, y usted ha aprendido bastante acerca de HTML. Ahora es tiempo de poner a trabajar lo que ha aprendido construyendo un sitio Web muestra desde su inicio. Este proyecto le dará la oportunidad de probar muchas de las etiquetas HTML que usted ha aprendido sobre la marcha.

En el CD adjunto encontrará un grupo de archivos que comprenden un sitio Web muestra para una empresa ficticia llamada *YourCo,* la cual vende un producto de software llamado *Widget.* Nuestro sitio Web imaginario está diseñado para proporcionar información acerca de los productos de YourCo, procesa los pedidos, permite bajar inmediatamente una versión demo de Widget, y le da al cliente la oportunidad de hablar con nosotros por medio de un formulario de retroalimentación. Estos archivos fueron pensados para brindarle a usted un elemento de experimentación y sobre el cual construir. ¡Oiga, tal vez su sitio pueda utilizar realmente algunas de estas posibilidades!

# Planee su sitio Web

Hay mucho que considerar cuando esté configurando su sitio Web. Un sitio bien pensado estará en línea rápidamente y sin mayores problemas, en tanto que un sitio pobremente concebido será una pesadilla desde el primer día en cuestión de mantenimiento.

Por ejemplo, si usted decidiera cambiar su estructura de directorios después haber establecido su sitio, tendría que cambiar todos los vínculos que contuvieran cualquiera de los URLs afectados, incluso cualquier vínculo no local. Y puesto que la mayoría de las búsquedas indexadas de bases de datos en Web toman actualmente de dos a tres semanas, esto podría dejar su sitio fuera de competencia por un rato.

Como parte de la planeación, piense en su misión. ¿Qué es lo que usted quiere hacer con su sitio Web?

La figura 13.1 es un mapa de las características de su sitio Web muestra para YourCo. Como puede ver, este sitio incluye varios vínculos entre páginas, la utilización de la función *mailto* de Netscape y unos cuantos programas CGI. Vea la siguiente sección para una breve descripción de cada uno de los archivos HTML.

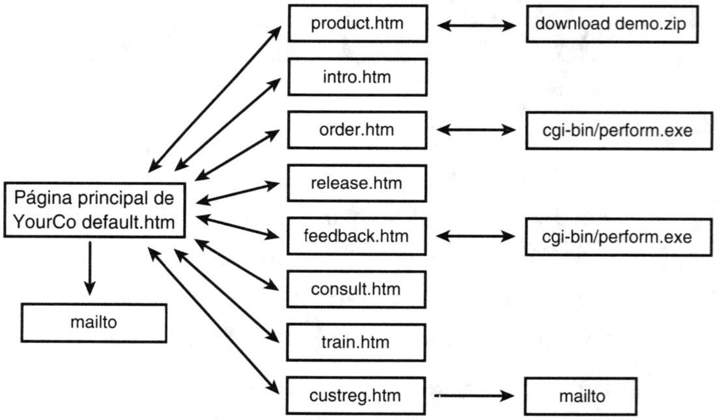


**Figura 13.1.**
*Diagrama de las características del sitio Web YourCo.*

# Instale los archivos para el sitio Web muestra

En el CD encontrará todos los documentos requeridos para este capítulo, en el directorio \site. A continuación, una breve descripción de los archivos del sitio Web muestra, en el mismo orden en que serán explicados en este capítulo.

- `default.htm`—Ésta es la página principal para YourCo.
- `consult.htm`—Contiene la información sobre los servicios de consultoría de YourCo.
- `custreg.htm`—Un formulario HTML que permite a las personas registrarse en la lista de correo de YourCo.
- `feedback.htm`—Un formulario HTML que permite enviar retroalimentación por medio del correo electrónico.
- `intro.htm`—Contiene una introducción a los productos de YourCo.
- `order.htm`—Un formulario HTML que permite ordenar los productos de YourCo.
- `product.htm`—Contiene más información acerca de los productos de YourCo y permite al cliente bajar una versión demo de Widget.
- `release.htm`—Contiene versiones impresas de YourCo.
- `train.htm`—Contiene información acerca de los servicios de capacitación de YourCo.
- `logo.gif`—Un archivo gráfico con un logo de ejemplo.
- `return.gif`—Un botón gráfico para return.

> **Nota:** Todos los archivos HTML de este capítulo fueron creados originalmente usando WebEdit 1.1.

Para instalar el ejemplo de sitio Web en su disco duro, solamente copie todos los archivos del directorio \site del CD-ROM en el directorio predeterminado de su servidor Web. El hecho de que uno de los archivos sea llamado default.htm significa que éste será enviado automáticamente por el servidor si algún cliente de Web sólo especifica la porción FQDN de su sitio Web. En otras palabras, si el cliente no especifica un nombre de archivo en el URL, el servidor intenta regresar un archivo llamado default.htm desde el directorio dado. Y si el URL tampoco contiene un nombre para la ruta de acceso, el servidor busca en su directorio predeterminado.

# Cómo configurar el sitio muestra

Hay algunos lugares que usted necesita editar en los archivos de ejemplo HTML. Usted puede cargar los archivos en WebEdit y buscar la palabra `YourCo`. Obviamente, tiene que cambiar ésta por el nombre real de su organización. Podría también buscar sólo la palabra `your` pues algunos de los archivos incluyen texto, como `your IP address here` o `your e-mail address here`. Usted verá que la búsqueda para `your` también encontrará algunas ocurrencias no relacionadas con YourCo. Conforme vayamos explicando cada uno de los archivos en la siguiente sección, llamaremos su atención en varias líneas que tiene que modificar.

> **Nota:** Si usted aún no tiene su servidor HTTP en línea, la mayoría de los visualizadores tienen una opción similar a la de Netscape Navigator que le permite ver los archivos eligiendo Archivo | Abrir Archivo (File | Open File). A esto se le suele llamar *modo local.* Es muy útil para probar sus páginas.

# Revisión de etiquetas para el formulario de HTML 2.0

Antes de sumergirnos en el estudio de los archivos HTML línea por línea, hagamos una recapitulación de las etiquetas HTML que se utilizan para crear formularios en Web. Los archivos de ejemplo le van a presentar un par de ejemplos que están en funcionamiento y que utilizan varias de estas etiquetas. Las posibilidades para el desarrollo creativo de formularios son ilimitadas. Quizás al estudiar la tabla 13.1, su imaginación lo llevará a una idea sobre un formulario que su propia oficina podría desplegar en Web (o en *Intranet*).

Tabla 13.1. Etiquetas HTML para crear formularios.

| *Etiqueta HTML* | *Descripción* |
|---|---|
| `<FORM> ... </FORM>` | Estas etiquetas aparecen dentro de `<BODY>` del archivo HTML. Todo lo que codifique entre ellas comprimirá el formulario. Además de otras etiquetas HTML, las etiquetas descritas en esta sección son válidas dentro del bloque `<FORM>`. |
| `<TEXTAREA> ... </TEXTAREA>` | Estas etiquetas hacen que el visualizador presente en el formulario un cuadro de edición de texto multilineal. Usted puede controlar el ancho y alto en unidades de carácter con las propiedades `ROWS` y `COLS`. Al igual que con las etiquetas `<INPUT>` y `<SELECT>`, la propiedad `NAME` se utiliza para identificar los datos devueltos al servidor para procesamiento CGI o enviados en el cuerpo de correo electrónico si se utiliza `mailto` (más sobre esto después). |
| `<INPUT> ... </INPUT>` | Estas etiquetas definen un cuadro de texto de una sola línea para cadenas o enteros; un cuadro de verificación; un botón de radio; un botón de fronte; y otra variedad de controles. El atributo `TYPE` es lo que determina el estilo de control `<INPUT>`. |
| `<SELECT> ... </SELECT>` | Estas etiquetas definen un cuadro con una lista de elementos de los cuales el usuario puede escoger uno. Puede utilizar varias etiquetas de `<OPTION>` dentro del bloque `<SELECT>` para presentar los elementos disponibles. |
| `<OPTION>` | Esta etiqueta indica un elemento seleccionable dentro de un bloque `<SELECT>`. También puede especificar uno de los valores que se va a seleccionar por omisión, utilizando el atributo `SELECTED`. |

# Cómo entender el código HTML, paso a paso

Usted puede navegar a través del código HTML y de las breves notas de este capítulo para tener una idea de toda la funcionalidad de este sitio. Tal vez se sorprenda de cuán pocos archivos se necesitan para brindar una presencia comercial tan sustancial y profesional. Se dará cuenta que la página principal contiene toda la información introductoria necesaria sobre YourCo, incluyendo vínculos hacia información más específica de sus servicios y productos.

> **Tip:** Si es posible, trate de mantener el tamaño de su página principal más pequeño que como se ve en la pantalla. Esto le asegurará que las personas puedan ver fácilmente su información introductoria e incluso les permitirá saltar de un vínculo a otro sin tener que utilizar las barras de desplazamiento de sus visualizadores.

Vayamos tras bambalinas y veamos qué es lo que hace que el sitio muestra funcione. Le presentaremos cada archivo y hablaremos acerca de los aspectos más importantes de cada uno de ellos. Empezaremos con el archivo default.htm.

## default.htm

El propósito de este archivo ya se mencionó anteriormente; ésta es la página principal de YourCo. Puesto que esta es la primera impresión que los clientes tendrán, debería darles una oportunidad para encontrar rápidamente lo que están buscando.

El listado 13.1 es el contenido de default.htm. las anotaciones que preceden a la lista harán referencia al código HTML.

### Listado 13.1. El código HTML para default.htm; la página principal del sitio Web muestra.

```
<HTML>
<HEAD>
<!-- Created: 7/30/95 8:39:28 PM-->
<!-- A comment area with file creation date and time-->

<TITLE>YourCo Inc. Home Page</TITLE>  <!-- Every file needs a TITLE-->
</HEAD>          <!-- End of the HEAD section-->

<BODY>           <!-- Begin the body of the file-->
<IMG ALT="The YourCo Logo" SRC="yourco.gif">
<!-- Display an image of YourCo's logo-->
<!-- Note the alternative text will be displayed if the browser
does not support graphics or does not have them turned on-->

<H1>Welcome to YourCo, Inc.!</H1>
<!-- A heading level one text section, no need to insert a [br] or [p] to
start next line-->

YourCo is the world's leading supplier of Widgets. We have been
in business since 1994, and have had a Web presence since today.
Our newest product is
<A HREF="product.htm">Widget</A>.
<!-- This is a hyperlink to the product.htm file-->

You can
<A HREF="order.htm">order your own copy of Widget</A> electronically.
```

*continúa*

Listado 13.1. Continuación

```
You can also
<A HREF="custreg.htm">register for the YourCo customer newsletter,</A>
sent out by e-mail every month.<P>

We are pleased to provide the following information about YourCo:<P>
<UL>
<!-- An unordered list with hyperlinks-->
<!-- note that the [LI] tag is not paired-->

<LI><A HREF="Release.htm">YourCo Press Releases</A><P>
<LI><A HREF="Intro.htm">Introduction to our Products</A><P>
<LI><A HREF="Train.htm">YourCo Training Services</A><P>
<LI><A HREF="Consult.htm">YourCo Consulting Services</A><P></UL>

<H2>Comments or Problems</H2>
<!-- Heading level 2-->

For information on YourCo's products and services, please send e-mail to
<A HREF="mailto: info@YourCo.com"><I>info@YourCo.com</I></A>,
for an automated reply,
<!-- The mailto tag used in a hyperlink will pop up a mail window in most
browsers-->

or use our <A HREF="feedback.htm">feedback form</A> for other inquiries.
<P>
Thank you for visiting YourCo's WWW server.
We hope to hear from you again soon.

<HR>This page, and all contents, are Copyright &#169; 1995 by YourCo Inc.
<!-- Insert your standard address and copyright information at the bottom of
each page. #169 is the special character entity for the copyright symbol.-->

</BODY>            <!-- End of body-->
</HTML>            <!-- End of file-->
```

# Código notable en default.htm

Cerca de la parte superior del archivo está un comentario estándar sugerido que indica la fecha en que el archivo se editó por última vez.

Como lo han sugerido las pautas de estilo, la etiqueta `<IMG>` incluye un texto alternativo que se desplegará en caso de que el visualizador no cargue el archivo GIF.

Recuerde, al contrario de la mayoría de las etiquetas HTML que se encuentran en parejas, la etiqueta `<P>` por lo general no está acompañada por `</P>`, pero podría estarlo. Al leer los comentarios dentro del código, dese cuenta de que utilizamos la notación `[tag]` en vez de `<tag >` pues algunos visualizadores serán lanzados de regreso en el caso de que haya una etiqueta HTML sin sentido.

> **Tip:** Si alguna vez notó que su código HTML se ve extraño cuando usted lo prueba en el modo local de su visualizador, piense en la posibilidad de que las etiquetas estén insertadas dentro de comentarios.

Lo más interesante acerca de este código es la etiqueta `<A>` y el atributo `HREF`. A esto se le llama un HREF A, para abreviar. Si se fija en default.html en su visualizador, verá la línea que dice, `Our newest product is Widget`. Este segmento de código es el responsable de subrayar la palabra Widget:

```
<A HREF="product.htm">Widget</A>
```

Al usuario se le despliega un subrayado para indicar que la palabra es un hipervínculo hacia otro documento, en este caso product.htm. La ausencia de un nombre de la ruta de acceso o de un URL completo en el atributo `HREF` significa que el archivo product.htm debe residir en el mismo directorio de su servidor Web que es el archivo actual (default.htm).

Siguiendo un poco más el código, usted verá algunos otros hipervínculos `A HREF`. Luego llegará a la sección de la lista con viñetas. Esta lista comienza con la etiqueta `<UL>`, que significa *lista desordenada*. Está desordenada en el sentido de que no está numerada. Las listas numeradas utilizan la etiqueta `<OL>`. (La `O` quiere decir *ordenada*). Dentro de una sección `<UL>` u `<OL>`, usted puede incluir varias etiquetas `<LI>` para listas con viñetas. De hecho, como muestra este ejemplo, usted puede incluir todo tipo de código HTML. Lo que es interesante de la lista con viñetas en default.htm es que ¡incluye hipervínculos `<A HREF>` empotrados!

Ahora usted llega a la etiqueta `<mailto>`. Este es un punto interesante. Netscape inventó esta útil extensión para HTML nivel 2. La mayoría de los visualizadores actuales ya soportan esta característica, pero algunos aún no. El propósito de esta extensión es dar al cliente una manera más conveniente de enviarle un mensaje por correo electrónico. Si usted lo piensa, esto es algo que probablemente le gustaría hacer al visitar una página Web. Y ni siquiera tendría que molestarse en escribir una dirección de correo electrónico, sólo escríbala en su programa de correo más tarde. La característica mailto trabaja presentando un cuadro de diálogo definido por el visualizador (ligeramente diferente en cada visualizador), donde la lista receptora ha quedado llena con la dirección de correo electrónico dada en el archivo HTML, en este caso *`info@YourCo.com`*. Por lo general, el cliente ya tiene configurado un visualizador con su dirección de correo electrónico, de modo que todo lo que tiene que hacer es llenar la parte correspondiente al asunto y al cuerpo del texto. Estos son los pasos de la transacción:

1. El cliente solicita al servidor que le envíe el documento default.htm.
2. El servidor envía default.htm, y el cliente lo despliega.
3. El usuario hace clic con el ratón en el área de texto subrayada de la pantalla.
4. El visualizador analiza las coordenadas en pixeles del clic del ratón y determina que está dentro del área de texto subrayada de la pantalla formada por la etiqueta `<A>`.
5. Puesto que el visualizador entiende que la etiqueta `<A>` utiliza el `HREF` con `mailto:`, abre un cuadro de diálogo local pidiendo al usuario llenar el Asunto (Subject) y el Cuerpo de texto (Body Text) del correo. La dirección del destinatario ya está llena con base en el `HREF` mailto proporcionado por el servidor. La dirección de la respuesta del remitente y el servidor SMTP que va a utilizar para enviar el correo en el sistema del cliente deben estar preconfigurados por el usuario del visualizador.
6. Cuando el usuario oprime el botón Enviar (Send) en el cuadro de diálogo del correo electrónico, éste es enviado por el visualizador hacia la dirección originalmente especificada en el código HTML escrito en el lado del servidor. El cuadro de diálogo de correo se cierra y el usuario puede continuar leyendo la página Web.

Esta descripción del sexto paso aterriza en alguna parte del centro del espectro de la complejidad. Se queda dentro del código HTML pero permanece sobre los niveles HTTP, y muy por encima de cualquier análisis del flujo de datos de TCP/IP.

Si sospecha que alguno de sus visitantes Web no tuviera soporte para mailto, usted tiene alternativas. Un método es correr una aplicación CGI en el lado del servidor que efectúe prácticamente lo mismo. También puede darle un vistazo al archivo custreg.htm. Éste utiliza mailto de una manera un poco diferente como parte de un formulario HTML.

Finalmente, fíjese en la etiqueta `<HR>`, que significa regla horizontal y traza una línea a través de la página para decoración y legibilidad. Aquí la utilizamos para separar el copyright estándar o la información de la dirección que se muestra en la parte inferior de la página. El símbolo de copyright está incrustado en el código especial `©`. Hay muchos otros símbolos especiales disponibles, como una extensión HTML para Netscape que permite la utilización de `©` para alcanzar el mismo propósito con mayor legibilidad. En cualquier caso, usted debe incluir el punto y coma del final.

Probablemente sepa que HTML tiene una etiqueta `<ADDRESS>`. Ésta se utiliza a menudo con el mismo propósito que para lo que se hace con todo lo que sigue a la etiqueta `<HR>`. Básicamente, torna en cursivas la información de su dirección.

Así concluye nuestra descripción básica de default.htm. Muchos de los otros archivos incluyen varias de estas mismas características. En la sección que sigue, mencionaremos las áreas del código que no hayan sido cubiertas en ninguna otra parte.

# consult.htm

Esta página describe nuestros servicios de consultoría ficticios. La figura 13.2 muestra la página cargada en Navigator.

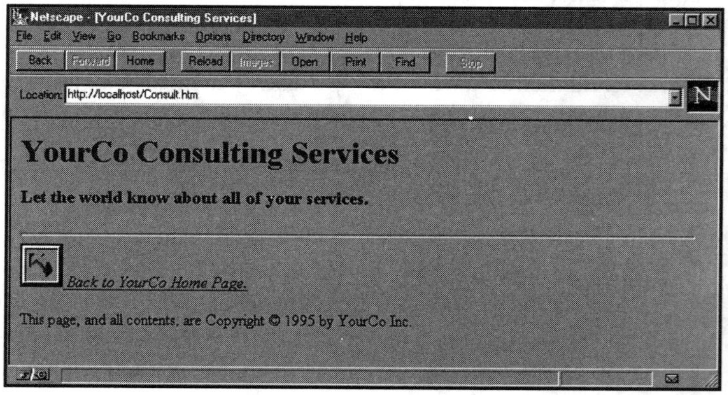


**Figura 13.2.**
*consult.htm como aparece en Navigator.*

Por favor vea el listado 13.2 para el código HTML.

Listado 13.2. consult.htm, el código HTML para los servicios de consultoría de YourCo.

```
<HTML>
<HEAD>
<!-- Created: 7/30/95 8:39:28 PM-->
<TITLE>YourCo Consulting Services</TITLE>
</HEAD>
<BODY>
<H1>YourCo Consulting Services</H1>
<H3>Let the world know about all of your services.</H3>

<!--Give web surfers a way to return to the home page.-->
<P><HR><I><A HREF="default.htm"><IMG SRC="RETURN.GIF">
Back to YourCo Home Page.</A></I><P>
This page, and all contents, are Copyright &#169; 1995 by YourCo Inc.
</BODY>
</HTML>
```

# Código notable en consult.htm

No hay mucho que explicar acerca de esta breve página. La parte inferior, así como todas las demás excepto default.htm, incluyen un hipervínculo que va de regreso a la página principal. Ésta es una cortesía común, pues los lectores con frecuencia harán clic en un vínculo sólo para ver qué pasa, y serán llevados a una página de la cual querrán regresar rápidamente.

Le dejamos la opción de arreglar el contenido de esta página. Está así sólo a manera de colocador para mostrar el lugar en el que se deben mencionar los servicios de consultoría en una página Web.

# custreg.htm

Este archivo permite a los clientes apuntarse en la lista de correo de YourCo. La figura 13.3 muestra custreg.htm cargado en Navigator. Este formulario también utiliza mailto, pero lo hace dentro de una etiqueta `<FORM>`. La diferencia entre éste y el mailto utilizado en default.htm es que aquí los datos del formulario son enviados automáticamente a la dirección especificada por el elemento mailto y no se activa una ventana desplegable para correo electrónico en el cliente.

El código HTML del formulario de registro para el cliente aparece en el listado 13.3.

Listado 13.3. El archivo custreg.htm.

```
<HTML>
<HEAD>
<TITLE>YourCo Newsletter Registration</TITLE>
</HEAD>
<BODY><H1>YourCo Newsletter Registration</H1>

<FORM METHOD="POST" ACTION="mailto:register@YourCo.com">

<!-- Using "mailto" as a method in a form will mail the contents of the form
to the address stated, if the browser supports "mailto". It is more robust to
provide a CGI application to handle forms data.-->
```

*continúa*

Listado 13.3. Continuación

```
Please help us to keep you informed about our products by filling in this
questionnaire. This will add you to our e-mail list.
<p><PRE>
<!-- Use [PRE] tags to help you line up forms-->
<!-- INPUT data will be mailed.-->
        Your Name: <INPUT NAME="user" SIZE="30"><P>
Your organization: <INPUT NAME="org" SIZE="30"><P>
      Your e-mail: <INPUT NAME="mail" SIZE="30"><P>
</PRE>

<input type=submit value="When done, click here to send">
<!-- Invokes the form action.-->
</FORM>

<P><HR><I><A HREF="default.htm"><IMG SRC="RETURN.GIF">
Back to YourCo Home Page.</A></I><P>
This page, and all contents, are Copyright &#169; 1995 by YourCo Inc.
</BODY>
</HTML>
```

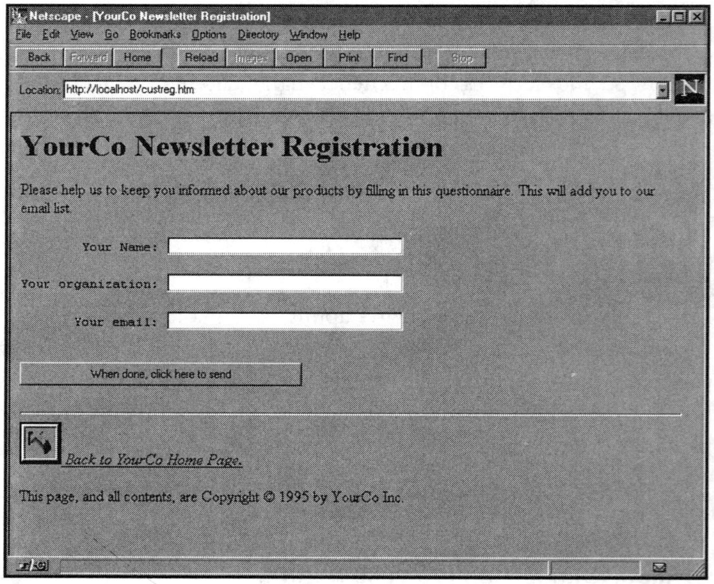


**Figura 13.3.**
*Custreg.htm en Netscape Navigator 2.0.*

# Código notable en custreg.htm

Como puede ver, este código HTML es un poco diferente al código de los primeros dos archivos. Este código aprovecha la etiqueta <FORM>, una característica muy poderosa en HTML 2.0. Fíjese en la línea del código que dice

```
<FORM METHOD="POST" ACTION="mailto:register@YourCo.com">
```

Ésta utiliza el atributo ACTION de la etiqueta <FORM> para especificar que el visualizador deberá efectuar una operación de mailto en el lado del cliente después de haber propuesto el formulario. Trabaja en equipo junto con esta línea de código cerca del final del formulario, justo antes de la etiqueta </FORM>.

```
<input type=submit value="When done, click here to send">
```

La etiqueta <INPUT> especifica que hay que colocar un campo en el formulario. El atributo TYPE (TYPE attribute) de este campo es *submit*, lo que significa que será un botón para oprimir. El atributo VALUE indica cuál será la etiqueta que tendrá el botón. En este formulario, el botón se llama "When done, click here to send" (o "Cuando esté listo, haga clic aquí para enviar"). El visualizador determinará el tamaño del botón con base en la fuente actual y el texto suministrado por el atributo VALUE.

Cuando un usuario oprime el botón propuesto, se llevará a cabo FORM ACTION. El atributo ACTION podría apuntar hacia un guión CGI para correr del lado del servidor, pero en este caso éste está utilizando una funcionalidad integrada en el visualizador del cliente para hacer que se envíen los datos del formulario. El receptor del correo es suministrado automáticamente por el código HTML del servidor. ¡Aquí, el formulario será enviado de regreso a YourCo! Los Webmaster consideran conveniente recibir datos del formulario como éste en su correo.

El otro código digno de tomarse en cuenta en este formulario, determina cómo se presenta la pantalla. Las tres líneas que contienen las etiquetas <INPUT> dibujan los cuadros de texto para que el usuario los llene. Cada cuadro acepta hasta 30 caracteres. Los datos del formulario de esos cuadros de texto serán enviados a través de correo electrónico formateado de esta manera:

```
Return-Path: <bill@whitehouse.gov>
From: bill@whitehouse.gov
Date: Sat, 30 Sep 95 09:35:51 -0700
Subject: Form posted from Mozilla
Apparently-To: <register@YourCo.com>

user=Bill&org=Whitehouse&mail=bill@whitehouse.gov
```

Los atributos NAME en la etiqueta <INPUT> determinan las etiquetas que van con los datos del formulario cuando éste se envía a través de correo electrónico o procesado por aplicaciones CGI en el servidor. Usted puede ver las etiquetas user, org y mail en la última línea de los datos del formulario anterior. Los caracteres & son delimitadores de campo.

# feedback.htm

La figura 13.4 muestra un formulario que permite a sus clientes proponer una retroalimentación vía correo electrónico. Esta capacidad es parte importante en la calidad de servicio al cliente.

Vea el listado 13.4 del código HTML conforme siga estos comentarios adicionales.

### Listado 13.4. El código HTML para el formulario de retroalimentación para el cliente, feedback.htm.

```
<HTML>
<HEAD>
<TITLE>YourCo Feedback Form</TITLE>
</HEAD>
<BODY>
```

*continúa*

## Listado 13.4. Continuación

```
<H2>YourCo welcomes your comments and suggestions.</H2>
<P>

<!-- YOU MUST CHANGE THIS LINE TO REFLECT YOUR SERVER DOMAIN NAME-->
<FORM METHOD=POST action="http:<!--your IP address here/http/cgi-
bin/perform.exe">

<!-- Here we use a CGI application to handle the form data. The perform.exe CGI
application will handle parsing the data from the form and then mailing it.-->
<INPUT TYPE=hidden name="CmdFile" value="/http/mail.cmdl">
<INPUT TYPE=hidden name="mailto" value="your e-mail address here">
<INPUT TYPE=hidden name="errto" value="your e-mail address here">

<!-- These hidden values tell the mailto CGI application where to mail the
data and where to send error reports.-->

<B>Subject:</B>
  <SELECT name="subject">
  <OPTION> Comments on YourCo Web page
  <OPTION> I'd like to open an account
  <OPTION> I'd like to comment on...
  <OPTION> I need some information on...
  <OPTION> Would you please...
  <OPTION> Other
  </SELECT>
<PRE>
            <B>Name:</B> <INPUT name="name" SIZE=30>
    <B>Company Name:</B> <INPUT name="company" SIZE=50>
       <B>Phone No.:</B> <INPUT name="phoneno" SIZE=20>
  <B>E-mail Address:</B> <INPUT name="e-mail" SIZE=30>
</PRE>
<P>
<PRE>
<B>Your Mailing Address:</B>
   <B>Street/PO Box:</B> <INPUT name="address1" SIZE=50>
            <B>City:</B> <INPUT name="city" SIZE=30>
           <B>State:</B> <INPUT name="state" SIZE=10>
             <B>Zip:</B> <INPUT name="zip" SIZE=11>
         <B>Country:</B> <INPUT name="country" SIZE=30>
</PRE>
<P>
<B>Comments:</B>
<BR>
<TEXTAREA name="~comments" cols=60 rows=4></TEXTAREA>
<P>
<input type=submit value="When done, click here to send">
</FORM>

<P><HR><I><A HREF="default.htm"><IMG SRC="RETURN.GIF">
Back to YourCo Home Page.</A></I><P>
This page, and all contents, are Copyright &#169; 1995 by YourCo Inc.
</BODY>
</HTML>
```

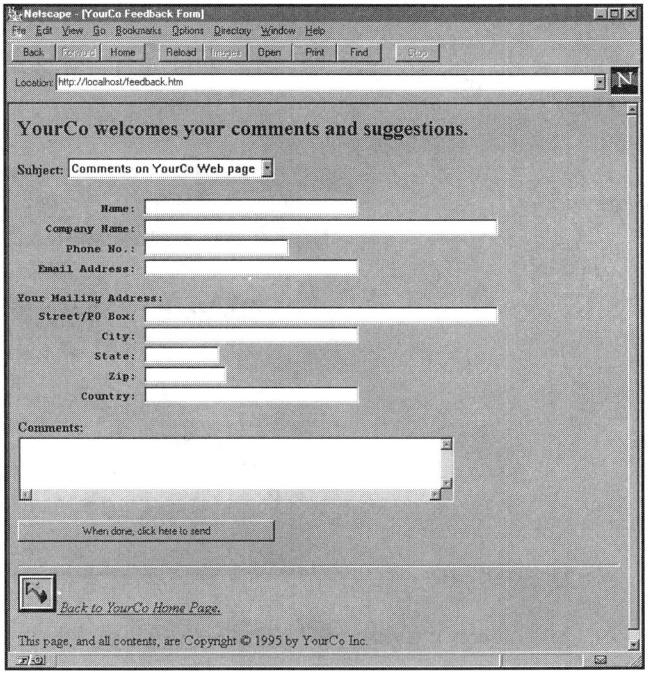


**Figura 13.4.**
*Feedback.htm en Netscape Navigator.*

# Código notable en feedback.htm

Un punto de interés aquí es el bloque `<SELECT>` ... `</SELECT>` que incluye varios elementos `<OPTION>`. El bloque `<SELECT>` crea un cuadro de listado que se despliega hacia abajo y que se llama `subject`, en el formulario. El elemento elegido por el usuario será enviado como una cadena de texto hacia la aplicación CGI del servidor.

Hay dos bloques separados de etiquetas `<INPUT>`. `<INPUT>` predetermina un campo de texto de una sola línea si el atributo `TYPE` no se presenta. El atributo `SIZE` se utiliza para limitar el número de caracteres que al usuario se le permite escribir en el campo. Éste es un ejemplo de la cooperación cliente/servidor. La aplicación CGI en el servidor puede estar almacenando los datos del formulario en una base de datos relacionada cuyos campos son de tamaño limitado. El programador HTML/CGI puede utilizar el atributo `SIZE` para pedir al visualizador que asegure las restricciones propias de la información que se suministrará. Esto representa una clase sencilla de tolerancia a fallas, que prevendrá al usuario de romper la aplicación CGI, ya sea intencional o accidentalmente. Por supuesto, la aplicación CGI es, a fin de cuentas, la responsable de examinar los datos y manejar cualquier condición de error.

Cada etiqueta `<INPUT>` está separada con espacios en vez de tabuladores para alinear los campos. No todos los visualizadores interpretarán la ficha tabulador de la misma manera, por lo que es preferible utilizar los espacios.

Una `<TEXTAREA>` y un botón sugerido finalizan el formulario. La etiqueta `<TEXTAREA>` se utiliza para crear campos de edición multilineal.

# intro.htm

El propósito de esta página es presentarle los productos de YourCo. Vea la figura 13.5 que muestra cómo aparece en Web.

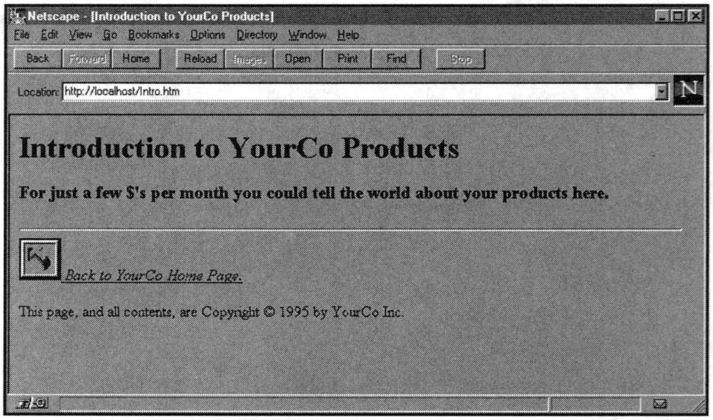


**Figura 13.5.**
*Intro.htm corriendo en Web.*

Vea el listado 13.5 con el código HTML del archivo intro.htm.

## Listado 13.5. intro.htm

```
<HTML>
<HEAD>
<!-- Created: 7/30/95 8:39:28 PM-->
<TITLE>Introduction to YourCo Products</TITLE>
</HEAD>

<BODY>
<H1>Introduction to YourCo Products</H1>
<H3>For just a few $'s per month you could tell the world about your
products here.</H3>

<P><HR><I><A HREF="default.htm"><IMG SRC="RETURN.GIF">
Back to YourCo Home Page.</A></I><P>
This page, and all contents, are Copyright &#169; 1995 by YourCo Inc.
</BODY>
</HTML>
```

No hay nada nuevo que decir acerca de este archivo desde el punto de vista de la programación. Es un sostenedor de lugar para el archivo HTML, que en realidad usted puede modificar para describir sus productos.

# order.htm

El objetivo de esta página es permitir a sus clientes que pidan sus productos. Vea la figura 13.6 para apreciar la forma en que ésta aparece en Web.

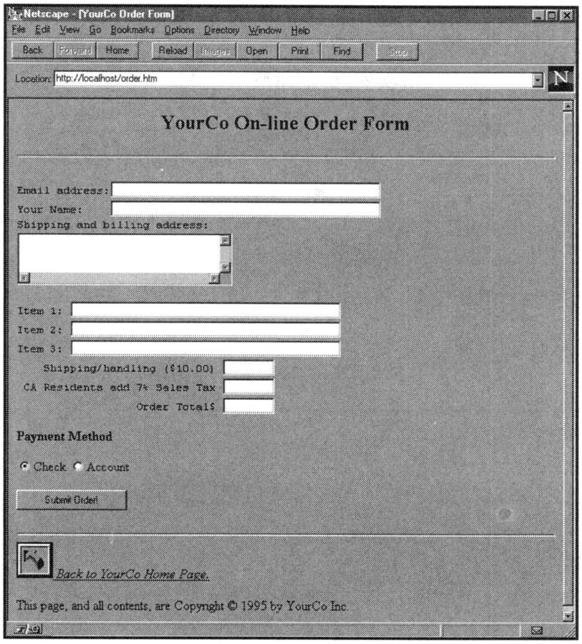


**Figura 13.6.**
*Se presenta order.htm corriendo en Web.*

Vea el listado 13.6 con el código HTML del archivo order.htm.

## Listado 13.6. Formulario para pedidos del cliente, order.htm.

```
<HEAD>
<TITLE>YourCo Order Form</TITLE>
</HEAD>
<BODY>
<CENTER>
<!-- CENTER is an HTML 3 tag -->
<H2>YourCo On-line Order Form</H2>
<HR>
</CENTER>
<FORM METHOD=POST ACTION="http:<!--your IP address here/http/cgi-
bin/perform.exe">
<INPUT TYPE=hidden name="CmdFile" value="/http/mail.cmdl">
<INPUT TYPE=hidden name="mailto" value="your e-mail address here">
<INPUT TYPE=hidden name="errto" value="your e-mail address here">
<INPUT TYPE=hidden name="subject" value="demo Order">
<PRE>
<BR>E-mail address:<INPUT NAME=e-mail_addr TYPE=text SIZE=40>
<BR>Your Name:    <INPUT NAME=Name TYPE=text SIZE=40 MAXSIZE=40>
<BR>Shipping and billing address:
<BR><TEXTAREA NAME=address ROWS=3 COLS=30 MAXLENGTH=150></TEXTAREA>

<BR>Item 1: <INPUT NAME=Tittle TYPE=text SIZE=40>
<BR>Item 2: <INPUT NAME=Medium TYPE=text SIZE=40>
<BR>Item 3: <INPUT NAME=Edition TYPE=text SIZE=40>
<BR>    Shipping/handling ($10.00) <INPUT NAME=SH TYPE=text SIZE=7>
```

*continúa*

Listado 13.6. Continuación

```
<BR> CA Residents add 7% Sales Tax <INPUT NAME=Tax TYPE=text SIZE=7>
<BR>                    Order Total$ <INPUT NAME=Total TYPE=text SIZE=7>
</PRE>
<H4>Payment Method</H4>
<INPUT TYPE=radio NAME=pmtmethod VALUE="check" Checked>Check
<INPUT TYPE=radio NAME=pmtmethod VALUE="account">Account
<P>
<INPUT TYPE=submit VALUE="Submit Order!">
</FORM>

<P><HR><I><A HREF="default.htm"><IMG SRC="RETURN.GIF">
Back to YourCo Home Page.</A></I><P>
This page, and all contents, are Copyright &#169; 1995 by YourCo Inc.
</BODY>
</HTML>
```

# Código notable en order.htm

Además de los botones de radio, no hay nuevos elementos que describir en este formulario. Estrictamente hablando, si usted quiere indicar una condición de apagado/encendido (on/off) en un solo elemento, el estilo normal de la GUI de Windows sugiere la utilización de un cuadro de verificación. Los botones de radio por lo general se usan para representar un grupo de varios elementos que se excluyen mutuamente. Los botones de radio son exactamente lo que queremos para este formulario, puesto que tenemos varios métodos de pago (bueno, en realidad sólo dos; pero usted puede agregar más sin ningún problema).

De nuevo, una etiqueta `<INPUT>` que utiliza `TYPE=submit` es codificada para enviar los datos del formulario hacia la aplicación CGI en el servidor. El servidor Web invocará una aplicación CGI (perform.exe) en el directorio cgi-bin cada vez que un cliente oprima el botón sugerido.

# product.htm

product.htm se utiliza para describir más ampliamente los productos de YourCo. Vea la figura 13.7 para apreciar cómo aparece en Web.

Vea el listado 13.7 con el código HTML para el archivo product.htm.

Listado 13.7. El código HTML para product.htm.

```
<HTML>
<HEAD>
<!-- Created: 7/30/95 8:39:28 PM-->
<TITLE>Product</TITLE>
</HEAD>

<BODY>
<H1>All About Widget</H1>
<H3>Widget is the best widget-type product in the world.</H3>
To download a free demo copy of Widget, click <A HREF="demo.zip">here.</A>
<P><HR><I><A HREF="default.htm"><IMG SRC="RETURN.GIF">
Back to YourCo Home Page.</A></I><P>
This page, and all contents, are Copyright &#169; 1995 by YourCo Inc.
</BODY>
</HTML>
```

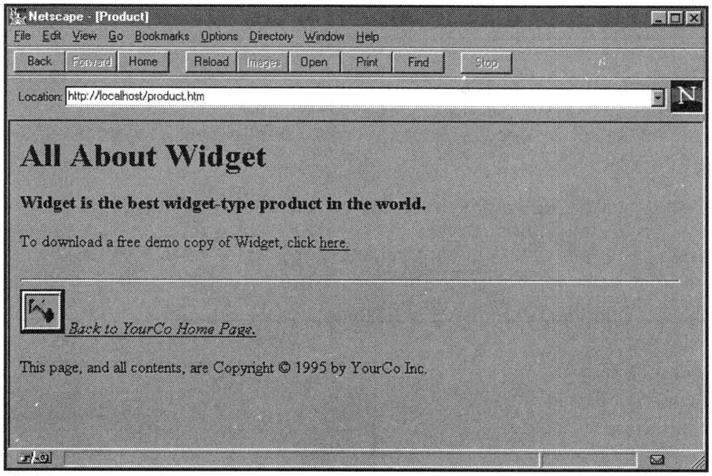


**Figura 13.7.**
*product.htm corriendo en Web.*

# Código notable en product.htm

Este código no contiene nada fuera de lo común; sin embargo, permite que su cliente baje una copia gratuita del demo de su producto de software y la ponga a prueba por algún tiempo. Aquí tenemos cómo trabaja. `<A HREF>` hace referencia a demo.zip. Cuando el usuario selecciona la región de la pantalla y el cliente solicita el archivo demo.zip del servidor HTTP, el cliente aún no sabe exactamente de qué tipo de documento se trata. El servidor enviará un encabezado de regreso al cliente informándole que el tipo de datos está codificado para URL. Probablemente el cliente dirá al usuario que no está preparado para manejar ese tipo y le preguntará si sólo puede bajar el archivo y guardarlo. Por supuesto ¡esto es precisamente lo que el usuario está esperando hacer! Haciendo clic en el botón apropiado en ese cuadro de mensaje se iniciará la transferencia del archivo. Puede tomarse algún tiempo en bajar archivos extensos, por lo que Netscape Navigator desplegará una barra de progreso mientras la descarga del archivo llega a 100%. Recuerde que usted tendrá que utilizar a menudo WinZip para descomprimir los archivos que recupera de Internet.

# release.htm

El propósito de release.htm es desplegar YourCo Press Releases. Vea la figura 13.8 para apreciar cómo aparece en Web.

Vea el listado 13.8 con el código HTML para el archivo release.htm.

## Listado 13.8. El código HTML para release.htm es muy parecido a los otros archivos.

```
<HTML>
<HEAD>
<!-- Created: 7/30/95 8:39:28 PM-->
<TITLE>YourCo Press Releases</TITLE>
</HEAD>
```

*continúa*

### Listado 13.8. Continuación

```
<BODY>
<H1>YourCo Press Releases</H1>
<H3>Sunday, July 30, 1995 8:55:55 PM<BR>
Over 20 million people have access to the Web. Usage is growing 50% per
month.</H3>

<P><HR><I><A HREF="default.htm"><IMG SRC="RETURN.GIF">
Back to YourCo Home Page.</A></I><P>
This page, and all contents, are Copyright &#169; 1995 by YourCo Inc.
</BODY>
</HTML>
```

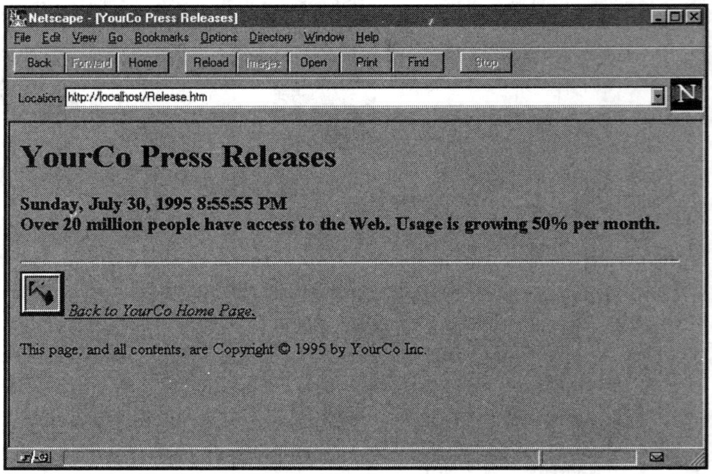


**Figura 13.8.**
*release.htm corriendo en Web.*

# train.htm

El objetivo de esta página es describir los servicios de capacitación de YourCo. Vea en la figura 13.9 cómo aparece en Web.

Vea el listado 13.9 con el código HTML del archivo train.htm.

### Listado 13.9. train.htm es el código HTML para los servicios de capacitación de YourCo.

```
<HTML>
<HEAD>
<!-- Created: 7/30/95 8:39:28 PM -->
<TITLE>YourCo Training Services</TITLE>
</HEAD>

<BODY>
<H1>YourCo Training Services</H1>
<H3>The World Wide Web has become the fastest-growing part of the
Internet in the last year.</H3>
```

```
<P><HR><I><A HREF="default.htm"><IMG SRC="RETURN.GIF">
Back to YourCo Home Page.</A></I><P>
This page, and all contents, are Copyright &#169; 1995 by YourCo Inc.
</BODY>
</HTML>
```

train.htm no contiene nada nuevo desde el punto de vista de la programación.

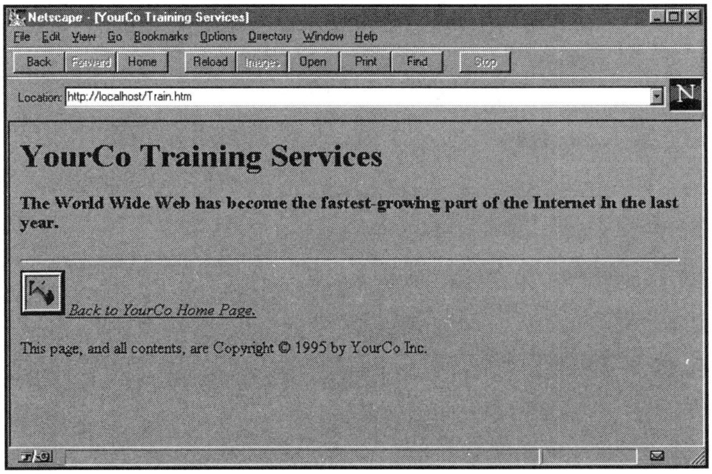


**Figura 13.9.**
*train.htm corriendo en Web.*

# ¿Qué sigue?

Así terminamos la Parte III del libro. Ahora podemos meternos en algunas de las cosas excitantes que usted puede hacer en su sitio Web. Aquí están sólo algunos de los temas que están ante nosotros: llevar a cabo estadísticas de las páginas más visitadas; correr un servidor de correo; correr un servidor FTP; y conectar el código HTML a bases de datos relacionadas.

Puesto que usted ya casi tiene su sitio corriendo de manera oficial en Internet, tendrá que poner especial atención en muchas de las ideas sobre seguridad que se le van a dar en lo que resta del libro. Varios de los tips presentados en la Parte IV le ayudarán a evitar algunos de los riesgos comunes de los *hackers* o intrusos informáticos.

# Parte IV

# Expanda su servidor Internet

Esta parte del libro le muestra cómo expandir su sitio Web más allá de Web. Vamos a hacer que escale de un servidor Web ¡a un servidor Internet!

- **Capítulo 14**, "Anuncie su sitio Web al mundo". Ahora que usted tiene su página principal corriendo, ¿cómo consigue la gente que la va a visitar?
- **Capítulo 15**, "Comercio en Web", es una guía de quién es quién en el mundo de los negocios para el potencial de Internet.
- **Capítulo 16**, "Cómo mantener su sitio Web", describe estadísticas para sitios y monitoreo de la red, entre otros temas.
- **Capítulo 17**, "Cómo servir correo electrónico en Internet", le muestra cómo configurar su propio servidor de correo y un servidor de listas.
- **Capítulo 18**, "Cómo correr un servidor FTP y administrar un sitio Web remoto", explica cómo enviar y recibir archivos, y cómo dar mantenimiento a la red cuando usted se encuentre lejos de su servidor Web.

- **Capítulo 19**, "Bases de datos y Web", cubre la integración Web/base de datos, sin resolverse por la programación.
- **Capítulo 20**, "Robots Internet y más productos para seguridad", se adentra en varios temas sobre el progreso en Internet, incluyendo *firewalls* y robots.

# Capítulo 14

# Anuncie su sitio Web al mundo

- Los dos principales lugares a dónde acudir
- Índices generales en Web
- Índices comerciales en Web
- Listados en índices jerárquicos
- Listados propuestos mediante correo electrónico
- Otros sitios de interés
- Grupos de noticias

A estas alturas, usted ya ha aprendido HTML, instalado varios servidores de protocolos Internet y diseñado un sitio profesional. Después de personalizar los archivos de ejemplo del capítulo 13, usted ya tiene un verdadero servidor Web en Internet. ¿Y ahora qué sigue? Dejar que el mundo sepa que su sitio está ahí, ¡claro!

Su información está disponible en Web, pero no resultará de gran utilidad hasta que el mundo sepa que existe. ¿Cómo se puede hacer pública de manera que la gente la lea y pueda referirse a ella en el futuro? De eso trata precisamente este capítulo.

Éste es un capítulo corto. Usted deberá poder registrar su página principal con todas estas cámaras para vínculos en sólo unas cuantas horas de tiempo en línea.

# Los dos principales lugares a dónde acudir

La manera más rápida de atraer a otros usuarios Web a su ventana es registrarse con los dos servicios Web explicados aquí.

Primero, anuncie su sitio Web con "Announcements of New WWW Servers" (o "Anuncios de los Servidores WWW Nuevos"). Dirija su navegador a `http://www.w3.org/hypertext/DataSources/WWW/Geographical_generation/new-servers.html`. Vea la figura 14.1.

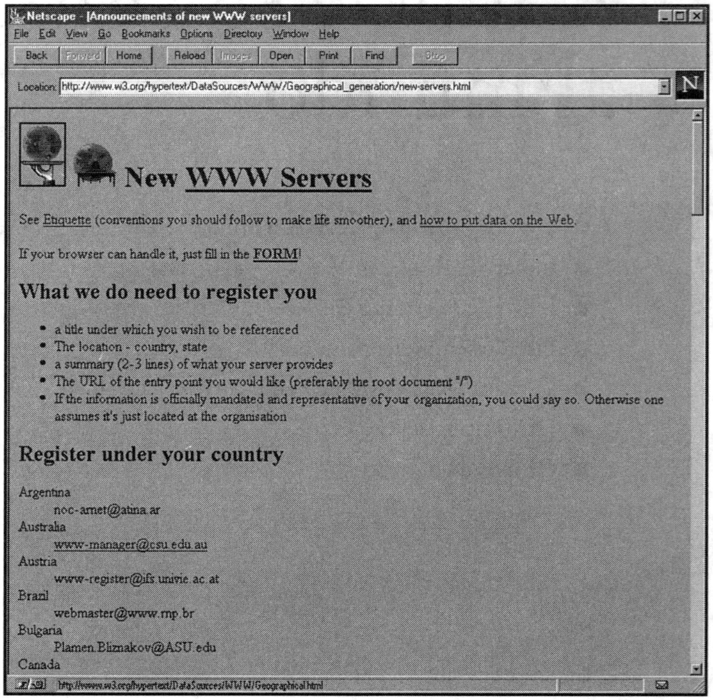


**Figura 14.1.**
*El servicio para registro de página Web de W3 Consortium.*

Una vez que haya llenado el formulario, su servidor estará registrado con el consorcio World Wide Web, que mantiene una base de datos de todos los servidores Web que hay en Internet.

Después, usted tendrá que parar en Scott Banister's Submit It, que es un servicio gratuito diseñado para efectuar el proceso de suministrar sus URLs a varios catálogos WWW, tan rápido y fácil como sea posible. Aquí esta el URL: `http://submit-it.com/`.

Submit It le permite llenar un formulario y verificar con qué sitios de búsqueda le gustaría que su sitio fuera registrado automáticamente. Éstas son las bases de datos para búsqueda con las que Submit It le permitirá registrarse: Yahoo, Starting Point, WebCrawler, EINet Galaxy, Lycos, Harvest, What's New Too, e Infoseek. De una u otra forma, la elección es fácil.

Usted también puede visualizar a través de otros sitios de índices, y añadir vínculos hacia su página principal y/o a páginas específicas de su sitio.

# Índices generales en Web

Esta sección enlista varios recursos en Web donde podría anunciar su sitio:

- Registro con ALIWEB

  ALIWEB quiere decir Búsqueda para Web semejante a Archie (Archie Like Searching for the Web). La idea detrás de ALIWEB es muy simple. World Wide Web está creciendo a pasos agigantados día tras día. Es imposible que alguien lleve un seguimiento de todos los servicios que están disponibles, pues éstos cambian con frecuencia y, sencillamente, hay muchos de ellos. Por lo tanto, ALIWEB propone que las personas mismas hagan un seguimiento de los servicios que brindan, de modo que los programas puedan recuperar automáticamente las descripciones y combinarlas dentro de una base de datos para búsqueda.

  `http://www.nexor.co.uk/aliweb/doc/registering.html`

- EINet Galaxy es una guía electrónica para un amplio grupo de servicios en Internet.

  `http://www.einet.net`

- WebCrawler es una excelente página de búsqueda en Web. Si desea que ésta muestre su nombre como resultado de búsquedas realizadas por otras personas, sólo llene su formulario para consideración del URL. Vea la figura 14.2.

  `http://www.webcrawler.com/WebCrawler/WebQuery.html`

- La página de búsqueda de Lycos y los formularios para registro de URL trabajan de manera parecida a WebCrawler, ya mencionado.

  `http://lycos.cs.cmu.edu/lycos-register.html`

- Nikos Search Engine es una página de búsqueda y un formulario de registro en línea. Nikos lo proporciona Rockwell. Trabaja enviando robots Internet para reunir información acerca de los sitios Web y mantenerla organizada en una base de datos para búsqueda. Usted puede hacer que su sitio sea agregado a esta base de datos sometiéndose a este formulario.

  `http://www.rns.com/www_index/new_site.html`

- NetPages White Pages le permite poner su dirección personal o comercial en Internet. También corre un formulario de Yellow Pages que ofrece dos líneas para anuncios gratuitos. Todos los registros se verifican cada seis meses. Usted puede retirar su nombre del servicio en cualquier momento. Aldea Communications también mantiene un Manual de sobrevivencia en Internet en:

`http://www.aldea.com/`

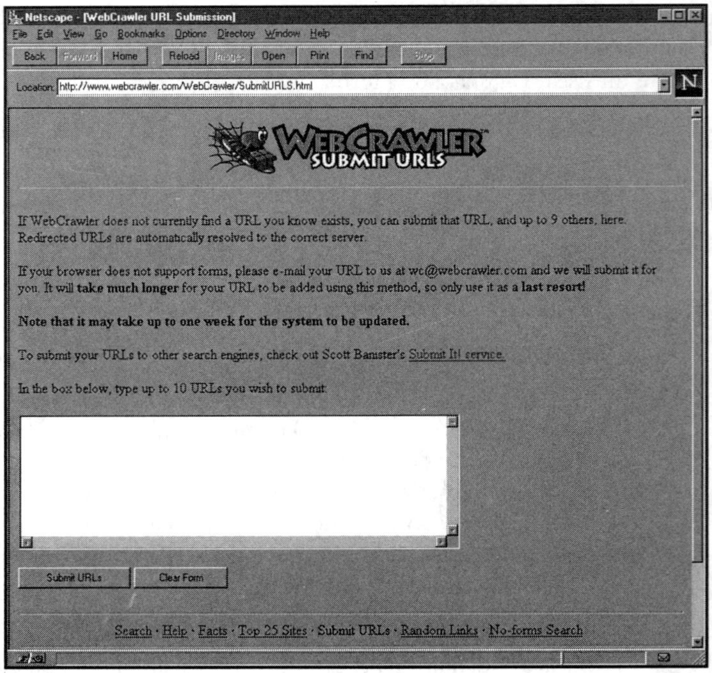


**Figura 14.2.**
*Formulario para registro de URL de WebCrawler.*

- Harvest Gatherers es otro servicio para registro de URL. Éste sólo acepta listados de página principal, sin hacer referencia a documentos específicos. Como una característica extra, esta página Web contiene vínculos a otros sitios de interés e incluso un formulario para consulta que le permite buscar en Web.

  `http://rd.cs.colorado.edu/Harvest/brokers/`

# Índices comerciales en Web

Estos recursos Web están dirigidos hacia la realización de negocios en línea.

- *World Wide Web Yellow Pages* de New Riders

  New Riders *Official Yellow Pages* es un servicio gratuito que enlista miles de comercios en Web. Como lo muestra la figura 14.3, éste no solamente los mete en una lista ¡le permite buscarlos! La búsqueda electrónica es quizás la ventaja clave que ofrece Web, pero la información almacenada en este sitio también se utiliza para imprimir la edición anual del popular directorio Web *Yellow Pages.*

  `http://www.mpc.com/nrp/wwwyp/`

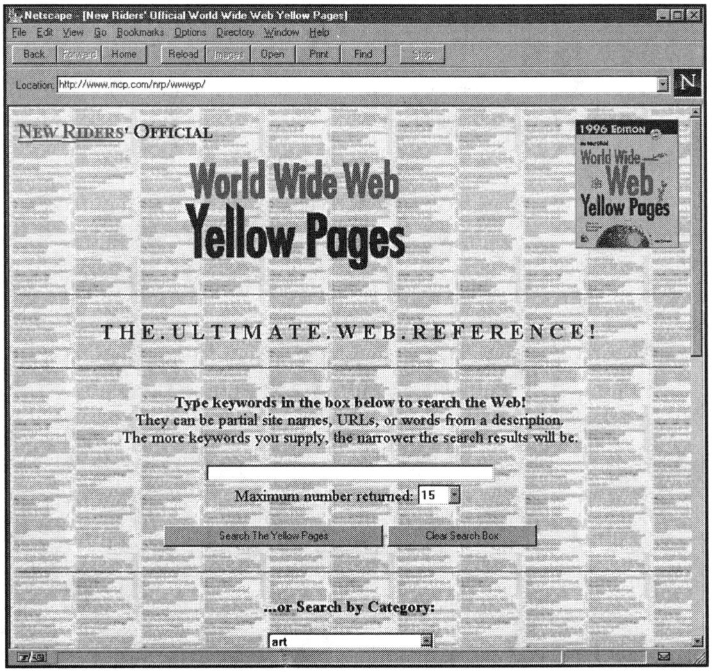


**Figura 14.3.**
Official Yellow Pages *de New Riders le permite registrar su sitio Web o buscar en la base de datos otros comercios en Internet.*

- Formulario de registro para Internet Yellow Pages

  `http://www.yellow.com/`

- The World Wide Yellow Pages es un servicio de índice pagado. Sólo llene el formulario en línea y ellos se encargarán del resto. Utilice correo electrónico para obtener mayor información

  E-mail: `info@yellow.com`

  Correo regular: Home Pages, Inc.
  World Wide Yellow Pages
  257 Castro Street, Suite 219
  Mountain View, CA 94041

- Formulario de información de BizWeb

  Este índice de compañías está catalogado por los bienes o servicios que éstas ofrecen. Haga clic en el término clave que describa mejor a la compañía o producto que usted está buscando. La lista de BizWeb cuenta actualmente con 776 compañías.

  `http://www.bizweb.com/InfoForm/infoform.html`

- Índice de sitios comerciales Open Market, Inc.

  Open Market, Inc. desarrolla y comercializa software y servicios para facilitar el comercio electrónico en Internet y World Wide Web. También mantiene el Índice de sitios comerciales como un servicio para Internet. Vea la figura 14.4.

  `http://www.directory.net/dir/submit.cgi`

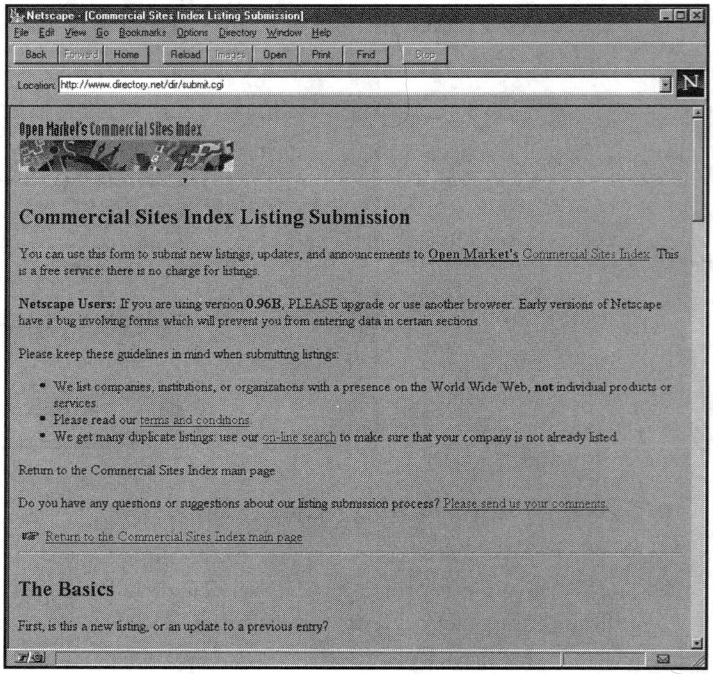


**Figura 14.4.**
*Formulario de incorporación para los sitios comerciales de Open Market.*

- El índice comercial Otis Business

  El Índice Otis mantiene más de 100,000 vínculos para software gratuito, libros, revistas, grupos de noticias y sitios comerciales.

  `http://www.interlog.com/~gordo/contactcom.html`

- WWW Business Yellow Pages

  Éste es un servicio para la comunidad Internet proporcionado por el Colegio de Administración Comercial de la Universidad de Houston (Houston College of Business Administration). Vea la figura 14.5.

  `http://www.cba.uh.edu/cgi-bin/autosub`

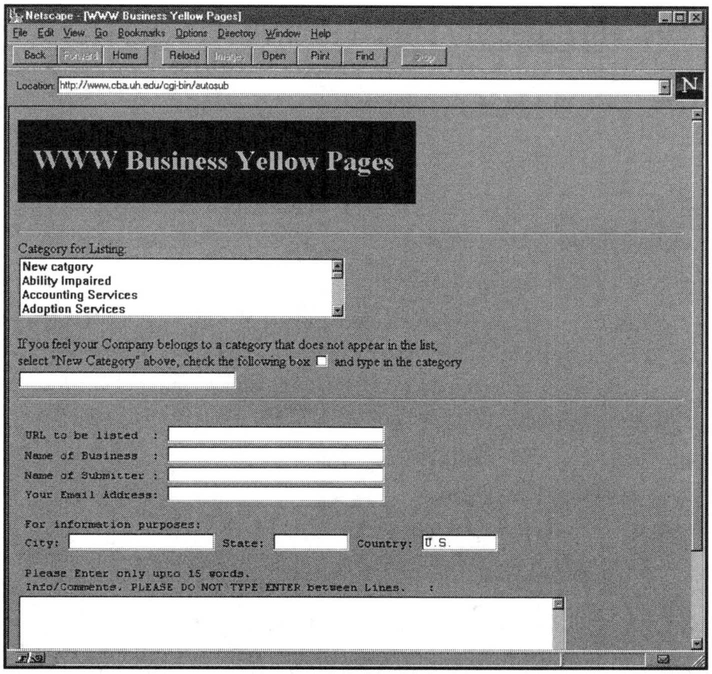


**Figura 14.5.**
*Formulario de incorporación de WWW Business Yellow Pages.*

# Listados en índices jerárquicos

Éstos son sitios Web para propósitos generales que cubren muchos tipos de negocios:

- Yahoo

  Éste es quizás el sitio Web más conocido. Yahoo contiene vínculos hacia otros cientos de páginas Web. Ya sea que usted decida registrarse aquí o no, definitivamente debe darle una oportunidad. Para explorar sus múltiples características, inserte este URL en su visualizador Web: `http://www.yahoo.com/`. Si decide que sus páginas también deberían estar enlistadas aquí, entonces utilice este URL más específico: `http://www.yahoo.com/bin/add`.

- Mother of All Bulletin Board Systems

  Este sitio de tan extraño nombre contiene cientos de vínculos hacia otras páginas Web. Fue desarrollado por Oliver McBryan (`mcbryan@cs.colorado.edu`) de la Universidad de Colorado. Es un índice muy extenso que permite a los usuarios agregar automáticamente nuevos URLs.
  `http://www.cs.colorado.edu/homes/mcbryan/public_html/bb/summary.html`

# Listados propuestos mediante correo electrónico

Estos centros de listados para sitios Web tienen su ingreso mediante correo electrónico:

- CUI W3 Catalog; catálogo de catálogos

  E-mail: `www-announce@www.w3.org`

- The NCSA What's New Catalog

  Aquí lo interesante es que usted escribe el código HTML para su propia aceptación. Para obtener una rápida revisión de las pautas que usted debe seguir, visite su página Web en `http://www.ncsa.uiuc.edu/SDG/Software/Mosaic/Docs/submit-to-whats-new.html`. Entonces puede enviar el correo electrónico apropiado a `whats-new@ncsa.uiuc.edu`.

- The Online Whole Internet Catalog

  E-mail: `wic@ora.com`

  `http://nearnet.gnn.com/wic/`

# Otros sitios de interés

La siguiente lista es un conjunto de lugares de interés para revisar en Web.

- Cool Site of the Day. Este sitio contiene un nuevo hipervínculo cada día hacia una página Web interesante o única. Si desea ser tomado en cuenta, envíe un correo electrónico describiendo su sitio a `cool@infi.net`. Asegúrese de incluir su propio URL. Si sólo quiere visitar una página Web interesante cada día, déle un vistazo a

  `http://cool.infi.net/`

- Spider's Pick of the Day. Éste es otro sitio que elige una interesante página Web cada día.

  E-mail: `boba@www.com`

  `http://gagme.wwa.com/~boba/pick.html`

- Inter.Links es un gran catálogo de todos los tipos de recursos Web. Todo Webmaster debería pasar parte de su tiempo ahí sólo para darse una idea de lo que hay disponible (`http://www.nova.ecu/Inter-Links/`).

- The Clearinghouse for Subject-Oriented Internet Resource Guides. Este sitio incluye una gran cantidad de vínculos hacia otros recursos y formulario de aceptación en línea. Sin embargo sólo se interesará en su sitio Web si es una guía gratuita para otros recursos Internet.

  `http://www.lib.umich.edu/chhome.html`

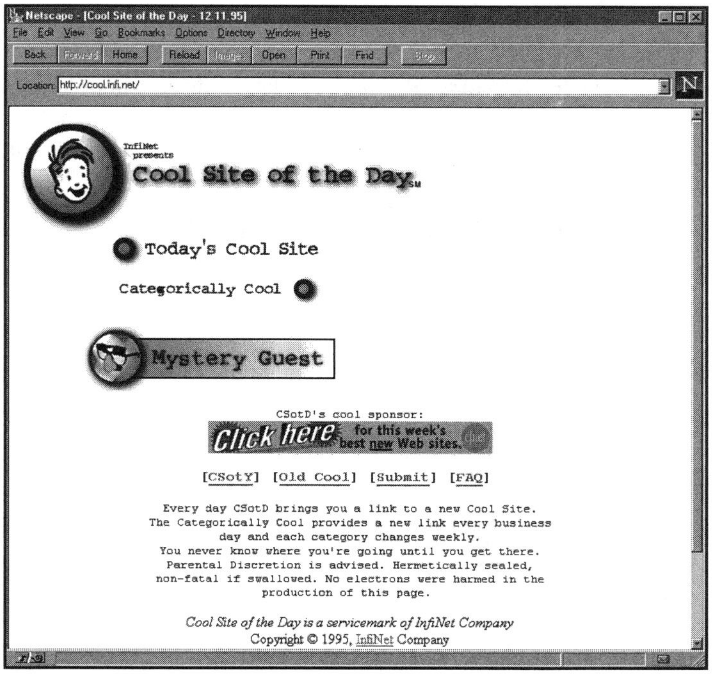


**Figura 14.6.**
*Cool Site of the Day.*

# Grupos de noticias

`comp.infosystems.www.announce` es un grupo de noticias dedicado al caso de los nuevos sitios Web que se ponen en línea. Deposite aquí un artículo sobre su propio sitio Web. Además, usted tendrá que monitorear a este grupo de noticias para ver si se están mostrando en Web otros sitios semejantes al suyo (podemos decir, competidores).

Había más de 16,000 distintos grupos de noticias en Usenet al momento de escribir esto, y si un grupo de discusión está directamente relacionado con el tema de su página, es parte de la etiqueta de la red anunciar su sitio Web ahí.

> **Precaución:** No deposite mensajes que no estén directamente relacionados con su página Web a los grupos de noticias de Usenet, o los miembros de este grupo no estarán contentos con usted.

# ¿Qué sigue?

Ahora que su sitio está corriendo y usted lo ha anunciado en todo lugar, debería prepararse para lo que viene a continuación. Usted podría estar a punto de estar dentro de un flujo de tráfico. Asegúrese de leer el capítulo 16 porque todo él trata sobre la preparación para el crecimiento de su sitio y para su mantenimiento. Quién sabe, su sitio Web podría hacerse famoso.

El siguiente capítulo explica docenas de recursos comerciales variados en Web que le ayudarán a planear y expandir su sitio.

# Capítulo 15

# Comercio en Web

- Qué negocios se hacen en Internet
- Centros comerciales en Web
- Estándares de criptografía en Internet: DES, RSA, PEM y PGP
- Transacciones seguras en Web: SSL, S-HTTP, STT y PCT
- Efectivo digital seguro
- Recursos comerciales en Internet
- Datos demográficos de Internet

Este capítulo es una colección de temas que todas las personas que realizan negocios en Internet querrán entender un poco.

Como la mayoría de las cosas de naturaleza técnica, desde la astronomía hasta la zoología, aprender acerca de Internet es en gran parte cuestión de enfrentarse con su terminología básica. Esto también es cierto cuando se trata el tema del comercio en Internet y la criptografía. Este capítulo sirve como una guía de los términos clave y las definiciones en esta área. Como podrá ver, partiendo del esquema anterior, hay suficientes siglas de tres letras como para volverse loco. Pero pronto sabrá lo suficiente sobre tecnicismos que le ayudarán a desarrollar un plan comercial efectivo para Internet (o por lo menos para tenerlo al día).

Finalmente, concluiremos con algunos puntos activos sensacionales que usted querrá visitar por lo menos una vez. Los recursos comerciales mencionados en este capítulo fueron diseñados y seleccionados para ayudarle a tener éxito en los negocios desde casi cualquier ángulo concebible. Sabiendo que lo que está ahí puede hacer que usted tenga éxito; y que toda la información está justo en la punta de sus dedos.

Pero antes, demos un vistazo a algunas de las características de Internet de las que otros negocios ya están tomando ventaja.

# Qué negocios se hacen en Internet

Lo primero que la mayoría de la gente de negocios hace en Internet es enviar y recibir correo electrónico —envío instantáneo de mensajes en cualquier parte del mundo—. Y con la posibilidad del lado del receptor de editar la información integrada en la misma aplicación que la creó, es lo que pone al correo electrónico (e-mail) muy por encima del correo de voz y el fax.

La investigación en Web es la segunda forma más factible en que un comerciante puede utilizar Internet. La palabra *investigación* adopta un nuevo significado en Web, ya que es algo fácil de hacer. Una vez que usted haya visto los recursos disponibles, no creerá lo que ven sus ojos, no importa en qué industria se mueva, hay verdaderas vetas de oro esperando ser excavadas.

Tercero, lea los grupos de noticias o suscríbase a un servidor de listas que sea relevante para su línea de negocios. Encontrará personas que hacen la clase de preguntas que sus productos o servicios están diseñados para responder. Tenga cuidado sobre cómo responde a un servidor de lista o a un grupo de noticias; por lo general no les agradan las compañías que promueven sus productos por su cuenta. Le convendría pensarlo antes de enviar un correo electrónico directamente a quien haya hecho la pregunta. Asimismo, no subestime a los grupos de noticias como un recurso extremadamente dinámico para la solución de problemas y la investigación.

Cuarto, considere la creación de su propio servidor de listas para sus productos. Esto puede funcionar si usted deja que la lista adopte la atmósfera de un grupo de usuarios y tiene los suficientes clientes interesados en mantenerse informados unos a otros sobre las nuevas características y ventajas que ofrecen sus productos. Su organización puede simplemente proporcionar el servidor para su uso gratuito (y usted puede depositar de cuando en cuando una carta con las novedades o una versión impresa).

Quinto, y ésta es la gran tarea, establezca su propia presencia en Web. El libro que tiene ahora en sus manos tiene todo lo que necesita. Ya sea que elija publicar material escrito sobre sus productos, tomar las órdenes de venta por medio de formularios electrónicos (*eforms*), anunciar vacantes de empleos dentro de su organización o brindar servicio en línea a los clientes, Web le ayudará a hacer avanzar su negocio.

En estos momentos, algunos negocios ya han reportado que el 80% de sus ventas salen de Web; aunque lo más común es de un 1% a un 10%. Todo lo que tiene que hacer es surfear por la Red para ver lo que otros negocios están haciendo. Después de algún tiempo, usted está obligado a formular algunas nuevas ideas para su propio sitio Web. Si usted está en el comercio al menudeo, por ejemplo, puede empezar en el centro comercial.

# Centros comerciales en Web

Los términos *centros comerciales virtuales, centros comerciales cibernéticos, centros comerciales de Internet, aparadores virtuales* y *centros comerciales en línea* describen a los sitios Web que proporcionan docenas de vínculos hacia las páginas principales de otros establecimientos comerciales. Esto está basado en el modelo departamental de los centros comerciales ordinarios, por ejemplo, electrodomésticos, artículos deportivos y ropa para damas.

En realidad, la palabra *virtual* parece ser un nombre poco apropiado para describir estos establecimientos. Después de todo, ellos venden mercancía real y verdaderamente tomarán su dinero.

Aquí están algunos de los mejor establecidos. Perdón por nuestra falta de entusiasmo (o ignorancia), pero todos ellos comparten semejanzas básicas entre sí. Todos tienen algunos rincones y huecos interesantes, si usted tiene tiempo para explorarlas.

- The Internet Mall: `http://www.internet-mall.com/`.
- Branch Mall: `http://www.branch.com/`.
- The Net Mall: `http://www.netmall.com/`.
- iMall: `http://www.imall.com/homepage.html`.

# Estándares de criptografía en Internet: DES, RSA, PEM y PGP

Vaya, qué manera de cambiar de tema; ¡de centros comerciales virtuales a criptografía! Bueno, créalo o no, los dos están bastante relacionados (en Web, por supuesto).

La criptografía es un aspecto importante de seguridad. El capítulo 20 sigue la perspectiva de la seguridad general en un sitio Internet, en tanto que esta sección está más relacionada con la seguridad de la información comercial. El propósito de los sistemas de encriptado es hacer que la información digital que contienen las tarjetas de crédito, así como otra información valiosa, se vuelva inutilizable en caso de ser interceptada por los hackers *entre* el módem de un cliente y un servidor Web comercial. Algunos de los matemáticos más prácticos del mundo han divisado estos esquemas de software para proteger nuestros paquetes privados en la Red, y además brindarnos un medio para que los datos puedan ser descifrados cuando lleguen a las manos adecuadas. Lo que sigue es una breve revisión de varios estándares predominantes.

# DES

DES significa Estándar para Encriptación de Datos (Data Encryption Standard), inventado por IBM en los setentas y se le considera muy seguro. Se estima que una hacker tendría que gastar un millón de dólares y varias semanas, años o décadas en tiempo de computadora para romper el código.

Se considera al DES una cifra simétrica porque tanto el remitente como el destinatario deben tener la misma clave secreta. La ventaja de los criptosistemas simétricos es que son muy rápidos y por tanto útiles para bloques grandes de datos.

De acuerdo con los laboratorios RSA, DES es 100 veces más rápido que RSA cuandos ambos están en software y hasta diez mil veces en hardware.

# RSA

RSA obtiene su nombre porque fue inventado por Ron Rivest, Adi Shamir y Leonard Adleman. Es un sistema público de encriptación de clave (o *asimétrico*).

RSA también ha estado bajo el microscopio por varios años y ha sobrevivido como un esquema muy confiable. Es también ideal para uso en *firmas digitales*, de manera que el receptor de un mensaje puede estar seguro de quién lo envió. RSA es más útil para bloques pequeños de datos, como la encriptación de la clave secreta que se va a utilizar en un sistema DES.

Para mayor información acerca de RSA y una sensacional colección de Preguntas más frecuentes (Frecuently Asked Questions) acerca del encriptado, incluyendo información sobre las firmas digitales, vea `http://www.rsa.com/rsalabs/`.

# PEM

PEM quiere decir Correo con privacía ampliada (Privacy Enhanced Mail). Tanto PEM como PGP utilizan RSA. Estos programas existen como shareware en Internet, de manera que usted puede agregarlos a su cliente de correo o a su servidor Web. PEM aún no ha tenido gran apoyo en el mundo de las PCs.

# PGP

Privacía bastante buena (Pretty Good Privacy), fue inventado por Phil Zimmermann, quien lo puso generosamente en Internet, como una alternativa a la encriptación de alto costo, para quienes no son ricos. Sus problemas comenzaron cuando alguien fuera de Estados Unidos lo bajó y el gobierno de este país decidió que Phil había violado las leyes de exportación de armas debido a que el software utilizaba una extensión de clave ¡más grande que el límite permitido de 40 bits! PGP aún está disponible para uso en Estados Unidos. Según tenemos entendido, todavía no se han resuelto los aspectos legales internacionales.

# Transacciones seguras en Web: SSL, S-HTTP, STT y PCT

Si su sitio Web va a tomar pedidos con cargo a tarjetas de crédito, casi seguramente tendrá que correr un servidor Web *de seguridad*. Hay muchos distribuidores de servidores de seguridad, como Netscape, Open Market, IBM, Internet Factory, SAIC (en beta) y Microsoft (en beta). La mayoría corren en Windows NT o UNIX; no sabemos de ninguno que corra en Windows 95.

Hoy día, un servidor Web de seguridad presenta cualquiera de, o todas, las siguientes características: S-HTTP, SSL y STT. Sin embargo, hay una gran competencia entre las compañías de software para fijar el estándar para los servidores y visualizadores Web.

> **Tip:** La página principal de Open Market, Inc. incluye un *revisor de seguridad* para determinar si su visualizador o su servidor soporta transacciones seguras utilizando S-HTTP o SSL. Vea `http://www.openmarket.com/knowledge/security-watch/index.html`.

## SSL

SSL significa Capa de sockets de seguridad (Secure Sockets Layer). Fue inventado por Netscape como una forma de encriptar la información que viaja en la capa de vínculos (o capa de transporte) entre el servidor Web y el visualizador. Dado que Netscape Navigator ha sido tan popular, éste de hecho se ha convertido en un estándar.

## S-HTTP

Cuando se concibieron por primera vez el Protocolo para transferencia de hipertexto y Web, la seguridad no parecía ser una cuestión de importancia. ¿Quién se habría imaginado el enorme potencial de Web para información financiera?

S-HTTP significa HTTP-Seguro. S-HTTP está construido sobre la omnipresencia del HTTP al agregarle nuevas características. Es un estándar que no es propietario.

Para mayor información acerca de S-HTTP, pruebe este URL: `http://www.commerce.net./information/standars/`.

## STT

Precisamente cuando la comunidad Web parecía haber escogido tanto a SSL como a S-HTTP, Microsoft y Visa decidieron alzar la voz al anunciar la Tecnología para transacciones seguras [STT (Secure Transaction Technology)].

Aunque Netscape siempre se ha dado el lujo de estar al frente de Internet, Microsoft es un gigante del software capaz de convencer a todo el mundo de adoptar sus estándares. Aunque Microsoft y Visa aseguran que STT corrige varias fallas en el diseño de SSL, muchos de los usuarios finales seleccionan su software basados en la calidad general. La fuerza de la mercadotecnia también juega un papel muy importante. El punto es que es demasiado pronto para decir qué estándar, si alguno lo hace, dominará. Debemos esperar la reacción del mercado para Netscape Navigator 2.0 e Internet Explorer 3.0.

Se espera que para cuando usted lea estas líneas, ya estén disponibles Internet Explorer 3.0 y que un nuevo servidor Web para Windows NT de Microsoft; ambos cuentan con soporte STT.

No descarte a Netscape; ellos tienen Mastercard de su lado.

## PCT

Otras siglas más que caen dentro de la sociedad Microsoft/Visa, PCT, significa Tecnología de Comunicaciones Privadas (Private Communication Technology). La gente de Microsoft asegura que se trata de una tecnología independiente basada en algunos de los algoritmos de STT. Sin embargo, PCT está diseñado más bien con el propósito de transmitir todo tipo de datos de manera segura, al contrario de la de datos específicamente financieros.

# Efectivo digital seguro

La mayoría de los fabricantes de servidores Web ofrecen una versión comercial segura de su servidor Web. Los servidores Web de seguridad son a menudo una solución costosa para un comercio seguro. Si sus transacciones comerciales individuales en Web no son de gran tonelaje, podría ser muy costoso comprar un servidor Web comercial y establecer una cuenta con una compañía crediticia de importancia.

Hay otras soluciones tripartitas para transacciones seguras de dinero en Internet. La mayoría de ellas trabajan mediante un depósito digital previo del cliente en el banco, antes de que ellos visiten su sitio Web y gasten su *ecash* (dinero electrónico). Aquí está una lista de algunos:

- Cybercash: `http://www.cybercash.com/`.
- Digicash ofrece 100 dólares gratis en dinero electrónico, como promoción para atraer y convencer a la gente a que utilice su tecnología: `http://www.digicash.com/`.
- ViaCheck: `http://theyellowpages.com/viacheck/index.htm`.
- First Virtual Holdings: `http://www.fv.com/`.
- Netchex tiene una aplicación en línea para comerciantes, y software gratuito para usuarios finales: `http://www.netchex.com`.

> **Precaución:** Con todos los comentarios recientes sobre los hackers de Internet irrumpiendo y robando los números de las tarjetas de crédito, el dinero seguro es un tema de actualidad. No podemos dejar de enfatizar en qué modo una buena política de seguridad y un servidor bien configurado lo mantendrán libre de problemas en este aspecto.
>
> Por ejemplo, no permita que una aplicación CGI que toma información de las tarjetas de crédito escriba ese dato en un archivo que se encuentre en cualquier directorio disponible en una aplicación para servidor Internet. En Windows NT y UNIX, es posible y aconsejable restringir la cuenta del usuario bajo la cual está corriendo el servidor para que tenga acceso limitado a la máquina. Sepa que esto no es posible en Windows 95, por lo que, en su lugar, usted descansará en las posibilidades de seguridad del propio servidor Web. Por ejemplo, asegúrese de que usted no coloca ninguna información privada en los directorios que navegará su servidor Web.

# Recursos comerciales en Internet

Tenemos que mencionar de nuevo al famoso Yahoo. Pruébelo cada vez que haga un recorrido guiado o al azar por Web: `http://www.yahoo.com/Business_and_Economy/`.

En el sitio Web de Internet Banking encontrará un reporte que le proporciona una revisión bastante lúcida del comercio en la Red. Vea `http://www.sfnb.com/wpaper.html`.

The Galaxy Catalog en `http://www.einet.net` contiene vínculos muy accesibles hacia otros recursos agrupados por categoría. Entre las categorías están los comercios, la ingeniería, el gobierno, las leyes y la medicina.

The Internet Group ha construido un centro de negocios en línea que definitivamente vale la pena revisar. Su sitio en `http://www.tig.com` contiene todo lo siguiente:

- Consejos sobre la conducción de negocios en Web.
- Listas de compañías por tipo de industria que ya están en la Red.
- Áreas de discusión sobre mercadotecnia, seguridad y cosas por el estilo.
- Noticias acerca de Internet.
- Estadísticas y demografía de Internet.
- Vínculos hacia otros recursos comerciales.

Para consultas y análisis del mercado de valores, así como de otros datos financieros, vea `http://www.quote.com`.

Accel Partners es una firma de capital variable que ha preparado reportes informativos que cubren varias áreas de las transacciones financieras. Cada propietario de un pequeño negocio debería dar un vistazo a `http://www.accel.com/entreprn.htm`.

Charm Net, Inc., ha establecido un sitio Web que reúne docenas de vínculos importantes hacia otros recursos comerciales, todos bajo el mismo techo. La mayoría de los vínculos están dirigidos a recursos bien conocidos, pero a menos que usted los vea todos en esta página tal vez no había pensado en visitarlos. La página principal es `http://www.charm.net`, pero si usted quiere ver específicamente la sección comercial, trate en `http://www.charm.net/biz.html`.

Esta es una breve colección de otros recursos comerciales:

- The Small Business Administration: `http://www.sbaonline.sba.gov`.
- Federal Government Information on the Internet: `http://www.wcs-online.com/usgovdoc`.
- Stat-USA: `http://www.stat-usa.gov/`.
- The World Wide Web Yellow Pages (incluye una página de búsqueda): `http://www.yellow.com`.
- Yellowpages.com, otra referencia para los negocios en línea: `http://theyellowpages.com/default.htm`.
- Monster Board Classified Ads: `http://www.monster.com/`.

# Datos demográficos de Internet

Los estudios sobre Internet por parte del Tecnológico de Georgia (Georgia Tech) en verdad han iniciado con el pie derecho. Ellos hacen encuestas cada seis meses. El último estudio reunió más de 13,000 respuestas. Lo mejor de todo es que ofrecen más de 200 gráficas de los resultados, y ¡todo es gratis! Visite su sitio Web en `http://www.cc.gatech.edu/gvu/user_surveys/`.

La figura 15.1 es sólo un ejemplo de las gráficas de barra del Tecnológico de Georgia. Muestra cómo las personas en Web descubren otras páginas Web que visitar. No es de extrañar que el propio Web contabilice la mayoría de las referencias. Un punto interesante es que los amigos contabilizan un mayor porcentaje de referencias en EUA que en Europa, pero Europa lo compensa con los grupos de noticias de Usenet.

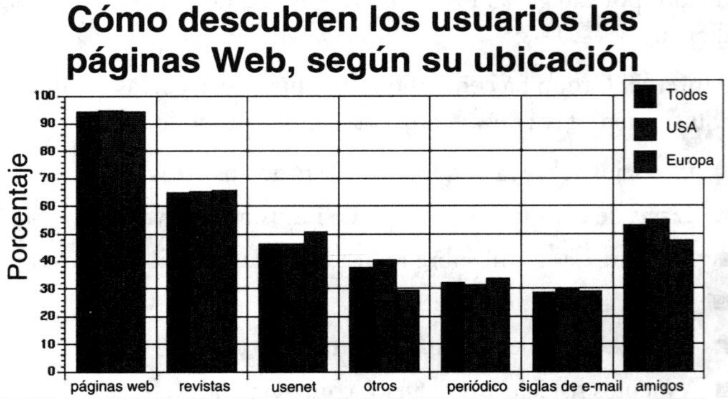


| | páginas web | revistas | usenet | otros | periódico | siglas de e-mail | amigos |
|---|---|---|---|---|---|---|---|
| Todos | 94.28 | 64.94 | 46.13 | 37.78 | 32.24 | 28.73 | 53.12 |
| USA | 94.83 | 65.21 | 46.34 | 40.19 | 31.41 | 29.75 | 55.02 |
| Europa | 94.35 | 65.4 | 50.66 | 29.21 | 33.8 | 28.95 | 47.66 |

Fuente: GVU's Fourth WWW Survey (Realizada en octubre de 1995)
<URL: http://www.cc.gatech.edu/gvu/user_surveys/>
Copyright GTRC - TODOS LOS DERECHOS RESERVADOS
Contacto: www-survey@cc.gatech.edu

**Figura 15.1.**
*Cómo descubren los usuarios las páginas Web. © Georgia Tech.*

Mientras la información sea gratuita, ¿por qué no revisamos otro ejemplo? La figura 15.2 es una gráfica interesante porque muestra que el problema número uno que las personas tienen en Web es la velocidad de acceso. ¿Está de acuerdo?

**Figura 15.2.**
*Problemas en Web según la encuesta del Tecnológico de Georgia. © Georgia Tech.*

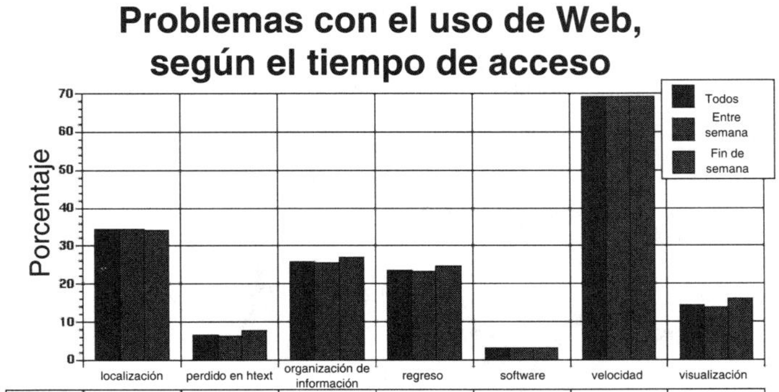


| | localización | perdido en htext | organización de información | regreso | software | velocidad | visualización |
|---|---|---|---|---|---|---|---|
| Todos | 34.48 | 6.54 | 25.82 | 23.67 | 3.2 | 69.11 | 14.34 |
| Entre semana | 34.56 | 6.19 | 25.4 | 23.36 | 3.26 | 69.12 | 13.78 |
| Fin de semana | 34.25 | 7.61 | 27.08 | 24.58 | 3.02 | 69.08 | 16 |

Fuente: GVU's Fourth WWW User Survey (Realizada en Octubre de 1995)
<URL: http://www.cc.gatech.edu/gvu/user_surveys/>

Contacto: www-survey@cc.gatech.edu

El proyecto iVALS incluye una encuesta HTML en línea para que pueda determinar su propia personalidad electrónica en forma demográfica. Usted también puede revisar su base de datos con los perfiles de otros usuarios de Internet. Vea `http://future.sri.com/`.

Otra fuente gratuita de estadísticas y demografía acerca de Internet está en `http://www.survey.net/`.

> **Nota:** Los servicios de estadísticas enlistados arriba son gratuitos, a condición de que esté de acuerdo en dar crédito a la fuente, como lo solicitan.

Esta lista es sólo la punta de un iceberg. Muchos de los recursos comerciales mencionados previamente también incluyen información acerca de las estadísticas en Internet.

# ¿Qué sigue?

Hemos tratado de compilar este capítulo para servir como un rápido compendio de World Wide Web para los hombres de negocios. Esperamos que usted pueda referirse de nuevo a éste y explorar muchas de las páginas que se mencionan. Está casi garantizado que encontrará valiosos recursos guardados en muchos de los sitios Web mencionados en este capítulo.

Los capítulos siguientes le ayudarán a poner este conocimiento a trabajar y a expandir los servicios que su página principal ofrece. Ahora fijaremos nuestra atención en el mantenimiento de su sitio Web para que corra en óptimas condiciones.

# Capítulo 16

# Cómo mantener su sitio Web

- Programas de utilería para el Webmaster de Windows 95
- Garantía de calidad de la página Web
- Conserve viva la conexión
- Restablezca las conexiones caídas con RAS+95
- Cómo preparse para fallas en el Hardware
- Cómo revisar los vínculos vencidos
- Tips rápidos sobre Registry de Windows 95

Esperamos que a estas alturas usted ya tenga instalado el servidor Web y escrito los archivos HTML para su sitio. Además, si ha seguido los pasos del capítulo 14, "Anuncie su sitio Web al mundo", su página principal está probablemente lista para recibir algunos contactos; quizás cientos (dependiendo de la manera en que usted los cuente; vea la barra lateral que aparece al final de este capítulo para saber más acerca de esta interesante cuestión). Antes de que se empiece a colmar, usted debe conocer un par de cosas que le ayudarán a administrar el crecimiento de su sitio.

Este capítulo presenta un basto conjunto de tips para el mantenimiento diario de su sitio Web. En general la mayor parte de estas tareas se consideran responsabilidad del administrador del sistema, pero eso no significa que sean difíciles de realizar. De hecho, creemos que después de leer este capítulo usted estará de acuerdo en que muchos de estos procedimientos son bastante fáciles de implementar; lo que es un tributo al diseño y la simplicidad de la interfaz de usuario de Windows 95.

# Programas de utilería para el Webmaster de Windows 95

Comencemos con una explicación de la caja de herramientas que a ningún Webmaster le debe faltar. Cada una de las herramientas enlistadas en esta sección tiene su lugar. Saber de ellas es una cosa, pero estar realmente familiarizado con ellas es otra. Infórmese sobre las posibilidades que le ofrecen de acuerdo con lo que a usted más le conviene y será recompensado día tras día.

Solamente le podremos explicar el propósito de estas herramientas y dejar que usted conozca sus capacidades básicas. La mayoría de estos programas tienen docenas de opciones para todo tipo de necesidades y situaciones diferentes. De usted depende probar los programas y consultar la documentación apropiada para una mayor información.

## ping

Se utiliza para determinar si otra computadora que está corriendo TCP/IP es alcanzable y cuánto tiempo le toma a un paquete hacer el viaje redondo de ida y vuelta a su computadora. Cuando tenga cualquier problema para alcanzar a otra computadora en la Red, esto es lo primero que hay que revisar. Si ping no puede alcanzar a la otra computadora, esa máquina no se encuentra en la Red o no está dentro de las tablas DNS. Ping.exe es un ejecutable desde el indicador DOS en el directorio de Windows.

## tracert

Ésta es la aplicación en la línea de comandos de Windows 95 equivalente al traceroute (rastreador de rutas) de UNIX. Esta utilería desplegará toda la ruta que sus paquetes IP siguen desde su servidor hasta el host que usted seleccionó.

## WinIPcfg

WinIPcfg.exe es una herramienta GUI muy sencilla, aunque útil, que reside en el directorio de Windows. Como puede ver en la figura 16.1, ésta despliega varias piezas de información de la red acerca de la computadora anfitrión (host).

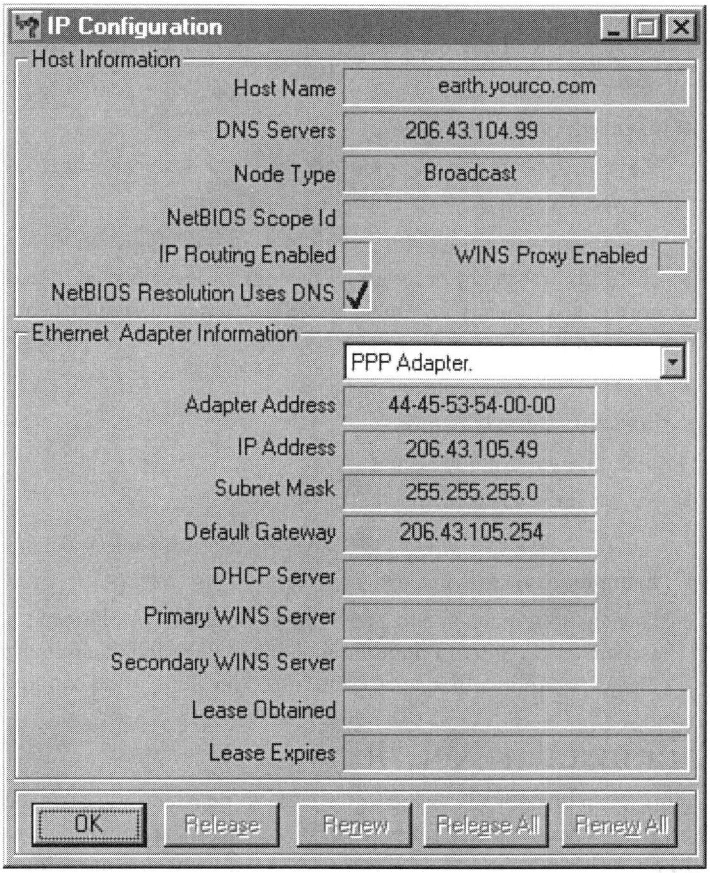


**Figura 16.1.** *WinIPcfg despliega información sobre la configuración de la red.*

# netstat

netstat es una útil herramienta para observar el estado de una LAN o de Internet. Usted puede ver las conexiones activas hacia todos los puertos y obtener un análisis estadístico de todas la conexiones con el tiempo. netstat.exe es ejecutable desde el indicador DOS en el directorio de Windows.

# NetAlert

NetAlert es una aplicación de 32 bits de modo consola, que Chris escribió originalmente para Microsoft Windows NT, y que también corre en Windows 95.

NetAlert responde a Ctrl+C para salir.

Este programa monitorea el estado de un puerto de red TCP/IP mediante una revisión para constatar que está escuchando. Cuando el puerto desciende (o asciende) enviará ya sea un aviso de alerta por correo electrónico o le llamará, o ambas cosas. Puede utilizar esta aplicación para verificar su conexión a

Internet poniéndolo a revisar un puerto muy conocido en la red de su proveedor de servicio. Si NetAlert pierde la conexión le prevendrá. Todos los parámetros están contenidos en tres archivos de configuración:

- `netalert.cfg`

  Sintaxis: *<Host> <Port> <How Often> <Max Errors> <Mail> <Page>*

  Ejemplo: `127.0.0.1 80 5 1 1 1`

  Este ejemplo verificará el host `127.0.0.1` en el puerto 80 (http). Éste hará la verificación cada cinco minutos y al primer error enviará tanto correo electrónico como páginas de alerta. Para el correo electrónico y las funciones de las páginas, 1 significa encendido (On) y 0 significa apagado (Off).

- `email.cfg`

  Sintaxis: *<e-mail address>*

  Ejemplo: `you@yourISP.com`

- `pageme.cfg`

  Sintaxis: *<RAS PBK entry name for up alert> <RAS PBK entry name for down alert>*

  Ejemplo: `pager111 pager999`

  Este ejemplo marcará el registro Phone Book de RAS llamado pager111 cuando el puerto ascienda y el registro Phone Book llamado pager999 cuando el puerto descienda. Nótese que NetAlert requiere Blat 1.2 (o superior) para archivos de correo electrónico.

# Para instalar NetAlert

Coloque el archivo cw3211.dll en su directorio de windows/sistema. Si quiere que NetAlert lo localice en un puerto perdido, cree un perfil RAS que mandará llamar a su paginador (pager). Un ejemplo de perfil puede ser marcar 555-1212,,,,111,#,1. Así llamará al número; espere aproximadamente ocho segundos y escriba 111; espere unos dos segundos más, escriba un #, espere otros dos segundos y finalmente escriba otro 1. ¿Captó la idea? Éste es el perfil que yo utilizo para llamar a mi paginador y escribir 111, que le da un significado de urgente.

> **Nota:** NetAlert trabajará con Windows 95, pero debido a que la función de paginación para marcado telefónico de RAS utiliza RAS, esa función requiere Windows NT. Las versiones futuras soportarán la paginación tanto en Windows NT como en Windows 95.

NetAlert desplegará el estado del puerto en cada revisión, por lo que si usted quiere un diario de registro (log), sólo redireccione la consola hacia un archivo como éste:

```
netalert > netalert.log
```

La tabla 16.1 enlista varios números de puerto de servicios muy conocidos, como se define por la RFC 1060 (Números asignados).

Tabla 16.1. Esta tabla muestra los nombres de puertos TCP y UDP comunes.

| *Nombre del servicio* | *Número de puerto/protocolo* | *alias* | *comentario #* |
|---|---|---|---|
| echo | 7/tcp | | |
| discard | 9/tcp | sink null | |
| daytime | 13/tcp | | |
| qotd | 17/tcp | quote | |
| ftp-data | 20/tcp | | |
| ftp | 21/tcp | | |
| telnet | 23/tcp | | |
| smtp | 25/tcp | mail | |
| time | 37/tcp | timserver | |
| time | 37/udp | timserver | |
| rlp | 39/udp | resource | # ubicación del recurso |
| name | 42/tcp | nameserver | |
| name | 42/udp | nameserver | |
| whois | 43/tcp | nicname | # generalmente para sri-nic |
| domain | 53/tcp | nameserver | # servidor de nombre de dominio |
| domain | 53/udp | nameserver | |
| nameserver | 53/tcp | domain | # servidor de nombre de dominio |
| nameserver | 53/udp | domain | |
| finger | 79/tcp | | |
| pop3 | 110/tcp | postoffice | |
| nntp | 119/tcp | usenet | # Transferencia de noticias por Red |
| snmp | 161/udp | snmp | |
| snmp-trap | 162/udp | snmp | |

# Portscan

Portscan versión 1.2 es una aplicación GUI de 32 bits para Windows que Chris llevó a Windows NT. Este programa obtendrá la dirección IP del nombre de un host y luego rastreará desde una revisión baja hasta una alta para localizar los puertos que están escuchando. Ésta es una buena herramienta para que los administradores verifiquen si hay algún puerto abierto.

## Counter 2.6.0. de Kevin Athey

Ésta es una aplicación CGI muy útil que se puede llamar desde HTML para contar y mostrar cuántas veces ha sido accesada una página. Counter es una aplicación de consola Windows NT de 32 bits (lo que significa que también correrá como un ejecutable desde el indicador DOS bajo Windows 95).

Por favor lea la documentación sencilla y completa (counter.txt) que viene con Counter para mayores detalles sobre cómo instalar y utilizar el programa del CD. Usted puede obtener la versión más reciente del software de

`http://www.he.net/~bbsbs/behold/counter.html`

**Contando contactos**

Varios sitios Web despliegan un contador que muestra cuántos usuarios los han visitado. Por la manera en que son calculados, se les suele llamar *contactos* (*hits*) en vez de cantidad de visitantes. Sin importar cómo los llame, suele ser confuso.

Por ejemplo, algunos sitios afirman tener 5,000 contactos por día, cuando de hecho tienen 500 diferentes visualizadores Web accesando a 5,000 archivos. Por lo general los contactos son una simple cuenta de las solicitudes GET de HTTP captadas por los archivos de registro del servidor Web. Este método contará a un solo visitante 10 veces si él o ella ve 10 páginas HTML. Sin embargo, si un visitante navega una y otra vez entre dos páginas HTML dentro del sitio Web, esto sólo será registrado como dos contactos debido a que la mayoría de los visualizadores Web para cliente mantendrán las páginas en su caché local después de su primera captura. El servidor no registrará contactos extra de la misma página a menos que el cliente solicite específicamente cargarla de nuevo.

Lo que todo esto significa es que cuando las personas hablan de cuántos contactos tiene un sitio, probablemente quieran decir cuántos visitantes diferentes han tenido ese día; pero de cualquier manera, la mayoría de los sitios sólo publicarán números inflados.

## WebStone

Otra utilería para servidor Web que vale la pena revisar es WebStone, desarrollada por Silicon Graphics Incorporated. Este programa nivelará el desempeño de su servidor Web al someter repetidamente las solicitudes GET para HTTP. Permite la comparación de datos frente a otros servidores Web en plataformas de hardware seleccionadas. Vea `http://www.sgi.com/Products/WebFORCE/WebStone`.

# Garantía de calidad de la página Web

Conforme su sitio crezca, sea más sofisticado y añada más y más archivos HTML, usted se enfrentará al problema del mantenimiento y la verificación de una gran cantidad de códigos. Weblint es una página Web gratuita que le ayuda a analizar la sintaxis y la exactitud de su código HTML. Debe su nombre al programa verificador en C llamado *lint*, que ya tiene varios años en el mercado.

Usted puede bajar una versión gratuita de Weblint v1.011 o utilizar el servicio en línea en este URL:

`http://www.unipress.com/weblint/`

Weblint fue desarrollado por Neil Bowers y Clay Webster. Es un script de Perl con una interfaz HTML basada en formularios. Aquí están algunas de las notas del sitio Web de Unipress.

Usted puede pegar o escribir el código HTML y hacerlo verificar. O simplemente suministrar un URL de una página en cualquier parte de World Wide Web para su revisión.

Weblint soporta etiquetas HTML 3.0, como `TABLE`, `MATH` y `FIG`. Actualmente realiza las siguientes revisiones:

- Estructura básica.
- Elementos desconocidos y atributos de elementos.
- Verificación de contexto (cuando una etiqueta debe aparecer dentro de cierto elemento).
- Elementos sobrepuestos.
- Un `TITLE` en el elemento `HEAD`.
- Elementos `IMG` que tienen texto `ALT`.
- Elementos ilegalmente anidados.
- Etiquetas que no concuerdan (como `<H1> ... </H2>`).
- Elementos que no están cerrados (como `<H1> ...`).
- Elementos que deberían aparecer sólo una vez.
- Elementos obsoletos.
- Número impar de comillas en una etiqueta.
- Orden de los encabezados.
- Etiquetas potencialmente sin cerrar.
- Marcado incrustado en comentarios, lo que puede confundir a algunos visualizadores.
- La palabra *aquí* (*here*) como texto ancla (referida como *here síndrome*).
- Etiquetas donde se esperan atributos (anclas).
- Existencia de blancos de ancla local.
- Uso de mayúsculas en etiquetas (no habilitada por predeterminada).

# Conserve viva la conexión

Una vez conectado a su proveedor de servicio, es posible que la conexión se caiga, lo que puede ocurrir por varias razones. Por ejemplo, su proveedor de servicio puede permitir que su conexión expire después de un determinado periodo de inactividad.

El listado 16.1 muestra un programa en C++ para Windows que solucionará este problema. Keep_ISP es un programa que manda en forma predeterminada un ping a una dirección IP determinada, cada 12 minutos. La mayoría de los proveedores de servicio ajustan sus puertos para expirar después de 15 o 20 minutos de inactividad. Si usted supone que su proveedor de servicio tiene esta política, deberá mantener este programa corriendo en el fondo de su sistema (background) para evitarse problemas. Tanto el código fuente como el programa compilado están incluidos en el CD-ROM dentro del directorio \tools\keep_isp. Usted necesita estudiar el código fuente si prefiere no adentrarse en C++. El programa ha sido compilado con Visual C++ 4.0 como una aplicación GUI de 32 bits. Corre minimizado como un icono predeterminado.

> **Nota:** Pregunte a su proveedor de servicio si se puede tomar un acuerdo que le evite correr keep_isp.exe.

## Listado 16.1. Keep_ISP.cpp es un programa sencillo que permite a su ISP saber que su servidor aún está ahí.

```
/***************************************************************
    keep_isp.cpp
    Pings the ISP on regular intervals to avoid timeout.
    Written by Scott Zimmerman. This program is PD freeware.
    December 1996
***************************************************************/
#include <windows.h>
#include "keep_isp.h"

HINSTANCE hInst;            // current instance
HWND g_hWnd;
char szAppName[] = "Keep_ISP"; // The name of this application
char szTitle[]   = "Keep_ISP"; // The title bar text
char szIP[20];
int bCmdBeep = FALSE;  // default = no beeps
int nMinutesCmd = 12;  // default time interval = 12 minutes
int nMinutesElapsed = 0;

BOOL InitApplication(void);
BOOL InitInstance(void);
LRESULT CALLBACK WndProc(HWND,UINT,WPARAM, LPARAM);

int CALLBACK WinMain(HINSTANCE hInstance, HINSTANCE hPrevInstance,
                     LPSTR szCmd, int nCmdShow)
{
  MSG    msg;
  LPSTR  p;
  char   buf[20];

  // Check if the command line includes -b to beep
  if (strstr(szCmd, "-b"))
     bCmdBeep = TRUE;

  // Check if the cmd line includes a time to ping in minutes
  p = strstr(szCmd, "-n");
```

```
  if (p != NULL)
  {
    buf[0] = *(p + 2);
    buf[1] = *(p + 3);
    buf[2] = 0;
    nMinutesCmd = atoi(buf);
  }

  // The IP address must be the last switch on the command line
  p = strstr(szCmd, "-a");
  if (p == NULL)
  {
    MessageBox(0,"Missing -a for IP address", "Error", 0);
    return FALSE;
  }

  strcpy(szIP, p+2);
  hInst = hInstance;
  if (!hPrevInstance)
  {
    if (!InitApplication())
       return FALSE;  // Exit if unable to initialize
  }

  if (!InitInstance())
     return FALSE;

  UpdateWindow(g_hWnd);
  ShowWindow(g_hWnd, SW_SHOWMINIMIZED);

  while (GetMessage(&msg, NULL, 0, 0))
  {
    TranslateMessage(&msg);// Translates virtual key codes
    DispatchMessage(&msg); // Dispatches message to window
  }

  return (msg.wParam); // Returns the value from PostQuitMessage
}

BOOL InitApplication(void)
{
  WNDCLASS  wc;

  wc.style         = CS_HREDRAW ¦ CS_VREDRAW;
  wc.lpfnWndProc   = (WNDPROC)WndProc;
  wc.cbClsExtra    = 0;
  wc.cbWndExtra    = 0;
  wc.hInstance     = hInst;    // Owner of this class
  wc.hIcon         = LoadIcon (hInst, MAKEINTRESOURCE(IDI_APP));
  wc.hCursor       = LoadCursor(NULL, IDC_ARROW);
  wc.hbrBackground = (HBRUSH)(COLOR_WINDOW+1);
  wc.lpszMenuName  = NULL;
  wc.lpszClassName = szAppName;

  // Register the window class and return success/failure code.
  return (RegisterClass(&wc));
}
```

*continúa*

Listado 16.1. Continuación

```
BOOL InitInstance(void)
{
 // Create a main window for this application instance.
 g_hWnd = CreateWindow(szAppName,
          szTitle,
          WS_OVERLAPPEDWINDOW,
          CW_USEDEFAULT, 0, CW_USEDEFAULT, 0,
          NULL,
          NULL,
          hInst,
          NULL);

 // If window could not be created, return "failure"
 return (BOOL)g_hWnd;
}

LRESULT CALLBACK WndProc(HWND hWnd,UINT message,WPARAM uParam,LPARAM lParam)
{
  char  buf[100];

  switch (message)
  {
  case WM_CREATE:
    if (SetTimer(hWnd, 1, 60000, NULL) == 0)
    {
      MessageBox(0, "Error starting timer.", "Keep_ISP", 0);
      PostQuitMessage(0);
      break;
    }
    return (DefWindowProc(hWnd, message, uParam, lParam));

  case WM_TIMER:
    if (++nMinutesElapsed % nMinutesCmd == 0)
    {
      // Execute the DOS Ping program
      wsprintf(buf, "PING.EXE -n 1 -l 10 %s", (LPSTR)szIP);
      WinExec(buf, SW_HIDE);
      if (bCmdBeep)
        MessageBeep(-1);
      nMinutesElapsed = 0;
    }
    break;

  case WM_DESTROY:  // message: window being destroyed
    KillTimer(hWnd, 1);
    PostQuitMessage(0);
    break;

  default:          // Passes it on if unproccessed
    return (DefWindowProc(hWnd, message, uParam, lParam));
  }

  return (0);
}
```

Suponiendo un entendimiento de la API de Windows, como el que se obtiene de una lectura cuidadosa del clásico "Programming Windows 3.1" de Charles Petzold, el único código moderadamente interesante en este programa se da en la función `WndProc`. Keep_ISP utiliza el mensaje `WM_CREATE` para echar a andar un tomador de tiempo para Windows, que hará una llamada nuevamente cada minuto. Dado que la API SetTimer requiere un parámetro entero de 16 bits para el intervalo en milisegundos, el valor más grande que usted puede pasar apenas será mayor a un minuto. Aquí, pedimos a Windows que contara 60,000 milisegundos y llevamos a cabo un seguimiento de los minutos por nuestra cuenta. El código para el mensaje `WM_TIMER` verifica si el número de minutos ha transcurrido; y si es así, ejecuta un ping al ISP y vuelve a poner en ceros.

En Keep_ISP se efectúan muy pocas revisiones de errores. Por ejemplo, da por hecho que ping.exe está en alguna parte de la ruta de acceso. Siéntase en libertad de ampliarlo o distribuirlo; es un freeware de dominio público.

Keep_ISP acepta tres argumentos de línea de comandos, que se buscan en la función `WinMain`. Los argumentos deben aparecer en letras minúsculas. Los dos primeros parámetros son opcionales y el tercero siempre debe estar al final de la línea de comandos.

- `-b` Hace un sonido (*bip*) cada vez que se ejecuta ping.
- `-nx` Número de minutos (x) de pausa entre los avisos (pings).
- `-aIP` La dirección IP del servidor gateway en su ISP.

Por ejemplo:

```
keep_isp -b -n15 -a123.123.123.123
```

En este caso, los bips se activan y el intervalo se fija en 15 minutos. Usted puede colocar un acceso rápido para este programa en su carpeta \Windows\menú Inicio\Programas\Inicio (\Windows\Start Menu\Programs\Start Up). Luego utilice Explorer para poder seleccionarlo con el botón derecho, elija Propiedades (Properties), seleccione la etiqueta Shortcut e inserte la ruta de acceso completa y los parámetros de la línea de comandos en el cuadro de texto etiquetado como Destino (). Vea la figura 16.2 para un ejemplo de esto.

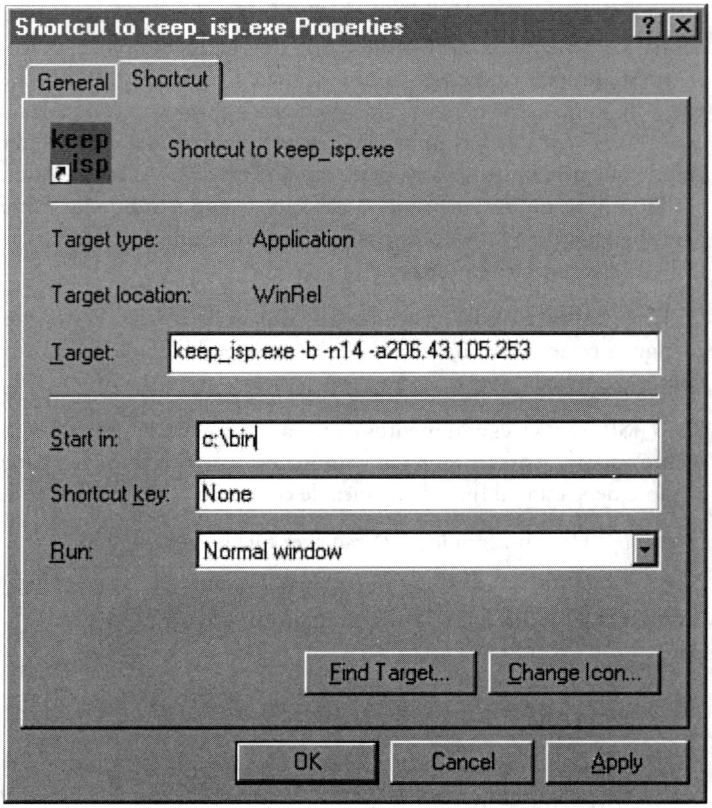


**Figura 16.2.**
*Utilice el cuadro de diálogo / Shortcut para ajustar los parámetros de la línea de comandos para Keep_ISP.exe desde la carpeta de Windows.*

# Restablezca las conexiones caídas con RAS+95

Incluso si usted corre el programa keep_ISP.exe mostrado arriba, podrían presentarse otras causas que propicien la caída de la línea; una utilería shareware muy útil, llamada RAS+, puede venir al rescate. Apenas un segundo después de que la línea del módem se haya desconectado, RAS+ puede llamar a su ISP de regreso y restablecer su sitio Web en Internet.

RAS+95 es un reemplazo para el Acceso telefónico a redes de Win95. Es formidable si usted tiene que marcar varios números para su proveedor de Internet. He aquí está una cita del sitio Web Windows95.com acerca de RAS+95:

"Abajo las manos, ¡la mejor utilería Windows 95 del planeta para acceso telefónico! ¡Añade re-marcado telefónico automático, facturación, lanzamiento automático de aplicaciones, número telefónico múltiple y marcado al proveedor, y más! Baje ahora, pregunte después."

Y podemos agregar que tiene un verdadero proceso de instalación de un solo paso. Por cierto, si usted aún no lo ha visto, `http://www.windows95.com` es una sorprendente colección de software y vale la pena una visita sólo para ver lo que hay de nuevo en Windows 95 e Internet. Es un sitio bien organizado, ofrece útiles revisiones de cada programa y se desempeña bien.

Vea RAS+ en el CD incluido, en el directorio \tools.

# Cómo prepararse para fallas en el Hardware

Hay otros dos temas distintos que debemos tocar en este capítulo, ya que están relacionados con el mantenimiento del sitio: los respaldos en cinta magnética y la fuente de poder ininterrumpible. Para protegerse contra virus, los hackers y una falla total en el disco duro, deberá respaldar su sitio por lo menos una vez al día. Para que no se le olvide el respaldo diario, lo puede programar para que ocurra automáticamente ya avanzada la noche con las herramientas del Agente de Sistema (System Agent) incluidas en el Plus Pack de Windows 95.

Ahora, tan rápido como puede ocurrir un corte de energía, cambiemos de tema. Ningún sitio Web comercial deberá estar sin una UPS (Fuente de Poder Ininterrumpible). Una vez que usted haya anunciado su sitio Web al mundo (vea el capítulo 14), sus clientes pronto comenzarán a depender de la constante presencia de su URL; incluso los fines de semana, cuando usted no se encuentra ahí para conectar de nuevo el servidor en caso de que alguien lo haya desconectado accidentalmente.

Hay muchos dispositivos UPS disponibles; algunos cuestan casi 140.00 dólares. Y recuerde, sólo en caso de que usted decida actualizar su sistema operativo en el futuro, siempre revise la Lista de compatibilidad para Hardware NT antes de comprar. Para una excelente revisión de varios dispositivos UPS vea el ejemplar de noviembre, 1995 de Windows NT Magazine.

# Cómo revisar los vínculos vencidos

Los vínculos vencidos pueden ser una pesadilla para la administración de Web. Web es una entidad rápidamente cambiante; miles de páginas suben y bajan cada día. Entre más vínculos tenga su página hacia otras páginas, hay más riesgo de que éstos se hagan inservibles (vencidos). Algunos servidores Web (es decir, WebSite for Win95/NT de O'Reilly & Associates y Purveyor para NT de Process Software) incluyen utilerías que le ayudarán con la revisión para estar seguros de que todos sus vínculos locales son válidos. Conforme pase el tiempo, se podrá disponer de otras utilerías que verificarán los vínculos, tanto locales como remotos.

# Tips rápidos sobre Registry de Windows 95

Hay ocasiones en que un Webmaster necesite editar parámetros de bajo nivel del sistema, como el tamaño de los paquetes de la red y otros valores del rendimiento. Aquí están algunos tips rápidos sobre cómo está construido Registry de Windows 95 y cómo puede efectuar edición. Por lo menos no es algo tan misterioso como le habían hecho creer.

Registry contiene importantes datos en Windows 95 sobre las preferencias del usuario, y sobre el hardware y el software instalado en su computadora. Muchos de los valores que se mantienen en Registry son semejantes a los que usted encontraría en los archivos WIN.INI y SYSTEM.INI de una máquina que corre Windows 3.1. Registry es una base de datos jerárquica que se utiliza para mantener información sobre la configuración de Windows 95 y los usuarios de la computadora.

# Las claves raíz

Registry se subdivide en cuatro ramificaciones principales. (Nota: las versiones futuras de Windows 95 pueden incrementar este número). Los nombres de las claves raíz en la parte superior de cada ramificación están prefijadas con HKEY para indicar que éstas son *manejadores* (*handles*) *para las claves*. Los programadores de Windows hablan de *manejadores* como una referencia hacia un recurso del sistema operativo. Una *clave* es simplemente una palabra por medio de la cual usted puede encontrar un valor asociado (como una palabra del diccionario y su definición correspondiente). Las siguientes secciones cubren las cuatro claves raíz.

## *HKEY_LOCAL_MACHINE*

Esta clave contiene información acerca del sistema local de la computadora, incluyendo el hardware y los datos del sistema operativo como el tipo de bus, la memoria, los controladores de dispositivos y los datos para el control de arranque. Ésta es la ramificación con la que usted tendrá mayor relación.

## *HKEY_CLASSES_ROOT*

Esta clave contiene los datos asociados con el enlace e incrustación de objetos (OLE) y la clase de archivo.

## *HKEY_CURRENT_USER*

Esta clave contiene el perfil de usuario para el usuario que está conectado actualmente, incluyendo variables de ambiente, grupos de programa personales, parámetros para el escritorio, conexiones a la red, impresoras y preferencias para las aplicaciones. Esta clave siempre hace referencia al usuario en la ramificación HKEY_USERS.

## *HKEY_USERS*

Esta clave contiene todos los perfiles del usuario activamente cargados, incluyendo HKEY_CURRENT_USER y el perfil predeterminado. Los usuarios que están accesando a un servidor remotamente no tienen perfiles bajo esta clave en el servidor, sus perfiles son cargados dentro de Registry en sus propias computadoras.

# Editando Registry

Muchos de los cambios a la configuración del programa que usted hace mediante la GUI de Windows 95 (como en el panel de control) serán escritos por usted automáticamente dentro de Registry. Cuando sea posible, preferimos tener de nuestro lado a la amigable interfaz del Panel de Control y otras aplicaciones escritas para Registry. Después de lo dicho, en este libro se mencionan algunos parámetros avanzados que sólo se pueden hacer editando Registry. Para hacer esos cambios, utilice REGEDIT.EXE como se muestra en la figura 16.3.

**Advertencia:** Si no tiene suficiente cuidado, hacer los cambios directamente en Registry podría impedir que su computadora trabaje adecuadamente, e incluso sería necesario reinstalar Windows 95. Por esta razón, es una buena idea tener un respaldo actual del Registry.

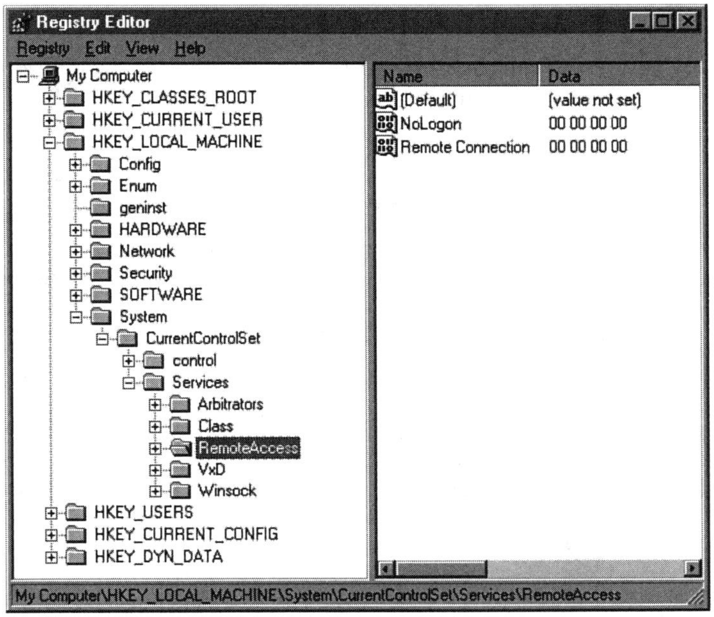


**Figura 16.3.**
*El Editor de Registry se puede utilizar para editar parámetros de bajo nivel del sistema, si sabe lo que está haciendo.*

La mayoría de los valores relevantes de Registry para este libro se encuentran bajo `HKEY_LOCAL_MACHINE/SYSTEM/CurrentControlSet`.

Conforme navegue por Registry con REGEDT32, se dará cuenta de que cada registro de la estructura es una de tres cosas: una clave raíz, una ramificación o un valor. Los registros de los valores no aparecen hasta que usted alcanza el fin de una ramificación determinada. Aunque esto puede sonar complicado, la idea en general es mantener organizada una gran cantidad de datos. Y una vez que usted se acostumbre a él, Registry cumple muy bien su propósito.

Ya explicamos antes las claves raíz. La mejor forma de pensar en las ramificaciones es como ramas que salen del tronco principal, suponiendo que las claves raíz sean el tronco principal. Compare eso con los registros de valores que tienen tres partes: el nombre, el tipo de datos y el valor actual. El nombre puede hacer referencia a cualquier cosa que un programa necesita para almacenarse para una futura referencia.

Por omisión, Registry reconoce los siguientes cinco tipos de datos. La API Win32 incluye funciones que los programadores pueden llamar para agregar otros tipos de datos cuando sea necesario.

## *REG_BINARY*

Éste se utiliza para los datos binarios que no se interpretarán por Regedit. Dichos datos pueden ser interpretados ya sea por el programa que escribe el registro o por una función del sistema dentro de la API Win32, que procesará los datos en el momento apropiado durante la ejecución del programa que escribió el valor. Este tipo de datos puede ser utilizado para valores que no concuerdan con ninguno de los otros tipos. Debido a que *todos* los datos en las computadoras digitales *siempre* se dan en forma binaria, la utilización de los otros tipos que están abajo es cuestión de conveniencia cuando Regedit pueda interpretar los datos de modo legible para el humano.

### *REG_DWORD*

Este tipo de datos puede contener 4 bytes de información. La unidad básica de memoria en Intel y en muchas otras arquitecturas de computadoras es 4 bytes, o 32 bits. El tipo de datos es útil para almacenar números enteros.

### *REG_EXPAND_SZ*

La *SZ* significa *cadena cero* (*string zero*), lo que quiere decir que se trata de un arreglo de caracteres terminado en `NULL` en C o C++. Este tipo de datos indica una cadena de texto expandible que contiene una variable que será sustituida al tiempo de su ejecución. Por ejemplo, la cadena `%SystemRoot%` aparece en todo Registry. Ésta será reemplazada por la ubicación real del directorio de sistema de Windows 95 al tiempo de su ejecución.

### *REG_MULTI_SZ*

Este tipo de datos se utiliza para mantener varios valores de cadena, separado cada uno por bytes `NULL`.

### *REG_SZ*

Este tipo de datos se utiliza para representar un arreglo sencillo de caracteres o valores de byte. Cuando usted pase por Registry, se encontrará con numerosos ejemplos de su uso para cadenas de texto.

## ¿Qué sigue?

Este capítulo fue una especie de caja de sorpresas de varias de las cosas útiles que un administrador de sitio Web necesita saber. El siguiente capítulo tiene un enfoque más concentrado, todo acerca de cómo correr su propio servidor de correo SMTP/POP3. Si esto suena extraño, siga leyendo, y verá lo fácil que es en realidad.

# Capítulo 17

# Sirviendo correo electrónico en Internet

- SLmail 95 y SMTP
- Cómo configurar una cuenta de correo electrónico para Webmaster
- Cómo correr un servidor de lista
- Blat
- Gopher y Finger

Este capítulo se trata por completo sobre cómo correr su servidor de correo electrónico. ¿Se preguntará por qué querría un Webmaster hacer esto? Cuando se visita una página principal en Web, se acostumbra que los comentarios se puedan enviar por correo electrónico a una dirección en el formulario de `webmaster@yourco.com`. Si usted quisiera seguir con esta tradición, probablemente tendría que correr su propio servidor de correo.

Usted también puede complementar su sitio Web con un servidor de correo si ofrece renta de servicio Internet a sus clientes. Piénselo. Con un sitio Web bien construido (como el de este libro), un servidor de correo y un servidor FTP, usted puede vender acceso a Internet. En el siguiente capítulo cubriremos el tema del servidor FTP.

> **Nota:** ¿Sabía que el correo electrónico es responsable del mayor porcentaje de tráfico de paquetes en Internet?

La competencia se está calentando en la categoría del software para servidor de correo electrónico para Windows 95. Sólo hemos encontrado unos cuantos de estos paquetes. Todos ellos son fuertes en muchas áreas. El que elegimos para incluir con este libro es SLmail 95 de Seattle Lab, una modesta compañía en Seattle, Washington.

Mientras tratamos el tema del correo, le mostraremos también cómo instalar Blat, que es la manera en que su correo electrónico HTML forma los datos. Blat no es un programa GUI; es un programa para el indicador DOS de Windows 95 (o para el modo de consola NT). El lector sutil recordará por qué necesitamos los programas en modo de consola: son la única clase de aplicación CGI que algunos servidores HTTP pueden lanzar. De cualquier forma, Blat corre en el fondo (background) y no necesita en realidad una GUI.

He aquí un ejemplo de lo que puede hacer con Blat. Suponga que usted vende software por Internet y que quisiera motivar y hacer un seguimiento de la retroalimentación de sus clientes. Para facilitar en la medida de lo posible que sus clientes expresen su opinión acerca de su producto, usted les da un formulario HTML en su página principal. Cuando un cliente llena el formulario, la acción SUBMIT invoca al programa CGI Perform para examinar la información; luego, ésta pasa a Blat para ser enviada por correo electrónico a su buzón.

Al final del capítulo, hablaremos brevemente acerca de los servidores de lista, los servidores gopher y los servidores finger.

# SLmail 95 y SMTP

Puesto que usted querrá tener varias direcciones de correo electrónico para yourco.com (por ejemplo para el Webmaster, información y ventas), y posiblemente un servidor de lista en el futuro, le mostraremos cómo instalar SLmail 95 de Seattle Lab.

SLmail 95 incluye un conjunto de utilerías rico en funciones. Contiene un SMTP compatible con RFC, POP3 y servidores de lista que operan como aplicaciones de 32 bits en Windows 95.

# Cómo instalar SLmail 95 versión 1.1

Copie SLmail95.exe del CD-ROM dentro de un directorio temporal. Utilizando los comandos Explorer o Ejecutar desde el botón Inicio, ejecute `SLMAIL95.EXE` para autoextraer el archivo. Una vez extraído el archivo es, ejecute `SETUP.EXE`. Verá algunos cuadros de diálogo de derechos de autor y de configuración básica. Eso es todo lo que hay que hacer para tenerlo listo y corriendo.

# Cómo configurar una cuenta de correo electrónico para Webmaster

Ahora es buen momento para configurar su cuenta de correo electrónico para Webmaster. Y una vez que haya visto lo fácil que es, usted puede agregar otras direcciones de correo según lo requiera. Éstos son los pasos a seguir:

1. Cuando SLmail esté corriendo, se dará cuenta de que tiene un pequeño icono SL en la bandeja que está al lado derecho de la barra de tareas de Windows 95. La primera vez que usted corra SLmail también verá la ventana principal; si prefiere cerrarla para que no oculte su escritorio, siempre puede volver a llamarla eligiendo Abrir (Open) en el icono de la bandeja. Si usted oprime el botón derecho del ratón en el icono de la bandeja, verá cinco opciones en el menú: Abrir, Sistema, Usuarios, Mantenimiento de la lista de correo y Apagar el sistema (Open, System, Users, Mailing List Maintenance, Shutdown). Las opciones en el menú de la bandeja están duplicadas en la ventana principal de SLmail. Por ahora, elijamos Users del menú de la bandeja o Configuración | Usuarios (Configuration|Users) de la barra de menú de la ventana principal.
2. En el cuadro de diálogo (vea la figura 17.1), seleccione Usuario (User) del grupo de botones de radio Tipo de usuario (User Type).
3. En el cuadro de texto ID del Usuario, escriba `webmaster`. Escriba su nombre en la ventana Nombre del usuario User Name. Seleccione una contraseña y escríbala dentro del cuadro de texto Contraseña.
4. Si usted corrió una instalación predeterminada, el buzón debería ser: `C:\PROGRAM FILES\SLMAIL\WEBMASTER.MBX`. Pero note que en la ventana Buzón se refiere a `LISTSERV.MBX`. Usted puede cambiarla y después elegir el botón Agregar (Add). (Llegaremos a los servidores de lista en la siguiente sección).
5. Ya está; ha creado una cuenta para `webmaster@yourco.com`. Si configuró su cliente de correo (quizás Eudora o Exchange) para apuntar hacia su propio servidor de correo, podrá recuperar el correo enviado a `webmaster@yourco.com` siempre y cuando SLmail esté corriendo.

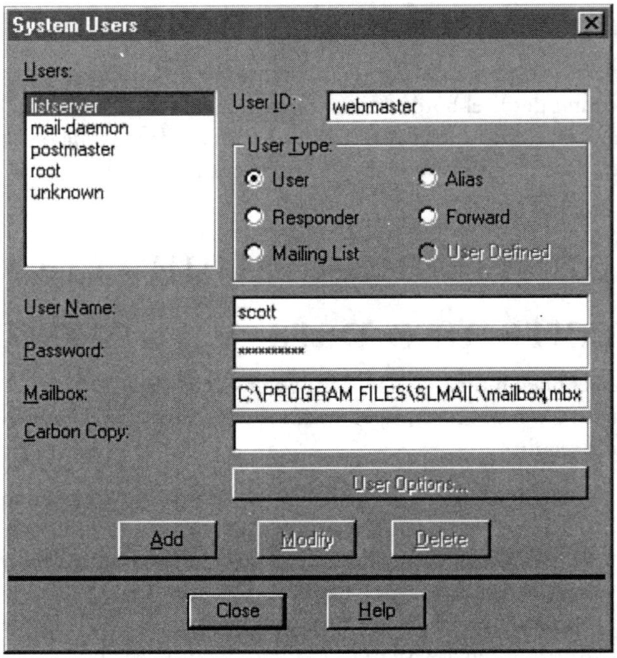


**Figura 17.1.**
*Este cuadro de diálogo muestra la manera de crear una cuenta de usuario en SLmail 95.*

# Cómo correr un servidor de lista

Un servidor de lista (también llamado *listserv*) es un programa de servicio que permite a los miembros de su grupo transmitirse mensajes de correo electrónico entre sí. Un usuario individual envía un solo mensaje de correo electrónico hacia el servidor, que en su momento lo envía a todos los otros miembros del grupo del listserv.

Por fortuna, SLmail 95 también es un muy buen listserv.

# Cómo configurar listas de correo

Las listas de correo de Slmail se pueden configurar con numerosas opciones, para hacerlas utilizables en muchas configuraciones y situaciones. Por ejemplo, si usted configura una lista de correo para servir como un grupo de discusión con algún interés en particular, tendrá que configurarla de manera diferente a como lo haría si estuviera configurando una lista de correo para anuncios de productos. El cuadro de diálogo Configurar las Listas de Correo (Configure Mailing Lists) le permite establecer en forma apropiada las opciones para cada caso.

La primera sección de este cuadro de diálogo comprende las opciones para la lista de correo. La mayoría de estas opciones se explican por sí mismas.

## Grupo cerrado

Las listas de correo pueden ser cerradas o abiertas. Cualquiera puede enviar correo a una lista de correo abierta; pero sólo los miembros de la lista pueden enviar correo a una lista cerrada. Por predeterminado, SLmail crea listas de correo *cerradas.*

## Grupo moderado

En un grupo moderado, el moderador (propietario de la lista) debe revisar y aprobar o rechazar todo el correo de la lista antes de que los miembros de ésta lo reciban.

## Incorporación moderada

En una lista de correo de incorporación moderada, todas las solicitudes para ingresos a la lista son expedidas al moderador (el propietario de la lista), quien debe aprobarlas antes de ser incorporadas.

## Alto volumen de mensajes a la lista de correo

Si la lista de correo está habilitada para alto volumen de mensajes, se pueden agrupar y enviar los mensajes de varios miembros de la lista en un solo paquete a la vez, cuando el sistema no esté ocupado.

## Enviar copia de los mensajes al propietario de la lista

Si se selecciona esta opción, el propietario de la lista recibe una copia de todos los mensajes. Esta opción está habilitada por predeterminado.

## Verificar la existencia de los archivos de la lista de correo

Si se selecciona esta opción, SLmail hace una revisión cada vez que corre para verificar que estén presentes todos los archivos necesarios para la lista de correo. Si la opción no está seleccionada, SLmail no intentará accesar a los archivos a menos que éstos sean necesarios.

## Sólo el propietario de la lista puede depositar artículos en la lista

Usted puede crear una lista sólo para lectura habilitando esta opción.

## Lista visible de miembros a través del comando EXPN

Esta opción (habilitada por predeterminado), determina si las preguntas hechas a SLmail divulgarán la existencia o los miembros de una lista de correo, ya sea mediante el comando ESMTP EXPN o por medio de las consultas al servidor de lista. Lo mismo se aplica a estas dos opciones: Presencia de la lista visible para consultas al servidor de lista, y Miembros de la lista visible para consultas al servidor de lista.

## Forzar el título de la lista en la línea del tema

Si se habilita esta opción, la línea de tema de todo el correo recibido por los miembros de la lista se antepondrá al nombre de la lista. Esto permite a los destinatarios reconocer el correo que viene de la lista. El tema que se va a utilizar se escribe en el campo de texto justo abajo de la casilla de verificación.

## Rechazar automáticamente adiciones a la lista de miembros

Si usted no desea que una lista se haga más larga, esta opción hará que SLmail informe a todos los posibles suscriptores que su solicitud para integrarse a la lista ha sido rechazada.

## Registrar el acceso a la lista de correo en archivo

Esta opción incrementa el nivel del registro de entrada de SLmail. Si la opción está habilitada, cada acceso a la lista de correo generará una entrada en un archivo de registro. El archivo de registro que se va a utilizar se puede teclear en el cuadro de texto justo abajo de la casilla de verificación, o puede utilizar el botón Browse para seleccionar un archivo existente.

## Permitir los compendios en la lista de correo

Los compendios son una poderosa característica de las listas de correo que reciben un uso pesado. Un compendio es una colección de artículos pasados. Los nuevos usuarios que se incorporan a una lista en progreso pueden recibir un compendio que los actualizará rápidamente. Si los compendios están habilitados, el cuadro de lista despliega el número actual de compendio, y el botón de la derecha hará que se cree una nueva lista y se incremente el número de compendio.

## Dar la bienvenida

Usted debe enviar un saludo general (quizás un archivo de Preguntas más frecuentes) a los nuevos miembros que se incorporan a la lista. Esta opción se lo permite. Usted puede escribir el nombre del archivo que va a enviar dentro del cuadro de edición, o utilizar el botón Browse para seleccionar un archivo existente.

## Enviar una nota al pie

En ocasiones es apropiado agregar un mensaje normal —quizás una negativa, o un mensaje de información, o una firma— a todo el correo asociado con la lista de correo. Esta opción se lo permite. Usted puede escribir en el cuadro de texto el nombre del archivo que va a enviar, o utilizar el botón Browse para seleccionar un archivo existente.

## Opciones iniciales de los miembros agregados

La segunda sección del cuadro de diálogo, Configurar la lista de correo, le permite establecer los parámetros predeterminados para los nuevos usuarios que se incorporen a la lista de correo.

Si la opción Reproducir los artículos propuestos para el remitente (Reproduce Submitted Articles to Sender) está activada, el miembro recibe copias de sus propias propuestas. Si en su lugar está activada Enviar un acuse de recibo corto (Send Short Acknowledgement), los miembros no recibirán copias de sus propias propuestas. En su lugar recibirán sólo un acuse de que el artículo fue recibido. (La opción predeterminada es Reproducir los artículos propuestos para el remitente.) Si está activada la opción Ocultar presencia en la lista (Conceal Presence on List), los otros miembros no verán la dirección del nuevo miembro.

## Copiando la configuración de otra lista

Se puede configurar una nueva lista de correo rápidamente si se copia la configuración de una lista existente. Si usted hace clic en el botón Copiar configuración de otra lista (Copy configuration from Other List), el cuadro de diálogo Abrir archivo (File Open) le permitirá escoger la configuración existente que quiera copiar. Entonces ya puede hacer los cambios que desee para la nueva lista.

## Agregando un usuario a una lista de correo

Agregar un usuario a la lista de correo puede llevarse a cabo de dos formas distintas. La primera es utilizar el cuadro de diálogo Mantenimiento del miembro de la lista de correo (Mailing List Member Maintenance) como el propietario de la lista o como el administrador del sistema y agregar manualmente la información del usuario. La otra forma es utilizar los comandos del servidor de lista para enviar una solicitud a la cuenta del servidor de lista para el nodo que la mantiene y pedirle que lo añada a esa lista de correo. En este caso, usted tal vez tendrá que pasar por un moderador para que pueda ser agregado a la lista.

# Mantenimiento de listas de correo

El cuadro de diálogo Listas de Correo (Mailing) es el punto central desde el cual se mantienen las listas de correo. Usted puede accesar a este cuadro de diálogo seleccionando "Mantenimiento de la lista de correo" (Mailing List Maintenance) desde el menú sistema (System Menu).

Cuando las diferentes listas de correo son seleccionadas en el cuadro de lista Listas de correo (Mailing Lists), los tres controles que están a la derecha se cambian para desplegar la información acerca de la lista de correo seleccionada. Debajo de estos controles hay un control adicional etiquetado como Rastreo de elementos (Rescan Items). Este botón, al ser presionado, realiza un rastreo de todas las listas de correo para asegurarse de que todos los parámetros son correctos.

El primer grupo de controles muestra el número de las suscripciones pendientes y tiene un botón etiquetado como Suscripciones de proceso pendiente (Process Pending Subscriptions). Al oprimir este botón se crea el cuadro de diálogo para suscripciones de la Lista de correo (Mailing List Subscriptions Dialog), que se utiliza para aceptar o rechazar las solicitudes de los miembros en una lista dada. Este proceso es necesario si la lista de correo está configurada para adiciones a la lista moderada.

Debajo se encuentra el grupo de controles que muestra el número de mensajes pendientes, y tiene un botón etiquetado como Mensajes de proceso pendiente (Process Pending Messages). Oprimir este botón crea el cuadro de diálogo Propuestas a la Lista de correo (Mailing List Submissions), que se utiliza para aceptar, rechazar, expedir o eliminar mensajes enviados a una determinada lista moderada. Puesto que la lista es moderada, este proceso debe garantizar que los mensajes no deseados no pasen por la lista.

Finalmente, hay un conjunto de controles para mantener la membresía de la lista, y ese conjunto tiene un botón etiquetado como Editar miembros (Edit Members). Al presionar este botón se creará el cuadro de diálogo Miembros de la lista de correo (Mailing List Members), que se utiliza para agregar, eliminar o modificar a los usuarios que se suscriben a determinada lista de correo. Este proceso se utiliza en conjunción con la característica Adiciones en cantidad (Bulk Additions) y con el contestador automático del servidor de lista que permite tres formas de agregar miembros a la lista de correo.

# Suscripciones

El cuadro de diálogo Suscripciones (Subscriptions) es el responsable de manejar las solicitudes remotas para incorporarse a una lista moderada. En la parte izquierda del diálogo se encuentra el cuadro de lista que contiene las direcciones de los usuarios remotos que desean obtener una membresía para la lista especificada. En la parte derecha están dos campos de edición etiquetados como Dirección (Address) y Nombre (Name). Estos campos de edición se ponen cuando se hace una selección desde el cuadro de lista.

En la parte inferior del cuadro de diálogo se encuentran dos botones marcados como Aprobar (Approve) y Rechazar (Reject). Al presionar el botón Aprobar se mueve al usuario remoto hacia la membresía de la lista de correo actual. El botón Rechazar envía una notificación de rechazo al usuario remoto. Por favor note que se tiene que colocar texto válido en cada uno de los campos para que los botones Aprobar y Rechazar se activen. El campo Dirección es sólo lectura, y no se puede cambiar, pero el campo Nombre (Name) es editable.

# Adiciones en cantidad

Usted puede agregar muchos miembros a una lista de correo a la vez con la función Adiciones en cantidad (Bulk Additions). Para hacerlo, primero prepare un archivo de entrada en el formato descrito a continuación. Luego, elija Adiciones en cantidad (Bulk Additions) en el menú del sistema (System Menu). Del menú desplegable, elija Miembros de la Lista de correo (Mailing List Members). De la casilla de lista, seleccione la lista de correo a la cual desea agregar miembros. Finalmente, utilice el cuadro de diálogo abrir archivo para encontrar el archivo que ya había preparado.

El formato del archivo es como sigue:

```
<address>,<name>  #comment
```

como en

```
support@seattlelab.com,Seattle Lab Technical Support  #us
```

Cualquier espacio en blanco al final de la línea, una vez eliminados los comentarios, también se elimina de la línea.

Una vez terminada la operación, se despliega un cuadro de mensaje para informar al usuario qué cantidad de registros se agregó exitosamente. De otra forma, se despliega un cuadro de mensaje que indica el tipo de error y dónde ocurrió.

# Blat

Blat es una utilería de dominio público en modo consola para Windows NT (o para el indicador DOS de Windows 95) que envía un archivo por correo electrónico a un usuario que está utilizando SMTP. El programa requiere `GENSOCK.DLL` (tomada de WinVN). Cuando el programa se utiliza con la bandera `-install` se genera una anotación en Registry. Esto almacena la dirección del servidor SMTP predeterminado y la dirección del remitente por predeterminado. CGI Perform utiliza Blat para enviar por correo el contenido de un formulario HTML a quienquiera que escojamos.

## Para instalar Blat

Utilice WinZip para descomprimir Blat directamente desde el CD-ROM hacia un nuevo directorio en su unidad de disco duro. Blat no incluye un programa de configuración, pero en realidad no lo necesita. Sólo siga estos pasos:

1. Copie el archivo `GENSOCK.DLL` hacia su directorio `\WINDOWS\SYSTEM` o hacia cualquier otro directorio en su ruta de acceso. (Verifique si ya tiene este DLL; si es así, sólo copie el DLL si la fecha es más reciente que la del que ya existe.)
2. Copie el archivo `BLAT.EXE` hacia su directorio `\WINDOWS\SYSTEM` o hacia cualquier otro directorio en su ruta de acceso.
3. Escriba: `Blat -install yourco.com youremail@yourco.com`.

Cuando se utilice el programa con la bandera `-install` se genera una anotación en Registry. Esto almacena la dirección del servidor SMTP predeterminado y la dirección del remitente (la cual puede ser ignorada con la bandera `-f`).

Se puede hacer una impersonalización con la bandera `-i`, que pone el valor especificado en el lugar de la dirección de los remitentes en la línea `From:` del encabezado (header). Sin embargo, cuando se hace esto, la verdadera dirección del remitente se coloca en las líneas `Reply-To:` y `Sender:`. Esta característica se puede aplicar cuando se utiliza el programa para enviar un mensaje de los usuarios de Windows que no están registrados en el host SMTP.

# Sintaxis de Blat

La línea de comando de Blat tiene algunas variaciones. Aquí tiene los tipos de comandos, seguidos de una descripción de los elementos de sintaxis:

- `Blat` *`filename`* `-s` *`subject`* `-t` *`recipient`* `-f` *`address`* `-i` *`address`*
- `Blat -install` *`server address senders address`*
- `Blat -h`

Aquí están las descripciones de los elementos de sintaxis anteriores:

| | |
|---|---|
| *filename* | el archivo con el cuerpo del mensaje. |
| -s *subject* | la línea de asunto (opcional). |
| -t *recipient* | la dirección del destinatario. |
| -c *recipient* | la copia al carbón de la dirección del destinatario. |
| -f *sender* | dirección del remitente (debe ser conocida para el servidor SMTP). |
| -i *address*a `From:` | una dirección, no necesariamente conocida para el servidor SMTP. |
| -hdisplays help. | |
| -server *server address* | ignora el servidor predeterminado SMTP que se va a utilizar. |

Nótese que si se utiliza la opción `-i`, se incluye `<sender>` en los campos `Reply-to:` y `Sender:` en el encabezado del mensaje.

# Ejemplos de comandos Blat

Aunque instalamos Blat para usarse con la aplicación CGI llamada CGI Perform, usted puede utilizar Blat desde la línea de comandos o realizar sus propias aplicaciones CGI que llamen a Blat. Estos son algunos ejemplos del uso de Blat desde la línea de comandos.

```
Blat -install smtphost.bar.com foo@bar.com
```

Este comando establece el host y la identificación del usuario (userid).

```
Blat -install smtphost.bar.com
```

Este comando establece únicamente el host.

```
Blat myfile.txt -s "A file for pedro" -t foo@bar.com
```

Este ejemplo envía un archivo con la línea del tema `A file for pedro`.

```
Blat myfile.txt -s "A file for mark" -t fee@fi.com -f foo@bar.com
```

La opción `-f` ignora al remitente predeterminado.

```
Blat myfile.txt -s "A file for pedro" -t foo@bar.com -i "devil@fire.hell"
```

En este ejemplo, *-i* reemplaza a la línea `From:` en la dirección, pero deja las líneas `Reply-to:` y `Sender:`.

```
Blat myfile.txt -s "animals" -t fee@fi.com -c "moo@grass.edu,horse@meadow.hill"
```

Aquí la opción `-c` envía por correo copias al carbón a los usuarios `moo@grass.edu` y `horse@meadow.hill`.

Sus autores han colocado a Blat generosamente en el dominio público, o sea que usted puede utilizar Blat sin cargos, para cualquier propósito que desee. El código fuente ¡también está disponible gratuitamente! Los autores de Blat son Mark Neal (`mjn@aber.ac.uk`) y Pedro Mendes (`prm@aber.ac.uk`).

# Gopher y Finger

Adivinó. Estos temas no pertenecen a un capítulo que trate sobre correo electrónico. Tiene razón. De hecho, si nos disculpa, en realidad no sentimos que pertenezcan a ninguna parte de este libro. Aquí, entre las secciones de los servidores de correo, los servidores de listas y el siguiente capítulo sobre FTP, es tan buen lugar como cualquier otro para decirle por qué decidimos dejar fuera a Gopher y Finger.

Como lo expusimos en el capítulo 1, "Guía para la tecnología Internet", Gopher ha estado por ahí durante algún tiempo y es una manera muy popular de proporcionar acceso a un depósito de documentos de texto en Internet. La gran debilidad de Gopher es también su gran fortaleza: sólo proporciona menús basados en texto para el cliente, sin hipertexto. Por supuesto, eso significa que puede correr en casi cualquier tipo de cliente que se pueda enganchar a la Red. La principal razón por la que no nos interesa correr un servidor Gopher es porque usted puede hacer lo mismo con un servidor Web. Todo lo que necesita hacer es proporcionar una lista desordenada de etiquetas `<A HREF>` en su código HTML. Prácticamente todos los navegadores pueden manejar tanto documentos binarios como de texto (mediante MIME), invocando ya sea la aplicación de visualización apropiada o solicitando al usuario que baje la información. El hecho de que Web incluya otros protocolos para cliente/servidor Internet, así como HTTP, es una razón por la que éste sea tan popular.

Se preguntará: "¿Bueno y qué hay de finger?" Seremos directos: Hay un par de razones para que evitemos al servidor finger. Primera: Finger ha sido utilizado frecuentemente como una salida para que los hackers violen la seguridad y segunda: sencillamente no teníamos el tiempo ni el espacio para incluir todo sobre Internet en un libro.

# ¿Qué sigue?

A continuación viene el servidor FTP, seguido por WAIS. Instalar estos dos servidores pondrá a punto los servidores Internet para construir un sitio Web completo. ¡Y todo lo que falta!

# Capítulo 18

# Cómo correr un servidor FTP y administración remota de un sitio Web

- Cómo instalar el servidor FTP Serv-U
- Seguridad FTP
- Cómo afinar el servidor FTP

Tomemos un momento para una rápida revisión de FTP. Como usted recordará del capítulo 1, "Guía para la tecnología Internet", el Protocolo de transferencia de archivos gobierna las transferencias de archivos entre sistemas locales y remotos. Cuando hablamos de los programas FTP (y de la mayoría de tópicos en Internet), debemos tener cuidado de distinguir entre el *cliente* y el *servidor*. Hablamos acerca de los clientes FTP en el capítulo 7, "Guía del Webmaster para FTP y Grupos de noticias." En este capítulo hablaremos sobre el otro lado de esa ecuación al instalar un servidor FTP. Nótese que el cliente FTP que viene con Windows 95 es una versión para línea de comandos, pero el CD que viene con este libro también incluye un cliente FTP freeware ¡con una GUI Win32!

Si deja volar su imaginación, probablemente puede pensar en muchos escenarios útiles para instalar el protocolo FTP en su sitio Web. Puede venirle a la mente la administración remota de su servidor. Por ejemplo, con FTP usted podría modificar sus páginas Web cuando esté viajando y después subir los nuevos archivos hacia su directorio principal, para hacerlos disponibles para el siguiente navegador que haga contacto con su sitio.

Otro uso para FTP es hacer que los archivos de su servidor estén disponibles para que el público los *baje*. Aunque esta función también se puede realizar a través de Web, algunos usuarios aún prefieren bajar los archivos vía FTP. Si usted quiere que los usuarios *suban* archivos a su sitio, necesitará correr un servidor FTP, dado que esta función generalmente no la realizan los visualizadores Web. Sin embargo, gracias a otra nueva invención de Netscape, esta situación pronto podría cambiar. Recientemente crearon una extensión HTML que permite que los archivos sean subidos en Web. Sólo el tiempo dirá si esta técnica tendrá un amplio uso.

Divaguemos brevemente y mencionemos de nuevo a Archie. Archie es una utilería de búsqueda que mantiene una base de datos de los servidores FTP y de los archivos disponibles en cada sitio. Si piensa correr un sitio FTP anónimo, bien lo puede convertir en una referencia cruzada por medio de un servidor Archie. El servidor Archie podría referirse entonces a sus documentos cuando la cadena de búsqueda insertada por el cliente Archie esté contenida dentro del nombre de uno de sus directorios o archivos. No expondremos este tema más adelante; basta decir que hay un cliente para GUI Archie muy bonito en el CD-ROM.

Habiendo dejado esto en claro, empecemos a trabajar.

# Cómo instalar el servidor FTP Serv-U

El CD que viene con este libro incluye dos servidores FTP para que usted elija: FTP Secure y FTP Serv-U. El servidor FTP seguro (Secure tiene una característica de encriptación que trabaja en conjunción sólo con un cliente FTP seguro). Aunque el producto FTP Secure también se puede usar como un servidor FTP de propósito general, decidimos escribir este capítulo enfocándolo al servidor FTP Serv-U, simplemente porque sólo tenemos espacio para exponer uno —y Serv-U es fácil y extremadamente costeable (sólo 20 dólares)—. Sin embargo, no deseamos probar un producto sobre el otro, y lo alentamos a que explore ambos y decida por sí mismo.

Esta sección describe los pasos para instalar el Servidor FTP Serv-U para Windows 95. Este programa es fácil de instalar:

1. Utilice WinZip para descomprimir el archivo servu11i.zip directamente del CD-ROM hacia el directorio de su disco duro, donde instalará Serv-U.
2. Ejecute serv-u.exe. Si desea hacer un icono de acceso rápido en su escritorio de Windows 95, haga clic en el botón derecho del ratón sobre el archivo .exe en Explorer y arrástrelo hacia el escritorio. Luego elija Crear acceso directo aquí [Create Shortcut(s) Here].

# Seguridad FTP

Si su sitio Web brinda servicio de hospedaje (hosting) a otras páginas principales, usted tiene que arreglárselas de manera que esas personas puedan escribir sus propias páginas HTML y las administren mediante acceso FTP. Tal como se presenta, Serv-U incluye seguridad a nivel directorio, que le asegure que sus usuarios tienen restringido el acceso aun remoto por su disco duro. Serv-U le permite configurar una cuenta para quienes se conectan a su servidor. Estas cuentas asegurarán que el usuario, una vez que se haya registrado, esté colocado en el directorio adecuado y no pueda perderse en otro árbol de directorio superior. Usted no sólo puede restringir las cuentas para un árbol de directorio, también puede restringir a los usuarios la posibilidad de leer, escribir y eliminar archivos. Hay muchas formas de configurarlo. Lo que le mostramos aquí es sólo un ejemplo de cómo utilizar el sistema de seguridad de FTP.

# Cómo crear el grupo de usuarios de FTP

Aquí están los pasos para crear un grupo de usuarios que permita a sus miembros tener los privilegios mínimos requeridos del sistema de archivos para uso típico de FTP:

1. Corra el servidor FTP Serv-U.
2. Del menú, seleccione Configurar | Grupos (Setup | Groups).
3. En el cuadro de diálogo, elija Editar (Edit).
4. En el campo Nombre de grupo (Group Name) escriba `htmlmgr`. Vea la figura 18.1.

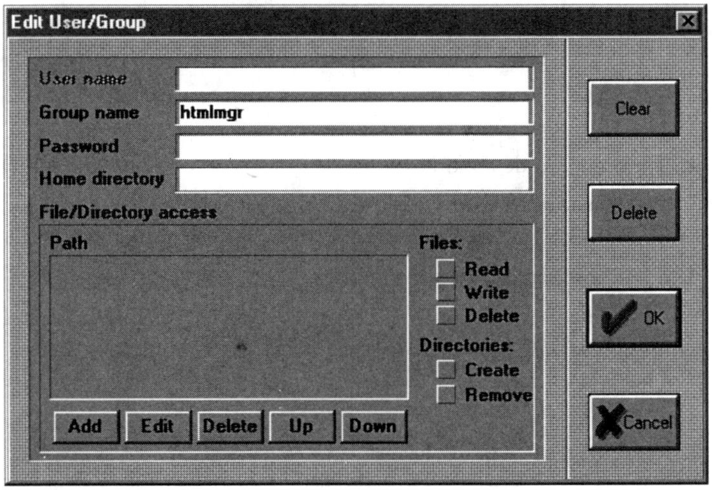


**Figura 18.1.**
*Cómo crear un grupo de usuarios FTP.*

5. En la ventana del directorio principal, inserte la ruta de acceso hacia el directorio raíz de su documento HTML, como se especificó en el capítulo 8, "Cómo poner en línea su servidor Web para Windows 95".
6. Elija Agregar (Add) e inserte la ruta de acceso hacia la raíz de su documento HTML.
7. Seleccione verificación Leer (Read).
8. Elija OK.

# Administre las cuentas de usuario

Aquí están los pasos para crear una cuenta ejemplo con privilegios de directorio adicionales para un usuario llamado John. Éste es un paso muy importante en una buena política de seguridad FTP.

1. Si aún no está corriendo, corra el servidor FTP Serv-U.
2. Del menú, seleccione Configurar | Usuarios (Setup | Users) y después el botón Editar (Edit).
3. En el cuadro de diálogo que aparece, escriba la cadena `John` (por ejemplo) en el cuadro de texto tanto para nombre del usuario como para Contraseña (Password). Vea la figura 18.2.

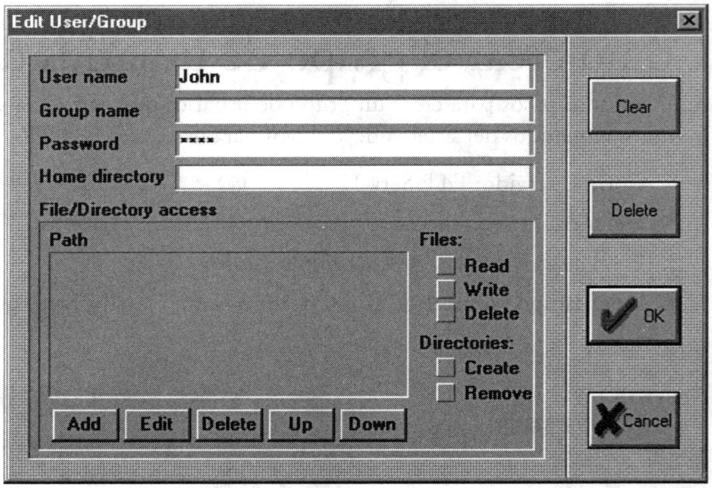


**Figura 18.2.**
*Cómo se crea una cuenta para usuario FTP con privilegios normales.*

4. En el cuadro de texto Nombre del grupo (Group Name), escriba `htmlmgr`.
5. En el cuadro de texto directorio Principal (Home), inserte la ruta de acceso para la raíz del documento HTML del usuario. Éste será el directorio inicial del usuario.
6. Elija Agregar (Add).
7. En el cuadro de diálogo que aparece para el nombre de la Ruta de acceso (Path), escriba la ruta de acceso para la raíz del documento HTML del usuario. Esto crea una lista de directorios en la cual el usuario puede navegar con los privilegios seleccionados. Vea la figura 18.3.
8. Elija OK.
9. Seleccione la casilla de verificación Leer, Escribir y Eliminar (Read, Write, Delete).
10. Elija OK.

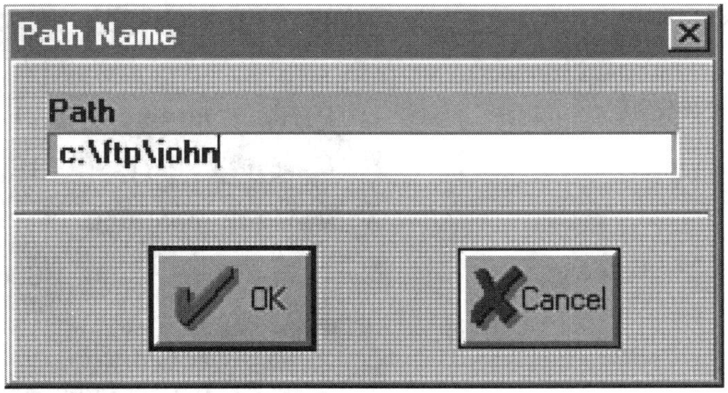


**Figura 18.3.**
*Cómo agregar un directorio específico de navegación para una cuenta de usuario.*

## El resultado

Ahora usted tiene una cuenta configurada para John. Cuando John se registre, estará colocado en su propio directorio. Mientras esté en su propio directorio, John puede leer, escribir y eliminar archivos.

# Cómo afinar el servidor FTP

Las secciones que siguen explican varias características adicionales del servidor FTP Serv-U que usted querrá considerar.

## Limite sus visitantes FTP simultáneos

Si usted tiene archivos populares que mucha gente quiere bajar, FTP se puede convertir en un comilón de recursos en su sitio Web. Cuando hay varias transferencias de archivos en progreso a la vez, se está consumiendo una porción sustancial de su CPU, actividad de entrada/salida (I/O) de su disco y ancho de banda del módem. Siga los pasos de abajo para configurar Windows 95 a fin de limitar el número de visitantes FTP simultáneos en su sitio. Esto no evitará que otros usuarios bajen archivos simultáneamente por medio de su página Web (tomando en cuenta que usted ofrece esa posibilidad al incluir las etiquetas `<A HREF>` en su código HTML), pero ayudará a mantener los recursos de su servidor Web y de cualquier otra aplicación que usted decida correr.

HTTP puede ser más eficiente para bajar archivos que FTP, dado que muchos visualizadores Web abren canales adicionales y crean hilaturas (threads) separadas durante la transferencia de archivos largos. Esto no modifica el hecho de que usted no puede limitar el número de descargas HTTP simultáneas en progreso en su sitio. Sólo limita la cantidad de usuarios FTP simultáneos.

1. De la ventana principal de Serv-U, seleccione Configurar | Servidor FTP (Setup | FTP-Server).
2. Ajuste el número máximo (Max number) del valor para usuarios en un entero entre 0 y 99.
   Un valor vacío permite un número ilimitado de usuarios FTP simultáneos; hasta 256 (sólo limitados por los recursos disponibles). Un valor entre 1 y 99 limitará el número de usuarios FTP simultáneos para el valor dado. Vea la figura 18.4.

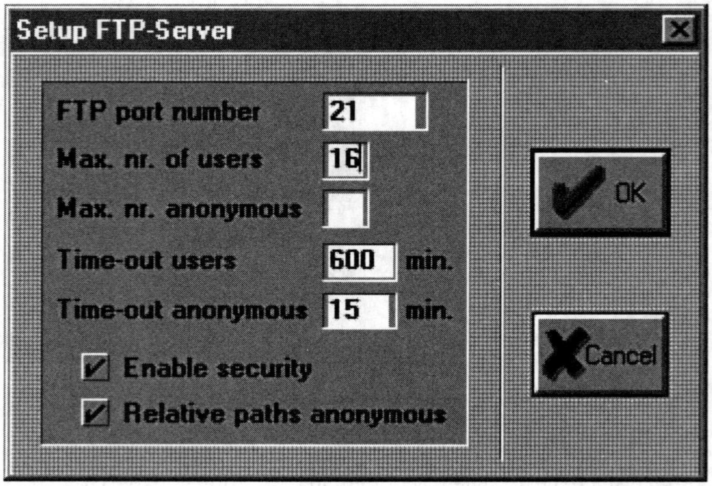


**Figura 18.4.**
*Cómo establecer en 16 la cantidad máxima de sesiones para usuarios FTP.*

# Hola y adiós

Luego que haya enlazado a su servidor FTP algunas veces, probablemente quiera ver otros mensajes que no sean los comunes "Bienvenido" y "Adiós". Hacer estos cambios resulta fácil con FTP Serv-U.

1. De la ventana principal de FTP Serv-U, seleccione Setup | Signon/off.
2. Escriba sus mensajes de inicio y término de sesión en el cuadro de diálogo. Vea la figura 18.5 para un ejemplo de cómo hacerlo.

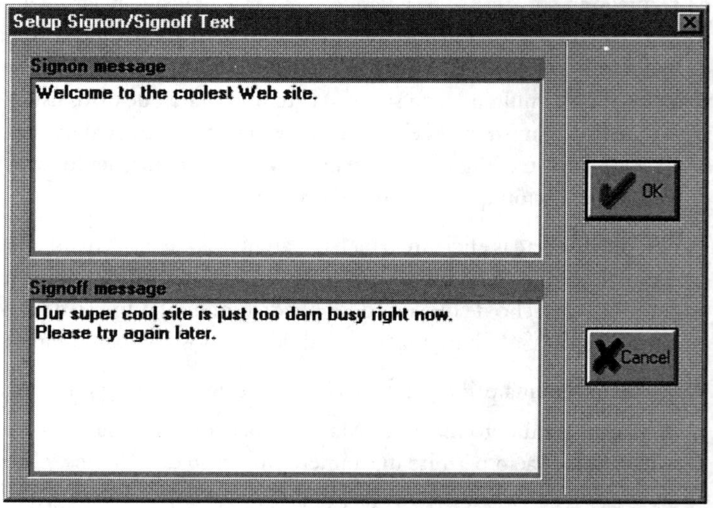


**Figura 18.5.**
*Personalice sus mensajes de inicio y término de sesión en Serv-U.*

# Cómo restringir el acceso

FTP Serv-U le permite restringir el acceso FTP por medio de la dirección IP. Usted puede permitir o rehusar el acceso FTP basado en una dirección IP específica o de acuerdo al rango de dirección IP. Sólo siga estos pasos para configurar sus propias reglas de acceso.

1. Del menú principal de FTP Serv-U, seleccione Configurar | Acceso IP (Setup | IP-Access).
2. En el cuadro de diálogo, inserte la dirección IP o asígnele el rango que usted desee para permitir o rehusar.
3. Seleccione el botón de radio Permitir (Allow) o Rehusar (Deny) que sea apropiado con la dirección IP que usted acaba de insertar en el paso anterior. Vea la figura 18.6 para un ejemplo.
4. Elija Agregar (Add).
5. Elija OK.

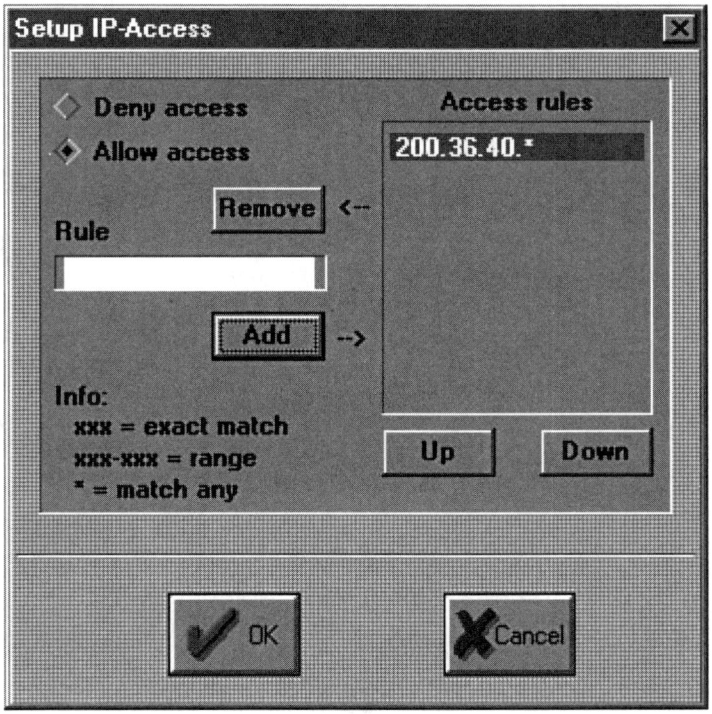


**Figura 18.6.**
*Garantice el acceso FTP a cualquier dirección IP de la clase C* `200.36.40.*`.

**Advertencia:** La seguridad que se basa sólo en las direcciones IP es débil. Quienquiera que pueda engañar a IP puede pasar sobre este método de exclusión. Vea el capítulo 20 para más información acerca de los engaños (spoofing) y otros riesgos de seguridad.

# ¿Qué sigue?

El capítulo siguiente le mostrará cómo continuar expandiendo los servicios que su sitio Web brinda, agregando funcionalidad para bases de datos. Éstas son clave para muchas operaciones comerciales, y no es de sorprender que haya muchas formas de involucrar a Web. Explicaremos WAIS y Cold Fusion.

# Capítulo 19

# Bases de datos y Web

- WAIS
- ODBC
- Bases de datos CGI con Cold Fusion
- Otras máquinas de búsqueda

Las bases de datos son la raíz de toda la computación comercial de nuestros días. En algún momento usted va a tener que integrar una compañía de base de datos a su sitio Web. O quizás cuando tenga un sitio Web muy grande, se verá precisado a crear una base de datos que permita a los clientes buscar el texto de sus archivos HTML.

Hay varias maneras de lograr la integración de la base de datos y el sitio Web. Si usted ya leyó el capítulo 11, "Introducción a los formularios Web y los scripts CGI", sin duda está pensando escribir una aplicación CGI que cubrirá sus necesidades. ¿Pero qué pasa si usted no es un programador CGI y quiere conectar una base de datos precargada, como Microsoft Access, a su sitio Web? ¿O qué pasa si quiere ofrecer a las personas la posibilidad de su sitio Web a partir de la página que están buscando y usted no tiene tiempo para aprender Perl? Bueno, no tema, este capítulo le va a mostrar cómo manejar ambas situaciones, y lo que es más, sin aprender complejos lenguajes de programación.

# WAIS

WAIS, que significa Servidor de Información de Área Amplia (Wide Area Information Server), es una herramienta para compartir información en Internet. Puesto que WAIS utiliza el protocolo Z39.50, puede llegar a oír que los dos términos se emplean indistintamente.

Hay un par de formas de utilizar WAIS (que se pronuncia *weis*). Una de las técnicas es sumamente sencilla y en esencia trabaja así: Usted construye un índice WAIS de todos los archivos HTML en su sitio e incluye la etiqueta `<ISINDEX>` en su página principal. Así de simple, y sus usuarios lo amarán por eso.

> **Nota:** El Centro Académico Europeo de Microsoft Windows NT (EMWAC) ha desarrollado varios programas freeware excelentes para Windows NT. Utilizamos varios de sus servidores en nuestro libro complementario *Web Site Construction Kit for Windows NT*. Por lo general, los programas que se escribieron para Windows NT en la plataforma Intel, también correrán en Windows 95. Esto se debe a que tanto Windows NT como Windows 95 soportan la API Win32, que permite a los programas llamar funciones del sistema operativo.
>
> El kit de herramientas de WAIS fue desarrollado por EMWAC para complementar su servidor Web Windows NT, que se llama HTTPS EMWAC (EMWAC HTTPS). Cuando usted lea la Guía del usuario para el kit de herramientas de WAIS EMWAC, podrá ver el HTTPS mencionado, y viceversa. La Guía del usuario para el HTTPS contiene información acerca de la configuración del kit de herramientas de WAIS.

El kit de herramientas de WAIS EMWAC que se incluye en el CD, le ayudará a crear una base de datos de todo el texto de su sitio Web, de modo que los usuarios lo puedan buscar por medio del teclado. Los creadores de HTML diseñaron la etiqueta `<ISINDEX>` con esta característica en mente. `<ISINDEX>` hará que el servidor Web invoque a un programa llamado WAISLOOK para buscar una base de datos WAIS y regresar los vínculos a las páginas que contienen la palabra clave para la búsqueda. (La base de datos WAIS también se conoce como índice).

Ahora hablaremos sobre los pasos dados en la transformación del sitio muestra YourCo en un sitio localizable. Antes que nada, usted necesita WAIS.

# Cómo instalar el kit de herramientas WAIS

¿No lo sabía? El kit de WAIS EMWAC trabaja muy bien con Folkweb y Purveyor. Aquí están los pasos para instalar el kit de herramientas de WAIS.

> **Nota:** Hay varios pasos confusos en los archivos READ.ME del kit de herramientas de WAIS, que estas instrucciones tratarán de aclarar y corregir.

1. El kit de herramientas de WAIS se distribuye en cuatro versiones para las diferentes arquitecturas que soporta Windows NT. Como se explicó antes, la mayoría de los programas escritos para Windows NT en Intel también son compatibles con Windows 95. Del directorio \apps del CD, seleccione el archivo ZIP apropiado para Intel, ya que éste es el único procesador en el cual corre Windows 95: wti386.zip.
2. Descomprima el archivo del CD-ROM en su unidad de disco duro. Esto lo dejará con los siguientes archivos:

   WAISINDX.EXE: El programa WAISINDEX

   WAISLOOK.EXE: El programa de búsqueda

   WAISSERV.EXE: El programa Z39.50 de búsqueda

   WAISTOOL.DOC: El manual del kit de herramientas de WAIS en formato Word para Windows

   WAISTOOL.WRI: El manual del kit de herramientas de WAIS en formato Write para Windows

   WAISTOOL.PS: El manual del kit de herramientas de WAIS en PostScript, listo para imprimir

   READ.ME: Resumen de nuevas características
3. Si usted ha instalado una versión previa del kit de herramientas, elimínela borrando los archivos anteriores o moviéndolos hacia otro directorio (que no tenga referencia con la variable de ambiente `PATH`) para borrarlos una vez que usted ha verificado que la nueva versión trabaja apropiadamente.
4. Decida en qué directorio va a poner las herramientas y mueva hacia allá los programas .EXE descomprimidos. Asegúrese de que el directorio esté en la ruta de acceso para que los comandos se puedan ejecutar desde la línea de comandos.
5. Determine qué versión del kit de herramientas tiene usted. Para hacer esto, escriba estos comandos en el indicador DOS de Windows 95:

   ```
   waisindx -v
   waislook -v
   waisserv -v
   ```

   y se desplegará el número de versión para cada programa. De hecho, para WAISINDX y WAISSERV se mostrarán dos números de versiones; el primero se refiere a la versión del código freeWAIS desde el cual se trajeron los programas, y el segundo es el número de la versión de

Win32. Ahora describimos la versión 0.7 para Windows NT. Si el programa reporta un número de versión posterior, encontrará un manual actualizado en los archivos que usted desempacó del archivero ZIP.

# Creemos una base de datos WAIS sencilla

Estos son los pasos para crear una base de datos WAIS de los archivos HTML de su sitio. Primero entre al directorio principal de su sitio Web. Supongamos que es `d:\http`.

1. Haga de `d:\http` el directorio actual.
2. Ejecute `waisindx`, con los parámetros, como se muestran a continuación:

   ```
   waisindx -d index -t html *.htm*
   ```
3. Observe los mensajes de `waisindx` para verificar que no haya errores. Observe que el nombre del archivo ejecutable se acortó de waisindex a waisindx para tener compatibilidad con otras versiones anteriores de Windows que permitían sólo nombres de archivos de ocho caracteres.
4. Ejecute un comando `DIR INDEX.*` en el directorio `d:\http` para verificar que `waisindx` ha creado los siete archivos de índice llamados index.*.

He aquí una descripción de los archivos creados por waisindx:

- `index.cat.`

  Catálogo de archivos indexados, con aproximadamente tres líneas de información para cada archivo indexado. Éste se un archivo de texto.
- `index.Dct.`

  Diccionario de palabras indexadas. Éste es un archivo binario.
- `index.Doc.`

  Tabla de documento. Éste es un archivo binario. Un archivo puede contener varios documentos, dependiendo del tipo de archivo especificado en la opción `-t`.
- `index.Fn.`

  Tabla de nombre del archivo. Éste es un archivo binario. Los nombres de los archivos almacenados en esta tabla se proporcionan como los parámetros finales para waisindex. Por eso, si los nombres de los archivos están dados con relación al directorio actual (por ejemplo, `files/*`), serán almacenados en la tabla de nombre del archivo que está en ese formulario, y los nombres de los archivos resultantes de la búsqueda en la base de datos también estarán en el formulario relativo.
- `index.Hl.`

  Tabla cabecera. Éste es un archivo binario. Una *cabecera* es (idóneamente) una línea de texto descriptivo que resume el contenido de un documento. En general la cabecera se toma del mismo documento. Por ejemplo, puede ser la línea para Tema: (Subject:); si el documento es un mensaje para correo, la primera línea del archivo, o el propio nombre del archivo. Lo que sea, depende del tipo del archivo, como se haya notificado para `waisindx` al usar la opción `-t`.

- `index.Inv.`

  Índice de archivo invertido. Éste es un archivo binario.

- `index.Src.`

  La estructura de la descripción de la fuente. Éste es un archivo de texto.

# Usemos *ISINDEX* con WAIS

Ahora que han sido creados los archivos índice de WAIS, usted necesita modificar su código HTML para aprovechar esto. Aquí es donde la etiqueta HTML `<ISINDEX>` entra en escena. Recuerde que el servidor HTTP está diseñado para invocar a `WAISLOOK` cada vez que recibe una solicitud `ISINDEX` del cliente.

Cree una nueva página de búsqueda llamada `index.htm` con la etiqueta `<ISINDEX>`. Usted puede cargar el archivo de ejemplo que aparece en el listado 19.1, cuyo nombre es `\site\index.htm`.

## Listado 19.1. Index.htm es un archivo HTML de ejemplo, que usa `<ISINDEX>`.

```
<HTML><TITLE>Search the YourCo Web Site</TITLE>
<BODY>
<CENTER>
<IMG ALT="YourCo Logo" src="LOGO.GIF">
<H2>Search the YourCo Web Site</H2>
</CENTER>
<P>To search the YourCo Web site just enter your search term(s) below.<ISINDEX>
<HR SIZE=5>
<I><A HREF="http://www.yourco.com/"><img src="RETURN.GIF">Back to YourCo Home
Page.</A></I>
<P>
<CENTER>
This page, and all contents, are Copyright (C) 1995 by YourCo
Inc., San Diego, California.
</CENTER>
</BODY>
</HTML>
```

Se necesita proporcionar un vínculo en nuestra página principal hacia el nuevo archivo índice que se acaba de crear. El listado 19.2 es una versión ligeramente modificada del archivo default.htm del sitio muestra que creamos para YourCo en el capítulo 13. Este archivo también está incluido en el CD como default2.htm en el directorio `\site`; si lo desea, sólo tiene que renombrarlo como default.htm, suponiendo que aún no ha personalizado el archivo default.htm del capítulo 13. Si ya lo personalizó, tenga presente que hay que aplicar también estos cambios en el archivo.

## Listado 19.2. Default.htm modificado para enlazarse con index.htm.

```
<HTML>
<HEAD>
<TITLE>YourCo Inc. Home Page</TITLE>
</HEAD>
<BODY>
```

*continúa*

Listado 19.2. Continuación

```
<IMG SRC="Logo.gif">
<H1>Welcome to YourCo!</H1>
Welcome to YourCo!  YourCo is the world's leading supplier of
something. We have been in business since 1994, and have had a
Web presence since today.
<P>
Our newest and most exciting product is
<A HREF="product.html">Product here</A>. Select
<A HREF="order.htm">here</A> to order your
own copy of Product here. You can also
<A HREF="custreg.htm">register for our customer newsletter</A>,
sent out by E-Mail every six weeks.<P>
We are pleased to provide the following additional information:
<P><UL>
<LI><A HREF="Release.htm">YourCo Press Releases</A><P>
<LI><A HREF="Lit.htm">YourCo Marketing Literature</A><P>
<LI><A HREF="Intro.htm">Introduction to our Products</A><P>
<LI><A HREF="Train.htm">YourCo Training Services</A><P>
<LI><A HREF="Consult.htm">YourCo Consulting Services</A><P>
<LI><A HREF="index.htm">Search the YourCo Web Site</A><P></UL>
<!-- this line is new link -->
<H2>Comments or Problems</H2>
Again, thanks for visiting YourCo's WWW server. We hope to hear
from you again soon.<P>
For information on YourCompany's products and services, please send
e-mail to <A HREF="mailto: info@YourCo.com"><I>info@YourCo.com</I>
</A>, for an automated reply<BR>
or use our <A HREF="feedback.htm">feedback form</A> for other
inquiries.<P>
This page, and all contents, are Copyright (C) 1995 by YourCo
Inc., San Diego, California.
</BODY>
</HTML>
```

Felicidades, ahora su sitio podrá ser localizado por teclado. Utilice su visualizador Web e inténtelo.

# ODBC

La Conectividad Abierta para Bases de Datos de Microsoft, ODBC (Microsoft Open Database Connectivity) es una interfaz estándar de programación para desarrolladores de aplicaciones y proveedores de sistemas de bases de datos. Antes de que ODBC llegara como un estándar *de facto* para que los programas Windows tuvieran una interfaz con los sistemas de bases de datos, los programadores tenían que utilizar lenguajes adecuados para cada base de datos a la que quisieran conectarse. Ahora, ODBC ha hecho que la elección del sistema de base de datos sea casi irrelevante desde una perspectiva de la codificación, que es como debía ser. Los desarrolladores de aplicaciones tienen cosas mucho más importantes de qué preocuparse que la sintaxis para llevar su programa desde una base de datos a otra cuando los negocios requieren un cambio acelerado.

A través del Administrador ODBC en el Panel de Control (Administrator in Control Panel), usted puede especificar la base de datos en particular que está asociada con una fuente de datos para la cual se ha escrito un programa de aplicación ODBC. Piense en una fuente de datos ODBC como una puerta con un nombre; cada puerta lo llevará a una base de datos en particular. Por ejemplo, la fuente de datos llamada Figuras de ventas (Sales Figures) puede ser una base de datos para servidor SQL, en tanto que la fuente de datos de cuentas por pagar (Payable) puede hacer referencia a una base de datos Access. La base de datos física a la que la fuente de datos hace referencia puede residir en cualquier lugar de LAN.

> **Nota:** Los archivos del sistema ODBC no están instalados en su sistema con Windows 95. En vez de ello, se instalan cuando usted instala una aplicación para base de datos separada, como SQL Server Client o Visual Basic 4.0. Cuando el icono ODBC se instala en el panel de control, utiliza un archivo llamado ODBCINST.DLL. También es posible administrar sus fuentes de datos ODBC a través de un programa autónomo llamado ODBCADM.EXE. Hay versiones de este programa para 16 y 32 bits, y cada una mantiene una lista independiente de las fuentes de datos ODBC.

Desde una perspectiva de la programación, la belleza de ODBC consiste en que la aplicación se puede escribir para utilizar el mismo grupo de llamadas de función que funge como interfaz con cualquier fuente de datos, sin importar el fabricante de la base de datos. El código fuente de la aplicación no cambia al entablar un diálogo ya sea con Oracle o con SQL Server. Sólo mencionamos estos dos ejemplos. Los controladores (drivers) ODBC están disponibles para varias decenas de sistemas de bases de datos populares. Incluso las hojas de cálculo de Excel y los archivos de sólo texto se pueden convertir en fuentes de datos. El sistema operativo utiliza la información de Registry escrita por el Administrador ODBC para determinar qué controladores ODBC de bajo nivel se necesitan para dialogar con la fuente de datos (como la interfaz para Oracle o SQL Server). El cargado de los controladores ODBC es transparente para el programa de aplicación ODBC. En un ambiente cliente/servidor, la API ODBC maneja incluso muchas de las salidas de red para el programador de la aplicación.

Ante tantas ventajas de este esquema, usted probablemente piense que debe haber algún inconveniente. La única desventaja de ODBC es que no es tan eficiente como dialogar directamente con la interfaz nativa de la base de datos. Muchos detractores de ODBC la acusan de ser demasiado lenta. Microsoft siempre ha alegado que el factor crítico en el desempeño es la calidad del software controlador que se utiliza. En nuestra humilde opinión, eso es cierto. Recientemente, la disponibilidad de los buenos controladores para ODBC ha mejorado en gran medida. Y de cualquier manera, las críticas sobre el desempeño son un tanto análogas a las que alguna vez afirmaron que los compiladores nunca alcanzarían la velocidad de un lenguaje de ensamblado puro. Quizás no sea así, pero el compilador (u ODBC) le brinda la oportunidad de escribir programas más limpios, lo que significa que usted terminará más pronto. Entre tanto, las computadoras son más rápidas cada día.

# Bases de datos CGI con Cold Fusion

Escribir aplicaciones CGI que puedan interactuar con una base de datos precargada requeriría un poco de habilidad en programación. ¿Por qué tomarse el tiempo para escribir dicha aplicación o pagar a alguien para que lo haga si ya existen algunas que son bastante buenas? Hemos incluido una versión de demostración de un producto llamado Cold Fusion, que es una aplicación CGI que permitirá una integración Web completa con cualquier aplicación para base de datos ODBC. La demostración es una versión totalmente operacional; su única limitante es que dejará de funcionar 30 días después de su instalación.

Cold Fusion se puede utilizar para crear un amplio rango de aplicaciones World Wide Web, incluyendo retroalimentación con el cliente, entrada de órdenes en línea, registro de eventos, búsqueda de catálogos, directorios y calendarios, conferencias estilo tablero electrónico (bulletin board), soporte técnico en línea y capacitación interactiva.

Usted crea aplicaciones con Cold Fusion mediante la combinación de los archivos HTML estándar, con comandos para bases de datos de alto nivel y un poderoso programa CGI precompilado. Este método para desarrollar aplicaciones Web es una orden de magnitud más rápida, más robusta y más flexible que las técnicas de la primera generación, basadas casi exclusivamente en el código.

Las aplicaciones Cold Fusion se pueden desarrollar rápidamente, pues no se requiere código (más allá de las simples etiquetas de marcado). Las aplicaciones también son robustas ya que todas las interacciones con la base de datos están encapsuladas en un simple script CGI de fuerza industrial.

Las aplicaciones Cold Fusion también son muy flexibles debido a que todo el formateo y la presentación se hacen utilizando los archivos estándar HTML que se pueden modificar y revisar en cualquier momento (al contrario de tener que editar y recopilar el código fuente).

# Cómo instalar Cold Fusion

La instalación de la demostración de Cold Fusion es cosa de niños. Sólo copie el archivo cfuseval.exe del directorio \apps del CD hacia un directorio temporal en su disco duro. Luego ejecute el programa de instalación de autoextracción en su directorio temporal. El proceso de instalación de Cold Fusion se encargará del resto.

La aplicación de demostración de Cold Fusion incluye todo un tutorial en línea en formato HTML que le guiará mediante el desarrollo de varios ejemplos. Usted tal vez tenga que emplear algún tiempo con el tutorial en línea y los ejemplos de Cold Fusion.

> **Nota:** Si la instalación de los componentes ODBC de Cold Fusion no se completa satisfactoriamente, probablemente se deba a una librería ODBC en uso durante la instalación. En este caso, reinicie Windows y haga doble clic en el icono Instalación (Setup) en el Grupo del Programa (Program Group) Cold Fusion para completar la instalación de ODBC. Para evitar este problema, una buena idea es salirse de todos los programas de aplicación antes de instalar un nuevo software.

# Acceso a base de datos CGI sin programación

Digamos que usted tiene una lista de correo para su compañía y que está en el formato de archivo *.MDB de Microsoft Access, y quiere que las personas que están visualizando en su sitio Web puedan añadir sus nombres a la lista de correo. Con Cold Fusion puede crear un formulario que les permitirá llenar a su vez un formulario Web y dejar los datos automáticamente insertados en su archivo MDB Access. Para efectuar esta operación, hemos incluido en el directorio `\supp` del CD todos los archivos necesarios. Aquí tiene una descripción de los archivos:

- `mlist.htm.`

  El archivo .htm contiene el formulario para insertar la información a la base de datos
- `mlist.mdb.`

  La base de datos Access
- `default3.htm.`

  La página principal del sitio muestra modificada, que agrega un vínculo a `mlist.htm`

Éstos son los pasos para agregar funcionalidad al insertar registros (records) a la base de datos de su sitio muestra:

1. Cree un directorio llamado `mlist` bajo `D:/http`.
2. Copie los archivos `mlist.htm` y `mlist.mdb` al directorio `mlist`.
3. Copie `default3.htm` en el directorio `D:/http` y renómbrelo como `default.htm`. No hay problema si sobreescribe el archivo con el mismo nombre que el de su sitio muestra del capítulo 13, a menos que haya personalizado este último. Si es así, por favor asegúrese de guardarlo.
4. Corra el Administrador de Cold Fusion (`fusionad.exe`) y cree una o más fuentes de datos ODBC para MS Access. Vea la figura 19.1. Para más información sobre lo que es ODBC y cómo trabaja, vea la Guía del usuario de Cold Fusion.

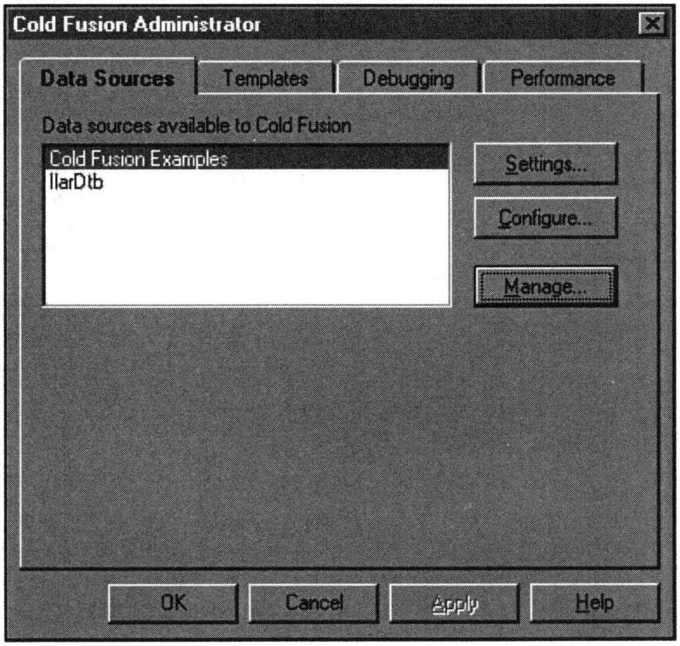


**Figura 19.1.**
*El administrador de Cold Fusion.*

5. Elija el botón Administrar (Manage) para traer el cuadro de diálogo Fuentes de datos (Data Sources) que se muestra en la figura 19.2.

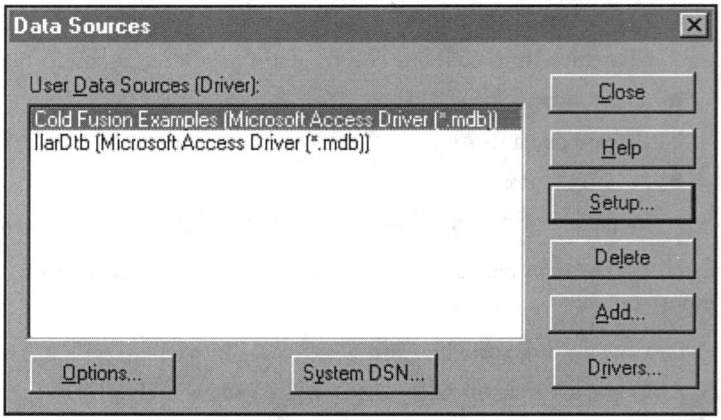


**Figura 19.2.**
*Cuadro de diálogo Fuentes de datos de Cold Fusion.*

6. Elija el botón Agregar (Add) para traer el cuadro de diálogo Agregar fuente de datos (Add Data Source), como se muestra en la figura 19.3.

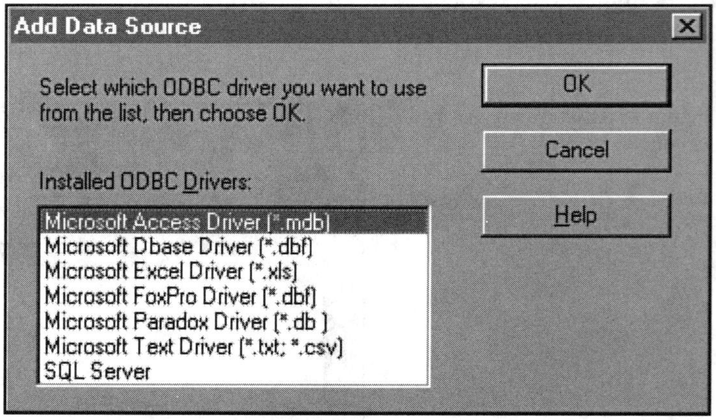


**Figura 19.3.**
*Cómo agregar una fuente de datos.*

7. Seleccione el controlador para la base de datos Access y luego elija OK. En el cuadro de diálogo, escriba `MS Access` para el Nombre de la fuente de datos (Data Source Name). Vea la figura 19.4.
8. Elija el botón Seleccionar (Select) para insertar la ruta de acceso al archivo `mlist.mdb` del paso 2. Vea la figura 19.5. Elija OK para cerrar el cuadro de diálogo Seleccionar base de datos (Select Database). Elija de nuevo OK para cerrar el cuadro de diálogo Configuración de la ODBC de Microsoft Access (Microsoft Access Setup). Elija Cerrar (Close) para cerrar el cuadro de diálogo Fuentes de datos.

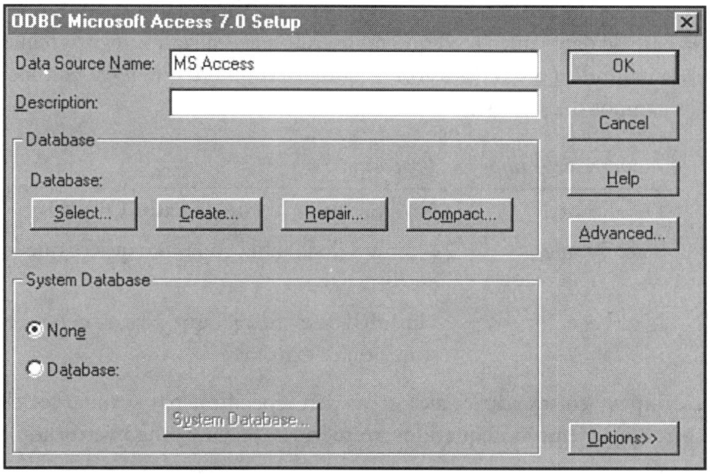


**Figura 19.4.**
*Cómo dar nombre a una fuente de datos.*

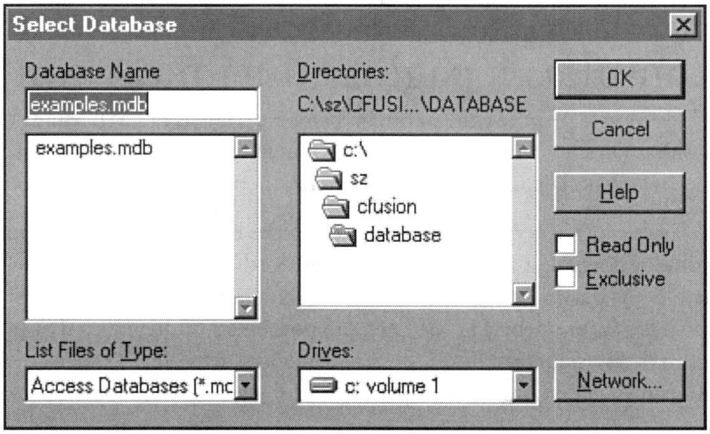


**Figura 19.5.**
*Selección de la ruta de acceso hacia el archivo base de datos.*

Eso es todo lo que hay que hacer. Su sitio muestra tiene ahora un vínculo hacia una página que agregará en forma automática personas a su archivo `mlist.mdb` el cual contiene su lista de correo. Ahora es un buen momento para arrancar su visualizador Web y añadir unos cuantos nombres a la lista. Por supuesto, usted tendrá que utilizar Microsoft Access, o un programa para base de datos semejante a Access, para ver, modificar o imprimir cualquier información del archivo .mdb. El siguiente paso es editar y buscar la base de datos desde Web.

# Inserción y actualización de datos con Cold Fusion

La funcionalidad más básica de Cold Fusion (insertar datos dentro de las tablas de base de datos) está en la incorporación de los campos de configuración ocultos para los formularios HTML. Si usted ya está familiarizado con los formularios HTML, esta técnica es sumamente fácil de aprender. Si necesitara un curso de repaso acerca de los formularios HTML, diríjase al capítulo 9.

Para insertar o actualizar información, cree un formulario HTML que contenga los campos en la tabla de la base de datos que usted quiera insertar o actualizar. Luego agregue tres campos ocultos al formulario lo cual indica a Cold Fusion lo que usted quiere que haga con los datos insertados por el usuario. Estos campos ocultos están como siguen:

| *Nombre del campo* | *Propósito* |
|---|---|
| DataSource | Nombre de la fuente de datos ODBC que contiene a su tabla |
| TableName | Nombre de la tabla en la que quiere que los campos del formulario estén escritos |
| NextPage | Un URL que indica a qué página debe ser enviado el usuario si la sumisión es exitosa |

Los campos ocultos adicionales se pueden especificar para validar los elementos de entrada (entries) del usuario (por ejemplo, requeridos, numéricos, fecha y rango verificado).

Cuando este formulario se somete al programa CGI Cold Fusion (DBML.EXE), los datos insertados por el usuario se agregan a la tabla específica y el usuario es conducido a la siguiente página específica.

# Consultas y páginas dinámicas con Cold Fusion

Cold Fusion le permite generar dinámicamente páginas HTML basadas en las consultas del usuario. Estas consultas son sometidas al programa CGI Cold Fusion (DBML.EXE), el cual (basado en el archivo plantilla especificado en la consulta) genera posteriormente la salida que va a ser devuelta al usuario.

La clave para la generación dinámica de páginas es un pequeño (pero poderoso) conjunto de etiquetas de marcado, orientadas a bases de datos. A estas etiquetas se les conoce en su conjunto como DBML, Lenguaje de Marcado para Bases de Datos (Database Markup Language). Las etiquetas DBML son muy similares a las etiquetas HTML, excepto porque las primeras están orientadas a bases de datos. Aprender a utilizar las etiquetas DBML es muy sencillo. Casi toda la funcionalidad central de Cold Fusion está encapsulada en estas cuatro etiquetas:

| *Etiqueta* | *Propósito* |
|---|---|
| `DBQUERY` | Somete una consulta SQL a la base de datos |
| `DBOUTPUT` | Despliega el resultado de una consulta, entremezclando libremente el resultado del conjunto de campos y las etiquetas HTML |
| `DBTABLE` y `CBCOL` | Despliega una tabla preformateada que contiene el conjunto de resultados de una consulta |

Las páginas dinámicas se crean utilizando los archivos plantilla, que están compuestos por una mezcla de etiquetas HTML y DBML que definen cómo se procesará la solicitud del usuario y el tipo de salida que se habrá de regresar.

Las etiquetas DBML se utilizan para especificar cómo quiere que Cold Fusion interactúe con la base de datos, así como dónde quiere usted que se desplieguen los resultados de sus consultas. Por ejemplo, usted puede especificar que quiere enviar la consulta SQL `SELECT * FROM Customers` a la base de datos y que los resultados sean devueltos como una tabla preformateada.

> **Tip:** Para mayor información acerca de los fundamentos del Lenguaje de Consulta Estructurado SQL (Structured Query Language), vea la sección titulada "Guía rápida para SQL" del capítulo 23, "WinCGI y SQL con Visual Basic".

Las etiquetas HTML se utilizan tanto para realizar las partes que no son controladas por la base de datos de su salida (por ejemplo, el encabezado y el pie de página) como para especificar cómo quiere formatear los resultados de sus consultas. Por ejemplo, usted puede especificar que quiere un campo en negritas o una regla horizontal dibujada entre cada registro desplegado.

# Cómo expandir la interfaz de la base de datos con Cold Fusion

Para agregar mayor funcionalidad al elemento de entrada de una lista de correo, también puede buscar y actualizar dicha lista desde un visualizador Web. Para realizar esto, usted necesita otros tres archivos. Aquí están, y los puede copiar del directorio `\supp` del CD:

- `results.dbm.`

  El archivo DBML pasa la información de SQL a Cold Fusion para conducir la búsqueda
- `srch.htm.`

  El formulario de búsqueda que se va a ligar al archivo `default.htm` de su sitio muestra
- `default4.htm.`

  Un archivo `default.htm` modificado con vínculos agregados para `srch.htm` y `mlist.htm`

Siga estos pasos para añadir una búsqueda de base de datos y actualizar la funcionalidad:

1. Copie el archivo `srch.htm` al directorio `mlist` que usted creó.
2. Copie `default4.htm` al directorio `D:\http` y renómbrelo como `default.htm`. De nuevo, a menos que usted haya personalizado la versión previa, puede sobreescribirlo.
3. En el directorio en el cual usted i s.Ló Cold Fusion, cree un directorio llamado `mlist` bajo el directorio plantilla de Cold Fusion. La ruta de acceso debería ser algo como `c:\cfusion\template\mlist.`
4. Copie el archivo `mlist.dbm` al directorio que usted acaba de crear.

Encienda su visualizador Web y vaya a la página principal de su sitio muestra para probar el nuevo vínculo. Vea si puede buscar y actualizar la base de datos de la lista de correo.

Dependiendo de la naturaleza de sus datos, puede darse cuenta inmediatamente de que no quiere que un vínculo como éste esté disponible a todo el público. Si éste es el caso, tendrá que colocar una protección de contraseña en sus páginas HTML. Muchos servidores Web, incluyendo Purveyor y FolkWeb, le permiten proteger sus páginas con claves de acceso.

# Otras máquinas de búsqueda

Además de Cold Fusion, ya están disponibles muchas otras herramientas ODBC y de integración Web. Aquí tiene algunos vínculos que puede revisar.

- Windows NT Resource Center `http://www.bhs.com/winnt/`.
- dbWeb `http://www.aspectse.com`.
- DataRamp `http://dataramp.com`.
- WebBase `http://www.webbase.com`.

# ¿Qué sigue?

Antes de que volvamos al tema de CGI y la programación avanzada de un sitio Web en la Parte V, aún hay que cubrir algunos temas importantes que surgen con el tema del mantenimiento de un sitio Web. En particular, el siguiente capítulo le mostrará qué hacer cuando a su sitio se le pregunta por un archivo llamado `robots.txt` y le proporcionará muchos tips sobre la seguridad del servidor.

# Capítulo 20

# Robots Internet y más productos para seguridad

- Robots Internet
- Firewalls y servidores Proxy
- Virus en software
- Consejos varios sobre seguridad

Los Webmasters siempre tienen que estar a la expectativa de los hackers que buscan robar información o recursos de la computadora. Esto es muy simple, puesto que la naturaleza de las comunicaciones digitales permite actividades que difícilmente se pueden detectar. Sencillamente, no se pueden detectar los hackers —en un sentido físico— tan fácilmente como, digamos, las grúas para autos.

Este libro ha traído a colación el tema de la seguridad cuando ha sido pertinente para las otras técnicas o software ya explicados. El capítulo 16, "Cómo mantener su sitio Web", explicó varios parámetros en el Registry de Windows que son de importancia relevante para la seguridad. En este capítulo se trata el punto más importante de la seguridad —desde una perspectiva de Internet—.

También hablaremos acerca de los robots Internet, o bots, pues son un tópico que avanza continuamente y es de gran controversia en Internet. Mucha gente aún desconoce su existencia, y a algunas personas incluso les molesta que existan. Le diremos qué hacen estos robots en Internet, cómo puede usted beneficiarse de ellos, por qué debe estar al tanto y qué puede hacer al respecto.

La segunda parte de este capítulo trata de la utilización de un firewall (barrera de protección) para proteger su servidor o su LAN de la intromisión externa, y cómo utilizar los servidores proxy para proteger su diagrama de red de ser alterados contrariamente en su estructura.

Finalmente, mencionaremos el tema de los virus informáticos y qué debería hacer para minimizar su riesgo de ataque.

La información sobre seguridad de este capítulo tiene que ver más con la estructura de la red que con las transacciones comerciales seguras. Si usted busca información acerca del comercio seguro en Web, vaya al capítulo 15, "Comercio en Web".

# Robots Internet

Los robots de World Wide Web, algunas veces llamados *vagabundos* (*wanderers*) o *arañas* (*spiders*), son programas que atraviesan automáticamente Web. El trabajo de un robot es recuperar información acerca de los documentos que están disponibles en Web y luego almacenar esa información en algún tipo de índice maestro de Web. Por lo general, el robot es limitado por su creador a la caza de un tema o segmento de Web en particular.

A fin de cuentas, muchos robots están programados para ver las etiquetas `<TITLE>` y `<H1>` en los documentos HTML que ellos descubren. Después rastrean el contenido del archivo en busca de las etiquetas `<A HREF>` para otros documentos. Un robot típico puede almacenar los URLs de una estructura de datos llamada *árbol* (*tree*), que el robot luego utiliza para continuar la búsqueda cada vez que llega a un camino cerrado (más técnicamente llamado un *nodo terminal*). Lo estamos haciendo un poco más simple de lo que es; los robots más grandes probablemente utilizan algoritmos mucho más sofisticados. Pero los principios básicos son los mismos.

La idea detrás de esto es que el índice construido por el robot haga la vida más fácil para los humanos, quienes quisiéramos saltar más rápidamente a las fuentes de información en Internet.

La buena noticia es que la mayoría de los robots están teniendo éxito y ayudan realmente a hacer una búsqueda y una recuperación subsecuente de estos documentos de una manera más eficiente. Esto es importante en términos de tráfico en Internet. Si un robot emplea varias horas buscando documentos, pero miles (o incluso millones) de usuarios aprovechan el índice generado, se evitará que todos esos usuarios bloqueen sus propios medios para descubrir los vínculos, ahorrando potencialmente grandes cantidades de ancho de banda en la red.

La mala noticia es que algunos robots visitan en forma deficiente el mismo sitio más de una vez, o bombardean a un solo sitio con tal cantidad de consultas y con tanto frenesí que el servidor no lo puede soportar. Esto obviamente es algo que tiene que ver con los Webmasters. Los autores de los robots se molestan tanto como el resto de la comunidad Internet cuando se dan cuenta que se ha liberado un robot con un comportamiento pobre. Pero dichos problemas por lo general se encuentran en unos cuantos robots pobremente escritos.

La figura 20.1 muestra un caso hipotético de un algoritmo de árbol transversal que puede utilizar un robot. En los diagramas de árbol como éste, los científicos de computadoras utilizan círculos para hacer referencia a los nodos (genéricamente). En este caso, los nodos representan páginas HTML. La travesía comienza en el nodo #1, considerado como la raíz del árbol. Después de inspeccionar el código HTML en el nodo #1, descubre un vínculo hacia el nodo #2. Cuando alcanza un documento estático en el nodo #3 (un nodo terminal), toma el mismo camino de regreso, primero al nodo #2 y luego al nodo #1 donde continúa hacia el nodo #4, y así sucesivamente.

**Figura 20.1.**
*Travesía de un robot en Web.*

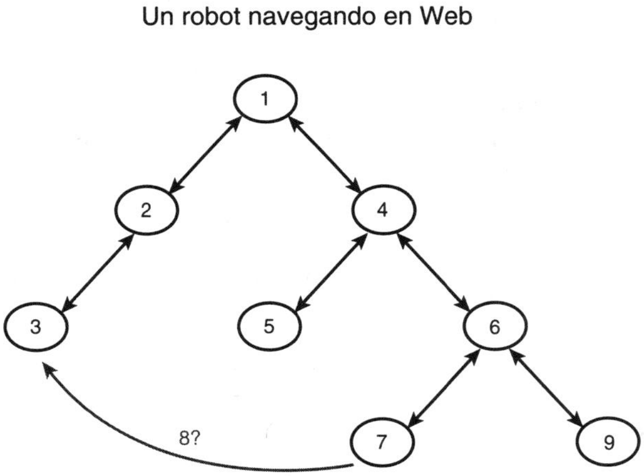


El problema que se presenta es cuando el nodo #7 contiene un vínculo adicional de regreso al nodo #3. Es cierto, la naturaleza dinámica de Web no excluye esto. Si el robot no es listo, revisará el nodo #3, colocando una carga innecesaria sobre el servidor.

Por fortuna, se han desarrollado pautas para los desarrolladores de robots, y la mayoría de los robots son dóciles. Un excelente recurso en línea para información sobre los robots, incluyendo la información posterior en la cual está basada gran parte de este capítulo, es "World Wide Web Robots, Wanderers, and Spiders" de Martijn Koster, `http://info.webcrawler.com/mak/projects/robots/robots.html`. Éste contiene vínculos hacia documentos que describen las pautas de los robots, el estándar para la exclusión de un robot y una colección a fondo de la información acerca de los robots conocidos.

Hay muchos robots activos en Web hoy en día. Para una lista de los robots conocidos al momento de la impresión de este libro, vea el Apéndice F, "Consideraciones sobre 36 robots Internet".

**Tip:** La comunicad Internet tolera a los robots porque ellos nos dan algo a cambio. Los robots privados son desaprobados en serio, debido a que toman recursos y a cambio ofrecen valor sólo a un usuario aislado. Sin embargo, si usted busca su propio robot Internet, puede revisar la página principal Verity Inc. en `http://www.verity.com/`. Por favor recuerde que una de las pautas para el diseño de los robots es analizar primero cuidadosamente si en realidad se necesita un nuevo robot.

Un buen entendimiento de los robots Web y de cómo utilizarlos o excluirlos le ayudará en sus empresas dentro de Web; de hecho, podría ayudar a mantener su sitio con vida.

# Por qué excluir a los robots

Hay muchas razones para querer excluir a los robots de que visiten su sitio. Una es que los bombardeos de consultas por parte de los robots insistentes pudiera hacer lento a su servidor. O que su sitio contuviera información que usted no quisiera que fuera indexada por fuentes externas. Cualquiera que sea la razón, hay una obvia necesidad de un método para la exclusión de los robots. Tenga presente que la exclusión de los robots no ayudaría a Internet.

En los grupos de noticias y en los servidores de lista relacionados con Web, se podrá encontrar con que un nuevo administrador de sitio Web pregunta "¿Qué es ROBOTS.TXT y por qué la gente lo busca?" Esta pregunta suele presentarse después de que el administrador mira las etiquetas de acceso a Web y detecta una línea parecida a ésta:

```
Tue Jun 06 17:36:36 1995 204.252.2.5 192.100.81.115 GET /robots.txt.HTTP/1.0
```

Al saber que no tienen un archivo con semejantes datos en el directorio raíz, los administradores se desconciertan.

La respuesta es que ROBOTS.TXT es parte del Estándar para exclusión de robots, acordado en junio de 1994 en la lista de correo sobre robots (`robots-request@webcrawler.com`) por la mayoría de los creadores de robots y personas interesadas en ellos.

**Nota:** La información de estas páginas está basada en el borrador actual del estándar de exclusión, que se puede encontrar en este URL.

`http://info.webcrawler.com/mak/projects/robots/norobots.html`

Algunas de las cosas que hay que tomar en cuenta respecto al Estándar para la exclusión de Robots son:

- No es un estándar oficial respaldado por un cuerpo de estándares.
- No es impuesto por nadie y no hay garantías de que todos los robots actuales y futuros se adherirán a éste.
- Considérelo un estándar perdido que la mayoría de los creadores de robots seguirá.

Además de utilizar la exclusión descrita arriba, hay otros pasos sencillos que usted puede seguir si descubre que un robot no deseado está visitando su sitio:

1. Revise los archivos de registro de su servidor Web para detectar la frecuencia de recuperaciones de documentos.
2. Trate de determinar en dónde se origina el robot. Esto le permitirá ponerse en contacto con el creador, que se puede encontrar observando los campos Agente-usuario (User-agent) y De (From) en la solicitud; o buscando el dominio del host en la lista de robots. Asimismo, en el Apéndice F se proporciona el origen de varios robots.
3. Si el robot le es molesto de alguna forma, hágalo saber al creador del robot; pídale que visite `http://info.webcrawler.com/mak/projects/robots/robots.html` para que él o ella pueda leer las pautas para creadores de robots y el estándar de exclusión.

# El método

El método utilizado para excluir a los robots de un servidor es crear un archivo en el servidor que especifique una política de acceso para los robots; este archivo se llama `/robots.txt`.

El archivo debe ser accesible en el URL local vía HTTP, con el contenido como se especifica aquí. El formato y la semántica del archivo son los siguientes:

- El archivo consta de uno o más registros (records) separados por una o más líneas en blanco (con terminaciones CR, CR/NL o NL). Cada registro contiene líneas de la forma:

  ```
  <field name>:<optional space><value><optional space>
  ```

- El nombre del campo es sensible a mayúsculas y minúsculas. Los comentarios se pueden incluir en el archivo, utilizando las convenciones del Bourne shell de UNIX. El carácter # se utiliza para indicar que los espacios precedentes (si los hay) y el recordatorio de la formación para terminación de línea están descartados. Se descartan por completo las líneas que contienen un solo comentario y por lo tanto no indican un límite para las anotaciones. El registro comienza con una o más líneas para el agente-usuario, seguidas de una o más líneas de no aceptación (disallow). Las cabeceras (headers) que no son reconocidas se ignoran.
- Agente-usuario.

  El valor de este campo es el nombre del robot para el cual el registro describe una política de acceso. Si se presenta más de un campo para Agente-usuario, el registro describe una política de acceso idéntica para más de un robot. Por lo menos debe haber un campo por registro. El robot deberá ser liberal al interpretar esta campo. Se recomienda que el conjunto de subcadenas del nombre, que no son sensibles a mayúsculas y minúsculas, no contengan información sobre la versión. Si el valor en el registro describe la política de acceso predeterminada para cualquier robot que no se haya ajustado a ninguno de los otros registros, no estará permitido tener dichos registros en el archivo ROBOTS.TXT.
- No autorización (Disallow).

  El valor de este campo especifica un URL parcial que no tiene que ser visitado. Éste puede ser una ruta de acceso completa o una ruta de acceso parcial; cualquier URL que inicie con este valor no será alcanzado. Por ejemplo:

  ```
  Disallow: /help
  ```

  No autoriza a `/help.htm` ni a `/help/default.htm`, mientras que

```
Disallow: /help/
```

no autoriza a `/help/default.htm`, pero autoriza a `/help.htm`.

Cualquier valor vacío indica que todos los URLs pueden ser alcanzados. Por lo menos uno de los campos Disallow debe estar presente en un registro. La presencia de un archivo ROBOTS.TXT vacío no tiene una semántica explícita asociada; será tratado como si no existiera. En otras palabras, todos los robots se considerarán ellos mismos bienvenidos para el pillaje, este..., es decir, para examinar su sitio. Ya sin bromear: sólo recuerde que los robots no pueden dañar sus archivos. Cuando un robot interactúa con su servidor Web, el robot no tiene más capacidad que un visualizador Web típico. El único daño potencial que puede ocasionar un robot es que los que están pobremente escritos mantengan ocupado a su servidor Web. Si usted quiere proteger su sitio del daño, vea la sección de abajo titulada "Firewalls y servidores Proxy".

## Ejemplos

Éste es un archivo ROBOTS.TXT de ejemplo para `http://www.yourco.com/` que especifica que ningún robot deberá visitar ninguno de los URLs que comience con /yourco/cgi-bin/ o con /tmp/:

```
User-agent: *
Disallow: /yourco/cgi-bin/
Disallow: /tmp/
```

Otro ejemplo que indica que ningún robot deberá visitar el sitio actual:

```
User-agent: *
Disallow: /
```

# Firewalls y servidores Proxy

Enfrentémoslo, por lo mismo que Internet esté creciendo tanto y tan rápidamente es por lo que se ha vuelto un lugar tan peligroso. Hay volúmenes enteros acerca de la seguridad en Internet, y justamente por eso la seguridad en Internet es un tema complejo. Para ser claros, esta sección no le dirá todo lo que necesita saber acerca de la seguridad en Internet, pero le ayudará a entender muchas de las implicaciones sobre seguridad que tienen sus decisiones. Nuestro lema es que siempre es bueno saber lo que usted no conoce.

> **Precaución:** La amenaza para su sitio es real. No queremos alarmarlo, pero Internet crece, y también el riesgo. Si usted está dirigiendo un sitio Web de negocios, sus riesgos oscilan desde algunas molestas travesuras hasta sabotaje industrial. Sin importar que su servidor esté en una LAN, si tiene algún archivo que valga la pena ser protegido (información financiera o incluso el mismo sistema operativo), definitivamente debería considerar un adecuado plan para firewall Internet.

Hace algún tiempo, en un servidor de lista hubo una interesante hilatura (una secuencia de varios mensajes sobre el mismo tema) acerca de la seguridad en Web. La historia era la siguiente: Un proveedor de servicio Internet (ISP) estaba actualizando su página Web que contenía los precios de los servicios. Cuando el empleado del ISP abrió el documento que iba a editar, él/ella se dio cuenta de que todos los precios de los servicios se habían incrementado a niveles desorbitantes. Éste es sólo un ejemplo de cómo se puede comprometer su sitio.

Si usted pretende mantener una conexión Internet y quiere un sitio verdaderamente seguro, tendrá que considerar la obtención de protección por medio de firewalls. Un firewall (barrera de protección) Internet obtiene su nombre del hecho de que le ayuda a controlar los paquetes TCP/IP que viajan entre su red (o su servidor) y el resto de Internet. Correr un firewall le permite regular el tráfico de la red y descartar los paquetes que se originan desde ubicaciones Internet indeseables (basadas en el tipo de paquete TCP/IP o en el análisis previo del archivo de registro). Si usted quiere agregar un firewall a su sitio, lo primero que hay que hacer es cambiar de una conexión para Acceso telefónico a redes a un tipo de conexión Ethernet/basada en enrutador.

> **Nota:** Sólo recuerde que si usted escucha a alguien hablar de RAS, es básicamente lo mismo que el acceso telefónico a redes. RAS, que significa Servicio de Acceso Remoto, está construido dentro de Windows NT 3.5x. Se construyó un cliente RAS dentro de Windows para Trabajo en grupos 3.11, el predecesor de Windows 95. Como parte de su plan general para dar una apariencia más amistosa al sistema operativo, Microsoft decidió cambiar el nombre de RAS por el de Acceso telefónico a redes cuando lanzó Windows 95.

Un *firewall* puede ser software, hardware o una combinación de los dos. Los paquetes firewall comerciales son caros; sus precios pueden variar a cualquier cifra entre los 1,000 y los 100,000 dólares.

No hemos oído de un firewall para Windows 95 que conste sólo de software, pero cuando éstos estén disponibles probablemente serán menos costosos que las versiones en hardware. En estos momentos, usted puede considerar correr una versión freeware de UNIX para incluir un firewall en su red. Como una excelente referencia, consulte *Linux Unleashed*, publicado por Sams.net.

Un firewall por lo general incluye varias herramientas de software. Por ejemplo, puede incluir servidores proxy independientes para correo electrónico, FTP, Gopher, Telnet, Web y WAIS. El firewall también puede filtrar determinados paquetes ICMP, Protocolo Internet para Control de Mensajes (Internet Control Message Protocol) sueltos, de manera que su servidor no divulgue información de la red.

La figura 20.2 muestra un diagrama de red de una conexión LAN típica para Internet, que incluye un servidor Web y un firewall. Nótese que el servidor Web, el servidor LAN y el servidor firewall podrían estar todos en una sola máquina si el presupuesto es apretado, pero separarlos como se muestra aquí se considera un ambiente más seguro.

El servidor proxy se utiliza para enmascarar todas sus direcciones IP de la LAN en paquetes sueltos para que luzcan como si todos se originaran en el propio servidor proxy. Cada una de las máquinas cliente de su LAN debe utilizar el servidor proxy cada vez que se conecten a Internet por FTP, Telnet, Gopher o Web. La razón de hacer esto es evitar la detección externa de la estructura de su red. De otra forma, los hackers que monitorean su tráfico suelto, tarde o temprano podrían determinar sus direcciones IP individuales y entonces utilizar el *engaño IP* para alimentarlos de regreso a su servidor cuando quieran aparecer como un cliente conocido.

**Figura 20.2.**
*Utilizando un firewall/ servidor proxy en una LAN.*

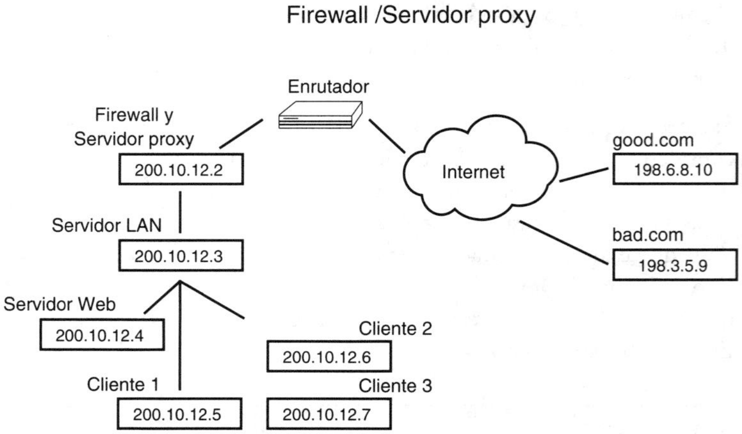


Otro de los propósitos de un firewall es llevar a cabo un *filtrado IP* de los paquetes que entran. Digamos que al monitorear los archivos de registro en su servidor Web ha notado alguna actividad extraña o no deseada, que se ha originado en 193.3.5.9. Después de revisar el programa *whois* (como la versión GUI incluida con este libro), determina que el nombre de dominio es bad.com, y que usted no tiene ningún negocio con ellos. Puede configurar el filtro IP para bloquear cualquier intento de conexión que se esté originando en bad.com mientras permite que procedan los paquetes provenientes del amistoso good.com.

**Precaución:** Muchas personas piensan que el filtrado de paquetes IP no vale la pena si sólo está implementado en software. Ellos pueden advertir que el filtrado de paquetes es útil sólo en un enrutador o una solución de firewall en hardware que incluye la posibilidad de filtrado en la capa del vínculo, en vez de en las capas de red o de transporte, donde opera el software TCP/IP. Sin embargo, incluso si usted realiza el filtrado de paquetes mediante software; el truco es filtrar los paquetes basados tanto en el IP de la fuente *como* en la interfaz. Ya está, si un paquete con una dirección de la fuente que también es un IP interno aparece en la interfaz externa de su enrutador (es decir, del lado de Internet), usted debe abandonar el paquete y hacerlo registrar para su atención inmediata.

# Otras configuraciones Firewall

Ahora regresemos al punto anterior acerca de la necesidad de cambiar su método de conexión a Internet por una combinación de Ethernet y enrutador; en vez de una conexión por módem deAcceso telefónico a redes. Las siguientes son algunas configuraciones firewall posibles.

# Internet, CSU/DSU, enrutador y Windows 95

La figura 20.3 describe una de las más simples configuraciones para firewall. El elemento clave es el enrutador que reside entre su servidor e Internet. Por supuesto, añadir un enrutador significa añadir también una CSU/DSU y lo lleva fuera del reino de una simple conexión para módem.

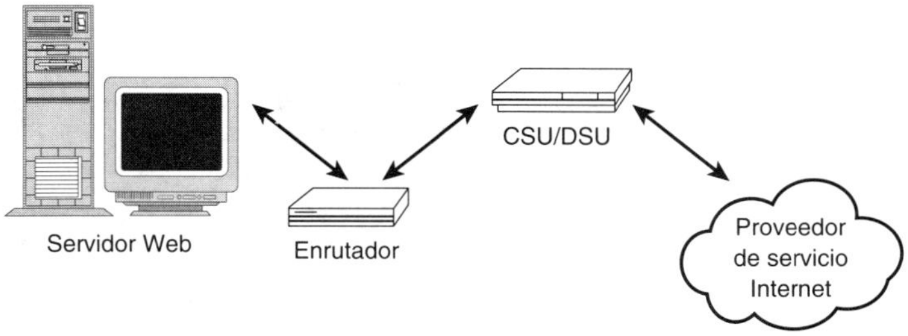


**Figura 20.3.**
*Servidor y enrutador.*

Esta económica red describe un enrutador que ofrece filtrado de paquetes IP. Ésta es una protección firewall sólo de hardware.

# Internet, CSU/DSU, enrutador, Windows 95 y Firewall en software

Este escenario es sólo un poco más complicado. La figura 20.4 muestra un firewall en software (quizás solamente un servidor Web proxy) que se agrega al sitio Web.

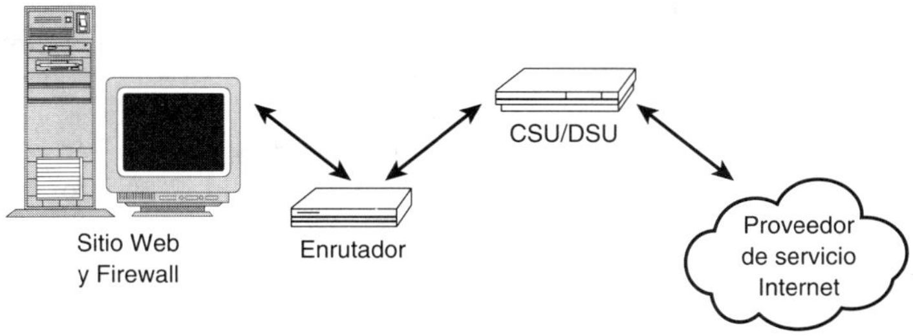


**Figura 20.4.**
*El servidor con un firewall integrado.*

En este caso, si el enrutador no proporcionó el filtrado de paquetes IP, usted tendría protección firewall únicamente mediante software. Al momento de escribir esto, no habíamos encontrado soluciones sólo de software que corrieran de origen bajo Win95.

# Internet, CSU/DSU, enrutador, servidor Firewall y Windows 95

La configuración mostrada en la figura 20.5 es un poco más avanzada. La implementación de un servidor firewall independiente a su red es una de las mejores formas de proteger sus recursos de los intrusos.

En este caso, agregamos una computadora separada que corre un software firewall/IP para filtrado. Esta es la solución en hardware/software descrita anteriormente.

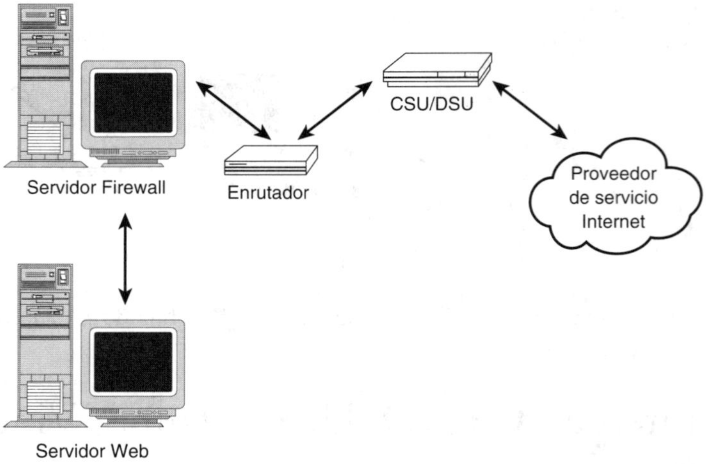


**Figura 20.5.**
*Utilizando un servidor firewall para proteger el resto de la LAN.*

**Nota:** Debido a la carencia actual de soluciones para firewall basado exclusivamente en software para Windows 95 y Windows NT, el servidor firewall es probablemente más parecido a una consola UNIX. Sin embargo, con el gran auge de popularidad que Windows está atestiguando, podemos esperar que esta situación cambie muy pronto.

Estos diagramas no muestran las conexiones que están más allá del servidor. Si su situación involucra a una red, el servidor sería un host de alojamiento múltiple con dos NICs actuando como un puente o como una gateway a Internet.

Como puede ver, hay muchos beneficios para los firewalls. La opción de instalar o no un firewall es una decisión compleja que involucrará factores como éstos:

- Análisis de riesgo.
- Análisis costo beneficio.
- Políticas de seguridad para red.
- Topología de la red.

Si usted decide que necesita un firewall pero no tiene el dinero para adquirir una solución en hardware de 30,000 o 40,000 dólares, debe considerar la utilización de FWTK (Kit de Herramientas para Firewall). FWTK es un conjunto de utilerías freeware relacionadas con firewalls de TIS (Trusted Information Systems). Este kit de herramientas se distribuye en formato de código fuente. Está escrito para UNIX, por lo que usted tendrá que correrlo en una consola UNIX o invertir tiempo o dinero para convertir el código a Windows. Hay varias versiones freeware de UNIX que corren en PC, por lo que esta solución puede resultar menos costosa. El inconveniente de este método es que requiere una gran inversión de tiempo, esfuerzo y conocimiento sobre UNIX para aplicarlo. Para obtener el FWTK, y leer otra gran cantidad de información sobre los firewalls comerciales, vea `http://www.tis.com`.

# Virus en software

Desafortunadamente, como si usted no tuviera ya bastantes problemas, el riesgo de los virus que borran y revuelven sus archivos es muy serio.

Una forma de disminuir el riesgo es evitando bajar programas de Internet. Usted debe darse cuenta de que se puede contagiar al momento de correr cualquier tipo de imagen ejecutable. Esto incluye programas, DLLs, archivos de comando, o incluso macros para autoarranque en aplicaciones comerciales.

Por supuesto, la vida en la Red no es tan práctica sin el acceso a todo el interesante material que se inventa cada día. Por lo que el siguiente nivel de protección es probar el nuevo software en una máquina autónoma poco costosa antes de darle acceso a su preciado disco duro.

Los programas para detección de virus (o rastreadores de virus) se deberán utilizar para verificar que un nuevo programa aparezca como legítimo. Los rastreadores de virus analizan su software en busca de varios tipos de banderas rojas que indicarían peligro. Éstos son capaces de detectar y advertirle de cientos de virus conocidos. Aunque otro problema es que todos los días los programadores sin escrúpulos escriben nuevos virus. Por fortuna, la mayoría de los rastreadores de virus también tienen una respuesta para eso. Estos programas pueden detectar los efectos de los virus desconocidos, manteniendo una suma de verificación (checksum) de los archivos de su disco al rastrearlos por última vez y luego monitorearlos para futuros cambios.

**Precaución:** Algunos virus pueden infectar una LAN después de aterrizar en una sola máquina de la red. Si usted no está seguro sobre el tipo de software que alguien más puede instalar en su LAN, deberá considerar seriamente correr un rastreador de virus para red en una base permanente. Esta opción es más segura y más práctica que tener una política para red basada en la revisión de todos los empleados.

Al momento de escribir esto, sabíamos de cuatro rastreadores de virus para Windows 95. Hemos probado tres de ellos; McAfee Scan para Windows 95, ThunderBYTE Anti-Virus 95 y Doctor Anti-Virus 95. Todas estas aplicaciones trabajaron bien y cada una tuvo sus características particulares. De las tres, Doctor Anti-Virus 95 parecía tener la mejor integración con Windows 95. Si el dinero no es un problema, le recomendamos correr varios rastreadores anti-virus en su sistema. Nunca hace daño ser demasiado cuidadoso.

# Consejos varios sobre seguridad

Cuando alguien piensa en seguridad en Internet, automáticamente piensa en firewalls. Pero hay mucha más seguridad que los simples firewalls. Usted alejará a la mayoría de los pesados bromistas configurando su sitio con la seguridad en mente. Aquí hay varios puntos para correr un sitio Web seguro:

- Si permite acceso FTP, fije permisos de restricción para los directorios y archivos FTP.
- No permita que las aplicaciones para servidor corran como servicios del sistema. Dado que las aplicaciones para servidor están básicamente escuchando a un puerto, un hacker podría pasar información al bien conocido puerto. Si la aplicación está corriendo como un servicio del sistema, tiene privilegios del sistema y en teoría podría ser forzada a correr un programa que usted no quisiera correr. Siempre es mejor crear una cuenta para la aplicación del servidor bajo la cual pueda correr, de manera que sólo cuente con los privilegios necesarios para hacer su trabajo. Las aplicaciones para servidor que corren como servicios del sistema en UNIX han sido fuente de muchas intromisiones. (Garantizado, tener acceso público al código fuente UNIX lo hace más sencillo.)
- No ponga ningún archivo en el directorio de un servidor de aplicaciones que no pueda permitirse perder.
- Asegúrese de que la opción Visualización del directorio (Directory Browsing) no está disponible en su servidor Web. De otro modo, los usuarios que sólo tecleen su Nombre de dominio completamente calificado terminarán con un listado del directorio FTP del directorio raíz de su documento. Y podría haber archivos además de su página principal que no quiere que ellos vean.
- Desarrolle una política de seguridad para los usuarios a los que usted permita registrarse en su servidor. ¿Qué programas están autorizados para correr? ¿Qué tan seguido deben cambiar su contraseña? ¿Pueden los usuarios marcar a Internet desde un módem privado?
- Monitoree las etiquetas de su sistema cuidadosa y frecuentemente. Esto puede ser su única oportunidad para detectar un comportamiento extraño cuando se comienza a desarrollar. Si usted tiene suerte, podrá excluir a un hacker antes de que haga un daño mayor.

# ¿Qué sigue?

Esto concluye la sección Expandiendo su servidor Internet. Ahora estamos listos para abordar el tema de la programación en Web. En la siguiente parte del libro, nos adentramos en varios lenguajes de programación, cada uno con su lugar específico en la casilla de herramientas del Webmaster. Cualquiera que sea su preferencia, Perl, C++, Visual Basic, o Java, tenemos un poco de cada uno para todos.

# Parte V

# Fortalezca su servidor Internet

En esta parte del libro, usted explorará la manera de fortalecer su servidor Internet.

- **Capítulo 21,** "Programación de un sitio Web con Perl", lo introduce en la programación para sitio Web con este tan popular lenguaje interpretado.
- **Capítulo 22,** "Programación CGI de Poder con C/C++", lo conduce al corazón de la programación HTML y C. Juntos, estos lenguajes le permiten crear páginas Web increíblemente poderosas.
- **Capítulo 23,** "WinCGI y SQL con Visual Basic", presenta un programa de ejemplo en Visual Basic 4.0.
- **Capítulo 24,** "Programación Web interactiva con Java", un programa de ejemplo más, con Java funcionando.
- **Capítulo 25,** "El futuro de Web", es un vistazo hacia el futuro y hacia algunos de los acontecimientos más recientes en Web.

# Capítulo 21

# Programación de un sitio Web con Perl

- Dónde obtener Perl
- Aprenda Perl
- WWWusage
- Manejo de formularios CGI con Perl

Perl es un lenguaje interpretado diseñado para rastrear arbitrariamente archivos de texto, extrayendo información de esos archivos de texto, e imprimiendo reportes basados en dicha información. También es un buen lenguaje para muchas tareas de administración del sistema de un sitio Web. Este capítulo le muestra la manera de utilizarlo para algunos scripts CGI accesibles. WWWusage es un excelente ejemplo de un poderoso script CGI escrito en Perl.

Perl fue desarrollado para cubrir el trecho entre los lenguajes de programación de bajo nivel, como C, y los lenguajes de alto nivel como AWK, SED y el Shell de UNIX. Aunque C es un lenguaje muy poderoso, requiere una pronunciada curva de aprendizaje para dominarlo. Perl no ofrece la velocidad de un lenguaje compilado, pero ofrece muy buena capacidad para manejo de cadenas y una curva de aprendizaje más rápida. La mayoría de las personas con experiencia en cualquiera de los lenguajes mencionados encontrará que Perl es una migración fácil.

**Nota:** Aunque Perl es un acrónimo de Lenguaje Práctico para Extracción y Reportes (Practical Extraction and Report Language), como los nombres de muchos otros lenguajes de programación formados a partir de acrónimos, no siempre se escribe con letras mayúsculas.

# Dónde obtener Perl

Perl viene actualmente en dos versiones: Perl 4 y Perl 5. La versión 5 es el nuevo miembro de la familia y viene con extensiones orientadas a objetos. Perl fue inventado en UNIX por Larry Wall. Tenga en mente que Perl siempre ha tenido fuertes raíces en plataformas UNIX, y que la mayoría de los Webmaster que lo utilizan y que depositan código fuente de Perl para el dominio público, trabajan en UNIX. Por fortuna, algunos tipos simpáticos han llevado Perl a Win32 y lo han puesto disponible por medio del FTP anónimo.

Dick Hardt de Hip Communications llevó el puerto de Perl 5 a Windows NT/95. Hemos corrido Perl 5 en dos plataformas de prueba Windows 95 sin dificultades, y lo hemos incluido en el CD-ROM. Usted también puede obtener la última versión en `fttp://ntperl.hip.com/ntperl/`. Este sitio contiene el código fuente de Visual C++ 2.0 para Perl, archivos binarios y documentación.

**Tip:** El archivo de procesamiento por lotes para la instalación de Perl 5 no trabajará en Windows 95, por lo que tendrá que hacer tres anotaciones de registro manualmente. Usted encontrará un archivo llamado win95.txt acompañando a Perl 5 que le explicará este proceso.

Usted puede conseguir Perl 4 para Windows NT en el sitio FTP de Intergraph. Dirija su visualizador Web o CuteFTP a este URL: `ftp://ftp.intergraph.com/pub/win32/perl/`. Usted tendrá que bajar el archivo ntperlb.zip (si sólo quiere la versión compilada) o ntperls.zip (si quiere el código fuente de Visual C++ 2.0). Utilizar Perl 4 en Windows 95 requiere de un parche (que usted puede encontrar en Yahoo) desarrollado por Bob Denny.

# Aprenda Perl

Este libro ya cubre una gran cantidad de información, y los autores no pretenden inundarlo con un curso completo del lenguaje Perl. Lo que hace este capítulo es darle una rápida introducción a la sintaxis de Perl y mostrarle cómo poner a trabajar algunos scripts Perl para que pueda entrar en materia inmediatamente.

> **Nota:** Gran parte del material de esta sección ha sido generosamente aportado por Gary E. Major (Analista de Sistemas) de Seattle Pacific University. Usted puede visitar su sitio en Web para obtener la información más reciente:
>
> `http://www.spu.edu/tech/basic-perl/.`

Hay mucho que cubrir y sólo un capítulo para hacerlo. Le advertimos que este material no está pensado para aquellos que son nuevos en la programación. De hecho, vamos a llevar a cabo una aproximación hasta cierto punto de entrada por salida y presentar el material de modo más amplio en el formato de referencia. La segunda mitad del capítulo contiene una aplicación de ejemplo muy útil.

# Símbolos

La tabla 21.1 presenta los símbolos exclusivos de Perl más comunes y su significado.

Tabla 21.1. Símbolos Perl comunes.

| *Símbolo* | *Propósito* |
|---|---|
| $ | Para valores escalares |
| @ | Para arreglos indexados |
| % | Para arreglos de Comprobación (hashed arrays) o arreglos asociativos |
| * | Para todos los tipos de nombre de ese símbolo. En ocasiones se utilizan como punteros en Perl 4, pero Perl 5 utiliza referencias |
| <> | Se utilizan para insertar un registro de manejador de archivos (filehandle). |
| \ | Toma una referencia hacia algo |

# Componentes del script

Esta sección enlista los componentes básicos de un script Perl. La primera línea de cada programa Perl es un comentario especial requerido para identificar la ubicación del archivo del propio intérprete Perl. Por ejemplo:

```
#!/usr/local/bin/perl
```

- Las líneas de comentario comienzan con el carácter #.
- Los comandos terminan con el carácter ;.
- Las subrutinas están contenidas en claves; por ejemplo, `sub subroutine_name { }`

Esta lista muestra los tipos de datos predefinidos:

- Escalares.

  Nombres que empiezan con el carácter $ (por ejemplo, `$scalarname`).

  Utilizados para caracteres, cadenas y números.
- Arreglos.

  Nombres que empiezan con el carácter @ (por ejemplo, `@arrayname`).

  Los elementos individuales son referenciados con: `$arrayname [`*n*`]`.

  Utilizados para listas de caracteres, cadenas y números.

  Nótese que la lista puede tener una mezcla de caracteres, cadenas y números.
- Arreglos de comprobación (también conocidos como Arreglos asociativos).

  Nombres que empiezan con el carácter % (por ejemplo, `%hashname`).

  Los elementos individuales son referenciados con: `$arrayname{'key'}`.

  Maneja las combinaciones tecla/valor:

  "Gary Major", "Analista de Sistemas"

  "Phil Rand", "Analista de Sistemas en Jefe"

  "E. Arthur Self", "¿Quién?"

# Variables y caracteres especiales

La tabla 21.2 enlista varias variables predefinidas y caracteres reservados en Perl.

Tabla 21.2. Variables Perl predefinidas.

| *Variable* | *Propósito* |
|---|---|
| `$0` | Contiene el nombre del script en ejecución |
| `$_` | Entrada predeterminada y variable de búsqueda patrón |
| `$/` | Separador de registro de entrada, nueva línea por predeterminado |
| `@ARGV` | Contiene los argumentos de la línea de comandos. `$ARGV[0]` es el primer argumento |
| `@INC` | Contiene la lista de los lugares para buscar scripts, que va a ser evaluada por los comandos *do* o *require* |
| `%INC` | Contiene las entradas para cada archivo incluidos por los comandos *do* o *require.* |
| `%ENV` | Contiene sus parámetros de ambiente. Los cambios que se hagan afectan a los procesos hijos |
| `STDIN` | Flujo de entrada predeterminado |

| *Variable* | *Propósito* |
|---|---|
| STDOUT | Flujo de salida predeterminado |
| STDERR | Flujo de error predeterminado |

# Operadores aritméticos

La tabla 21.3 contiene los operadores aritméticos comunes.

Tabla 21.3. Operadores aritméticos de Perl.

| *Operador* | *Ejemplo* | *Significado* |
|---|---|---|
| + | $a + $b | Suma de $a y $b |
| - | $a - $b | Resta de $a y $b |
| * | $a * $b | Producto de $a por $b |
| / | $a / $b | Cociente de $a entre $b |
| % | $a % $b | Residuo de $a dividido entre $b |
| ** | $a ** $b | $a a la $b potencia |

# Operadores de asignación

Perl soporta un rico conjunto de operadores de asignación para muchos propósitos. Si la lista en la tabla 21.4 parece ser abrumadora, trate de quedarse con los más sencillos y aprenderse los otros cuando tenga más experiencia con la programación en Perl.

Tabla 21.4. Operadores de asignación Perl.

| *Operador* | *Ejemplo* | *Significado* |
|---|---|---|
| = | $var = 5 | Asigna 5 a $var |
| ++ | $var++ or ++$var | Incrementa $var en 1 y lo asigna a $var |
| -- | $var-- or --$var | Decrementa $var en 1 y lo asigna a $var |
| += | $var += 3 | Incrementa $var en 3 y lo asigna a $var |
| -= | $var -= 2 | Decrementa $var en 2 y lo asigna a $var |
| .= | $str .= "ing" | Concatena "ing" con $str y lo asigna a $str |
| *= | $var *= 4 | Multiplica $var por 4 y lo asigna a $var |
| /= | $var /= 2 | Divide $var entre 2 y lo asigna a $var |

*continúa*

Tabla 21.4. Continuación

| *Operador* | *Ejemplo* | *Significado* |
|---|---|---|
| `**=` | $var **= 2 | Eleva $var a la segunda potencia y lo asigna a $var |
| `%=` | $var %= 2 | Divide $var entre 2 y asigna el residuo a $var |
| `x=` | $str x= 20 | Repite $str 20 veces y lo asigna a $str |

# Operadores lógicos

Los operadores lógicos en Perl (tabla 21.5) son útiles para las típicas sentencias `if` que aparecen en casi todos los lenguajes de programación.

Tabla 21.5. Operadores lógicos Perl.

| *Operador* | *Ejemplo* | *Significado* |
|---|---|---|
| `&&` | $a && $b | Verdadero si $a es verdadero y $b es verdadero |
| `||` | $a \|\| $b | Verdadero si $a es verdadero o $b es verdadero |
| `!` | ! $a | Verdadero si $a no es verdadero |

# Operadores de concordancia de patrones

La concordancia de patrones es una de las áreas en las cuales Perl muestra su fuerza. Estos operadores, que se muestran en la tabla 21.6, son muy útiles para operaciones de cadena.

Tabla 21.6. Operadores de concordancia de patrones Perl.

| *Operador* | *Ejemplo* | *Significado* |
|---|---|---|
| `=~ //` | $a =~ /pat/ | Verdadero si $a contiene un patrón "pat" |
| `=~ s//` | $a =~ s/p/r | Reemplaza las apariciones de "p" con "r" en $a |
| `=~ tr//` | $a =~ tr/a-z/A-Z | Traduce a los caracteres correspondientes |
| `!~ //` | $a !~ /pat/ | Verdadero si $a no contiene un patrón "pat" |

# Operadores de cadena

Los operadores de cadena en Perl, como se muestran en la tabla 21.7, son el soporte principal del lenguaje.

Tabla 21.7. Operadores de cadena Perl.

| *Operador* | *Ejemplo* | *Significado* |
|---|---|---|
| `.` | $a . $b | Concatena $b con el final de $a |
| `x` | $a x $b | Valor de $a encadenado $b veces |
| `substr()` | substr($a, $o, $l) | Subcadena de $a de la cadena $o de longitud $l |
| `index()` | index($a, $b) | Cadena $b contenida en la cadena $a |

# Operadores relacionales

Los operadores relacionales mostrados en la tabla 21.8 son esenciales para las sentencias `if` y `while`.

Tabla 21.8. Operadores relacionales Perl.

| *Operador numérico* | *Operador de cadena* | *Ejemplo* | *Significado* |
|---|---|---|---|
| `==` | `eq` | $str eq "Word" | Igual a |
| `!=` | `ne` | $str ne "Word" | No igual a |
| `>` | `gt` | $var > 10 | Mayor que |
| `>=` | `ge` | $var >= 10 | Mayor o igual a |
| `<` | `lt` | $var < 10 | Menor que |
| `<=` | `le` | $var <= 10 | Menor o igual a |

# Comandos básicos Perl

Aquí hay varios comandos Perl predefinidos con los que usted se encontrará constantemente.

- `print FILEHANDLE LIST`

  Imprime una cadena o una lista de cadenas delimitada por comas para `FILEHANDLE` (`STDOUT` es la predeterminada).

  `Example: print FILE "This is line 1\n", "This is line 2\n";`

- `printf FILEHANDLE FORMAT, LIST`

  Imprime una cadena formateada para `FILEHANDLE` (`STDOUT` es la predeterminada).

  `Example: printf FILE "%s %d\n", "This is line", 3;`

El formateo es como sigue:

| *Caracteres de conversión* | *Definición* |
|---|---|
| %s | cadena |
| %c | carácter |
| %d | número decimal |
| %ld | número decimal largo |
| %u | número decimal sin signo |
| %ul | número decimal largo sin signo |
| %x | número hexadecimal |
| %lx | número hexadecimal largo |
| %o | número octal |
| %lo | número octal largo |
| %e | número de punto flotante en notación científica |
| %f | número de punto flotante |

- `open(FILEHANDLE, EXPR)`

  Abre un archivo real, `EXPR`, y lo agrega a `FILEHANDLE`. Sin `EXPR`, se habría asignado un escalar con el mismo nombre `FILEHANDLE` en el nombre del archivo.

```
Example: open(FILE, "this-is-a-long-filename.txt");
          EXPR definitions follow:
           Open as                  EXPR
           Read Only                "filename"
           Write Only               ">filename"
           Read and Write           "+>filename"
           Append                   ">>filename"
           Pipe In                  "unix command ¦"
           Pipe Out                 "¦ unix command"
```

- `close(FILEHANDLE)`

  Cierra el archivo, socket o conducto asociado con FILEHANDLE.

```
Example: close(FILE);
```

- `chop(LIST ¦ VARIABLE)`

  Interrumpe el último carácter de una cadena, `VARIABLE`, o el último carácter de cada elemento en LIST y regresa el valor interrumpido.

```
Example: chop($scalar);
Example: chop(@array);
```

- ‘comando unix‘ (estas comillas abiertas son en realidad comillas cerradas)

  Ejecuta el texto dentro de las comillas como si estuviera escrito en el indicador de comandos del sistema.

```
Example: $date = 'date';
```

- `&SUBROUTINE(LIST)`

  Ejecuta una subrutina, `SUBROUTINE`, que regresa el valor de la última expresión evaluada. Las subrutinas pueden aceptar argumentos a través de LIST. Las subrutinas son globales y pueden estar definidas en cualquier parte del script, incluso en otro archivo (módulo Perl).

  `Example: &printname($first, $last);`

# Flujo de enunciados de control

- `if .. elsif .. else`

  Ejemplos:

```
if (Expression) { Block }
if (Expression) { Block } else { Block }
if (Expression) { Block } elsif (Expression) { Block } else { Block }
```

- `unless construct`

  Ejemplos:

```
unless (Expression) { Block }
unless (Expression) { Block } else { Block }
unless (Expression) { Block } elsif (Expression) { Block } else { Block }
```

- `while` loop

  Ejemplo:

```
while (Expression) { Block }
```

- `until` loop

  Ejemplo

```
until (Expression) { Block }
```

- `do/until` loop

  Ejemplo

```
do { Block } until (Expression)
```

- `do/while` loop

  Ejemplo

```
do { Block } while (Expression)
```

- `for` loop

  Ejemplo

```
for (Expression1; Expression2; Expression3) { Block }
```

**Nota:** `Expression1` se utiliza para poner el valor inicial de las variables del loop. `Expression2` se utiliza para probar si el loop debe continuar o detenerse. `Expression3` se utiliza para actualizar las variables del loop.

- `foreach` loop

  Ejemplo:

  `foreach VARIABLE (ARRAY) { Block }`

> **Nota:** `VARIABLE` es local para el loop `foreach` y recupera su valor anterior cuando el loop termina. Si se omite `VARIABLE`, se utiliza el escalar especial `$_`.

# Módulos Perl

Un módulo Perl es un conjunto de funciones agrupadas dentro de un paquete que trata con un problema similar. Usted puede utilizar las funciones del módulo en un script Perl dándole el nombre de un módulo con el comando `use` (Por ejemplo, `use CGI;`).

Un ejemplo de un módulo Perl es el módulo `CGI.pm`. Este archivo incluye funciones que brindan una interfaz fácil para la programación CGI, permitiéndole escribir formularios HTML y tratar fácilmente con los resultados. Para más información acerca de `CGI.pm`, visite su página principal en `http://www-genome.wi.mit.edu/ftp/pub/software/WWW/cgi_docs.html`. Esta página tiene información acerca de las funciones disponibles y ejemplos de cómo utilizarlas.

# Ejecute el script

Para correr un programa Perl, puede escribir el nombre del script en el indicador de comandos. Aquí están varios ejemplos de comandos que usted puede utilizar para depurar scripts:

- Revisar sintaxis:

  `perl -c scriptname`

- Generar advertencias:

  `perl -w scriptname`

- Revisar la sintaxis y generar advertencias:

  `perl -cw scriptname`

- Correr el depurador:

  `perl -d scriptname`

# Análisis estadístico del sitio Web

Dos de los usos más comunes que los Webmaster hacen con Perl son los análisis estadísticos y el procesamiento de formularios. Esta sección y la siguiente presentan dos scripts CGI Perl que han demostrado ser muy útiles para estos propósitos.

Como Webmaster, usted tiene que saber quién está llegando a su sitio, qué tan frecuentemente lo hace, y qué está haciendo ahí. Para realizar esto, los ejemplos utilizan el intérprete del lenguaje de programación Perl y la aplicación CGI WWWusage.

En realidad, antes de adentrarnos en Perl, mencionemos una herramienta muy interesante que puede ayudarle a hacer diagramas de las estadísticas de su sitio Web sin necesidad de algún tipo de programación común. Esta herramienta analizará el uso que se hace de su pagina Web, basándose en los archivos de registro de su servidor. Una compañía llamada Logical Design Solutions ha inventado un simpático programa llamado *WebTrac.* Si usted prueba el programa y le gusta, lo puede obtener gratuitamente. Sin embargo, se aceptan donativos para *Save The Children,* que aseguran es una organización caritativa de primer nivel. Esta es una manera muy novedosa de distribuir software, y es para una causa noble. Visite su página principal en `http://www.lds.com`.

# WWWusage

WWWusage es un script Perl escrito por Richard Graessler (`rickg@pobox.com`) para analizar y calcular mensualmente las estadísticas de uso de los archivos de registro generados por los servidores World Wide Web. Esta aplicación está diseñada para su uso con Windows NT, pero hicimos unas cuantas modificaciones para que pudiera correr en Windows 95. Una vez personalizado el script por su servidor Web (vamos a mostrarle cómo hacer esto), WWWusage deberá trabajar en cualquier sistema Windows 95 con Perl 5.001 para NT instalado.

> **Tip:** Recuerde que algunas herramientas para estadísticas de servidores Web requieren que el servidor Web cierre los archivos de registro antes de que puedan ser analizados. Esto se presenta en FolkWeb, Purveyor y WWWusage.

WWWusage procesará los archivos de registro para acceso HTTPS en el Formato común de registro (Common Log Format) y producirá estadísticas mensuales en formato HTML listas para publicarse en Web. Crea reportes de cualquiera de lo siguiente:

- Transferencias por el método HTTPS (totales).
- Transferencias para cada código de estado (totales).
- Estadísticas diarias de transmisión (totales).
- Estadísticas semanales de transmisión (totales).
- Estadísticas de transmisión por hora (totales).
- Transferencias por dominio del cliente-nivel máximo (máximo xx y totales).
- Transferencias por dominio del cliente-segundo nivel (máximo xx y totales).
- Transferencias por subdominio del cliente (máximo xx y totales).
- Transferencias por host del cliente (máximo xx y totales).
- Transferencias por tipo de archivo (máximo xx y totales).
- Transferencias por nombre de archivo (máximo xx y totales).
- Transferencias totales para cada identificador remoto (totales).

WWWusage no hace ningún cambio a los archivos de registro para acceso ni escribe ningún archivo en los directorios del servidor (con excepción de dos archivos HTML de salida al mes).

# Formatos para archivos de registro

Ya pasaron los días en que cada servidor Web utilizaba su propio formato adecuado para archivo de registro. Eso dificultaba las cosas para escribir recolectores de estadísticas generales. Por lo tanto, Web diseñó el Formato Común para Archivos de Registro (Common Log File Format), que pronto se convertirá en el formato predeterminado, si aún no lo ha hecho.

# El Formato común para archivo de registro

Aquí está el formato de cada línea en el archivo de registro: remotehost rfc931 authuser [date] "request" status bytes

- Remotehost—Nombre del host remoto [o número IP si el nombre del host para el DNS no está disponible, o si la consulta (Lookup) DNS del servidor HTTPS está desactivada].
- rfc931—Nombre del registro remoto del usuario.
- Authuser—Nombre del usuario por medio del cual el propio usuario se ha autentificado, o "-" si no está disponible.
- [date]—Fecha y hora de la solicitud con compensación de la hora por zona de acuerdo con el GMT al final: [DD/Mon/YYYY:hh:mm:ss[+/-]HHMM].
- "request"—Línea de solicitud exactamente como viene del cliente, utilizando el formato: "method file httpversion".
    - Method—Método que puede ser `GET`, `HEAD`, `POST` o ninguno.
    - File—Archivo que contiene la ruta de acceso completa para el archivo y los argumentos del archivo solicitado. La ruta de acceso hacia el archivo puede estar relacionada ya sea con la raíz del disco o con la raíz del documento HTTPS.
    - Httpversion—Httpversion especifica el número de versión de la especificación HTTP, por ejemplo "HTTP/1.0" para la especificación actual.
- Status—Código del estado de HTTP que se devuelve al cliente (tres dígitos), o "-" si no está disponible.
- Bytes—La extensión del contenido del documento transferido en bytes o "-" si no está disponible.

En estos momentos, muchos servidores Web para Windows 95 siguen el Formato común para archivos de registro. Aquí están sólo algunos de los que lo hacen:

- Commerce Builder and Communications Builder.
- FolkWeb.
- NaviServer.
- Purveyor.
- SAIC.
- WebQuest.
- WebSite.

Un punto de diferencia entre estos servidores es la manera en que ellos manejan el archivo de registro. Algunos de los servidores utilizan un solo archivo de registro, que puede ser cerrado automática o manualmente (a veces se dice que es *ciclado*). Otros tienen un archivo de registro para cada día, de manera que no hay necesidad de ciclar el archivo de registro.

Existen otros sensacionales scripts de análisis Perl para los archivos de registro HTTPS en la Red. Sólo revise el Apéndice D, "Recursos Internet para el Webmaster de Win95", o busque en Yahoo "CGI" o "Perl".

- `wwwstat` de Roy Fielding. Trabaja con el Formato común para archivos de registro bajo NT Perl, si se hace alguna modificación menor para eliminar algunas especificaciones NCSA para el HTTPD UNIX.
- `iisstat` de Steven Nemetz. Trabaja con el formato común y EMWAC para archivos de registro bajo NT Perl.
- `musage` de Nick Phillips. Escrito para NT HTTPS y Perl. Trabaja de maravilla con el formato EMWAC para archivos de registro, pero aún existen algunas pequeñas fallas con el formato común para archivos de registro.

# Una atenta mirada a WWWusage

WWWusage generará una nueva página de estadísticas cada mes. La figura 21.1 le muestra un ejemplo de la página HTML generada por WWWusage.

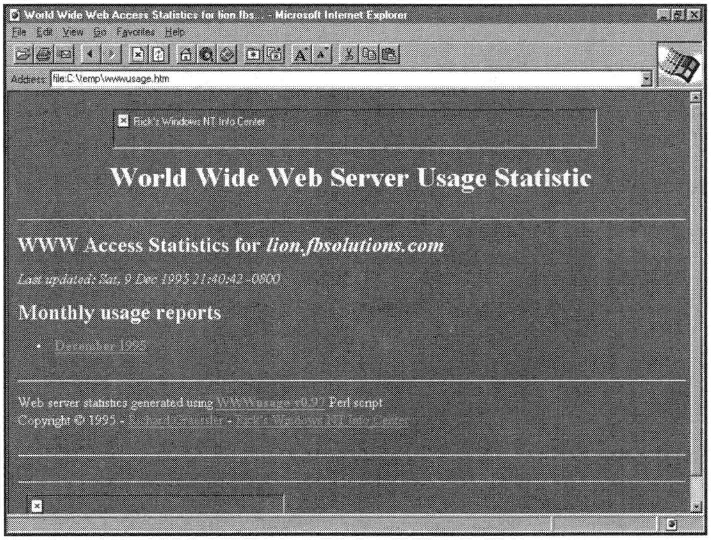


**Figura 21.1.**
*La salida de WWWusage es fácil de leer.*

# Configure WWWusage

El listado 21.1 muestra la sección de configuración del archivo `wwwusage.pl`. cuyo archivo está en el CD. Todo lo que tiene que hacer es leer los comentarios del código fuente para determinar las modificaciones para personalizar el programa para su sitio.

Listado 21.1. Esta selección de WWWusage muestra las líneas que pueden ser modificadas para su sitio Web.

```
# WWWusage - Perl script: script to calculate monthly usage statistics
# from log files generated by the Windows NT World Wide Web servers
#(https).
# Copyright (c) 1995 Richard Graessler (rickg@pobox.com)
# For the latest version, DOCUMENTATION and LICENSE AGREEMENT see
# <URL: http://pobox.com/~rickg/rickg/wwwusage/wwwusage.html>
# This program is provided "AS IS", WITHOUT ANY WARRANTY (see License
# Agreement)
# Bug reports, comments, questions and suggestions are welcome. Please
# mailto rickg@pobox.com with the "subject: WWWusage" but please check
# first that you have the latest version.
# CREDITS:
# There are some other Perl log file analysis scripts on the net:
#     Roy Fielding's wwwstat
#       <URL: http://www.ics.uci.edu/WebSoft/wwwstat/>
#     Nick Phillips's musage
#       <URL: http://www.blpes.lse.ac.uk/misc/musage.htm>
#     Steven Nemetz's iisstat
#       <URL:
#ftp://ftp.ccmail.com/pub/utils/InternetServices/iisstat/iisstat.html>
# Looking into these scripts helped me to write this script and there
# might be still
# some parts based on them.
# Requires timelocal.pl which is included in the Perl disribution
#package.

# Thanks to the authors!
#
######################################################################
#  Program internal variables (please do not change!)
######################################################################
$VERNAME = 'WWWusage';
# Program name
$VERSION = '0.97';
# Program version
$VERDATE = '3 November 1995';   # Program version date
######################################################################
#  Present setting
######################################################################
# In Perl for Windows NT you can use forward slash (/) or double
#backslash (\\)
# in pathnames (e.g. C:/LOGS/ or c:\\LOGS\\). File and path names
#could be absolute
# (e.g. C:/LOGS/) or relative to current directory (e.g. ./LOGS/).
# hostname of www server (HTTPS)
$ServerName = 'Your Web Servers Domain Name';
# flag - specifies the log file format
# 1 : common log file format, 0 : EMWAC HTTPS
# Both Purveyor and FolkWeb use Common log format
$LogFormat = 1;
# file containing the country-codes to allow expansion from domain to
#country name.
$CountryCodeFile = 'c:/purveyor/country-codes.txt';
# Pattern used to recognise log files translated into a Perl regular
#expression, e.g. ('.+\.log' = *.log), ('ac.+\.log' = ac*.log). if
#your https #have only one log file simply set "access.log"
```

```
# Note: If you have more than one log file the script assumes that the
#alphabetical order of the filenames is the same as the chronological
#order.
$Log filePattern = '.+\.log';
# Directory containing log files (without ending slash!) This is a
#change from the original version for Windows NT. Using WWWUsage on
#Windows 95 requires that you not end with a trailing slash.
$Log fileDir = 'c:/purveyor/log';
# This var was added for Windows 95 so we could add the trailing slash
# later on.
$slash = '/';
# filename (incl. path and arguments if necessary) of shell for
#unpacking archives.
# Note: If you use this feature please note that the archive contains
#only the log files
# for a single month and that you didn't analyse archives and normal
#log file at the same time.
$Gzip = 'gunzip -c';          # Gzip Format: *.gz, *.Z
$Zip  = 'unzip -p';           # Zip Format:  *.zip
$Tar  = 'tar -x -O -f';       # Tar Format:  *.tar
# WWWusage directory to write statistics reports (without ending
#slash!)
$OutPutDir = 'c:/purveyor/wwwusage';
# WWWusage Error file name including path
$ErrorFile = 'c:/puveyor/wwwusage/WWWusage.log';
# Filename without extension for HTML main output file (e.g.
#"WWWusage" or "index")
$MenuFile = "wwwusage";
# Extension for HTML output files
$HTMLextension = "htm";
# show top nn statistics in main output, the detail output contains
#all (e.g. 20)
$Top = 20;
# format of the output HTML page (0 = <PRE></PRE>, 1 <TABLE></TABLE>
$HTMLOutput = 1;
# flags - disable if you don't want that output
$DoDomain = 1;      # Transfers by Client Domain (top level)
$DoDomain2 = 1;     # Transfers by Client Domain (second level)
$DoSubdomain = 1;   # Transfers by Client Sub-domain
$DoHost = 1;        # Transfers by Client Host
$DoFileType = 1;    # Transfers by File Type
$DoFileName = 1;    # Transfers by File Name (URL)
$DoHTTPSMethod = 1; # Transmission Statistics HTTPS Method
$DoStatusCode = 1;  # Transmission Statistics Status Code
$DoDaily = 1;       # Transmission Statistics Day
$DoWeekdaily = 1;   # Transmission Statistics Weekday
$DoHourly = 1;      # Transmission Statistics Hour
$DoIdent = 2;       # Transfers by Remote Identifier
# NOTE for $DoIdent: For security reasons, you should not publish to
#the web
# any report that lists the Remote Identifiers (rfc931 or authuser):
#  0 : no display, 1 : real user name, 2 : cookie name
# flag - disable if you don't want to create the detail statistics to
#save time
$DoDetail = 1;
# flag - disable if you don't want to create links to your accessed
#pages
$FileNameHREF=0;
```

*continúa*

## Listado 21.1. Continuación

```
# User specific parameters for the TABLE tag
$HTMLTable = 'Border=2 CELLPADDING=8 CELLSPACING=5';
# User specific backgrounds for all returns. Here you can set all
#elements of the
# body tag which can appear between "<BODY ... > in HTML format.
$HTMLBackground = 'BACKGROUND="/gif/bg0.gif" BGCOLOR="#63637b"
TEXT="#ffffff" '.'LINK="#00ffff" ALINK="#ff0000" VLINK="#ffff00"
HRCOLOR="#ff0000" ';
# User specific header for all returned HTML pages in HTML format
@HTMLHeader = ( '<P><CENTER><A HREF="/image/ntrick.map"><IMG BORDER=0
HSPACE=10 ALIGN=MIDDLE ','SRC="/gif/ntrick.gif" ALT="Rick\'s Windows NT
Info Center" ISMAP WIDTH=550 ','HEIGHT=44></A></CENTER></P>' ,
'<H1><CENTER>World Wide Web Server Usage Statistic</CENTER></H1><HR>' );
# User specific footer for all returned HTML pages in HTML formats
@HTMLAddress = ('<HR><HR><A NAME="Bottom"></A><A HREF="/image/address.map"
>', '<IMG BORDER=0 HSPACE=10 ALIGN=MIDDLE SRC="/gif/address.gif" ','
ALT="Addressbar' ISMAP WIDTH=293 HEIGHT=31></A>');
# flag - disable if you don't want a detailed output on the console
$VerboseMode = 1;
# flag - disable if you don't want to see the skipped lines of the
#log files on the console.
$ShowSkippedLines = 1;
# flag - disable if you don't want to show unresolved addresses.
$ShowUnresolved = 1;
# flag - 0: disable if you don't want to look up dns name if ip address
#is given.
#        1: if you don't want to look up new dns name but used the
#saved dns names.
#        2: if you want to look up new and old unresolved dns name
#        3: if you want only to look up new dns name
$LookupDnsNames = 3;
# file containing DNS names (will be created and updated by the
#script).
$DnsNamesFile = 'c:/purveyor/wwwusage/dns-names.txt';
# flag - disable if you don't want to sort the host list to save time.
$SortHostList = 0;
# flag - disable if you don't want to encode filenames.
$UrlEncode = 0;
# flag - disable if you don't want to detect on disk if filename is a
#directory or file. If flag is set, you should run the script on your
# HTTPS machine.
$FileCheck = 0;
# flag - enable it if you https automatically add a "/" to slashless
#dirs.
#(1 for EMWAC HTTPS, Netscape, Purveyor, and FolkWeb // 0 for Alibaba)
$DirWorksWithSlash = 1;
# Real directory name of document root of the www server (without
#ending slash!).
$DocumentRoot = 'c:/purveyor';
# list of configured "default/index" filename(s) for your HTTPS
@DefaultHTML = ('index.html','index.sht','default.htm').;
# flag - enable to convert all filenames (URLs) to lower case.
$FileNamesToLowerCase = 1;
# Time zone information. Only necessary for EMWAC log file format.
# If not set it will be computed. Format: "+0100" or "-1100"
$TimeZone = "+0800";
# Exclude filter: optional list of IP addresses to ignore, please
```

```
#include ip number as well as dns name(s) in the list! IP number will
# be checked forward, DNS names will be checked backward. Perl
#expressions are possible.
# (e.g. "137.226" = "137.226.*.*", "rwth-aachen.de" = "*.wzl.rwth-
#aachen.de")
@IgnoreHost = ('Your IP Address Here','Your Domain Name Here');
# Include filter: optional list of IP addresses to focus on, please
#include IP number as well as dns name(s) in the list! IP number will
#be checked forward, DNS names will be checked backward. Perl
#expressions are possible.
# (e.g. "137.226" = "137.226.*.*", "rwth-aachen.de" = "*.rwth-
#aachen.de")
# @FocusOnHost = ('137.226.92.4', 'wzl-ps4.wzl.rwth-
#aachen.de','rick.wzl.rwth-aachen.de');
# Exclude filter: optional list of paths/files to ignore. Paths will
#be checked forward from the beginning of the url filename. Perl
#expressions are possible.
@IgnorePath = ('/gif/','/images/');
# Include filter: optional list of paths/files to focus on. Paths will
# be checked forward from the beginning of the url filename. Perl
#expressions are possible.
# @FocusOnPath = ('/rick/');
# Exclude filter: optional list of file extensions to ignore.
#Extension will be checked backward from the beginning of the url
#filename. Perl expressions are possible.
@IgnoreExt = ('gif','jpeg','jpg');
# Include filter: optional list of file extensions to focus on.
#Extension will be checked backward from the beginning of the url
#filename. Perl expressions are possible.
@FocusOnExt = ('.htm','html');
# Alias list for virtual paths. Key:   path names relative to disk
#root. Value: path names relative to HTTPS document root.
%WWWAlias = (
     'c:/purveyor/',  '/',
     'c:/purveyor/ICONS/',          '/ICONS/',
     'c:/purveyor/CGI-BIN/',        '/CGI-BIN/',
   );
# List of used file types and its extensions. The extensions must be
#written in regular Perl expression. If @FileTypesSort is given it
#determines the search order.

%FileTypes = (
    'CGI Scripts',       '(\/cgi32\/¦\/cgi-32\/¦\/cgi-shl\/)',
    'DOS CGI Scripts',   '(\/cgi-bin\/¦\/cgidos\/)',
    'WinCGI Scripts',    '(\/wincgi\/¦\/winbin\/)',
    'DllCGI Scripts',    '\/dllalias\/',
    'Images',            '\.(bmp¦gif¦xbm¦jpg¦jpeg)$',
    'Movies',            '\.(mpg¦mov¦scm)$',
    'Archive files',     '\.(gz¦z¦zip¦tar)$',
    'HTML files',        '\.(htm¦html)$',
    'Image maps',        '($\/image\/¦\.map$)',
    'Server side includes',   '\.(sht¦shtm¦shtml)$',
    'Text files',             '\.txt$',
    'Binary Executables',     '\.(com¦exe)$',
    'Script Executables',     '\.(pl¦sh¦cmd¦bat)$',
    'Readme files',           '\/README.*$',
);
```

*continúa*

Listado 21.1. Continuación

```
@FileTypesSort = (
    'HTML files',
    'Images',
    'CGI Scripts',
    'Server side includes',
    'Text files',
    'DOS CGI Scripts',
    'WinCGI Scripts',
    'DllCGI Scripts',
    'Movies',
    'Archive files',
    'Imagemaps',
    'Binary Executables',
    'Script Executables',
    'Readme files',
);
# Response Codes taken from <draft-ieft-http-v10-spec-01.ps>, August
#3,1995 Normally you don't need to change!
%StatusCode = (
    '200', '200 OK',
    '201', '201 Created',
    '202', '202 Accepted',
    '203', '203 Non-Authoritative Information',
    '204', '204 No Content',
    '300', '300 Multiple Choices',
    '301', '301 Moved Permanently',
    '302', '302 Moved Temporarily',
    '303', '303 See Other',
    '304', '304 Not Modified',
    '400', '400 Bad Request',
    '401', '401 Unauthorized',
    '402', '402 Payment Required',
    '403', '403 Forbidden',
    '404', '404 Not found',
    '405', '405 Method Not Allowed',
    '406', '406 None Acceptable',
    '407', '407 Proxy Authorization Required',
    '408', '408 Request Timeout',
    '409', '409 Conflict',
    '410', '410 Gone',
    '411', '411 Authorization Refused',
    '500', '500 Internal Server Errors',
    '501', '501 Not implemented',
    '502', '502 Bad Gateway',
    '503', '503 Service Unavailable',
    '504', '504 Gateway Timeout',
);
########################################################################
# END CONFIG
########################################################################
```

# Manejo de formularios CGI con Perl

El gateway WWW MailTo & CommentTo es un scriptPerl para CGI HTTP de Windows NT. (¡Bravo!) Le permite enviar un mensaje por SMTP y/o registrar el mensaje en un archivo local. Una vez más, esta aplicación está diseñada para uso con Windows NT, pero hicimos algunas modificaciones para que corra en Windows 95.

Utilizando el método GET, el script crea un formulario de llenado predefinido o suministrado por el usuario con una referencia propia de la etiqueta de acción. Después de aplicado el formulario, el script será ejecutado una segunda vez por el método POST para crear el correo y enviarlo por SMTP si el correo está habilitado, y/o guardarlo en el archivo para comentario si los comentarios están habilitados.

Las características dependen de la configuración. El script puede hacer cualquiera de las siguientes cosas:

- Enviar correo por SMTP.
- Guardar correo en un "archivo para comentario".
- Cargar automáticamente un URL consecutivo para el visualizador del cliente una vez realizado el correo.
- Registrar todos los mensajes en un "archivo para registro de correo".
- Registrar todos los errores en un "archivo para registro de errores".
- Registrar o anexar los parámetros para la variable de ambiente al correo o al archivo de comentario.
- Probar la correcta ejecución de las operaciones de envío de correo.
- Notificar al usuario si falla el envío del correo.
- Crear archivos para formularios específicos del usuario que sean scripts Perl.
- Utilizar campos del formulario predefinido o definidos por el usuario.

# Instalación

Usted necesita colocar `mailto.pl` dentro de su directorio *cgi-bin.* Algunos servidores HTTPS utilizan un directorio CGI diferente para binarios CGI DOS, CGI Win32/NT o WinCGI. Si es así, coloque los scripts en su directorio para binarios CGI Win32/NT, por ejemplo, el directorio CGI32. Si su servidor HTTP no soporta ALIAS, debe estar en su directorio de datos WWW o sus subdirectorios.

Ahora será un buen momento para instalar BLAT del CD-ROM, si aún no lo ha hecho.

Para instalar el Gateway WWW Mailto & Commentto, sólo necesita modificar la configuración como se describe en la siguiente sección titulada "Configure el Script". Más allá de la mera configuración, la cuestión principal es cómo mandarlo llamar adecuadamente. Esto depende de cómo ejecute su servidor HTTP los scripts.

Si su servidor HTTP los puede ejecutar (por ejemplo, Alibaba), usted puede utilizar HTML como sigue:

```
<A HREF="http://rick.wzl.rwth-aachen.de/cgi32/mailto.pl">
```

Si su servidor HTTP debe ejecutar un programa binario (por ejemplo, el HTTPS EMWAC), puede utilizar HTML como sigue:

```
<A HREF="http://rick.wzl.rwth-aachen.de:8001/cgi32/perl.exe?cgi32/mailto.pl">
```

De igual manera, usted puede utilizar el Gateway CGI2Shell de Rick. En este caso, podría hacer lo siguiente:

```
<A HREF="http://rick.wzl.rwth-aachen.de:8001/cgi32/cgi2perl.exe/cgi32/mailto.pl?">
```

El último camino es mucho más fácil si quiere especificar los parámetros. Vea la siguiente sección "Utilización" para mayor información acerca de los parámetros.

# Utilización

Antes que nada, debe crear una etiqueta HTML para el Gateway WWW Mailto & Commentto en su documento HTML, la cual llamará al script por el método GET. Cuando es llamado por el método GET, el script despliega un formulario estándar para correo electrónico. Aquí está un ejemplo del código HTML:

```
<A HREF="http://rick.wzl.rwth-aachen.de/cgi32/mailto.pl">Mailto</A>
<A HREF="/cgi32/mailto.pl">Mailto</A>
```

Usted también puede incluir parámetros de línea de comandos en la etiqueta HTML cuando el parámetro es `source`, o uno o más pares de variables y valores separados cada uno por un signo &. La variable y su valor están separados por "=". Nótese que todos los parámetros deben estar codificados en HTML. Eso significa que todos los espacios son reemplazados con signos ("+"). Tenga presente también que los signos más deben estar especificados en hexadecimal con %2B. También se deben codificar de manera semejante otros caracteres reservados para HTML.

Si la opción visor (viewing) de la fuente está habilitada y `source` es el único parámetro, el parámetro `source` regresará el código fuente del script. Todos los pares de variables y valores podrían ser variables reservadas excepto `from` y `HTTPpage`. Estas variables se pueden suministrar en la solicitud GET cuando está vinculada con el script mailto. Si sólo quiere que su dirección de correo sea dada como el valor predeterminado en el formulario para correo, haga que su HTML se vea como esto:

```
<A HREF="/cgi32/mailto.pl?to=rickG@pobox.com">
```

Si quiere que su predeterminado sea "This is a subject!", separe a la variable del asunto con un ampersand (&). Por ejemplo:

```
<A HREF="/cgi32/mailto.pl?to=rickG@pobox.com&subject=This+is+a+subject!">
```

Note que debe estar codificado por URL.

# Variables reservadas

Existen algunas variables reservadas que el script revisará para mayor claridad.

- `to`—Define una dirección de correo predeterminada a la cual enviar el correo. Si el correo está restringido a las direcciones de correo electrónico predefinidas por la variable "%defto" (vea la sección "Establezca los valores predeterminados", que aparecerá posteriormente en este capítulo), y esta dirección es permitida, ésta será la dirección predeterminada.
- `cc`—Define la copia al carbón de la dirección de correo (separada por comas). Si el correo está restringido a las direcciones de correo electrónico predefinidas por la variable "%defto" (vea la sección "Establezca los Valores Predeterminados", que aparecerá posteriormente en este capítulo), ésta estará inhabilitada.
- `From`—Define la dirección de correo del remitente. Si no se da ningún valor, el script intentará determinar la dirección buscando las variables de ambiente CGI `REMOTE_USER`, `HTTP_FROM` y `REMOTE_HOST`.
- `Copyself`—Si verifica Copy to Self del formulario está seleccionada, la dirección de correo electrónico del remitente (variable "from") se agregará a cc.
- `Subject`—Define el asunto del correo electrónico.
- `Body`—Define el cuerpo del texto del correo. Puede haber más de una variable para el cuerpo; éstas estarán concatenadas.
- `Followup`–Define un URL continuo que se va a recuperar después de enviado el correo. Si esta variable no está definida, se enviarán al cliente una confirmación predeterminada y un mensaje de agradecimiento ("Thank you").
- `Creator`—Define un mensaje del creador predeterminado. Si esta variable está establecida, el mensaje dado por el "creador" se agregará al final de cada correo.
- `formfile`—Define el nombre del archivo para el formulario específico de un usuario que se utilizará en vez del formulario estándar. Por cuestiones de seguridad, la ruta de acceso y extensión del archivo para el formulario están definidas.
- `HTTPpage`—Fuente URL desde la cual se inicia el script mailto. Se detectará automáticamente si su servidor HTTP soporta la variable CGI `HTTP_REFERER`.

Todas estas variables (excepto form y `HTTPpage`) se pueden fijar a valores predeterminados, lo que las puede proteger de una sobreescritura. Todas estas variables también se pueden establecer en la línea de comandos, enseguida del signo "?" (que se insertará dentro de la variable de ambiente CGI `QUERY_STRING`).

Estas variables reservadas tienen un significado especial para el script y deben ser fijadas ya sea por el Webmaster o por el usuario. Excepto las variables `to` y `from`, todas las variables se ponen a valores predeterminados si están indefinidas.

Para cuestionarios sencillos, todas las otras variables CGI serán registradas después de la porción del cuerpo, sin importar si los valores están escondidos o son parte del formulario para llenado. Recuerde que el método `GET` está limitado al número de caracteres pasados. La variable y su valor están separados por =, las diferentes variables/valores por &. Los espacios son reemplazados por +; los signos de suma y otros caracteres reservados para HTML deben entonces estar especificados en hexadecimal con %2B. Cada variable CGI no reservada será registrada en los pares variable/valor después del cuerpo del correo. Para utilizar las variables definidas por el usuario, usted tiene que crear primero un formulario definido por el usuario.

# Configure el script

Antes de empezar a utilizar el script, usted debe configurarlo. Todas las variables configurables están en la primera sección del script.

- `$mailprogram`—Nombre de archivo de la utilería de correo. Si éste no esta en la ruta, usted debe especificar toda la ruta de acceso.
- `$mailfile`—Ubicación (incluyendo el nombre del archivo) de un archivo temporal para correo. Si esta variable está establecida, el correo será enviado por SMTP.
- `$commentfile`—Ubicación (incluyendo el nombre del archivo) de un archivo de comentario. Si esta variable está establecida, se escribirá el correo al archivo local de comentario.
- `$saveenv`—Guarda la configuración de ambiente. Si esta variable es puesta en 1, las variables de ambiente serán guardadas en el archivo de comentario. Si esta variable es puesta a 2, las variables de ambiente serán guardadas al archivo de comentario y agregadas al final del archivo de correo.
- `$timezone`—Ajústelo a su zona de tiempo local (por ejemplo `MET` o `GMT+1`).
- `$logfile`—Ubicación (incluyendo el nombre del archivo) del archivo de registro de aplicación. Si esta variable no está establecida, no se realiza ningún registro.
- `$errorfile`—Ubicación (incluyendo el nombre del archivo) del archivo de error. Si esta variable no está establecida, no se realiza ningún registro de errores.
- `$source`—Ubicación (incluyendo el nombre del archivo) del archivo del script. Si esta variable no está establecida, no es posible la visualización de la fuente.
- `$formdir`—Directorio para los archivos del formulario. Debe terminar con "/" o "\\".
- `$formext`—Extensión para el archivo del formulario.
- `$HTTPsource`—Ubicación del archivo del script en formato HTTP. La variable será detectada automáticamente si éste no está activado y si su servidor Web soporta ejecución directa de scripts.
- `$libfiles`—Ubicación de las bibliotecas Perl.
- `$ContactHTMLtag`—URL de contacto para problemas con el servidor/script en formato HTML.
- `$HTMLBackground`—Fondos especificados por el usuario para todos los retornos. Aquí, usted puede ajustar todos los elementos de la etiqueta `<BODY>`, que aparecen entre `<BODY ...>` en formato HTML.
- `@HTMLHeader`—Cabecera especificada por el usuario para todas las páginas HTML devueltas en formato HTML.
- `@HTMLAddress`—Nota al pie especificada por el usuario para todas las páginas HTML devueltas en formato HTML.

# Establezca los valores predeterminados

Usted puede establecer los valores predeterminados para todas las variables reservadas (excepto `from` y `HTTPpage`) configurando los valores predeterminados con las variables `$def{}` en el script. Todas estas variables también se podrían encontrar en la primera sección del script. Si la variable `$default` está establecida, estas variables son fijas. No se pueden sobreescribir por parámetros dados para la etiqueta del script en una página HTML, ni por los datos insertados por el usuario al llenar el formulario. Si `$default` no está establecida, estas variables predeterminadas se utilizarán únicamente si las variables reservadas no son establecidas por los parámetros de la línea de comandos o por la entrada del formulario del usuario. Por ejemplo:

- `$default`—Si esta variable está establecida, el valor predeterminado (vea las variables `$def{}` de la siguiente sección) será utilizado y no podrá ser sobreescrito por los parámetros del script o la entrada CGI del procedimiento para el método GET. Si esta variable no está establecida, los valores predeterminados son utilizados únicamente si no existen otros valores.
- `$def{'to'}`—Valor predeterminado para la variable "to".
- `$def{'cc'}`—Valor predeterminado para la variable "cc".
- `$def{'copyself'}`—Valor predeterminado para la variable "copyself" (valor 0 o 1).
- `$def{'subject'}`—Valor predeterminado para la variable "subject".
- `$def{'body'}`—Valor predeterminado para la variable "body".
- `$def{'followup'}`—Valor predeterminado para la variable "followup".
- `$def{'form'}`—Valor predeterminado para la variable "form". Éste es el nombre de archivo de un formulario sin ruta de acceso ni extensión.
- `$def{'creator'}`—Valor predeterminado para la variable "creator".

# Direcciones de correo restringidas

Usted puede restringir las direcciones de correo para una dirección si establece la variable `def{'to'}` a una dirección de correo electrónico y evita que se sobreescriba en este valor ajustando `$default`.

También puede restringir la dirección de correo `to` para ciertas direcciones estableciendo la variable arreglo `%defto`. Esta variable se puede encontrar en la primera sección del script. Para llevar a cabo esta función, usted debe correr una copia aparte del script, pues el formulario estándar siempre incluye una lista de selección para las direcciones.

# Formularios definidos por el usuario

Usted puede crear sus propios formularios sin modificar el script. Debe definir los archivos del formulario, que también son pequeños scripts Perl. Usted puede crear dos tipos de archivos para formularios. El primero se efectuará cuando el script principal sea ejecutado con el método GET. Así se deberá crear el formulario. Si ya existe el segundo formulario, se ejecutará cuando el script principal también lo sea con el método POST (después de que el usuario aplique el correo). Éste está pensado para preparar el correo. Para poder utilizar la función archivo del formulario, debe existir el primer formulario (GET). El segundo (POST) es opcional.

Usted puede especificar el nombre del formulario con el nombre de la variable predefinida `$defto{form}=form` dentro del script o con el parámetro `form=form name`. El nombre del formulario es el nombre de archivo del formulario sin la ruta de acceso ni la extensión del archivo.

> **Precaución:** La ruta de acceso, `GET` y la extensión del formulario deben estar configuradas en el script. Si no lo están, los formularios no serán ejecutados. Esto es por razones de seguridad. Los archivos del formulario serán ejecutados con la función `eval` de Perl. Por lo tanto, utilice una ruta independiente para los archivos del formulario. Si usted no lo hace, ¡también podrían ejecutarse otros archivos!

Usted puede utilizar todas las variables y subrutinas del script Perl principal dentro de los archivos de su formulario. Puede sobreescribir las variables del script principal, por ejemplo `$commentfile`. Incluso puede escribir su propia aplicación mailto.

# Manejo del formulario CGI en Perl

Como se mencionó anteriormente, otro excelente uso de Perl es escribir el código para administrar los formularios (CGI) para Interfaz Común Gateway (Common Gateway Interface), que se han convertido en el soporte principal de World Wide Web para comunicaciones interactivas.

`cgi-lib.pl` es una biblioteca Perl simple diseñada para facilitar la escritura de los scripts CGI en Perl. Muchos scripts CGI Perl que usted encuentra en Web utilizan cgi-lib.pl. En el CD-ROM encontrará una copia de cgi-lib.pl; vea el Apéndice Y. Vea el listado 21.2 para un ejemplo.

## Listado 21.2. Una aplicación Perl mínima que utiliza cgi-lib.pl.

```
#!/usr/local/bin/perl
# minimal.cgi
# Copyright (C) 1995 Steven E. Brenner
# $Header: /cys/people/brenner/http/docs/web/RCS/minimal.cgi,v 1.2
#1995/04/07 21:36:29 brenner Exp $
# This is the minimalist script to demonstrate the use of
# the cgi-lib.pl library — it needs only 7 lines
# —
# This is NOT intended to be a "typical" script
# Most importantly, the <form> key should normally have parameters
#like
#  <form method=POST action="minimal.cgi">
require "cgi-lib.pl";
if (&ReadParse(*input)) {
   print &PrintHeader, &PrintVariables(%input);
} else {
  print &PrintHeader,'<form><input type="submit">Data: <input name=
"myfield">';
}
```

Perl 5 agregó muchas características al lenguaje que no nos fue posible incluir en esta corta introducción. Algunas de las mejoras que valen la pena mencionar son: referencias, extensiones orientadas a objetos, limpieza general, soporte para módulos e importación.

Como cualquier lenguaje de programación, le tomará algún tiempo dominar Perl. Desafortunadamente, éste no es un tema que nosotros podamos cubrir por completo en este libro. Sin embargo, podemos darle alguna información acerca de dónde puede buscar. Esta información también le dirá cómo puede utilizar rápidamente las aplicaciones Perl existentes. Lo primero que tiene que hacer es revisar estos tres archivos de texto que vienen con Perl.

- `relnotes.txt`—Para información general acerca de Perl para NT y cómo difiere Perl para NT de Perl para UNIX.
- `status.txt`—Para información sobre las características soportadas.
- `registry.txt`—Para información sobre la utilización de las características de acceso al registro.

Para aprender más sobre Perl, intente Perl Archive de la Universidad de Florida en `http://www.cis.ufl.edu/perl/`. Los usuarios en el Reino Unido pueden intentar algo más cerca de casa, como NEXOR Ltd. Perl Page en `http://pubweb.nexor.co.uk/public/perl/perl.html`.

Aquí tiene otros recursos Perl en la Red; el último consiste en algunos grupos de noticias dedicados a los temas Perl.

`http://www.metronet.com/perlinfo/perl5.html`

`http://www.perl.com/perl/faq/`

`http://www.ee.pdx.edu/~rseymour/perl/`

`comp.lang.perl`

# ¿Qué sigue?

En el capítulo siguiente, usted continuará fortaleciendo su sitio Web al explorar las posibilidades de la programación en C. Como recuerda del capítulo 11, la Interfaz común de puerta es un método para construir distintas aplicaciones para el procesamiento de datos de un formulario HTML. C y C++ suelen ser los lenguajes elegidos para construir esas aplicaciones.

# Capítulo 22

# Programación CGI de poder con C/C++

- Kit CGI 1.2
- Un sistema CGI avanzado
- Programación en C con CGI
- CGI PerForm
- Gateway CGI2Shell
- CGIC
- Biblioteca CGI de EIT
- Almacén para desarrolladores Web

Este capítulo es consecuencia del capítulo 11, "Introducción a los formularios Web y a los scripts CGI". Después de haber sido introducido a CGI y haber visto un ejemplo trabajando (aunque no de mucha utilidad), usted probablemente está ansioso de aprender cómo puede en realidad poner a trabajar CGI.

Este capítulo empieza por enseñarle cómo instalar y utilizar una aplicación CGI, incluida en el CD-ROM. Luego, para quienes se interesan en entender el funcionamiento interno de CGI y de los formularios HTML, explicaremos algunos de los detalles de ese programa, que está escrito en C.

Finalmente, el capítulo presenta varias herramientas de programación CGI, diseñadas para facilitarle el trabajo. Ya sea que usted sólo cuente a los visitantes de su sitio, tabule estadísticas más avanzadas, o corra un formulario de soporte al cliente, es probable que haya algo aquí que le ayude a hacer interactivo su sitio Web.

# Kit CGI 1.2

Cuando se utilizan formularios en HTML, usted necesita un script o una aplicación CGI para manejar el contenido de ese formulario. El Kit CGI contiene el código fuente y binario para `savedata.exe`, una aplicación CGI que examinará los datos de sus formularios y guardará esos datos en un archivo.

Esta aplicación CGI es útil si usted sabe cómo escribir código HTML pero no quiere sumergirse en la programación CGI. También es útil si toma pedidos para cargo a tarjeta de crédito mediante un formulario y no quiere que los datos se envíen a través de Internet. Por supuesto, ninguna es totalmente segura, pero si usted envía solamente los números del cliente al servidor y al archivo savedata, en vez de enviarlos del cliente al servidor, al servidor de correo, a la oficina de correo y al buzón POP3, hay menos vínculos que puedan romperse en la cadena. Si usted planea dirigir transacciones financieras en su sitio, por favor lea el capítulo 20, "Robots Internet y más productos para seguridad" y el capítulo 15, "Comercio en Web". El capítulo 15 explica varias opciones para dinero en efectivo seguro.

# Instale el Kit CGI

Para instalar el Kit CGI 1.2, descomprima el archivo `\cgi\cgikit\cgikit.zip` del CD hacia un directorio apropiado en su disco duro.

Los archivos enlistados en la tabla 22.1 están en el Kit CGI 1.2.

Tabla 22.1. Archivos encontrados en el Kit CGI 1.2.

| *Nombre del Archivo* | *Descripción* |
|---|---|
| `savedata.c` | Código fuente en C para `savedata.exe` |
| `savedata.mak` | Makefile para Borland C++ 4.02 |
| `savedata.exe` | Aplicación CGI binaria de Intel |
| `cw3211.dll` | DLL para usar con `savedata.exe` |

| *Nombre del Archivo* | *Descripción* |
|---|---|
| `feedback.htm` | Documento HTML muestra de retroalimentación |
| `feedback.hfo` | Archivo de ejemplo para escribir en él los datos guardados |

Aunque el kit ha trabajado confiablemente durante varios meses en el sitio Web de Final Bit Solutions, no es una aplicación muy robusta, y ciertamente no está garantizada de estar libre de errores. Si planea ampliar usted mismo el código fuente, asegúrese de compilarlo como una aplicación NT en modo de consola.

El Kit CGI es una ampliación al código fuente que viene con el servidor Web HTTP, EMWAC, para Windows NT como freeware. Al cuadro de diálogo de información se le ha agregado una etiqueta `Return` para que una vez escrita su información en un archivo, usted pueda regresar al URL desde donde fue llamado `savedata.exe`. Se han eliminado los molestos caracteres de suma, por lo que las cadenas ahora están separadas por espacios. Ya se aceptan nuevas líneas. Los siguientes campos se agregaron a la salida del archivo: depositado por:, fecha: y hora.

Instrucciones para utilizar el Kit CGI:

1. Ponga `cw3211.dll` en su directorio de Windows.
2. Ponga `savedata.exe` en un directorio para binarios cgi (por ejemplo `cgi-bin`).
3. Ponga `feedback.htm` en alguna parte dentro de la ruta de acceso para el documento HTML de su servidor Web. Ponga a `feedback.HFO` en el mismo directorio que `feedback.htm`.
4. Proporcione un vínculo desde su página principal para `feedback.htm`. Usted puede utilizar WebEdit para personalizar `feedback.htm` para sus propios fines.
5. ¡Ya está listo para seguir! ¿Por qué no prueba el formulario desde su propio visualizador? Cuando haya suministrado el formulario al servidor, éste deberá correr `savedata.exe`., y entonces usted puede revisar `feedback.HFO` para ver los resultados.

Recuerde que en el capítulo 11 establecimos que las aplicaciones CGI sólo pueden capturar los campos del formulario que usted menciona en el documento HTML. `Savedata.exe` captura los nombres de campo del formulario que usted establece en su documento HTML (por ejemplo, `feedback.htm`) y los escribe en el archivo que usted especifica con la extensión .HFO. (Como se escribe actualmente, el código requiere que .HFO esté escrito con mayúsculas).

# Un sistema CGI avanzado

Esta sección explica el por qué y el cómo del Kit CGI. Nos referimos a éste como un *sistema* CGI debido a que requiere la integración propia de varios lenguajes y protocolos, incluyendo HTML, C, HTTP y CGI.

La figura 22.1 muestra un formulario ejemplo (definido en HTML) que reúne comentarios del usuario. Cuando éste hace clic en el botón etiquetado como Submit Comments, se designa el formulario que corre la aplicación CGI savedata en el servidor, lo que guardará los datos del formulario en un archivo llamado `FEEDBACK.HFO`.

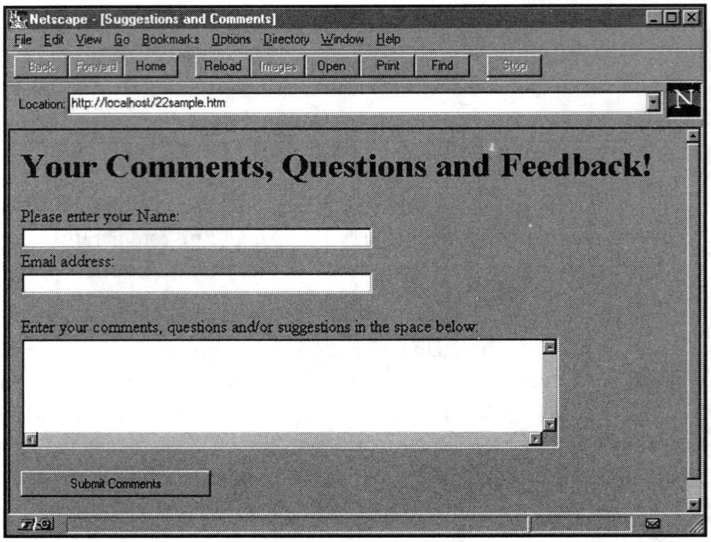


**Figura 22.1.**
*Pantalla para procesamiento de formularios.*

El listado 22.1 muestra el código HTML que crea al formulario e invoca a la aplicación CGI. Para obtener la máxima portabilidad, no aprovecha ninguna de las características de HTML 3.0.

## Listado 22.1. Código HTML para procesamiento de formularios.

```
<HTML>
<HEAD>
<TITLE>Suggestions and Comments</TITLE>
</HEAD>
<BODY>
<form action="http://your.ip.address.here/cgi-bin/savedata.exe/FEEDBACK.HFO"
method="POST">
<H1>Your Comments, Questions and Feedback!</H1>
Please enter your Name:
<BR><INPUT TYPE=text NAME="name" SIZE = 40 MAXLENGTH=40>
<BR>Email address:
<BR><INPUT TYPE=text NAME="email_addr" SIZE = 40 MAXLENGTH=40>
<P>
Enter your comments, questions and/or suggestions in the space below:<BR>
<TEXTAREA NAME=comments ROWS=6 COLS=60 MAXLENGTH=3000></TEXTAREA>
<P>
<input type="submit" value="Submit Comments">
</FORM>
</BODY>
</HTML>
```

El atributo action del formulario es el URL de la aplicación. El atributo action del formulario ejemplo es:

```
http://your.ip.address.here/cgi-bin/savedata.exe/FEEDBACK.HFO
```

La parte `cgi-bin/savedata.exe` del atributo action ejecuta `savedata.exe`, mientras que el componente `/FEEDBACK.HFO` se pasa al script en la variable de ambiente `PATH_INFO`.

En este ejemplo, el atributo para el método es `POST`, lo que significa que los datos del formulario serán leídos desde `stdin` por la aplicación CGI.

# Programación en C con CGI

El listado 22.2 es un ejemplo de script CGI escrito en C que tomará el contenido de un formulario y lo guardará en un archivo. Este archivo (`savedata.c`) y su ejecutable compilado se pueden encontrar en el Kit CGI 1.2 dentro del CD complementario.

## Listado 22.2. `Savedata.c` guarda los datos del formulario en `feedback.HFO`.

```
/***********************************************************************
*  File: savedata.c
*
*  Use: CGI Script file for use with HTTPS.
*
*  Notes: Assumes it is invoked from a form.  This script writes the
*  information to a file defined by the PATH_INFO enviroment var.
*  Ensure that you compile this script as a console mode app.
*  Note the file that you write
*  to must have the extension ".HFO" in all caps.
*  This script is a modified version of the script that comes with EMWAC
*  HTTPS.
*
*  Date: 4/4/95
*  Christopher L. T. Brown  clbrown@netcom.com
*
***********************************************************************/
#include <stdio.h>
#include <stdlib.h>
#include <string.h>
#include <ctype.h>
#include <io.h>
#include <time.h>
#define TRUE 1
#define FALSE 0
char InputBuffer[4096];

       /* Convert all cOld characters   */
       /* in cStr into cNew characters */
void strcvrt(char *cStr, char cOld, char cNew)
{
  int i = 0;
  while(cStr[i])
  {
        if(cStr[i] == cOld)
              cStr[i] = cNew;
        i++;
  }
}

       /* The string starts with two hex */
       /* characters.  Return an integer */
```

*continúa*

Listado 22.2. Continuación

```
      /* formed from them.                    */
static int TwoHex2Int(char *pC)
{
  int Hi, Lo, Result;

  Hi = pC[0];
  if('0' <= Hi && Hi <= '9')
        Hi -= '0';
  else
        if('a' <= Hi && Hi <= 'f')
              Hi -= ('a' - 10);
  else
        if('A' <= Hi && Hi <= 'F')
              Hi -= ('A' - 10);

  Lo = pC[1];
  if('0' <= Lo && Lo <= '9')
        Lo -= '0';
  else
        if('a' <= Lo && Lo <= 'f')
                     Lo -= ('a' - 10);
  else
        if('A' <= Lo && Lo <= 'F')
              Lo -= ('A' - 10);

  Result = Lo + 16 * Hi;
  return(Result);
}

      /* Decode the given string in-place */
      /* by expanding %XX escapes.        */
void urlDecode(char *p)
{
  char *pD = p;

  while(*p)
  {
        if(*p == '%')         /* Escape: next 2 chars are hex           */
        {                     /* representation of the actual character.*/
              p++;
              if(isxdigit(p[0]) && isxdigit(p[1]))
              {
                 *pD++ = (char)TwoHex2Int(p);
                 p += 2;
              }
        }
        else
              *pD++ = *p++;
  }
  *pD = '\0';
}

      /* Return TRUE if the file is within or below the */
      /* current directory. It must have a .HFO ext.    */
static int FileNameIsSafe(char *FileName)
{
  char *p = FileName;
```

```
  while(*p == ' ' || *p == '\t')
        p++;
  if(*p == '\\')
        return(FALSE);
  if(strstr(p, "..") != NULL)
        return(FALSE);
  if(strchr(p, ':') != NULL)
        return(FALSE);
  if(strlen(FileName) < 5)
        return(FALSE);
  if(strcmp(".HFO", FileName + strlen(FileName) -4 )!= 0)
        return(FALSE);
  return(TRUE);
}

        /* Parse out and store field=value items. */
        /* Don't use strtok!                       */
void StoreField(FILE *f, char *Item)
{
  char *p;

  p = strchr(Item, '=');
  *p++ = '\0';
  urlDecode(Item);
  urlDecode(p);
  strcvrt(p, '\n', ' ');
  strcvrt(p, '+', ' ');                /* Get rid of those nasty +'s */
  fprintf(f, "%s = %s\n", Item, p);
}

int main(void)
{
  int ContentLength, x, i;
  char *p, *q, *FileName, *pRequestMethod, *URL, *whocalledme;
  char datebuf[9], timebuf[9];
  FILE *f;

  /* Turn buffering off for stdin.*/
  setvbuf(stdin, NULL, _IONBF, 0);

  /* Tell the client what we're going to send */
  printf("Content-type: text/html\n\n");
  FileName = getenv("PATH_INFO");             /* Get the PATH_INFO.  */
  if(FileName == NULL)                        /* Does not exist.     */
  {
        printf("<HEAD><TITLE>Error - no filename</TITLE></HEAD>\n");
        printf("<BODY><H1>Error - no filename</H1>\n");
        printf("There is no PATH_INFO supplied.  ");
        printf("Please modify the action parameter in your form.\n");
        printf("</BODY>\n");
        exit(0);
  }

  q = FileName;                    /* Convert PATH_INFO to a filename */
  while(*q)
  {
        if(*q == '/')
              *q = '\\';
```

*continúa*

Listado 22.2. Continuación

```
        q++;
    }
    if(*FileName == '\\')
        FileName++;
    urlDecode(FileName);

    if(!FileNameIsSafe(FileName))      /* Is it safe to use? */
    {
        printf("<HEAD><TITLE>Error - Filename unacceptable</TITLE></HEAD>\n");
        printf("<BODY><H1>Error - Filename unacceptable</H1>\n");
        printf("The file %s is not acceptable.\n",FileName);
        printf("</BODY>\n");
        exit(0);
    }

    if(access(FileName, 2) < 0)      /* Does the file exist? */
    {
          printf("<HEAD><TITLE>Error - cannot access file</TITLE></HEAD>\n");
          printf("<BODY><H1>Error - cannot access file</H1>\n");
          printf("The file %s could not be accessed.\n",FileName);
          printf("</BODY>\n");
          exit(0);
    }

    f = fopen(FileName, "a"); /* Open the file.*/
    if(f == NULL)                    /* Can't open.   */
    {
          printf("<HEAD><TITLE>Error - cannot open file</TITLE></HEAD>\n");
          printf("<BODY><H1>Error - cannot open file</H1>\n");
          printf("The file %s could not be opened.\n",FileName);
          printf("</BODY>\n");
          exit(0);
    }

    /* Indicate start of next entry in file.*/
    fprintf(f, "============================\n");

    /* Who called the method action? */
    whocalledme = getenv("REMOTE_ADDR");

    /* Write to file which url posted data. */
    fprintf(f, "Posted By: ");
    fprintf(f, "%s\n", whocalledme);

    _strdate(datebuf);
    _strtime(timebuf);
    fprintf(f, "Date: %s  Time: %s\n",datebuf,timebuf);

    /* What method were we invoked through? */
    pRequestMethod = getenv("REQUEST_METHOD");

    if(pRequestMethod == NULL)
          return(0);

    /* Get the data from the client      */
    /* according to the requested method.*/
```

```
if(strcmp(pRequestMethod,"POST") == 0)
{
      p = getenv("CONTENT_LENGTH"); /* Read in the data from the client. */
      if(p != NULL)
            ContentLength = atoi(p);
      else
            ContentLength = 0;
      if(ContentLength > sizeof(InputBuffer) -1)
            ContentLength = sizeof(InputBuffer) -1;
      i = 0;
      while(i < ContentLength)
      {
            x = fgetc(stdin);
            if(x == EOF)
             break;
            InputBuffer[i++] = x;
      }
      InputBuffer[i] = '\0';
      ContentLength = i;

      p = getenv("CONTENT_TYPE");
      if(p == NULL)
            return(0);

      if(strcmp(p, "application/x-www-form-urlencoded") == 0)
      {
            p = strtok(InputBuffer, "&");      /* Parse the data */
            while(p != NULL)
            {
              StoreField(f, p);
              p = strtok(NULL, "&");
            }
      }
      else
            /* Write data to file. */
            fprintf(f, "Input = %s\n", InputBuffer);
}
else
      if(strcmp(pRequestMethod, "GET") == 0)
      {
            /* Parse the data in the search term.*/
            p = getenv("QUERY_STRING");
            if(p != NULL)
            {
              strncpy(InputBuffer, p, sizeof(InputBuffer));
              p = strtok(InputBuffer, "&");
              while(p != NULL)
              {
                    StoreField(f, p);
                    p = strtok(NULL, "&");
              }
            }
      }

if(!ferror(f))                  /* Confirm to client. */
{
      URL = getenv("HTTP_REFERER");        /* What url called me.*/
      printf("<HEAD><TITLE>Submitted OK</TITLE></HEAD>\n");
```

*continúa*

Listado 22.2. Continuación

```
        printf("<BODY><h2>The information you supplied has been accepted.");
        printf("  Thank You!</h2>\n");
        printf("<h3><A href=\"%s\">[Return]</a></h3></BODY>\n", URL);
  }
  else
  {
        URL = getenv("HTTP_REFERER");     /* What url called me.*/
        printf("<HEAD><TITLE>Server file I/O error</TITLE></HEAD>\n");
        printf("<BODY><h2>The information you supplied could not be\n");
        printf("accepted due to a file I/O error at the server.</h2>\n");
        printf("<h3><A href=\"%s\">Return</a></h3></BODY>\n", URL);
  }

  fclose(f);                        /* Close the file.*/
  return(0);
}
```

Lista de funciones en `savedata.c`:

- `strcvrt` Convierte todo lo que ocurre de un carácter a otro dentro de una cadena.
- `TwoHex2Int` Se le llama cuando un carácter de porcentaje marca un código de escape.
- `UrlDecode` Expande todos los códigos de escape llamando a `TwoHex2Int`.
- `FileNameIsSafe` Determina si el nombre de archivo que se le dio está dentro del árbol de directorios permitido.
- `StoreField` Recupera los pares campo/valor de los datos del formulario.
- `main` Lee los datos del formulario desde `stdin`, los guarda en FEEDBACK.HFO, y escribe la respuesta HTML en `stdout`.

# CGI PerForm

CGI PerForm fue diseñado para brindar toda la funcionalidad CGI básica que necesita un sitio WWW, sin requerir de C o Perl. Con un simple archivo de comandos, un archivo plantilla y un formulario HTML, usted puede crear un formulario de retroalimentación para correo electrónico, una libreta de huéspedes o incluso una urna —o realizar estas tres operaciones al mismo tiempo y las veces que quiera—. CGI PerForm fue diseñado para trabajar tanto con Windows NT como con Windows 95.

# Cómo trabaja CGI PerForm

Puede dividir una página WWW interactiva en tres partes:

- El formulario HTML a través del cual los datos son insertados y puestos a consideración.
- La aplicación de la Interfaz común para puerta de acceso (CGI) que recibe y procesa los datos proporcionados.
- El resultado final.

CGI PerForm sería la aplicación CGI que maneje los datos entrantes y cree el resultado. Un *resultado* puede ser una combinación de más de una tarea o comando. Los comandos de PerForm son explicados posteriormente en este capítulo.

CGI PerForm utiliza un archivo de comandos que usted crea para determinar qué tareas necesita realizar en los datos. Se crea un archivo de comandos diferente para cada aplicación interactiva requerida. Cada comando necesita ciertos valores clave para que éste realice su tarea. Una gran mayoría de los valores clave son nombres de archivo. Algunos de estos archivos ya deben existir, como un archivo plantilla o un archivo de columna. Otros son creados por el comando, como un archivo de datos o el archivo de salida.

CGI PerForm toma todos los datos entrantes suministrados por el formulario HTML y los almacena en un bloque de memoria. Un formulario suministra los datos en pares *nombre=valor*; por ejemplo, `lastname=Smith`. Usted puede complementar los datos suministrados por el formulario HTML poniendo pares *`nombre=valor`* fuertemente codificados en el archivo de comandos. Estos valores van dentro del mismo bloque de memoria que los datos proporcionados. Usted puede codificar fuertemente los valores en su archivo de comandos para ocultarlos o fijar los valores predeterminados.

El siguiente paso es utilizar los datos. Usted puede guardar la información en un archivo de datos o en una base de datos; o combinar los resultados con un archivo plantilla para crear un mensaje de confirmación o una carta de formulario para enviar.

El comando se puede realizar tantas veces como sea necesario con diferentes valores clave. Por ejemplo, usted puede guardar los datos proporcionados por un usuario en tres diferentes archivos de datos. Estos archivos de datos pueden contener parte de los mismos datos de los otros, o dos de ellos podrían ser idénticos. Usted también puede pasar variables entre los bloques de comandos para crear archivos únicos que almacenen los datos a solicitud del cliente.

# Cómo se instala CGI PerForm

Para instalar CGI PerForm, coloque el archivo `perform.exe` en su directorio `cgi`. Algunos servidores Web requieren que usted cambie la extensión de .exe a .cgi. Ponga una copia de `perform.exe` en su ruta de acceso para correrlo desde la línea de comandos. Nótese que CGI PerForm no es una aplicación Visual Basic, por lo tanto los usuarios del sitio Web deben colocar a `perform.exe` en el directorio `cgi-dos` para que éste trabaje.

Para utilizar el comando MailFile, usted debe tener instalado y en ruta de acceso a Blat 1.2 (o superior).

# Así se utiliza CGI PerForm

Al utilizar CGI PerForm usted debe crear un formulario HTML para presentar la interfaz de usuario y un archivo de comandos por el que le indique las tareas a realizar. Nótese que algunos comandos (tareas) requieren que usted cree primero ciertos archivos, como un archivo de plantilla. Para empezar, puede utilizar los ejemplos proporcionados con CGI PerForm.

## Entrada para formulario

CGI PerForm reconoce tanto el método POST como GET. Utilice el método POST si planea enviar cantidades de datos relativamente grandes, como la información de un cuestionario.

Se le solicita enviar solamente un par *name=value* específico en su formulario. Usted debe tener una línea similar a ésta en su formulario HTML:

```
<input type=hidden name=CMDFile value=\path\file.cmdl>
```

donde *path* es la ruta de acceso absoluta hacia su archivo de comandos. Si el directorio de datos de su servidor Web es `c:\web-server\`, su ruta de acceso debe comenzar con `\web-server\`.

# Campos requeridos

Usted puede forzar a un usuario a proporcionar información en el campo de entrada del formulario HTML anteponiendo una tilde (~) al nombre del campo. Por ejemplo:

```
<input name="~UserName" size=24 >
```

Si el usuario no escribe un valor en este campo, se le(s) notificará que se requiere el Nombre de usuario (UserName) para procesar el formulario.

# Salida codificada por URL

Algunas veces usted tendrá que mantener sus datos codificados por URL cuando estén colocados dentro de su archivo plantilla. Esto será útil cuando se esté generando una lista de URLs que implementa el método GET para pasar datos a una máquina de consulta. Esto se puede hacer anteponiendo una tilde al nombre del campo de datos en su archivo plantilla. Por ejemplo:

```
<a href="http://www.thesari.org/query?<!— ~KeyWord 0 —>">Search for
 <!— KeyWord 0 —></a>
```

# Elimine los Placeholders de plantilla

Por predeterminado, si un valor no se encuentra, CGI PerForm deja intacto un placeholder de plantilla para ponerlo en su lugar. En algunos casos esto ocasiona problemas, sobre todo si usted está anidando los placeholders en las etiquetas HTML. Cuando en la etiqueta usted antecede el nombre del campo con un ampersand (&), se borrará el placeholder si no se encuentra el valor al que hace referencia.

# Seguridad (interna y externa)

Sin un archivo de comandos no se puede ejecutar CGI PerForm. Esto refuerza las omisiones del valor y las modificaciones de la ruta de acceso.

Actualmente hay dos versiones de CGI PerForm: la segura y la insegura. La versión segura de CGI PerForm fuerza automáticamente todas las rutas de acceso a rutas relativas. Por ejemplo:

```
\data\guest.dat would become data\guest.dat
```

Esto se hace por tres razones: para ser utilizado por muchos formularios a la vez y por muchos usuarios a la vez. Muchos servidores Web venden cuentas para los usuarios, tanto para uso comercial como para uso privado. Estos usuarios pueden tener acceso limitado a sus archivos; el propio software del servidor Web tiene un gran conjunto de derechos de acceso para un usuario individual. Cuando una aplicación

CGI es generada por el servidor Web, ésta hereda los derechos del mismo. Si un usuario se equivoca accidentalmente al escribir una ruta de acceso que en realidad existe, CGI PerForm puede sobreescribir un archivo existente, provocando otra pena para el usuario. Segundo, los usuarios Web maliciosos pueden crear formularios en el sitio del cliente con el solo propósito de destruir un archivo o enviarse a ellos mismos otro archivo por correo electrónico. Se puede usar el archivo de comandos para ignorar cualquier valor que pudiera ser pasado por un formulario malicioso. Tercero, las variables no pueden ser pasadas de un formulario a CGI PerForm; éstas sólo pueden ser creadas y definidas en el archivo de comandos. Usted puede utilizar el valor de un campo específico en una variable, pero la ruta de acceso se hará relativa.

La versión insegura no realiza modificaciones ni a la ruta de acceso ni a la unidad y no se recomienda su uso en un ambiente multiusuario.

# El archivo de comandos de CGI PerForm

Éste es un simple archivo ASCII que enlista todos los comandos que usted quiere que CGI PerForm ejecute. El orden de los comandos es importante, pero usted puede llevar a cabo cualquier comando tan seguido como quiera.

El archivo de comando está en este formato:

```
[command 1]
key_name1=value
key_name2=value
...
[command 2]
key_name1=value
key_name2=value
...
```

Para un ejemplo real le sirve el contenido de `mail.cmdl`, utilizado en nuestro sitio muestra.

```
[MakeUniqueFileName]
variable=%log
path=log\
ext=.log

[OutputFormData]
OutputFile=%log
tplFile=message.tpl

[MailFile]
FileName=%log

[OutputFormData]
TplFile=mail.tpl
BlockName=mail
```

# Comandos

Los comandos disponibles y sus claves asociadas son los siguientes. Algunas claves son aplicables a más de un comando. Éstas están descritas en una lista independiente que sigue a los comandos y se muestran en cada una de las siguientes subsecciones.

## *Data*

Los pares de valores clave en este bloque de comandos ignorarán cualquier valor que sea pasado desde su formulario HTML o complementarán esos valores. Coloque en este bloque cualquier valor que no quiera que sus usuarios vean en caso de que lean la fuente de su formulario HTML.

## *DeleteFile*

Éste se utiliza para limpiar cualquier archivo ajeno que se haya generado.

Clave: `FileName`

## *DumpFormData*

Éste desecha el contenido de los pares actuales *`Name=Value`* pasados por su formulario o almacenados con el comando Data.

Clave: `OutputFile`

## *ExportDataFile*

Éste convierte su DataFile en un formato más legible para el humano/computadora. Sólo se soporta un formato delimitado por comas.

Claves: `DataFile`, `OutputFile`, `SaveAs`

## *FindInDataFile*

Éste se utiliza para encontrar un valor en un archivo de datos.

El comando `FindInDataFile` se utiliza para buscar un valor en un archivo de datos. Si no se encuentra, se usará el valor `Default`.

Claves: `DataFile`, `ColFile`, `UseColumn`, `GetColumn`, `WithValue`, `Default`, `DataType`, `Variable`

> **Nota:** Si WithValue y Default se dejan en blanco, se devolverá un valor aleatorio.

## *MailFile*

Proporcionando un nombre de archivo y unos cuantos valores pasados por su formulario HTML, usted puede enviar cualquier archivo por SMTP. (Esta función requiere que BLAT esté instalado.) Los campos necesarios del formulario HTML son mailto, mailfrom (usted también puede utilizar correo electrónico), nombre y asunto. (Si mailfrom se deja en blanco, se utiliza el valor del nombre, de otro modo, el correo electrónico se enviará utilizando un nombre anónimo.)

Claves: `FileName`, `CarbonCopy`

## *MakeUniqueFileName*

Éste crea un nombre de archivo único en su directorio actual o en una de las rutas de acceso especificadas. (La ruta de acceso no será forzada a ser relativa respecto a su directorio actual, dado que el archivo creado es definitivamente único.) Este comando almacena el nombre de archivo en la variable especificada. La variable debe comenzar con el signo de porcentaje (`%`).

Claves: `Variable`, `Ext`, `Path`

## *MakeVariable*

Éste crea una variable.

Claves: `Variable`, `UseFieldValue`, `Ext`

## *OutputDataFile*

Éste se utiliza para escribir una lista formateada, incluyendo todo el contenido de su archivo de datos, dentro de un solo archivo. La clave `ReturnNumRec` especifica el primer número de registros que se van a utilizar en el archivo de datos. Cuando `LastRecOnly`, es TRUE, permite que se utilice únicamente el último registro proporcionado. Si no se da un valor para OutputFile, la salida se envía directamente al visualizador del cliente.

Claves: `ColFile`, `DataFile`, `TplFile`, `OutputFile`, `BlockName`, `DataType`, `LastRecOnly`, `ReturnNumRec`

## *OutputFormData*

Éste combina los datos pasados por su formulario con su TplFile. Si no se da un valor para OutputFile, la página resultante se envía directamente al visualizador.

Claves: `TplFile`, `OutputFile`, `BlockName`

## *PushFile*

Éste envía un archivo al visualizador; trabaja muy bien con imágenes.

Claves: `FileName`, `MimeType`

## *PushList*

Éste se utiliza para empujar una serie de archivos hacia un visualizador Web. Esto es más comúnmente conocido como Apilado de servidor (Server Pushing) y actualmente trabaja sólo con los visualizadores Netscape. Si el visualizador no es Netscape Navigator, sólo será enviado el primer archivo de la lista. De otra forma, se salta el primer archivo y se envían todos los archivos restantes. Usted puede especificar un lapso entre cada archivo (imagen si se utiliza para animación) en segundos. La lista de apilamiento (push list) deberá tener tres columnas: FileName, MimeType y Delay (con los predeterminados: MimeType=image/gif y Delay=1 second).

Clave: `FileName`

## *RemoveData*

Con éste se borra un registro desde su archivo de datos. Esto llevará a cabo una búsqueda que no es sensible a mayúsculas y minúsculas a través de la columna especificada por UseColumn. Al encontrarlo, el registro es borrado y se guarda el DataFile actualizado.

Claves: `DataFile`, `UseColumn`, `WithValue`, `ColFile`

Sin UseColumn, se realiza una búsqueda completa de todas las columnas. Cualquier ocurrencia de los caracteres en la clave WithValue encontrada hará que el registro se borre. Por ejemplo, truck = firetruck.

## *RemoveDupData*

Éste quita las líneas duplicadas en su DataFile y las protege contra los usuarios que suministren un formulario más de una vez. Para que este comando trabaje adecuadamente, cada línea necesita ser única. Usted puede hacer única a cada línea registrando la REMOTE_ADDR del usuario y el día actual del año en su DataFile.

Clave: `DataFile`

## *ReturnURL*

Éste fuerza al visualizador del usuario (como Netscape o Mosaic) a cargar una página. Este valor debe ser un URL completamente calificado (por ejemplo, `http://foo.bar.com/`). Probablemente usted lo utilice para señalar a un archivo que se acaba de crear con el comando `MakeOutput`. Usted puede proporcionar un valor para FileName para hacer que el URL se genere sobre la marcha. FileName puede ser una variable.

Claves: `URL`, `FileName`

## *SaveFormData*

Éste guarda en un archivo la información pasada desde su formulario HTML.

Claves: `ColFile`, `DataFile`, `DataAdd`

## *SortDataFile*

Utilizando la columna que usted especifique, puede ordenar un DataFile de tres maneras: ALPHA, NUMERIC o INVERT.

Claves: `ColFile`, `DataFile`, `UseColumn`, `DataType`, `Sort`

## *SumDataFile*

Con la columna que usted especifique, `SumData` agregará todos los valores numéricos encontrados. El archivo de datos de suma tendrá dos columnas: int y float.

Claves: `ColFile`, `DataFile`, `OutputFile`, `UseColumn`

## *TallyDataFile*

Éste resume los datos en un DataFile para una aplicación del tipo urna. Al utilizar la columna que usted especifique, TallyData encontrará todas las ocurrencias de un valor y contará cuántas veces ocurren. Esto será repetido para todos los valores únicos. El archivo de datos de conteo tendrá cuatro columnas: valor, total, cuenta y porcentaje.

Claves: `ColFile`, `DataFile`, `OutputFile`, `UseColumn`, `IgnoreValue`

## *UseCommandFile*

Utilice este comando para procesar otro archivo de comandos. No se pasará automáticamente ningún dato del formulario a este nuevo proceso. Sin embargo, usted puede crear pares *`name=value`* para pasar los datos; los valores pueden ser variables.

Clave: `CmdFile`

# Descripción de las claves

Ésta es una descripción de todas las claves disponibles y de sus valores.

## *BlockName*

Un archivo plantilla está dividido en bloques para que pueda descargar más de un `DataFile` en él. La clave `BlockName` indica a los comandos `OutputDataFile` y a `OutputFormData` qué bloque utilizar.

## *ColFile*

La clave `ColFile` enlista las columnas utilizadas y sus DataFiles asociados. El orden de los nombres de las columnas en este archivo corresponde al de las columnas en el DataFile. Los nombres de las columnas deben ser los nombres de entrada en su documento HTML o los nombres de las variables de ambiente que pasan por su software para servidor Web.

## *DataAdd*

Cuando se guarda información al `DataFile`, usted necesita que los datos de entrada recientes sean agregados en la parte superior de la lista. Los valores que pueden ser utilizados son `TOP`, `BOTTOM` y `ALPHA`.

## *DataFile*

La clave `DataFile` es el archivo en el que se almacenan los datos proporcionados por el usuario. Cada columna es INPUT diferente en su formulario HTML o un valor para variable de ambiente solicitado en su ColFile.

## *DataType*

Las salidas de SumData y TallyData no tienen ColFiles asociados. Sin embargo, le dicen a ciertos comandos que asuman a DataFile si éste está utilizando uno de ellos. Los valores pueden ser `SUM` o `TALLY`.

## *ExcludeList*

La clave `ExcludeList` es la ruta de acceso y el nombre de archivo de una lista de exclusión o una ruta de acceso absoluta, para que las listas puedan ser compartidas entre las aplicaciones y los usuarios. Cada línea del archivo deberá contener palabras o frases únicas.

## *Ext*

La clave `Ext` es la extensión que usted quiere agregar a un nombre de archivo único creado con `MakeUniqueFileName`. Este valor no se requiere.

## *IgnoreValue*

La clave `IgnoreValue` la utiliza el comando `TallyData`. Ésta obliga a `TallyData` a brincarse cualquier registro con este valor en la columna especificada. Por ejemplo, los usuarios están votando por el próximo presidente utilizando un cuadro SELECT. El primer elemento en el cuadro de Selección (Select) se lee Seleccione un Candidato (Select a Candidate). Seguramente usted tendrá el voto de los usuarios en el cuadro Seleccione un Candidato. Al utilizar `IgnoreValue`, `TallyData` no resumirá los datos de este valor, y mantendrá exactos sus números.

## *GetColumn*

La clave `GetColumn` especifica el nombre de la columna desde la cual se va a recoger el valor.

## *LastRecOnly*

Si usted quiere dar salida solamente al último registro en un `DataFile`, ponga el valor de `LastRecOnly` a `TRUE`. El valor predeterminado es `FALSE`.

## *OutputFile*

La clave `OutputFile` es el nombre de un archivo que va a ser generado por un comando. Si usted utiliza el comando `OutputDataFile`, puede crear un guest.htm desde cualquiera de los archivos guest.tpl y guest.dat.

## *Path*

La clave `Path` es la ruta de acceso absoluta al lugar donde usted quiere que se cree el nuevo archivo único. Ésta deberá señalar solamente al directorio que usted quiere utilizar para propósitos de registro, ya que usted no está autorizado a accesar a los archivos que están fuera de su directorio actual.

## *ReturnNumRec*

Utilizado por `OutputDataFile`, el valor de la clave `ReturnNumRec` es el número de registros regresados por el comando. Se puede utilizar `ReturnNumRec` para limitar una página a los primeros 50 elementos en el archivo de datos, en caso de que éste contenga algunos cientos.

### *SaveAs*

`SaveAs` es utilizado por `ExpotDataFile`; su único valor es `CSV`.

### *Sort*

La clave `Sort` especifica el tipo de ordenamiento: `ALPHA`, `NUMERIC` o `INVERT`.

### *TplFile*

La clave `TplFile` apunta hacia su archivo de plantilla. Los archivos de plantilla tienen placeholders especiales en los que son insertados los valores de campo de un DataFile. Por lo general, un DataFile entero es repetido a través de un archivo de plantilla para crear la página de comentarios de una libreta de huéspedes.

### *UseColumn*

La clave `UseColumn` especifica el nombre de la columna a utilizar para ciertos comandos. En el caso de `OutputDataFile`, esta clave nombra la columna que va a ser usada para los nombres de archivos.

### *UseFieldValue*

El valor al que está puesto la clave `UseFieldValue` es el nombre de un campo. El valor del nombre de este campo se utilizará como un nombre de archivo o variable de archivo.

### *Variable*

La clave `Variable` especifica el nombre del espacio para el almacenamiento de un nombre de archivo que usted quiere crear. Este valor debe empezar con el signo de porcentaje (`%`).

### *WithValue*

La clave `WithValue` es una palabra o frase que usted quiere buscar. Si ésta es utilizada con la clave `UseColumn`, se buscará una combinación exacta que no sea sensible a mayúsculas y minúsculas para este valor y el valor de la columna solicitada; de otro modo, se buscará cualquier ocurrencia que no sea sensible a mayúsculas y minúsculas en el valor WithValue. Así, si usted no proporciona una columna en la cual buscar (utilizando la clave UseColumn), se buscará todo el registro. Por ejemplo, `http://` será igual a `http://www.whatever.com` dado que contiene la cadena de caracteres solicitada. Si se proporciona UseColumn, `http://` no será igual a `http://www.whatever.com`.

## El archivo de columna de CGI PerForm

Es una lista de los nombres de campo cuyos valores se van a almacenar en un DataFile. El archivo de columna puede contener más que los solos nombres de campo devueltos por un formulario HTML. También puede ser una variable de ambiente o un especificador de formato para tiempo/fecha. Un ejemplo de archivo de columna sería

```
candidate
remote_addr
fmt_tm_%j
```

En este ejemplo, usted está almacenando el valor del candidato por el cual se votó, la dirección ip del usuario y el día del año que es hoy. Así se vería la salida de DataFile:

```
Richard+Lugar+%28R%29 204.96.15.37 220
Bill+Clinton+%28D%29 214.46.15.3 225
Phil+Gramm+%28R%29 204.94.65.9 226
Pat+Buchanan+%28R%29 128.194.15.10 226
Select+a+Candidate 128.194.15.10 230
```

Nótese que los datos aún están codificados por URL. Utilice el comando ExportDataFile para convertirlos a un formato delimitado por comas.

# El archivo plantilla de CGI PerForm

Es un documento HTML estándar, excepto porque tiene etiquetas de comentario especiales que actúan como placeholders para los datos suministrados por sus usuarios.

Dentro de este documento, a usted se le va a pedir que tenga tanto una etiqueta `<!- begin BlockName ->` como una `<!- end ->`. Esto indica a OutputDataFile o a OutputFormData cuándo empezar y dejar de reemplazar a las etiquetas con los datos de su documento. BlockName indica a OutputDataFile o a OutputFormData qué bloque de principio/fin utilizar.

Las etiquetas para comentario con placeholder tienen este formato:

```
<!— field_name1 min_width —>     <!— field_name2 min_width —>
```

`field_name1` corresponde a un campo enlistado en su archivo de comandos (ColFile) o a un campo pasado por un usuario desde un formulario HTML a CGI PerForm. `min_width` es un entero que especifica el número de caracteres requerido. Si el valor de un campo es menor que los caracteres `min_width`, el espacio restante se rellena con caracteres de espacio; de otro modo no se truncará ningún carácter. Si el ancho no es un problema, utilice `0` para `min_width`. Los espacios son importantes para asegurar que los nombres y el ancho de los campos son leídos correctamente.

Estas etiquetas pueden ser incrustadas en otras etiquetas estándar HTML con el fin de crear URLs o nombres de archivos. Por ejemplo:

```
<a href="http://<!— domain 0 —>/"><!— company 0 —></a>
```

# Códigos para Formato de tiempo

Aquí están algunos campos especiales que usted puede colocar en su archivo ColFile. También puede colocarlos en su archivo plantilla si quiere que la información sea desplegada.

`fmt_tm_????`

Esta campo le permite construir una cadena hora/fecha, donde `????` puede ser cualquiera de lo siguiente (todas las horas serán horas de los servidores locales, no horas del usuario):

| | |
|---|---|
| `%a` | Nombre abreviado del día de la semana |
| `%A` | Nombre completo del día de la semana |
| `%b` | Nombre abreviado del mes |
| `%B` | Nombre completo del mes |

| | |
|---|---|
| `%c` | Representación de fecha y hora apropiadas para la localidad |
| `%d` | Día del mes como número decimal (01-31) |
| `%H` | Hora en formato de 24 horas (00-23) |
| `%I` | Hora en formato de 12 horas (01-12) |
| `%j` | Día del año como número decimal (001-336) |
| `%m` | Mes como número decimal (01-12) |
| `%M` | Minuto como número decimal (00-59) |
| `%p` | Indicador A.M./P.M. de la localidad actual para reloj de 12 horas |
| `%S` | Segundo como número decimal (00-59) |
| `%U` | Semana del año como número decimal, con domingo como primer día de la semana (00-51) |
| `%w` | Día de la semana como número decimal (0-6; domingo es 0) |
| `%W` | Semana del año como número decimal, con lunes como primer día de la semana (00-51) |
| `%x` | Representación de la fecha para la localidad actual |
| `%X` | Representación de la hora para la localidad actual |
| `%y` | Año sin siglo, como número decimal (00-99) |
| `%Y` | Año con siglo, como número decimal |
| `%z`, `%Z` | Nombre o abreviatura de la zona de tiempo; sin caracteres si se desconoce la zona de tiempo |

Por ejemplo: `fmt_tm_%B+%d,+%Y` se convertiría en Enero 12, 1995.

# Variables de ambiente para CGI PerForm

La siguiente lista muestra las variables de ambiente que son reconocidas por CGI PerForm (vea el capítulo 11 para una breve descripción de cada variable):

- CONTENT_LENGTH
- REMOTE_ADDR
- REMOTE_HOST
- REMOTE_USER
- HTTP_ACCEPT
- HTTP_USER_AGENT
- HTTP_IF_MODIFIED_SINCE
- HTTP_FROM
- SERVER_SOFTWARE
- SERVER_NAME
- SERVER_PROTOCOL
- SERVER_PORT

# Variables

Las variables se utilizan para almacenar nombres de archivos u otros valores creados con MakeUniqueFileName y MakeVariable. Estas variables se pueden utilizar en el archivo Command, en los archivos Template o en los DataFiles. Al ser utilizadas, las variables serán reemplazadas por su valor. Las variables deben comenzar con un signo de porcentaje (%) para ser reconocidas. Pueden no ser pasadas desde un formulario HTML.

Usted también puede crear variables en el bloque de comandos Data. Note que por razones de seguridad, estos valores serán forzados a nombres de rutas de acceso relativas.

Note la diagonal faltante que convierte la ruta de acceso de absoluta a relativa:

```
\data\log  will become  data\log
```

# Lista de apilamiento

La lista de apilamiento (push list) se utiliza para las rutinas Server Push que se escriben para desplegar animaciones sencillas. La lista de apilamiento tiene tres columnas: FileName, MimeType y Delay.

MimeType tiene un valor predeterminado de "image/gif", y el retardo (delay) está puesto a un segundo. Si estos valores no son dados en la lista de apilamiento, serán usados los predeterminados. Si sólo el primer (u otro) elemento en la lista de apilamiento tiene un MimeType o un Delay, esos valores se convertirán en los predeterminados para el resto de la lista.

El primer elemento en la lista de apilamiento no se envía al cliente si tiene Netscape Navigator. El primer elemento está reservado para visualizadores Web que no sean Netscape.

Usted puede hacer que el primer elemento sea un archivo GIF y los elementos restantes archivos JPG dado que Netscape puede desplegar imágenes JPG como si fueran imágenes GIF. Las imágenes JPG son por lo general más pequeñas y pueden desplegar más colores. La mayoría de los otros clientes Web no despliegan imágenes JPG como lo hace Netscape.

# Gateway CGI2Shell

Si usted se da cuenta de que utiliza una gran cantidad de scripts CGI, le gustará este pequeño paquete de utilerías de Richard Graessler, de Alemania.

Las aplicaciones CGI2Shell están pensadas para los servidores Web de Windows que no soportan la ejecución de guiones sin un shell correspondiente en la línea de comandos de una etiqueta `<FORM ACTION=>` o una `<A HREF=>`.

El Gateway CGI2Shell es un conjunto de programas que permiten a `PATH_INFO` especificar el nombre de un script CGI que será ejecutado ya sea con el método POST o con GET.

Actualmente, son soportados los shells `Perl.exe` y `Sh.exe` y el intérprete de comandos de Windows NT `CMD.exe`.

# Utilización de GCI2Shell

El Gateway CGI2Shell incluye tres programas, uno para cada shell que soporta:

```
CGI2Sh.exe for Sh.exe
CGI2Perl.exe for Perl.exe
CGI2Cmd.exe for Cmd.exe (Windows NT only)
```

Todo lo que usted necesita es incluir el script con su ruta de acceso en el PATHINFO del URL. Por ejemplo:

```
http://host.domain/progpath/CGI2xxx.exe/scriptpath/script.ext
```

Los programas shell deben residir en la ruta de acceso o en el mismo directorio que `CGI2xxx.exe`.

Usted puede encontrar un conjunto de ejemplos en línea en `http://137.226.92.4/rick/rick/cgi2shell.html` o en `http://pobox.com/~rickg/`.

# CGIC

CGIC es una librería de funciones para desarrollo en CGI con el estándar ANSI de C, escrita por Thomas Boutell. Usted puede encontrar más información sobre ésta en `http://sunsite.unc.edu/boutell/cgic/cgic.html`.

# Biblioteca CGI de EIT

Enterprise Integration Technology ha creado LIBCGI para ayudar a los programadores que están escribiendo sistemas CGI en lenguaje C. La librería consiste en aproximadamente 15 funciones, y es freeware. Escrita originalmente para UNIX como parte de su Webmaster's Starter Kit, ha sido llevada a varias plataformas populares, incluyendo Windows. Al igual que varios URLs mencionados en este libro, no hemos probado este producto y no podemos agregar nada más sólo sugerirle que visite su sitio y le dé un vistazo por sí mismo: `http://wsk.eit.com`.

# Almacén para desarrolladores Web

Si usted programa con Borland C++ y no le importa pagar por herramientas CGI y HTML, definitivamente debe visitar `http://htechno.com/wdw/index.htm`. Una compañía llamada Specialized Technologies ha desarrollado un conjunto de productos que ellos llaman el Almacén para Desarrolladores Web (Web Developers Warehouse). Éste incluye tres componentes: TCgi, Objetos HTML y Web Wizard. TCgi es un conjunto de clases C++ para WinCGI, que trabaja con el servidor WebSite de O'Reilly y con el servidor FolkWeb incluido en el CD.

Para mayor información visite su página principal. Usted también puede probar los programas para demostración, pague electrónicamente por el software, y bájelos al instante.

# ¿Qué sigue?

Si usted ha llegado hasta aquí, lo que resta es fácil. El siguiente capítulo le muestra cómo adaptar el código fuente de `savedata.c` para utilizarlo con un programa Visual Basic que puede guardar los datos en una base de datos ODBC.

# Capítulo 23

# WinCGI y SQL con Visual Basic

- Programación para base de datos en Web con Visual Basic 4.0
- Guía rápida para SQL

Como aprendió en el capítulo 19, Cold Fusion es una gran herramienta para muchas tareas CGI orientadas a base de datos, especialmente para los no programadores. C, C++ y Perl también son lenguajes CGI populares, pero todos tienen una alta cuota de entrada en términos de experiencia en programación. Y cuando llega a CGI, "no son para Windows". Tampoco tienen una interfaz para base de datos ODBC. CGI PerForm, explicado en el capítulo anterior, tiene una interfaz para base de datos, pero es propietaria (muy poderosa, aunque no compatible con ODBC).

Si parece que estamos amontonando críticas con el fin de prepararlo para el siguiente nivel, aquí viene. Para hacerlo sencillo, usted tiene que probar Visual Basic antes de apreciar su sorprendente potencial. No sólo es un ambiente de desarrollo rápido, sino que proporciona todas las características recién explicadas que faltan en las otras alternativas CGI.

Nada en la vida es gratis. La contraparte de tener el poder para desarrollar sus aplicaciones CGI a su gusto es, por supuesto, que lleva tiempo desarrollar sus propios programas. Las herramientas como Cold Fusion y CGI PerForm pueden cumplir la mayoría de las tareas CGI orientadas a base de datos *sin* programación.

# Programación para base de datos en Web con Visual Basic 4.0

Visual Basic incluye capacidades muy poderosas para manipulación de base de datos, archivos y cadenas. Y estas características resultan tener una gran correlación con un lenguaje "soñado" para CGI. Una vez familiarizado con VB, verá que esta lista es sólo la punta del iceberg de sus posibilidades. Por ejemplo, ¿sabía que VB Professional le permitirá enviar y recibir correo electrónico en LAN utilizando MAPI (la API Mail)? ¿Sabía que lo puede utilizar para enviar faxes? Incluso, los programas VB se utilizan para controlar procesos de automatización en fábricas. Imagínese utilizando un formulario Web para iniciar transmisiones de fax automáticamente, dar avisos a su paginador o preparar una pizza personalizada.

Los eruditos afirman que VB es lento, pero eso no es del todo cierto. Bueno, claro, es más lento que un lenguaje compilado, pero el punto es que *eso por lo general no tiene importancia.* Verá, tan pronto como usted identifique el segmento de su código que necesita ser optimizado (la evidencia sugiere que éste suele ser inferior al 1%), y suponiendo que sus clientes no tengan ya cosas más importantes que tenerlo a usted trabajando en eso, puede reescribir esa función en C y ponerla en un DLL. De este modo, usted reserva VB para lo que hace mejor, es decir la construcción de la interfaz de usuario y la conectividad para base de datos, mientras sólo ajusta las secciones del programa que realmente necesitan ser levantadas. ¿No es mejor tenerlo trabajando primero y optimizarlo después?

Muchos servidores Web para Windows no soportan WinCGI. El estándar CGI requiere una interfaz shell, y VB no construye ese tipo de aplicaciones en modo de consola. Esto es desafortunado, pero, gracias a la infinita maleabilidad del software, no insuperable. Hemos divisado una salida inteligente (sí, creemos en el poder de la crítica constructiva) para que usted pueda aprovechar CGI con casi cualquier servidor Web basado en Windows y todavía tomar ventaja del poder para base de datos de VB.

Vamos a desarrollar un programa C++ (más como "C extendido" dado que en realidad no utiliza ninguna de las características orientadas a objetos) para examinar los datos del formulario en un archivo temporal antes de que éste llame a la aplicación Visual Basic. El programa VB correrá de manera invisible mientras lee el archivo temporal pasado por el programa C++ y escribe la información en una base de datos Access.

Si usted lee la especificación para WinCGI en el Apéndice H, verá que el método adoptado aquí es muy parecido en términos de eficiencia. WinCGI involucra I/O (Entrada/Salida) de archivos para escribir las variables de ambiente en WIN.INI y para escribir los datos del formulario a un archivo temporal. (Hablando de eficiencia, vea la barra lateral de la siguiente sección titulada "La eficiencia de CGI").

# ¿Cómo trabaja?

Hay cuatro piezas para este rompecabezas: usted necesita un formulario HTML que llamará a la aplicación CGI, la aplicación CGI escrita en C++ que manejará las variables de ambiente y pasará los datos del formulario al programa Visual Basic, el propio programa Visual Basic, y una base de datos Access para almacenar la información. Utilizando Visual Basic, usted podría conectarse fácilmente a una base de datos FoxPro, o a cualquier base de datos para la cual esté disponible un controlador ODBC.

¿Qué hace esta aplicación cuando todo está hecho? Francamente, no mucho más de lo que ha visto en el capítulo anterior, excepto que ahora los datos del formulario estarán guardados en una base de datos Access. Esto abre la puerta de las futuras personalizaciones en el ambiente Windows. Por ejemplo, usted podría correr otros programas en Access o Visual Basic para procesar todos los datos del formulario, enviando correo electrónico en forma conjunta. Si corre la segunda etapa de programas fuera de línea (quizás desde otra estación de trabajo) o en una pauta diaria o semanal, puede minimizar el impacto a los recursos del sistema mientras corre el servidor Web. En otras palabras, considere ajustar el servidor Web para realizar sólo la rápida adquisición de los datos del formulario, y dejar el procesamiento de los datos para después.

Para no presentar mucha complejidad a la vez, vamos a reciclar el formulario para retroalimentación del cliente del capítulo 13. Éste presenta una interfaz simple para formulario en Web que permite a un cliente dar su opinión (o queja) sobre sus productos o servicios. Como recordará, el formulario de retroalimentación del capítulo 13 procesaba los datos por correo poniéndolos a disposición de un representante de la compañía previamente determinado. En este capítulo, usted insertará los datos del formulario dentro de una tabla en una base de datos Access. Cada registro que usted introduzca incluirá una marca de tiempo para que pueda utilizar una consulta SQL (en un programa independiente como Access) a fin de determinar qué registros se han agregado dentro de un determinado rango de fechas.

La meta principal de esta sección es mostrarle las posibilidades de CGI con VB. La aplicación de ejemplo que usted va a construir se puede extender fácilmente de varias formas. Con HTML, VB, ODBC y la API de Windows a su disposición, el único límite es su imaginación.

**La eficiencia de CGI**

CGI fue inventado desde una perspectiva de línea de comandos en un ambiente UNIX. Desafortunadamente, hacer que el servidor Web llame a la aplicación CGI por separado para cada solicitud del cliente no es el modo más eficiente de procesar los datos de un formulario en Windows 95 ni en Windows NT.

¿Por qué es importante la eficiencia de CGI? La respuesta depende sobre todo de qué tan grande sea su sitio Web. Si tiene sólo unos cuantos visitantes al día, no necesita preocuparse por ésta. Pero si está corriendo un servidor con decenas de conexiones de cliente simultáneas, necesita que su servidor esté a punto tanto como sea posible.

Los nuevos servidores Web para Windows prometen grandes avances en términos de eficiencia para CGI. Process Software, Ilar Concepts y Microsoft, entre otros fabricantes, indican que sus servidores Web soportarán una nueva especificación llamada ISAPI (Interfaz de Programas de Aplicación para Servidores de Información). ISAPI permite a los desarrolladores crear DLLs de 32 bits para correr dentro del contexto de memoria del servidor Web. El servidor no sólo evita recargar el CGI ejecutable para cada cliente que haga contacto, sino que los datos del formulario se pasan a la aplicación y la respuesta HTML se transmite de regreso, utilizando apuntadores para los bloques de memoria, ahorrando así una gran cantidad de I/O de archivo.

Aunque Visual Basic no trabaja con punteros tan bien como lo hace C y C++, la programación ISAPI en VB probablemente no será más compleja que WinCGI o CGI 1.1.

Otra alternativa para CGI es SSI+, Inclusión del Lado del Servidor (Server Side Includes), soportado por el servidor WebQuest de Questar. Sólo el tiempo dirá cuál de estas técnicas probará ser a fin de cuentas la más efectiva. Por el momento, cuando elija su servidor, considere muchos factores y después utilice las herramientas que éste le ofrece.

# El código HTML

El listado 23.1 es el archivo `feedbck2.htm` del directorio `\vb` del CD. Es una versión modificada de `feedback.html` del capítulo 13. Nótese que en la etiqueta `<FORM>` esta versión utiliza el método `POST` para invocar la aplicación CGI del servidor llamada `cgi_cpp.exe`. Observe también los nombres de los campos de entrada, que revisará en el programa VB.

### Listado 23.1. El archivo feedbck2.htm reúne la entrada de la base de datos.

```
<HEAD>
<TITLE>Suggestions and Comments</TITLE>
</HEAD>
<BODY>
<form action="http://localhost/cgi-bin/cgi_cpp.exe" method="POST">
<H1>Your Comments, Questions and Feedback!</H1>
Please enter your Name:
<BR><INPUT TYPE=text NAME="name" SIZE = 40 MAXLENGTH=40>
<BR>Email address:
<BR><INPUT TYPE=text NAME="email" SIZE = 40 MAXLENGTH=40>
<P>
Enter your comments, questions and/or suggestions in the space below:<BR>
<TEXTAREA NAME=comments ROWS=12 COLS=60 MAXLENGTH=3000></TEXTAREA>
<P>
<input type="submit" value="Submit Comments">
</FORM>
</BODY>
</HTML>
```

Observe de nuevo la etiqueta <FORM> del listado 23.1. Fíjese que el URL de acción indica "localhost". 127.0.0.1 está definido para ser la dirección del ciclo de regreso IP, lo que quiere decir que esta dirección especial IP siempre es válida para hacer referencia a la máquina actual. El archivo HOSTS de su directorio Windows deberá indicar que el localhost es un alias para 127.0.0.1. Esto crea una forma conveniente de revisar sus sistemas CGI en su servidor, incluso si no está conectado a Internet.

# El programa C++

El programa desarrollado aquí se llama cgi_cpp.cpp y fue modificado de savedata.c, ya presentado en el capítulo 22, "Programación CGI de poder con C/C++". Recordará que `savedata.exe` se puede utilizar para examinar el contenido de un formulario HTML y guardarlo en un archivo de texto llamado `savedata.HFO`. Nuestro objetivo al modificar el programa en este capítulo es hacer que examine la información de un modo algo diferente antes de llevarlo al programa Visual Basic.

Una de las modificaciones consiste en que cada vez que es llamado crea un pequeño archivo temporal, en vez de insertar los datos dentro de un archivo, lo que lo hace crecer. Vea el listado 23.2 con el código. La mayoría de este código le parecerá ahora muy familiar. A fin de salvar árboles, hemos descartado tres funciones en el listado 23.2 y marcado la ubicación con un comentario. Usted ya ha visto las funciones `strcvrt`, `TwoHex2Int` y `urlDecode` en los capítulos 11 y 22, y éstas permanecen sin cambios en este programa. El archivo `cgi_cpp.cpp` aparece completo en el directorio `\cgi\vb` del CD.

## Listado 23.2. cgi_cpp.cpp corre entre el servidor y el programa VB.

```
/**********************************************************************
 *  File: cgi_cpp.cpp
 *
 *  Description: CGI program for use with HTTPS.
 *  Parses form data and invokes Visual Basic application.
 *
 *  Assumes it is invoked from a form. This script writes the form data
 *  to a temporary file and then invokes the Visual Basic application
 *  which serves as the interface to the database.

 *  Ensure that you compile this script as an NT console mode app.
 *  This program is a modified version of the source code that comes with
 *  EMWAC HTTPS.
 *
 *  October, 1995
 *  By: Scott Zimmerman and Christopher L. T. Brown
 *
 **********************************************************************/
#include <stdio.h>
#include <stdlib.h>
#include <string.h>
#include <ctype.h>
#include <io.h>
#include <time.h>
#define DATA_PATH "c:\\temp"        // Location of temp file for form data
char InputBuffer[4096];        // Maximum amount of data user may enter
```

*continúa*

Listado 23.2. Continuación

```
/*** the function void strcvrt(char *cStr, char cOld, char cNew) appears here ***/
/*** the function static int TwoHex2Int(char *pC) appears here ***/
/*** the function void urlDecode(char *p) appears here ***/

/* Parse out and store field=value items into the temp file.
** DON'T use strtok here because it is ALREADY used by caller.
*/
void StoreField(FILE *f, char *Item)
{
        char *p;

        p = strchr(Item, '=');
        *p++ = '\0';
        urlDecode(Item);
        urlDecode(p);
        strcvrt(p, '\n', ' ');

        /* Get rid of those nasty +'s */
        strcvrt(p, '+', ' ');
        fprintf(f, "%s=%s\n", Item, p);
}

int main(void)
{
        int  ContentLength, x, i;
        char *p, *URL, *whocalledme;
        char datebuf[9], timebuf[9];
        char FileName[_MAX_PATH];
        char cmdbuf[_MAX_PATH + 30];
        FILE *f;

        // Turn buffering off for stdin
        setvbuf(stdin, NULL, _IONBF, 0);

        // Tell the client what we're going to send back
        printf("Content-type: text/html\n\n");

        // Uses a kludgy IPC method to pass form data to VB
        for (i = 0; i <= 9999; i++)
        {
                // Make a new filename
                sprintf(FileName, "%s\\CGI%d.HFO", DATA_PATH, i);

                // If the file exists, try again. Doesn't handle errors!
                if(access(FileName, 0) == -1)
                        break;
        }

        // Open the file
        f = fopen(FileName, "a");

        // Check if open succeeds
        if(f == NULL)
        {
                printf("<HEAD><TITLE>Error: cannot open file</TITLE></HEAD>\n");
                printf("<BODY><H1>Error: cannot open file</H1>\n");
```

```
        printf("The file %s could not be opened.\n",FileName);
        printf("</BODY>\n");
        exit(0);
}

// Write to the file the URL which posted the form data
whocalledme = getenv("REMOTE_ADDR");
fprintf(f, "URL=%s\n", whocalledme);

// Write to the file the date/time of this hit
_strdate(datebuf);
_strtime(timebuf);
fprintf(f, "Date=%s\n", datebuf);
fprintf(f, "Time=%s\n", timebuf);

// Get the length of the client input data
p = getenv("CONTENT_LENGTH");
if(p != NULL)
        ContentLength = atoi(p);
else
        ContentLength = 0;

// Avoid buffer overflow — better to allocate dynamically
if(ContentLength > sizeof(InputBuffer) -1)
        ContentLength = sizeof(InputBuffer) -1;

// Get the data from the client (assumes POST method)

i = 0;
while(i < ContentLength)
{
        x = fgetc(stdin);
        if(x == EOF)
                break;
        InputBuffer[i++] = x;
}
InputBuffer[i] = '\0';
ContentLength = i;

p = getenv("CONTENT_TYPE");
if(p == NULL)
{
        fclose(f);
        return(0);
}

if(strcmp(p, "application/x-www-form-urlencoded") == 0)
{
        // Parse the data
        p = strtok(InputBuffer, "&");
        while(p != NULL)
        {
                // Write the field/value pair to the temp file
                StoreField(f, p);
                p = strtok(NULL, "&");
        }
}
else
```

*continúa*

Listado 23.2. Continuación

```
            // Write the whole data to file
            fprintf(f, "Input = %s\n", InputBuffer);

    // Confirm to client
    if(!ferror(f))
    {
            // What url called me
            URL = getenv("HTTP_REFERER");
            printf("<HEAD><TITLE>Submitted OK</TITLE></HEAD>\n");
            printf("<BODY><h2>Your information has been accepted.");
            printf("  Thank You!</h2>\n");
            printf("<h3><A href=\"%s\">Return</a></h3></BODY>\n", URL);
    }
    else
    {
            // What url called me
            URL = getenv("HTTP_REFERER");
            printf("<HEAD><TITLE>Server file I/O error</TITLE></HEAD>\n");
            printf("<BODY><h2>Your information could not be accepted\n");
            printf("due to a file I/O error at the server.</h2>\n");
            printf("<h3><A href=\"%s\">Return</a></h3></BODY>\n", URL);
    }

    // Close the file.
    fclose(f);
    // Invoke the Visual Basic program to update the database
    sprintf(cmdbuf, "start cgi_vb.exe %s", FileName);
    system(cmdbuf);

    return(0);
}
```

Lo único que ha cambiado significativamente de la versión de este programa, presentada previamente en el capítulo 22, es la función `main()`. Algo de lo primero que hace `main()` es crear un nombre de archivo temporal. Éste trata de utilizar CGI0.HFO y si ese nombre de archivo existe, incrementará el número y probará con CGI1.HFO. Este algoritmo es muy poco eficiente y no revisa errores, pero cumple el propósito para que usted se pueda enfocar en los aspectos interesantes.

El primer elemento escrito en el archivo temporal es el URL de la variable de ambiente `REMOTE_ADDR`. Ésta hace un seguimiento del cliente. Le siguen la fecha y la hora, en líneas separadas. Todos los campos están en las líneas por sí mismas, y cada nombre de campo está separado de sus correspondientes datos por un signo de igual. Usted debe tener esto en mente cuando escriba el programa VB. La función `StoreField` también ha sido modificada de la versión savedata del capítulo 22 de manera que todas las líneas están formateadas de manera similar, sin espacios que rodeen los signos de igual.

Al contrario de savedata.c, este programa ignora algunas revisiones de error, y da por hecho ciegamente que el `REQUEST_METOD` es POST.

Lo interesante del código es que se escriben simultáneamente dos archivos de salida. Recuerde, la aplicación CGI supuestamente debe enviar alguna salida HTML de regreso al visualizador para que el usuario no se quede varado en Web. Esto se logra por las llamadas a `printf`, que escribe a `stdout`. El servidor HTTP recogerá los datos de `stdout`, aplicará el protocolo HTTP y lo enviará de regreso al cliente.

Entretanto, usted aún tiene que escribir los datos del formulario del cliente en el archivo temporal antes de lanzar el programa VB. Eso se logra con las llamadas a `fprintf`.

Al final del programa, se lanza `cgi_vb.exe` por medio de la llamada a `system()` en la biblioteca C estándar.

# El programa Visual Basic

Ahora necesita el programa VB para recoger los datos del formulario e insertarlos en la base de datos. Este proceso se ejecutará rápidamente, por lo que en realidad no necesita una interfaz de usuario. De hecho, querrá que el programa salga tan pronto como haya terminado; sin que el usuario se involucre en absoluto. Recuerde, este programa sólo va a correr en el servidor. Usted fija la propiedad `Visible` en el formulario principal en `False`, realiza la misma operación colocando el código de `Form_Load` dentro de `Sub Main` en un archivo .BAS y puede deshacerse por completo del archivo .FRM. De hecho, eso sería un poco más eficiente, dado que evita la saturación de VB al cargar el formulario.

Vea el listado 23.3 con el código. Este es el archivo cgi_vb.frm en el directorio `\cgi\vb` del CD. El archivo del proyecto VB 4.0 es cgi_vb.vbp.

> **Nota:** Este programa fue desarrollado utilizando la Edición Enterprise de Visual Basic 4.0. El programa también trabajará de igual forma con la Edición Profesional 4.0. Con muy pocos cambios, el programa podría trabajar con la Edición Profesional de Visual Basic 3.0.
>
> Los archivos del CD no incluyen un programa de instalación para esta aplicación. Usted debe tener instalado Visual Basic 4.0 para obtener los DLLs apropiados y para hacer que el registro OLE de la máquina Jet tenga lugar.

## Listado 23.3. El programa VB, que interactúa con la base de datos.

```
Private Function ParseField(szText As String) As String
    Dim k As Integer
    k = InStr(szText, "=")
    ' Return the substring following the equals sign
    ParseField = Mid$(szText, k + 1)
End Function

Private Sub Form_Load()
    Dim szURL       As String
    Dim szDate      As String
    Dim szTime      As String
    Dim szName      As String
    Dim szEmail     As String
    Dim szComments  As String
```

*continúa*

Listado 23.3. Continuación

```
    Dim db          As Database
    Dim rs          As Recordset

    ' Open the temporary file with form data and read it into memory
    Open Command$ For Input As #1
    Line Input #1, szURL
    Line Input #1, szDate
    Line Input #1, szTime
    Line Input #1, szName
    Line Input #1, szEmail
    Line Input #1, szComments

    ' Close the temporary file and delete it
    Close #1
    Kill Command$

    ' Open the database and the table
    Set db = OpenDatabase(App.Path & "\cgi_vb.mdb")
    Set rs = db.OpenRecordset("table1", dbOpenTable)

    ' Add a new record to the table. Counter field is
    ' initialized automatically by Jet 3.0.
    rs.AddNew

    rs!When = ParseField(szDate) & " " & ParseField(szTime)
    rs!URL = ParseField(szURL)
    rs!Name = ParseField(szName)
    rs!Email = ParseField(szEmail)
    rs!Comments = ParseField(szComments)

    ' Update the table, close everything and quit
    rs.Update
    rs.Close
    db.Close
    End
End Sub
```

Casi todo el código está en el evento `Form_Load`. El proyecto incluye únicamente una forma. El enunciado `command$` se usa para obtener el nombre del archivo temporal pasado por el programa CGI C++.

Nótese que éste da por entendido el orden de los campos en el archivo de texto escrito por el programa C++. El código no es robusto pero, una vez más, ése no es nuestro asunto. Si usted quiere modificar el formulario HTML feedback, también tendrá que modificar el código VB. Si se agregan nuevos campos al archivo HTML, al código VB y a la base de datos C++, debe ser capaz de sobrevivir sin modificaciones.

El archivo temporal de entrada del programa CGI C++ se borra tan pronto como se lee. Luego se abre la base de datos y se crea un conjunto de registros que utilizan el parámetro `dbOpenTable`, lo que le permitirá escribir en la tabla. La tabla se llama `table1` (hasta que usted la cambie).

Los campos en la tabla corresponden a los datos que usted captura en el formulario, así como al URL del cliente y a la fecha/hora en que se hizo la incorporación al servidor. Para cada campo se llama la función `ParseField` a fin de recuperar la subcadena que sigue a los signos de igual.

Si designa un campo clave para utilizar AutoIncrement en el Data Manager (Administrador de datos), la máquina Jet 3.0 se encargará automáticamente de incrementarlo por usted. Por consiguiente, no necesita suministrar el valor del campo clave entre las llamadas a `AddNew` y `Update`. Vea la figura 23.1, que muestra el cuadro de diálogo Edit Field en el Data Manager 32. Ponga atención a la casilla de verificación etiquetada como "Counter". Sólo un campo como éste por tabla debería tener ese valor activado. Disponible sólo para campos del tipo Long Integer.

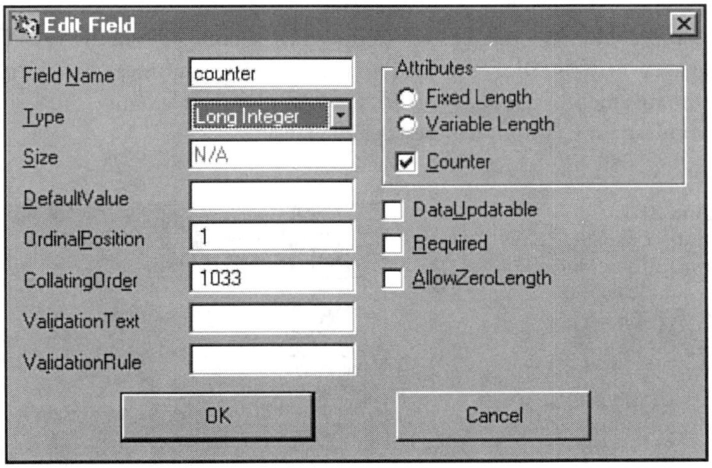


**Figura 23.1.**
*El cuadro de diálogo Edit Field en el Data Manager 32 muestra el campo llamado "counter" seleccionado para ser del tipo Counter.*

# Examine la base de datos con Data Manager

La base de datos se llama cgi_vb.mdb. Damos por hecho que ésta reside en el mismo directorio que el propio programa Visual Basic. Por cierto, dependiendo de su servidor, el programa C++ probablemente necesite residir en el directorio `cgi-bin`. El programa VB no es llamado con un nombre para ruta de acceso completo, por lo que es probable que también vaya en el directorio `cgi-bin`.

La base de datos también está en el directorio \cgi\vb del CD. Le sugerimos copiarla, y copiar también el resto del directorio `\cgi\vb`, en una ubicación de su disco duro donde pueda experimentar con ella.

Usted puede abrir la base de datos con Access 7.0 o con los programas de utilería VisData y Data Manager que vienen con las ediciones Professional y Enterprise de VB 4.0. En este capítulo no se adentrará en los pasos para crear una base de datos, debido a que esa información está disponible sin mayor problema en la documentación del producto para Access y Data Manager.

Tabla 23.1. Los campos y los tipos de datos en el listado 23.3 dentro de cgi_vb.mdb.

| *Nombre del campo* | *Tipo de datos* |
|---|---|
| Counter (Contador) | Long (clave primaria, única requerida) |
| URL | Text, longitud 40 |
| When (Cuando) | Tipo de datos variants de 8 bytes para fecha hora |
| Name (Nombre) | Text, longitud 40 |
| Email | Text, longitud 40 |
| Comments (Comentarios) | Text, longitud 255 |

El campo llamado Counter es el campo clave y también está marcado como del tipo Counter en Data Manager. Esto significa que usted no tiene que calcular los valores únicos para éste, dado que VB lo hará automáticamente cuando usted ejecute rs.Update. Vea la figura 23.2 con el cuadro de diálogo Edit Index que muestra los campos de nuestra tabla CGI.

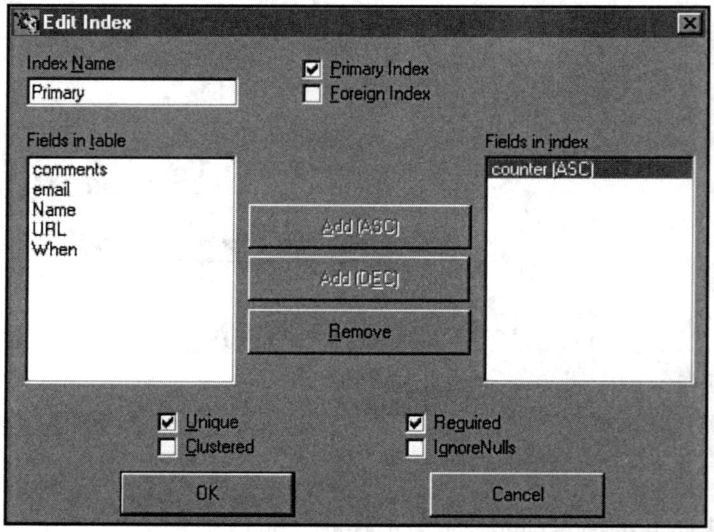


**Figura 23.2.**
*El cuadro de diálogo Edit Index en Data Manager 32 muestra el campo que es la clave primaria.*

El programa carece de varias características importantes para revisión de errores. Por ejemplo, no se hace ninguna revisión para asegurarse de que el texto suministrado no excede el tamaño de los campos. El tamaño de los campos en la base de datos se debe ajustar al atributo `MAX` de los campos de entrada TEXT del archivo HTML. El programa VB probablemente deberá estar escrito para truncar los textos más largos en caso de que los dos tamaños no lleguen a coincidir. Como se ve ahora, el programa VB terminaría de manera anormal si el texto de entrada excediera el tamaño del campo de la base de datos.

# Guía rápida para SQL

La mayoría de las tareas de bases de datos pueden ser realizadas con sólo cuatro sencillos enunciados SQL:

- `Select`—regresa una lista de los registros que coincidan.
- `Delete`—elimina los registros que coinciden.
- `Update`—modifica los campos seleccionados en los registros que coinciden.
- `Insert`—agrega una nueva fila de datos; los valores deben ser suministrados por los campos requeridos.

Lo que sigue son varios ejemplos breves y agradables de cada tipo de enunciado. En todos los casos, no es importante escribir en mayúsculas, pero las palabras clave SQL aparecen en mayúsculas para una mayor legibilidad. Los términos table1, field1 y field2 representan los nombres de los objetos reales que usted utilizaría en su base de datos.

Aquí están los ejemplos para el enunciado SELECT:

- `SELECT * FROM table1`

  Éste regresa todos los campos procedentes de todas las filas de la tabla dada.

- `SELECT field1, field2 FROM table1`

  Este enunciado selecciona todas las filas pero regresa solamente dos campos. Es más eficiente en sistemas para base de datos cliente/servidor puesto que se copiará una menor cantidad de datos a través de la red.

- `SELECT * FROM table1 WHERE field1 = 'abc*' AND field2 > 99`

  La cláusula WHERE se agrega aquí para seleccionar filas particulares. Este ejemplo da por hecho que field1 es un campo de texto. El asterisco se utiliza como un comodín para ajustar cualquier dato que comience con 'abc'. Las comillas sencillas se requieren para constantes de texto. La palabra clave AND se utiliza también para seleccionar las filas en que field2 (numérico) sea mayor que 99.

> **Nota:** El carácter comodín asterisco es específico para el dialecto Access de SQL. EL SQL estándar utiliza en su lugar el carácter de porcentaje (%).
>
> Otro carácter especial que difiere entre los dialectos SQL es el delimitador de fecha. El SQL Access rodea las fechas con signos de número (#).

Ahora que usted conoce algunas variedades de `SELECT`, el enunciado `DELETE` es fácil. He aquí un ejemplo:

```
DELETE FROM table1 WHERE field1 = 24
```

Este ejemplo borra todas las filas de la tabla seleccionada que coincidan con la cláusula opcional `WHERE`.

El enunciado `UPDATE` es un poco más complicado. Se puede utilizar para modificar una o más filas de una tabla seleccionada.

```
UPDATE table1 SET field1 = 99 WHERE field1 = 44
```

Ese enunciado cambiará los datos en la columna field1 para todas las filas que tengan actualmente un valor de 44 para field1. Otros pares campo=valor (field=value) pueden ser incluidos siempre y cuando estén separados por comas.

El enunciado `INSERT` también es un poco diferente de otros. En tanto que algunos enunciados operan con los datos existentes, `INSERT` se utiliza para agregar un nuevo registro:

```
INSERT INTO table1 (field1, field2) VALUES (99, 'abc')
```

Suponiendo que field1 y field2 son los únicos campos requeridos, este enunciado creará una nueva fila en la tabla seleccionada. Es muy importante que el orden de los valores coincida con el de los nombres de las columnas seleccionadas. Por ejemplo, 99 será colocado en field1 y 'abc' será colocado en field2.

# ¿Qué sigue?

A menos que haya estado escondido bajo una roca de Internet, usted no puede haber pasado los últimos meses sin haber oído hablar de Java, HotJava o JavaScript. El capítulo siguiente le mostrará por qué Java es tan importante para el futuro de Web. También desarrollará un aplicación Java de ejemplo, la cual puede aprovechar en su sitio Web hoy mismo.

# Capítulo 24

# Programación Web interactiva con Java

- ¿Por qué utilizar Java?
- ¿Necesito ser programador para utilizar Java?
- ¿Qué es un applet Java?
- El SDK de Java
- Añada un applet Java a su página sin necesidad de programación
- LED Sign
- El código fuente de LED
- El ambiente de desarrollo Espresso

Java es el lenguaje de programación diseñado por Sun Microsystems para distribuir aplicaciones a través de una red. Pongámoslo fácil, Java permite a las páginas Web un contenido ejecutable o una aplicación real (vea la barra de abajo titulada Contenido ejecutable ("Executable Content"). Hot Java es el visualizador Web prototipo desarrollado por Sun Microsystems para desplegar las posibilidades del lenguaje Java. Netscape adquirió una concesión de Sun Microsystems y ha hecho Navigator 2.0 para que soporte Java. Recientemente también Microsoft anunció que está adquiriendo una concesión de tecnología Java para que Microsoft Internet Explorer soporte Java. Adicionalmente, IBM y Adobe han adquirido una concesión de Java. Con el respaldo de Sun Microsystems, Netscape, IBM, Adobe, Microsoft y otros de los principales participantes en la industria Internet, Java parece tener un futuro muy firme en Web.

No esperamos enseñarle en un solo capítulo lo necesario para convertirse en un programador Java. Lo que podemos hacer es mostrarle lo básico de Java, introducirlo al SDK (Kit para Desarrollo de Software) de Java, y mostrarle incluso a los no programadores la manera de crear páginas Web que reconozcan Java. Al final de este capítulo le mostraremos cómo crear un anuncio LED de avance deslizable listo para correr en su página Web.

**Contenido ejecutable**

Los visualizadores Web actuales están limitados en su mayoría a las aplicaciones basadas en formularios manejados por CGI o WinCGI del lado del servidor dentro de la conexión. Ambas especificaciones permiten la transmisión de información desde el servidor HTML hacia la aplicación basada en el servidor, mediante variables de ambiente temporales y archivos de texto.

Si quiere distribuir un archivo multimedia (como .WAV o .AVI), el visualizador de cada usuario debe estar configurado para cargar el archivo dentro de un visualizador predeterminado (vea el capítulo 10, "Mapeo de imágenes y multimedia"). Compare esto con un visualizador habilitado para Java que en realidad puede bajar la aplicación y correrla en tiempo real. Esto es lo que queremos decir con el término *contenido ejecutable.* No se requiere ninguna configuración especial para el visualizador del lado del cliente.

Además, los *applets* Java bajados no están limitados al solo despliegue de los archivos; son capaces de interactuar con el usuario y tener un comportamiento ajustable para el programa.

# ¿Por qué utilizar Java?

Lo más excitante de Java tiene que ver con su capacidad de crear dinámicas páginas Web multimedia. Aunque esto es lo mejor que hace Java, usted pronto verá aplicaciones más avanzadas, como páginas Web completamente interactivas. Imagínese visitar una página Web, que es una hoja de cálculo o una aplicación completamente gráfica (quizás como CAD/CAM).

La mayoría de los escépticos dice que las aplicaciones Java ocupan demasiado ancho de banda en Internet. A pesar de que una aplicación Java determinada puede ocupar una gran cantidad de ancho de banda, el ancho de banda disponible a través de Internet también crece (en parte debido a las nuevas tecnologías para red, por ejemplo).

Hasta que no se difundan más los visualizadores que soporten Java, los Webmasters deben asegurarse que las páginas Web diseñadas para Java se vean bien incluso en los visualizadores que no son para Java. Por fortuna, la mayoría de ellos ignora sin ningún problema las etiquetas de applets Java.

> **Nota:** Una de las aplicaciones para negocios más atractivas de Java es el ejemplo "Financial Portfolio Page" proporcionado por Sun Microsystems. La página demuestra cómo se pueden utilizar los applets Java para hacer un seguimiento de los valores. Tendrá que dar un vistazo a esta página como una buena introducción del potencial de Java.
> `http://java.sun.com/applets/applets/StockDemo/index.html`

# ¿Necesito ser programador para utilizar Java?

Quienquiera que pueda escribir una página Web podrá aprovechar Java e incluso usted no necesita saber algún lenguaje de programación. Todo lo que tiene que hacer es conocer la etiqueta HTML de Java y seleccionar el applet Java apropiado.

# ¿Qué es un applet Java?

Applet es un término utilizado en el pasado para describir pequeños programas gratuitos junto con un sistema operativo. Por ejemplo, WordPad e HyperTerminal son applets Windows 95. Un applet Java está escrito por supuesto en lenguaje Java y luego agregado a una página Web usando una nueva etiqueta HTML, reconocida por los visualizadores Java. Cuando el visualizador vea la etiqueta que hace referencia al applet Java, lo baja del servidor al cliente (si éste aún no la tiene en el caché), y luego lo ejecuta dentro del visualizador.

Para más información sobre los aspectos elementales de los applets Java, vea:

`http://java.sun.com/applets/index.html`

Para algunos ejemplos de applets curiosos de Java escritos por Sun Microsystems, intente en:

`http://java.sun.com/applets/applets.html`

# El SDK de Java

El SDK de Java, incluido en el CD-ROM que viene con este libro, lo distribuye gratuitamente Sun Microsystems y está diseñado para ayudarle en el desarrollo de aplicaciones Java. El SDK de Java (también llamado JDK) le proporciona lo siguiente:

1. Una utilería de actualización de applets Java (Java Upgrade Utility) para convertirlos a la nueva API.
2. El visualizador de applets Java (Java Applet Viewer) para probar y correr los applets.
3. La API depuradora Java y un depurador prototipo (Java Debugger API), un prototipo anterior de un depurador (Prototype Debugger) línea de comandos que utiliza la API.

4. Un compilador Java.
5. Un intérprete Java.

La API Java consta de los siguientes paquetes y bibliotecas, diseñados y desarrollados para beneficio de los programadores de aplicaciones Java: java.lang, java.util, java.io, java.net, java.awt, java.awt.peer, java.awt.image y java.applet. Si usted se adentra en la programación Java, deberá beneficiarse lo más que pueda con las capacidades de este código predefinido.

# Añada un applet Java a su página sin necesidad de programación

Si aún no lo ha hecho, ahora es un buen momento para instalar el SDK Java del CD-ROM hacia el directorio para el documento HTML. Sólo cópielo en su directorio \temp, descomprímalo y corra el programa de instalación.

Con los pocos siguientes pasos usted puede añadir fácilmente un applet a una página HTML. El ejemplo utiliza uno de los applets Java originales más comunes: applet Animator. Con applet Animator usted puede crear páginas con audio y animación.

1. Cree un archivo HTML llamado cool.htm con el contenido del listado 24.1, y colóquelo en su directorio para documento HTML.

Listado 24.1. Este código HTML soporta el applet Java cool.

```
<HTML>
<HEAD>
<TITLE> A Cool Java Applet </TITLE>
</HEAD>
<BODY>
Here is a cool Java applet:
<APPLET code=Animator.class width=200 height=200>
<param name=imagesource value="/java/images/Duke">
<param name=endimage value=10>
<param name=soundsource value="audio">
<param name=soundtrack value=spacemusic.au>
<param name=sounds value="1.au¦2.au¦3.au¦4.au¦5.au¦6.au¦7.au¦8.au¦9.au¦0.au">
<param name=pause value=200>
</APPLET>
</BODY>
</HTML>
```

En un minuto describimos todos los elementos de la nueva etiqueta HTML <APPLET>. Por cierto, la versión alfa original de Java utilizaba la etiqueta <APP> en vez de la etiqueta <APPLET>.

2. Cargue el nuevo archivo dentro de un visualizador habilitado para Java (Hot Java o Netscape 2.0). Eso es todo lo que hay que hacer. Ahora usted tiene una página Web que está habilitada para Java.

# LED Sign

El applet Java LED Sign fue escrito por Darrick Brown del Hope College en Holland, Michigan. Además de la información que encontrará en este capítulo, usted puede visitar su sitio Web en `http://www.cs.hope.edu/~dbrown/` para mayor información. Vea la figura 24.1 con un ejemplo de cómo se ve la aplicación LED Sign en Web.

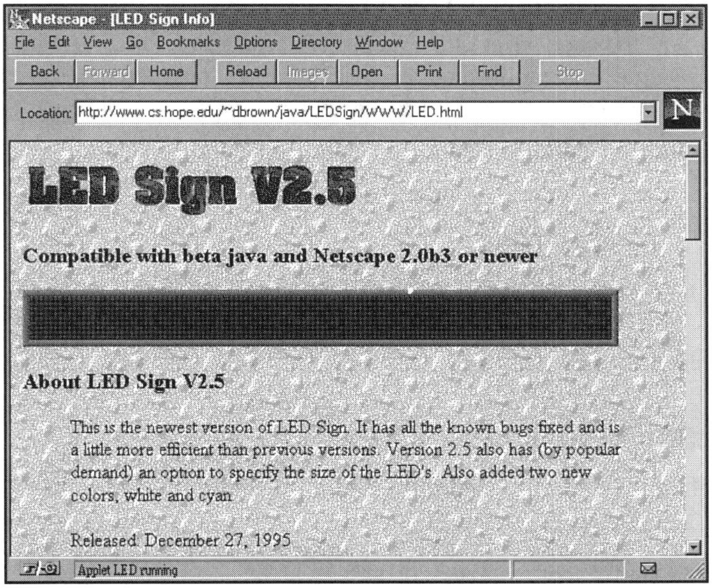


**Figura 24.1.**
*LED Sign está escrito en Java.*

LED Sign es una de las mejores implementaciones para animación en Java que hemos visto en Web. Hemos incluido la distribución completa de LED Sign en el CD-ROM. Para instalar LED Sign, utilice WinZIP y seleccione "Todos los archivos" ("All files") del cuadro desplegable "Lista de tipos de archivos" ("List Files of Type"). Seleccione el archivo LED Sign *.gz. Cuando indique que se va a descomprimir en un directorio temporal, seleccione Sí (Yes). Seleccione el botón Extraer (Extract) y elija su directorio para documento HTML. El archivo crea la siguiente estructura de directorio:

- `\LEDSign`—contiene los archivos Readme y Copyright.
- `\LEDSign\LED`—contiene todo el código fuente de .java y las clases compiladas.
- `\LEDSign\WWW`—contiene todo el código HTML de LED Sign.
- `\LEDSign\fonts`—contiene los archivos de datos de las fuentes.
- `\LEDSign\scripts`—contiene los guiones para LED Sign.

LED Sign viene precompilado, por lo que usted tiene todo lo que necesita para desplegar el demo de LED Sign. Para desplegar el demo, elija Open URL con su visualizador Web favorito habilitado para Java e inserte un URL como

```
http://your ip address/ledsign/www/led.html.
```

Éste asume que usted llenó su propio nombre de dominio o la dirección IP y que ha instalado la aplicación LED Sign en los directorios sugeridos. Usted debe utilizar Open URL en vez de abrir un archivo local.

El applet LED Sign es altamente configurable a través de un archivo de script. Si lo desea, puede cambiar incluso las fuentes editando el archivo de datos de las fuentes.

# El archivo del script LED

La sintaxis para el script LED es sumamente sencilla. Cada comando debe estar en una línea; los comandos no pueden estar divididos en varias líneas. De nuevo, sólo puede haber un comando por línea. Una línea que comienza con "!!" es un comentario. Aquí está un ejemplo de un script:

```
!! Just a simple script
Do
   !! Move "Hello" up onto the sign
   ScrollUp delay=30 center=true text=Hello
   Sleep delay=1000
   !! Scroll "This is a test" left onto the sign
   ScrollLeft delay=30 startspace=20 endspace=80 text=This is a test
   Sleep delay=300
!! Repeat infinitely
Repeat times=-1
```

# Las opciones

Las diferentes opciones para cada función/transición son como siguen:

- clear=true
- delay=<non-negative integer>
- startspace=<non-negative integer>
- endspace=<non-negative integer>
- center=true
- times=<-1   non-neg int> (-1 specifies infinity)
- pixels=<positive integer>
- URL=<URL string>
- text=<string>

# Las funciones/transiciones

Las diferentes funciones/transiciones disponibles para LED Sign son como siguen:

- Appear—Hace que el texto aparezca en el anuncio.
- Sleep—Un retardo.

- `ScrollUp`—Desplaza cualquier cosa que esté en el anuncio y el nuevo mensaje se mueve de abajo hacia arriba.
- `ScrollDown`—Desplaza cualquier cosa que esté en el anuncio y el nuevo mensaje se mueve de arriba hacia abajo.
- `ScrollLeft`—Desplaza cualquier cosa que esté en el anuncio y el nuevo mensaje se mueve de derecha a izquierda.
- `ScrollRight`—Desplaza cualquier cosa que esté en el anuncio y el nuevo mensaje se mueve de izquierda a derecha.
- `ScrollCenter`—Desplaza cualquier cosa que esté en el anuncio y el nuevo mensaje se origina en el centro.
- `OverUp`—Como `ScrollUp` salvo que sobreescribe cualquier cosa que esté en el anuncio.
- `OverDown`—Como `ScrollDown` salvo que sobreescribe cualquier cosa que esté en el anuncio.
- `OverLeft`—Como `ScrollLeft` salvo que sobreescribe cualquier cosa que esté en el anuncio.
- `OverRight`—Como `ScrollRight` salvo que sobreescribe cualquier cosa que esté en el anuncio.
- `OverCenter`—Como `ScrollCenter` salvo que sobreescribe cualquier cosa que esté en el anuncio.
- `Pixel`—Pixeles en un nuevo mensaje.
- `Blink`—Hace que cualquier cosa que esté en el anuncio parpadee.
- `Do`—Comienza un bloque "Repeat".
- `Repeat`—Finaliza un bloque "Repeat".
- `Reload`—Vuelve a cargar el script. Ésta es probablemente la característica más poderosa de LED Sign. Cada vez que LED Sign obtiene el comando Reload, vuelve a cargar el script sobre el URL. Esto es útil si se actualiza la información frecuentemente (como las citas comunes). He aquí un ejemplo del uso de Reload:

```
Do
  [Display some messages/information]
  !! display those messages 5 times
Repeat times=5
!! Now reload the script to get any possible changes
Reload
```

# Utilización

La siguiente lista muestra los comandos del script para LED Sign:

- `Appear [clear=true] [spacing] [URL=<URL string>] [text=<String>]`
- `Sleep [URL=<URL string>] [delay=<non-neg int>] (defaults to 1000)`
- `ScrollUp [clear=true] [URL=<URL string>] [delay=<non-neg int>] [spacing] [text=<String>]`
- `ScrollDown [clear=true] [URL=<URL string>] [delay=<non-neg int>] [spacing] [text=<String>]`

- ScrollLeft [clear=true] [URL=<URL string>] [delay=<non-neg int>] [spacing] [text=<String>]
- ScrollRight [clear=true] [URL=<URL string>] [delay=<non-neg int>] [spacing] [text=<String>]
- ScrollCenter [clear=true] [URL=<URL string>] [delay=<non-neg int>] [spacing] [text=<String>]
- OverUp [clear=true] [URL=<URL string>] [delay=<non-neg int>] [spacing] [text=<String>]
- OverDown [clear=true] [URL=<URL string>] [delay=<non-neg int>] [spacing] [text=<String>]
- OverLeft [clear=true] [URL=<URL string>] [delay=<non-neg int>] [spacing] [text=<String>]
- OverRight [clear=true] [URL=<URL string>] [delay=<non-neg int>] [spacing] [text=<String>]
- OverCenter [clear=true] [URL=<URL string>] [delay=<non-neg int>] [spacing] [text=<String>]
- Pixel [clear=true] [URL=<URL string>] [delay=<non-neg int>] [pixels=<pos int>] [spacing] [text=<String>]
- Blink [delay=<non-neg int>] [URL=<URL string>] [times=<pos int>]
- Do (sin parámetros)
- Repeat times=<-1 ¦ non-neg int> (se requiere)
- Reload (sin parámetros)
- [spacing] = [center=true] ¦ [startspace=<non-neg int>] [endspace=<non-neg int>]

# Color del texto

Usted puede convertir los LEDs de "encendido" a seis diferentes colores: Rojo (predeterminado), Anaranjado, Amarillo, Verde, Azul y Violeta.

Usted especifica un color con una \ seguida de r, o, y, g, b, o p que son las iniciales en inglés de cada uno de los colores. Todo lo que sigue a una especificación de color será de ese color hasta que se especifique otro color o se llegue al final del mensaje. El texto especificado como

```
text=This \ois \ya \gtest
```

aparecerá en el anuncio como "This is a test" pero con "This" en rojo, "is" en anaranjado, "a" en amarillo y "test" en verde.

# Etiquetas de variables

LED Sign también tiene la capacidad de desplegar la hora/fecha actual. Las etiquetas se especifican en el texto al igual que los colores. He aquí las etiquetas para hora/fecha:

```
tt —hora
dd —día abreviado (v.g. Fri para viernes)
DD —día (v.g. Friday)
dn —número de día, 1-31
mm —mes abreviado (v.g. Aug para agosto)
MM —mes (v.g. August)
mn —número de mes, 1-12
yy —los últimos dos dígitos del año (v.g. 95)
YY —el año (v.g. 1995)
```

Las etiquetas para hora/fecha son precedidas con una diagonal invertida (\) y encerradas entre llaves ({}). Ejemplo:

```
ScrollLeft text=The current time is \{tt}.  Today is \{dd} \{mm} \{dn}, \{YY}.
```

La línea anterior en un script imprimirá en el anuncio algo como "The current time is 6:19pm. Today is Sun Oct 29, 1995."

# Conexiones URL

Usted puede especificar un URL hacia el cual ir en caso de que el usuario haga clic en LED Sign mientras despliega un mensaje determinado. Para esto usted sólo necesita especificar el URL en la línea de función del script. Aquí está un ejemplo:

```
ScrollLeft URL=http://java.sun.com text=Java is cool!
ScrollLeft URL=http://java.sun.com endspace=40 text=Click on this sign now to go
to Sun!
```

La etiqueta URL también es válida para la función Sleep. Por lo que LED Sign puede estar desplegando un mensaje y demorándose, y el usuario aún puede hacer clic en el anuncio y hacer que éste lo lleve al URL. Ejemplo:

```
Appear center=true URL=http://www.sun.com text=Sun MicroSystems
Sleep URL=http://www.sun.com delay=4000
!! Wait a long time to give them a chance to click!
```

# Misceláneos sobre LED Sign

El parámetro `text` debe ser el último, dado que la cadena después de `text=` es su mensaje. Esto hace que sea fácil de examinar (es decir, sin problemas de citas anidadas) y fácil para el usuario. ¡Lo que ve es lo que tiene!

Si se da el parámetro `clear=true` para una de las transiciones, hace que el anuncio se limpie (apague los LEDs) a la manera de la transición. Por ejemplo, `ScrollDown clear=true` limpiaría el anuncio desplazando cualquier cosa que esté en el anuncio y dejando fuera lo que esté por debajo del mismo.

Si está la opción `center=true`, el mensaje (si se ajusta al anuncio) estará centrado. No tiene sentido centrar el mensaje si es más largo que el anuncio; entonces, si su mensaje no se centra, es porque es muy largo. Los parámetros `startspace` y `endspace` se ignoran cuando se da el parámetro `center=true`.

El script se parece mucho a HTML en el modo de manejar las etiquetas de función y los parámetros. Ignora cualquier cosa que no reconozca. Sin embargo, hay modos de detener el applet. Por ejemplo, `delay=fifty` es incorrecto porque `delay` requiere un número entero y de esta forma hará que el applet se detenga. Hay alguna salida de error para el script. Si usted tiene problemas con LED Sign al correr su script, revise su .hotjava/weblog; cualquier salida de error estará impresa ahí.

## Agregue LED Sign a sus páginas Web

Éste es un ejemplo de una etiqueta applet que añadirá LED Sign a su página Web:

```
<APPLET codebase="classes" code="LED.class" width=540 height=70>
<param name="script" value="../scripts/Demo.led">
<param name="font" value="../fonts/default.font">
<param name="border" value="3">
<param name="bordercolor" value="100,130,130">
<param name="spacewidth" value="3">
<param name="wth" value="100">
<BLOCKQUOTE>
<HR>
If you were using a Java-enabled browser, you would see a scrolling text sign instead
of this paragraph.
<HR>
</BLOCKQUOTE>
</APPLET>
```

> **Nota:** "codebase" es el directorio donde se conservan los archivos ".class". El parámetro "code" es el nombre de la clase principal; "width" y "height" especifican el espacio disponible para el applet.

# El código fuente de LED

En la distribución de LED Sign se incluye todo el bien comentado código fuente de Java. El listado 24.2 muestra el archivo principal appLED.java. Si usted es programador de C++, con sólo ver a través de este archivo encontrará que Java deberá ser una migración sencilla para lenguaje de programación.

### Listado 24.2. El archivo principal appLED.java.

```
//////////////////////////////////////////////////////////////////
//  appLED.java  -- LED Sign V2.0beta
//
//  The main for the LED Sign applet.  This applet mimics
//  an LED sign that you typically see displaying messages
//  at airport terminals and the such.
```

```
//
//  Revisions:
//     V2.0beta: Modified V1.0 to comply with Pre-Beta java.
//               A problem with delay causes a jerky display.
//               Modified Oct 20 - 29, 1995
//
//     V1.0: Written July 10 - August 6, 1995
//
//  By Darrick Brown
//     dbrown@cs.hope.edu
//     http://www.cs.hope.edu/~dbrown/
//
//  © Copyright 1995
//////////////////////////////////////////////////////////////
import java.awt.*;
import java.io.*;
import java.net.*;
import FuncInfo;
import Script;
import Letters;
import LEDMessage;

// Just a small struct
// used in randomizing the pixels in the "Pixel" function
class Pixelize
{
   int x;
   int y;
}
////////////////////////////////////////////////////////////////
// The java.applet.Applet!!
////////////////////////////////////////////////////////////////
public class LED extends java.applet.Applet implements Runnable
{
   // my #defines
   int WIDTH = 400;
   int HEIGHT = 30;
   Color highlight;

   Script com;          // The class that takes care of the script
   FuncInfo fi;         // All the info for any function/transition
   Letters let;         // The class that contains all the letters

   Color colors[];            // The array of possible colors
                              // The class that takes care of the message to be
                              ➥displayed
   LEDMessage msg;
   Color bhilite;             // The highlight color of the border
   Color bcolor;              // The color of the border
   Color bshadow;             // The shadow of the border

   Thread led = null;
   String scrpt,endspace,fnt;    // "command line" arguments
   String text;                  // the current message
   int place;                    // The place where we are in each transition.  How we
                                 ➥know when we are done.
   int border;                   // The border width
   int offset;                   // The offset for the sign from the upper left
   int w,h;                      // Width & Height in LEDs
```

*continúa*

Listado 24.2. Continuación

```
   int swidth;                    // The width of the space character.  Settable in the
   HTML command line.
   boolean beginning;   // make sure we init certain stuff only once
   boolean suspended;
   int delay = 40;      // The global delay variable
   boolean delayed = true;      // Just to make sure the "delay" in run() works
   Image pixmapimg,offimg,tmpimg;    // The pixmaps!!  — These are what make this
   program possible
   Graphics pixmap,offmap,tmpmap;    // Graphics for the pixmaps
   Pixelize pix[] = new Pixelize[1]; // Just so it loads this class NOW!!
//////////////////////////////////////////////////////////////////////
   // get the "command line" arguments from the HTML
   private void getAttrs()
   {
      String s;
      int r,g,b;

      if(getParameter("script") !=  null)
      {
         scrpt = new String(getParameter("script"));
      }
      else
         System.out.println("NO SCRIPT SPECIFIED OR BAD URL");

      if(getParameter("font") !=  null)
      {
         fnt = new String(getParameter("font"));
      }
      else
         System.out.println("NO FONTS FOUND!!!!  WHERE'D THEY GO?!?!?!?");

      if(getParameter("spacewidth") !=  null)
      {
         swidth = (new Integer(new String(getParameter("spacewidth")))).intValue();
      }
      else
         swidth = 5;
      if(getParameter("wth") !=  null)
      {
         WIDTH = 5*(new Integer(new String(getParameter("Wth")))).intValue();
      }
      else
         WIDTH = 60*5;
      if(getParameter("border") !=  null)
      {
         border = new Integer(new String(getParameter("border"))).intValue();
      }
      else
         border = 0;
      if(getParameter("bordercolor") != null)
      {
         // User specified border color!!
         s = new String(getParameter("bordercolor"));
         s = s.trim();
         r = new Integer(s.substring(0,s.indexOf(","))).intValue();
         s = s.substring(s.indexOf(",")+1);
         g = new Integer(s.substring(0,s.indexOf(","))).intValue();
         s = s.substring(s.indexOf(",")+1);
         b = new Integer(s).intValue();
```

```
         // Forgive the "if" syntax, I didn't want to bother typing the
         // "normal" ifs for this small part. :)
         bhilite = new Color(r+40<256?r+40:255,
                             g+40<256?g+40:255,
                             b+40<256?b+40:255);
         bcolor = new Color(r,g,b);
         bshadow = new Color(r-40>=0?r-40:0,
                             g-40>=0?g-40:0,
                             b-40>=0?b-40:0);
      }
      else
      {
         // The default gray
         bhilite = Color.white;
         bcolor = Color.lightGray;
         bshadow = Color.darkGray;
      }
   } // end getAttrs()
/////////////////////////////////////////////////////////////////
   // Initialize the java.applet.Applet
   public void init()
   {
      // Set up the different colors for the sign
      highlight = new Color(100,100,100);
      colors = new Color[7];
      colors[0] = new Color(80,80,80);   // off color
      colors[1] = new Color(255,0,0);    // Default red
      colors[2] = new Color(130,255,0); // green
      colors[3] = new Color(0,100,255); // blue
      colors[4] = new Color(255,255,0); // yellow
      colors[5] = new Color(255,160,0); // orange
      colors[6] = new Color(255,0,255); // purple
      // The attributes from the HTML doc
      getAttrs();
      let = new Letters(getDocumentBase(),fnt,swidth);
      HEIGHT = let.height();
      h = HEIGHT/5;  // height in LEDs
      w = WIDTH/5;   // width in LEDs
      msg = new LEDMessage(h,w,let);
      // Set up the script
      com = new Script(getDocumentBase(),scrpt);
      fi = new FuncInfo();
      nextFunc();
      offset = 3*border;
      resize(WIDTH+2*(offset),HEIGHT+2*(offset));  // Set the applet size
      beginning = true;
   }  // End Init
   /////////////////////////////////////////////////////////////
   // Start the applet running and fork the thread
   public void start()
   {
      if(led == null)
      {
         led = new Thread(this);  // Start the applet running
         led.start();
      }
   }
   /////////////////////////////////////////////////////////////
   public void stop()
```

*continúa*

Listado 24.2. Continuación

```
{
   led.stop();  // Stop the applet
   led = null;
}
///////////////////////////////////////////////////////////
public void run()
{
   while(led != null)
   {
      // The following "if" is to make sure that the delay
      // function actually has an effect.  I found that it
      // tends to get skipped if the function takes too
      // much time (i.e. Pixel with certain delay settings)
      if(!delayed)
         delayed = true;
      try
      {
         led.sleep(fi.delay);  // Slow it down a bit and save TONS of CPU
      }
      catch (InterruptedException e)
      {
         break;
      }
      repaint();
      if((fi.func == 1 && delayed) ¦¦ fi.func >= 97 ¦¦ fi.func < 0)
         nextFunc();
   }
   led = null;
}
///////////////////////////////////////////////////////////
// Trap for a mouse click on the applet
public boolean mouseDown(java.awt.Event evt, int x, int y)
{
   if (fi.url != null)
   {
      getAppletContext().showDocument(fi.url);
   }
   return true;
}
///////////////////////////////////////////////////////////
// set the next function
// This function is only called when the previous
// function/transition has finished.
void nextFunc()
{
   int i,j;
   Pixelize temp;
   int rand;

   // get the next function
   fi = com.nextFunc();
   // Parse the text line to expand any time/date tags
   fi = com.parseLine(fi);
   // Create the message in LED format (boolean)
   msg.setmsg(fi);
   // Set up some initial stuff for each of the transitions
   switch(fi.func)
   {
```

```
case 0:
   place = 0;
   break;
case 1:
   place = 0;
   delayed = false;
   break;
case 2:
   place = 0;
   break;
case 3:
   place = msg.length()-1;
   break;
case 4:
   place = 0;
   break;
case 5:
   place = h-1;
   break;
case 6:
   place = 0;
   // This randomizes the "LEDs" for the
   // Pixel function.
   pix = new Pixelize[w*h];
   for(i=0;i<w;i++)
   {
      for(j=0;j<h;j++)
      {
         pix[h*i+j] = new Pixelize();
         pix[h*i+j].x = i;
         pix[h*i+j].y = j;
      }
   }
   // Randomly sort all the LEDs so all we have to do
   // is draw them in "order" and they come out all pixelly
   for(i=0;i<WIDTH/5*h;i++)
   {
         rand = (int)(Math.random()*(double)(WIDTH/5)*(double)h);
         temp = pix[i];
         pix[i] = pix[rand];
         pix[rand] = temp;
   }
   break;
case 7:
   place = fi.times*2;  // on AND off
   break;
case 8:
   place = 0;
   break;
case 9:
   place = 0;
   break;
case 10:
   place = 0;
   break;
case 11:
   place = w;
   break;
case 12:
```

*continúa*

Listado 24.2. Continuación

```
            place = h-1;
            break;
         case 13:
            place = 0;
            break;
      }
   }
   ////////////////////////////////////////////////////////////
   // Draw a pretty little LED
   private void drawLED(int x, int y, boolean on, int col, Graphics gr)
   {
      if(on)
      {
         gr.setColor(colors[col]);
         gr.fillRect(x+1,y,2,4);
         gr.fillRect(x,y+1,4,2);
      }
      else  // its off
      {
         gr.setColor(colors[0]);
         gr.fillRect(x+1,y,2,4);
         gr.fillRect(x,y+1,4,2);
         gr.setColor(highlight);
         gr.fillRect(x+1,y+1,1,1);  // the cool little highlight
      }
   }
////////////////////////////////////////////////////////////////
   // My version of paint3DRect (variable width)
   void draw3DRect(Graphics gr, int x, int y, int lx, int ly, int width, boolean
   raised)
   {
      int i;
      for(i=0; i<width; i++)
      {
         if(raised)
            gr.setColor(bhilite);
         else
            gr.setColor(bshadow);
         gr.drawLine(x+i,y+i,lx-i,y+i);
         gr.drawLine(x+i,y+i,x+i,ly-i);
         if(raised)
            gr.setColor(bshadow);
         else
            gr.setColor(bhilite);
         gr.drawLine(lx-i,y+i,lx-i,ly-i);
         gr.drawLine(x+i,ly-i,lx-i,ly-i);
      }
   }
////////////////////////////////////////////////////////////////
   public void paint(Graphics gr)
   {
      int i,j;
      int p,p2;
      // don't do any of this if the thread is null
      if(led != null)
      {
         if(border > 0)
         {
```

```
            draw3DRect(gr,0,0,WIDTH+2*offset-1,HEIGHT+2*offset-1,border,true);
            gr.setColor(bcolor);
            gr.fillRect(border,border,WIDTH+4*border,HEIGHT+4*border);
            draw3DRect(gr,2*border,2*border,WIDTH+4*border-1,HEIGHT+4*border-
            1,border,false);
         }

         // If the applet has just start, set up the pixmap
         // and draw all the LEDs off
         if(beginning)
         {
            // Set up some pixmaps!
            pixmapimg = createImage(WIDTH, HEIGHT);
            offimg = createImage(WIDTH, HEIGHT);  // A copy of the sign with all the
            LEDs off
            tmpimg = createImage(WIDTH, HEIGHT);
            pixmap = pixmapimg.getGraphics();
            offmap = offimg.getGraphics();
            tmpmap = tmpimg.getGraphics();
            pixmap.setColor(Color.black);
            pixmap.fillRect(0,0,WIDTH,HEIGHT);
            offmap.setColor(Color.black);
            offmap.fillRect(0,0,WIDTH,HEIGHT);

            for(i=0;i<HEIGHT;i+=5)
               for(j=0;j<WIDTH;j+=5)
               {
                  drawLED(j,i,false,1,pixmap);
                  drawLED(j,i,false,1,offmap);
               }

            gr.drawImage(pixmapimg,offset,offset, this);
            beginning = false;
         }
         else
         {
            gr.drawImage(pixmapimg,offset,offset, this);
         }
      }
   }
/////////////////////////////////////////////////////////////
   // This procedure contains all the different transitions
   // Each transition does one iteration and returns to the
   // "run" procedure to use its delay.  This also allows
   // the applet to be redrawn (if needed) more quickly.
   public void update(Graphics gr)
   {
      int i,j;
      int count;
      // if we have not initialized our applet, don't do anything here.
      if( (led != null) && (pixmap != null) && (offmap != null) && (tmpmap != null))
      {
         switch(fi.func)
         {
            case 0:  // Appear
               if(fi.text == null)
               {
                  gr.drawImage(offimg,offset,offset, this);  // Turn all the LEDs off
               }
```

*continúa*

Listado 24.2. Continuación

```
          else
          {
             for(i=0;i<w;i++)
                for(j=0;j<h;j++)
                    drawLED(i*5,j*5,msg.getLED(i,j),
                           msg.getColor(i), pixmap);
             gr.drawImage(pixmapimg,offset,offset, this);
          }
          nextFunc();
          break;

       case 2:  // ScrollLeft
          pixmap.copyArea(5,0,WIDTH-5,HEIGHT,-5,0);

          for(i=0;i<HEIGHT;i+=5)
             drawLED(WIDTH-5,i,msg.getLED(place,i/5),
                     msg.getColor(place),pixmap);
          gr.drawImage(pixmapimg,offset,offset, this);
          place++;
          if(!msg.inRange(place))
             nextFunc();
          delayed = false;
          break;

       case 3:  // ScrollRight
          pixmap.copyArea(0,0,WIDTH-5,HEIGHT,5,0);
          for(i=0;i<HEIGHT;i+=5)
             drawLED(0,i,msg.getLED(place,i/5),msg.getColor(place),pixmap);
          gr.drawImage(pixmapimg,offset,offset, this);
          place--;
          if(place < 0)
             nextFunc();
          break;

       case 4:  // ScrollUp
          pixmap.copyArea(0,5,WIDTH,HEIGHT-5,0,-5);

          for(i=0;i<WIDTH;i+=5)
             if(msg.inRange(i/5))
                drawLED(i,HEIGHT-5,msg.getLED(i/5,place),
                        msg.getColor(i/5),pixmap);
             else
                drawLED(i,HEIGHT-5,false,1,pixmap);
          gr.drawImage(pixmapimg,offset,offset, this);
          place++;
          if(place >= h)
             nextFunc();
          break;

       case 5:  // ScrollDown
          pixmap.copyArea(0,0,WIDTH,HEIGHT-5,0,5);

          for(i=0;i<WIDTH;i+=5)
             if(msg.inRange(i/5))
             {
                drawLED(i,0,msg.getLED(i/5,place),msg.getColor(i/5),pixmap);
             }
             else
             {
```

```
                    drawLED(i,0,false,1,pixmap);
                }
              gr.drawImage(pixmapimg,offset,offset, this);
              place--;
              if(place < 0)
                 nextFunc();
              break;

           case 6: // Pixel
              i = place + fi.times;
              while(place < WIDTH/5*h && place < i)
              {
                 if(msg.inRange(pix[place].x))
                 {
drawLED(pix[place].x*5,pix[place].y*5,msg.getLED(pix[place].x,pix[place].y)
➥,msg.getColor(pix[place].x),pixmap);
                 }
                 else
                 {
      drawLED(pix[place].x*5,pix[place].y*5,false,1,pixmap);
                 }
                 place++;
              }
              gr.drawImage(pixmapimg,offset,offset, this);
              if(place >= w*h)
                 nextFunc();
              break;

           case 7:  // Blink
              if(place%2 == 0)
                 gr.drawImage(offimg,offset,offset, this);
              else
                 gr.drawImage(pixmapimg,offset,offset, this);
              place--;
              if(place == 0)
                 nextFunc();
              break;

           case 8:  // OverRight
              if(msg.inRange(place))
                 for(i=0;i<h;i++)
                    drawLED(place*5,i*5,msg.getLED(place,i),msg.getColor(place),pixmap);
              else
                 for(i=0;i<h;i++)
                    drawLED(place*5,i*5,false,1,pixmap);
              gr.drawImage(pixmapimg,offset,offset, this);
              place++;
              if(place >= w)
                 nextFunc();
              break;

           case 9:  // ScrollCenter
              // The right side
              if(w >= place*2)
              {
                 pixmap.copyArea(WIDTH/2,0,WIDTH/2-5,HEIGHT,5,0);
                 for(i=0;i<h;i++)
                    if(msg.inRange(w-place))
                       drawLED(WIDTH/2,i*5,msg.getLED(w-place,i),msg.getColor
```

*continúa*

Listado 24.2. Continuación

```
                        (w-place),pixmap);
                     else
                        drawLED(WIDTH/2,i*5,false,1,pixmap);
                  }
                  if(place < w/2)
                  {
                     pixmap.copyArea(5,0,WIDTH/2-5,HEIGHT,-5,0);
                     for(i=0;i<h;i++)
                        if(msg.inRange(place))
                           drawLED(WIDTH/2-
5,i*5,msg.getLED(place,i),msg.getColor(place),pixmap);
                        else
                           drawLED(WIDTH/2-5,i*5,false,1,pixmap);
                  }
                  gr.drawImage(pixmapimg,offset,offset, this);
                  place++;
                  if(place >= w/2 && place*2 > w)
                     nextFunc();
                  break;

               case 10:  // OverCenter
                  // The right side
                  if(w >= place+w/2)
                  {
                     for(i=0;i<h;i++)
                        if(msg.inRange(w/2+place+1))

drawLED(WIDTH/2+place*5+5,i*5,msg.getLED(w/2+place+1,i),msg.getColor
                          (w/2+place+1),pixmap);
                          else
                           drawLED(WIDTH/2+place*5+5,i*5,false,1,pixmap);
                  }
                  if(place < w/2)
                  {
                     for(i=0;i<h;i++)
                        if(msg.inRange(w/2-place))
                           drawLED(WIDTH/2-place*5,i*5,msg.getLED(w/2-
                           place,i),msg.getColor(w/2-place),pixmap);
                        else
                           drawLED(WIDTH/2-place*5,i*5,false,1,pixmap);
                  }
                  gr.drawImage(pixmapimg,offset,offset, this);
                  place++;
                  if(w < w/2+place && place >= w/2)
                     nextFunc();
                  break;

               case 11:  // OverLeft
                  if(msg.inRange(place))
                     for(i=0;i<h;i++)
                       drawLED(place*5,i*5,msg.getLED(place,i),msg.getColor(place),pixmap);
                  else
                     for(i=0;i<h;i++)
                        drawLED(place*5,i*5,false,1,pixmap);
                  gr.drawImage(pixmapimg,offset,offset, this);
                  place--;
                  if(place == 0)
                     nextFunc();
                  break;
```

```
            case 12:  // OverUp
               for(i=0;i<w;i++)
               {
                  if(msg.inRange(i))
                     drawLED(i*5,place*5,msg.getLED(i,place),msg.getColor(i),pixmap);
                  else
                     drawLED(i*5,place*5,false,1,pixmap);
               }
               gr.drawImage(pixmapimg,offset,offset, this);
               place--;
               if(place < 0)
                  nextFunc();
               break;

            case 13:  // OverDown
               for(i=0;i<w;i++)
               {
                  if(msg.inRange(i))
                     drawLED(i*5,place*5,msg.getLED(i,place),msg.getColor(i),pixmap);
                  else
                     drawLED(i*5,place*5,false,1,pixmap);
               }
               gr.drawImage(pixmapimg,offset,offset, this);
               place++;
               if(place >= h)
                  nextFunc();
               break;
         }  // End switch() statement
      }  // End if(led != null)
   }  // End update()
}  // End LED class
```

# El ambiente de desarrollo Espresso

Symantec Corporation acaba de anunciar el soporte del Kit de desarrollo Java Beta 2 de Sun con un producto que ellos llaman Symantec Espresso. Espresso se ofrece como una actualización gratuita para el ambiente de desarrollo C++ 7.2 de Symantec. Esta actualización permite a los desarrolladores Java utilizar la Interfaz gráfica de usuario (GUI) para desarrollar aplicaciones Java. Symantec Espresso contiene el Kit de desarrollo Java Beta 2 de Sun (Sun's Java Development Kit Beta 2), que incluye nuevos ajustes de errores y mejoras como seguridad incrementada, una API más robusta y mejorada, el manejo mejorado de errores y soporte para clases comprimidas que cargan archivos .ZIP.

Para mayor información, vea `http://www.Symantec.com/lit/dev/javaindex.html`.

# ¿Qué sigue?

Esto es todo lo que abarca nuestro proyecto completo de servidor Internet para Windows 95. Ahora la pregunta es, "¿Hacia dónde va Web?" En el capítulo siguiente hacemos un esbozo del futuro de Web con varios temas.

# Capítulo 25

# El futuro de Web

- El futuro de Windows 95
- El futuro de HTML
- Nuevas técnicas en los servidores Web
- Java y HotJava
- VRML
- Microsoft Internet Studio
- Nuevas direcciones de Netscape y Microsoft
- Intranet corporativa
- Avances en la tecnología de redes
- Notas finales

Ahora que ya sabe todo lo que necesita acerca de la colocación de su servidor Web en Internet, la pregunta que emerge es, ¿qué se puede esperar de Web?

No podemos decir nada acerca de Internet, ni de Web en particular; sería más cierto que decir *el cambio es un hecho; es constante y rápido.* En realidad, durante el tiempo que nos ha tomado escribir este libro y su similar, *Web Site Construction Kit for Windows NT,* hemos atestiguado una andanada de nuevos eventos y anuncios que seguramente tendrán un impacto masivo en el futuro de Web. Aquí está sólo algo de lo mucho que ha sucedido (oficial o extraoficialmente) durante los últimos otoño e invierno: las alianzas comerciales en Internet, los servidores Web, los visualizadores Web, los sistemas y lenguajes de programación para Web, las aplicaciones Web, las aplicaciones Internet, los productos para ISDN/modem, los retrasos de seguridad para el robo de encabezados, los avances en materia de seguridad, una letanía de los avances que están ocurriendo en las tecnologías para transmisión en red (desde los módems al ATM), y por supuesto, los cientos de páginas Web nuevas, desde las megacorporaciones de todo tipo hasta llegar a la persona de la calle.

La única manera de estar al corriente es leer libros (como éste y como los otros mencionados en la Bibliografía) y revisar los recursos en línea del Apéndice D para la información más actualizada.

# El futuro de Windows 95

No se necesita una bola de cristal para ver que Windows 95 ya es un producto inmensamente exitoso. Para fines de 1995 se habían vendido 20 millones de copias; ¡apenas cuatro meses después de su inicio! Y aún le quedan otros 40 millones de usuarios en espera de decidir actualizarse. Con todo este ímpetu, el futuro se ve brillante.

Con respecto al otro producto de 32 bits de Microsoft, fuentes independientes afirman que Windows NT ganó el 8% del mercado de los sistemas operativos de red en sus primeros dos años. Hemos visto incluso reportes especulativos que estiman que Windows NT poseerá el 81% del mercado de sistemas operativos de red para 1999. Esto se ve como algo muy grande, pero no cabe duda que la porción del mercado de NT está creciendo a una velocidad exorbitante. Decimos esto acerca de Windows NT porque, en cierta forma, NT está dirigiendo el camino para Windows 95 y tarde o temprano, los dos se fusionarán.

Una de las cosas que siempre resultan cruciales en el éxito de un sistema operativo es la cantidad de nuevas aplicaciones de software desarrolladas para éste. Con el advenimiento de Windows 95, que es un sistema operativo Windows tanto de 16 bits como de 32, los desarrolladores de software tienen ahora un mercado aún más grande (decenas de millones de nuevos clientes potenciales) para el cual desarrollar aplicaciones Win32. En la mayoría de los casos, el software se puede escribir para correrlo tanto en Windows 95 como en Windows NT. De hecho, uno de los requerimientos para obtener el codiciado logo de "compatible con Windows 95" para paquetes de software es que la aplicación debe correr también en Windows NT.

Mientras tanto, Windows NT no se va a cruzar de brazos. Entre las muchas mejoras se espera que incluya la nueva GUI de Windows 95, soporte para TAPI (API para telefonía) y posiblemente una versión de OLE para red. La nueva versión de NT, combinada con un nuevo servidor Web, y probablemente con un nuevo lanzamiento del Servidor SQL, ayudará a que Microsoft distinga a su suite BackOffice como una fuerza dominante en la industria.

Las instrucciones de Microsoft son que el futuro de Windows para los usuarios de sistemas de escritorio sea un cambio gradual de Windows 95 a Windows NT. En nuestra opinión, mucha gente cree en cierta forma más en esto de lo que en realidad está ahí. Después de todo, los dos sistemas operativos ya comparten la misma interfaz de programación para aplicaciones de 32 bits, y es perfectamente razonable esperar que las versiones futuras de Windows 95 lleven algunas de las características más avanzadas hasta ahora disponibles en Windows NT. Ya sea que la siguiente actualización de Windows 95 se llame Windows 97, o NT Workstation 5.0 o Desktop NT, o lo que sea, el nombre es irrelevante desde una perspectiva técnica. El punto es que ésta heredará tantas de las características de poder encontradas en NT hoy en día, que de hecho se podría convertir en una versión de NT. Desde un punto de vista de la ingeniería de software, esto parece ser algo práctico que Microsoft puede hacer. Y no vemos ninguna forma lógica de construir esto para que Windows 95 llegue a un callejón sin salida. Más bien lo contrario, pues ¡su evolución es segura!

# El futuro de HTML

Parece que cada día hay un nuevo desarrollo en HTML. Un buen lugar para monitorear la dirección de Web es el Consorcio World Wide Web. El Consorcio W3, como se le llama, existe para desarrollar estándares comunes para la evolución de World Wide Web. Es un consorcio industrial dirigido por el Laboratorio de Ciencias de la Computación (Laboratory for Computer Science) del Instituto de Tecnología de Massachusetts (Massachusetts Institute of Technology). En Europa, el MIT colabora con CERN, quienes dieron origen a Web, y con INRIA, el centro W3C europeo.

W3C brinda a desarrolladores y usuarios un depósito de información sobre World Wide Web. Todas las especificaciones acerca de Web, las implementaciones al código de referencia y las múltiples aplicaciones de ejemplo se pueden encontrar en el sitio Web W3C.

**Nota:** Para más información sobre W3C vea `http://www.w3.org/hypertext/WWW/Consortium/`.

HTML 2.0 está ampliamente implementado y deberá ser un estándar para cuando usted lea esto. HTML 3.0 aún está en las etapas primarias de su implementación y debate. En particular, no se ha tomado una decisión sobre qué sistema para hojas de estilo encontrará su camino dentro de la especificación final.

Como se han desarrollado tantas extensiones HTML por parte de Netscape, usted también tendrá que hacer constantes visitas a su página principal sólo para ver si se está cocinando algo nuevo: `http://home.netscape.com/`.

# Nuevas técnicas en los servidores Web

Se han encontrado varias mejoras recientes en algunos servidores que se pueden convertir en un estándar. Todas ellas dependen de si la comunidad Web en su conjunto decide que éstas son útiles. Algunas de ellas son soportadas sólo por ciertos visualizadores y servidores. Su mejor fuente para posterior información es la documentación que viene con su servidor Web.

# Inclusiones del lado del servidor

Un desarrollo reciente son las *inclusiones del lado del servidor*. Ésta es una forma de generar HTML dinámico sin utilizar CGI. La forma en que trabaja es que usted designa un tipo de archivo en particular, como `.shtml`, para representar a los archivos que el servidor examinará antes de enviar el documento al cliente. Cuando el servidor examina el archivo, busca comentarios dentro del código HTML que incluyan el texto `#include`. Al encontrar dicha cadena, el servidor reemplaza esa línea del documento con el texto completo del archivo al que se hace referencia.

Esto le brinda una forma de desarrollar cabeceras estándar y notas al pie para páginas HTML de fácil mantenimiento. Sin embargo, el servidor es un poco menos eficiente al examinar el HTML antes de enviarlo al cliente.

# Server-Push y Client-Pull

Server-Push y Client-Pull se pueden utilizar para hacer cosas semejantes. Ambos son soportados por Netscape y se les menciona con frecuencia en el contexto de la animación gráfica, como al crear un logo corporativo dinámico en Web.

Una diferencia entre los dos es que Server-Push se puede instalar en el servidor a través de CGI, en tanto que Client-Pull se puede efectuar simplemente a través de HTML con un visualizador compatible.

Client-Pull utiliza una característica de HTML 3.0 para especificar que el visualizador deberá alcanzar un documento en forma automática después de un determinado intervalo, ya sea que el usuario haga clic en un vínculo o no. Server-Push se basa en la aplicación CGI que mantiene un contador de tiempo y que sabe cuándo transmitir el siguiente documento al cliente.

# Java y HotJava

HotJava es un nuevo visualizador Web, actualmente en versión alfa, que lleva la multimedia a World Wide Web. Imagínese abriendo su visualizador Web en `http://java.sun.com`, y ver en su pantalla, mientras se carga la página, al personaje animado Duke, la mascota de HotJava, saludándolo.

Java es un lenguaje de programación que mucha gente ya predice que será el estándar para la programación de aplicaciones Web interactivas. Sun diseñó Java como una variante de C++ con modificaciones para simplificar el desarrollo de aplicaciones Web. Incluso querían que incluyera el aspecto de seguridad, para que el usuario estuviera tranquilo de que una aplicación Web no contiene virus.

Netscape adquirió la concesión del lenguaje de programación Java de Sun, y la ha aplicado en la versión 2.0 de Netscape Navigator.

> **Nota:** Para más información sobre Java vea el capítulo 24, "Programación Web interactiva con Java", o cualquiera de estos URLs:
> La página principal de Sun HotJava: `http://java.sun.com/`.

Dr. Dobbs Journal incluye muchos artículos con el tema de Java: `http://www.dobbs.com/dddu/java.html`.

La clase Hierarchy del lenguaje Java: `http://rendezvous.com/java/hierarchy/index.html`.

# VRML

VRML quiere decir Lenguaje de Modelado para Realidad Virtual (Virtual Reality Modeling Language). Aún se encuentra en sus etapas primarias; es una especificación en borrador para añadir información tridimensional a Web. WebSpace es el visualizador Web habilitado para VRML, distribuido gratuitamente, por Silicon Graphics Computer Systems. Microsoft ahora incluye ActiveVRML en Internet Explorer 2.0, y ese lenguaje se ampliará al integrarlo a Internet Studio y Visual Basic Script.

**Nota:** Para indagar más acerca de VRML y de Silicon Graphics Software, vaya a `http://www.sgi.com/Products/WebFORCE/WebSpace/`.

Para el documento VRML Frecuently Asked Questions, vea `http://www.oki.com/vrml/VRML_FAQ.html`.

Para información acerca de ActiveVRML, visite la página principal de Microsoft Internet Developers en `http://www.microsoft.com/intdev`.

# Microsoft Internet Studio

Éste es un nuevo sistema de programación Web cuyo código hasta hace poco era Blackbird. Microsoft no quería dejar todo a Java, por lo que inventó lo que considera ser una forma aún mejor para que los programadores puedan construir programas.

Básicamente consiste en una nueva variante de HTML llamada *Blackbird MarkUp Language* (BML), y en un método por medio del cual los desarrolladores pueden incrustar los controles personales OLE (OCXs) dentro de las páginas Web, utilizando otro lenguaje llamado *Visual Basic Script*, que es a su vez un subconjunto de Visual Basic para las Aplicaciones (Applications) encontradas en Excel. Esta estrategia refuerza la idea de que los OCXs van a estar muy pronto por todas partes (si Microsoft logra su fin), ahora que Windows 95 y Visual Basic 4.0 están a la venta.

Por algún tiempo, parecía que Microsoft ignoraba a Java al proponer en su lugar a Blackbird, mas ahora han logrado un acuerdo de concesión, y parece que la estrategia es producir los OCXs que expongan las características de Java (que es relativamente un lenguaje de bajo nivel) para los programadores de Visual Basic Script. Esto tendrá sentido debido a que no todos los que quieren construir programas Web van a tener que aprender un lenguaje similar a C++.

Hemos esperado ansiosamente los frutos de los esfuerzos de desarrollo en Java y Visual Basic Script. Sun, Netscape y Microsoft prometen cambiar a Web de como lo conocemos.

# Nuevas direcciones de Netscape y Microsoft

Justo cuando Netscape tenía pensado fugarse con todo el negocio de los parámetros en Internet, Microsoft atinó en algún tipo de estrategia Web recientemente descubierto. Microsoft y Netscape han surgido como los rivales a observar en 1996. Parece que estarán compitiendo en todas estas áreas principales:

- Visualizadores Web: Microsoft Internet Explorer 2.0 Netscape Navigator 2.0. Microsoft incluso se propone lanzar Internet Explorer 3.0 en la primera mitad de 1996 y eventualmente integrarlo dentro de Windows 95 Explorer! Si logran que aquél tenga éxito, la distinción entre el sistema operativo de escritorio e Internet comenzará a desaparecer.
- Servidores Web: Microsoft Internet Information Server (IIS, previamente llamado Gibraltar en clave) contra Netscape Secure Server. Una diferencia entre sus servidores es que Microsoft probablemente impulse a ISAPI (Interfaz para Programación de Aplicación del Servidor Internet) sobre CGI. ISAPI es un nuevo estándar para programación de servidor Web, desarrollado conjuntamente por Microsoft y Process Software. Esto podría requerir una gran cantidad de reprogramación de las aplicaciones CGI existentes, pero la documentación del servidor por parte de Process Software asegura que el gran desempeño que se obtiene con ISAPI hará que el esfuerzo valga la pena. Mientras tanto, Netscape ha ampliado su lenguaje a base de scripts del servidor hasta el punto de fusionarlo con SunSoft Java. (Vea el siguiente punto.) Todo esto significa que CGI, y posiblemente WinCGI, pronto serán obsoletos entre los servidores Web para Windows. Por cierto, otra gran diferencia entre los servidores Web de Microsoft y Netscape es que el IIS, supuestamente, será incluido gratuitamente con Windows NT Server 4.0.
- Lenguajes de programación Web interactivos: Microsoft BlackBird (que consiste en Visual Basic, OLE y BlackBird Markup Language) versus SunSoft Java. En realidad, SunSoft y etscape acaban de anunciar su alianza en el diseño de JavaScript. Microsoft anunció originalmente soporte para VRML en Internet Explorer 2.0 como si pretendiera ignorar a Java, pero como se mencionó previamente, ahora Java también es parte de su plan. JavaScript tiene un apoyo muy amplio por parte de inversionistas importantes en la industria. Pero no hay que descartar a BlackBird. Microsoft puede hacer cosas sorprendentes con OLE, y cuentan con que hay millones de sistemas de escritorio que están corriendo Windows 95, donde la pueden hacer.
- Transacciones seguras en Web: la Tecnología para Transacción Segura (STT) de Microsoft y Visa versus el acercamiento de Netscape y Mastercard para utilizar la Capa de Sockets de Seguridad (SSL). Recientemente, Visa y Mastercard unieron sus esfuerzos para diseñar una tecnología de seguridad compatible.

Hasta este momento, Netscape tiene una clara ventaja en la batalla de los visualizadores, dada la amplia popularidad y soporte multiplataforma de Navigator. Como si definir HTML 3.0 no fuera suficiente, Navigator 2.0 también fija un nuevo estándar para los visualizadores Web al incluir correo electrónico integrado, un lector de noticias y soporte FTP. Se estima que más del 80% de los visualizadores Web que están en uso hoy día son construidos por Netscape. Y parece que Navigator 2.0 reúne tantas nuevas características que va a ser difícil para los competidores de Netscape obtener una pizca de esa porción del mercado. Pero una vez más, no hay que dar por descontado a Microsoft, debido a que ellos están repartiendo Internet Explorer gratuitamente en Windows 95, Windows NT e incluso en Macintosh.

# Intranet corporativa

Cuando alguien piensa en World Wide Web, lo hace en una red global de servidores de documentos en hipertexto que proveen de páginas de texto y gráficos a todos los que se encuentran en Internet. Lo que algunas personas olvidan es que las compañías que tienen Redes de Área Local (LANs) y Redes de Área Amplia (WANs) también necesitan distribuir documentos e información, aun si no están conectados a Internet.

La frase *Intranet* ha sido acuñada para describir a las LANs y WANs de estas compañías. Un servidor Web es un servidor de información perfecto para Intranet. Por ejemplo, ¿qué mejor manera para que una compañía distribuya la información sobre los recursos humanos que los manuales de sus políticas y las cartas de novedades de la compañía? Las aplicaciones para un servidor Web en un ambiente Intranet son prácticamente ilimitadas. Hemos visto que el servidor Web de una escuela proporciona un formulario basado en Web para la cafetería del campus. Los estudiantes llenan el formulario de pedido y, una vez enviados los datos, una aplicación CGI transfiere el pedido a un servidor de faxes que la envía (mediante fax) a la cafetería. Sus alimentos están listos para cuando los estudiantes llegan ahí.

Un despliegue más amplio de Web en los ambientes Intranet promete alimentar más el desarrollo de nuevos productos en software y hardware para las redes.

# Avances en la tecnología de redes

Cada día, más personas utilizan Internet para hacer más cosas que nunca. Esto lleva a una permanente necesidad de incrementar las velocidades del caudal de procesamiento de datos; si no queremos encontrar que nosotros mismos vamos cada vez más lentos. Por fortuna, parece que los ingenieros en redes nunca se quedan sin trucos para aumentar la velocidad de los cables y de los algoritmos, así como de los enrutadores a través de los cuales viaja nuestra información (naturalmente, hay una enorme motivación de beneficios para llevar las mejoras en la velocidad al gran cuerpo de usuarios que representa Internet).

Un área de intenso interés hoy día es ATM. Parece que cada semana los periódicos comerciales contienen noticias acerca de los avances en esta tecnología o de la conformación de asociaciones clave en esta industria. Como mencionamos en el capítulo 1, éste es un tema sobre el cual se han escrito libros enteros, y seguirán muchos más, pero que está más allá del panorama de este libro. Sin embargo, mencionemos brevemente un par de otras mejoras para la aceleración del ancho de banda.

## Módems de 33.6 Kbps

¿Qué hay sobre las ganancias de desempeño para el hermanito pequeño? ATM, e incluso ISDN (aunque éste también tiene una velocidad cambiante), están todavía fuera del alcance económico para la mayoría de los usuarios caseros. Al parecer, dos compañías, AT&T y U.S. Robotics, están vendiendo módems que alcanzan una velocidad DTE de 36.6 Kbps. Supuestamente U.S. Robotics es el líder en el mercado si de módems se trata. Si usted busca un demonio de la velocidad, pregunte sobre su módem Courier V.Everything. Pero tenga en mente que los precios para las tarjetas ISDN de bajo nivel se están emparejando con los de los módems de alto nivel.

## Avances en los productos ISDN

No hace mucho tiempo, si usted quería una conexión ISDN a Internet, estaba hablando de una pieza de equipo prácticamente de alto nivel y de no muchos fabricantes. Al aumentar las necesidades de ancho de banda, ISDN se ha convertido en una opción favorecida, lo que ha ocasionado un rápido incremento de los productos ISDN.

Ahora usted puede encontrar muchos tableros ISDN compatibles con sus buses ISA o EISA. Una de las nuevas tendencias para el uso casero es una caja ISDN de doble propósito que no sólo soporta las conexiones ISDN, sino que también incluye un módem analógico de 28.8 Kbps. Uno de estos productos es Pipeline 25 de Ascend Communications. En realidad no incluye un módem, pero da al usuario dos puertos telefónicos analógicos para que se puedan conectar un teléfono estándar y un fax/módem, utilizando un canal B, además de correr ISDN en otro canal B. Y lo sorprendente es que ¡usted puede hacer todo esto simultáneamente! Ascend Communications tiene toda una línea de productos ISDN.

# Notas finales

Esperamos que este libro haya sido una gran ayuda, y que se haya divertido tanto construyendo su sitio Web y aprendiendo acerca de World Wide Web, como nosotros al configurar el nuestro y escribir este libro. Ha elegido un momento muy excitante para involucrarse con Internet y Microsoft Windows 95.

# Parte VI

# Apéndices


- **Apéndice A,** "Proveedores de servicio Internet"
- **Apéndice B,** "Consideraciones sobre los servidores Web para Windows"
- **Apéndice C,** "El formulario InterNIC"
- **Apéndice D,** "Recursos Internet para el Webmaster de Win95"
- **Apéndice E,** "RFCs seleccionadas"
- **Apéndice F,** "Consideraciones sobre 36 robots Internet"
- **Apéndice G,** "Enciclopedia de HTML"
- **Apéndice H,** "Interfaz Windows CGI 1.2"
- **Apéndice I,** "Lo que hay en el CD-ROM"

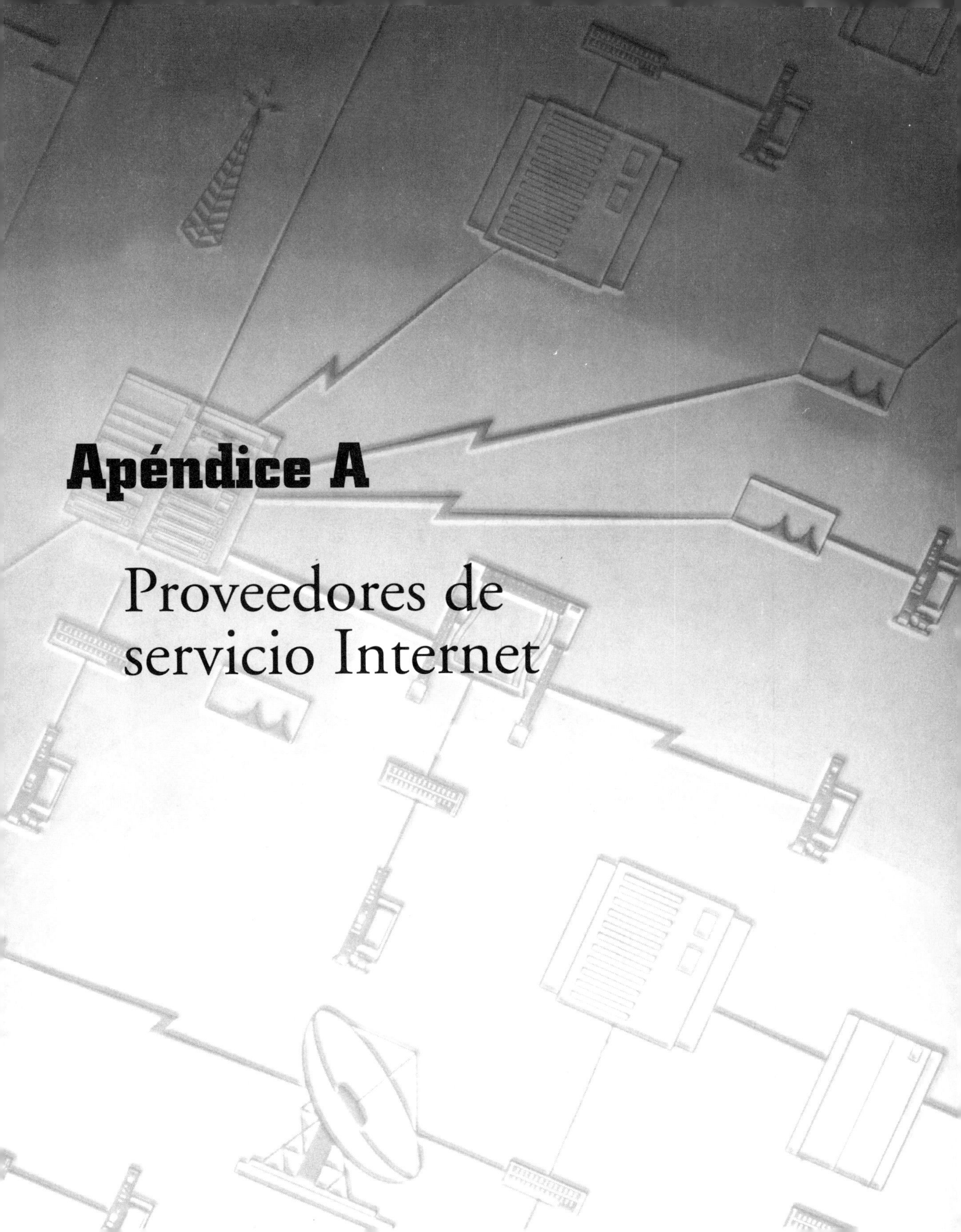

# Apéndice A

## Proveedores de servicio Internet

En Estados Unidos de Norteamérica

| | | | | |
|---|---|---|---|---|
| Nuance Network Services | Huntsville | AL | 205-533-4296 | PPP, SLIP |
| Internet Direct, Inc. | Phoenix | AZ | 602-274-0100 | PPP, SLIP |
| Evergreen Communications | Phoenix | AZ | 602-955-8315 | PPP, SLIP |
| Primenet | Phoenix | AZ | 602-870-1010 | PPP, SLIP |
| a2i Communications | San Jose | CA | 408-293-8078 | PPP, SLIP |
| | Cupertino | CA | 408-973-9111 | PPP, SLIP |
| BARRNet | Menlo Park | CA | 415-725-7003 | PPP, SLIP |
| ConnectNet | San Diego | CA | 619-450-0254 | PPP, SLIP |
| CRL Network Services | Larkspur | CA | 415-381-2800 | PPP, SLIP |
| CTS Network Services | San Diego | CA | 619-637-3637 | PPP, SLIP |
| HoloNet | Berkley | CA | 510-704-0160 | SLIP |
| Beckmeyer Development | Oakland | CA | 510-530-9637 | PPP |
| IGC | San Francisco | CA | 415-442-0220 | PPP, SLIP |
| CERFnet | San Diego | CA | 800-876-2373 | SLIP |
| TL Consulting | Sunnyvale | CA | 408-739-6602 | PPP |
| CCNET Communications | Walnut Creek | CA | 800-CCNET-4-U | PPP, SLIP |
| Caprica Telecomputing Resources | Monterey Park | CA | 213-266-0822 | SLIP |
| The Cyberspace Station | Encinitas | CA | 619-634-2894 | PPP, SLIP |
| zNET | San Diego | CA | 800-438-9638 | PPP, SLIP |
| Internet Express | Co Springs | CO | 800-592-1241 | PPP, SLIP |

| | | | | |
|---|---|---|---|---|
| Rocky Mountain Internet, Inc. | Co Springs | CO | 719-576-6845 | PPP, SLIP |
| Old Colorado City Communications | Co Springs | CO | 719-632-4848, | PPP |
| Paradigm Communications Inc. | Cheshire | CT | 203-250-7397 | PPP |
| Systems Solutions (SSNet) | Middletown | DE | 302-378-1386 | PPP, SLIP |
| Satelnet | Davie | FL | 305-434-8738 | SLIP |
| CyberGate, Inc. | Deerbeach | FL | 305-428-GATE | PPP, SLIP |
| CFTnet | Tampa | FL | 813-980-1317 | PPP |
| MindSpring | Atlanta | GA | 404-888-0725 | PPP, SLIP |
| Internet Atlanta | Alpharetta | GA | 404-410-9000 | PPP, SLIP |
| Computing Engineers Inc. | Vernon Hills | IL | 708-367-1870 | PPP, SLIP |
| InterAccess | Northbrook | IL | 800-967-1580 | PPP |
| MCSNet | Chicago | IL | 312-248-8649 | PPP, SLIP |
| XNet Information Systems | Lisle | IL | 708 983-6064 | PPP, SLIP |
| IgLou Internet Services | Louisville | KY | 502-968-8500 | PPP, SLIP |
| The Internet Access Company | Bedford | MA | 617-275-2221 | PPP, SLIP |
| North Shore Access | Lynn | MA | 617-593-3110 | PPP, SLIP |
| Schunix | Worcester | MA | 508-853-0258 | PPP |
| Clark Internet Services, Inc. (ClarkNet) | Ellicott City | MD | 410-995-0691 | PPP, SLIP |

*continúa*

En Estados Unidos de Norteamérica

| | | | | |
|---|---|---|---|---|
| Digex (Digital Express Group) | Greenbelt | MD | 800-969-9090 | PPP, SLIP |
| Msen, Inc. | Ann Arbor | MI | 313-998-4562 | PPP, SLIP |
| CICNet | Ann Arbor | MI | 313 998 6700 | SLIP |
| MRnet | Minneapolis | MN | 612-342-2894 | SLIP |
| Skypoint Communications | Plymouth | MN | 612-475-2959 | PPP, SLIP |
| Tyrell | Kansas City | MO | 800-989-7351 | PPP, SLIP |
| Vnet Internet Access, Inc. | Charlotte | NC | 800-377-3282 | PPP, SLIP |
| FXnet | Charlotte | NC | 704-338-4670 | SLIP |
| MIDnet | Lincoln | NE | 402-472-7600 | PPP, SLIP |
| MV Communications, Inc. | Manchester | NH | 603-429-2223 | PPP, SLIP |
| Global Enterprise Service, Inc. | Princeton | NJ | 609-897-7309 | SLIP |
| Engineering International, Inc. | Albuquerque | NM | 505-343-1060 | SLIP |
| The Pipeline | New York | NY | 212-267-3636 | PPP, SLIP |
| Cloud 9 Internet | White Plains | NY | 914-682-0626 | PPP, SLIP |
| Internet Access Cincinnati | Hamilton | OH | 513-887-8877 | PPP |
| APK-Public Access UNI* Site | Cleveland | OH | 216-481-9428 | PPP, SLIP |
| Freelance Systems Programming | Dayton | OH | 513-254-7246 | SLIP |
| OARnet | Columbus | OH | 800-627-8101 | PPP, SLIP |

| | | | | |
|---|---|---|---|---|
| Teleport, Inc. | Portland | OR | 503-223-4245 | PPP, SLIP |
| Pacific Systems Group (RAINet) | Portland | OR | 503-227-5665 | PPP, SLIP |
| Telerama Public Access Internet | Pittsburgh | PA | 412-481-3505 | PPP, SLIP |
| Net Access | Glenside | PA | 215-576-8669 | PPP, SLIP |
| The IDS World Network | Greenwich | RI | 401-884-7856 | PPP, SLIP |
| SunBelt | Rock Hill | SC | 803-324-6205 | SLIP |
| Adhesive Media, Inc. | Austin | TX | 800-455-EDEN | SLIP |
| INET Enterprises | Austin | TX | 512-388-2393 | PPP |
| The Black Box | Houston | TX | 713 480-2684 | SLIP |
| South Coast Computing Services, Inc. | Houston | TX | 713-661-3301 | SLIP |
| Texas Metronet | Irving | TX | 214-705-2900 | PPP, SLIP |
| NeoSoft's Sugar Land Unix | Houston | TX | 713-438-4964 | PPP, SLIP |
| Real Time Communications | Austin | TX | 512-451-0046 | SLIP |
| On-Ramp Technologies, Inc. | Dallas | TX | 214-746-4710 | PPP, SLIP |
| XMission | Salt Lake City | UT | 801-539-0900 | PPP, SLIP |
| Infinet, L.C. | Norfolk | VA | 800-849-7214 | PPP, SLIP |
| UUNET Tech-nologies, Inc. | Falls Church | VA | 800-488-6386 | PPP |

*continúa*

En Estados Unidos de Norteamérica

| | | | | |
|---|---|---|---|---|
| Performance Systems International, Inc. (PSI) | Herndon | VA | 703-904-4100 | PPP |
| CompuTech | Spokane | WA | 509-624-6798 | PPP, SLIP |
| WLN | Lacey | WA | 800-342-5956 | PPP, SLIP |
| Network Access Services | Bellingham | WA | 206-733 9279 | PPP, SLIP |
| Cyberspace | Seattle | WA | 206-286-1600 | PPP, SLIP |
| Olympus | Pt. Townsend | WA | 206-385-0464 | PPP |
| Northwest Nexus Inc. | Bellevue | WA | 206-455-3505 | PPP, SLIP |
| Route 66 Networks, Inc. | Mercer Island | WA | 206-324-6666 | PPP |
| NorthWestNet | Bellevue | WA | 206-562-3000 | PPP, SLIP |
| SEANET (OSD, Inc.) | Seattle | WA | 206-343-7828 | PPP, SLIP |
| FREE.ORG | Marshfield | WI | 715-387-1700 | PPP, SLIP |
| Milwaukee Internet X | Milwaukee | WI | 414-228-0739 | PPP |
| Berbee Information Networks Corporation | Madison | WI | 608-233-2228 | PPP, SLIP |

Fuera de Estados Unidos de Norteamérica

| | | | | |
|---|---|---|---|---|
| AARNet | Canberra | Australia | 61-6-249-2874 | PPP |
| connect.com.au pty Ltd. | Caulfield | Australia | 61-3-528-2239 | PPP, SLIP |
| Pegasus Networks | Broadway | Australia | 61-7-257-111 | SLIP |
| Personal InterNet Gate (PING) | Viena | Austria | 43-1-319-43-36 | PPP |
| EUnet Austria | Wien | Austria | 43-1-317-4969 | PPP |
| EUnet Bulgaria | Varna | Bulgaria | 359-52-259-135 | PPP |

| | | | | |
|---|---|---|---|---|
| EUnet Belguim | Leuven | Bélgica | 32-16-201-015 | PPP, SLIP |
| IBASE - Alternex Access Center | Río de Janeiro | Brasil | 55-21-286-6161 | PPP |
| ARnet (Alberta Research Network) | Edmonton | Canadá | 403-450-5187 | PPP, SLIP |
| Helix | Vancouver, BC | Canadá | 604-689-8544 | PPP, SLIP |
| ICE Online | Burnaby, BC | Canadá | 604-298-4346 | PPP, SLIP |
| Cyberstore | New Westminster, BC | Canadá | 604-526-3373 | PPP, SLIP |
| Wimsey Information Services | Burnaby, BC | Canadá | 604-421-4741 | PPP, SLIP |
| MIND LINK! Communications Corp. | Langley, BC | Canadá | 604-534-5663 | SLIP |
| AMT Solutions Group Inc. | Victoria, BC | Canadá | 604-370-4601 | PPP, SLIP |
| MBnet | Winnipeg, Manitoba | Canadá | 204-474-6236 | PPP, SLIP |
| New Brunswick's Regional Network | New Brunswick | Canadá | 506-694-6404 | PPP, SLIP |
| NSTN Nova Scotia Technology Network | Nova Scotia | Canadá | 902-468-6786 | PPP, SLIP |
| UUNET Canada, Inc. | Ontario | Canadá | 416-368-6621 | PPP |
| HookUp Communication Corporation | Ontario | Canadá | 905-847-8000 | PPP, SLIP |

*continúa*

Fuera de Estados Unidos de Norteamérica

| | | | | |
|---|---|---|---|---|
| Resudox | Ontario | Canadá | 613-567-6925 | PPP |
| Communications Accessibles Montreal | Quebec | Canadá | 514-931-0749 | PPP, SLIP |
| RISQ | Quebec | Canadá | 514-398-1234 | PPP, SLIP |
| Metrix Interlink Corp. | Montreal, Quebec | Canadá | 514-933-9171 | PPP, SLIP |
| SASK#net | Saskatoon, Saskatchewan | Canadá | 306-966-4816 | PPP, SLIP |
| The Direct Connection | Londres | Inglaterra | 44 (0)81 317 0100 | PPP, SLIP |
| Demon Internet Systems | Londres | Inglaterra | 44 (0)81 349 0063 | PPP, SLIP |
| GreenNet | Londres | Inglaterra | 44-71-713-1941 | PPP, SLIP |
| ESDATA Ltd. | Tallinn | Estonia | 372-2-527-504 | PPP, SLIP |
| EUnet France | París | Francia | 33-1-53-81-60-60 | PPP |
| Individual Network | Frankfurt | Alemania | 49-69-631-12083 | PPP |
| Contributed Software GbR | Berlín | Alemania | 49-30-694-69-07 | PPP, SLIP |
| Commercial Link Systems | Kiel | Alemania | 49-431-979-0161 | PPP, SLIP |
| GeoNet Mailbox Systems | Dortmund | Alemania | 49-231-9070-100 | PPP, SLIP |
| Hong Kong Supernet | Kowloon | Hong Kong | 852-358-7924 | SLIP |
| ERNET | Nueva Delhi | India | 91-11-436-1329 | PPP, SLIP |
| IEunet Ltd. | Dublín | Irlanda | 353-1-679-0832 | PPP, SLIP |
| Ireland On-Line | Furbo, Galaway | Irlanda | 353 (0)91 92727 | PPP, SLIP |
| Active Communications LTD | Haifa | Israel | 972-4-676-115 | SLIP |

| | | | | |
|---|---|---|---|---|
| GulfNet Kuwait Ministry Of Communications | Sharq Area | Kuwait | 956-242-6728 | PPP |
| JARING | Malasia | | 60-3-254-9601 | PPP, SLIP |
| SURFnet | Da Utrecht | Holanda | 31-30 310-290 | PPP, SLIP |
| Actrix Networks Ltd. | Melrose, Wellington | Nueva Zelanda | 64-4-389-6316 | PPP |
| Red Cientifica Peruana | Lima 33 | Perú | 51-14-368-989 | PPP, SLIP |
| EUnet Romania | Bucarest | Rumania | 0040-1-312-6886 | SLIP |
| Demos Plus Co., Ltd. | Moscú | Rusia | 7-095-943-4735 | SLIP |
| GlasNet | Moscú | Rusia | 7 (095) 207-0704 | PPP |
| ARNES | Ljubljana | Slovenia | 386 61 126 1204 | SLIP |
| Aztec Information Management | Cape Town | Sudáfrica | 27-21-419-2690 | PPP, SLIP |
| EUnet Spain | Madrid | España | 34-1-413-48-56 | PPP, SLIP |
| SWITCH | Zurich | Suiza | 41-1-268-1520 | PPP, SLIP |
| PIPEX | Cambridge | Reino Unido | 44-223-424-616 | PPP |

# Apéndice B

# Consideraciones sobre los servidores Web para Windows

Tan rápido como los servidores Web inundan el mercado, es difícil estar al día sobre cuáles están disponibles y qué características brindan. Este apéndice enlista muchos de los servidores Web disponibles actualmente. Hemos probado muchos de estos servidores y le presentamos las revisiones con una pequeña lista de lo que nos agradó y desagradó de ellos. Una gran fuente de información en línea acerca de los servidores Web es Web Servers Comparison en `http://www.proper.com/www/servers-chart.html` mantenida por Paul E. Hoffman.

## SerWeb

Este servidor Web freeware corre bajo Microsoft 3.1 o Windows NT. El servidor fue escrito en C++ por Gustavo Estrella, y el código fuente está disponible como parte de la distribución del software.

`ftp://sunsite.unc.edu/pub/micro/pc-stuff/ms-windows/winsock/apps`

## Web4HAM

Este servidor fue desarrollado por Gunter Hille en la Universidad de Hamburgo. El producto está en su desarrollo primario (v 0.16) pero ofrece una fácil instalación.

`ftp://ftp.informatik.uni-hamburg.de/pub/net/winsock`

## WHTTPd

Éste es un servidor HTTP freeware para Windows, de Bob Denny. La operación y configuración de este servidor está documentada con muchos archivos HTML. Si usted tiene que correr en Windows 3.x, deberá revisar este servidor Web que es muy capaz, sobre todo si se considera el precio.

`http://www.city.net/win-httpd`

## Beame & Whiteside BW Connect

Servidor Web para DOS y Microsoft Windows 3.1.

`ftp://ftp.bws.com/pub/evaluation/nfs_dos_windows/`

## ZBServer

Escrito por Bob Bradley, desempeña una doble labor como servidor Web y Gopher para Windows 3.1 y Windows 95. Es fácil de instalar.

`http://unix1.utm.edu/~bbradley/zbs/zbsgetit.htm`

## Purveyor

Process Software Corporation, mediante un acuerdo con EMWAC, ha ampliado el servidor Web EMWACS y lo ha convertido en un producto comercial. Las versiones para Windows NT y Windows 95 están disponibles. Éste fue el primer servidor Web comercial para Windows NT.

`http://www.process.com/prodinfo/purvdata.htm`

## EMWAC HTTP Server for Windows NT

Un excelente servidor WWW escrito por Chris Adie de EMWAC. No necesita comprarlo, ¡es gratis!

`http://emwac.ed.ac.uk/html/internet_toolchest/https/contents.htm`

## WebSite

Un servidor HTTP para Windows 95 y Windows NT, escrito por Bob Denny en cooperación con O'Reilly & Associates.

`http://gnn.com/gnn/bus/ora/news/c.website.html`

# Alibaba

Éste es un servidor HTTP para Windows 95 y Windows NT de Computer Software Manufacturer en Austria.

`http://www.csm.co.at/csm/alibaba.htm`

# Servidor SAIC-HTTP

SAIC aún no ha anunciado sus planes de comercializar o vender su servidor HTTP. Desarrollado originalmente para uso interno por Don De Coteau del Information Technology Laboratory de SAIC en San Diego, Cal., el software corre en Windows 95 y Windows NT.

`http://wwwserver.itl.saic.com/`

# Netscape Communications y Netscape Commerce de Netscape Communications

Netscape Communications Corporation, fabricantes del visualizador Web más popular, ofrecen un servidor Web estándar para Windows NT y una versión comercial que soporta SSL para operaciones encriptadas seguras.

`http://www.netscape.com/comprod/netscape_commun.html`

# NetPublisher Demonstration Server de Ameritech Library Services

El servidor NetPublisher proporciona la funcionalidad de un servidor Z39.50, un servidor World Wide Web y un servidor Gopher, todo en uno. La arquitectura extendida ha sido diseñada para permitir que usted se concentre en la información que está sirviendo, mas no en cómo se sirve. Hay una fuente para estos tres protocolos. Ameritech también ofrece un paquete completo de herramientas para publicaciones en Web.

`http://netpub.notis.com/`

# Commerce Builder de Internet Factory

Éste es un par de servidores Web para Windows NT y Windows 95: Communications Builder y Commerce Builder. Las características incluyen soporte para Web/dominio múltiple, control de acceso basado en la autentificación, un proxy HTTP de caché, y una exclusiva: chatrooms en tiempo real basados en Web.

`http://www.aristosoft.com/ifact/inet.htm`

## Servidor WWW FolkWeb de ILAR Concepts

Éste es un servidor Web rico en características para Windows 95 y Windows NT. Un punto de ventas clave es su conectividad para base de datos, permitiéndole publicar sus bases de datos ODBC sin escribir una sola línea de código CGI.

`http://www.ilar.com/default.htm`

## Servidor Web Folio Infobase de Folio Corporation

Éste es un servidor Web para Windows 95 y Windows NT.

`http://www.folio.com/`

## Quarterdeck WebServer 32

Tanto la versión para Windows 95 como para NT de este servidor Web vienen en el mismo paquete. Quarterdeck WebServer 32 ofrece dominios virtuales y seguridad a nivel de directorio.

`http://www.qdeck.com/`

## FrontPage

FrontPage es mucho más que un servidor Web; es un paquete de publicaciones en Web para GUI cliente/servidor. Su arquitectura cliente/servidor soporta autoría, elaboración de guiones y administración de su sitio Web desde su estación de trabajo personal, a través de su LAN, o incluso sobre Internet.

FontPage ya está disponible para Windows 3.1, Windows 95 y Windows NT.

`http://www.vermeer.com/`

## WebQest por Questar

Este servidor HTTP, rico en características, para Windows 95 y Windows NT ofrece muchas sorpresas, entre las que se encuentran inclusiones del lado del servidor mejoradas (SSI+). También tiene varias herramientas de desarrollo muy útiles relacionadas con Web para validación de directorios, hipervínculos locales y remotos, y control de acceso.

`http://www.questar.com/`

# Revisión de los servidores Web para Windows 95

Probamos personalmente 11 de los servidores para Windows 95 enlistados a continuación. La cantidad de servidores Web disponibles para Windows 95 se ha incrementado más de tres veces en los últimos seis meses, y sólo podemos suponer que este número seguirá creciendo rápidamente. Usted encontrará que la mayoría de los servidores Web actualmente en el mercado ofrecen un periodo gratuito para prueba de 30 a 60 días.

1. **Purveyor Desktop WebServer 1.1**

   Ventajas: Es sencillo de instalar, corre rápidamente, y tiene todas las características de seguridad avanzadas para proteger los archivos y los directorios mediante contraseñas, por usuario o por grupo. De todos los servidores para Windows 95 que probamos, Purveyor y WebQuest tuvieron la mejor integración con la interfaz de usuario de Windows 95. Se agregaron un menú adicional descendente y una barra de botones a Explorer para una configuración fácil. Éste es claramente un servidor poderoso y la documentación no está lejos de ser excelente. Considerando la calidad del servidor Purveyor para Windows NT, no es de sorprender que Process haya desarrollado un muy buen servidor para Windows 95.

   Desventajas: No soporta WinCGI ni ISAPI (todavía). Sin embargo, Purveyor para NT soporta ISAPI y Purveyor Desktop soporta *CGI moderada* (*buffered CGI*), que es similar a WinCGI.

2. **FolkWeb 1.1**

   Ventajas: Este servidor tiene casi todas las características de los muchachos mayores y es muy costeable. La instalación y la operación no podrían ser más fáciles; prácticamente está listo y corriendo en cuestión de segundos, una vez hecha la sencilla instalación GUI. Un sorprendente apoyo técnico mantuvo a este servidor en los primeros lugares de nuestra lista durante las pruebas. Soporta mapas de imagen, CGI 1.1, WinCGI 1.2 y tiene provisiones integradas para bases de datos ODBC.

   Desventajas: El sistema de ayuda en línea y la documentación son un poco deficientes. Por ejemplo, la ayuda no incluye una Tabla de Contenido.

3. **WebQuest**

   Ventajas: Éste es un agradable servidor Web que contiene un conjunto de Inclusiones del Lado del Servidor (SSI) rico en características. Las SSIs son tan ricas en características que usted no tiene que realizar programación CGI, ni siquiera para acceso a base de datos. Tiene muy buena integración de servidor con Windows 95.

   Desventajas: Un poco costoso para un servidor Web Win95. Con toda justicia, la versión que examinamos mostró algunos signos de que aún está en la etapa beta. Questar está confiando tanto en la característica SSI+ que no da soporte para WinCGI ni ISAPI.

4. **Servidores Web Internet Factory Communication/Commerce Builder**

   Ventajas: Se instala en un instante, dan un periodo de prueba de 60 días; como cambio agradable agregaron a los servidores cuartos de conversación (chat rooms), de manera que usted tiene algo como un IRC construido en su servidor. De todo a todo es muy brillante.

   Desventajas: Correr este servidor tan sólo con algunos cuartos de conversación no sólo requerirá una gran cantidad de ancho de banda, sino que también consumirá mucha memoria.

5. **Alibaba**

   Ventajas: De fácil instalación, buena documentación y muchas características agradables. Sabemos de muchos sitios conocidos que utilizan este servidor.

   Desventajas: No publican el precio, usted tiene que enviar un correo electrónico a los autores para obtener información sobre el costo.

6. **WebSite**

   Ventajas: Su empacado está lleno de características y utilerías. Después de la instalación, usted tendrá un nuevo grupo de programas con varias utilerías para hacer más fácil el mantenimiento de su sitio Web: Asistente para Página Principal (Home Page Wizard), Asistente para Novedades (What's New Wizard), Visualización de Web (Web View), índice Web, Quick Stats y el Editor para Mapa de Imagen (Image Map Editor). La instalación es suave, y usted tiene la opción de correrlo desde el escritorio o como un servicio NT. Este producto corre en NT y Win95.

   Desventajas: Encontramos muchas de las utilerías un tanto abrumadoras y no muy intuitivas. El mapeo de imagen no fue tan sencillo como con otros servidores. Con una inversión apropiada de tiempo para aprender a utilizar este paquete, puede ser muy poderoso.

7. **ZBServer**

   Ventajas: Fácil de instalar, corre sorprendentemente rápido y soporta WinCGI.

   Desventajas: Carecía de algunas de las características avanzadas y de las herramientas encontradas en otros servidores.

8. **Front Page**

   Ventajas: Muchas herramientas para publicación en Web y para mantenimiento de página Web. Éste es un buen paquete para administración de sitios Web ampliamente incorporados.

   Desventajas: Su paquete de 9 MB es más una herramienta para publicación en Web que un servidor Web.

9. **Quarterdeck**

   Ventajas: Servidor Web simple de propósito general

   Desventajas: La instalación fue difícil de seguir y el servidor difícil de configurar. La GUI no se desempeñó bien en pantallas de baja resolución.

10. **SAIC-HTTP**

    Ventajas: Es gratuito y está empacado con varias características. Buena redirección de archivos y características de seguridad. Soporta la instalación de múltiples servidores HTTP en un Servidor NT. También tiene una característica llamada Módulos externos, que le permite extender la funcionalidad del servidor. Los Módulos (scripts CGI que residen en el directorio para módulos bajo el directorio raíz del servidor) se ejecutan automáticamente cuando el URL al que hace referencia encuentra un registro en la tabla para mapeo de módulos.

    Desventajas: Este servidor fue desarrollado para Windows NT y es difícil de configurar para que corra en Windows 95. Se nos agotó la paciencia y desistimos.

11. **Servidor W4**

    Ventajas: Shareware de 25.00 USD.

    Desventajas: Usted obtiene justo lo que paga.

# Revisión de los servidores Web para Windows NT

Probamos personalmente cinco servidores Windows NT. Los resumimos aquí en caso de que piense escalar de Windows 95 a Windows NT. (Usted tiene que revisar el libro de *Web Site Construction Kit for Windows NT* publicado por Sams. net.)

Algunos de los servidores Web enlistados aquí tienen características adicionales que no hemos cubierto en este apéndice; por favor consulte la documentación del producto o con el fabricante para obtener una información más completa.

De los servidores Windows NT que probamos, aquí tiene una lista en el orden en que los recomendamos, con un breve comentario de las cosas que nos agradaron y también de las que nos desagradaron

1. **HTTPS del European Microsoft Windows NT Academic Center (EMWAC)**

   Ventajas: A pesar de que es gratuito, HTTPS es un servidor Web muy robusto y fácil de utilizar. Incluye un buen manual y tiene mapeo de imagen construido en el sistema, por lo que no hay necesidad de llamar a una rutina CGI. Lo recomendamos ampliamente como un buen punto de partida.

   Desventajas: Carece de muchas de las características avanzadas de seguridad que ofrecen los paquetes comerciales, como exclusión por IP, archivo o directorio. Si está conectado por línea telefónica y pierde la conexión, luego de conectarse de nuevo usted tendrá que detener y reiniciar el servicio HTTPS para que éste funcione.

2. **Purveyor 1.1 para NT de Process Software**

   Ventajas: Éste es el servidor que Chris usa. Es sencillo de instalar, corre rápido y tiene todas las características avanzadas de seguridad para proteger mediante contraseñas a los archivos y los directorios por usuario o por grupo. Toda la configuración se hace desde una applet de Panel de control o desde un menú descendente adicional y una barra de botones, agregados al Administrador de archivos. Purveyor tiene soporte total para correr como un servidor proxy. Éste es un buen servidor.

   Desventajas: Aún no hemos encontrado algo que nos desagrade.

3. **Netscape Communications y Netscape Commerce de Netscape Communications**

   Ventajas: Ambos paquetes son muy robustos pero toman un poco más de tiempo de instalación que los otros. Toda la configuración y administración del servidor se hace desde un visualizador Web utilizando formularios. El acercamiento de su visualizador Web para administrar su servidor Web atraerá a cualquiera que quiera cambiar la configuración del servidor remotamente. Tienen un muy buen visualizador para estadísticas del servidor que monitorea la operación de éste.

   Desventajas: Preferimos un applet de Panel de Control en la administración del servidor, que el acercamiento desde el visualizador Web. La instalación mostró ser un tanto tardada y difícil de seguir. Si utiliza este servidor, lea bien la documentación antes de la configuración e instalación.

4. **WebSite de O'Reilly and Associates**

   Para comentarios acerca de este servidor, vea Revisión de los servidores Web para Windows 95.

5. **SAIC-HTTP**

   Se espera que este producto sea freeware. Se instaló suavemente y fue fácil de configurar vía el Panel de control NT. También tuvo una buena redirección de archivos y características de seguridad. Soporta la instalación de múltiples servidores HTTP en el Servidor NT. Incluye una característica llamada Módulos externos, que permite extender la funcionalidad del servidor. Los Módulos (scripts CGI que residen en el directorio para módulos bajo el directorio raíz del servidor) se ejecutan en forma automática cuando el URL al que hace referencia encuentra un registro en la tabla para mapeo de módulos

   Desventajas: Todavía es un poco extraño pero, definitivamente, es un producto que vale la pena observar.

# Apéndice C

# El formulario InterNIC

## Número de versión de dominio: 2.0

El siguiente es el formulario InterNIC, que también está disponible en `ftp://rs.internic.net/templates/domain-template.txt` [09/95].

********Por favor, vea las instrucciones detalladas que se adjuntan********

**Sólo para registros bajo ROOT, COM, ORG, NET, EDU, GOV **

0. (N)ew (M)odify (D)elete [(N)uevo (M)odificar (B)orrar]...:
1. Purpose/Description (Propósito/Descripción)...:
2. Complete Domain Name (Nombre de Dominio Completo)...:

*Organización de utilización del Nombre de dominio*

3a. Organization Name (Nombre de la Organización)...:

3b. Street Address (Domicilio)...:

3c. City (Ciudad)...:

3d. State (Estado)...:

3e. Postal Code (Código postal)...:

3f Country (País)...:

*Contacto administrativo*

4a. NIC Handle (if known) [(Título NIC (si se conoce)]...:

4b. Name (Last, First) [Nombre (Apellido, Nombre de pila)] ...:

4c. Organization Name (Nombre de la organización)...:

4d. Street Address (Domicilio)...:

4e. City (Ciudad)...:

4f. State (Estado)...:

4g. Postal Code (Código postal)...:

4h. Country (País)...:

4i. Phone Number (Número telefónico)...:

4j. E-Mailbox (Buzón de correo electrónico)...:

*Contacto técnico*

5a. NIC Handle (if known) (Título NIC; si se conoce)...:

5b. Name (Last, First) [Nombre (Apellido, Nombre de pila)] ...:

5c. Organization Name (Nombre de la organización)...:

5d. Street Address (Domicilio)...:

5e. City (Ciudad)...:

5f. State (Estado)...:

5g. Postal Code (Código postal)...:

5h. Country (País)...:

5i. Phone Number (Número telefónico)...:

5j. E-Mailbox (Buzón de correo electrónico)...:

*Contacto de cuentas*

6a. NIC Handle (if known) (Título NIC; si se conoce)...:

6b. Name (Last, First) [Nombre (Apellido, Nombre de pila)] ...:

6c. Organization Name (Nombre de la organización)...:

6d. Street Address (Domicilio)...:

6e. City (Ciudad)...:

6f. State (Estado)...:

6g. Postal Code (Código postal)...:

6h. Country (País)...:

6i. Phone Number (Número telefónico)...:

6j. E-Mailbox (Buzón de correo electrónico)...:

*Servidor de nombre primario*

7a. Primary Server Hostname (Hostname del servidor primario)...:

7b. Primary Server Netaddress (Dirección de red del servidor primario)...:

*Servidor(es) de nombre secundario*

8a. Secondary Server Hostname (Hostname del servidor secundario)...:

8b. Secondary Server Netaddress (Dirección de red del servidor secundario)...:

*Entrega de facturas*

9. (E)mail (P)ostal [(C)orreo electrónico (P)ostal]...:

Se aplica una cuota para registro de nombre de dominio de 100.00 USD. Este cargo cubre la cuota de mantenimiento de 50.00 USD por dos (2) años. Después del periodo de dos años, se enviará una factura con una base anual.

El registro de la solicitud del interesado en este nombre certifica que, a su conocimiento, la utilización de este nombre no viola las marcas registradas u otros estatutos.

Registrar un nombre de dominio no confiere ningún derecho legal a ese nombre y entre las partes contendientes que utilizan los métodos legales normales (vea RFC1591) no se establecerá ninguna disputa acerca de los derechos para utilizar un nombre en particular por parte de los interesados.

Al solicitar el nombre de dominio, o mediante el uso continuo del nombre de dominio, el solicitante acuerda estar ligado a los términos de la política para nombres de dominio de la NSI vigente en ese momento (el 'Estatuto de Políticas') disponible en `ftp://rs.internic.net/policy/internic/internic-domain-1.txt`. (Si esta aplicación se realiza a través de un agente, como un proveedor de servicio Internet, el agente acepta la responsabilidad de notificar al solicitante sobre las condiciones del registro del nombre de dominio y brindar al solicitante una copia de la versión actual del Estatuto de Políticas, si así es requerido por el solicitante.) El solicitante reconoce y está de acuerdo que NSI puede cambiar los términos y condiciones del Estatuto de Políticas cada determinado tiempo, como está establecido en el Estatuto de Políticas.

El solicitante acuerda que si el uso del nombre de dominio es cuestionado por cualquier otro interesado, o si surge alguna disputa bajo este Acuerdo de Registro, como enmienda, el solicitante cumplirá con los procedimientos especificados en el Estatuto de Políticas.

El Acuerdo de Registro deberá ser gobernado en todo lo que a él concierne y construido de acuerdo con las leyes de Estados Unidos de América y del estado de California, sin relación con sus reglas para conflictos o leyes. El Acuerdo de Registro es el acuerdo completo y exclusivo de (las "partes") solicitante y NSI tomando en cuenta los nombres de dominio. Éste reemplaza, y sus términos gobiernan, todas las anteriores propuestas, acuerdos u otro tipo de comunicación entre las partes. Este Acuerdo de Registro sólo puede ser enmendado como se establece en el Estatuto de Políticas.

— — — — — — — — — — — — — - corte aquí - — — — — — — — — — — — — —

# INSTRUCCIONES GENERALES

Utilice el formulario anterior para registrar nuevos nombres de dominio, para hacer cambios a registros de nombre de dominio existentes y para eliminar un nombre de dominio de la base de datos de InterNIC y de los servidores raíz. El formulario, y solamente el formulario, deberá ser enviado vía correo electrónico a HOSTMASTE@INTERNIC.NET. Por favor no envíe a InterNIC una copia en papel del registro. Su proveedor podrá enviar aplicaciones de correo electrónico si usted no está conectado.

En el Asunto del mensaje (Subject), utilice las palabras "NEW DOMAIN", "MODIFY DOMAIN" o "REMOVE DOMAIN" lo que se requiera, seguidas por el nombre del dominio que va a ayudar en la clasificación y localización de las solicitudes de registro entrantes.

En respuesta a la aplicación de un formulario, usted deberá recibir una respuesta automática con un número de seguimiento. Utilice el número en el Asunto (Subject) para cualquiera de los mensajes que usted envía, poniendo atención a esa acción de registro. Cuando el proceso de registro esté completo usted recibirá una notificación vía correo electrónico.

Si regularmente pone a consideración aplicaciones de dominio, notará tres cambios en el formulario de registro. La Sección 4 ha sido eliminada. Se supone que el dominio será esencialmente operacional cuando se proporcione la plantilla y haya encontrado la "fecha operacional" de poco uso. Eliminar la Sección 4 mueve las secciones para Contacto administrativo y técnico a las Secciones 4 y 5, respectivamente. Se agregó una sección para Contacto de cuentas como la Sección 6, por lo que las facturas y otra información para cuentas se pueden enviar al Contacto de cuentas. Finalmente, se agregaron campos adicionales para las partes del formulario relacionadas con la dirección. Los datos para Domicilio, Ciudad, Estado, Código Postal y País DEBEN estar colocados en campos separados.

Por favor no modifique el formulario ni quite el número de versión. El programa de computadora que rastrea y examina el formulario está buscando los números de las secciones, seguidos de un punto, seguido de dos puntos. La información que sigue a los dos puntos se compara con, e inserta en la base de datos apropiada. Por favor envíe solamente un formulario por mensaje.

Cuando haya completado el formulario, utilice "whois" en rs.internic.net para verificar si se han registrado el nombre de dominio, el de la organización, las personas y los servidores de nombres. Utilice la información en la base de datos cuando sea conveniente. Esto minimizará el número de registros que se devuelven por información incompleta o inadecuada.

Las instrucciones para completar cada campo están en las siguientes tres secciones; una para cada una de las áreas: NUEVO, MODIFICAR y ELIMINAR. La interpretación de los campos faltantes o en blanco puede variar entre las acciones de registro para Nuevo y Modificar. Por favor lea cuidadosamente las instrucciones y asegúrese de que el formulario está llenado correctamente para efectuar la acción que usted desea.

La información sobre las cuentas de dominio y facturas está disponible en `ftp://rs.internic.net/billing/README`.

# REGISTRO DE UN NUEVO NOMBRE DE DOMINIO

Sección 0. Tipo de acción para registro

Después de los dos puntos, coloque el carácter "N" o la palabra "NEW" para indicar un NUEVO registro de dominio. Cambiar un nombre de DOMAINAME1 a DOMAINAME2 se considera como un Nuevo registro. La transferencia de un nombre de una organización a otra también es considerada como un Nuevo registro. Si la intención es afectar una transferencia de una organización a otra, indique esto claramente en la Sección 1 e incluya una sentencia del titular actual del nombre que se está transfiriendo.

Sección 1 -Propósito del registro

Describa brevemente la organización y/o el propósito para el cual se está registrando este nombre de dominio. La descripción deberá soportar la opción de dominio de alto nivel de la Sección 2. Si el nombre de dominio es para una organización que ya tiene registrado un nombre de dominio, describa el propósito de este dominio y por qué se necesita el nombre adicional. Indique por qué los nombres existentes no pueden ser utilizados o por qué el nombre de segundo nivel propuesto no puede ser utilizado como un nombre de tercer nivel bajo un nombre de dominio que ya está registrado.

Sección 2 -Nombre de dominio completo

Los dominios para países de alto nivel pueden ser registrados insertando en esta sección el código de dos letras del país. Vea el RFC1591 para los deberes y responsabilidades de los administradores de dominio de alto nivel.

Para los nombres de dominio de segundo nivel bajo COM, ORG, NET, EDU, GOV, inserte las dos partes del nombre de dominio que usted quiere registrar, por ejemplo ABC.COM. La longitud total de las dos partes del nombre puede ser de hasta 24 caracteres. Los únicos caracteres permitidos en un nombre de dominio son las letras, los dígitos y el guión (-). Un nombre de dominio no puede comenzar o terminar con un guión (vea el RFC952). Consulte el RFC1591 para determinar los dominios de alto nivel más apropiados a los cuales puede unirse. Brevemente:
COM es para organizaciones comerciales, que buscan un beneficio
ORG es para organizaciones variadas, que por lo general no buscan un beneficio
NET es para máquinas y organizaciones relacionadas con la infraestructura de la red
EDU es para instituciones que garanticen un grado de 4 años
GOV es para agencias del gobierno federal de Estados Unidos

Las agencias, escuelas, bibliotecas, museos e individuos del gobierno local y estatal de los EU, deberán registrarse bajo el dominio US. Vea el RFC1480 para una descripción completa del dominio US y los procedimientos de registro.

Los registros GOV están limitados a las agencias de alto nivel del Gobierno Federal de Estados Unidos (vea el RFC1816).

Sección 3 -Organización utilizando el nombre de dominio

El nombre de dominio es considerado para registro de una organización, incluso si la "organización" es un individuo. Es importante enlistar en esta sección el nombre y dirección de la organización que actúa como usuario final, no la organización proveedora.

Si la organización tiene el mismo nombre que una que ya esté registrada, explique esto en la Sección 1 que se encuentra arriba.

El elemento 3b puede ser copiado tantas veces como sea necesario para reflejar diferentes líneas de domicilios. Si el elemento 3c, 3d o 3e no es aplicable para su país, deje ese elemento en blanco.

Sección 4 -Contacto administrativo

El contacto administrativo es la persona que puede hablar en nombre de la organización enlistada en la sección 3. Esta persona debe ser capaz de responder preguntas no técnicas acerca de los planes del nombre de la organización y de los procedimientos para establecer subdominios, y deberá ser capaz de representar a la organización con respecto a la utilización del nombre. Vea el RFC1032 para mayores detalles acerca de los contactos administrativos.

A cada persona en la base de datos de InterNIC se le asigna un "título" ("handle"); una etiqueta única que consiste en las iniciales de la persona y un número de serie. Esta etiqueta se utiliza en los registros de la base de datos para indicar un punto de contacto para un nombre de dominio, una red, un servidor de nombre u otra entidad. Cada persona deberá tener sólo un título.

Si el título de la persona es conocido, inserte el título solamente en el elemento 4a y deje el resto de la sección 4 en blanco.

Si el título de una persona es desconocido o la persona nunca ha estado registrada, deje el elemento 4a en blanco. El software para registro buscará una anotación de usuario ya existente. Si encuentra un registro de usuario que concuerde, el registro será actualizado con cualquier información nueva contenida en la plantilla.

Todos los contactos DEBEN incluir información en los elementos 4i y 4j. Las plantillas que no tengan esta información serán devueltas.

Sección 5 -Contacto técnico

El contacto técnico es la persona que cuida los aspectos técnicos del mantenimiento del servidor de nombres de dominio, el software para soluciones y los archivos de la base de datos. Esta persona mantiene corriendo al servidor de nombres, e interactúa con el personal técnico de otros dominios para resolver problemas que afecten al dominio. El Proveedor de servicio Internet suele realizar este papel.

Los procedimientos para completar la sección 5 son los mismos que los de la sección 4. Si la sección 5 se deja en blanco, se asumirá la información de la sección 4, y viceversa.

Sección 6 -Contacto de cuentas

El contacto de cuentas estará enviando facturas para registros de nuevos dominios y para registros.

Los procedimientos para completar la sección 6 son los mismos que los de la sección 4. Si la sección 6 se deja en blanco, se asumirá la información de la sección 4, y viceversa.

Sección 7 -Servidor de nombre primario

Los dominios DEBEN brindar por lo menos dos servidores independientes para traducir nombres en direcciones para los hosts del dominio. Los servidores deberán estar en ubicaciones físicamente separadas y, si es posible, en redes diferentes. Los servidores deberán estar activos y en actitud de respuesta a las consultas del DNS ANTES de que esta aplicación sea proporcionada. La información incompleta de las secciones 7 y 8, o los servidores inactivos, darán como resultado una demora del registro.

El software para registro realiza una revisión entrecruzada entre el nombre de host y la dirección IP dados a fin de ver si hay coincidencias con cualquiera de los dos en la base de datos. Si se encuentra una coincidencia con un número de IP en la base de datos, se asumirá el nombre en la base de datos. Ni el nombre ni el número de un servidor de nombres registrado se cambiarán como resultado de un nuevo registro de dominio. Para cambiar cualquiera de estos valores se DEBE enviar una solicitud para modificar un registro.

Proporcione el nombre completamente calificado de la máquina que será el servidor de nombres; por ejemplo `machine.domainame.com`, no sólo `machine`.

Sección 8 -Servidor(es) de nombre secundario

Los procedimientos para completar la sección 8 son los mismos que los de la sección 7. Se requiere por lo menos un servidor de nombre secundario. Si se desean varios servidores secundarios, copie la sección 8 tantas veces cuantas sea necesario. Por favor no cambie los números ni ninguna otra cosa de la sección copiada.

Sección 9 -Entrega de facturas

Si desea recibir su factura electrónicamente, coloque el carácter `E` o la palabra `EMAIL` en el elemento 9. Si usted desea recibir su factura por correo postal, coloque el carácter `P` o la palabra `POSTAL` en el elemento 9.

# MODIFICACIÓN DE UN REGISTRO PARA NOMBRE DE DOMINIO

Cambiar un registro se hace mediante un reemplazo. Así es, el contenido de varias campos de la base de datos se reemplaza con información nueva del formulario. Si la modificación implica registrar primero a una persona o a un servidor de nombres que no esté en la base de datos, se aplicarán las instrucciones para completar las secciones 4 a 8 de "REGISTRO DE UN NUEVO NOMBRE DE DOMINIO." Utilice "whois" si no está seguro de la información actual para un dominio, servidor de nombres o individuo.

Los cambios se harán si la solicitud de modificación parece venir de una fuente "razonable". Ésta puede ser de un contacto enlistado para el dominio, de otras personas de la misma organización, del proveedor actual o de un nuevo proveedor que está a punto de brindar apoyo al dominio.

> La notificación del cambio y el tiempo aproximado que tomará éste serán enviados:
> —al solicitante —si los contactos cambian, tanto a contactos nuevos como a anteriores —si los servidores de nombres cambian, a los contactos técnicos para los dominios en los que residen los servidores de nombres nuevos y primarios

Esta diseminación de información sobre el cambio es para asegurar que todas las partes involucradas están enteradas y concuerdan con el cambio.

La transferencia de un nombre de una organización a otra se considera un nuevo registro. Vea "REGISTRO DE UN NUEVO NOMBRE DE DOMINIO" que aparece anteriormente en este apéndice.

Sección 0-Tipo de acción para registro

> Después de los dos puntos, coloque el carácter "M" o la palabra "MODIFY" para indicar la modificación de un registro de dominio existente. La transferencia de un nombre de una organización a otra se considera como un nuevo registro. Vea "REGISTRO DE UN NUEVO NOMBRE DE DOMINIO."

Sección 1 -Propósito del registro

> Describa brevemente el propósito de la modificación. Si el intento es cambiar ya el nombre o la dirección IP del servidor de nombres, especifíquelo claramente; de otro modo no se realizarán los cambios a los servidores de nombres.
>
> Si desea cambiar el nombre del propio dominio, envíe un registro NEW y un registro DELETE por separado cuando esté listo para eliminar el nombre anterior. Aclare en esta sección que está cambiando de un nombre de dominio a otro y calcule el tiempo que necesitará el nombre de dominio anterior.

Sección 2 -Nombre de dominio completo

> Inserte las dos partes del nombre de dominio que usted desea modificar, por ejemplo, ABC.COM. Esta sección DEBE estar completa, incluso si está haciendo cambios menores, como el número telefónico de un punto de contacto, por ejemplo.

Sección 3 -Organización de utilización del nombre de dominio

El nombre de dominio será considerado para registro de una organización, incluso si la "organización" es un individuo. Por lo tanto, habrá que explicar un cambio en el nombre de la organización en la sección 1. La transferencia de un nombre de dominio de una organización a otra se considera como un nuevo registro de dominio. Vea "REGISTRO DE UN NUEVO NOMBRE DE DOMINIO."

Sección 4 -Contacto administrativo

Si se da un título (handle) en el elemento 4a, la base de datos se actualizará con cualquier información en el formulario en los elementos del 4b al 4j. Si falta algún elemento o se deja en blanco, la información correspondiente en la base de datos no se alterará.

Si no se da ningún título, se buscará la base de datos para ver si la persona ya está registrada. Si es así, el registro de la persona se actualizará con cualquier información nueva en el formulario. Si no está registrada, se insertará la persona en la base de datos y se le asignará un título. Éste estará ligado al registro para el nombre de dominio, para reemplazar al contacto anterior con el nuevo. Tanto el contacto nuevo como el anterior serán notificados del cambio.

Sección 5 -Contacto técnico

Los procedimientos para modificar la información de la sección 5 son los mismos que los de la sección 4.

Sección 6 -Contacto de cuentas

Los procedimientos para modificar la información de la sección 6 son los mismos que los de la sección 4.

Sección 7 -Servidor de nombre primario

Si se hace cualquier cambio en los servidores de nombres, proporcione una lista completa de ellos (tanto primarios como secundarios). La lista en la aplicación reemplazará a la lista en la base de datos.

Si la intención es cambiar el nombre o la dirección IP de un servidor de nombres, especifíquelo claramente en la sección 1 de arriba. La selección predeterminada es NO cambiar ninguno de estos valores a menos que sea indicado en la sección 1 y el solicitante esté autorizado a hacerlo.

Sección 8 -Servidor(es) de nombre secundario

Si se hace cualquier cambio en los servidores de nombres, proporcione una lista completa de ellos (tanto primarios como secundarios). La lista en la aplicación reemplazará a la lista en la base de datos.

Sección 9 -Entrega de facturas

Deje esta sección en blanco.

# ELIMINACIÓN DE UN REGISTRO PARA NOMBRE DE DOMINIO

Una solicitud para eliminar de la base de datos un nombre de dominio registrado puede venir del contacto técnico o administrativo para el dominio o de un proveedor que ya no está manteniendo el nombre. Una tercera persona que piense que un dominio está inactivo y se quiera convertir en el titular del nombre NO deberá suministrar un formulario Eliminar. En su lugar, deberá proporcionar un formulario Nuevo en la sección 1 con una descripción de los intentos para poner en contacto al titular del nombre de dominio enlistado.

Una vez retirado el nombre, ya no será visible por los visualizadores whois, wais, gopher o Web que consultan la base de datos de InterNIC. También se quitará de los servidores de nombres raíz en la subsecuente actualización.

La notificación de la eliminación y el tiempo aproximado que tomará ésta serán enviados:

—al solicitante —a los contactos actualmente enlistados —al contacto técnico para el dominio en el que reside el servidor de nombres primario

Cuando se transfiere un nombre de una organización a otra, InterNIC eliminará primero el registro existente y luego procesará un nuevo registro.

Si una factura no se paga dentro del periodo especificado, se eliminará automáticamente el nombre de dominio.

Si el nombre de dominio ha sido puesto en espera por más de 90 días debido a la carencia de servicio de nombres, el nombre de dominio puede ser eliminado.

Sección 0 -Tipo de acción para registro

Después de los dos puntos, coloque el carácter “D” o la palabra “DELETE” para indicar una eliminación de un registro de dominio.

Sección 1 -Propósito del registro

Especifique brevemente la razón para quitar el nombre.

Si los registros adicionales, como los puntos de contacto o los servidores de nombres, también tendrían que ser eliminados, especifíquelo en esta sección. Éstos no se quitarán automáticamente. InterNIC revisará más allá para ver si se utilizan en otros registros para número de dominio, red o de sistema autónomo, antes de quitarlos.

Sección 2 -Nombre de dominio completo

Inserte el nombre de dos partes del nombre de dominio que desea eliminar.

Sección 3 -Organización de uso del nombre de dominio

Esta sección se DEBE llenar por completo.

Sección 4 a Sección 9

Estas secciones se deberán dejar en blanco.

# Apéndice D

# Recursos Internet para el Webmaster de Win95

Este apéndice consta de docenas de sitios Internet útiles. Estos recursos, organizados por las siguientes categorías, también pueden ayudarle.

- Desarrollo de World Wide Web
- Sitios para bajar archivos de Windows 95/NT
- Grupos y asociaciones de usuarios de Windows NT
- Sitios Web informativos para plataformas Win32
- Software para servidor Internet
- Newsletters y FAQs de Windows 95/NT
- Grupos de noticias de interés
- Servidores de listas
- Acerca de ISDN y Windows
- Recursos comerciales

La cantidad de recursos para Windows disponibles en Internet crece cada día, por lo que esta lista de ninguna manera está completa. Sin embargo, si usted tiene alguna pregunta sobre cómo correr un servidor Web, casi seguramente podrá encontrar algo aquí que lo conducirá hacia una respuesta.

Para quienes no quieren escribir todos estos URLs, hemos incluido en el CD-ROM un archivo bookmark.htm para utilizarlo con Netscape. El archivo está en el directorio \supp.

> **Tip:** Recuerde que la mayor parte del software para Windows 95 suele ser compatible con Windows NT. Como NT fue desarrollado dos años antes que Windows 95, muchas áreas técnicas en Internet relacionadas con Windows de 32 bits, contendrán valiosos recursos para software y cuestionamientos sobre la identificación de problemas concernientes a ambas plataformas.

# Desarrollo de World Wide Web

Estos sitios le ayudarán a encontrar toda la información que necesite sobre el desarrollo de WWW.

Web Servers Comparison by Paul E. Hoffman
`http://www.proper.com/www/servers-chart.html`

The WWW Developer's Virtual Library
`http://www.stars.com/`

Bob Allisons' Web Masters
`http://gagme.wwa.com/~boba/masters1.html`

# Sitios para bajar archivos de Windows 95/NT

Una excelente colección de aplicaciones shareware para Win32: redes, programación, utilerías Web, y algo más.

`http://www.windows95.com`

BC Publishing's Windows 95 Software Page
`http://bcpub.com/phpl.cgi?win95.html`

PowerToys Home Page
`http://www.windows.microsoft.com/windows/software/powertoy.htm`

Windows 95 Page
`http://www.localnet.com/~heater/win95.html`

Unofficial Windows 95 Software Archive
`http://WWW.NetEx.NET:80/w95/windows95Net Ex`

Frank Condron's Windows 95 Page
`http://oeonline.com/~frankc/fjcw95.html`

Windows 95 Updates
`http://www.windows.microsoft.com/windows/software/updates.htm`

Surfin's Selection of the Best Win95 Apps
`http://www.mich.com/~surfin/win95.html`

Windows 95
`http://www.fedcenter.com/fedcenter/fw95.html`

Microsoft's Gopher Server
`gopher://gopher.microsoft.com/`

Microsoft's Web Server
`http://www.microsoft.com`

Digital Equipment Corporation
`http://www.windowsnt.digital.com/ftp/index.htm`

Windows NT Shareware
`http://spectrum.ece.jhu.edu/shrindex.htm`

Software, herramientas del dominio público, etc. para Windows NT
`http://www.digital.com/www-swdev/pages/Home/TECH/software/sw-wnt.html`

CICA Gopher Windows NT Directory-Índice para Gopher CICA
`gopher://ftp.cica.indiana.edu:70/11/pc/win3/nt`

The Coast to Coast Software Repository Windows NT Primary Mirror
`http://www.acs.oakland.edu/oak/SimTel/SimTel-nt.html`

WWW Site for Native Alpha NT Tools & Utilities
`http://www.garply.com/tech/comp/sw/pc/nt/alpha.html`

FTP Site for Native Alpha NT Tools & Utilities
`ftp://ftp.garply.com/pub/pc/nt/alpha`

Somar Software—Many NT Security Type Applications & Others
`http://www.somar.com/default.htm`

The Consummate Winsock Apps Page
`http://cws.wilmington.net/`

Tucows Winsock Utilities and Shareware
`http://www.tucows.com`

# Grupos y asociaciones de usuarios de Windows NT

San Diego Windows NT User Group
`http://www.bhs.com/sdug/`

International Windows NT User Group
`http://www.iwntug.org/`

Los Angeles Windows NT User Group
`http://bhs.com/winnt/lantug.html`

Rocky Mountain Windows NT User Group
`http://budman.cmdl.noaa.gov/rmwntug/rmwntug.htm`

Advanced Systems User Group, Washington D.C. (sede temporal)
`http://www.microsoft.com/pages/guided-tours/federal/user1.htm`

Interior Alaska Windows NT User Group
`http://rmm.com/iawntug/`

Northern California Microsoft Windows NT User Group Information
`http://www.actioninc.com/winntug.htm`

Stuttgart Windows NT Home Page
`http://www.informatik.uni-stuttgart.de/misc/nt/nt.html`

European Microsoft Windows NT Academic Center
`http://emwac.faf.cuni.cz/html/emwaccz.htm`

EMWAC Information Services
`http://emwac.ed.ac.uk/`

# Sitios Web informativos para plataformas Win32

Windows Online
`http://www.cris.com/wol/`

Windows Magazine Home Page
`http://www.winmag.com`

The Windows NT Resource Center
`http://www.bhs.com/winnt/`

Rick's Windows NT Info Center
`http://137.226.92.4/rick/`

Windows NT Information
`http://infotech.kumc.edu/winnt/`

NT Information
`http://rmm.com/nt/`

Windows NT Information—Stuttgart
`http://www.informatik.uni-stuttgart.de/misc/nt/nt.html`

Windows NT Information
`http://ms-nic.gsfc.nasa.gov/Titles/WinNT.html`

Windows NT Network Specialist
`http://infotech.kumc.edu/`

Windows NT Support Center—University of Karlsruhe
`http://jerusalem.windows-nt.uni-karlsruhe.de/english.htm`

Windows NT RAS Setup

http://www.mindspring.com/~ekelley/html/ntras.htm

CSUSM—Windows NT File Archives

http://coyote.csusm.edu/cwis/winworld/nt.html

Netherlands Windows NT

http://nt.info.nl/english/default.htm

# Software para servidor Internet

Servidor EMWACS Freeware Gopher

ftp://emwac.ed.ac.uk/pub/gophers/

Servidor EMWACS Freeware WAIS

ftp://emwac.ed.ac.uk/pub/waiss/

Kit de herramientas WAIS EMWACS basado en freeWAIS 0.202

ftp://emwac.ed.ac.uk/pub/waistool/

Servidor EMWACS Freeware Finger

http://emwac.ed.ac.uk/html/internet_toolchest/fingers/contents.htm

# Newsletters y FAQs de Windows 95/NT

The Windows 95 TCP/IP Setup FAQ

http://www.aa.net/~pcd/slp95faq.html

FAQ—Windows NT Administration

http://www.iftech.com/classes/admin/admin.htm

FAQ—Windows NT by Dale Reed

http://www.iea.com/~daler/nt/faq/toc.html

Microsoft NT FAQ

http://ftp.microsoft.com/bussys\winnt\winnt-public\ntfaq.txt

Microsoft's 32-bit Applications Catalog

http://www.microsoft.com/pages/bussys/ntserver/NTS14100.htm

Windows NT v3.5 Internet/Connectivity FAQ, by Steven Scoggins and Tom Baltrushaytis

http://www.luc.edu/~tbaltru/faq/

Windows NT Internet FAQ Part 1 of 2 —Disponible vía FTP

ftp://rtfm.mit.edu//pub/usenet-by-hierarchy/comp/os/ms-windows/nt/setup/

Windows NT Internet FAQ Part 2 of 2 —Disponible vía FTP

ftp://rtfm.mit.edu//pub/usenet-by-hierarchy/comp/os/ms-windows/nt/setup/

Windows NT FAX software FAQ —Cortesía de Walter Arnold

http://www.mcs.net/~sculptor/NTFAX-FAQ.HTML

Somar Software's NT Security White Paper

`http://www.somar.com/security.htm`

PERL —Lenguaje práctico para extracción y reportes

`http://www.cis.ufl.edu/cgi-bin/plindex`

# Grupos de noticias de interés

- `comp.os.ms-windows.win95.misc`
- `comp.os.ms-windows.win95.setup`
- `comp.os.ms-windows.nt.admin.misc`
- `comp.os.ms-windows.nt.admin.networking`
- `comp.os.ms-windows.nt.advocacy`
- `comp.os.ms-windows.nt.misc`
- `comp.os.ms-windows.nt.pre-release`
- `comp.os.ms-windows.nt.setup`
- `comp.os.ms-windows.nt.setup.hardware`
- `comp.os.ms-windows.nt.setup.misc`
- `comp.os.ms-windows.nt.software.backoffice`
- `comp.os.ms-windows.nt.software.compatability`
- `comp.os.ms-windows.nt.software.services`
- `alt.winsock` Trata el TCP/IP de Windows
- `alt.security` Trata la seguridad de la computadora
- `alt.security.pgp` Trata sobre aspectos de privacidad bastante buenos
- `comp.os.ms-windows.nt.misc` Trata temas variados sobre Windows NT
- `comp.os.ms-windows.nt.setup` Trata los aspectos de configuración de Windows NT
- `comp.os.ms-windows.networking.tcpip` Trata sobre cómo corre TCP/IP en Windows
- `comp.risks` Trata la seguridad de la computadora

# Servidores de listas

Además de los sitios informativos anteriores, estos servidores de lista son recursos de información muy valiosos. Usted recibirá una respuesta automática diciéndole cómo enviar mensajes a la lista una vez que usted sea miembro.

- NT HTTPS: `http_winnt@Emerald.NET`. Escriba `subscribe` en la línea para asunto (subject) y deje el cuerpo en blanco.
- The International Windows NT Users Group (IWNTUG): `list@bhs.com`. Escriba `subscribe iwntug` en la primera línea del cuerpo del mensaje.

- The Beverly Hills Software Resource Center Newsletter: `list@bhs.com`. Escriba `subscribe rcnews` en la primera línea del cuerpo del mensaje.
- NT Consultants List: `list@bhs.com`. Escriba `subscribe ntconsult` en la primera línea del cuerpo del mensaje.
- Servidor de lista UK NT: `mailbase@mailbase.ac.uk`. Escriba `join windows-nt` *`firstname lastname`* en el cuerpo del mensaje y deje el asunto en blanco.
- Servidores de lista UK Microsoft BackOffice: `mailbase@mailbase.ac.uk`. Escriba `join ms-backoffice` *`firstname lastname`* en el cuerpo del mensaje y deje el tema en blanco.
- `Webserver-nt-request@DELTA.PROCESS.COM`. Escriba `subscribe webserver-nt` en el cuerpo del mensaje.
- Windows NT Perl Listserver: Para subscribirse, envíe correo electrónico a `majordomo@mail.hip.com` con el cuerpo del texto del mensaje diciendo `subscribe ntperl`.

# Acerca de ISDN y Windows

Vea el artículo de Microsoft KnowledgeBase: Q133704.

Para información general acerca del protocolo PPP Multilink o de ISDN, vea

`http://www.almaden.ibm.com/ciug/ciug.html` o `http://alumni.caltech.edu/~dank/isdn/`.

# Recursos comerciales

Aquí tiene algunos sitios de interés para toda persona de negocios. Vea el capítulo 15, "Comercio en Web", y Yahoo en `http://www.yahoo.com` para recursos adicionales.

- The Small Business Administration
  `http://www.sbaonline.sba.gov`
- Federal Government Information on the Internet
  `http://www.wcs-online.com/usgovdoc`
- Stat-USA
  `http://www.stat-usa.gov/`
- The World Wide Web Yellow Pages (incluye una página de búsqueda)
  `http://www.yellow.com`
- Yellowpages.com, otra referencia para negocios en línea
  `http://theyellowpages.com/default.htm`
- Monster Board Classified Advertisements
  `http://www.monster.com/`

# Apéndice E

# RFCs seleccionadas

Las RFCs, o Solicitudes de comentarios, son los estándares oficiales en la comunidad Internet. Este índice contiene una lista parcial de las RFCs relevantes. En varios lugares está disponible en línea una lista completa de las RFCs efectivas, así como de las propias RFCs. Al enviar un correo electrónico a `rfc-info@isi.edu` con un asunto, `getting rfcs`, y `help, ways_to_get_rfcs`, en el cuerpo del mensaje le devolverá una lista que contiene los métodos actuales para obtener las RFCs. Al momento de la impresión de este libro, aquel mensaje de correo electrónico devolvió el siguiente material de este apéndice.

## Dónde y cómo obtener nuevas RFCs

Las RFCs se pueden obtener de muchos depósitos RFC vía correo electrónico o FTP. Los depósitos primarios tendrán la RFC disponible al primer anuncio, igual que lo harán muchos de los depósitos secundarios. A algunos depósitos secundarios les tomará algunos días disponer de las RFCs más recientes.

# Depósitos primarios

Las RFCs se pueden obtener vía FTP de `ds.internic.net`, `nis.nsf.net`, `nisc.jvnc.net`, `ftp.isi.edu`, `wuarchive.wustl.edu`, `src.doc.ic.ac.uk`, `ftp.ncren.net`, `ftp.sesqui.net`, o de `nis.garr.it`.

## *ds.internic.net* -Servicios de directorio y base de datos de InterNIC

Las RFCs se pueden obtener de `ds.internic.net` por medio de FTP, WAIS, y correo electrónico. Mediante FTP las RFCs se almacenan como `rfc/rfcnnnn.txt` o como `rfc/rfcnnnn.ps` donde *nnnn* es el número de RFC. Regístrese como `anonymous` y proporcione su dirección de correo electrónico como contraseña. Por medio de WAIS, usted puede utilizar tanto su cliente WAIS local como Telnet para `ds.internic.net` y registrarse como `wais` (no se requiere contraseña) para tener acceso a un cliente WAIS. Información de ayuda y un tutorial para la utilización de WAIS están disponibles en línea. La base de datos WAIS que hay que buscar es `rfcs`.

Los Servicios de directorio y base de datos también proporcionan una interfaz para servidor de correo. Envíe un mensaje por correo a `mailserv@ds.internet.net` e incluya cualquiera de los siguientes comandos en el cuerpo del mensaje:

- `document-by-name rfcnnnn`, en donde *nnnn* es el número de RFC. La versión de texto es enviada.
- `file /ftp/rfc/rfcnnnn.yyy`, donde *nnnn* es el número de RFC y *yyyy* es `txt` o `ps`.
- `help` para obtener información sobre cómo utilizar el servidor de correo.

La colección de servicios de directorio y base de datos de Internet de los listados de recursos, los documentos para Internet como los RFCs, FYIs, STDs y Drafts Internet, así como las bases de datos públicamente accesibles ahora también están disponibles por medio de Gopher. Todas nuestras colecciones están indexadas vía wais y se pueden buscar desde el menú Gopher.

Para tener acceso a los servidores Gopher de InterNic, póngase en contacto con `internic.net`, puerto 70.

`admin@dsinternic.net`

## *nis.nsf.net*

Para obtener las RFCs de `nis.nsf.net` por medio de FTP, regístrese con el nombre de usuario `anonymous` y la contraseña `guest`; luego conéctese al directorio de las RFCs con `cd/internet/documents/rfc`. El nombre de archivo es de la forma `rfcnnnn.txt` (donde *nnnn* hace referencia al número de RFC).

Para sitios sin capacidad para FTP, la consulta por correo electrónico está disponible desde nis.nsf.net. Envíe la solicitud a `nis.info@nis.nsf.net` y deje el campo para el asunto del mensaje en blanco. La primera línea de texto del mensaje debe ser enviada a `rfcnnnn.txt`, donde *nnnn* es el número de RFC.

`rfc-mgr@merit.edu`

## *nisc.jvnc.net*

Las RFCs también se pueden obtener vía FTP de `nisc.jvnc.net`, con el nombre de ruta de acceso `rfc/rfcnnnn.txt` (donde *nnnn* se refiere al número de RFC). Se puede obtener un índice con el nombre de ruta de acceso `rfc/rfc-index.txt`. JvNCnet también proporciona un servicio de correo para aquellos sitios que no pueden utilizar FTP. Envíe la solicitud a `sendrfc@nisc.jvnc.net`. En el campo para el Asunto: (Subject:) del mensaje, indique el número de RFC como en `Subject:rfc`*nnnn* (donde *nnnn* es el número de RFC). Las RFCs cuyos números sean menores que 1000 no necesitan tener un 0 al principio. (Por ejemplo, RFC932 está bien). Para un índice completo para la biblioteca RFC, escriba `rfc-index` en el campo para el Asunto:, como en `Subject: rfc-index`. No se requiere texto alguno en el cuerpo del mensaje.

`rfc-admin@nisc.jvnc.net`

## *ftp.isi.edu*

Las RFCs se pueden obtener vía FTP de `ftp.isi.edu`, con el nombre de ruta de acceso `in-notes/rfc`*nnnn*`.txt` (donde *nnnn* hace referencia al número de RFC). Regístrese con el nombre de usuario FTP `anonymous` y la contraseña `guest`.

Las RFCs también se pueden obtener vía correo electrónico de `isi.edu` utilizando el servicio RFC-INFO. Dirija la solicitud a `rfc-info@isi.edu` con un cuerpo del mensaje de

```
Retrieve: RFC
Doc-ID: RFCnnnn
```

donde *nnnn* hace referencia al número de RFC. (Utilice siempre cuatro dígitos; el DOC-ID del RFC 822 es RFC0822). El servidor `rfc-info@isi.edu` brinda otras formas de seleccionar las RFCs basadas en palabras clave y cosas semejantes; para mayor información, envíe un mensaje a `rfc-info@isi.edu` con el cuerpo del mensaje `help: help`.

`RFC-Manager@ISI.EDU`

## *wuarchive.wustl.edu*

Las RFCs también se pueden obtener vía FTP de `wuarchive.wustl.edu`, con el nombre de ruta de acceso `info/rfc/rfc`*nnnn*`.txt.Z` (donde *nnnn* hace referencia al número de RFC y Z indica que el documento está en forma comprimida).

En `wuarchive.wustl.edu`, las RFCs están en un sistema de archivos para acervo, y pueden ser montados varios acervos como parte de un sistema de archivos NFS. Póngase en contacto con Chris Myers (`chris@wugate.wustl.edu`) si desea montar este sistema de archivos en su NFS.

`chris@wugate.wustl.edu`

## *src.doc.ic.ac.uk*

Las RFCs también se pueden obtener vía FTP de `src.doc.ic.ac.uk`, con el nombre de ruta de acceso `rfc/rfc`*nnnn*`.txt.Z` o `rfc/rfc`*nnnn*`.ps.Z` (donde *nnnn* se refiere al número de RFC). Regístrese con el nombre de usuario FTP `anonymous` y la contraseña *`your-email-address`*. Para obtener el índice RFC, utilice el nombre de ruta de acceso `rfc/rfc-index.txt.Z`. (La `.Z` del final indica que el documento está en forma comprimida).

`src.doc.ic.ac.uk` también proporciona un servicio de correo automático para aquellos sitios en el Reino Unido que no pueden utilizar FTP. Dirija la solicitud a `info-server@doc.ic.ac.uk` con la línea para el Asunto: con `wanted` y un cuerpo del mensaje como

```
request sources
topic path rfc/rfcnnnn.txt.Z
request end
```

en donde *nnnn* se refiere al número de RFC. Las solicitudes múltiples pueden ser incluidas en el mismo mensaje dando múltiples comandos `topic path` en líneas separadas. Para solicitar el Índice (Index) RFC, el comando se debe leer

```
topic path rfc/rfc-index.txt.Z
```

El archivo también está disponible utilizando NIFTP y el sistema FTAM ISO.

`ukuug-soft@doc.ic.ac.uk`

## *ftp.ncren.net*

Para obtener las RFCs de `ftp.ncren.net` vía FTP, regístrese con el nombre de usuario `anonymous` y con su dirección de correo electrónico Internet como la contraseña. Las RFCs se pueden encontrar en el directorio `/rfc`, con nombres de archivos de la forma `rfcnnnn.txt` o `rfcnnnn.ps`, donde *nnnn* se refiere al número de RFC.

Este depósito también está accesible vía WAIS y el Gopher Internet.

`rfc-mgr@ncren.net`

## *ftp.sesqui.net*

Las RFCs se pueden obtener vía FTP de `ftp.sesqui.net`, con el nombre de ruta de acceso como `pub/rfc/rfcnnnn.xxx` (donde *nnnn* se refiere al número de RFC y *xxx* indica la forma del documento, `txt` para ASCII y `ps` para PostScript).

En `ftp.sesqui.net`, las RFCs están dentro de un sistema de archivos para acervo y pueden ser montados varios acervos como parte de un sistema de archivos NFS. Por favor póngase en contacto con quien mantiene RFC (`rfc-maint@sesqui.net`) si desea montar este sistema de archivos en su NFS.

`rfc-maint@sesqui.net`

## *nis.garr.it*

Las RFCs se pueden obtener desde el acervo FTP `nis.garr.it` con el nombre de ruta de acceso como `mirrors/RFC/rfcnnnn.txt` (donde *nnnn* se refiere al número de RFC). Regístrese con FTP, con el nombre de usuario `anonymous` y la contraseña `guest`.

Lo siguiente es un resumen de cómo obtener la RFC del acervo FTP GARR-NIS:

Vía FTP: `ftp.nis.garr.it` directorio `mirrors/RFC`

Vía Gopher: `gopher.nis.garr.it`, carpetas GARR-NIS; FTP anónimo: `ftp.nis.garr.it` mirrors RFC

Vía WWW: `ftp://ftp.nis.garr.it/mirrors/RFC`

Vía correo electrónico: `dbserv@nis.garr.it` cuyo cuerpo contiene `get mirrors/RFC/rfc<number>`.

Para tener un RFC del acervo FTP que le fue enviado por correo electrónico, ponga el comando `get` *`<fullpathname>`* ya sea en el asunto o como una línea del cuerpo de un mensaje de correo enviado a `dbserv@.nis.garr.it.` *`<fullpathname>`* debe estar en la concatenación de dos cadenas: la ruta de acceso del directorio y el nombre de archivo. Recuerde utilizar las mayúsculas y minúsculas adecuadamente. La ruta de acceso del directorio está enlistada al principio de cada bloque de archivos.

Por ejemplo, para obtener RFC1004, el comando es `get mirrors/RFC/rfc1004.txt`.

# Depósitos secundarios

Aquí tiene otros sitios con documentos RFC.

*Suecia*

| | |
|---|---|
| Host: | `sunic.sunet.se` |
| Directorio: | `rfc` |
| Host: | `chalmers.se` |
| Directorio: | `rfc` |

*Alemania*

| | |
|---|---|
| Sitio | EUnet Germany |
| Host | `ftp.Germany.EU.net` |
| Directorio | `pub/documents/rfc` |

*Francia*

| | |
|---|---|
| Sitio | Institut National de la Recherche en Informatique et Automatique (INRIA) |
| Dirección: | `info-server@inria.fr` |
| Notas: | Las RFCs están disponibles vía correo electrónico en la dirección anterior. La administradora de Info Server es Mireille Yamajako (`yamajako@inria.fr`). |

*Francia*

| | |
|---|---|
| Sitio | Centre d'Informatique Scientifique et Medicale (CISM) |
| Contacto | `ftpmaint@univ-lyon1.fr` |
| Host | `ftp.univ-lyon1.fr` |
| Directorios: | `pub/rfc/*`; clasificado por cientos `pub/mirrors/rfc` Mirror of InterNIC |
| Notas | Los archivos están comprimidos con gzip. La descompresión en línea está hecha por el servidor FTP. |

*Holanda*

| | |
|---|---|
| Sitio | EUnet |
| Host | `mcsun.eu.net` |
| Directorio | `rfc` |
| Notas | Las RFCs están en formato comprimido. |

*Finlandia*

| | |
|---|---|
| Sitio: | FUNET |
| Host: | `funet.fi` |
| Directorio: | `rfc` |
| Notas: | Las RFCs están en formato comprimido. También brinda acceso por correo electrónico enviando el correo a `archive-server@funet.fi`. |

*Noruega*

| | |
|---|---|
| Host: | `ugle.unit.no` |
| Directorio: | `pub/rfc` |

*Dinamarca*

| | |
|---|---|
| Sitio: | Universidad de Copenhague |
| Host: | `ftp.denet.dk` |
| Directorio: | `rfc` |

*Australia y la Cordillera del Pacífico*

| | |
|---|---|
| Sitio: | munnari |
| Contacto: | Robert Elz <kre@cs.mu.OZ.AU> |
| Host: | `munnari.oz.au` |
| Directorio: | `rfc`; las RFCs están en formato comprimido `rfc`*nnnn*`.Z`; las RFCs PostScript en `rfc`*nnnn*`.ps.Z` |

*Sudáfrica*

| | |
|---|---|
| Sitio: | The Internet Solution |
| Contacto: | `ftp-admin@is.co.za` |
| Host: | `ftp.is.co.za` |
| Directorio:: | `internet/in-notes/rfc` |

*Estados Unidos*

| | |
|---|---|
| Sitio | cerfnet |
| Contacto | `help@cerf.net` |
| Host | `nic.cerf.net` |
| Directorio | `netinfo/rfc` |

| | |
|---|---|
| Sitio | NASA NAIC |
| Contacto | `rfc-updates@naic.nasa.gov` |
| Host | `naic.nasa.gov` |
| Directorio | `files/rfc` |

| | |
|---|---|
| Sitio | NIC.DDN.MIL (sólo usuarios de DOD) |
| Contacto | `NIC@nic.ddn.mil` |
| Host | `NIC.DDN.MIL` |
| Directorio | `rfc/rfcnnnn.txt`; Nota: Solamente los usuarios de DOD pueden obtener las RFCs vía FTP de NIC.DDN.MIL. Los usuarios de Internet no deberán utilizar esta fuente (por conectividad inadecuada). |

| | |
|---|---|
| Sitio | uunet |
| Contacto | James Revell `<revell@uunet.uu.net>` |
| Host | `ftp.uu.net` |
| Directorio | `inet/rfc` |

# Acervo UUNET

El acervo UUNET, que incluye a las RFCs, varios documentos IETF y otro tipo de información que se considera en Internet, está disponible al público vía FTP (para `ftp.uu.net`), UUCP anónimo y pronto vía servidor kermit anónimo. Obtenga el archivo `/archive/inet/ls-lR.Z` para un listado de estos documentos. Cualquier sitio en los EUA que corra UUCP puede llamar al +1 900 GOT SRCS y utilizar el `uucp` de registro. No se requiere de una contraseña. La compañía telefónica le cargará 0.50 USD por minuto de llamada. El número 900 sólo trabaja desde el interior de Estados Unidos de Norteamérica.

Las solicitudes para distribución especial de las RFCs se deberán dirigir ya sea al autor de la RFC en cuestión o a `nic@internic.net`.

Las propuestas para las Solicitudes comentarios se deberán enviar a `rfc-editor@isi.edu`. Para mayor información por favor consulte las "Instrucciones para los autores de RFC", RFC 1543.

Enviar a RFC-`request@nic.ddn.mil` las solicitudes que se vayan a agregar o eliminar de la lista de distribución de RFC.

Los cambios a este archivo `rfc-retrieval.txt` deberán ser enviados a `rfc-manager@isi.edu`.

# ÍNDICE DE RFC

1812 Baker, F., ed. Requirements for IP Version 4 Routers. 1995 June; 175p. (Obsoletes 1716, 1009)

1808 Fielding, R. Relative Uniform Resource Locators. 1995 June; 16p.

1789 Yang, C. INETPhone: Telephone Services and Servers on Internet. 1995 April; 6p.

1788 Simpson, W. ICMP Domain Name Messages. 1995 April; 7p.

1780 Postel, J., ed. INTERNET OFFICIAL PROTOCOL STANDARDS. 1995 March; 39p. (Obsoletes RFC 1720, RFC 1610, RFC 1540, RFC 1500, RFC 1410, RFC 1360, RFC 1280, RFC 1250, RFC 1200, RFC 1140, RFC 1130)

1772 Rekhter, Y.; Gross, P., eds. Application of the Border Gateway Protocol in the Internet. 1995 March; 19p. (Obsoletes RFC 1655)

1771 Rekhter, Y.; Li, T., eds. A Border Gateway Protocol 4 (BGP-4). 1995 March; 57p. (Obsoletes RFC 1654)

1769 Mills, D. Simple Network Time Protocol (SNTP). 1995 March; 14p. (Obsoletes RFC 1361)

1760 Haller, N. The S/KEY One-Time Password System. 1995 February; 12p.

1757 Waldbusser, S. Remote Network Monitoring Management Information Base. 1995 February; 91p. (Obsoletes RFC 1271)

1752 Bradner, S.; Mankin, A. The Recommendation for the IP Next Generation Protocol. January 1995; 52p.

1744 Huston, G. Observations on the Management of the Internet Address Space. December 1994; 12p.

1741 Faltstrom, P.; Crocker, D.; Fair, E. MIME Content Type for BinHex Encoded Files. 1994 December; 6 p.

1739 Kessler, G.; Shepard, S. A Primer On Internet and TCP/IP Tools. 1994 December; 46 p.

1738 Berners-Lee, T.; Masinter, L.; McCahill, M.,eds. Uniform Resource Locators (URL). 1994 December; 25 p.

1737 Sollins, K.; Masinter, L. Functional Requirements for Uniform Resource Names. 1994 December; 7 p.

1736 Kunze, J. Functional Recommendations for Internet Resource Locators. 1995 February; 10p.

1734 Myers, J. POP3 AUTHentication command. 1994 December; 5 p. (Format: TXT=8499 bytes)

1725 Myers, J.; Rose, M. Post Office Protocol, Version 3. 1994 November; 18 p. (Obsoletes RFC 1460)

1717 Sklower, K.; Lloyd, B.; McGregor, G.; Carr, D. The PPP Multilink Protocol (MP). 1994 November; 21 p.

1713 Romao, A. Tools for DNS debugging. 1994 November; 13 p.

1700 Reynolds, J.; Postel, J. ASSIGNED NUMBERS. 1994 October; 230 p. (Obsoletes RFC 1340)

1663 Rand, D. PPP Reliable Transmission. 1994 July; 8 p.

1661 Simpson, W., ed. The Point-to-Point Protocol (PPP). 1994 July; 52 p. (Obsoletes RFC 1548)

1651 Freed, N., ed.; Klensin, J.; Rose, M.; Stefferud, E.; Crocker, D. SMTP Service Extensions. 1994 July; 11 p. (Obsoletes RFC 1425)

1645 Gwinn, A. Simple Network Paging Protocol, Version 2. 1994 July; 15 p. (Obsoletes RFC 1568)

1636 Braden, R.; Clark, D.; Crocker, S.; Huitema, C. Report of IAB Workshop on Security in the Internet Architecture February 8-10, 1994. 1994 June; 52 p.

1635 Deutsch, P.; Emtage, A.; Marine, A. How to Use Anonymous FTP. 1994 May; 13 p.

1630 Berners-Lee, T. Universal Resource Identifiers in WWW. 1994 June; 28 p.

1618 Simpson, W. PPP over ISDN. 1994 May; 6 p.

1602 Internet Architecture Board; Internet Engineering Steering Group The Internet Standards Process—Revision 2. 1994 March; 37 p.

1601 Huitema, C. Charter of the Internet Architecture Board (IAB). 1994 March; 6 p.

1591 Postel, J. Domain Name System Structure and Delegation. 1994 March; 7 p.

1550 Bradner, S.; Mankin, S. IP: Next Generation (IPng) White Paper Solicitation. 1993 December; 6 p.

1547 Perkins, D. Requirements for an Internet Standard Point-to-Point Protocol. 1993 December; 21 p.

1541 Droms, R. Dynamic Host Configuration Protocol. 1993 October; 39 p. (Obsoletes RFC 1531)

1522 Moore, K. MIME (Multipurpose Internet Mail Extensions) Part Two: Message Header Extensions for Non-ASCII Text. 1993 September; 10 p. (Obsoletes 1342)

1490 Bradley, T.; Brown, C.; Malis, A. Multiprotocol Interconnect over Frame Relay. 1993 July; 35 p. (Obsoletes RFC 1294)

1459 Oikarinen, J.; Reed, D. Internet Relay Chat Protocol. 1993 May; 65 p.

1436 Anklesaria, F.; McCahill, M.; Lindner, P.; Johnson, D.; Torrey, D.; Alberti, B. The Internet Gopher Protocol (a distributed document search and retrieval protocol). 1993 March; 16 p.

1334 Lloyd, B.; Simpson, W. PPP Authentication Protocols. 1992 October; 16 p.

1333 Simpson, W. PPP Link Quality Monitoring. 1992 May; 15 p.

1332 McGregor, G. The PPP Internet Protocol Control Protocol (IPCP). 1992 May; 12 p. (Obsoletes RFC 1172)

1305 Mills, D. Network Time Protocol (Version 3) Specification, Implementation and Analysis. 1992 March; 120. (Obsoletes RFC 1119, RFC 1059, RFC 958)

1303 McCloghrie, K.; Rose, M. A Convention for Describing SNMP-based Agents. 1992 February; 12 p.

1301 Armstrong, S.; Freier, A.; Marzullo, K. Multicast Transport Protocol. February 1992; 38 p.

1296 Lottor, M. Internet Growth (1981-1991). 1992 January; 9 p.

1293 Brown, C. Inverse Address Resolution Protocol. 1992 January; 6 p.

1291 Aggarwal, V. Mid-Level Networks - Potential Technical Services. 1991 December; 10 p.

1288 Zimmerman, D. The Finger User Information Protocol. 1991 December; 12 p. (Obsoletes RFC 1196, RFC 1194, RFC 742)

1282 Kantor, B. BSD Rlogin. 1991 December; 5 p. (Format: TXT=10704 bytes) (Obsoletes RFC 1258)

1281 Pethia, R.; Crocker, S.; Fraser, B. Guidelines for the Secure Operation of the Internet. 1991 November; 10 p.

1277 Hardcastle-Kille, S. Encoding Network Addresses to support operation over non-OSI lower layers. 1991 November; 12 p.

1270 Kastenholz, F., ed. SNMP communications services. 1991 October; 11 p.

1269 Willis, S.; Burruss, J. Definitions of Managed Objects for the Border Gateway Protocol (version 3). 1991 October; 13 p.

1267 Lougheed, K.; Rekhter, Y. A Border Gateway Protocol 3 (BGP-3). 1991 October; 35 p. (Obsoletes RFC 1105, RFC 1163)

1266 Rekhter, Y., ed. Experience with the BGP protocol. 1991 October; 9 p.

1265 Rekhter, Y., ed. BGP protocol analysis. 1991 October; 8 p.

1264 Hinden, R. Internet routing protocol standardization criteria. 1991 October; 8 p.

1261 Williamson, S.; Nobile, L. Transition of NIC services. 1991 September; 3 p.

1256 Deering, S., ed. ICMP router discovery messages. 1991 September; 19 p.

1254 Mankin, A.; Ramakrishnan, K., eds. Gateway congestion control survey. 1991 August; 25 p.

1244 Holbrook, J.; Reynolds, J., eds. Site Security Handbook. 1991 July; 101 p.

1242 Bradner, S., ed. Benchmarking terminology for network interconnection devices. 1991 July; 12 p.

1240 Shue, C.; Haggerty, W.; Dobbins, K. OSI connectionless transport services on top of UDP: Version 1. 1991 June; 8 p.

1234 Provan, D. Tunneling IPX traffic through IP networks. 1991 June; 6 p.

1221 Edmond, W. Host Access Protocol (HAP) specification: Version 2. 1991 April; 68 p. (Updates RFC 907)

1220 Baker, F., ed. Point-to-Point Protocol extensions for bridging. 1991 April; 18 p.

1219 Tsuchiya, P. On the assignment of subnet numbers. 1991 April; 13 p.

1215 Rose, M., ed. Convention for defining traps for use with the SNMP. 1991 March; 9 p.

1211 Westine, A.; Postel, J. Problems with the maintenance of large mailing lists. 1991 March; 54 p.

1209 Piscitello, D.; Lawrence, J. Transmission of IP datagrams over the SMDS Service. 1991 March; 11 p. (Format: TXT=25280 bytes)

1208 Jacobsen, O.; Lynch, D. Glossary of networking terms. 1991 March; 18 p.

1207 Malkin, G.; Marine, A.; Reynolds, J. FYI on Questions and Answers: Answers to commonly asked "experienced Internet user" questions. 1991 February; 15 p.

1205 Chmielewski, P. 5250 Telnet interface. 1991 February; 12 p.

1203 Rice, J. Interactive Mail Access Protocol: Version 3. 1991 February; 49 p. (Obsoletes RFC 1064)

1201 Provan, D. Transmitting IP traffic over ARCNET networks. 1991 February; 7 p. (Obsoletes RFC 1051)

1192 Kahin, B., ed. Commercialization of the Internet summary report. 1990 November; 13 p.

1191 Mogul, J.; Deering, S. Path MTU discovery. 1990 November; 19 p. (Obsoletes RFC 1063)

1188 Katz, D. Proposed standard for the transmission of IP datagrams over FDDI networks. 1990 October; 11 p. (Obsoletes RFC 1103)

1183 Everhart, C.; Mamakos, L.; Ullmann, R.; Mockapetris, P. New DNS RR definitions. 1990 October; 11 p. (Updates RFC 1034, RFC 1035)

1180 Socolofsky, T.; Kale, C. TCP/IP tutorial. 1991 January; 28 p.

1173 VanBokkelen, J. Responsibilities of host and network managers: A summary of the "oral tradition" of the Internet. 1990 August; 5 p.

1170 Fougner, R. Public key standards and licenses. 1991 January; 2 p.

1166 Kirkpatrick, S.; Stahl, M.; Recker, M. Internet numbers. 1990 July; 182 p. (Obsoletes RFC 1117, RFC 1062, RFC 1020)

1165 Crowcroft, J.; Onions, J. Network Time Protocol (NTP) over the OSI Remote Operations Service. 1990 June; 10 p.

1157 Case, J.; Fedor, M.; Schoffstall, M.; Davin, C. Simple Network Management Protocol (SNMP). 1990 May; 36 p. (Obsoletes RFC 1098)

1144 Jacobson, V. Compressing TCP/IP headers for low-speed serial links. 1990 February; 43 p.

1132 McLaughlin, L. Standard for the transmission of 802.2 packets over IPX networks. 1989 November; 4 p. (Format: TXT=8128 bytes)

1129 Mills, D. Internet time synchronization: The Network Time Protocol. 1989 October; 29 p.

1128 Mills, D. Measured performance of the Network Time Protocol in the Internet system. 1989 October; 20 p.

1125 Estrin, D. Policy requirements for Inter Administrative Domain routing. 1989 November; 18 p.

1124 Leiner, B. Policy issues in interconnecting networks. 1989 September; 54 p.

1118 Krol, E. Hitchhiker's guide to the Internet. 1989 September; 24 p.

1112 Deering, S. Host extensions for IP multicasting. 1989 August; 17 p. (Obsoletes RFC 988, RFC 1054)

1108 Kent, S. Security Options for the Internet Protocol. 1991 November; 17 p. (Obsoletes RFC 1038)

1101 Mockapetris, P. DNS encoding of network names and other types. 1989 April; 14 p. (Updates RFC 1034, RFC 1035)

1092 Rekhter, J. EGP and policy based routing in the new NSFNET backbone. 1989 February; 5 p.

1089 Schoffstall, M.; Davin, C.; Fedor, M.; Case, J. SNMP over Ethernet. 1989 February; 3 p.

1088 McLaughlin, L. Standard for the transmission of IP datagrams over NetBIOS networks. 1989 February; 3 p.

1087 Defense Advanced Research Projects Agency, Internet Activities Board; DARPA IAB Ethics and the Internet. 1989 January; 2 p.

1082 Rose, M. Post Office Protocol: Version 3: Extended service offerings. 1988 November; 11 p.

1077 Leiner, B., ed. Critical issues in high-bandwidth networking. 1988 November; 46 p.

1074 Rekhter, J. NSFNET backbone SPF based Interior Gateway Protocol. 1988 October; 5 p.

1056 Lambert, M. PCMAIL: A distributed mail system for personal computers. 1988 June; 38 p. (Obsoletes RFC 993)

1055 Romkey, J. Nonstandard for transmission of IP datagrams over serial lines: SLIP. 1988 June; 6 p.

1049 Sirbu, M. Content-type header field for Internet messages. 1988 March; 8 p.

1042 Postel, J.; Reynolds, J. Standard for the transmission of IP datagrams over IEEE 802 networks. 1988 February; 15 p. (Obsoletes RFC 948)

1033 Lottor, M. Domain administrators operations guide. 1987 November; 22 p.

1032 Stahl, M. Domain administrators guide. 1987 November; 14 p.

1027 Carl-Mitchell, S.; Quarterman, J. Using ARP to implement transparent subnet gateways. 1987 October; 8 p.

1008 McCoy, W. Implementation guide for the ISO Transport Protocol. 1987 June; 73 p.

1007 McCoy, W. Military supplement to the ISO Transport Protocol. 1987 June; 23 p.

1006 Rose, M.; Cass, D. ISO transport services on top of the TCP: Version 3. 1987 May; 17 p. (Obsoletes RFC 983)

# Apéndice F

# Consideraciones sobre 36 robots Internet

Este apéndice contiene información básica acerca de 36 robots Internet.

## JumpStation

Mantenido por Jonathan Fletcher, correo electrónico: `j.fletcher@stirling.ac.uk`.

El objetivo de Jumpstation es generar una base de datos de Recursos descubiertos. El campo Agente (User) HTTP está puesto en JumpStation-Robot, y el campo From también. Generalmente corre desde `*.stir.ac.uk`. Soporta el estándar propuesto para exclusión de robot.

## RBASE Spider

Mantenido por David Eichmann, correo electrónico: `eichmann@rbse.jsc.nasa.gov`.

El propósito de RBASE Spider es generar una base de datos de Recursos descubiertos y generar estadísticas. El campo User-agent HTTP está puesto en RBASE Spider v. 1.0, y el campo From también. Generalmente corre desde `rbse.jsc.nasa.gov` (`192.88.42.10`). Soporta el estándar propuesto para exclusión de robot.

# The WebCrawler

Dirigido por Brian Pinkerton, correo electrónico: bp@biotech.washington.edu.

Corre desde webcrawler.cs.washington.edu y utiliza WebCrawler/0.00000001 en el campo User-agent HTTP.

# The NorthStar Robot

Dirigido por Fred Barrie, correo electrónico: barrie@unr.edu y Billy Barron.

Las corridas recientes se concentrarán en el análisis textual de Web contra GopherSpace (desde los datos de Veronica), así como en la indexación. Dirigido desde frognot.utdallas.edu, posiblemente desde otros sitios en utdallas.edu y desde cnidir.org. Ahora utiliza el campo From HTTP y pone el User-agent en NorthStar.

# W4 (el vagabundo de World Wide Web)

Dirigido por Matthew Gray, mkgray@mit.edu.

Corrido inicialmente en junio de 1993, su fin es medir el crecimiento de Web. El propósito de W4 es descubrir los recursos sobre la marcha. El campo User-agent HTTP está puesto en Fish-Search-Robot, pero el campo From no. Generalmente corre desde www.win.tue.nl. El campo User-agent HTTP está puesto en WWWWanderer v3.0 por Matthew Gray. No es soportado el estándar propuesto para exclusión de robot.

# *html_analizer-0.02*

Dirigido por James E. Pitkow, pitkow@aries.colorado.edu.

El objetivo de html_analizer-0.02 es verificar la validez de los servidores Web.

# MOMspider

Mantenido por Roy T. Fielding, fielding@ics.uci.edu.

El propósito de MOMspider es validar los vínculos y generar estadísticas. El campo User-agent HTTP está puesto en MOMspider/1.00 libwww-perl/0.40, y el campo From también lo está. Generalmente corre desde cualquier parte. Soporta el estándar propuesto para exclusión de robot.

# HTMLgobble

Mantenido por Andreas Ley, correo electrónico: ley@rz.uni-karlsruhe.de.

Éste es un robot espejo (mirror), configurado para permanecer dentro de un directorio y descansar entre las peticiones. La próxima versión utilizará HEAD para verificar si se necesita recuperar todo el documento. El User-agent HTTP está puesto en HTMLgobble v2.2, así como el campo From. Generalmente lo corre el autor, desde tp70.rz.uni-karlsruhe.de.

# WWWW-el Gusano (Worm) de World Wide Web

Mantenido por Oliver McBryan, correo electrónico: mcbryan@piper.cs.colorado.edu.

Corrido desde piper.cs.colorado.edu.

# W3M2

Mantenido por Christophe Tronche, tronche@lri.fr.

El objetivo de W3M2 es generar una base de datos de Recursos descubiertos, validar los vínculos, validar el HTML y generar estadísticas. El campo User-agent HTTP está puesto en W3M2/x.xxx, y el campo From también lo está. Generalmente corre desde anyhost.lri.fr. Soporta el estándar propuesto para exclusión de robot.

# Websnarf

Mantenido por Charlie Stross charless@sco.com.

Websnarf es un espejo WWW diseñado para navegación fuera de línea de secciones de Web. Corre desde ruddles.london.sco.com.

# The Webfoot Robot

Dirigido por Lee McLoughlin en L.McLoughlin@doc.ic.ac.uk.

Fue identificado por primera vez a mediados de febrero de 1994 y corre desde phoenix.doc.ic.ac.uk.

# Lycos

Propiedad del Dr. Michael L. Mauldin, fuzzy@cmu.edu en la Universidad Carnegie Mellon.

Lycos es un programa de investigación que brinda recuperación y descubrimiento de información en WWW; utiliza un modelo de memoria finita de Web para dirigir búsquedas directas inteligentes para necesidades específicas de información. El User-agent HTTP está puesto en Lycos/x.x. Corre desde fuzine.mt.cs.cmu.edu. Soporta el estándar propuesto para exclusión de robot.

# ASpider (Araña asociativa)

Escrito y dirigido por Fred Johansen, fred@nvg.unit.no.

Actualmente en construcción, esta araña es un script CGI que busca en Web las palabras clave dadas por el usuario a través de un formulario. El User-agent HTTP está puesto en ASpider/0.09, con un campo From. Haga contacto en fredj@nova.pvv.unit.no.

# SG-Scout

Presentado por Peter Beebee: ptbb@ai.mit.edu, beebee@parc.xerox.com.

Éste ha estado corriendo desde el 27 de junio de 1994, para un proyecto de investigación interno de XEROX. El User-agent HTTP está puesto en SG-Scout, con un campo From puesto para el operador. Soporta el estándar propuesto para exclusión de robot. Éste corre desde beta.xerox.com.

# EIT Link Verifier Robot

Escrito por Jim McGuire, mcguire@eit.com.

Anunciado el 12 de julio de 1994, es una combinación de un formulario HTML y de un guión CGI que verifica los vínculos desde un punto de inicio determinado (con algunos controles para evitar que corra sin límites o que se salga del sitio). De la versión 0.2 en adelante, el User-agent está puesto en EIT-Link-Verifier-Robot/0.2. Cualquier persona lo puede correr desde cualquier parte.

# NHSE Web Forager

Mantenido por Robert Olson en olson@mcs.anl.gov.

El propósito de Web Forager es generar una base de datos de Recursos descubiertos. El campo User-agent HTTP está puesto en NHSEWalker/3.0, y el campo From también. Generalmente corre desde *.mcs.anl.gov. Soporta el estándar propuesto para exclusión de robot.

# WebLinker

Escrito y dirigido por James Casey en jcasey@maths.tcd.ie.

WebLinker es una herramienta que atraviesa una sección de Web, haciendo una conversión de URN a URL. Ésta se utilizará como una herramienta para el procesamiento de correspondencia de los documentos creados por convertidores automáticos como LaTeX2HTML o WebMaker. El User-agent HTTP está puesto en WebLinker/0.0 libwww-perl/0.1.

# Emacs-w3 Search Engine

Mantenido por William M. Perry en wmperry@spry.com.

El propósito de Emacs-w3 Search Engine es generar una base de datos de Recursos descubiertos. El campoUser-agent HTTP está puesto en Emacs-w3/v[0-9\.]+, y el campo From también. Se le suele correr desde una variedad de máquinas. No soporta el estándar propuesto para exclusión de robot.

# Arachnophilia

Dirigido por Vince Taluskie en taluskie@utpapa.ph.utexas.edu.

El propósito de Arachnophilia es recolectar aproximadamente 10 K de documentos HTML para probar la generación automática abstracta. Este programa honrará el estándar para exclusión de robot y esperará un minuto entre las peticiones hechas a un servidor dado. El campo User-agent HTTP está puesto en Arachnophilia. Corre desde `halsoft.com`.

# Mac WWWWorm

Escrito por Sebastien Lemieux en `lemieuse@ERE.UMontreal.CA`.

Mac WWWWorm es un robot francés para búsqueda de palabras clave hecho para Macintosh y escrito en HyperCard. No hay más información.

# Churl

Mantenido por Justin Yunke en `yunke@umich.edu`.

Éste es un robot verificador de URL que se mantiene a un paso del servidor local.

# Tarspider

Dirigido por Olaf Schreck en `chakl@fu-berlin.de`.

Éste es un robot de espejo. Ajusta el User-agent en `tarspider version` y From en `chakl@fu-berlin.de`.

# The Peregrinator

Éste es dirigido por Jim Richardson, `jimr@maths.su.oz.au`.

Este robot, escrito en Perl V4, comenzó a funcionar en agosto de 1994 y se utiliza para generar un índice de documentos llamado MathSearch en los sitios Web conectados con las matemáticas y la estadística. Ignora los vínculos fuera de línea, de manera que no se aleja de una lista de servidores especificada inicialmente. El campo User-agent HTTP está puesto en `Peregrinator-Mathematics/0.7`. Peregrinator también establece el campo From. Soporta el estándar propuesto para exclusión de robot.

# Checkbot

Mantenido por Hans de Graaff en `j.j.degraaff@twi.tudelft.nl`.

El propósito de Checkbot es validar los vínculos. El campoUser-agent HTTP está puesto en `checkbot.pl-x.xx`, y el campo From también lo está. Generalmente corre desde `dutifp.twi.tudelft.nl`. No soporta el estándar propuesto para exclusión de robot.

# Webwalk

Mantenido por Rich Testardi en `rpt@fc.hp.com`.

Su propósito es generar una base de datos de Recursos descubiertos, validar los vínculos, validar el HTML, realizar un espejeo, copiar árboles de documentos y generar estadísticas. El campo User-agent HTTP está puesto en `webwalk`, y el campo From también. Soporta el estándar propuesto para exclusión de robot.

## Harvest

Dirigido por hardy@bruno.cs.colorado.edu.

Harvest es un robot para Recursos descubiertos, que forma parte del Proyecto Harvest. Corre desde bruno.cs.colorado.edu y pone los campos User-agent y From.

## Katipo

Mantenido por Michael Newbery en Michael.Newbery@vuw.ac.nz.

El campo User-agent HTTP está puesto en Katipo/1.0, y el campo From también. No soporta el estándar propuesto para exclusión de robot.

## InfoSeek Robot 1.0

Mantenido por Steve Kirsch en stk@infoseek.com.

El propósito de InfoSeek es generar una base de datos de Recursos descubiertos. El campo User-agent HTTP está puesto en InfoSeek Robot 1.0, así como el campo From. Por lo general corre desde corp.gw.infoseek.com. Soporta el estándar propuesto para exclusión de robot.

## GetURL

Mantenido por James Burton en burton@cs.latrobe.edu.au.

El propósito de GetURL es validar los vínculos, llevar a cabo un espejeo y copiar árboles de documentos. El campo User-agent HTTP está puesto en GetURL.rexx v.1.05 por burton@cs.latrobe.edu.au, pero el campo From no lo está. No soporta el estándar propuesto para exclusión de robot.

## Open Text Corporation Robot

Dirigido por Tim Bray en tbray@opentext.com.

Éste coloca el User-agent en OMW/0.1 libwww/217. Soporta el estándar propuesto para exclusión de robot.

## The TkWWW Robot

Realizado por Scott Spetka en scott@cs.sunyit.edu.

TkWWW está diseñado para buscar vecindarios Web para encontrar páginas que puedan estar relacionadas lógicamente. El robot regresa una lista de vínculos que se ve como una lista activa. La búsqueda puede ser por palabras clave o bien se pueden devolver todos los vínculos que estén a una distancia de uno o dos saltos.

# A Tcl W3 Robot

Mantenido por De-mailly en `dl@hplyot.obspm.fr`.

El propósito de Tcl W3 es validar los vínculos y generar estadísticas. El campo User-agent HTTP está puesto en `dlw3robot/x.y`, y el campo From también lo está. En general corre desde `hplyot.obspm.fr`. Soporta el estándar propuesto para exclusión de robot.

# Titan

Mantenido por Yoshihiko Hayashi en `hayashi@nttnly.isl.ntt.jp`.

Su objetivo es generar una base de datos de Recursos descubiertos y copiar árboles de documentos. La meta principal es desarrollar un método avanzado para indexar los documentos WWW. El campo User-agent HTTP está puesto en `TITAN/0.1`, y el campo From también. Generalmente corre desde `nttnly.isl.ntt.jp`. Soporta el estándar propuesto para exclusión de robot.

# CS-HKUST WWW Index Server

Mantenido por Budi Yuwono en `yuwono-b@cs.ust.hk`.

El propósito de CS-HKUST es generar una base de datos de Recursos descubiertos y validar el HTML. El campo User-agent HTTP está puesto en `CS-HKUST-IndexServer/1.0`, y el campo From también. Por lo general corre desde `dbx.cs.ust.hk`. Soporta el estándar propuesto para exclusión de robot.

# WizRobot

Mantenido por Spry en `info@spry.com`.

El propósito de WizRobot es generar una base de datos de Recursos descubiertos. Ni el campo User-agent HTTP ni el campo From están puestos. Generalmente corre desde `tiger.spry.com`. No soporta el estándar propuesto para exclusión de robot.

# Apéndice G

# Enciclopedia de HTML

Esta tabla se derivó de la especificación INTERNET DRAFT para el lenguaje de marcado de hipertexto versión 3.0, W3C, de Dave Raggett, correo electrónico: `dsr@w3.org`. Se puede encontrar una versión en línea en `http://www.hpl.hp.co.uk/people/dsr/html/CoverPage.html`.

| *Elemento (Etiqueta)* | *Atributo* | *Estado (HTML/III)* | *Descripción* |
|---|---|---|---|
| HEAD<br><HEAD><br></HEAD> | | II | Los atributos del elemento HEAD y las etiquetas de inicio y fin se pueden omitir sin riesgo en cualquier momento, siempre y cuando puedan ser inferidas legiblemente por el analizador sintáctico (parser).<br>La información en el elemento HEAD corresponde a la parte superior de un memorándum o un mensaje de correo. Describe las propiedades del documento como el título, la barra de herramientas del documento y la meta-información adicional. No hay un significado propuesto para el orden de los elementos en el encabezado del documento. Nótese que siempre se requiere el elemento TITLE. De hecho, el documento mínimo HTML 3.0 consta sólo del elemento TITLE.<br>Dentro del elemento HEAD, sólo se permiten determinados elementos. La información en el elemento HEAD puede incluir los siguientes elementos (ordenados alfabéticamente). |
| BASE<br><BASE...> | | II | El elemento BASE permite al URL del propio documento ser grabado en situaciones en que el documento pueda ser leído fuera de contexto. Los URLs dentro del documento pueden estar en una forma "parcial" relativa a esta dirección base. La dirección base predeterminada es el URL utilizado para recuperar el documento.<br>Por ejemplo:<br>`<base href="http://acme.com/docs/mydoc.html">`<br>...<br>`<img src="images/me.gif">`, |

| *Elemento (Etiqueta)* | *Atributo* | *Estado (HTML/III)* | *Descripción* |
|---|---|---|---|
| | | | que se resuelve hacia "`http://acme.com/docs/images/me.gif`". |
| `ISINDEX` `<ISINDEX>` | | II | El elemento `ISINDEX` informa al agente Usuario HTML que ese es un documento de índice. Además de leerlo, el lector puede utilizar una búsqueda mediante palabras clave. El URL que se utiliza para procesar las consultas puede ser ignorado con el atributo `HREF`. Usted también puede utilizar el atributo `PROMPT` para cambiar el indicador predeterminado suministrado por el visualizador, por ejemplo. `<ISINDEX HREF="phone.db" PROMPT="Enter Surname:">` |
| `LINK` `<LINK>` | | II | El elemento `LINK` indica una relación entre el documento y algún otro objeto. Un documento puede tener cualquier número de elementos `LINK`. El elemento `LINK` está vacío (no tiene una etiqueta de cierre), pero toma los mismos atributos que el elemento ancla. Los atributos importantes se muestran en la columna Attributes. |
| | `REL` | | Éste determina la relación definida por el vínculo. |
| | `REV` | | Éste define una relación inversa. Un vínculo desde el documento A al documento B con `REV=relation` expresa la misma relación que un vínculo del documento B al documento A con `REL=relation`. Algunas veces se utiliza `REV=made` para identificar al autor del documento, ya sea la dirección de correo electrónico del autor con |

| *Elemento (Etiqueta)* | *Atributo* | *Estado (HTML/III)* | *Descripción* |
|---|---|---|---|
| | | | un URI mailto o un vínculo a la página principal del autor. |
| | HREF | | Éste nombra un objeto utilizando la notación URI. |
| META <META...> | | II | El elemento META se utiliza dentro del elemento HEAD para incrustar la meta-información del documento que no está definida por otros elementos HTML. Dicha información puede ser extraída por los servidores/clientes y utilizarla para identificar, indexar y catalogar la meta-información de los documentos especializados. |
| | NAME | | Se utiliza para nombrar una propiedad, como el autor o la fecha de publicación. Si no está, se puede suponer que el nombre sea el mismo que el valor de HTTP-EQUIV. |
| | CONTENT | | Utilizado para suministrar un valor para una propiedad nombrada. |
| | HTTP-EQUIV | | Este atributo une el elemento a una cabecera (header) HTTP de respuesta. Si la semántica de la cabecera HTTP de respuesta nombrada por este atributo es conocida, entonces el contenido se puede procesar con base en un mapeo sintáctico bien definido, ya sea que el DTD incluya o no cualquier cosa acerca de éste. Los nombres de la cabecera HTTP no son sensibles a mayúsculas y minúsculas. Si no está, se deberá utilizar el atributo NAME para identificar esta meta-información, y no se deberá utilizar dentro de una cabecera HTTP de respuesta.<br>Por ejemplo:<br>Si el documento contiene:<br><META HTTP-EQUIV=Expires |

| *Elemento (Etiqueta)* | *Atributo* | *Estado (HTML/III)* | *Descripción* |
|---|---|---|---|
| | | | CONTENT="Tue, 04 Dec 1993 21:29:02 GMT"><br><META HTTP-EQUIV="Keywords" CONTENT="Nanotechnology, Biochemistry"><br><META HTTP-EQUIV="Reply-to" CONTENT="dsr@w3.org (Dave Raggett)"><br>El servidor incluirá las siguientes cabeceras de respuesta:<br>Expires: Tue, 04 Dec 1993 21:29:02 GMT<br>Keywords: Nanotechnology, Biochemistry<br>Reply-to: dsr@w3.org (Dave Raggett) |
| NEXTID <NEXTID...> | | II | NEXTID es un parámetro leído y generado por un software de edición de texto para generar identificadores únicos. Esta etiqueta toma un solo atributo que es el siguiente identificador alfanumérico para todo el documento que va a ser asignado de la forma z123.<br>Por ejemplo: <NEXTID N=Z27> |
| RANGE <RANGE...> | | III | El elemento RANGE se utiliza para marcar un rango del documento, por ejemplo para resaltar regiones del documento que coincidan con algún criterio de búsqueda, o las cuales sean el tema de alguna anotación, etc.<br><RANGE CLASS=Search FROM=spot01 UNTIL=spot02> |
| | ID | | Un identificador SGML utilizado para nombrar el elemento del rango. |
| | CLASS | | Una cadena de carácter se utiliza para subclasificar el elemento del rango. |

*continúa*

| *Elemento (Etiqueta)* | *Atributo* | *Estado (HTML/III)* | *Descripción* |
|---|---|---|---|
| | FROM | | Hace referencia a un identificador SGML para un elemento en el cuerpo del documento. Identifica el inicio del rango marcado. |
| | UNTIL | | Hace referencia a un identificador SGML para un elemento en el cuerpo del documento. Identifica el final del rango marcado. |
| STYLE<br><STYLE...> | | III | El elemento STYLE proporciona un medio para incluir la información de transformación (rendering) que utiliza una notación de estilo especificada. La información en el elemento STYLE ignora los valores predeterminados del cliente y los de las hojas de estilo vinculadas. Permite a los autores especificar las partes que se han de ignorar, dejando que la mayor parte utilice una hoja de estilo genérica, y como tal mejora la efectividad de los esquemas de caché para las hojas de estilo vinculadas. No existe atributo —NOTATION— que especifique a una entidad identificando una notación SGML en el DTD HTML 3.0, por ejemplo:<br><style notation=dsssl-lite><br>some dsssl-lite stuff<br></style><br>Las reglas de estilo concordarán, en general, con los nombres y los valores para atributos de las etiquetas correspondientes a los elementos que se encuentran en el cuerpo del documento. Las reglas sensibles al contexto se pueden utilizar para propósitos como la transformación de las mayúsculas proyectadas para la letra inicial del primer párrafo después de un encabezado. |

| *Elemento (Etiqueta)* | *Atributo* | *Estado (HTML/III)* | *Descripción* |
|---|---|---|---|
| TITLE <TITLE> </TITLE> | | II | Cada documento HTML debe contener un elemento TITLE. El título deberá identificar el contenido del documento en un contexto global, y se puede utilizar en una lista de historia y como una etiqueta (label) para la ventana que despliega el documento. Al contrario de los encabezados, los títulos por lo general no son desplegados en el texto de un documento por sí mismo. El elemento TITLE debe acontecer dentro de la cabecera del documento, y no puede contener anclas, etiquetas de párrafos ni caracteres resaltados. En cualquier documento debe existir sólo un elemento TITLE. |
| BODY <BODY...> | | II | Dentro del elemento BODY, usted puede estructurar texto en párrafos, y listas, así como resaltar frases y crear vínculos, entre otras cosas. El elemento BODY tiene los siguientes atributos, todos opcionales: |
| | ID | | |
| | LANG | | Ésta es una de las abreviaciones del lenguaje ISO estándar, por ejemplo, en.uk para la variación del inglés hablado en el Reino Unido. Se puede utilizar por los analizadores sintácticos para seleccionar opciones específicas del lenguaje para marcas de citas, ligaduras y reglas de formación de palabras, y cosas por el estilo. El atributo de lenguaje está compuesto por un código de dos letras del ISO 639, seguido opcionalmente por un punto y por un |

*continúa*

| *Elemento (Etiqueta)* | *Atributo* | *Estado (HTML/III)* | *Descripción* |
|---|---|---|---|
| | | | código de dos letras correspondiente al país, del ISO 3166. |
| | CLASS | | |
| | BACKGROUND | | Éste se puede utilizar para especificar un URI para un mosaico de imágenes que va a cubrir el fondo del documento. Proporciona una forma de dar una apariencia distintiva a un grupo de documentos. Los clientes pueden ignorar este atributo. Aquí se incluye para beneficio de los clientes que no soportan las hojas de estilo. Nótese que el color del texto puede requerir un ajuste para mostrar un contraste adecuado con el fondo. |
| Estandartes <BANNER...> | | III | El elemento BANNER se utiliza para logos corporativos, ayuda en la navegación, descartadores (disclaimers), y otro tipo de información no desplegable con el resto del documento. Proporciona una alternativa de utilización del elemento LINK en la cabecera del documento para hacer referencia a un estandarte (banner) definido exteriormente. |
| | ID | | |
| | LANG | | |
| | CLASS | | |
| Divisiones <DIV> </DIV> | | II | El elemento DIV se usa con el atributo CLASS para representar los diferentes tipos de contenedores, como el capítulo, la sección, la abstracción o el apéndice. Por ejemplo: <DIV CLASS=Abstract> |

| *Elemento (Etiqueta)* | *Atributo* | *Estado (HTML/III)* | *Descripción* |
|---|---|---|---|
| | | | `The Chieftain product range is the white hot hope for the coming year. This report sets out how to position Chieftain against competing products.<P>` |
| `</DIV>` | `ID` | | |
| | `LANG` | | |
| | `CLASS` | | |
| | `ALIGN` | | El atributo `ALIGN` se puede utilizar para especificar explícitamente la alineación horizontal de los párrafos dentro de una división:<br>`align=left` Los párrafos se reproducen con alineación a la izquierda (predeterminado).<br>`align=center` Los párrafos centrados.<br>`align=right` Los párrafos se reproducen con alineación a la derecha.<br>`align=justify` Las líneas de texto son justificadas donde sea práctico, de otra forma se da el mismo efecto que el del parámetro predeterminado align=left. |
| | `NOWRAP` | | El atributo `NOWRAP` se utiliza cuando no se quiere que el visualizador envuelva las líneas en forma automática. Usted puede explicar con claridad los cortes de línea en los párrafos con el elemento `BR`. |
| | `CLEAR` | | Este atributo es común para todos los elementos relacionados con el bloque. Cuando el texto fluye alrededor de una figura o de una tabla en el margen, usted en ocasiones querrá iniciar la división debajo de la figura en vez de en su contorno. El atributo `CLEAR` le permite moverse hacia abajo incondicionalmente: |

*continúa*

| *Elemento (Etiqueta)* | *Atributo* | *Estado (HTML/III)* | *Descripción* |
|---|---|---|---|
| | | | clear=left<br>move down until left margin is clear<br>clear=right<br>move down until right margin is clear<br>clear=all<br>move down until both margins are clear<br><br>De otro modo, también puede decidir colocar el elemento a todo lo largo de la figura sólo mientras haya suficiente espacio. El ancho mínimo requerido se especifica como<br>clear="40 en"<br>move down until there is at least 40 en units free<br>clear="100 pixels"<br>move down until there is at least 100 pixels free<br>La hoja de estilo (o los valores predeterminados del visualizador) puede proporcionar los anchos mínimos predeterminados para cada clase de elementos relacionados con el bloque. |
| Encabezados<br><Hx><br></Hx><br>Donde x = 1-6 | | II | HTML define seis niveles de encabezados. Un elemento de encabezado implica todos los cambios de las fuentes, los cortes de párrafo anteriores y posteriores, así como cualquier espacio en blanco.<br><br>Netscape incluye dos etiquetas: <NOBR>...</NOBR> y <WBR>. Lo anterior desactiva el envolvimiento de palabras entre la etiqueta NOBR inicial y la final, mientras que WBR es para la rara ocasión en que se quiera especificar dónde cortar la línea de ser necesario (si HTML 3.0 proporciona un mecanismo equivalente para WBR). |

| *Elemento (Etiqueta)* | *Atributo* | *Estado (HTML/III)* | *Descripción* |
|---|---|---|---|
| | ID | | |
| | LANG | | |
| | CLASS | | |
| | ALIGN | | |
| | CLEAR | | |
| | SEQNUM | | Un número de secuencia está asociado con cada nivel de encabezado, desde el nivel más alto (H1) hasta el nivel más bajo (H6). Este atributo se utiliza para fijar el número de secuencia que está asociado con el nivel de encabezado del elemento actual para un número dado, como `SEQNUM=10`. Regularmente, el número de secuencia está inicializado a 1 al principio del documento y es incrementado después de cada elemento de encabezado. Es regresado a 1 por cualquier elemento de encabezado de un nivel más alto, como un encabezado H1 que vuelve a fijar los números de secuencia para H2 hasta H6. El estilo de la numeración de encabezados está controlado por la hoja de estilo. |
| | SKIP | | Incrementa el número de secuencia antes de reproducir el elemento. Se utiliza cuando los encabezados han quedado fuera de la secuencia. Por ejemplo, `SKIP=3` avanza el número de secuencia después de 3 elementos omitidos. |
| | DINGBAT | | Especifica una imagen icónica que va a aparecer antes del encabezado. El icono se especifica como un nombre de entidad. |
| | SRC | | Especifica una imagen que va a aparecer antes del encabezado. La imagen es especificada como un URI. Este atributo puede aparecer junto con el atributo `MD`. |

*continúa*

| *Elemento (Etiqueta)* | *Atributo* | *Estado (HTML/III)* | *Descripción* |
|---|---|---|---|
| | MD | | Especifica un compendio de mensajes o una suma de comprobación (checksum) criptográfica para el gráfico asociado especificado por el atributo SRC. Se utiliza cuando se quiere asegurar de que un objeto vinculado es en verdad el mismo que el autor supuso y no ha sido modificado. Por ejemplo, MD="md5:jV20fH+nnXHU8bnkPAad/mSQ1TDZ", que especifica una suma de comprobación MD5 codificada como una cadena de caracteres de base64. El atributo MD por lo general es permitido por todos los elementos que soportan los vínculos basados en URI. |
| | NOWRAP | | |
| Párrafos <P> | | II | El elemento <P> se utiliza para definir un párrafo. La reproducción exacta (sangrías, guías, etc.) no está definida y puede ser una función de otras etiquetas y hojas de estilo. |
| | ID | | |
| | LANG | | |
| | CLASS | | |
| | ALIGN | | |
| | CLEAR | | |
| Cortes de Línea <BR> | | II | Los elementos para corte de línea y tabulador se pueden utilizar cuando usted necesite un poco más de control sobre la manera en que el visualizador reproduce el texto. El elemento <BR> se utiliza para forzar un corte de línea. Por ejemplo:<br>This is the first line<br><br>and this is the second<br><br>and this the third |
| | ID | | |
| | LANG | | |

| *Elemento (Etiqueta)* | *Atributo* | *Estado (HTML/III)* | *Descripción* |
|---|---|---|---|
| | `CLASS` | | |
| | `CLEAR` | | |
| Tabuladores Horizontales `<TAB...>` | | III | El elemento `TAB` se puede utilizar cuando usted quiera un control detallado sobre el posicionamiento horizontal. El elemento `TAB` se utiliza con el atributo `<tab id=name>` para definir las pausas del tabulador mencionadas. Luego puede utilizar el elemento `TAB` con el atributo `<tab to=name>` para moverse a la pausa del tabulador definida previamente. Esta aproximación evita la necesidad de conocer de antemano la métrica de la fuente. El elemento `TAB`, junto con las hojas de estilo, permite al software preservar la información sobre el formato cuando se están importando documentos creados con software procesador convencional de palabras. Por ejemplo:<br>`<p><b>noct<tab id=t1>ambulant </b> - walking at night<br> <tab to=t1>(from Latin: <i>nox noctis</i> night + <i>ambulare</i> walk)` |
| | `ID` | | |
| | `INDENT` | | Especifica el número de unidades ene antes de la pausa del tabulador. La ene es una unidad tipográfica equivalente a la mitad del punto. Permite a los autores controlar el sangrado guía frente al texto; por ejemplo, en la poesía, uno puede utilizar `<TAB INDENT=6>` para sangrar seis unidades ene al principio de una línea. |

*continúa*

| *Elemento (Etiqueta)* | *Atributo* | *Estado (HTML/III)* | *Descripción* |
|---|---|---|---|
| | | | El atributo INDENT no tiene significado cuando está combinado con el atributo TO. |
| | TO | | Especifica una pausa de tabulador previamente definida (vea el atributo ID). |
| | ALIGN | | |
| | DP | | Éste especifica el carácter que se va a utilizar para el punto decimal con el atributo ALIGN; por ejemplo, dp="." (el pretederminado) o dp=",". El predeterminado puede ser alterado por el contexto del lenguaje, como fijado por el atributo LANG en los elementos que se encuentran en su interior.<br>Nota: si la alineación especificada y la pausa del tabulador hacen que el texto se encime con el texto anterior, entonces el elemento para tabulador puede ser tratado como un simple carácter de espacio. |
| Vínculos de hipertexto <A...> </A> | | II | El elemento ancla <A> se utiliza para definir el inicio y/o el destino de un vínculo de hipertexto. En las versiones anteriores de HTML, éste brindaba el único medio de definir las anclas de destino dentro de los documentos, pero ahora usted puede utilizar cualquier atributo ID como un ancla de destino de manera que los vínculos ahora pueden estar hechos para divisiones, párrafos y otros elementos. Ejemplo:<br><A HREF="http://www.w3.org/">World Wide Web Organization</A> brinda información sobre los estándares relacionados con Web, las listas de correo y las herramientas freeware. Para los elementos FIG, el elemento ancla cumple un doble papel. Los agentes usuario no gráficos lo interpretan como |

| *Elemento (Etiqueta)* | *Atributo* | *Estado (HTML/III)* | *Descripción* |
|---|---|---|---|
| | | | un vínculo de hipertexto basado en texto convencional, en tanto que los agentes usuario gráficos interpretan el atributo SHAPE del ancla como una zona gráfica activa sobre la figura. |
| | ID | | |
| | LANG | | |
| | CLASS | | |
| | HREF | | |
| | MD | | |
| | NAME | | |
| | SHAPE | | Este atributo se utiliza dentro de figuras para definir las zonas activas formadas para los vínculos gráficos de hipertexto. Todos los detalles sobre cómo utilizar esta característica serán dados con la descripción del elemento de la figura. El valor del atributo es una cadena que toma una de las siguientes formas: `"default"` Utilizada para definir un vínculo predeterminado para el fondo de la figura. `"circle x, y, r"` Donde `x` y `y` definen el centro, y `r` especifica el radio. `"rect x, y, w, h"` Donde `x` y `y` definen el extremo superior izquierdo, y `w` y `h` definen el ancho y alto respectivamente. `"polygon x1, y1, x2, y2, ..."` Dando *n* pares de coordenadas `x`, `y`, el polígono es cerrado por una línea que une el *n*avo punto con el primero. Los polígonos de intersección utilizan la |

*continúa*

| *Elemento (Etiqueta)* | *Atributo* | *Estado (HTML/III)* | *Descripción* |
|---|---|---|---|
| | | | regla del número circundante diferente de cero para determinar si un punto reside dentro del polígono.<br><br>Si un evento del puntero ocurre en una región donde dos o más figuras se sobreponen, se calcula la distancia desde el punto hasta el centro de gravedad de cada una de las figuras sobrepuestas y se selecciona la más cercana. Esta característica es útil cuando usted quiere una gran cantidad de zonas activas que están muy juntas, por ejemplo sobre los puntos de un mapa, ya que le permite utilizar figuras simples sin tener que preocuparse por las sobreposiciones.<br><br>Nota: La coordenada `x` se incrementa a la derecha, y la coordenada `y` se incrementa hacia abajo, del mismo modo que los mapas de imagen y que `IMG`. Si ambos números son enteros, las coordenadas se interpretan como compensaciones de pixeles desde el extremo superior izquierdo de la figura. De otro modo, las coordenadas se interpretan como valores escalares en el rango `0.0` a `1.0` a lo largo de la figura. Nótese que la sintaxis es tolerante de los caracteres con espacio en blanco repetidos entre los símbolos. |
| | `TITLE` | | Éste es sólo informativo y describe el objeto especificado con el atributo `HREF`. Se puede utilizar para tipos de objetos que no posean títulos, como los gráficos, el texto sencillo y los menús Gopher. |
| | `REL` | | |
| | `REV` | | |

| *Elemento (Etiqueta)* | *Atributo* | *Estado (HTML/III)* | *Descripción* |
|---|---|---|---|
| | | **Elementos de tipo de información** | |
| EM <EM> </EM> | | II | El elemento <EM> proporciona un énfasis tipográfico, por lo general en cursivas. Aunque <EM> e <I> a menudo dan el mismo efecto; utilice <EM> sólo donde sea necesario en el texto para hacer referencia al formateo, como cuando "Las partes en cursivas son obligatorias". Esto le ayudará a asegurar una consistencia entre los documentos desde varias fuentes si (por ejemplo) el lector prefiere utilizar color en lugar de cursivas para hacer énfasis. |
| CITE <CITE> </CITE> | | II | El elemento <CITE> especifica una cita. Las secciones etiquetadas con el elemento CITE son generalmente reproducidas en cursivas. |
| STRONG <STRONG> </STRONG> | | II | El elemento <STRONG> proporciona un fuerte énfasis tipográfico, por lo general en negritas. |
| CODE <CODE> </CODE> | | II | El elemento <CODE> indica un ejemplo de código; por lo general es reproducido en una fuente a espacio sencillo. No confundir con PRE. |
| SAMP <SAMP> </SAMP> | | II | El elemento <SAMP> indica una secuencia de caracteres literales. |
| KBD <KBD> </KBD> | | II | El elemento <KBD> indica el texto escrito (tecleado) por el usuario. Se puede utilizar típicamente en un manual de instrucciones. |
| VAR <VAR> </VAR> | | II | El elemento <VAR> indica un nombre de variable, y se puede utilizar típicamente en un manual de instrucciones. |

*continúa*

| *Elemento (Etiqueta)* | *Atributo* | *Estado (HTML/III)* | *Descripción* |
|---|---|---|---|
| DFN<br><DFN><br></DFN> | | III | El elemento <DFN> indica el caso definitorio de un término. |
| Q<br><Q><br></Q> | | III | El elemento <Q> se utiliza para una cita corta. Se suele mostrar dentro de comillas, según el contexto del lenguaje. Para el inglés, éstas estarán marcadas con comillas dobles o sencillas, alternándose para citas anidadas. El contexto del lenguaje es fijado por el atributo LANG. |
| LANG<br><LANG><br></LANG> | | III | El elemento <LANG> se utiliza para alterar el contexto del lenguaje cuando sea inapropiado hacerlo con otros elementos a nivel de carácteres. |
| AU<br><AU><br></AU> | | III | El elemento <AU> indica el nombre de un autor. |
| PERSON<br><PERSON><br></PERSON> | | III | El elemento <PERSON> se utiliza para permitir que los nombres de personas sean extraídos automáticamente por programas de indexado. Nuevo en 3.0. |
| ACRONYM<br><ACRONYM><br></ACRONYM> | | III | El elemento <ACRONYM> se utiliza para marcar acrónimos. |
| ABBREV<br><ABBREV><br></ABBREV> | | III | El elemento <ABBREV> se utiliza para marcar abreviaciones. |
| INS<br><INS><br></INS> | | III | El elemento <INS> se utiliza para texto insertado, por ejemplo en documentos legales. |
| DEL<br><DEL><br></DEL> | | III | El elemento <DEL> se utiliza para texto eliminado, por ejemplo en documentos legales. |

| *Elemento (Etiqueta)* | *Atributo* | *Estado (HTML/III)* | *Descripción* |
|---|---|---|---|
| | | **Elementos de estilo de fuente** | |
| B (Negritas)<br><B><br></B> | | II | El elemento <B> especifica que el texto enmarcado deberá ser desplegado en una tipografía en negritas. Si esto no resulta práctico, se permite un mapeo alterno. |
| I (Cursivas)<br><I><br></I> | | II | El elemento <I> especifica que el texto enmarcado se deberá desplegar, si es práctico, en letras cursivas (o inclinadas). |
| TT (TeleTipo)<br><TT><br></TT> | | II | El elemento <TT> especifica que el texto enmarcado deberá ser desplegado, si es práctico, en una fuente de máquina de escribir de una altura fija. |
| U (Subrayado)<br><U><br></U> | | II | El elemento <U> especifica que el texto enmarcado deberá ser desplegado, si es práctico, con un subrayado. No se soporta ampliamente. |
| S (Tachado)<br><S><br></S> | | III | El elemento <S> especifica que el texto enmarcado deberá ser desplegado con una línea horizontal atravesando el texto. Si esto no es práctico, se permite un mapeo alterno. |
| BIG (mayor tamaño)<br><BIG><br></BIG> | | III | El elemento <BIG> especifica que el texto enmarcado deberá ser desplegado, si es práctico, utilizando una fuente grande (comparada con la fuente actual). |
| SMALL (menor tamaño)<br><SMALL><br></SMALL> | | III | El elemento <SMALL> especifica que el texto enmarcado deberá ser desplegado, si es práctico, utilizando una fuente pequeña (comparada con el texto normal). |

*continúa*

| *Elemento (Etiqueta)* | *Atributo* | *Estado (HTML/III)* | *Descripción* |
|---|---|---|---|
| SUB (subíndice)<br><SUB><br></SUB> | | III | El elemento <SUB> especifica que el texto enmarcado se deberá desplegar como un subíndice, y si es práctico, utilizando una fuente más pequeña (comparada con el texto normal). El atributo ALIGN para SUB sólo tiene significado dentro del elemento MATH. |
| SUP (superíndice)<br><SUP><br></SUP> | | III | El elemento <SUP> especifica que el texto enmarcado deberá ser desplegado como un superíndice, y si es práctico, utilizando una fuente más pequeña (comparada con el texto normal). El atributo ALIGN para SUP únicamente tiene significado dentro del elemento MATH. |
| IMG (Imagen) | | II | La etiqueta <IMG> se utiliza para incorporar gráficos en línea (por lo general iconos o pequeños gráficos) dentro de un documento HTML. Este elemento no está pensado para empotrar otro tipo de texto HTML. Para figuras grandes con flujo de título de ilustración y de texto vea el elemento FIG. Ejemplo:<br>`<IMG SRC="tajmahal.gif" ALT="The Taj Mahal">`<br>Los visualizadores que no pueden desplegar imágenes en línea ignoran al elemento IMG a menos que éste contenga el atributo ALT. Note que algunos visualizadores pueden desplegar (o imprimir) gráficos vinculados pero no gráficos en línea. Si el gráfico es esencial, usted tiene que crear un vínculo hacia éste en vez de ponerlo en línea. Si el gráfico es esencialmente decorativo, entonces IMG es apropiado. |

| *Elemento (Etiqueta)* | *Atributo* | *Estado (HTML/III)* | *Descripción* |
|---|---|---|---|
| | ID | | |
| | LANG | | |
| | CLASS | | |
| | SRC | | |
| | MD | | |
| | WIDTH | | Ancho opcional sugerido para la imagen. El valor predeterminado está dado en pixeles. |
| | HEIGHT | | Altura opcional sugerida para la imagen. El valor predeterminado está dado en pixeles. |
| | UNITS | | Este atributo opcional especifica las unidades para los atributos de ancho y de altura. Es uno de éstos: unidades=pixeles (el predeterminado) o unidades=ene (la mitad del tamaño del punto). |
| | ALIGN | | Toma valores `TOP`, `MIDDLE` o `BOTTOM`, en base a si la parte superior, la central o la inferior del gráfico deberá estar alineada con la línea base para la línea de texto en la cual aparece el elemento `IMG`.<br><br>Con `ALIGN=LEFT`, el gráfico se desplazará hacia el margen izquierdo actual, y el texto subsecuente se envolverá alrededor de la parte derecha del gráfico. Por otra parte, para `ALIGN=RIGHT`, el gráfico se alinea con el margen derecho actual y el texto se envolverá alrededor del izquierdo. No es apropiado utilizar esta característica para gráficos grandes, que son mejor representados con el elemento `FIG`. |

*continúa*

| *Elemento (Etiqueta)* | *Atributo* | *Estado (HTML/III)* | *Descripción* |
|---|---|---|---|
| | `ALT`<br>(texto alternado) | | Texto opcional como una alternativa para que los gráficos se desplieguen en ambientes de sólo texto. El texto `ALT` puede contener entidades, v.g. para caracteres acentuados o símbolos especiales, pero no puede contener un marcado. Sin embargo, esto último es posible con el elemento `FIG`. |
| | `ISMAP` | | Un mapa de imagen es un mapa gráfico por el cual los usuarios pueden navegar transparentemente desde una fuente de información a otra. El atributo `ISMAP` identifica una imagen como un mapa de imagen. El elemento `IMG` puede entonces ser utilizado como parte de la etiqueta para un vínculo de hipertexto (vea el elemento ancla). Cuando el usuario hace clic en la imagen, la ubicación seleccionada se envía al servidor designado por el vínculo de hipertexto. Por ejemplo:<br>`<A HREF="http://machine`<br>`/htbin/imagemap/sample">`<br>`<IMG SRC="sample.gif" ISMAP></A>` |
| `UL` (Lista desordenada)<br>`<UL>`<br>`<LI>`<br>(`LI` es opcional)<br>`</UL>` | | II | Una lista desordenada es comúnmente una lista de elementos con viñetas. HTML 3.0 le brinda la posibilidad de personalizar las viñetas, eliminarlas y envolver horizontal o verticalmente la lista de elementos para listas multicolumnas.<br><br>La etiqueta para apertura de lista debe ser `<UL>`. La sigue una cabecera de lista opcional (`<LH>caption</LH>`) y luego el primer elemento de la lista (`<LI>`). Por ejemplo: |

| *Elemento (Etiqueta)* | *Atributo* | *Estado (HTML/III)* | *Descripción* |
|---|---|---|---|
| | | | `<UL>`<br>`<LH>Table Fruit</LH>`<br>`<LI>apples`<br>`<LI>oranges`<br>`<LI>bananas`<br>`</UL>` |
| `MENU` y `DIR`<br>`<MENU>`<br>`</MENU>`<br>`<DIR>`<br>`</DIR>` | | II | A estos elementos le siguen las extensiones para el elemento UL. Los agentes usuario son avisados para continuar con su soporte en favor de los documentos de legado. |
| | `ID` | | |
| | `LANG` | | |
| | `CLASS` | | |
| | `CLEAR` | | |
| | `PLAIN` | | La presencia de este atributo suprime el despliegue de las viñetas, como `<UL PLAIN>`. |
| | `SRC` | | |
| | `MD` | | |
| | `DINGBAT` | | |
| | `WRAP` | | El atributo `WRAP` se utiliza para las listas multicolumnas. Utilice `wrap=vert` si usted quiere arreglar los elementos de la lista bajo la página antes de envolver la siguiente columna. Utilice `wrap=horiz` si usted quiere arreglar los elementos a lo largo de la página (menos útil). El agente usuario es el responsable de determinar cuántas columnas son las apropiadas. |
| | `COMPACT` | | La presencia de este atributo indica que el Agente usuario deberá utilizar un espacio reducido entre los elementos. En la práctica se dan varias maneras de hacer más compactas las listas: |

*continúa*

| *Elemento (Etiqueta)* | *Atributo* | *Estado (HTML/III)* | *Descripción* |
|---|---|---|---|
| | | | el espaciado vertical reducido entre los elementos, la utilización de una fuente más pequeña o incluso evitar los cortes de línea entre los elementos. Esto se maneja mejor a través de las hojas de estilo asociadas y del atributo para clase. |
| OL (Lista ordenada)<br><OL><br></OL> | | II | Una lista ordenada es comúnmente una lista numerada de elementos. HTML 3.0 le brinda la posibilidad de controlar el número de secuencia —para continuar donde se quedó la lista anterior, o para iniciar en un número determinado—. El estilo de numeración se deja para las hojas de estilo asociadas, como cuando una lista anidada contribuye a componer el número de elemento; por ejemplo, “3.1.5”, o cuando los números se reproducen como arábigos, como numerales romanos de caja alta o baja, o se utiliza el esquema numérico apropiado para el contexto del lenguaje.<br><br>La etiqueta para apertura de lista debe ser <OL>, seguida de una cabecera de lista opcional (<LH>caption</LH>) y luego por el primer elemento de la lista (<LI>). Por ejemplo:<br><br><OL><br><LH>Meeting Agenda</LH><br><LI>Minutes of the last meeting<br><LI>Do we need yet more meetings?<br><LI>Any other business<br></OL> |
| | ID | | |
| | LANG | | |

| *Elemento (Etiqueta)* | *Atributo* | *Estado (HTML/III)* | *Descripción* |
|---|---|---|---|
| | CLASS | | |
| | CLEAR | | |
| | CONTINUE | | No reinicia el número de secuencia, o continúa donde se dejó la lista anterior (por ejemplo, <OL CONTINUE>). |
| | SEQNUM | | |
| | COMPACT | | |
| DL<br>(Listas de definición)<br><DL><br></DL> | | II | Una lista de términos y las definiciones correspondientes. Las listas de definición están comúnmente formateadas con el término a la izquierda y con la definición siguiéndola a la derecha, o en la siguiente línea. El texto de la definición por lo general está sangrado en función del término. Un formato alterno coloca al término alineado a la izquierda en un ancho margen y a la definición en una o más líneas a la derecha del término. Si el término DT no se ajusta en la columna DT (una tercera parte del área desplegada), se puede extender a través de la página con la sección DD desplazada a la siguiente línea o envuelta por las líneas sucesivas de la columna izquierda.<br><br>La etiqueta para apertura de lista debe ser <DL>, seguida por una cabecera de lista opcional (<LH>caption</LH>) y luego por los nombres de los términos (<DT>) y las definiciones (<DD>). Por ejemplo:<br><br><DL><br><LH>List Header</LH><br><DT>Term 1<dd> Esta es la definición del primer término.<br><DT>Term 2<dd> Esta es la definición del segundo término.<br></DL> |

*continúa*

| *Elemento (Etiqueta)* | *Atributo* | *Estado (HTML/III)* | *Descripción* |
|---|---|---|---|
| | ID | | |
| | LANG | | |
| | CLASS | | |
| | CLEAR | | |
| | COMPACT | | |
| Figuras <FIG> </FIG> | | II | El elemento FIG se utiliza para las figuras. Si hay suficiente espacio, los elementos subsecuentes se repartirán alrededor de la figura. Este comportamiento es deshabilitado cuando el atributo de alineación está como centrar (el predeterminado) o justificar.<br>Las superposiciones de la figura brindan un uso más efectivo del caché, ya que los pequeños cambios a una figura en un documento subsecuente incurren únicamente en la pena de bajar las superposiciones y no en bajar toda la figura base, puesto que ésta última todavía está en el caché.<br><br>El texto de descripción de la figura está pensado para transmitir el contenido de una figura a las personas con agentes usuarios no gráficos, en tanto que el título de la ilustración y los créditos de la figura se reproducen tanto en agentes usuarios gráficos como no gráficos. El elemento FIG representa una mejoría sobre el elemento IMG, al permitir a los autores utilizar el marcado para el texto de descripción. El modelo de contenido permite a los autores incluir cabeceras, lo que es conveniente cuando las cabeceras son parte de los datos de la imagen. También permite especificar los vínculos gráficos de hipertexto en el marcado y ser interpretados por el agente usuario, en vez de serlo por el servidor. Los elementos ancla en el texto de descripción de la figura juegan |

| *Elemento (Etiqueta)* | *Atributo* | *Estado (HTML/III)* | *Descripción* |
|---|---|---|---|
| | | | un doble papel: los agentes usuarios no gráficos muestran vínculos de hipertexto convencionales, en tanto que para los agentes usuarios gráficos, los mismos elementos ancla especifican vínculos gráficos de hipertexto, con el atributo `SHAPE` designando las zonas activas. Esto está diseñado para simplificar la tarea de escritura de los autores para ambas audiencias. Con suerte, el elemento `FIG` ayudará a combatir la tendencia de los autores a olvidarse de las personas que están limitadas al acceso terminal o al visualmente desmejorado relevo del texto para el diálogo, ya que el nuevo elemento los obliga a escribir el texto de descripción para definir los vínculos gráficos de hipertexto. En algunas aplicaciones, las zonas activas están definidas dinámicamente por los programas que corren en el servidor. HTML 3.0 permite que los clics y los arrastres del ratón pasen al servidor con el atributo `IMAGEMAP`. Las zonas activas también pueden ser especificadas como parte del formato de datos de los gráficos (por ejemplo como en `VRML`). La zonas activas en el elemento `FIG` tienen precedencia sobre las zonas activas en los datos de los gráficos, que a su debido tiempo tienen precedencia sobre los eventos que están ocurriendo en un programa de mapas de imagen en el servidor. Las zonas activas que se encuentran en los datos de los gráficos de superposición tienen precedencia sobre las zonas activas en los datos de la figura. Del mismo modo, el atributo de mapa de imagen en las superposiciones tiene precedencia sobre el atributo de |

*continúa*

| *Elemento (Etiqueta)* | *Atributo* | *Estado (HTML/III)* | *Descripción* |
|---|---|---|---|
| | | | mapa de imagen para la figura. Para un grupo de superposiciones traslapadas, la precedencia la determina el orden en que aparecen los elementos OVERLAY dentro del elemento FIG. Las superposiciones posteriores tienen precedencia sobre las anteriores. Por ejemplo:<br>Imagen fotográfica con título de ilustración y créditos:<br><FIG SRC="nicodamus.jpeg"><br>  <CAPTION>Ground dweller:<br><I>Nicodamus bicolor</I><br>  builds silk snares</CAPTION><br>  <P>A small hairy spider light fleshy red in color with a brown abdomen.<br>  <CREDIT>J. A. L. Cooke/OSF</CREDIT><br></FIG> |
| | ID | | |
| | LANG | | |
| | CLASS | | |
| | CLEAR | | |
| | NOFLOW | | La presencia de este atributo deshabilita el flujo de texto alrededor de la figura. Evita la necesidad de utilizar los atributos CLEAR o NEEDS en el siguiente elemento. |
| | SRC | | |
| | MD | | |
| | ALIGN | | Especifica la alineación horizontal de la figura:<br>BLEEDLEFT — Alineación a la izquierda con respecto al borde (ventana) izquierdo.<br>LEFT — Alineación a la izquierda con respecto al margen izquierdo del texto.<br>CENTER — La figura está centrada entre los márgenes de texto y el flujo de texto alrededor de |

| *Elemento (Etiqueta)* | *Atributo* | *Estado (HTML/III)* | *Descripción* | |
|---|---|---|---|---|
| | | | | la figura que está deshabilitada. Éste es el parámetro predeterminado para `ALIGN`. |
| | | | `RIGHT` | Alineación a la derecha con respecto al margen derecho del texto. |
| | | | `BLEEDRIGHT` | Alineación a la derecha con respecto al borde (ventana) derecho. |
| | | | `JUSTIFY` | Cuando sea aplicable, la figura deberá ser aumentada o reducida para llenar el espacio entre los márgenes izquierdo y derecho del texto. El flujo de texto alrededor de la figura está deshabilitado para `align=justify`. |
| | `WIDTH` | | | |
| | `HEIGHT` | | | |
| | `UNITS` | | | |
| | `IMAGEMAP` | | Especifica un URI para procesar las funciones de hacer clic en una imagen y arrastrarla. | |
| | | **Tablas** | | |
| Tablas `<TABLE>` `</TABLE>` | | III | El modelo de tabla HTML ha sido seleccionado por su simplicidad y flexibilidad. Por predeterminado, la tabla tiene un tamaño automático de acuerdo con el contenido de las celdas y con el tamaño actual de la ventana. El atributo `COLSPEC` se puede utilizar cuando se necesite ejercer un control sobre el ancho de las columnas, ya sea configurando los anchos explícitos o especificando los anchos relativos. Usted también puede especificar el ancho de la tabla explícitamente o como una fracción de los márgenes actuales (vea el atributo `WIDHT`). | |

*continúa*

| *Elemento (Etiqueta)* | *Atributo* | *Estado (HTML/III)* | *Descripción* |
|---|---|---|---|
| | | | Las tablas comienzan con un título de ilustración opcional seguido por una o más filas. Cada fila está formada por una o más celdas, que están diferenciadas en celdas de cabecera y celdas de datos. Las celdas pueden estar mezcladas a través de las filas y las columnas, e incluir atributos que ayuden a la reproducción (rendering) de habla y braille, o para exportar la información de la tabla hacia bases de datos. El modelo proporciona poco soporte directo para un control sobre la apariencia, por ejemplo los estilos y los márgenes del borde, que se pueden manejar por medio de las hojas de estilo de subclases y las asociadas. |
| | | | Las tablas pueden contener un amplio rango de contenido como encabezados, listas, párrafos, formularios, figuras, texto preformateado, e incluso tablas anidadas. Cuando la tabla está alineada a la izquierda o a la derecha, los elementos subsecuentes se desplegarán alrededor de la tabla si hay espacio suficiente. Este comportamiento es deshabilitado cuando es dado el atributo para no flujo, o cuando el atributo de alineación de la tabla está en centrar (el predeterminado), o en justificar. Por ejemplo: |

```
<TABLE BORDER>
  <CAPTION>A test table with
merged cells</CAPTION>
  <TR><TH ROWSPAN=2><TH
COLSPAN=2>Average
  <TH
ROWSPAN=2>other<BR>category<TH>Misc
  <TR><TH>height<TH>weight
  <TR><TH
ALIGN=LEFT>males<TD>1.9<TD>0.003
  <TR><TH ALIGN=LEFT
ROWSPAN=2>females<TD>1.7<TD>0.002
</TABLE>
```

| *Elemento (Etiqueta)* | *Atributo* | *Estado (HTML/III)* | *Descripción* |
|---|---|---|---|
| | | | Hay varios puntos que tomar en cuenta:<br>Por predeterminado, las celdas del encabezado están centradas, cuando las celdas de datos están alineadas a la izquierda. Esto puede ser ignorado por el atributo ALIGN para la celda; el atributo COLSPEC para el elemento TABLE; o el atributo ALIGN en el elemento TR de la fila incluida (de la más específica a la menos).<br>Las celdas pueden estar vacías.<br>Las celdas comprendidas en las filas contribuyen al total de columnas en cada una de las filas extendidas, pero sólo aparecen una vez en la marcación (en la primera fila extendida).<br>Si el total de columnas para la tabla es mayor que la cantidad de celdas para una fila determinada (una vez incluidas las celdas para las filas extendidas), las celdas faltantes serán tratadas como si se encontraran del lado derecho de la tabla, y reproducidas como celdas vacías.<br>El total de filas está determinado por los elementos TR; cualquier fila implicada por las filas extendidas en las celdas que sobrepase el total será ignorada. El agente usuario deberá ser capaz de recuperarse de una etiqueta <TR> faltante antes de la primera fila, ya que los elementos TH y TC sólo pueden ocurrir dentro del elemento TR.<br>No es válido tener una superposición de celdas; vea el ejemplo más adelante. En dichos casos, la reproducción depende de la implementación. |
| | BORDER | | Añade bordes para separar filas y columnas en las tablas. |

*continúa*

| *Elemento (Etiqueta)* | *Atributo* | *Estado (HTML/III)* | *Descripción* |
|---|---|---|---|
| Fila de la tabla <TR> </TR> | | III | Marca el comienzo y el final de las filas de la tabla. |
| Datos de la tabla <TD> </TD> | | III | Abarca los datos de la tabla. |
| | COLSPAN | | Modifica la cantidad de columnas que se extenderá una celda. |
| | ROWSPAN | | Modifica la cantidad de columnas que se extenderá una fila. |
| | ALIGN | | |
| | NOWRAP | | |
| Encabezado de la tabla <TH> </TH> | | III | Abarca el encabezado de la tabla. |
| | COLSPAN | | |
| | ROWSPAN | | |
| | ALIGN | | |
| | NOWRAP | | |
| Títulos de ilustración <CAPTION> </CAPTION> | | III | Crea un título para la tabla fuera de la tabla. |
| | ID | | |
| | LANG | | |
| | CLASS | | |
| | CLEAR | | |
| | NOFLOW | | |
| | ALIGN | | |
| | UNITS | | |
| | COLSPEC | | El atributo COLSPEC es una lista de las especificaciones de ancho y alineación de la columna. Las columnas se alinean |

| *Elemento (Etiqueta)* | *Atributo* | *Estado (HTML/III)* | *Descripción* |
|---|---|---|---|
| | | | de izquierda a derecha con una letra mayúscula seguida por un número; por ejemplo `COLSPEC="L20 C8 L40"`. Las letras son: L para alinear a la izquierda el contenido de las celdas, C para centrarlo, y R para alinearlo a la derecha; J es para justificar, cuando sea factible; de lo contrario, será tratada como L para alineación izquierda. D es para alineación decimal (vea el atributo `DP`). El número especifica el ancho en unidades *enes*, pixeles o como un valor fraccional del ancho de la tabla, de acuerdo con el atributo para unidades asociadas. Esta aproximación es más compacta que la utilizada por la mayoría de los modelos de tabla SGML y fue elegida para simplificar la entrada manual de registros. El atributo para ancho le permite especificar la anchura de la tabla en pixeles, unidades em o como un porcentaje del espacio entre los márgenes izquierdo y derecho actuales. |
| | `DP` | | |
| | `WIDTH` | | |
| | `BORDER` | | La presencia de este atributo indica al Agente usuario que reproduzca los bordes que se encuentran alrededor de las tablas (por ejemplo: `<TABLE BORDER>`). La apariencia precisa, junto con el tamaño de los márgenes que están alrededor de las celdas, se puede controlar mediante las hojas de estilo asociadas, o por la información en el elemento `STYLE` de la cabecera del documento. Subclasificar las tablas, las filas y las celdas es particularmente útil en esta relación. |
| | `NOWRAP` | | |

*continúa*

| *Elemento (Etiqueta)* | *Atributo* | *Estado (HTML/III)* | *Descripción* |
|---|---|---|---|
| | | **Matemáticas** | |
| Matemáticas HTML<br><MATH><br></MATH> | | III | El elemento <MATH> se utiliza para incluir expresiones matemáticas en la línea actual. Las matemáticas HTML son lo suficientemente poderosas para describir el rango de expresiones matemáticas que usted puede crear en los paquetes comunes de procesamiento de palabras, además de ser adecuadas para reproducirlas en un diálogo. Cuando se hace una reproducción para un medio de sólo texto de tamaño fijo, los gráficos de texto simple se pueden utilizar para símbolos matemáticos como el signo de integral, en tanto se reproducen otros símbolos utilizando sus nombres de entidad. La capacidad SHORTREF de SGML se utiliza para brindar abreviaciones para los paréntesis ocultos, los subíndices y los superíndices.<br>Por ejemplo:<br>- the integral from a to b of f(x) over 1+x<br><br><MATH>∫_a_^b^{f(x)<over>1+x} dx</MATH><br>que puede ser reproducida en un medio exclusivamente de texto de tamaño fijo como:<br>b<br>/ f(x)<br>¦ --- dx<br>/ 1 + x<br>a |
| BOX<br><BOX><br></BOX> | | III | Utilizado para los paréntesis ocultos, los delimitadores angostos, y para colocar una expresión sobre otra (por ejemplo, los numeradores y los denominadores). |

| *Elemento (Etiqueta)* | *Atributo* | *Estado (HTML/III)* | *Descripción* |
|---|---|---|---|
| SUB, SUP<br><SUB><br></SUB><br><SUP>.<br></SUP> | | III | Subíndices y superíndices. También se utiliza para límites. |
| ABOVE<br><ABOVE><br></ABOVE> | | III | Se utiliza para dibujar una flecha, una línea o un símbolo sobre una expresión. |
| BELOW<br><BELOW><br></BELOW> | | III | Se utiliza para dibujar una flecha, una línea o un símbolo debajo de una expresión. |
| VEC, BAR,<br>DOT, DDOT,<br>HAT, TILDE<br><VEC></VEC><br><BAR></BAR><br><DOT></DOT><br><DDOT><br></DDOT><br><HAT></HAT><br><TILDE><br></TILDE> | | III | Éstas son etiquetas de conveniencia para acentos comunes, como una alternativa para utilizar ABOVE. |
| SQRT, ROOT<br><SQRT><br></SQRT><br><ROOT><br></ROOT> | | III | Para raíces cuadradas y otras raíces de una expresión. |
| ARRAY<br><ARRAY><br></ARRAY> | | III | Para matrices y otros tipos de arreglos. |
| TEXT<br><TEXT><br></TEXT> | | III | Se utiliza para incluir una pequeña pieza de texto dentro de un elemento matemático, y se combina a menudo con los elementos SUB o SUP. |
| B, T, BT<br><B></B><br><T></T><br><BT></BT> | | III | Estos elementos se utilizan para ignorar la reproducción (rendering) predeterminada. B reproduce la expresión contenida con una fuente en negritas. |

*continúa*

| *Elemento (Etiqueta)* | *Atributo* | *Estado (HTML/III)* | *Descripción* |
|---|---|---|---|
| | | | T designa un término que será reproducido con una fuente recta, y BT designa un término que se reproducirá con una fuente recta en negritas. El atributo para clase se puede utilizar para describir el tipo de término (por ejemplo, un vector, un tensor o una matriz). |
| | ID | | |
| | CLASS | | |
| | BOX | | La presencia de este atributo hace que el Agente usuario dibuje un cuadro rectangular alrededor de la fórmula. |
| Reglas horizontales <HR> | | II | El elemento <HR> se utiliza para las reglas horizontales que actúan como divisiones entre las secciones. El atributo SRC se puede utilizar para designar un gráfico estándar; de otra forma hace una subclasificación de HR con el atributo CLASS y especifica la reproducción apropiada con una hoja de estilo asociada. |
| | ID | | |
| | CLASS | | |
| | CLEAR | | |
| | SRC | | |
| | MD | | |
| | | **Texto preformateado (etcétera)** | |
| Texto preformateado <PRE> </PRE> | | | El texto preformateado que se encuentra entre la etiqueta PRE de inicio y la de fin se reproduce mediante una fuente de grosor fijo; además, los caracteres de espacio en blanco se tratan así literalmente. Los espacios y los cortes de línea se reproducen |

| *Elemento (Etiqueta)* | *Atributo* | *Estado (HTML/III)* | *Descripción* |
|---|---|---|---|
| | | | directamente, al contrario de los otros elementos, para los cuales los caracteres repetidos de espacio en blanco son colapsados en un solo carácter de espacio, y los cortes de línea se introducen automáticamente. |
| | ID | | |
| | LANG | | |
| | CLASS | | |
| | CLEAR | | |
| | WIDTH | | |
| Advertencias <NOTE> </NOTE> | | III | El elemento NOTE está diseñado para utilizarse a manera de advertencias como las notas, los avisos o las prevenciones, como se suelen usar en la documentación técnica. El atributo CLASS especifica el tipo de elemento y generalmente está asociado con los diferentes gráficos como una señal de tránsito. El gráfico se puede personalizar con el atributo SRC. Por ejemplo: `<NOTE CLASS=WARNING>Please check with the local weather service before starting your climb. The mountain weather is subject to rapid deterioration. It is essential to carry a good map and compass.</NOTE>` Los nombres de clase NOTE, CAUTION y WARNING se recomiendan para estas advertencias estándar. En ausencia del atributo CLASS, por lo común se reproduce un elemento NOTE con sangría, sin un gráfico que lo acompañe. |

*continúa*

| *Elemento (Etiqueta)* | *Atributo* | *Estado (HTML/III)* | *Descripción* |
|---|---|---|---|
| | ID<br>LANG<br>CLASS<br>CLEAR<br>SRC<br>MD | | |
| Notas al pie<br><FN><br></FN> | | III | El elemento FN está diseñado para las notas al pie de página, y cuando se requiere se reproduce como notas de aparición instántanea.<br>Por ejemplo:<br><DL><br><DT>Hamlet: <DD>You should not have believed me, for virtue cannot so <a href="#fn1">inoculate</a> our old stock but we shall <a href="#fn2">relish of it</a>. I loved you not.<br><DT>Ophelia: <DD> I was the more deceived.<br><DT>Hamlet: <DD>Get thee to a nunnery. Why wouldst thou be a breeder of sinners? I am myself <a href="#fn2">indifferent honest</a><br>...<br></DL><br><br><fn id=fn1><i>inoculate</i> - graft</fn><br><fn id=fn2><i>relish of it</i> - smack of it (our old sinful nature)<br></fn><br><fn id=fn3><i>indifferent honest </i> - moderately virtuous</fn> |

| *Elemento (Etiqueta)* | *Atributo* | *Estado (HTML/III)* | *Descripción* |
|---|---|---|---|
| | ID | | |
| | LANG | | |
| | CLASS | | |
| Citas en bloque <BQ> </BQ> | | III | El elemento BQ se utiliza para citas extendidas. El nombre de la etiqueta ha sido abreviado de BLOCKQUOTE, de HTML 2.0, al más conveniente BQ, y se ha extendido el modelo del contenido para dar crédito a la fuente de citas. |
| | ID | | |
| | LANG | | |
| | CLASS | | |
| | CLEAR | | |
| | NOWRAP | | |
| Dirección <ADDRESS> </ADDRESS> | | II | El elemento ADDRESS especifica la información para el documento actual como dirección, firma y profesión del autor, y se coloca en la parte superior o inferior del documento. Cuando se utiliza con %text, el elemento actúa igual que un párrafo con cortes antes y después. |
| | ID | | |
| | LANG | | |
| | CLASS | | |
| | CLEAR | | |
| | NOWRAP | | |

*continúa*

| *Elemento (Etiqueta)* | *Atributo* | *Estado (HTML/III)* | *Descripción* |
|---|---|---|---|
| | | **Formularios** | |
| Formulario<br><br>`<FORM ...>`<br>`</FORM>` | | II | Los formularios HTML de llenado se pueden utilizar para cuestionarios, reservaciones de hoteles, formularios de pedidos, registros de datos y una amplia variedad de otras aplicaciones. El formulario se especifica como parte de un documento HTML. El usuario llena el formulario y luego lo pone a consideración. El agente usuario envía entonces el contenido del formulario conforme lo designa el elemento `FORM`. Comúnmente, esto es para un servidor HTTP, pero usted también puede enviar el contenido del formulario por correo electrónico para un procesamiento asíncrono.<br><br>Los formularios son creados al colocar los campos de entrada dentro de los párrafos, el texto preformateado, las listas y las tablas. Esto da una considerable flexibilidad en el diseño de la disposición de los formularios.<br><br>HTML 3.0 soporta los siguientes tipos de campos:<br>■ Campos de texto simple<br>■ Campos de texto multilineal<br>■ Botones de radio<br>■ Casillas de verificación<br>■ Controles de rango (de pieza corrediza o de perilla)<br>■ Menús de opciones sencillas/múltiples<br>■ Garabatos en imágenes<br>■ Widgets de archivo para añadir archivos a los formularios<br>■ Botones de sumisión para enviar el contenido del formulario<br>■ Botones de reinicio para regresar los campos a sus valores iniciales<br>■ Campos ocultos para información relacionada con el libro |

| *Elemento (Etiqueta)* | *Atributo* | *Estado (HTML/III)* | *Descripción* |
|---|---|---|---|
| | ACTION | | El atributo ACTION es un URL que especifica la ubicación hacia la cual se somete el contenido de un formulario para extraer una respuesta. Si ACTION no está presente, se asumirá el URL para el propio documento. La forma en que los datos se someten varía con el protocolo de acceso del URL, y con los valores de los atributos METHOD y ENCTYPE. |
| | METHOD | | Éste especifica las variaciones en el protocolo que se utiliza para enviar el contenido del formulario. Actualmente está restringido a GET (el predeterminado) o a POST. El atributo se introdujo para informar a los agentes usuarios qué método HTTP soporta el servidor. |
| | ENCTYPE | | Este atributo especifica el tipo de contenido MIME que se va a utilizar para codificar el contenido del formulario. Contiene originalmente la cadena: "application/x-www-form-urlencoded" |
| | SCRIPT | | Éste se puede utilizar para dar un UR a un guión. El lenguaje de guiones y la interfaz con el agente usuario no es parte de la especificación para HTML 3.0. |

# Apéndice H

# Interfaz Windows CGI 1.2

- Introducción
- Lanzamiento del programa CGI
- El archivo de datos CGI
- Procesamiento de resultados
- Ejemplos
- Ejemplo de código de referencia

# Introducción

Este documento describe la implementación del soporte CGI con un programa típico para Windows (al contrario de lo que sucede al correr el programa CGI en una máquina DOS virtual o en un shell de modo de consola).

Windows no tiene un intérprete de comandos nativo. Por lo tanto, cualquier componente posterior debe ser un programa ejecutable. Uno de los fines es mantener sencilla la interfaz y minimizar los requerimientos de la programación especializada. Por lo tanto, se ha seleccionado una interfaz basada en archivo (al contrario de DDE o de OLE). El contenido de la petición se coloca en un archivo de contenido, y los resultados se deben escribir en un archivo de salida.

Se espera que muchas de las aplicaciones CGI serán desarrolladas utilizando Microsoft Visual Basic (VB). VB soporta la generación de un archivo .EXE y soporta un amplio rango de características para accesar datos en el ambiente Windows, como OLE, DDE, Sockets y ODBC. Esta última permite el acceso a la información en una gran variedad de bases de datos, relacionales o no relacionales. La aplicación VB se puede desarrollar sin necesidad de ventana alguna (formularios), constando exclusivamente de módulos de código VB. Esto hace posible encontrar la recomendación que el programa CGI ejecuta invisiblemente, o por lo menos como un icono.

Se espera que esta interfaz se estandarice tarde o temprano entre los servidores HTTP basados en Windows. Varios de los otros servidores que están en desarrollo en este momento soportarán la CGI de Windows.

# Lanzamiento del programa CGI

El servidor utiliza el servicio `CreateProcess()` para lanzar el programa CGI. El servidor mantiene la sincronización con el programa CGI de modo que detecte cuando termina el programa CGI. Esto se realiza utilizando el servicio `WaitForSingleObject()` de Win32, que espera a que quede señalado el manejador del proceso CGI, indicando la salida del programa.

## Línea de comandos

El servidor debe ejecutar una solicitud del programa CGI haciendo un `CreateProcess()` con una línea de comandos de la siguiente forma:

```
WinCGI-exe cgi-data-file
```

## WinCGI-exe

Ésta es la ruta de aceso completa hacia el programa ejecutable CGI. El servidor no depende del directorio actual o de la variable de ambiente `PATH`. Nótese que el ejecutable no tiene que ser un archivo .EXE. Puede ser un documento, siempre y cuando se haya establecido una asociación con un ejecutable correspondiente, ya sea en WIN.INI o en el Registro del sistema (de preferencia).

`cgi-data-file`

Éste es el complemento path del archivo de datos de CGI.

> **Nota:** Las primeras ediciones de esta especificación mostraban argumentos de línea de comandos adicionales (el contenido, los nombres de archivos de salida, y cualquiera de los argumentos URL). Dadas las limitaciones en la longitud de la línea de comandos impuestas por el subsistema WOW (emulador de 16 bits) tanto en Windows NT como en el propio sistema Windows 95, es recomendable que los servidores ya no incluyan estos argumentos en la línea de comandos. Estos elementos de información son presentados en cgi-data-file; por lo tanto, su presencia en la línea de comandos resulta redundante.

## Método de lanzamiento

El servidor produce el `CreateProcess()` de manera tal que el proceso que está siendo lanzado tiene su ventana principal oculta.

El propio proceso de lanzamiento no deberá ocasionar la aparición de una ventana ni cambiar el orden Z de las ventanas en el escritorio.

El servidor soporta un programa/guión CGI en modo de depuración. Si ese modo se habilita, el programa CGI se lanza de manera que su ventana se muestre y se active. Esto puede ayudar en la depuración de las aplicaciones CGI.

# El archivo de datos CGI

El servidor Windows pasa los datos a su componente posterior por medio de un archivo de perfil privado de Windows, en un formato clave valor. El programa CGI puede entonces utilizar los servicios estándar de la API de Windows para enumerar y recuperar los pares clave valor en el archivo de datos.

El archivo de datos CGI contiene las siguientes secciones:

- [CGI]
- [Accept]
- [System]
- [Extra Headers]
- [Form Literal]
- [Form External]
- [Form Huge]

## La sección [CGI]

Esta sección contiene la mayoría de los elementos de datos CGI. (Los tipos Accept, el contenido y los encabezados extra están definidos en secciones independientes.) Cada elemento es proporcionado como un valor de cadena. Si el valor es una cadena vacía, se omite la palabra clave. Las palabras clave están enlistadas en las siguientes secciones.

## Request Protocol

Nombre y revisión del protocolo de información en el cual viene esta solicitud. Formato: protocol/revision. Ejemplo: HTTP/1.0.

## Request Method

Método con el cual fue hecha la solicitud. Para HTTP, es `GET`, `HEAD`, `POST`, etc.

## Executable Path

La ruta de acceso lógica para el programa ejecutable CGI, como se requiere para los URLs de autorreferencia.

## Logical Path

Una solicitud puede especificar una ruta de acceso hacia un recurso requerido para completar dicha solicitud. Esta ruta de acceso puede estar en un espacio para nombre de ruta de acceso lógica. Este elemento contiene el nombre de la ruta de acceso exactamente como lo recibe el servidor, sin la traducción de lógico a físico.

## Physical Path

Si la solicitud contenía información de la ruta de acceso lógica, el servidor proporciona la ruta en forma física, en la sintaxis de acceso para el objeto nativo (por ejemplo, el archivo) del sistema operativo.

## Query String

La información que sigue al `?` en el URL que generó la solicitud es la información sobre la consulta. El servidor la dirige hacia el componente posterior cada vez que esté en el URL de la solicitud, sin ninguna decodificación o traducción.

## Referer

El URL del documento que contenía el vínculo que va hacia este programa CGI. Nótese que en algunos visualizadores la implementación de éste está rota, y no se puede confiar en él.

## From

Dirección de correo electrónico del usuario del visualizador. Nótese que ésta se encuentra en la especificación HTTP pero no está implementada en algunos visualizadores por cuestiones de privacidad.

## Content Typ

Para las solicitudes con datos ligados, éste es el tipo de contenido MIME de esos datos. Formato: `type/subtype`.

## Content Length

Para solicitudes con datos ligados, ésta es la longitud del contenido en bytes.

## Content File

Para solicitudes con datos ligados, el servidor hace disponibles los datos para el programa CGI, poniéndolos en este archivo. El valor de este elemento es la ruta de acceso completa de ese archivo.

## Server Software

Nombre y versión del software servidor de información que responde a la solicitud (y que corre el programa CGI). Formato: `name/version`.

## Server Name

Nombre del host de la red o alias del servidor, como lo requieren los URLs de autorreferencia. Éste (en combinación con el ServerPort) se puede usar para fabricar un URL completo para el servidor, para adecuaciones del URL.

## Server Port

Número del puerto de la red en el cual escucha el servidor. También se necesita para URLs de autorreferencia.

## Server Admin

Dirección de correo electrónico del administrador del servidor. Se utiliza en los mensajes de error, y se puede emplear para enviar correo MAPI al administrador, o para formar `mailto:` URLs en los documentos generados.

## CGI Version

Revisión de la especificación CGI con la cual se entiende este servidor. Formato: `CGI/revision`, para esta versión, CGI/1.2 (Win).

## Remot Host

Nombre del host de la red para el sistema del cliente (solicitante), si está disponible. Este elemento se utiliza para registro.

## Remot Address

La dirección (IP) de la red para el sistema del cliente (solicitante). Este elemento se utiliza para registro en el sistema si no está disponible el nombre del host.

## Authentication Method

Si la ejecución del programa CGI está protegida, éste es el método de autentificación específico del protocolo utilizado para autentificar al usuario.

## Authentication Realm

Si la ejecución del programa CGI está protegida, éste es el reino de autentificación específico del método utilizado para autentificar al usuario. La lista de usuarios para el reino dado se verifica para la autentificación.

## Authenticated Username

Si la ejecución del programa CGI está protegida, éste es el nombre del usuario (en el reino indicado) que el cliente utilizó para autentificar el acceso al programa CGI.

## La sección [Accept]

Esta sección contiene los tipos de datos aceptables del cliente encontrados en el encabezado de la solicitud. Por ejemplo:

```
Accept: type/subtype {parameters}
```

Si están los parámetros (como `q=0.100`), se pasan como el valor del elemento. Si no están los parámetros, el valor es `Yes`.

> **Nota:** Los tipos accept se pueden enumerar fácilmente por el programa CGI con una llamada a `GetPrivateProfileString()`, con `NULL` para el nombre de la clave. Éste devuelve todas las claves de la sección como cadenas con delimitación nula con un terminador de doble nulo.

## La sección [System]

Esta sección contiene elementos específicos para implementar Windows de CGI. Se usan las siguientes claves.

## GMT Offset

(Nueva en WinCGI Versión 1.2). Cantidad de segundos que se tiene que agregar a la hora GMT (hora en el Meridiano de Greenwich) para alcanzar la hora local. Para el tiempo estándar del Pacífico, este número es -28,800. Útil para horarios GMT de computación.

## Debug Mode

Éste es No, a menos que esté habilitado el modo de rastreo de CGI/guión del servidor (en cuyo caso, el modo es Sí). Es útil para proporcionar un rastreo condicional dentro del programa CGI.

# Output File

El nombre/ruta de acceso del archivo en el cual el servidor espera recuperar los resultados del programa CGI.

# Content File

Nombre/ruta de acceso del archivo que tiene el contenido (si existe) que viene con la solicitud.

# La sección [Extra Headers]

Esta sección contiene los encabezados `extra` incluidos con la solicitud, en la forma `key=value`.

> **Nota:** Los encabezados extra se pueden enumerar fácilmente por el programa CGI con una llamada a `GetPrivateProfileString()`, con `NULL` para el nombre de la clave. Esto devuelve todas las claves en la sección como cadenas con delimitación nula con un terminador de doble nulo.

# La sección [Form Literal]

Si la solicitud es un POST HTTP de un formulario HTTP (con tipo de contenido de `application/x-www-form-urlencoded`), el servidor decodificará los datos del formulario y los pondrá dentro de la sección `[`Form Literal`]`.

La entrada del formulario en bruto es de la forma `key=value&key=value&...`, con las partes para el valor en formato URL codificado. El servidor divide los pares clave=valor en el `&`, y luego divide la clave y el valor en el `=`; el URL decodifica la cadena para el valor y coloca el resultado en el formulario del valor key= (decodificado) en la sección [Form Literal].

Si el formulario contiene cualquiera de los elementos SELECT MULTIPLE, habrá múltiples ocurrencias de la misma clave. En este caso, el servidor genera un par "clave=valor" normal para la primera ocurrencia, y anexa un número de secuencia para las ocurrencias subsecuentes. Depende del programa CGI conocer esta posibilidad y reconocer adecuadamente las claves etiquetadas.

# La sección [Form External]

Si la cadena de valor decodificada es de más de 254 caracteres de longitud o si la cadena de valor decodificada contiene cualquier carácter de control o dobles comillas, el servidor coloca el valor decodificado dentro de un archivo temporal externo y enlista el campo dentro de la sección `[`Form External`]` como:

```
key=pathname length
```

donde *`pathname`* es la ruta de acceso y el nombre del archivo temporal que contiene la cadena de valor decodificada, y *`lenght`* es la longitud en bytes de la cadena de valor decodificada.

> **Nota:** Asegúrese de abrir este archivo en modo binario a menos que esté seguro de que los datos del formulario son texto.

## La sección [Form Huge]

Si la cadena de valor puro tiene más de 65,535 bytes de longitud, el servidor no realiza una decodificación, pero obtiene la palabra clave y marca la ubicación y el tamaño del valor en el Archivo de Contenido. El servidor enlista el campo grande de la sección [Form Huge] como:

```
key=offset length
```

donde *offset* es la compensación desde el principio del Archivo de contenido en el cual se localiza la cadena de valor puro para esta clave, y *length* es la longitud en bytes de la cadena de valor puro. Usted puede utilizar la compensación para llevar a cabo un Seek para el inicio de la cadena de valor puro, y utilizar la longitud para saber cuándo tiene que leer toda la cadena pura dentro de su decodificador. ¡Asegúrese de abrir este archivo en modo binario a menos que esté seguro que los datos del formulario son texto!

## Ejemplo de decodificación de formulario

En el siguiente ejemplo, el formulario contenía un pequeño campo, un SELECT MULTIPLE con 2 pequeñas selecciones, un campo con 300 caracteres en él, uno con cortes de línea (un campo de texto) y un campo de 230Kb.

```
[Form Literal]
smallfield=123 Main St. #122
multiple=first selection
multiple_1=second selection

[Form External]
field300chars=C:\TEMP\HS19AF6C.000 300
fieldwithlinebreaks=C:\TEMP\HS19AF6C.001 43

[Form Huge]
field230K=C:\TEMP\HS19AF6C.002 276920
```

# Procesamiento de resultados

El programa CGI devuelve sus resultados al servidor en forma de flujo de datos que representan (directa o indirectamente) la meta de la solicitud. El servidor es el responsable de empacar el flujo de datos de acuerdo con HTTP, y de utilizar HTTP para transportar el flujo de datos al cliente que lo solicita. Esto significa que comúnmente el servidor añade los encabezados (headers) HTTP requeridos para los resultados del programa CGI.

El flujo de datos consta de dos partes: el encabezado y el cuerpo. El encabezado consta de una o más líneas de texto, y está separado del cuerpo por una línea en blanco. El cuerpo contiene los datos conformados por MIME cuyo tipo de contenido debe estar reflejado en el encabezado.

El servidor no interpreta ni modifica el cuerpo de ninguna manera. Es esencial que el cliente reciba exactamente la información que fue generada por el componente posterior.

# Líneas especiales de encabezado

El servidor reconoce las siguientes líneas de encabezado en el flujo de datos para los resultados:

## Content-Type

Indica que el cuerpo contiene información sobre el tipo de contenido MIME especificado. El valor debe ser un `type/subtype` de contenido MIME.

## Status

Indica que el servidor va a volver al estado especificado. El valor debe ser una indicación del estado apropiado para HTTP. Nótese que el programa CGI es el responsable de generar un valor Status que es legal para ese protocolo.

Si la respuesta del programa CGI no contiene un encabezado de Status: el servidor supone que la operación CGI se desarrolló normalmente, y genera un estado `200 OK`.

```
URI: <value> (el valor va encerrado entre paréntesis angulares)
```

El valor es un URL completo o una referencia al archivo local, cualquiera de los cuales apunta hacia un objeto que se va a devolver al cliente en lugar del cuerpo (que el servidor ignorará en este tipo de resultado). Si el valor es un archivo local, el servidor lo envía como el resultado de la solicitud, al creer que el cliente produjo un GET para ese objeto. Si el valor es un URL completo, el servidor regresa al cliente un `401 redirect` para recuperar directamente el objeto especificado.

## Location

Igual que URI, pero esta forma es ahora desaprobada. Con esta forma el valor no debe estar encerrado entre paréntesis angulares.

# Otros encabezados

Cualquier otra cabecera en el flujo de resultados se pasa (sin modificar) del servidor al cliente. Es responsabilidad del programa CGI evitar que se incluyan los encabezados que chocan con los utilizados por HTTP.

# Regreso directo

El servidor soporta la salida especializada para devolver sus resultados directamente al cliente, evitando el empaquetado del flujo de datos que hace el servidor para su protocolo de información. En este caso, es responsabilidad del programa CGI generar un mensaje completo que esté empaquetado para HTTP.

El servidor observa los resultados en el archivo de Salida, y si la primera línea comienza con `HTTP/1.0`, éste supone que el resultado contiene una respuesta HTTP completa, y envía el resultado al cliente sin empaquetarlo.

# Ejemplos

El siguiente ejemplo representa una respuesta hecha por un programa CGI, invocado por un servidor HTTP, y consiste en un cuerpo formateado por HTML:

```
— BEGIN —
Content-type: text/html           <== MIME type of body
Status: 200 OK                    <== HTTP status (optional)
                                  <== Header-body separator
<HTML>                            <== Body starts here
<HEAD>
<TITLE>Sample Document</TITLE>
</HEAD>
<BODY>
<H1>Sample Document</H1>
[... etc.]
</BODY>
<HTML>
—  END  —
```

Este ejemplo representa una respuesta de redirección, donde el servidor va a dirigir al cliente para hacer traer el objeto indicado por el URL (utilizando FTP):

```
— BEGIN —
Location: ftp://ftp.netcom.com/pub/www/object.dat  <== URL of object
                                                   <== Blank line
—  END  —
```

El siguiente ejemplo representa una respuesta de regreso directo desde un programa CGI invocado por un servidor HTTP, donde los resultados contienen una respuesta HTTP completa:

```
— BEGIN —
HTTP/1.0 200 OK                   <== Start of HTTP Header
Date: Tuesday, 31-May-94 19:04:30 GMT
Server: WebSite 2.0
MIME-version: 1.0
Content-type: text/html
Last-modified: Sunday, 15-May-94 02:12:32 GMT
Content-length: 4109
                                  <== Header-body separator
<HTML> <HEAD>
<TITLE>A document</TITLE>
[... etc.]
—  END  —
```

# Ejemplo de código de referencia

Esta sección contiene un ejemplo de referencia que muestra, en Visual Basic, cómo un programador de CGI puede enumerar las claves en una sección CGI Data File, y obtener sus valores.

# Enumerando claves y valores CGI

El siguiente ejemplo de Visual Basic muestra cómo enumerar las claves en una sección y hacer traer los pares clave-valor en una estructura definida por el usuario. Nótese que la declaración de `GetPrivateProfileString()` difiere de la que se ve comúnmente en los programas VB. La diferencia es compatible, y permite la enumeración al pasar `NULL` para el nombre de la clave. Una \ al final de una línea indica continuación. De hecho el código debe estar en una línea.

```
Declare Function GetPrivateProfileString Lib "Kernel" \
        (ByVal lpSection As String, \
         ByVal lpKeyName As Any, \          <== This permits NULL key name
         ByVal lpDefault As String, \
         ByVal lpReturnedString As String, \
         ByVal nSize As Integer, \
         ByVal lpFileName As String) As Integer

Type Tuple                     ' Used for Accept: and "extra" headers
    Key As String              ' and for holding POST form key=value pairs
    value As String
End Type

Global CGI_ProfileFile as String                ' Pathname of CGI Data File
Global CGIAcceptTypes(MAX_ACCTYPE) as Tuple     ' Accept: types array
Global CGINumAcceptTypes as Integer             ' Number of Accept: types in array

Const ENUM_BUF_SIZE 8192                        ' Size of key enumeration buffer

'---------------------------------------------------------------------------
'
'   GetProfile() - Get a value or enumerate keys in CGI_Data file
'
' Get a value given the section and key, or enumerate keys given the
' section name and "" for the key. If enumerating, the list of keys for
' the given section is returned as a null-separated string, with a
' double null at the end.
'
' VB handles this with flair! I couldn't believe my eyes when I tried this.
'---------------------------------------------------------------------------
Private Function GetProfile (sSection As String, sKey As String) As String
    Dim retLen As Integer
    Dim buf As String * ENUM_BUF_SIZE

    If sKey <> "" Then
        retLen = GetPrivateProfileString(sSection, sKey, "", buf, ENUM_BUF_SIZE,
         CGI_ProfileFile)
    Else
        retLen = GetPrivateProfileString(sSection, 0&, "", buf, ENUM_BUF_SIZE,
         CGI_ProfileFile)
    End If
    If retLen = 0 Then
        GetProfile = ""
    Else
        GetProfile = Left$(buf, retLen)
    End If

End Function
```

```
'-----------------------------------------------------------------------
'
'   GetAcceptTypes() - Create the array of accept type structs
'
' Enumerate the keys in the [Accept] section of the profile file,
' then get the value for each of the keys.
'-----------------------------------------------------------------------
Private Sub GetAcceptTypes ()
    Dim sList As String
    Dim i As Integer, j As Integer, l As Integer, n As Integer

    sList = GetProfile("Accept", "")        ' Get key list
    l = Len(sList)                          ' Length incl. trailing null
    i = 1                                   ' Start at 1st character
    n = 0                                   ' Index in array
    Do While ((i < l) And (n < MAX_ACCTYPE))' Safety stop here
        j = InStr(i, sList, Chr$(0))        ' J -> next null
        CGI_AcceptTypes(n).Key = Mid$(sList, i, j - i) ' Get Key, then value
        CGI_AcceptTypes(n).value = GetProfile("Accept", CGI_AcceptTypes(n).Key)
        i = j + 1                           ' Bump pointer
        n = n + 1                           ' Bump array index
    Loop
    CGI_NumAcceptTypes = n                  ' Fill in global count

End Sub
```

# Apéndice I

# Qué hay en el CD-ROM

En el CD-ROM usted encontrará todos los archivos de ejemplo que se presentan en este libro, junto con todas las aplicaciones y utilerías requeridas para configurar su sitio.

# Instalación del servidor FolkWeb

La versión especial de FolkWeb incluida en este disco es una versión completamente registrada, no es la versión normal shareware. Este software está autorizado para que usted, o quien compre este libro, lo utilice, y no se distribuye a otras personas.

Usted tendrá la opción de instalar el software servidor FolkWeb al correr el programa de Instalación (Setup) del disco. Si quiere hacerlo manualmente, corra el programa de Instalación que se encuentra en el directorio \HTTPD.

## Soporte técnico

Puesto que ésta es una versión de FolkWeb registrada con licencia especial, ILAR Concepts, los creadores de FolkWeb, no ofrecen el soporte de producto normal para el software. Asegúrese de ver el ofrecimiento especial para actualización que hace ILAR Concepts.

El equipo de soporte de Macmillan Computer Publishing no puede ayudarle con Windows 95 o con los problemas del servidor, pero sí puede asistirle si el problema surge del propio CD-ROM. Si usted tiene algún problema con un programa de demostración, shareware, o freeware contenido en el disco, comuníquese con el creador del software.

**Soporte por correo electrónico:** Envíe correo electrónico a `support@mcp.com`.

**Teléfono:** (317) 581-3833

**Fax:** (317) 581-4773

**Correspondencia:** Macmillan Computer Publishing
Atención: Support Department
201 West 103rd Street
Indianapolis, IN 46290-1093

Aquí le indicamos cómo comunicarse vía Internet:

**World Wide Web** *(The Macmillan Information SuperLibrary)*
`http://www.mcp.com/samsnet`

**Internet FTP**
`ftp.mcp.com/pub/sams`

# Instalación de otro software del disco

Este apéndice contiene un listado de los archivos contenidos en el CD, y de su ubicación. A menos que se den otras instrucciones en el libro, instale cada aplicación expandiendo el archivo hacia un directorio temporal. Usted encontrará que algunos archivos (los que tienen una extensión *.exe) son archivos de autoextracción, en tanto que los otros (los que tienen una extensión *.zip) necesitan una utilería de descompresión para su extracción. En el directorio \Winzip95 hemos incluido una aplicación shareware llamada Winzip.

Una vez que un paquete ha sido descomprimido del CD hacia el directorio temporal, muchos de los programas incluyen un programa de instalación que usted puede correr. Puede correr el programa de instalación desde el directorio temporal. Éste le guiará a través de los pasos necesarios para terminar de instalar el software. Luego puede borrar los archivos que se encuentran en el directorio temporal. Usted también puede reinstalar el software del CD-ROM si es necesario.

## \cgi\cgi–samp

| | |
|---|---|
| cgisamp.c | Código fuente C para una aplicación CGI de ejemplo del capítulo 11 |

## \cgi\cgi2shel

| | |
|---|---|
| cgi2shel.zip | Aplicación para examinar la línea de comandos CGI |

## \cgi\cgikit

| | |
|---|---|
| savedata.c | Código fuente para la aplicación CGI savedata del capítulo 11 |
| Cw3211.dll | DLL que se requiere para correr la aplicación savedata.exe |
| Savedata.exe | Versión compilada (Intel) de la aplicación CGI savedata.c |
| Feedback.hfo | Archivo hacia el cual va a escribir savedata.exe |
| Feedback.htm | Formulario HTML de ejemplo que llama a la aplicación CGI savedata.exe |
| Savedata.mak | El makefile de Borland C++ para compilar savedata.c |
| readme.txt | El archivo Readme del Kit CGI |

## \cgi\coldfusi

| | |
|---|---|
| cfuseval.exe | Aplicación CGI de demostración para base de datos ODBC de 32 bits |

## \cgi\counter

| | |
|---|---|
| cntr260.zip | Aplicación CGI para conteo de páginas del capítulo 16 |

## \cgi\perform

| | |
|---|---|
| perform.exe | Aplicación CGI PerForm |

## \cgi\perform\calendar

Archivos de ejemplo para utilizar CGI PerForm y crear un calendario comunitario basado en Web

## \cgi\perform\catalogue

Archivos de ejemplo para utilizar CGI PerForm y crear un catálogo basado en Web

## \cgi\perform\cool link

Archivos de ejemplo para utilizar CGI PerForm y crear una lista de vínculos Cool basada en Web

## \cgi\perform\docs

Documentos para instalación y utilización de CGI PerForm

## \cgi\perform\feedback

Archivos de ejemplo para utilizar CGI PerForm y crear un formulario de retroalimentación basado en Web

## \cgi\perform\gstbook

Archivos de ejemplo para utilizar CGI PerForm y crear una libreta para huéspedes (Guest Book) basada en Web

## \cgi\perform\random_i

Archivos de ejemplo para utilizar CGI PerForm y crear una página HTML que cargará imágenes aleatorias

## \cgi\perform\srv_push

Archivos de ejemplo para utilizar CGI PerForm y crear una página HTML que cargará imágenes para animación

## \cgi\perform\topc_lst

Archivos de ejemplo para utilizar CGI PerForm y crear un sistema de mensajes basado en Web

## \cgi\vb

Todos los archivos de los programas de base de datos de Visual Basic y C++ del capítulo 23

## \client

| | |
|---|---|
| 14manual.exe | Manual para el usuario del correo electrónico Eudora en formato MS Word |
| Eudor152.exe | Cliente para correo electrónico Eudora |
| whois32.zip | Aplicación de 32 bits para cliente Whois |
| wsarch08.zip | Aplicación de 16 bits para cliente Archie |
| Cuteftp3.zip | Aplicación de 32 bits para cliente FTP |
| Newsxprs.zip | Aplicación de 16 bits para cliente News Xpress |
| Msie20.exe | Microsoft Internet Explorer 2.0 para Win95 |

## \frames

Sitio Web muestra que utiliza la etiqueta para cuadros de Netscape del capítulo 12

## \ftpd

| | |
|---|---|
| secftp15.zip | Un servidor FTP seguro y una aplicación para cliente |
| servu11i.zip | El servidor Serv-U FTP |

## \httpd

| | |
|---|---|
| \Pur_demo | Subdirectorio para demo del servidor Web de escritorio Purveyor para Windows 95 |
| archivos folkweb | Servidor Web FolkWeb |

## \imagemap

Archivos de ejemplo del capítulo 10

## \java

Java SDK, programa y archivos de ejemplo del capítulo 24

## \misc

| | |
|---|---|
| blat14.zip | Blat 1.3 es un programa de utilería para envío de correo utilizado por PerForm |
| wti386.zip | Kit de herramientas WAIS EMWAC (Intel) |
| mpths120.zip | Una utilería de mapa de imágenes que sirve para crear archivos de mapa |
| psp312.zip | Aplicación para edición de imágenes Paint Shop Pro |
| webedit.zip | WebEdit es un editor HTML |

## \perl

| | |
|---|---|
| cgi2per.exe | |
| cgi-lib.pl | Una librería Perl para soportar CGI |
| mailto.pl | Soporte de correo para formularios Web |
| wwwusage.pl | Estadísticas de páginas Web a partir de los archivos de registro |
| ntperl5_zip | Perl 5 para Windows NT/95 |

(Y otros archivos de soporte para scripts Perl)

## \site

Archivos para el sitio Web muestra del capítulo 13

## smtpd

| | |
|---|---|
| slmail.doc | Manual del usuario de SLmail |
| slmail95.exe | Los servidores SMTP y POP3 de SLmail |

## \supp

Todos los archivos de ejemplo del capítulo 19 en WAIS y ODBC

| | |
|---|---|
| Bookmark.htm | Archivo marcador de Netscape con una gran cantidad de vínculos |
| libcgi.zip | Biblioteca ANSI C para crear aplicaciones CGI |

## \tools

| | |
|---|---|
| ras_pls.exe | Utilería para automatizar el Acceso telefónico a redes de Win95 |
| netalert.zip | Utilería para verificar el estado de los puertos TCP/IP |
| psnt12a.zip | Utilería de rastreo de puertos para revisar los puertos TCP/IP que estén abiertos |
| rdun61.zip | Utilería de scripts para el Acceso telefónico a redes de Win95 |

## \tools\keep_isp

Los archivos ejecutables y fuentes para el programa keep_isp descrito en el capítulo 16

## \virus

| | |
|---|---|
| doc509av.zip | Doctor Anti-Virus para Windows 95 |
| tbw95650.zip | Thunderbyte Anti-Virus para Windows 95 |

## \winzip95

Winzip para Windows NT/95. Usted lo necesitará para descomprimir los archivos de programa que utilizan nombres de archivos largos.

# Qué podemos decirle de Shareware

Quienquiera que haya tratado de escribir un programa para computadora sabe que esto es una tarea compleja, lo cual es especialmente cierto si usted toma en cuenta todas las características que debe tener el software moderno antes de que muchos usuarios hayan pensado siquiera probarlo. Y si el proceso de desarrollo no es lo suficientemente arduo, el empaquetado, la comercialización y la distribución del programa se convierten en otro obstáculo para el éxito de la aventura que representa la creación de software.

Cuando usted se detiene por un momento a pensar en esto, se da cuenta de que realmente es sorprendente que el concepto de shareware resuelva todos estos problemas. El shareware es un trato favorable tanto para el desarrollador como para el usuario. Los desarrolladores pueden concentrarse en escribir nuevo código (que es lo que generalmente hacen mejor), sin tener que preocuparse acerca de los aspectos del empaquetado y la distribución del software, y los usuarios pueden probar el software antes de que decidan si se ajusta a sus necesidades. Esto es algo que usted no puede hacer tan fácilmente con el software comercial.

Pero no se deje engañar. El shareware no es gratuito, y algunos de los programas del disco son programas shareware. Primero, si un paquete es gratuito, será claramente identificado como *freeware*, no como shareware. Segundo, si el autor del shareware se ha tomado su tiempo en desarrollar un programa, con la esperanza de que otros lo encuentren de utilidad, él no tendrá incentivos para mejorar el programa si nadie accede a pagarle la cuota de registro. En otras palabras, el usuario perderá sólo algunos dólares porque el programa envejecerá y dejará de ser compatible con otras nuevas tecnologías que, inevitablemente, seguirán avanzando.

Las cuotas de registro para el shareware son insignificantes; por lo general oscilan entre 10 y 60 USD (mucho menos de lo que cuesta el software comercial, y a menudo de igual o mejor calidad). Si usted decide que un programa shareware es conveniente, es correcto que siga las instrucciones de registro que vienen con el paquete. Usted obtendrá a cambio varios beneficios, dependiendo de lo que especifique el autor en el archivo licence.txt. Por lo general, éstos incluyen una copia impresa de la guía para el usuario y una nueva versión del programa que le deja de presentar constantemente los recordatorios para que se registre.

Al contrario de muchos desarrolladores de software, a los autores del shareware les gusta saber directamente acerca de sus clientes. Usted se puede comunicar con ellos por correo electrónico, en Web, o en un servidor de lista o grupo de noticias relevante. Sin embargo, tenga presente que a ellos, con justa razón, les gusta saber sobre todo acerca de los clientes que pagan.

# Bibliografía


Albitz, Paul y Cricket Liu. *DNS and BIND.* O'Reilly and Associates, Inc., 1994.

Berners-Lee, T., y D. Connolly. "HyperText Markup Language 2.0" (Borrador Internet), 1995.

Berners-Lee, T., R. T. Fielding, H. Frystyk Nielsen. "HyperText Transfer Protocol HTTP 1.0" (Borrador Internet), 1995.

December, John. *Introducción a Java*, Prentice Hall Hispanoamericana, 1996.

Duncan, Ray. "Electronic Publishing on the World Wide Web." *PC Magazine,* 11 de abril de 1995, pp. 257-261.

"Publishing Databases on the World-Wide Web." *PC Magazine,* agosto de 1995, pp. 403-412.

"Setting Up a Web Server." *PC Magazine*, 16 de mayo de 1995, pp. 273-280.

Friesenhahn, Bob. "Build Your Own WWW Server." *Byte,* abril de 1995, pp. 83-96.

*ISDN: A User's Guide to Services, Applications, and Resources in California.* número de registro de existencias 9550 en Pacific Bell.

Lemay, Laura. *Aprendiendo HTML para Web en una semana*, 1995.

Morris, Mary E. S. *HTML for Fun and Profit.* SunSort Press/Prentice Hall, 1995.

Raggett, Dave. "HyperText Markup Language Specification Version 3.0" (Borrador Internet), 1995.

Resnick, Rosalind and Dave Taylor. *Internet Business Guide*, segunda edición, Sams.net, 1995.

Scoggins, Steve. "The SLIP/PPP Route." *Windows NT Magazine*, septiembre de 1995, pp. 21-25.

Stallings y Van Slyke. *Business Data Communications.* Macmillan Publishing, segunda edición, 1994.

Stevens, W. Richard. *TCP/IP Illustrated*, volúmenes 1 y 2. Addison-Wesley.

Tropiano, Lenny, y Dinah McNutt. "How to Implement ISDN." *Byte,* abril de 1995, pp. 67-74.

Web Page: "A Beginner's Guide to HTML." Por el National Center for Supercomputing Applications. Correo electrónico: pubs@ncsa.uiuc.edu. URL: http://www.ncsa.uiuc.edu/demoweb/html-primer.html.

Web Page: "Building Internet Servers." Por CyberGroup, Inc. URL: http://www.charm.net/~cyber/.

Web Page: "Clickable Image Maps." Por Russ Jones. URL: http://gnn.com/gnn/bus/ora/features/miis/index.html.

Web Page: "Publishing on the World Wide Web." Por Gareth Rees. URL: http://www.cl.cam.ac.uk/users/gdr11/publish.html.

Web Page: "Rick's Windows NT Info Center." Por Rick Graesslen. URL: http://137.226.92.4/rick/.

Web Page: "The Windows NT Resource Center." Por Dave Baker. URL: http://www.bhs.com/winnt/.

Web Page: "World Wide Web Robots, Wanderers, and Spiders." Por Martijn Koster. Correo electrónico: m.koster@nexor.co.uk. URL: http://web.nexor.co.uk/mak/doc/robots/robots.html.

White Paper: "Advanced Internetworking with TCP/IP on Windows NT." Por J. Allard 1993, Microsoft Corp.

White Paper: "Microsoft Windows NT 3.5/3.51 TCP/IP Implementation Details." Por Steve MacDonald 1995. Microsoft Corp.

*Windows 95 Resource Kit.* Publicado por Microsoft Press.

# Glosario

**Access** Base de datos comercial de escritorio para Windows, desarrollada por Microsoft. Se incluye con Visual Basic una versión activa del sistema de administración de la base de datos

**Alias DNS** Un alias DNS es un nombre de host (*hostname*) que el servidor DNS sabe que apunta hacia un host diferente; específicamente, un registro DNS NAME. Las máquinas siempre tienen un nombre real, pero pueden tener uno o más alias. Por ejemplo, `www.`*`yourdomain.domain`* puede ser un alias que apunte hacia una máquina real llamada `realthing.`*`yourdomain.domain`* donde está realmente el servidor. Se suele denominar a los alias DNS como CNAMEs o nombres canónicos.

**Ancho de banda** La diferencia entre las frecuencias sinusoidales más altas y las más bajas que se pueden transmitir a través de una línea de transmisión o por una red. Se mide en Hertz (Hz) y también define la capacidad máxima para acarreo de información de la línea o la red.

**API** Véase *Interfaz para programación de aplicaciones.*

**Archie** Esta utilería de búsqueda mantiene disponible una base de datos de los servidores FTP así como los archivos que contiene cada uno. El cliente Archie consulta al servidor Archie que contiene la base de datos. Los servidores Archie también se pueden consultar por correo electrónico o por Telnet. Hay decenas de servidores Archie en Internet. Esta herramienta trabaja mejor si usted tiene alguna idea del nombre del archivo que está buscando, pues le devolverá una lista de los nombres de dominio de los sitios FTP anónimos cuando la cadena que usted insertó esté contenida dentro de los nombres de directorios o de archivos.

**Arquitectura industrial estándar** (ISA) Define el bus IBM PC estándar.

**ASCII** Véase *Código Estándar Americano para Intercambio de Información.*

**ATM** Véase *Modo de transferencia asincrónico.*

**Backbone (columna vertebral)** Conexiones a nivel nacional o internacional (por lo general con ancho de banda T3) que proporcionan la estructura básica y las rutas del paquete IP en Internet. Las backbones regionales (generalmente con ancho de banda T1) proporcionan las conexiones y las rutas del paquete IP para varios proveedores de servicio Internet locales.

**Biblioteca de vínculo dinámico** (DLL) Archivo que contiene una colección de subrutinas o recursos para usarse con programas Windows u otras DLLs. Windows necesita cargar únicamente una copia de la DLL en la memoria, sin importar cuántos programas que estén corriendo aprovecharán esto. El propio Windows consta casi por completo de DLLs.

**Byte** Véase *Memoria de acceso aleatorio.*

**C** C es un lenguaje de programación muy popular para propósitos generales, inventado en los años 60 por Dennis Ritchie en los Laboratorios Bell AT&T.

**C++** Lenguaje de programación orientada a objetos, muy popular, inventado a principios de los ochentas por Bjarne Stroustrup en los Laboratorios Bell AT&T. Los compiladores C++ aceptan la mayoría de los programas escritos en el lenguaje C estándar.

**Cairo** Nombre en código (hecho público por razones de mercadeo) de la próxima versión principal de Windows NT. Una de las mejoras principales que incluye es el "OLE distribuido", que habilitará a los programas para trabajar en forma más eficiente y cooperativa en las redes.

**Capa de sockets seguros** (SSL) Ésta es una interfaz de software desarrollada por Netscape que asegura la transferencia de la información encriptada entre las aplicaciones cliente y servidor dentro de Internet. SSL, STT (de Microsoft y Visa), y S_HTTP (que es una versión de seguridad del Protocolo de transferencia de hipertexto) son todos los medios para permitir un comercio seguro en Web.

**CCITT** Véase *Comité Consultivo para la Telefonía y Telegrafía Internacionales.*

**Centro nacional para aplicaciones de supercómputo** (NCSA por sus siglas en inglés, National Center for Supercomputing Applications) Organización de investigación de la Universidad de Illinois en Urbana-Champaign. A NCSA se le acredita la invención de Mosaic, el primer visualizador Web gráfico del mundo. La popularidad de Internet se ha disparado año con año desde 1993, luego que Mosaic estuvo disponible para computadoras de escritorio como PCs y Macintosh.

**CERN** Laboratorio Europeo de Física de las Partículas (por sus siglas en inglés European Laboratory for Particle Physics) que inventó World Wide Web para compartir información entre grupos de investigación.

**CGI** Véase *Interfaz Común para Gateway.*

**Clave** Entrada en el Editor de registro de NT que contiene una unidad de información de configuración.

**CNAME** Véase *Alias DNS.*

**Código Estándar Americano para Intercambio de Información** (ASCII por sus siglas en inglés American Standard Code for Information Interchange). Estándar que codifica 128 caracteres comunes en inglés usando 7 de los 8 bits contenidos en un byte. También describe el formato para los archivos de texto.

**Comité Consultivo para la Telefonía y Telegrafía Internacionales** (CCITT por sus siglas en inglés Consultative Committee for International Telephone and Telegraph) Regula los estándares de comunicación de información a nivel mundial. Renombrado recientemente como Sector de estándares en telecomunicaciones, organismo de la Unión internacional de telecomunicaciones.

**Conectividad abierta para base de datos** (ODBC) La API independiente de una base de datos desarrollada por Microsoft para proveer a los desarrolladores de aplicación un medio práctico para escribir programas de base de datos. Los vendedores de bases de datos suministran controladores de bajo nivel en conformidad con la interfaz para ODBC.DLL. Los programadores de aplicaciones hacen llamadas estándar a ODBC.DLL para accesar a cualquier base de datos sin importar su propio formato.

**CPU** Véase *Unidad central de procesamiento.*

**CSU/DSU** Véase *Unidad de servicio de canal/Unidad de servicio de información.*

**Daemon** Cualquier programa que corre en segundo plano, en espera de ser utilizado por otros programas. También se conoce como *servidor.*

**DCE** Véa *Equipo para comunicaciones de datos.*

**Dirección IP** La dirección de Protocolo Internet es un conjunto de cuatro números (4 bytes, o 32 bits) separados por puntos, que especifica la ubicación real de una máquina en Internet.

**DLL** Véase *Biblioteca de vínculo dinámico.*

**DNS** Véase *Sistema de Nombre de Dominio.*

**Documento raíz** Directorio que se encuentra en el servidor que contiene los archivos, imágenes e información que usted quiere presentar a los usuarios que accesan al servidor.

**Dominio de alto nivel** La categoría más alta de clasificación de nombres de host, que significa tanto el tipo de organización en que se encuentra el dominio (por ejemplo, `.com` es una compañía, y `.edu` es una institución académica) como el país de origen (por ejemplo, `.uk` es el Reino Unido y `.jp` es Japón).

**DTE** Véase *Equipo para terminal de datos.*

**Electrónica de unidades integradas** (IDE) Un adaptador estándar para unidad de disco para la ISA de PC.

**Enrutador** Es una computadora de propósito especial utilizada para conectar dos o más redes juntas. La mayoría de los enrutadores la habilitan para crear una conexión física entre diferentes tipos de redes como Ethernet, Token Ring y FDDI.

**Equipo para comunicaciones de datos** (DCE) La mayoría de los dispositivos DCE residen entre la computadora y una fuente de información externa. La clase más familiar de dispositivos DCE es el módem. En general a la computadora se le considera un dispositivo DTE (Equipo para terminal de datos). El software de comunicaciones que corre en el DTE (computadora) debe activar la señal DTR (Lista para terminal de datos) en el DCE (módem) cada vez que el software y la computadora estén listos para una posterior transmisión de datos. Generalmente los DTE y DCE están conectados a través de una interfaz RS-232C y una UART.

**Equipo para terminal de datos** (DTE) Véase *Equipo para comunicaciones de datos.*

**Estación de trabajo Windows NT** La versión menos costosa de Windows NT.

**Ethernet** Se refiere al estándar desarrollado por Digital Equipment Corp., Intel Corp. y Xerox Corp. en 1982. Es el estándar predominante en Redes de área local (LANs) hoy día. Ethernet utiliza el método CSMA/CD (Acceso múltiple de percepción de portadora y detección de colisión). Ethernet también está cubierta por el estándar IEEE 802.3.

**Extensión del archivo** Última sección del nombre de un archivo que regularmente define el tipo de archivo del que se trata (por ejemplo .GIF y .HTML). Por ejemplo, en el nombre del archivo INDEX.HTML, la extensión del archivo es HTML. La extensión .HTM también se usa para archivos HTML.

**Extensiones multipropósito para correo Internet** (MIME) Estándar que surge para transferencias de archivos multimedia en Internet vía correo electrónico o Web.

**FAT** Véase *Tabla de asignación de archivos.*

**FDDI** Véase *Interfaz de datos distribuidos por fibra.*

**Firewall** Dispositivo de seguridad colocado en una LAN para protegerla de los intrusos de Internet. Éste puede ser un tipo especial de enrutador de hardware, o una pieza de software, o ambos.

**Formato común para archivo de registro** Este formato es utilizado por la mayoría de los servidores Web para insertar información dentro de los registros de acceso. El formato es el mismo entre todos los servidores principales Web, incluyendo los servidores Netscape Commerce and Communications, httpd CERN y httpd NCSA. El HTTPS EMWAC no sigue el Formato común para archivo de registro.

**Formato de intercambio para gráficos** (GIF) Formato de imágenes multiplataforma creado originalmente por CompuServe. En general los archivos GIF son mucho más pequeños que otros tipos de archivos para gráficos (como .BMP y .TIF). GIF es uno de los formatos de intercambio más comunes y se puede ver fácilmente en muchas plataformas.

**FQDN** Véase *Nombre de dominio completamente calificado.*

**FTP** Véase *Protocolo de transferencia de archivos.*

**Fuente de poder ininterrumpible** (UPS) Véase *UPS.*

**Gateway** Un gateway es una computadora en red que corre software para más de una interfaz de red. El gateway administra el flujo de información entre las dos redes de acuerdo con las tablas de rutas.

**GIF** Véase *Formato de intercambio para gráficos.*

**Gigabyte** Véase *Memoria de acceso aleatorio.*

**Gopher** Programa para Internet inventado en la Universidad de Minnesota para distribución de archivos de texto seleccionados mediante menús basados en caracteres.

**GUI** Véase *interfaz gráfica de usuario.*

**HTML** Véase *Lenguaje de marcado de hipertexto.*

**HTTP** Véase *Protocolo de transferencia de hipertexto.*

**HTTPD** Abreviatura para el daemon HTTP, un programa que proporciona información mediante el protocolo HTTP. A los servidores HTTP basados en Unix también se les conoce como HTTPDs.

**HTTPS** Abreviatura en el mundo de las PCs para el servidor HTTP, programa que proporciona información mediante el protocolo HTTP.

**IDE** Véase *Electrónica de unidades integradas.*

**Interconexión para componentes periféricos** (PCI) PCI es un diseño para tarjeta madre de bus local de Intel. Está diseñada para competir con el consorcio industrial que desarrolló el bus local VESA (VLB). Corre a la mitad de la velocidad de la CPU principal, al contrario del valor constante de 6 MHz para el bus PC estándar ISA y el bus local VESA. Su desempeño opaca en muchos aspectos a VLB. Se está volviendo muy popular en los nuevos sistemas basados en Pentium a pesar de algunas fallas al comienzo de su carrera.

**Interfaz común para gateway** (CGI) Interfaz para que los programas externos se comuniquen con el servidor HTTP. Los programas que están escritos para utilizar CGI se llaman programas CGI o scripts CGI. Los programas CGI se utilizan comúnmente para soportar formas o realizar análisis de la salida que no hace el servidor. Véase también WinCGI.

**Interfaz de datos distribuidos por fibra** (FDDI) Tecnología de cableado para red de alta velocidad (100 Mbps), inmune a la interferencia de frecuencias de radio de otras fuentes eléctricas y está protegida contra la posibilidad de espionaje electrónico.

**Interfaz gráfica de usuario** (GUI) Ésta describe el método de interacción que un programa ofrece al usuario. Una GUI permite control mediante ratón y teclado, al contrario de una de línea de comandos, que requiere entrada mediante teclado. La mayoría de los programas para Windows 95 incluyen una GUI con botones accesibles para el usuario, menús y barras de desplazamiento. Las aplicaciones para consola pueden correr únicamente en la ventana para Prompt del DOS de Windows 95.

**Interfaz para programación de aplicaciones** (API por sus siglas en inglés Application Programming Interface) Conjunto de funciones proporcionadas por el sistema operativo como un servicio a los programadores. Utilizar una API es más fácil que tener que desarrollar la capacidad desde el comienzo y ayuda a asegurar cierta consistencia entre todos los programas que corren en un sistema operativo determinado.

**Interfaz pequeña para sistemas de computadoras** (SCSI) Es un tipo de interfaz en hardware estándar para computadoras y dispositivos periféricos. Es para uso general, pero muy a menudo se utiliza para unidades de disco duro, unidades CD-ROM y escáners. SCSI es soportado en muchas plataformas. Las unidades y controladores SCSI e IDE pueden operar juntos en el mismo sistema. Se pueden encadenar hasta siete dispositivos SCSI al mismo tiempo en una tarjeta controladora. (Pero la propia tarjeta cuenta como un dispositivo.) Aunque IDE (o EIDE) sigue siendo más popular para discos duros de PC por su precio, en general las unidades SCSI ofrecen mejor desempeño, en especial muchas de las nuevas variedades de SCSI, como SCSI II y Fast-Wide SCSI. Un adaptador Wide SCSI puede encadenar hasta 13 dispositivos en margarita.

**InterNIC** organización encargada de mantener direcciones únicas para cada computadora en Internet con el sistema de nombre de dominio.

**Intranet** Más comúnmente utilizada para describir una red corporativa (LAN o WAN) que utiliza TCP/IP y los protocolos de capa de aplicación como HTTP, SMTP, POP3. Una Intranet no necesariamente incluye una conexión permanente a Internet. Las Intranets se pueden utilizar para la publicación interna de la documentación de la compañía.

**IP** Véase *Protocolo Internet.*

**ISA** Véase *Arquitectura industrial estándar.*

**ISDN** Véase *Red digital de servicios integrados.*

**ISINDEX** Documentos que suelen utilizar las capacidades de un navegador de red para aceptar una cadena de búsqueda y enviarla hacia el servidor para accesar a un índice localizable sin utilizar formularios. Para utilizar ISINDEX, usted tiene que crear un manejador de consulta.

**ISMAP** ISMAP es una extensión para la etiqueta IMG SRC, utilizada en un documento HTML para indicar al servidor que la imagen nombrada es un mapa de imagen.

**ISP** Véase *Proveedor de servicio Internet.*

**Kilobyte** Véase *Memoria de acceso aleatorio.*

**LAN** Véase *Red de área local.*

**Lenguaje de marcado de hipertexto** (HTML) HTML es un lenguaje de formateo utilizado para documentos en World Wide Web. Los archivos HTML son archivos de texto con códigos de formato que indican a los visualizadores como Netscape Navigator, cómo desplegar textos, colocar gráficos y formar elementos, así como desplegar vínculos de hipertexto hacia otras páginas.

**Lenguaje de marcado para realidad virtual** (VRML) Especificación en borrador que describe cómo implementar el soporte para escenas de realidad virtual sobre Web. Está construido sobre la base de HTML, pero es un lenguaje nuevo. Al igual que HTML, el lenguaje no está restringido a binario para ninguna plataforma en particular. Con el soporte para realidad virtual, los clientes serán capaces de atravesar páginas Web en tercera dimensión.

**Lenguaje estándar de marcado generalizado** (SGML) Éste es un estándar ISO 8879:1986 para Información de procesamiento de texto y sistemas de oficina. HTML es una aplicación de este estándar.

**Lenguaje práctico para extracción y reportes** (Perl) Perl es un lenguaje de programación diseñado para buscar arbitrariamente archivos de texto, extraer información e imprimir reportes. Los programas en Perl se llaman scripts debido a que son procesados por un intérprete, al contrario de un compilador.

**Listserv o servidor de lista** Aplicación para servidor que permite a los miembros de un grupo transmitir mensajes de correo electrónico entre ellos. Un individuo envía un solo mensaje de correo electrónico hacia el servidor, que a su vez lo envía a todos los demás miembros del grupo listserv.

**Localizador uniforme de recursos** (URL) También llamado *ubicación.* Es un sistema de direcciones que localiza documentos en los servidores. Un cliente utiliza el URL para solicitar que un documento se vea. El formato de un URL es `[protocol]://[machine:port]/[document]`. Un ejemplo es `http://www.FBSolutions.com/default.htm`.

**Mapa de imagen** Proceso que permite a los usuarios navegar y obtener información al hacer clic en alguna de las diferentes regiones de la imagen. El mapa de imagen también hace referencia a un programa CGI llamado *imagemap,* que se utiliza para manejar la funcionalidad del mapa de imagen en aplicaciones httpd basadas en UNIX.

**Memoria de acceso aleatorio** (RAM) Memoria física basada en el semiconductor de una computadora. Un byte de RAM puede soportar un carácter, como el punto al final de esta oración. Un kilobyte (Kb) soporta 1024 caracteres. Un megabyte (Mb) de RAM soporta un millón de caracteres (en realidad 1024 por 1024). Sin contar los gráficos, este libro consta de aproximadamente 300,000 caracteres, o 1/3 de megabyte. Un gigabyte (Gb) es igual a mil megabytes. Sí, es mucho, pero no siempre es suficiente. Los terabytes (Tb) no son muy mencionados todavía, pero sólo por saber, 1 Tb equivale a 1,000 Gb.

**Memoria virtual** Técnica de software, se suele implementar en el sistema operativo y utiliza el espacio en disco duro para incrementar la capacidad de la memoria más allá de la cantidad de RAM física presente. Windows 95 recargará automáticamente la memoria virtual del disco duro en el RAM al instante en que una aplicación se lo pida. No se debe confundir esto con un Disco RAM, que es un programa utilizado por el RAM como una unidad rápida de disco.

**MIME** Véase *Extensiones multipropósito para correo Internet.*

**Modo de transferencia asincrónico** (ATM por sus siglas en inglés Asynchronous Transfer Mode) Nueva tecnología para transmisión de datos que puede transmitir caudales de procesamiento muy altos de 155 a 622 Mbps.

**Multihilos** Técnica de programación que permite la ejecución de más de una parte del programa en forma simultánea en una máquina SMP. Incluso en las computadoras con una sola CPU, los programas de multihilos pueden mostrar la ventaja de una mejor respuesta a los comandos del usuario mientras se ejecuta un proceso extenso en segundo plano.

**Multiprocesador simétrico** (SMP) Arquitectura de computadoras en la cual corre más de una CPU compartiendo memoria simultáneamente. Esta capacidad no existe en Windows 95, pero Windows NT está diseñado para aprovechar el hardware SMP, tanto dentro del sistema operativo como del nivel de aplicación, mediante la creación de hilos (*threads*) separados que utilizan la API WIN32.

**NCSA** Véase *Centro nacional para aplicaciones de supercómputo.*

**NNTP** Véase *Protocolo para transferencia de noticias en red.*

**Nombre canónico** (CNAME) Véase *Alias DNS.*

**Nombre de dominio completamente calificado** (FQDN) Nombres de host con sus nombres de dominio anexados. Por ejemplo, en un host con nombre `webserv` y nombre de dominio DNS `yourco.com`, el FQDN es `webserv.yourco.com`.

**Nombre de host** Nombre para una máquina de la forma `machine.subdomain.domain`, traducido dentro de una dirección IP. Por ejemplo, `www.FBSolutions.com` es considerado un nombre de host o un Nombre de dominio completamente calificado. Esta máquina, `www` puede ser una máquina única (o host) en el subdominio (o red), o bien puede ser un alias (o CNAME) para otra máquina en el subdominio (o red).

**NTFS** Véase *Sistema de archivos NT.*

**ODBC** Véase *Conectividad abierta para base de datos.*

**OLE** Véase *Vinculación e incrustación de objetos.*

**Página principal** Documento en el servidor que actúa como un catálogo o punto de entrada para el contenido del servidor. La ubicación de este documento está definida dentro de los archivos de configuración del servidor.

**PCI** Véase *Interconexión para componentes periféricos.*

**Perl** Véase *Lenguaje práctico para extracción y reportes.*

**Ping** Programa TCP/IP que se utiliza para verificar las conexiones de red entre las computadoras y para medir el tiempo que toman los paquetes para atravesar la ruta.

**POP, POP3** Véase *Protocolo para oficina postal.*

**PPP** Véase *Protocolo punto a punto.*

**Protocolo** Conjunto de reglas y convenciones por las cuales dos computadoras pasan mensajes a través de una red.

**Protocolo de control de transmisión** (TCP) Protocolo Internet basado en la conexión que es responsable de dividir la información en paquetes, los cuales manda el Protocolo Internet sobre la red. TCP brinda un flujo de comunicación confiable y secuenciado entre las redes.

**Protocolo de control de transmisión/Protocolo Internet** (TCP/IP) Protocolo Internet que se usa para conectar una red internacional de universidades, laboratorios de investigación, instalaciones militares, organizaciones y corporaciones. TCP/IP incluye estándares de comunicación entre las computadoras y convenciones para conectar redes y tráfico de ruta.

**Protocolo de datagrama para usuario** (UDP) Corre en la superficie del IP para brindar una transmisión de paquetes más eficiente pero menos confiable que TCP. UDP lo utilizan determinados programas Internet, como el Protocolo trivial de transferencia de archivos y Ping.

**Protocolo de transferencia de archivos** (FTP) Un protocolo que gobierna las transferencias de archivos entre sistemas locales y remotos. Los programas que utilizan este protocolo se llaman clientes FTP y servidores FTP. FTP soporta varios comandos que permiten la transferencia bidireccional de archivos binarios y ASCII entre los sistemas. Los programas para cliente y servidor FTP en NT se instalan con las utilerías de conectividad TCP/IP. Nótese que el cliente que viene con NT es una versión de línea de comandos.

**Protocolo de transferencia de hipertexto** (HTTP) Método estándar para intercambiar información entre los servidores y los clientes HTTP en Web. Las especificaciones HTTP establecen las reglas de cómo deben trabajar servidores y visualizadores Web juntos.

**Protocolo Internet** (IP) El protocolo que gobierna la manera en que se construyen y envían los paquetes sobre la red. El IP no garantiza la transmisión del paquete ni la orden de transmisión. El TCP corre arriba del IP para proporcionar un flujo confiable y secuenciado de comunicación entre las redes. Véase también Protocolo de control de transmisión/Protocolo Internet (TCP/IP).

**Protocolo Internet de línea serial** (SLIP) SLIP es un protocolo estándar en la industria que encapsula los paquetes IP para transmisión a través de módems. Es uno de los protocolos disponibles cuando se está utilizando TCP/IP con RAS.

**Protocolo para oficina postal** (POP, o POP3) Definido por la RFC 1721, POP3 es un protocolo a nivel de aplicación diseñado para manejar el correo local. El buzón de POP3 almacena el correo recibido por SMTP (el agente enrutador) hasta que lo lee el usuario. También pasa mensajes de salida hacia el servidor SMTP para posterior entrega en la dirección.

**Protocolo para transferencia de noticias en red** (NNTP) Éste es el protocolo que Usenet corre para ofrecer grupos de noticias. Hay miles de grupos de noticias en Internet. Cada uno es similar a un boletín electrónico dedicado a un tema específico que sus lectores desean exponer.

**Protocolo punto a punto** (PPP) Estándar de la industria que es parte del acceso telefónico a redes de Windows 95 y del software de acceso remoto (RAS) de Windows NT, y que le permite conectarse a Internet. Debido a que ofrece un mejor desempeño, PPP ha reemplazado en gran medida a SLIP para conexiones remotas a Internet.

**Protocolo simple de administración de redes** (SNMP) Protocolo estándar en TCP/IP que determina cómo se monitorea el rendimiento de las redes.

**Protocolo simple de transferencia de correspondencia** (SMTP por sus siglas en inglés Simple Mail Transfer Protocol) Protocolo estándar en TCP/IP que determina cómo se transfiere el correo electrónico en Internet.

**Proveedor de servicio Internet** (ISP) Compañía que proporciona, a usted o a su compañía, acceso a Internet. Los ISPs por lo general cuentan con varios servidores y un vínculo de alta velocidad hacia la dorsal de Internet.

**Puente** Computadora o dispositivo para red que contiene interfaces de capas con doble vínculo y que atiende todo el tráfico de paquetes en ambas redes para determinar aquellos paquetes a los que se debe permitir pasar entre ellas.

**Puerto** Conexión o socket utilizado para conectar una aplicación para cliente basada en TCP/IP hacia su servidor. Los servidores son conocidos por su bien sabido número de puerto asignado por la Autoridad para números asignados en Internet (IANA). El bien conocido puerto para HTTP es 80.

**Raíz del servidor** Directorio en la máquina servidor dedicado a mantener el programa servidor, la configuración, el mantenimiento y los archivos de información.

**RAM** Véase *Memoria de acceso aleatorio.*

**Recurso** Al pertenecer a HTML, se refiere a cualquier documento (URL), directorio o programa que el servidor puede accesar y enviar a un cliente que lo pida.

**Red de área local** Grupo de computadoras y dispositivos periféricos conectados juntos por el bien común de todos los usuarios. Esto se hace generalmente en un ambiente de oficinas a fin de compartir archivos e impresoras. Los tamaños típicos de una LAN van de 2 a 100 computadoras.

**Red digital de servicios integrados** (ISDN) Opera esencialmente como una línea telefónica digital. ISDN brinda muchos beneficios sobre las líneas telefónicas analógicas estándar, incluyendo llamadas simultáneas múltiples y transmisiones de datos de alta calidad. Las velocidades de información ISDN van de 56 a 128 Kbps.

**Redireccionamiento** Sistema por el cual los clientes que accesan un URL en particular son enviados a diferentes ubicaciones, ya sea en el mismo servidor o en uno diferente.

**Registry** La base de datos de sistema de Windows 95 que soporta información de configuración para hardware, software y usuarios.

**Relevador de cuadros o Frame Relay** Tecnología de transmisión de datos más popular cada día como medio para reemplazar las costosas líneas especializadas T1 en redes de área amplia. El Frame Relay se puede adquirir en unidades más apropiadas para el tráfico en red anticipado, se puede montar y desmontar con el tiempo y se puede utilizar sin predefinir las múltiples conexiones de punto a punto.

**RFC** Véase *Solicitud de comentarios.*

**Robot** Para nuestros propósitos, nos referimos a robots de software en Web. Estas aplicaciones recorren Internet buscando servidores Web y regresan información indexada hacia su host. Los robots son más a menudo utilizados para crear bases de datos en sitios Web. La base de datos con búsqueda de página Web Lycos es mantenida por el Robot Lycos.

**SCSI** Véase *Interfaz para sistemas de computadoras.*

**Servidor de información de área amplia** (WAIS) Subconjunto del protocolo Z39.50-88 que permite a los clientes remotos WAIS conducir búsquedas de las bases de datos del servidor que han sido preparadas mediante una herramienta waisindex.

**Servidor** En general, se refiere a una computadora que proporciona recursos compartidos a los usuarios de una red. En algunos casos específicos, relacionados con Internet, el servidor se refiere al servidor del protocolo de capa de aplicación TCP/IP, como HTTPS.

**Servidor proxy** Programa de computadora que corre en un servidor colocado entre una LAN y su conexión hacia Internet. El software del servidor proxy filtrará todas las conexiones salientes para hacerlas parecer como si vinieran de una sola máquina. El propósito de esto es prevenir que los hackers (intrusos informáticos) conozcan la estructura de su red. El administrador del sistema también regula los puntos de salida hacia los que se puede conectar el usuario de la LAN.

**Servidores de nombres DNS** En el modelo DNS cliente/servidor, estos servidores contienen información acerca de una porción de la base de datos DNS, que hace que los nombres de la computadora estén disponibles para los convertidores de nombre del cliente.

**SGML** Véase *Lenguaje estándar de marcado generalizado.*

**Sistema de archivos NT** (NTFS) Éste es el sistema avanzado de archivos que proporciona NT como una opción cuando se formatean discos duros. Las ventajas de este sistema son los nombres largos de archivos, la fragmentación reducida de archivos, tolerancia a fallas mejorada y mejor desempeño para la recuperación después de una ruptura (comparado con DOS o OS/2).

**Sistema de Nombre de Dominio** (DNS) Las máquinas en una red usan un DNS para asociar las direcciones estándar del IP (como `204.252.2.5`) con nombres de host (como `www.FBSolutions.com`). Las computadoras normalmente obtienen esta información traducida de un servidor DNS, o la buscan en tablas que se conservan en sus sistemas.

**SLIP** Véase *Protocolo Internet de línea serial.*

**SMP** Véase *Multiprocesador simétrico.*

**SMTP** Véase *Protocolo simple de transferencia de correspondencia.*

**SNMP** Véase *Protocolo simple de administración de redes.*

**Solicitud de comentarios** (RFCs) Los documentos oficiales de la IETF (Grupo de trabajo especial de ingeniería en Internet) que especifica los detalles de todos los protocolos y sistemas que comprenden Internet.

**SSL** Véase *Capa de sockets seguros.*

**Switched-56** Ésta es una tecnología de circuito conmutado con un caudal de procesamiento de 56 Kbps. Ha sido el punto medio entre las líneas telefónicas analógicas y las líneas dedicadas para desarrollo de la ISDN.

**T1** Medio de transmisión de datos con capacidad de 1.544 Mbps. Las líneas pueden ser rentadas para uso privado o corporativo entre dos puntos designados. Algunos proveedores de servicio Internet lo ofrecen.

**T3** Medio de transmisión de datos con capacidad de 45 Mbps. Por lo general se encuentra sólo en la backbone de Internet o en grandes instituciones.

**Tabla de asignación de archivos** (FAT) Sistema de archivos utilizado por MS-DOS a través de la versión 6.22. La FAT es famosa por el hecho de que limita los nombres de los archivos a 8 caracteres, con tres caracteres para la extensión del archivo. Aunque el sistema de archivos primario en Windows NT es NTFS, FAT también está disponible en NT por compatibilidad. El sistema de archivos en Windows 95 es una continuación de FAT, llamada VFAT, que permite nombres largos de archivos.

**TCP** Véase *Protocolo de control de transmisión.*

**Telnet** Protocolo donde hay dos máquinas sobre la red conectadas entre sí y que soportan emulación de terminal para conexión remota. Una computadora remota que corre una aplicación para cliente Telnet puede ejecutar cualquier aplicación basada en consola en un servidor Telnet NT.

**Terabyte** Véase *Memoria de acceso aleatorio.*

**Tiempo límite** Tiempo especificado después del cual un programa debiera terminar una operación con una máquina remota que parece no responder.

**Tipo de archivo** Formato de un archivo determinado (por ejemplo, un archivo de gráficos no tiene la misma representación interna que uno de texto). Por lo general los tipos de archivo se identifican por la extensión del archivo (por ejemplo, .GIF o .HTML).

**Token Ring** Red IBM arreglada en topología circular en la cual se utiliza una señal electrónica circulante para llevar el paquete activo. Un nodo en la red debe esperar hasta que la señal vacía pase inadvertida antes de que pueda insertar un mensaje sobre la LAN. Token Ring está cubierta por el estándar IEEE 802.5.

**UDP** Véase *Protocolo de datagrama para usuario.*

**Unicode** Sistema de codificación de caracteres de 16 bits que cubre todos los símbolos en todos los lenguajes del mundo y varios símbolos de divisas, ciencias y matemáticas. Windows 95 incluye soporte limitado para Unicode. Windows NT utiliza Unicode internamente para todas las cadenas y nombres de archivos, y proporciona un conjunto de APIs Unicode para que los desarrolladores de aplicación elaboren más fácilmente programas internacionales.

**Unidad central de procesamiento** (CPU) Microprocesador, o cerebro, que lleva a cabo la mayoría de los cálculos necesarios para correr un programa de computadora.

**Unidad de servicio de canal/Unidad de servicio de información** (CSU/DSU) Estas unidades por lo general se encuentran juntas como un solo dispositivo. Una CSU/DSU se utiliza como una unidad para tener acceso a una línea T1, Frame Relay o ISDN. En algunos casos, se coloca en el enrutador, como sucede con Ascend Pipeline para ISDN. Cumple en gran medida el mismo propósito para las líneas digitales de alta velocidad, que el módem para las líneas telefónicas analógicas. (Podría verse como el equivalente digital para el módem.) Reside entre su computadora (o enrutador) y la línea de información de la compañía telefónica que sale de su edificio.

**UPS** Fuente de poder operada con baterías, que se conecta a una computadora para mantener corriendo el sistema durante una falla en el suministro de energía.

**Variable de ambiente** Cuando se evalúa una expresión en algún ambiente, la evaluación de una variable consiste en la búsqueda de su valor en el ambiente.

**Veronica** Utilería para búsqueda de bases de datos de Gopher. Se accesa como un elemento de menú desplegado por un servidor gopher. La información devuelta por Veronica se despliega hasta ahora como otro menú de los elementos del menú gopher que encaja con el tema de búsqueda.

**VESA Bus local** (VLB) Éste es un tipo popular de bus local para PC, definido por la Asociación de estándares de electrónica del video. La mayoría de las máquinas VLB pueden soportar dos o tres dispositivos semejantes. Las tarjetas periféricas en las ranuras de expansión VLB operan con mucho menos carga general que las tarjetas estándar. Se usa con más frecuencia para controladores de disco duro EIDE o adaptadores para pantallas VGA, dos dispositivos altamente dependientes de los niveles de caudal de procesamiento.

**Vinculación e incrustación de objetos** (OLE) La API desarrollada por Microsoft, en la cual se basa gran parte de la interfaz de usuario de Windows 95. En principio se diseñó sólo para proporcionar un medio de tratar los documentos como objetos utilizables por otros documentos. Sin embargo, se ha extendido para incluir la funcionalidad de cortar y pegar, la capacidad de programar objetos componentes a partir de aplicaciones, almacenar archivos y directorios con archivos compuestos y servir como la base para distribuir objetos mediante llamadas de procedimiento remoto en la versión Cairo de Windows NT.

**Visual Basic** Ambiente de programación de point-and-click (apuntar y hacer clic) de Microsoft para desarrollo de programas Windows en BASIC. Es popular por su facilidad para diseño de pantallas. Incluye la maquinaria de base de datos Access.

**VLB** Véase *VESA Bus local.*

**VRML** Véase *Lenguaje de marcado para realidad virtual.*

**WAIS** Véase *Servidor de información de área amplia.*

**Win16** La API de 16 bits para Windows, desarrollada en la versión 1.0 de Windows y extendida a través de la versión 3.11 de Windows para Trabajo en grupo. Se le llama de 16 bits ya que por lo general utiliza 2 bytes para representar los objetos de programación como los enteros, las referencias para Windows y los punteros a memoria.

**Win32** La API de 32 bits para Windows, desarrollada en la versión 3.1 de Windows NT y extendida a través de Windows NT 3.5x y de Windows 95. Se le llama de 32 bits ya que por lo general utiliza 4 bytes para representar objetos de programación como enteros, referencia para Windows y los punteros a memoria. La API Win32 es mucho más rica y sólida que Win16. En muchos casos, los programas escritos para Win16 son altamente compatibles con Win32.

**WinCGI** Una nueva Interfaz común para gateway para los programas GUI de Windows, que no requiere programas en modo de consola. Muchos paquetes para servidor HTTP de Windows incluyen una implementación de referencia en Visual Basic que demuestra la recuperación sencilla de las variables del ambiente CGI. Véase también Interfaz común para gateway.

**Windows 95** Sistema operativo de escritorio de Microsoft para aplicación en el hogar y los negocios que corre en las PCs. Windows 95 es el sucesor con todo integrado de DOS, Windows 3.1 y Windows 3.11 para Trabajo en grupo.

**Windows NT** El anunciado miembro multitarea de 32 bits, portátil y seguro, de la familia de sistemas operativos Windows.

**Windows NT Server** Como supergrupo de Windows NT Workstation, Windows NT Server proporciona una administración y seguridad mejor centralizadas, avanzada tolerancia a fallas y opciones de conectividad adicionales.

# Índice

## SÍMBOLOS


**# (símbolo de número)**
delineador de comentario
*archivos de mapas, 131*
CGI líneas de comando,146
URLs, 131
**& (ampersand) en líneas de comando CGI, 146**
**+ (signo más) en líneas de comando CGI, 145-146**
**-(guión) en líneas de comando CGI,145**
**=(signo igual) en líneas de comando CGI, 146**
**?(marca de interrogación) en líneas de comando CGI, 145, 146**
**(_) guión bajo, en líneas de comando CGI, 146**
**16550 UART (Receptor/transmisor universal asíncrono), 42**
**Dirección IP de 32-bits, 4**
**Canales B de 64 Kbps (ISDN), 42**


## A


**<A HREF>, etiqueta, 107**
**<A>, etiqueta, 171, 436**
**a2i Communications (Proveedor de Servicio Internet), 366**
**AARNet (Proveedor de Servicio Internet), 370**
**<ABBREV>, etiqueta, 440**
**<ABOVE>, etiqueta, 457**
**Accel Partners, sitio Web, 203**
**[Accept, sección, archivos de datos CGI, 470**
**acceso a Internet, 38, 40-47**
**Acceso telefónico a redes, 261**
instalación, 60-62
**<ACRONYM>, etiqueta, 440**
**ACTION, atributo (etiqueta <FORM>), 175**
**Active Communications LTD (Proveedor de Servicio Internet), 372**
**Active VRML, sitio Web, 359**
**Actrix Networks Ltd (Proveedor de Servicio Internet), 373**
**Adaptador para acceso telefónico (Windows 95), configuración, 61-62**
**ADDRESS>, etiqueta, 107, 116, 172, 461**
**Adhesive Media, Inc (Proveedor de Servicio Internet), 369**
**Adobe Acrobat, sitio Web, 121**
**Advanced Systems User Group, Washington D.C., sitio Web, 398**
**algoritmos de árbol transversal, 257**
**Alibaba, servidor Web, 377, 379**
**ALIGN, atributo**
**etiqueta <HR>, 157**
**etiqueta <IMG>, 113, 158-159**
**ALIWEB, sitio Web, 189**
**ALT, atributo (etiqueta <IMG>), 113**
**amortiguadores de información, 16550 UART, 42**
**ampersand (&) en las líneas de comando CGI, 146**
**AMT Solutions Group Inc (Proveedor de Servicio Internet), 371**

**An Instantaneous Introduction to CGI Scripts and HTML Forms, sitio Web, 147**
**análisis de los archivos para registro de acceso HTTPS, 278-279**
**ancho de banda, consumo de aplicaciones Java, 334**
**anclas (vínculos de hipertexto), 114**
**Animator, applet (Java), 336**
**Announcements of New WWW Servers, sitio Web, 188**
**ANT_HTML.DOT (convertidor HTML), 109**
**APK-Public Access UNI Site (Proveedor de Servicio Internet), 368**
**Aplicación (capa de red), 6-8**
**aplicaciones**
Adobe Acrobat, 121
aplicaciones CGI en lenguaje C, guardado de datos de los formularios, 299-304
aplicaciones para servidor de correo, 224
applets, 335
Archie versión 0.8, 32
Asistente Internet (utilería HTML de Word para Windows), 108
Blat, 230-232
CGI, 140
CGI PerForm, 30, 304
CGI, utilerías, 30-31
CGI2Shell Gateway, 316
Cold Fusion CGI, base de datos, 31, 247
convertidores HTML
*ANT_HTML.DOT, 109*
*qt2www, 109*
*RTFTOHTML, 109*
Cute FTP, 80-83
Doctor AntiVirus, 32
editores HTML
*WebEdit, 96-98, 108*
*WebEdit versión 1.3, 29*
editores para archivos de imagen
*LView Pro, 126*
*Map This, 125-126*
Eudora Light, 70-71
FTP, software para cliente, Cute FTP versión 1.4 Final Beta 3, 32
Hyper-G, hipertexto, 121
Internet Explorer, 86-87
Keep_ISP, 34, 214-217
Kit CGI, 13, 296-297
Map This! versión 1.2, 30
Microsoft Exchange, 68-69
Microsoft Windows 95, 27-28
modo de consola, programas en, 142
NetAlert, 209-211
Netscape Navigator, 83
News Xpress, 32, 84-86
NT Perl versión 5.001, 30
Paint Shop Pro, 30, 126
RAS+95, 33
rastreadores de virus para Windows 95
*Doctor Anti-Virus 95, 265*
*McAfee Scan para Windows 95, 265*
*ThunderBYTE Anti-Virus 95, 265*
RoboDUN versión 0.61, 33
servidores de lista, 226-230
servidores Web
*Alibaba, 377, 379*
*Beame & Whiteside BW Connect, 376*
*Commerce Builder, 377, 379*
*EMWAC, 381*
*Folio Infobase, 378*
*FolkWeb, 28, 94-96, 378-379*
*Front Page, 378, 380*
*Kit de herramientas WAIS EMWAC, 29*
*Microsoft Internet Information Server, 360*
*NetPublisher Demonstration, 377*
*Netscape Commerce, 377, 381*
*Netscape Secure Server, 360*
*POTP Secure FTP versión 1.5, 29*
*Purveyor, 376*
*Purveyor 1.1 para NT, 381*
*Purveyor Desktop, 29, 90, 379*
*Quarterdeck, 378, 380*
*SAIC-HTTP, 377, 380-381*
*Servidor HTTP EMWAC, 376*
*Serv-U FTP versión 1.1, 29*
*SerWeb, 375*
*W4 Server, 380*
*Web4HAM, 376*
*WebQuest, 378-379*
*WebSite, 376, 380-381*
*WHTTPd, 376*
*WinSMTP versión 1.07 Beta 1.8s, 29*
*ZBServer, 376, 380*
SLmail 95, 224-225
software servidor, 28
SunSoft Java, Kit para desarrollo de Software, 30
Symantec Espresso, 353
ThunderBYTE Anti-Virus versión 6.50a, 33
utilerías de compresión, WinZip, 65
utilerías para sitios Web
*Counter, 212*
*netstat, 209*
*ping, 208*
*Portscan, 211*
*RAS+, 218*
*tracert, 208*
*WebStone, 212*
Visual Basic, 320-330
visualizadores Web
*Arena, 156*
*HotJava, 358*
*Microsoft Internet Explorer, 31, 74-76, 360-361*
*Netscape Navigator, 34, 76-77, 360-361*
*WebSpace (VRML), 359*
Windows NetTools versión 1.0, 33
WinSMTP versión 1.07 Beta 1.8s, 29
WinWhois Beta versión 1.0, 33
WinZip versión 6.0, 33
WWWusage, 34
**Appear (función/transición Java), 338**
**Arachnophilia (Robot Internet), 418**
**arañas, *véase* robots**
**Archie, 11, 32, 234**
**archivos**
archivos de registro de sitios Web, análisis, 279
bajado información, 181
*con Cute FTP, 80-83*
*HTTP comparado con FTP, 237*
*imágenes, 110-111*
*Netscape Navigator, 83*
*virus, 265*
bases de datos WAIS, archivos de índice, 244

Formato común para archivo de registro, 280-281
formato de archivo de mapa de imagen, 126-127
Formato de texto enriquecido, RTFTOHTML (convertidor HTML), 109
formatos, .GIF, 113
FTPing, 234
gráficos, creando referencias para vínculos de hipertexto, 129-132
HTML>, etiqueta contenedora, 106
HTTPS, archivos para registro de acceso, análisis, 279
LED sign, guión de aplicación, 338
páginas Web, consideraciones sobre el tamaño, 110
referencias en código HTML, 133
robots.txt (archivo de exclusión de robot), 259-260
sitios Web, ejemplos, 166-167
subiendo información (uploading) con Cute FTP, 82
transferencia, 10, 12
utilerías de compresión, WinZip, 65
velocidad de transmisión, 14-15

**archivos de mapa (imágenes), creación de referencias para vínculos de hipertexto, 129-132**
**Arena, visualizador Web, 156**
**ARNES (Proveedor de Servicio Internet), 373**
**ARnet (Proveedor de Servicio Internet), 371**
**<ARRAY>, etiqueta, 457**
**arreglos, lenguaje de programación Perl, 272**
**arroba (@)**
arreglos indexados en Perl, 271
lenguaje de programación Perl, 272
**ASCII (Código Estándar Americano para Intercambio de Información), archivos, transferencia, 10**
**ASpider (Robot Internet), 417**
**asterisco (*)**
lenguaje de programación Perl, 271
Microsoft Access SQL, 331
**atributos (etiquetas HTML), 105**
**<AU>, etiqueta, 440**
**auditoría, seguridad del sistema, 15**
**Aztec Information Management (Proveedor de Servicio Internet), 373**


# B


**<B>, etiqueta, 115, 441, 457**
**bajado de información, 234**
archivos de páginas Web, 181
FTP, con Cute FTP, 80-83
imágenes, consideraciones sobre el tamaño, 110-111
Netscape Navigator, 83
virus, 265
**<BANNER>, etiqueta, 430**
**<BAR>, etiqueta, 457**
**BARRNet (Proveedor de Servicio Internet), 366**
**base 64, archivos ASCII para codificado/decodificado, 136**
**<BASE>, etiqueta, 112, 424**
**<BASEFONT>, etiqueta, 159**
**bases de datos**
aplicaciones CGI, 247-248
archivos HTML, creación dinámica, 252-253
búsqueda, 242, 254
Cold Fusion, 248-253
datos de los formularios HTML de CGI, 329
listas de correo, 248-251
ODBC, 246-247
programación con Visual Basic, 320-330
WAIS, 242-255
**BC Publishing Windows 95 Software Page, sitio Web, 396**
**Beame & Whiteside BW Connect, sitio Web, 376**
**Beckmeyer Development (Proveedor de Servicio Internet), 366**
**<BELOW>, etiqueta, 457**
**Berbee Information Networks Corporation (Proveedor de Servicio Internet), 370**
**Bernoulli (dispositivos de respaldo), 27**
**Beverly Hills Software, sitio Web, 160**
**<BIG>, etiqueta, 441**
**binarios, archivos, transferencia de, 10**
**BizWeb Company Information Form, sitio Web, 191**
**Black Box, The (Proveedor de Servicio Internet), 369**
**Blackbird, lenguaje de marcación, (BML), 359**
**Blat, utilería CGI, 30, 230-232**
**Blink (función/transición Java), 339**
**<BLINK>, etiqueta, 160**
**BlockName (clave de CGI PerForm), 311**
**<BLOCKQUOTE>, etiqueta, 116**
**BML (lenguaje de marcación Blackbird), 359**
**Bob Allisons' Web Masters, sitio Web, 396**
**<BODY>, etiqueta, 106, 162, 429**
**botones de comando**
en los formularios, 118
Submit, 141
**botones de radio(formularios), 180**
**<BOX>, etiqueta, 456**
**<BQ>, etiqueta, 461**
**<BR>, etiqueta, 107, 113, 159, 434**
**Branch Mall, sitio Web, 199**
**BRI (Interfaz de velocidad básica), 42**
**<BT>, etiqueta, 457**
**bucle do/until, sentencia de control, lenguaje de programación Perl, 277**
**bucle do/while sentencia de control, lenguaje de programación Perl, 277**
**bucle for, enunciado de control, lenguaje de programación Perl, 277**
**bucle foreach, enunciado de control, lenguaje de programación Perl, 278**
**bucle until, enunciado de control, lenguaje de programación Perl, 277**
**bucle while, enunciado de control, lenguaje de programación Perl, 277**
**bus, consideraciones de diseño, 24**
**buscando en Internet con robots, 256**
páginas de búsqueda WWW, 18
páginas Web, 112

# C


**C, lenguaje de programación, (aplicaciones CGI), 142**
decodificado del dispositivo stdin, 146
guardado de los datos de formularios HTML, 299-304
plantilla, 148-154
**C++, lenguaje de programación,**
aplicaciones para base de datos CGI, 320
campos, arreglo de, 326
formularios HTML, análisis de datos para programas Visual Basic, 323-327
ubicaciones del directorio, 329
**campos**
formularios, 177
lenguaje de programación C++, arreglo, 326
**campos de entrada, 145**
**Capa de enchufes de seguridad (SSL), 360**
**capas (redes), 6-8**
**Caprica Telecomputing Resources (Proveedor de Servicio Internet), 366**
**<CAPTION>, etiqueta, 454**
**capturas de pantalla, 127-129**
**caracteres**
entidades, 119-120
*extensiones de Netscape Navigator, 160*
internacionales, 120
limitación de entrada en los campos del formulario, 177
reservados, 119
*en líneas de comando CGI, 145-146*
**caracteres internacionales, 120**
**caracteres reservados, 119**
en líneas de comando CGI, 145-146
**CCNET (Proveedor de Servicio Internet), 366**
**CD-ROMs, 24**
**center=true (parámetro Java para funciones/transiciones), 338**
**<CENTER>, etiqueta, 159**
**Centro académico europeo de Microsoft Windows NT (EMWAC), 242**
**Centro de Información para la Red Internet, *véase* InterNIC**
**centros comerciales, 199**
**CERFnet(Proveedor de Servicio Internet), 366**
**CERN (Laboratorio europeo para física de las partículas), 126, 357**
**CFTnet (Proveedor de Servicio Internet), 367**
**CGI, 139-141, 360**
aplicaciones, 30-31
*localización de problemas, 147*
*plantillas, 148-154*
*pruebas, 154*
aplicaciones de base de datos, 247-248
aplicaciones en lenguaje C, guardando los datos del formulario, 299-304
aplicaciones Visual Basic
*enumeración de las claves de la sección de archivos de datos, 475*
*insertando los datos del formulario en bases de datos, 327-329*
*plantilla para formulario HTML, 322-330*
CGI moderada, 142
creando formularios, 298-299
encabezados de flujo de datos, 473
formularios
*decodificado, 472*
*lenguaje de programación Perl, 292-293*
*procesamiento, 141-142*
información, sitio Web, 147
lenguajes de programación, 140
líneas de comando, 145-148
modo de consola, 142
plantilla para aplicaciones, 148-154
programas y scripts comparados, 140
secciones para archivos de datos, 467-470
seguridad del sistema, 142
Server-Push, 358
sitio Web, Yahoo, 148
transferencia de datos de formularios, 141-142
variables de ambiente, 143-144
*véase también* gateways
WinCGI 1.2, 142
Windows, 147
*implementaciones, eficiencia, 321-322*
*lanzamiento de aplicaciones CGI, 466-467*
*procesamiento de resultados, 472-474*
*requerimientos de la interfaz, 466*
*requerimientos de línea de comandos, 466*
**CGI, grupo de noticias, sitio Web, 148**
**CGI moderada (Buffered CGI), Purveyor Desktop, 142**
**CGI PerForm, 31, 304-316**
**CGI.pm, módulo (lenguaje de programación Perl), sitio Web, 317**
**[CGI], sección, archivos de datos CGI, 467-470**
**CGI2Shell Gateway, 316, sitio Web, 317**
**CGIC (biblioteca de funciones de desarrollo CGI), sitio Web, 317**
**CGIKit versión 1.2, utilería CGI, 31**
**Charm Net Inc., sitio Web, 203**
**Checkbot (robot Internet), 419**
**CHECKBOX, atributo (etiqueta <INPUT>), 118**
**CHECKED, atributo (etiqueta <INPUT>), 118**
**chop(LIST|VARIABLE), comando, lenguaje de programación Perl, 276**
**Churl (robot Internet), 419**
**CICA Gopher Windows NT Directory, sitio Web, 397**
**CICNet (Proveedor de Servicio Internet), 368**
**cifras simétricas, 200**
**citas (etiquetas HTML), 116**
**citas hacia otro documento (etiquetas HTML), 115**
**<CITE>, etiqueta, 115, 439**
**Clark Internet Services, Inc. (Proveedor de Servicio Internet), 367**
**Class Hierarchy The, of the Java Language, sitio Web, 359**
**claves raíz (Registry de Windows 95), 220**

**CLEAR, atributo (etiqueta <BR>), 159**
**clear=true (parámetro Java para funciones/transiciones), 338**
**Clearing House for Subject-Oriented Internet Resources, sitio Web, 194**
**cliente reservado, 44**
**Client-Pull (servidores Web), 358**
**Cloud 9 Internet (Proveedor de Servicio Internet), 368**
**CNAMEs, direcciones WWW, 48**
**Coast to Coast, The, Software Repository Windows NT, sitio Web, 397**
**<CODE>, etiqueta, 115, 439**
**Cold Fusion, 31, 247-253**
**ColFile (clave CGI PerForm), 311**
**color**
- applet LED Sign, cambio del color del texto, 340
- desplegado en los monitores, 25

**COM, puertos, interrupciones generadas por los datos, 42**
**comando unix (lenguaje de programación Perl), 276**
**comandos, formateo, lenguaje de programación Perl, 275-276**
**comentarios**
- con etiquetas HTML, 114
- en código HTML, 170

**comercio en World Wide Web, 198-199**
- centros comerciales, 199
- recursos, 203-204

**Commerce Builder, sitio Web, 377, 379**
**Commercial Link Systems (Proveedor de Servicio Internet), 372**
**Commercial Services on the Net, sitio Web, 18**
**Communications (Proveedor de Servicio Internet), 366**
**Communications Accessibles Montreal (Proveedor de Servicio Internet), 372**
**Communications Inc. (Proveedor de Servicio Internet), 367**
**COMPACT, atributo (etiqueta <DL>), 117**
**computadoras**
- configuración, ajustando la estructura del directorio, 54
- hardware, 22-23
  - *discos duros, 23*
  - *plataformas de poder, 25-27*
  - *tamaño del disco duro recomendado, 54*
  - *tarjetas de video, 24-25*

**CompuTech (Proveedor de Servicio Internet), 370**
**Computing Engineers Inc. (Proveedor de Servicio Internet), 367**
**Conectividad abierta para bases de datos, *véase* ODBC**
**conexiones de marcado telefónico para Internet, 40-41**
**conexiones, evite que expire, Keep_ISP, 213-218**
**configuración**
- Acceso telefónico a redes (Windows 95), Adaptador para acceso telefónico, 61-62
- firewalls para seguridad del sistema, 262-266
- FolkWeb, 95-98
- listas de correo, 226-228
- Microsoft Exchange (Windows 95), 68
- Purveyor Desktop, 91
- sitio Web muestra, 167
- Windows 95, TCP/IP, 57-58
- WWWusage, 281

**Conmutación por celdas (servicio de conmutación de línea telefónica), 12**
**conmutación por circuito (servicio de conmutación de línea telefónica), 12**
**Conmutación por paquete (servicio de conmutación de línea telefónica), 12**
**ConnectNet (Proveedor de Servicio Internet), 366**
**Conseil European pour la Recherche Nucleaire (CERN), 126, 357**
**consideraciones sobre el desempeño del CPU (protectores de pantalla), 42**
**consult.htm (archivo para el sitio Web muestra), 167, 173**
**Consumate Winsock Apps, sitio Web, 34, 397**
**contactos (páginas Web), 212**
**contenedores de bloque, etiquetas HTML, 115-116**
**CONTENT_LENGTH (variable de ambiente CGI), 143, 146**
**CONTENT_TYPE (variable de ambiente CGI), 143**
**contraseñas (passwords)**
- actualización de las listas de correo, 253
- cuentas de usuario, 10
- niveles de seguridad del sistema, 15

**Contributed Software GbR (Proveedor de Servicio Internet), 372**
**Cool Site of the Day, sitio Web, 194**
**Copiar configuración de otra lista (opción de configuración para SLmail), 228**
**Correo con privacía ampliada (PEM), 200**
**correo electrónico**
- aplicaciones para servidor, 224
- configurando las listas de correo, 226-228
- cuentas, creación de, 225
- Eudora Light, 31, 70-71
- formularios, 175
- <MAILTO>, etiqueta, 171
- Microsoft Exchange, 68
- Microsoft Internet Explorer, 74-76
- MIME, 136
- servidores de listas, 8-9, 226-230, 400-401
- software para cliente, 31
- utilería Blat SMTP, 230-232
- *véase también* formularios
- WWW MailTo & CommentTo Gateway, 287

**cortes**
- <BR>, etiqueta, 107
- cortes de línea, 113

**Counter (utilería para mantenimiento de sitios Web), 212**
**<CREDIT>, etiqueta, 449**
**criptografía, 199-200**
**CRL Network Services (Proveedor de Servicio Internet), 366**
**CS-HKUST WWW Index Server (robot Internet), 421**
**CSU/DSU (Unidad de servicio de canal/Unidad de servicio de información), 45**

**CSUSM-Windows NT File Archives, sitio Web, 399**
**CTS Network Services (Proveedor de Servicio Internet), 366**
**cuadros de lista de despliegue descendente (drop-down listboxs), creación, 177**
**cuadros de listas, creación, 177**
**cuadros, Netscape Navigator, 162-163**
**cuentas de usuario, 10, 236**
**cuentas, usuario (FTP), 10**
**CUI W3 Catalog, dirección de correo electrónico, 194**
**cursivas, texto en, 115**
**custreg.htm (archivo para el sitio Web muestra), 167, 173-175**
**Cute FTP, 32, 80-83**
**Cybercash, sitio Web, 202**
**CyberGate, Inc (Proveedor de Servicio Internet), 367**
**Cyberspace (Proveedor de Servicio Internet), 370**
**Cyberstore (Proveedor de Servicio Internet), 371**

## D

**D, canales (ISDN), 42**
**Data (comando de CGI PerForm), 308**
**DataAdd (clave de CGI PerForm), 311**
**DataFile (clave CGI PerForm), 311**
**DataType (clave CGI PerForm), 311**
**DBML (Lenguaje de marcado para base de datos), 252**
**DBOUTPUT, etiqueta DBML, 252**
**DBQUERY, etiqueta DBML, 252**
**DBTABLE y DBCOL, etiqueta DBML, 252**
**DCE (Equipo de comunicación de datos), 42**
**<DD>, etiqueta, 117, 447**
**<DDOT>, etiqueta, 457**
**default.htm (archivo para el sitio Web muestra), 167, 169-172**
**default2.htm (bases de datos WAIS), vínculos de hipertexto para buscar páginas, 245**
**<DEL>, etiqueta, 440**
**delay= (parámetro Java para funciones/transiciones), 338**
**DELETE (enunciado SQL), 331**
**DeleteFile (comando CGI PerForm), 308**
**Demon Internet Systems (Proveedor de Servicio Internet), 372**
**Demos Plus Co., Ltd (Proveedor de Servicio Internet), 373**
**DES (Estándar de encriptación de datos), 200**
**<DFN>, etiqueta, 440**
**DHCP (Protocolo para control de host dinámico), 44**
**diagonal invertida (\), en lenguaje de programación Perl, 271**
**diagramas de árbol, nodos, 257**
**Digex (Proveedor de Servicio Internet), 368**
**Digicash, sitio Web, 202**
**Digital Equipment Corporation, sitio Web, 397**
**<DIR>, etiqueta, 117, 445**
**direcciones**
- <ADDRESS>, etiqueta, 107
- CNAMEs (nombres canónicos), 48
- correo electrónico, o e-mail, 5
- dirección IP de 32 bits, 4
- direcciones IP
  - *en LANs que corren DHCP, 44*
  - *requerimientos, 48*
  - *seguridad, 239*
- direcciones postales, etiquetas HTML, 116
- DNS (Servicio de nombres de dominio), 48
- gateways, o puertas de acceso, 6
- nombres de dominio, 5
- proveedores de Servicio Internet, 366-370
- servidores de lista, 9
- URLs (Localizadores Uniformes de Recursos), 17

**direcciones postales (etiquetas HTML), 116**
**directorios, configurando la estructura del directorio, 54**
**discos duros, requerimientos de tamaño, 23, 54**
**discos, *véase* discos duros**
**dispositivos, respaldo en cinta magnética, 26-27**
**<DIV>, etiqueta, 430**
**<DL>, etiqueta, 117, 447**
**DNS (Servicio de nombres de dominio), 48**
**Do (función/transición Java), 339**
**Doctor AntiVirus, 32**
**Doctor Anti-Virus 95, 32, 265**
**documentos, convertidores HTML, 108-109**
- *véanse también* páginas Web; Web, sitios

**<DOT>, etiqueta, 457**
**Dr. Dobbs Journal, sitio Web, 359**
**<DT>, etiqueta, 117, 447**
**DTE (Equipo terminal de datos), 42**
**DumpFormData (comando CGI PerForm), 308**

## E

**edición**
- páginas Web, fechas, 110
- perfiles de sitio FTP, Cute FTP, 82
- Registry de Windows 95, 219-222

**editores de texto, creación de páginas Web, 108**
**EINet Galaxy, sitio Web, 189**
**EIT Link Verifier Robot (robot Internet), 418**
**elementos (etiquetas HTML), 105**
**<EM>, etiqueta, 115, 439**
**Emacs-w3 Search Engine (robot Internet), 418**
**EMWAC (Centro académico europeo de Microsoft Windows NT), 242**
**EMWAC Information Services, sitio Web, 398**
**EMWAC, Kit de herramientas WAIS, 29, 242-244**
**EMWAC, Servidor HTTP para Windows NT, 242, 376, 381**
**EMWACS Freeware Finger server, sitio Web, 399**
**EMWACS Freeware, Gopher server, sitio Web, 399**
**EMWACS Freeware, WAIS server, sitio Web, 399**
**encabezados, 111-113-116**
**endspace= (parámetro Java de funciones/transiciones), 338**
**énfasis (etiqueta para formateo de texto en HTML), 115**

**Engineering International, Inc. (Proveedor de Servicio Internet), 368**
**entidades, 119-120**
**entidades de caracteres, 160**
**enunciados de control, lenguaje de programación Perl, 277-278**
**enunciados (enunciados de control), lenguaje de programación Perl, 277-278**
**Enviar bienvenida (opción de configuración para SLmail), 228**
**Enviar copia de los mensajes al propietario de la lista (opción de configuración para SLmail), 227**
**Enviar pie de página (opción de configuración para SLmail), 228**
**Equipo de comunicación de datos (DCE), 42**
**Equipo terminal de datos (DTE), 42**
**ERNET (Proveedor de Servicio Internet), 372**
**error, mensajes de, vínculos de hipertexto para gráficos, 132-133**
**escalares (lenguaje de programación Perl), 272**
**ESDATA Ltd (Proveedor de Servicio Internet), 372**
**estadísticas (sitios Web), análisis, 278-280**
**Estándar de encriptación de datos (DES), 200**
**Estándar para exclusión de Robot, 258**
**estilos físicos (etiquetas HTML), 115**
**estilos lógicos (etiquetas HTML), 114-115**
**Ethernet/conexiones Internet basadas en enrutador, firewalls, 261**
**etiquetas (DBML), 252**
**etiquetas (HTML), 105-106**
**Eudora Light, 31-32, 70-71**
**EUnet Austria (Proveedor de Servicio Internet), 370**
**EUnet Belgium (Proveedor de Servicio Internet), 371**
**EUnet Bulgaria (Proveedor de Internet), 370**
**EUnet France (Proveedor de Servicio Internet), 372**
**EUnet Romania (Proveedor de Servicio Internet), 373**
**EUnet Spain (Proveedor de Servicio Internet), 373**
**European Microsoft Windows NT Academic Centre, sitio Web, 398**
**evaluación de desempeño del servidor Web, WebStone, 212**
**Evergreen Communications (Proveedor de Servicio Internet), 366**
**ExcludeList (clave CGI PerForm), 312**
**ExportDataFile (comando CGI PerForm), 308**
**Ext (clave CGI PerForm), 312**
**extensión del símbolo para copyright (©), Netscape Navigator, 160**
**Extensiones de correo Internet de propósitos múltiples(MIME), 136**
**[Extra Headers], sección, archivos de datos CGI, 471**

## F

**FAQ -Windows NT Administration, sitio Web, 399**
**FAQ -Windows NT by Dale Reed, sitio Web, 399**
**FAQs (Preguntas más frecuentes), 4, 87**
**fechas en las páginas Web, creando las, 110**
**Federal Government Information on the Internet, sitio Web, 204, 401**
**feedback.htm (archivo para el sitio Web muestra), 167, 175-177**
**<FIG>, etiqueta, 448**
**FILEHANDLE FORMAT, comando LIST, lenguaje de programación Perl, 275**
**FILEHANDLE LIST, comando, lenguaje de programación Perl, 275**
**Financial Portfolio Page, sitio Web, 335**
**FindInDataFile (comando CGI PerForm), 308**
**firewalls, 44, 260-262, 264**
**First Virtual Holdings, sitio Web, 202**
**Física (capa de red), 6, 8**
**<FN>, etiqueta, 460**
**Folio Infobase Web Server, servidor Web, 378**
**FolkWeb, 28, 94-98, 378-379**
estándares CGI, 142
**<FONT SIZE>, etiqueta, 159**
**[Form External], sección, archivos de datos CGI, 471**
**[Form Huge], sección, archivos de datos CGI, 472**
**[Form Literal], sección, archivos de datos CGI, 471**
**<FORM>, etiqueta, 118, 168, 173, 323, 462**
**formateo**
comandos, lenguaje de programación Perl, 276
páginas Web, 106
*Cold Fusion, generada dinámicamente, 253*
*con estilos físicos, 115*
*con estilos lógicos, 114-115*
**formateo de texto para fórmulas matemáticas (etiquetas HTML), 115**
**formateo para texto de código de computadora (etiquetas HTML), 115**
**Formato común para archivos de registro, 280-281**
**Formato de intercambio gráfico, *véase* GIFs**
**formatos**
formato común para archivo de registro, 280-281
formato de archivo de mapa de imagen, 126-127
**formularios**
botones de radio, 180
campos de entrada, 145
campos, de múltiples líneas, 177
captura de datos, Kit CGI, 296
colocación de imágenes, 118
correo electrónico, 175
creación
*Cold Fusion, 248-251*
*Kit CGI, 298-299*
cuadros de texto, creación, 175
datos, líneas de comando, 145-148
decodificación, 472
entrada de usuario, 119
etiquetas HTML, 168
guardado de la información
*aplicación CGI en lenguaje C, 299-304*
*CGI, 140*

limitaciones en la entrada a los campos, 177
manejo interactivo de datos con Visual Basic, 321-322
métodos de protocolo HTTP, 144
plantilla de aplicación CGI, 148-154
plantillas, 144, 148
procesamiento CGI, 141-142
transferencia de datos, 141-142
**Forzar el título de la lista en la línea del tema (opción de configuración para SLmail), 227**
**Frame Relay (Relevador de cuadro), (Servicio de conmutación de línea telefónica), 13**
**<FRAMESET>, etiqueta, 162**
**Frank Condron's Windows 95 Page, sitio Web, 396**
**FREE.ORG (Proveedor de Servicio Internet), 370**
**Freelance Systems Programming (Proveedor de Servicio Internet), 368**
**From Grass Roots to Corporate Image, sitio Web, 164**
**Front Page, servidor Web, 378, 380**
**FTP anónimo, 10**
**FTP (Protocolo para transferencia de archivos), 234**
anónimo, 10
bajado de archivos, 83, 237
cuentas de usuario, 10
Cute FTP, 80-83
perfiles de los sitios, editando con Cute FTP, 82
seguridad, 235
seguridad del sistema, 266
servidores Archie, 234
software para cliente, 32
**FTP Site for Native Alpha NT Tools & Utilities, sitio Web, 397**
**fuentes de poder (computadoras), 24**
**fuentes de poder ininterrumpibles (UPS), 219**
**Fuerza Internet para tareas de ingeniería (IETF), 156**
**funciones, funciones/transiciones Java, 338-339**
**FWTK (Firewall Toolkit), sitio Web, 264**
**FXnet (Proveedor de Servicio Internet), 368**


## G


**gabinetes (computadoras), 24**
**Galaxy Catalog, sitio Web, 203**
**GATEWAY_INTERFACE (variable de ambiente CGI), 143**
**gateways, 6, 14**
*véase también* CGI
**GeoNet Mailbox Systems (Proveedor de Servicio Internet), 372**
**Georgia Tech (encuestas de usuarios), sitio Web, 204**
**GET, método (protocolo HTTP), 141, 144**
**GET, solicitudes (HTTP), conteo de los contactos en la página Web, 212**
**GetColumn (clave CGI PerForm), 312**
**GetURL (robot Internet), 420**
**GIFs (Formato de intercambio gráfico), 113**
creación a partir de la captura de pantallas, 127-129
entrelazados, 134-135
mapas de imágenes, 127
puntos activos, 124
transparentes, 134-135
vínculos de hipertexto, 124-125
*referencias al archivo de mapa, 129-132*
**Glas (Proveedor de Servicio Internet), 373**
**Global Enterprise Service, Inc. (Proveedor de Servicio Internet), 368**
**Gophers, 11, 232**
**gráficos**
creación de capturas de pantalla, 127-129
GIFs entrelazados, 134-135
GIFs transparentes, 134-135
interactivos, 113
mapas de imágenes, 124, 127
páginas Web, consideraciones sobre velocidad, 124
*véase también* imágenes
vínculos de hipertexto, 124, 132-134
virus, 265
**GreenNet (Proveedor de Servicio Internet), 372**
**Grupo cerrado (opción de configuración para SLmail), 226**
**Grupo moderado (opción de configuración para SLmail), 227**
**grupos de noticias, 9-10, 84, 195**
alimentación de noticias a la red, 48
búsqueda, 86-87
CGI sitio Web, 148
FAQs, 87
listado, 400
software para cliente (News Xpress), 32
suscripciones, News Xpress, 84
**GT_HTML.DOT (utilería HTML de Word para Windows), 108**
**guión (-) en líneas de comando CGI, 145**
**guión bajo (_) en líneas de comando CGI, 146**
**GulfNet Kuwait (Proveedor de Internet), 373**


## H


**<H>, etiqueta, 107, 116, 432**
**hackers (intrusos informáticos), seguridad del sistema, 16**
**hardware**
compatibilidad (Windows NT), 22
configuración para plataforma de poder, 25-27
discos duros, 23, 54
firewalls, 261
fuentes de poder ininterrumpibles, 219
ISDN, lista de los distribuidores, 43
localización de problemas, 84
módems, consideraciones sobre el desempeño, 41
respaldos en cinta, 219
tamaño recomendado del disco duro, 54
tarjetas de video, 24-25
**Harvest (robot Internet), 420**
**Harvest Gatherers, sitio Web, 190**
**<HAT>, etiqueta, 457**
**<HEAD>, etiqueta, 106, 424**
**HEIGHT, atributo (etiqueta <INPUT>), 159**

**Helix (Proveedor de Servicio Internet), 371**
**HIDDEN, atributo (etiqueta <INPUT>), 118**
**HKEY_CLASSES_ROOT, clave raíz del Registry de Windows 95, 220**
**HKEY_CURRENT_USER, clave raíz del Registry de Windows 95, 220**
**HKEY_LOCAL_MACHINE, clave raíz del Registry de Windows 95, 220**
**HKEY_USERS, clave raíz del Registry de Windows 95, 220**
**hojas de estilo (HTML), 163-164**
**HoloNet (Proveedor de Servicio Internet), 366**
**home office (oficina casera), opciones para acceso Internet, 47**
**Hong Kong Supernet (Proveedor de Servicio Internet), 372**
**HookUp Communication Corporation (Proveedor de Servicio Internet), 371**
**host Web, publicación de páginas Web, 39-40**
**HotJava (visualizador Web), 358**
**How to Tame the Wild Mozilla, sitio Web, 160**
**<HR>, etiqueta, 107, 113, 157, 172, 458**
**HREF, atributo (etiqueta <A>), 114, 171**
**.htm, archivos**
- archivos para el sitio Web muestra, 166-167
- default2.htm, vínculos de hipertexto para buscar páginas, 245-248
- index.htm, página para búsqueda de base de datos WAIS, 245

**HTML (Lenguaje de marcado de hipertexto), 16-17**
- alternativas, 121-122
- añada applets Java a páginas HTML, 336
- archivos
  - *análisis de código, Weblint, 212-213*
  - *aplicaciones CGI (Cold Fusion), creación de, 248, 252-253*
  - *capacidades multimedia, 135*
  - *vínculos de hipertexto para gráficos, 133-134*
- Client-Pull, 358
- códigos, apariencia en los documentos de texto, 103-105
- comentarios incrustados en el código, 170
- consideraciones sobre el estilo, 164
- desarrollo, 103
- desarrollo de estándares, 156
- documentos, 108-109
- editores, 108
- estructura de las páginas Web, 110
- etiquetas, 105-106
  - *<A>, 171, 436*
  - *<A HREF>, 107*
  - *<ABBREV>, 440*
  - *<ABOVE>, 457*
  - *<ACRONYM>, 440*
  - *<ADDRESS>, 107, 116, 172, 461*
  - *<ARRAY>, 457*
  - *<AU>, 440*
  - *<B>, 115, 441, 457*
  - *<BANNER>, 430*
  - *<BAR>, 457*
  - *<BASE>, 112, 424*
  - *<BASEFONT>, 159*
  - *<BELOW>, 457*
  - *<BIG>, 441*
  - *<BLINK>, 160*
  - *<BLOCKQUOTE>, 116*
  - *<BODY>, 106, 162, 429*
  - *<BOX>, 456*
  - *<BQ>, 461*
  - *<BR>, 107, 113, 159, 434*
  - *<BT>, 457*
  - *<CAPTION>, 454*
  - *<CENTER>, 159*
  - *<CITE>, 115, 439*
  - *<CODE>, 115, 439*
  - *comentarios, 114*
  - *<CREDIT>, 449*
  - *<DD>, 117, 447*
  - *DDOT>, 457*
  - *<DEL>, 440*
  - *<DFN>, 440*
  - *<DIR>, 117, 445*
  - *<DIV>, 430*
  - *<DL>, 117, 447*
  - *<DOT>, 457*
  - *<DT>, 117, 447*
  - *elementos contenedores, 106*
  - *elementos, contenedores de bloque, 115-116*
  - *elementos vacíos, 113*
  - *<EM>, 115, 439*
  - *estilos físicos, 115*
  - *estilos lógicos, 114-115*
  - *<FIG>, 448*
  - *<FN>, 460*
  - *<FONT SIZE>, 159*
  - *<FORM>, 118, 168, 173, 323, 462*
  - *<FRAMESET>, 162*
  - *<H>, 107, 116, 432*
  - *<HAT>, 457*
  - *<HEAD>, 106, 424*
  - *<HR>, 107, 113, 157, 172, 458*
  - *<HTML>, 106*
  - *<I>, 115, 441*
  - *<IMG>, 107, 113, 133, 158, 170, 442*
  - *<INPUT>, 118-119, 168, 175, 177*
  - *<INS>, 440*
  - *<ISINDEX>, 113, 157, 242, 245, 425*
  - *<KBD>, 115, 439*
  - *<LANG>, 440*
  - *<LH>, 444*
  - *<LI>, 107, 117, 158, 171, 444*
  - *<LINK>, 112, 425*
  - *listas, 117*
  - *<MAILTO>, 171*
  - *<MATH>, 456*
  - *<MENU>, 117, 445*
  - *<META>, 112, 426*
  - *<NEXTID>, 427*
  - *<NOBR>, 159*
  - *<NOFRAMES>, 163*
  - *<NOTE>, 459*
  - *<OL>, 117, 158, 171, 446*
  - *<OPTION>, 119, 168, 177*
  - *<P>, 107, 116, 170, 434*
  - *<PERSON>, 440*
  - *<PRE>, 116, 458*
  - *<Q>, 440*
  - *<RANGE>, 427*
  - *<ROOT>, 457*
  - *<S>, 441*
  - *<SAMP>, 439*
  - *<SELECT>, 119, 168, 177*
  - *<SMALL>, 441*
  - *<SQRT>, 457*
  - *<STRONG>, 115, 439*
  - *<STYLE>, 428*
  - *<SUB>, 442, 457*
  - *<SUP>, 442, 457*
  - *<T>, 457*
  - *<TAB>, 435*
  - *<TABLE>, 451*
  - *<TABLE BORDER>, 162*

*<TD>, 162, 454*
*<TEXT>, 457*
*<TEXTAREA>, 119, 168, 177*
*<TH>, 454*
*<TH ALIGN>, 452*
*<TH COLSPAN>, 452*
*<TH ROWSPAN>, 452*
*<TILDE>, 457*
*<TITLE>, 106, 112, 429*
*<TR>, 162, 454*
*<TT>, 115, 441*
*<U>, 441*
*<UL>, 107, 117, 158, 171, 444*
*<VAR>, 115, 439*
*<VEC>, 457*
*<WBR>, 159*
etiquetas para formularios, 168
extensiones para Netscape Navigator, 157-160
formularios
*aplicaciones Visual Basic para base de datos CGI, 322-330*
*creación con el kit CGI, 298-299*
*examinando los datos con el programa C++, 323-327*
*examinar/guardar con el kit CGI, 296*
*guardando la información, 140, 299-304*
*plantillas, 148*
generación dinámica, 358
historia, 102
hojas de estilo, 163-164
plantillas para páginas Web, 106
símbolos matemáticos, 164
sintaxis, 105-106
sitio Web, 161
tendencias, 120-121, 357
utilerías para procesador de palabras, 108
versión 3.0, 156, 160-164, 357
*Netscape Navigator, 76*
*relación con las extensiones de Netscape Navigator, 160-161*
*tablas, 161-162*
visualizadores Web, compatibilidad retrospectiva, 157
**HTML + sitio Web, 161**
**HTML 3.0 Arena, sitio Web, 161**
**HTML 3.0, sitio Web, 164**
**html analyzer-0.02 (robot Internet), 416**
**HTML, código, sitio Web, 160**
**HTML, cuadros, sitio Web, 163**
**HTML, formularios, sitio Web, 148**
**HTML, referencia, sitio Web, 111**
**<HTML>, etiqueta, 106**
**HTMLgobble (robot Internet), 416**
**HTTP (Protocolo de transferencia de hipertexto), 17**
archivos multimedia, 136
bajar archivos, 237
métodos para el protocolo, aplicaciones CGI, 144
solicitudes GET, contando los contactos en las páginas Web, 212
**HTTP_* (variable de ambiente CGI), 144**
**HTTP_ACCEPT (variable de ambiente CGI), 143**
**HTTPS, archivos de registro para análisis de acceso, 279**
**Hyper-G, aplicación de hipertexto, 121**

## I

**<I>, etiqueta, 115, 441**
**IBASE -Alternex Access Center (Proveedor de Servicio Internet), 371**
**ICE Online (Proveedor de Servicio Internet), 371**
**ICMP (Protocolo Internet para control de mensajes), 261**
**IETF (Fuerza Internet para tareas de ingeniería), 156**
**IEunet Ltd (Proveedor de Servicio Internet), 372**
**if..elsif..else, enunciado de control, lenguaje de programación Perl, 277**
**IGC (Proveedor de Servicio Internet), 366**
**IgLou Internet Services (Proveedor de Servicio Internet), 367**
**IgnoreValue (clave CGI PerForm), 312**
**iisstat (script para análisis en formato común para archivos de registro), 281**
**Ilar Concepts, dirección de correo electrónico, 28**
**IMAGE, atributo (etiqueta <INPUT>), 118**
**Imagemachine, sitio Web, 134**
**imágenes**
<IMG>, etiqueta HTML, 107, 442
bajado, 110-111
colocación en formularios, 118
despliegue de reemplazos para texto, 170
imágenes en línea, 113
vínculos de hipertexto, 114
**iMall, sitio Web, 199**
**<IMG>, etiqueta, 107, 113, 133, 158, 170, 442**
**impresión de páginas Web, 110**
**inclusiones del lado del servidor (servidores Web), 358**
**Inclusiones del lado del servidor (SSI+), 322**
**Incorporación Moderada (opción de configuración para SLmail), 227**
**index.htm, página para búsqueda de base de datos WAIS, 245**
**índices (sitios Web), generales, 189-190**
**índices comerciales (sitios Web), 190-192**
**Individual Network (Proveedor de Servicio Internet), 372**
**INET Enterprises (Proveedor de Servicio Internet), 369**
**Infinet, L.C. (Proveedor de Servicio Internet), 369**
**InfoSeek Robot 1.0 (robot Internet), 420**
**<INPUT>, etiqueta, 118-119, 168, 175, 177**
**<INS>, etiqueta, 440**
**INSERT (enunciado SQL), 332**
**insertar los datos del formulario en una base de datos, 251-252**
**InterAccess (Proveedor de Servicio Internet), 367**
**interconexión de ODBC con bases de datos, 247**
**Interconexión de sistemas abiertos, *véase* OSI**
**Interconexión para componentes periféricos (PCI), 24**
**Interfaz común para puerta de enlace, *véase* CGI**
**Interfaz de orogramas de aplicación para servidores de información (ISAPI), 322**
**Interfaz de velocidad básica (BRI), 42**

**Intergraph Corporation, 30**
**Interior Alaska Windows NT User Group, sitio Web, 398**
**Inter-Links, sitio Web, 194**
**International Windows NT User Group, sitio Web, 397**
**Internet**
acceso
*categorías, 38*
*conexiones, 40-41*
*configuración de la estructura del directorio de la computadora, 54*
*configuración de Windows 95, opciones de protocolo, 63*
*ISDN, 42*
*Kit de Recursos de Windows 95, 55*
*opciones, 44-47*
*Proveedor de Servicio Internet, 38-39*
*Proveedores de Servicio Internet, 63-64*
*seguridad, 43-44*
*servicios en línea, 38*
*tamaño recomendado para el disco duro, 54*
bases de datos, WAIS, 242
búsqueda, 11
conexiones, 362
direcciones, 4-6
dominios, 5
evitar los vencimientos de las conexiones Keep_ISP, 213-217
Gophers, 11, 232
grupos de noticias, 9-10, 84, 195, 400
localización de problemas en las conexiones, NetAlert, 209-211
nombres de dominio, registro, 48-49
proveedores de servicio, publicación de páginas Web, 39-40
robots, 256-258
*Arachnophilia, 418*
*ASpider (Araña asociativa), 417*
*Checkbot, 419*
*Churl, 419*
*CS-HKUST WWW Index Server, 421*
*EIT Link Verifier Robot, 418*
*Emacs-w3 Search Engine, 418*
*exclusión de sitios Web, 258-260*
*GetURL, 420*
*Harvest, 420*
*html_analizer-0.02, 416*
*HTMLgobble, 416*
*InfoSeek Robot 1.0, 420*
*Jumpstation, 415*
*Katipo, 420*
*Lycos, 417*
*Mac WWWWorm, 419*
*MOMspider, 416*
*NHSE Web Forager, 418*
*NorthStar Robot, 416*
*Open Text Corporation Robot, 420*
*Peregrinator, 419*
*RBASE Spider, 415*
*SG-Scout, 418*
*Tarspider, 419*
*Tcl W3 Robot, 421*
*Titan, 421*
*TkWWW Robot, 420*
*W3M2, 417*
*W4 (el vagabundo de World Wide Web), 416*
*WebCrawler, 416*
*Webfoot Robot, 417*
*WebLinker, 418*
*Websnarf, 417*
*Webwalk, 419*
*WizRobot, 421*
*WWWW-el gusano de World Wide Web, 417*
seguridad, *véase* seguridad del sistema
servidores de lista, 8-9
sitio Web para software, 219
TCP/IP, 4, 8
Usenet, 9, 84
*véase también* WWW
velocidad de transmisión, 14-15
visualizadores Web, 31-32
**Internet Access Cincinnati (Proveedor de Servicio Internet), 368**
**Internet Assistant, utilería HTML, 108**
**Internet Atlanta (Proveedor de Servicio Internet), 367**
**Internet Banking, sitio Web, 203**
**Internet Direct, Inc. (Proveedor de Servicio Internet), 366**
**INTERNET DRAFT para Especificación del Lenguaje de Marcado de Hipertexto versión 3.0**
sitio Web, 423
**Internet Explorer, *véase* Microsoft Internet Explorer**
**Internet Express (Proveedor de Servicio Internet), 366**
**Internet Group, sitio Web, 203**
**Internet statistics and demographics sitio Web, 205**
**Internet Yellow Pages Registration Form, sitio Web, 191**
**InterNIC (Centro de información para la Red Internet), 48**
Directorio y servicios para base de datos, 404
formulario, 383-385
Registration Services, sitio Web, 48
**Intranet, 361**
**intro.htm (archivo para el sitio Web muestra), 167, 178**
**Iomega (dispositivos de respaldo en cinta), 27**
**IP, engaño al**
firewalls, 261
rutas del paquete, utilería tracert, 208
**IP, filtrado de, firewalls, 262**
**IP (Protocolo Internet)**
direcciones
*en LANs que corren DHCP, 44*
*requerimientos, 48*
seguridad de la dirección, 239
**Ireland On-Line (Proveedor de Servicio Internet), 372**
**ISAPI (Interfaz de programas de aplicación para servidores de información), 322**
**ISDN (Red digital de servicios integrados), 13, 42-43, 362**
Anterior servicio telefónico plano (POTS), 47
listado de los distribuidores de hardware, 43
opciones de compra, 13
respaldo por módem, 47
sitios Web, 43, 401
**<ISINDEX>, etiqueta, 113, 157, 242, 245, 425**
**ISMAP, atributo (etiqueta <IMG>), 113, 133**

**ISO (Organización Internacional de Estándares), 6**
**iVALS, proyecto, sitio Web, 205**

## J

**JARING (Proveedor de Servicio Internet), 373**
**Java, 358, 360**
applets, 335
*agregar a las páginas HTML, 336*
*Animator, 336*
*LED Sign, 337-342*
código fuente para LED Sign, 342-353
consumo de ancho de banda de las aplicaciones, 334
escritura de páginas Web, 335
scripts, 338-339, 341
sitio Web, 335, 358
Symantec Espresso, 353
visualizadores Web, compatibilidad, 334
**Java, API, 336**
**Java, SDK (kit de desarrollo de software), 335-338**
**JavaScript, sitio Web, 121**
**Jumpstation (robot Internet), 415**

## K

**Katipo (robot Internet), 420**
**<KBD>, etiqueta, 115, 439**
**Kbps (kilobits por segundo), 41**
**KBps (kilobytes por segundo), 41**
**Keep_ISP (utilería para mantenimiento de sitios Web), 214-217**
**Kit CGI**
formularios HTML, examinado/guardado, 296
instalación, 296-297
mejoras al código, 297
**kit de herramientas WAIS EMWACS basado en el sitio Web gratuito WAIS 0.202, 399**
**Kit de recursos (Windows 95), 55**

## L

**Laboratorio europeo para física de las partículas (CERN), 126, 357**
**<LANG>, etiqueta, 440**
**LANs (Redes de área local), 55**
TCP/IP, instalación, 55
virus, 265
**LastRecOnly (clave CGI PerForm), 312**
**LED Sign, applet, 337-338**
agregar a las páginas Web, 342
color del texto, cambio del, 340
creación de vínculos de hipertexto, 341
etiquetas de hora/fecha, 341
instalación, 337
Java
*código fuente, 342-353*
*funciones/transiciones, 338-339*
scripts
*archivo, 338*
*comandos, 339-340*
sitio Web, 337
**Lenguaje de consulta estructurado (SQL), 331-332**
**Lenguaje de marcado de hipertexto, *véase* HTML**
**Lenguaje de marcado para base de datos (DBML), 252**
**Lenguaje de modelado para realidad virtual (VRML), 121, 359**
**Lenguaje estándar de marcado generalizado (SGML), 102-103**
**Lenguaje práctico para extracción y reportes *véase* Perl**
**lenguajes de programación**
C, 142
C++
*aplicaciones para base de datos CGI, 320*
*examen de datos de los formularios HTML, 323-327*
CGI, 140
*seguridad del sistema, 143*
Java, 358, 360
Microsoft BlackBird, 360
Microsoft Internet Studio, 359-360
Perl, 142, 270
*análisis estadístico del sitio Web, 278-280*
*comandos predefinidos, 275*
*convenciones del script, 271-272*
*módulos, 278*
*operadores de asignación, 273*
*operadores de cadena, 274*
*operadores de concordancia de patrones, 274*
*operadores lógicos, 274*
*operadores matemáticos, 273*
*operadores relacionales, 275*
*símbolos, 271*
*variables, 272*
sitios Web, 30
UNIX, lenguajes CGI compatibles con, 142
Visual Basic, aplicaciones para base de datos CGI, 320-330
Visual Basic Script, 359
Windows NT, lenguajes CGI compatibles con, 142
**<LH>, etiqueta, 444**
**<LI>, etiqueta, 107, 117, 158, 171, 444**
**LIBCGI (librería de funciones CGI), sitio Web, 317**
**línea dedicada (conexiones Internet), 40-41**
**líneas**
cortes de línea, 113
*<BR>, etiqueta HTML, 107*
*véase también* reglas horizontales
**líneas de comando**
campos de entrada, 145
CGI, 145-148
requerimientos de las aplicaciones Windows CGI, 466
utilería para correo electrónico SMTP Blat, sintaxis, 231
**<LINK>, etiqueta, 112, 425**
**listas**
etiquetas HTML, 117
<LI>, etiqueta HTML, 107
listas de definición, 117
<UL>, etiqueta HTML (listas desordenadas), 107
vínculos de hipertexto, 171
**listas de correo**
actualización, 253
configuración, 226-228
formularios HTML, creación con Cold Fusion, 248-251
**listas de definición, 117**
**llaves ({}), contenedor de subrutina en el lenguaje de programación Perl, 272**

**localización de problemas**
aplicaciones CGI, 147
conexiones Internet (NetAlert), 209-211
instalación de Cold Fusion, 248
problemas de conexión, utilería ping, 208
vínculos de hipertexto para gráficos, 134
**Localizadores uniformes de recursos, *véase* URLs**
**logo.gif (archivo para el sitio Web muestra), 167**
**Los Angeles Windows NT User Group, sitio Web, 397**
**LView Pro (mapeo de archivo de imagen)**
creación de capturas de pantallas, 127-128
GIFs entrelazados/transparentes, creación, 135
sitio Web, 126
**Lycos (robot Internet), 417**
**Lycos Hunting WWW Information, sitio Web, 18**
**Lycos, página de búsqueda, sitio Web, 189**
**Lynx, visualizadores Web, 17**

## M

**Mac WWWWorm (robot Internet), 419**
**Macintosh, niveles de seguridad, 15**
**MailFile (comando CGI PerForm), 308**
**<MAILTO>, etiqueta, 171**
**main(), función (lenguaje de programación C++), análisis de los datos del formulario HTML, 326**
**MakeUniqueFileName (comando CGI PerForm), 309**
**MakeVariable (comando CGI PerForm), 309**
**Map This!, 30, 125-126, 129-132**
**mapas de imagen, 113**
creación, 127
planeación, 124
pruebas, 134
puntos activos, 124-125
referencias para vínculos de hipertexto, 129-132
URLs en archivos de mapas, 131
**máquinas de búsqueda, 189-190**
*véanse también* robots; buscando en Internet con robots
**marca registrada (®), extensión del símbolo para, Netscape Navigator, 160**
**más, signo de (+) en líneas de comando CGI, 145**
**<MATH>, etiqueta, 456**
**MBnet (Proveedor de Servicio Internet), 371**
**McAfee Scan para Windows 95, 265**
**MCSNet (P.oveedor de Servicio Internet), 367**
**memoria**
optimización, eliminación de los protocolos de red que no se utilizan, 56
requerimientos (sistemas operativos Windows), 22
tarjetas de video, 24
**<MENU>, etiqueta, 117, 445**
**<META>, etiqueta, 112, 426**
**method, atributo (etiqueta <FORM>), 118**
**Metrix Interlink Corp. (Proveedor de Servicio Internet), 372**
**Microsoft**
competencia con Netscape, 360-361
sitio Web, 31
**Microsoft BlackBird, 360**
**Microsoft Exchange, configuración, 68**
**Microsoft home page, sitio Web, 35**
**Microsoft Internet Developers, página principal, sitio Web, 359**
**Microsoft Internet Explorer, 31, 74-76, 360-361**
búsqueda de grupos de noticias, 86-87
cómo bajarlo con Cute FTP, 80
**Microsoft Internet Information Server, 360**
**Microsoft Internet Studio, 359-360**
**Microsoft NT FAQ, sitio Web, 399**
**Microsoft Plus!, 28**
**Microsoft's 32-bit Applications Catalog, sitio Web, 399**
**Microsoft's Gopher Server, sitio Web, 397**
**Microsoft's Web Server, sitio Web, 397**
**MIDnet (Proveedor de Servicio Internet), 368**
**Miembros de la lista visibles a través del comando EXPN (opción de configuración para SLmail), 227**
**Milwaukee Internet X (Proveedor de Servicio Internet), 370**
**MIME (Extensiones de correo Internet de propósitos múltiples), 136**
**MIND LINK! Communications Corp (Proveedor de Servicio Internet), 371**
**MindSpring (Proveedor de Servicio Internet), 367**
**Ministry Of Communications (Proveedor de Servicio Internet), 373**
**módems, 13, 24**
33.6 Kbps, 362
conexiones para marcado telefónico, servicios en línea, 38
consideraciones sobre el desempeño, 41
gráficos, consideraciones sobre la velocidad, 124
moderadores (buffers) de datos, 42
páginas Web multimedia, consideraciones sobre la velocidad, 137
respaldo de las conexiones ISDN, 47
servicios de conmutación, 12-14
UART, 16550 UART, *véase también* ISDN
velocidades de transmisión, 41
**modo local, 167**
**módulos (lenguaje de programación Perl), 278**
**MOMspider (robot Internet), 416**
**monitores, 25**
**Monster Board Classified Ads, sitio Web, 204**
**Monster Board Classified Advertisements, sitio Web, 401**
**Mosaic, visualizador Web, 16**
**Mother of All Bulleting Board Systems, sitio Web, 193**
**MRnet (Proveedor de Servicio Internet), 368**
**Msen, Inc. (Proveedor de Servicio Internet), 368**
**multimedia, 135-137**

**musage (script para análisis en formato común para archivos de registro), 281**
**MV Communications, Inc (Proveedor de Servicio Internet), 368**

## N

**NAME, atributo (etiqueta <A>), 114**
**NAME, atributo (etiqueta <INPUT>), 118, 175**
**NCSA (Centro Nacional para Aplicaciones de Supercómputo), sitio Web, 147**
**NCSA, The, What's New Catalog, sitio Web, 194**
**NeoSoft's Sugar Land Unix (Proveedor de Servicio Internet), 369**
**negritas, texto en, 115**
**Net Access (Proveedor de Servicio Internet), 369**
**Net Mall, The, sitio Web, 199**
**NetAlert (utilería para mantenimiento de sitios Web), 209-211**
**Netchex, sitio Web, 202**
**Netherlands Windows NT, sitio Web, 399**
**NetPages White Pages, sitio Web, 189**
**NetPublisher Demonstration Server, servidor Web, 377**
**Netscape**
competencia con Microsoft, 360-361
sitio Web, 357
**Netscape Commerce, servidor Web, 377, 381**
**Netscape Communications, servidor Web, 161, 377, 381**
**Netscape Home Page, sitio Web, 160**
**Netscape Navigator , 17, 76-77, 360-361**
configuración para el reproductor de multimedia de Windows 95, 136
cuadros, 162-163
extensiones, 157-160
HTML 3.0, 76
sitio Web, 34
**Netscape Navigator, extensiones**
© (símbolo para copyright), 160
® (símbolo para marca registrada), 160
relación con la versión 3.0 de HTML, 160-161
**Netscape Secure Server, 360**
**netstat (utilería para mantenimiento de sitios Web), 209**
**Network Access Services (Proveedor de Servicio Internet), 370**
**New Brunswick's Regional Network (Proveedor de Servicio Internet), 371**
**New Riders' *World Wide Web Yellow Pages,* sitio Web, 190**
**News Xpress, 32, 84-86**
**NEXOR Ltd Perl Page, sitio Web, 293**
**NEXTID>, etiqueta, 427**
**NHSE Web Forager (robot Internet), 418**
**Nikos Search Engine, sitio Web, 189**
**NNTP (Protocolo para transferencia de noticias en la Red), 48**
**<NOBR>, etiqueta, 159**
**nodos terminales, 256**
**<NOFRAMES>, etiqueta, 163**
**nombres de dominio, 5, 48-49**
**North Shore Access (Proveedor de Servicio Internet), 367**
**Northern California Microsoft Windows NT User Group, sitio Web, 398**
**NorthStar Robot (robot Internet), 416**
**Northwest Nexus Inc (Proveedor de Servicio Internet), 370**
**NorthWestNet (Proveedor de Servicio Internet), 370**
**NOSHADE, atributo (etiqueta <HR>), 158**
**<NOTE>, etiqueta, 459**
**Notepad (Windows 95), 108**
**NT Hardware Compatibility List, sitio Web, 22**
**NT Information, sitio Web, 398**
**NT Perl Version 5.001, lenguaje de programación, 30**
**Nuance Network Services (Proveedor de Servicio Internet), 366**
**número, símbolo de, (#)**
delineador de comentarios en archivos de mapa, 131
delineador de comentarios en lenguaje de programación Perl, 272
SQL de Microsoft Access, 331
URLs, 131

## O

**OARnet (Proveedor de Servicio Internet), 368**
**OCXs (controles personales OLE), 359**
**ODBC (Conectividad abierta para bases de datos), 246-247**
consideraciones sobre la velocidad, 247
instalación, 247
interacción con bases de datos, 247
**oficina pequeña, opciones de acceso a Internet, 47**
**<OL>, etiqueta, 117, 158, 171, 446**
**Old Colorado City Communications (Proveedor de Servicio Internet), 367**
**OLE, controles personales (OCXs), 359**
**Olympus (Proveedor de Servicio Internet), 370**
**On-Ramp Technologies, Inc. (Proveedor de Servicio Internet), 369**
**Opciones iniciales de los miembros agregados (opción de configuración para SLmail), 228**
**Open Market, Inc. Commercial Sites Index, sitio Web, 192**
**Open Market, Inc., sitio Web, 201**
**Open Text Corporation Robot (robot Internet), 420**
**open(FILEHANDLE, EXPR), comandos (lenguaje de programación Perl), 276**
**operaciones bancarias, 202-203**
**operadores de asignación, lenguaje de programación Perl, 273**
**operadores de cadena (lenguaje de programación Perl), 274**
**Operadores de concordancia de patrones (lenguaje de programación Perl), 274**

**operadores lógicos (lenguaje de programación Perl), 274**
**operadores matemáticos (lenguaje de programación Perl), 273**
**operadores relacionales (lenguaje de programación Perl), 275**
**<OPTION>, etiqueta, 119, 168, 177**
**order.htm (archivo para el sitio Web muestra), 167, 178-180**
**Organización internacional de estándares (ISO), 6**
**OSI (Interconexión de sistemas abiertos), 6-7, 12**
**Otis Business Index, The, sitio Web, 192**
**OutputDataFile (comando CGI PerForm), 309**
**OutputFile (clave CGI PerForm), 312**
**OutputFromData (comando CGI PerForm), 309**
**OverCenter (función/transición Java), 339**
**OverDown (función/transición Java), 339**
**OverLeft (función/transición Java), 339**
**OverRight (función/transición Java), 339**
**OverUp (función/transición Java), 339**

## P

**<P>, etiqueta, 107, 116, 170, 434**
**Pacific Systems Group (Proveedor de Servicio Internet), 369**
**páginas principales (home pages), 169**
**páginas Web**
anuncios, 188-189
aplicaciones ejecutables, 334
applet LED Sign, agregando, 342
archivos
*bajar, 181*
*consideraciones sobre el tamaño, 110*
bases de datos WAIS, páginas de búsqueda, 245
botones de comando, Submit, 141
búsqueda, 112
consideraciones sobre el estilo, 164
correo electrónico, 171
*formularios, 175*
*Microsoft Internet Explorer, 74-76*
creación, 96-98, 108-111
*con procesadores de palabras, 108, 122*
cuadros de lista, descendentes, creación, 177
cuadros (Netscape Navigator), 162-163
encabezados, 111-113-116
etiquetas HTML, 106-107
*símbolos matemáticos, 164*
formateo, 106
*con estilos físicos, 115*
*con estilos lógicos, 114-115*
*generado dinámicamente con Cold Fusion, 253*
formularios, 118
*transferencia de datos con CGI, 141-142*
GIFs, 134-135
gráficos, 124-125
habilita la entrada del usuario, 118-119
hojas de estilo HTML, 163-164
imágenes, desplegando reemplazos para texto, 170
impresión, 110
Java, 334-335
listas, 107
multimedia, 135-137
páginas de búsqueda, 18
páginas principales, consideraciones sobre el tamaño, 169
planillas para documentos, WebEdit, 96-98
plantillas, 106
publicidad (Proveedores de Servicio Internet), 39-40
reglas horizontales, 113
sección del cuerpo, etiqueta contenedora <BODY>, 106
seguridad del sistema, aplicaciones CGI, 142
tablas, HTML versión 3.0, 161-162
títulos, 112
*véase también* formularios
ver el trabajo en progreso, 167
vínculos de hipertexto, 16
*etiqueta <A HREF>, 107*
vínculos vencidos, actualización 219
**páginas Web para publicidad, 188-189**
**Paint Shop Pro, 30, 126, 128-129**
**Paradigm (Proveedor de Servicio Internet), 367**
**paréntesis angulares (< >) en el lenguaje de programación Perl, 271**
**párrafos, 116**
etiqueta <P>, 107
**Path (clave CGI PerForm), 312**
**PATH_INFO (variable de ambiente CGI), 143**
**PCI (Interconexión para componentes periféricos), 24**
**PCT (Tecnología para comunicación privada), 202**
**Pegasus Networks (Proveedor de Servicio Internet), 370**
**PEM (Correo con privacía ampliada), 200**
**Peregrinator (robot Internet), 419**
**Performance Systems International, Inc. (Proveedor de Servicio Internet), 370**
**Perl Archive, sitio Web, 293**
**Perl (Lenguaje práctico para extracción y reportes), 142**
análisis estadístico del sitio Web, 278-280
comandos predefinidos, 275
decodificación del dispositivo stdin, 146
formularios CGI, 292-293
guiones
*convenciones, 271-272*
*ejecución, 278*
módulos, 278
operadores de asignación, 273
operadores de cadena, 274
operadores de concordancia de patrones, 274
operadores lógicos, 274
operadores matemáticos, 273
operadores relacionales, 275
símbolos, 271
sitio Web, 270, 293
variables, 272
**Perl—Practical Extraction and Report Language, sitio Web, 400**

**Permitir los compendios en la lista de correo (opción de configuración para SLmail), 228**
**<PERSON>, etiqueta, 440**
**Personal InterNet Gate (Proveedor de Servicio Internet), 370**
**Peticiones para comentarios, *véase* RFCs**
**PGP (Privacía bastante buena), 200**
**pila de protocolos, 8**
**ping (utilería para sitio Web), 208**
**(PING) (Proveedor de Servicio Internet), 370**
**Pinnacle Micro (unidades de disco óptico), 27**
**Pipeline, The (Proveedor de Servicio Internet), 368**
**PIPEX (Proveedor de Servicio Internet), 373**
**Pixel (función/transición Java), 339**
**pixels= (parámetro Java de funciones/transiciones), 338**
**Portscan (utilería para mantenimiento de sitios Web), 211**
**POST, método (protocolo HTTP), 141, 144, 146**
**POTP Secure FTP versión 1.5, 29**
**POTS (Anterior servicio telefónico plano), 47**
**Power One Time Pad, dirección de correo electrónico, 29**
**PowerToys Home Page, sitio Web, 396**
**PPP Multilink, protocol, sitio Web, 401**
**PPP (Protocolo punto a punto), 41**
**<PRE>, etiqueta, 116, 458**
**Preguntas más frecuentes, *véase* FAQs**
**presencia en el mercado, sitio Web, 203**
**Presentación (capa de red), 6**
**PRI (Interfaz de velocidad primaria), 42**
**Primenet (Proveedor de Servicio Internet), 366**
**Privacía bastante buena (PGP), 200**
**procesadores de palabras, 108-109, 122**
**Process Software Corporation, sitio Web, 90**
**Process Software, sitio Web, 29**
**product.htm (archivo para el sitio Web muestra), 167, 180-181**
**programas en modo de consola, 142**
**programas, *véase* aplicaciones**
**PROMPT, atributo (etiqueta <ISINDEX>), extensión Netscape Navigator, 157**
**protectores de pantalla, consideraciones sobre el desempeño del CPU, 42**
**Protocolo de control de transmisión/Protocolo Internet *véase* TCP/IP**
**Protocolo de transferencia de hipertexto, *véase* HTTP**
**Protocolo Internet para control de mensajes (ICMP), 261**
**Protocolo Internet para línea serial (SLIPP), 12**
**Protocolo para control de host dinámico (DHCP), 44**
**Protocolo para transferencia de archivos, *véase* FTP**
**Protocolo para transferencia de noticias en la Red (NNTP), 48**
**Protocolo Punto a Punto (PPP), 41**
**protocolos**
- acceso a Internet, configuración de las opciones de Windows 95, 63
- ISDN, 13, 42
- línea, 12
- niveles de red, 8
- servidores, 48
- Windows 95, eliminación de los protocolos no utilizados, 56
- Z39.50, 242

**protocolos de línea, 12**
**proveedores de acceso, *véase* proveedores de Servicio Internet**
**proveedores de servicio, anfitrión Web, 39-40**
**Proveedores de Servicio Internet**
- acceso a Internet, 63-64
- anfitrión Web, 39
- consideraciones de desempeño, 47
- direcciones, 366-370
- requerimientos del servicio, 47-48

**publicación de páginas Web (Proveedores de Servicio Internet), 39-40**
**punto y coma (;) en lenguaje de programación Perl, 272**
**puntos activos (vínculos de hipertexto para gráficos), 124-125**
**Purveyor Desktop, servidor Web, 29, 90, 376, 379, 381**
- CGI moderado, 142
- cómo ocultar las ubicaciones de los archivos, 94
- configuración, 91
- confirmación del estado del servidor local, 94
- corre, 91
- desinstalar, 92
- estándares CGI, 142
- instalación 90
  - *configuración personal, 92-93*
  - *configuración predeterminada, 93*
- probando la configuración, 93
- registro, 92
- salida, 92
- sitio Web, 90

**PushFile (comando CGI PerForm), 309**
**PushList (comando CGI PerForm), 309**


## Q


**<Q>, etiqueta, 440**
**qt2www (convertidor HTML), 109**
**Quarterdeck, servidor Web, 378, 380**
**QUERY_STRING (variable de ambiente CGI), 143, 145**


## R


**RADIO, atributo (etiqueta <INPUT>), 118**
**RAM (Memoria de acceso aleatorio), tarjetas de video, 24**
**<RANGE>, etiqueta, 427**
**RAS (servicio de acceso remoto), 261**
**RAS+ (utilería para mantenimiento de sitios Web), 218**
**RAS+95, sitio Web, 33**
**RBASE Spider (robot Internet), 415**
**Real Time Communications (Proveedor de Servicio Internet), 369**
**RealAudio, sitio Web, 137**
**Receptor/transmisor universal asíncrono (UART), 42**
**Red (capa de red), 6, 8**

**Red Científica Peruana (Proveedor de Servicio Internet), 373**
**Red digital de servicios integrados (ISDN), 13**
**redes**
Acceso telefónico a Redes (Windows 95), instalación, 60-62
alimentación de noticias para los grupos de noticias, 48
capas, 6-8
firewalls, 44, 261
gateways, 6
Intranet, 361
modelos (Interconexión de sistemas abiertos), 6-8
protocolos de línea, 12
seguridad del sistema, acceso Internet, 43-44
TCP/IP, 4-12
*instalación en LANs, 55*
tendencias de la tecnología, 361
velocidad de transmisión, 14-15
virus, 265
Windows 95, retirando los protocolos que no se utilizan, 56
**REG_BINARY, tipo de datos para Registry de Windows 95, 221**
**REG_DWORD, tipo de datos para Registry de Windows 95, 222**
**REG_EXPAND_SZ, tipo de datos para Registry de Windows 95, 222**
**REG_MULTI_SZ, tipo de datos para Registry de Windows 95, 222**
**REG_SZ, tipo de datos para Registry de Windows 95, 222**
**REGEDIT.EXE (Windows 95), 220**
**Registrar el acceso a la lista de correo para el archivo (opción de configuración para SLmail), 228**
**Registry (Windows 95), 219-222**
**reglas horizontales, 113**
**release.htm (archivo para el sitio Web muestra), 167, 181-182**
**Reload (función/transición Java), 339**
**REMOTE_ADDR (variable de ambiente CGI), 143**
**RemoveData (comando CGI PerForm), 310**
**RemoveDupData (comando CGI PerForm), 310**
**Repeat (función/transición Java), 339**
**REQUEST_METHOD (variable de ambiente CGI), 143**
**RESET, atributo (etiqueta <INPUT>), 118**
**respaldos en cinta, 26-27, 219**
**respaldos, unidades de cinta, 26-27**
**Resudox (Proveedor de Servicio Internet), 372**
**return.gif (archivo para el sitio Web muestra), 167**
**ReturnNumRec (clave CGI PerForm), 312**
**ReturnURL (comando CGI PerForm), 310**
**RFCs (Peticiones para comentarios), 403-414**
**Rick's Windows NT Info Center, sitio Web, 398**
**RISQ (Proveedor de Servicio Internet), 372**
**RoboDUN versión 0.61, 33**
**robot, autoría, sitio Web, 259**
**robots, 256-258**
algoritmos de árbol transversal, 257
Arachnophilia, 418
ASpider (Araña asociativa), 417
autoría, archivos con sensibilidad a la exclusión, 259
Checkbot, 419
Churl, 419
CS-HKUST WWW Index Server, 421
Daño potencial, 260
EIT Link Verifier Robot, 418
Emacs-w3 Search Engine, 418
exclusión de sitios Web, 258-260
GetURL, 420
Harvest, 420
html analizer-0.02, 416
HTMLgobble, 416
InfoSeek Robot 1.0, 420
Jumpstation, 415
Katipo, 420
Lycos, 417
Mac WWWWorm, 419
MOMspider, 416
NHSE Web Forager, 418
NorthStar Robot, 416
Open Text Corporation Robot, 420
pautas para autoría de programas, 257
Peregrinator, 419
RBASE Spider, 415
SG-Scout, 418
Tarspider, 419
Tcl W3 Robot, 421
Titan, 421
TkWWW Robot, 420
W3M2, 417
W4 (el Vagabundo de World Wide Web), 416
WebCrawler, 416
Webfoot Robot, 417
WebLinker, 418
Websnarf, 417
Webwalk, 419
WizRobot, 421
WWWW-el gusano (Worm) de World Wide Web, 417
**robots.txt (archivo para exclusión de robot), 259-260**
**Rocky Mountain Internet, Inc. (Proveedor de Servicio Internet), 367**
**Rocky Mountain Windows NT User Group, sitio Web, 398**
**<ROOT>, etiqueta, 457**
**Route 66 Networks, Inc. (Proveedor de Servicio Internet), 370**
**RSA, criptografía, 200**
**RTFTOHTML (convertidor HTML), 109**

## S

**<S>, etiqueta, 441**
**SAIC-HTTP, servidor Web, 377, 380-381**
**SAMP>, etiqueta, 439**
**San Diego Windows NT User Group, sitio Web, 397**
**SASK#net (Proveedor de Servicio Internet), 372**
**Satelnet (Proveedor de Servicio Internet), 367**
**SaveAs (clave CGI PerForm), 313**
**SaveForm (comando CGI PerForm), 310**
**Schunix (Proveedor de Servicio Internet), 367**
**SCRIPT_NAME (variable de ambiente CGI), 143**
**scripts**
CGI, 140

lenguaje de programación Perl, depuración/ejecución, 278
**scripts de depuración, lenguaje de programación Perl, 278**
**scripts en Java, 338-339, 341**
**ScrollCenter (función/transición Java), 339**
**ScrollDown (función/transición Java), 339**
**ScrollLeft (función/transición Java), 339**
**ScrollRight (función/transición Java), 339**
**ScrollUp (función/transición Java), 339**
**SEANET (Proveedor de Servicio Internet), 370**
**sección de cuerpo (páginas Web), 106**
**Secure FTP servidor Web, 234**
**Secure-HTTP (S-HTTP), 201**
**seguridad del sistema, 265-266**
acceso Internet, redes, 43-44
aplicaciones CGI, 142
auditorías, 15
barreras de protección, 44, 260-266
Capa de enchufes de seguridad, 360
contraseñas, 15
criptografía, 199-200
engaño IP, 261
filtrado IP, 262
lenguajes de programación CGI, 143
niveles de seguridad, 15
seguridad FTP, 235
seguridad para direcciones IP, 239
servidores Web, deshabilitando la navegación por el directorio, 266
servidores Web seguros, 201
Tecnología para transacciones seguras, 360
virus, 16
virus de software, 265
**seguridad del sistema, aplicaciones para servidor de 266**
**seguridad, *véase* seguridad del sistema**
**SELECT (sentencia SQL), 331**
**<SELECT>, etiqueta, 119, 168, 177**
**sensibilidad a mayúsculas y minúsculas, etiquetas HTML, 105**
**SERVER_NAME (variable de ambiente CGI), 144**
**SERVER_PORT (variable de ambiente CGI), 144**
**SERVER_PROTOCOL (variable de ambiente CGI), 144**
**SERVER_SOFTWARE (variable de ambiente CGI), 144**
**Server-Push, servidores Web, 358**
**servicios de conmutación, 12-14**
**servicios en línea para anfitriones Web, 39**
**Servidor de Información de Área Amplia, *véase* WAIS**
**servidores de listas, 8-9, 226-230, 400-401**
**servidores de protocolo, 48**
**servidores finger, 232**
**servidores Web, *véase* aplicaciones, servidores Web**
**Serv-U FTP, servidor Web, 29, 234-238**
**SerWeb, servidor Web, 375**
**Sesión (capa de red), 6**
**SGML (Lenguaje estándar de marcado generalizado), 102-103**
**SG-Scout (robot Internet), 418**
**shareware, 482**
**S-HTTP (Secure-HTTP), 201**
**signo de interrogación (?) en líneas de comando CGI, 145-146**
**# signo de número en líneas de comando CGI, 146**
**signos de admiración (!!), delineador de comentarios en Java, 338**
**signos de igual(=) en líneas de comando CGI, 146**
**Silicon Graphics Software, sitio Web, 359**
**símbolo de dólares ($), lenguaje de programación Perl, 271-272**
**símbolo de porcentaje (%)**
arreglos de comprobación o asociativos en Perl, 271
enunciados SQL, 331
líneas de comando CGI, 145-146
**símbolos (lenguaje de programación Perl), 271**
**símbolos matemáticos (etiquetas HTML), 164**
**Simple Vector Format/HyperCGM, sitio Web, 121**
**sistemas operativos**
caracteres reservados en líneas de comando CGI, 145
velocidad de transmisión de datos, 42
**sitios, *véase* Web, sitios**
**SIZE, atributo (etiqueta <HR>), 157**
**SIZE, atributo (etiqueta <INPUT>), 118, 177**
**Skypoint Communications (Proveedor de Servicio Internet), 368**
**Sleep (función/transición Java), 338**
**SLIPP (Protocolo Internet para línea serial), 12**
**SLmail (servidor de correo electrónico), 224-230**
**Small Business Administration, sitio Web, 204, 401**
**<SMALL>, etiqueta, 441**
**software**
firewalls, 261
localización de problemas, 84
programas para detección de virus, 265
shareware, 482
virus, 16, 265
**Sólo el propietario de la lista puede depositar artículos a la lista (opción de configuración para SLmail), 227**
**Somar Software—Many NT Security Type Applications, sitio Web, 397**
**Somar Software's NT Security White Paper, sitio Web, 400**
**Sort (clave CGI PerForm), 313**
**SortDataFile (comando CGI PerForm), 310**
**South Coast Computing Services, Inc. (Proveedor de Servicio Internet), 369**
**Spider's Pick of the Day, sitio Web, 194**
**SQL (Lenguaje de consulta estructurado), 331-332**
**<SQRT>, etiqueta, 457**
**Servicio de acceso remoto (RAS), 261**
**Servicio de nombres de dominio (DNS), 48**
**servicios en línea, acceso Internet, 38-39**

SSI+ (Inclusiones del lado del servidor), 322
SSL (Capa de enchufes de seguridad), 201, 360
START, atributo (etiqueta, <OL>), 158
startspace= (parámetro Java de funciones/transiciones), 338
Stat-USA, sitio Web, 204, 401
STDERR, variable (lenguaje de programación Perl), 273
stdin, dispositivo (aplicaciones CGI), 144-146
STDIN, variable (lenguaje de programación Perl), 272
stdout, dispositivo (aplicaciones CGI), 142, 147
STDOUT, variable (lenguaje de programación Perl), 273
<STRONG>, etiqueta, 115, 439
STT (Tecnología para transacciones seguras), 202, 360
Stuttgart Windows NT Home Page, sitio Web, 398
Style Guide for Online Hypertext, sitio Web, 164
<STYLE>, etiqueta, 428
<SUB>, etiqueta, 442, 457
subir archivos, 82, 234
SUBMIT, atributo (etiqueta, <INPUT>), 118
Submit, botón de comando, 141
suma de verificación (checksum), protección contra virus, 265
SumDataFile (comando CGI PerForm), 310
Sun HotJava home page , sitio Web, 358
SunBelt (Proveedor de Servicio Internet), 369
SunSoft Java, Kit de Desarrollo de Software, 30
Sunsoft Java, sitio Web, 30
<SUP>, etiqueta, 442, 457
Surfin's Selection of The Best Win95 Apps, sitio Web, 397
SURFnet (Proveedor de Servicio Internet), 373
SWITCH (Proveedor de Servicio Internet), 373
Switched-56 (servicio de conmutación de línea telefónica), 13
Symantec Espresso, sitio Web, 353
Syquest (dispositivos de respaldo), 27
[System], sección, archivos de datos CGI, 470
Systems Solutions (SSNet) (Proveedor de Servicio Internet), 367

## T

<T>, etiqueta, 457
T1, líneas (Proveedores de Servicio Internet), 47
T1 (servicio de conmutación de línea telefónica), 13
T3, líneas (Proveedores de Servicio Internet), 47
T3 (servicio de conmutación de línea telefónica), 13
<TAB>, etiqueta, 435
tablas (etiquetas HTML), 161-162
<TABLE BORDER>, etiqueta, 162, 452
<TABLE>, etiqueta, 451
TallyDataFile (comando CGI PerForm), 311
tarjetas de video, 24-25
Tarspider (robot Internet), 419
Tcl W3 Robot (robot Internet), 421
TCP/IP (Protocolo de control de transmisión/Protocolo Internet), 4-12
  configuración de Windows 95, 57-58
  instalación, 55-56
  niveles de red, 8
  pila de protocolos, 8
  protección por firewall, 261
  utilerías para monitoreo (NetAlert), 209-211
  utilerías para sitio Web (ping), 208
  velocidad de transmisión de la señal (módems), 41
  Windows 95, 55, 60-62
<TD>, etiqueta, 162, 454
Tecnología para comunicación privada (PCT), 202
Tecnología para transacciones seguras (STT), 202, 360
Teleport, Inc. (Proveedor de Servicio Internet), 369
Telerama Public Access Internet (Proveedor de Servicio Internet), 369
Texas Metronet (Proveedor de Servicio Internet), 369
TEXT, atributo (etiqueta <INPUT>), 118
text= (parámetro Java de funciones/transiciones), 338
<TEXT>, etiqueta, 457
<TEXTAREA>, etiqueta, 119, 168, 177
texto
  applet LED Sign, cambio de color del texto, 340
  caracteres internacionales, 120
  caracteres reservados, 119
  entidades, 119-120
  formato, 114-115
  preformateado (etiquetas HTML), 116
  reemplazo de imágenes en páginas Web, 170
  visualizadores Web, alternativas en texto para gráficos, 124
texto estilo máquina de escribir, 115
texto preformateado (etiquetas HTML), 116
<TH ALIGN>, etiqueta, 452
<TH COLSPAN>, etiqueta, 452
<TH ROWSPAN>, etiqueta, 452
<TH>, etiqueta, 454
The Direct Connection (Proveedor de Servicio Internet), 372
The IDS World Network (Proveedor de Servicio Internet), 369
The Internet Access Company (Proveedor de Servicio Internet), 367
The Internet Mall, sitio Web, 199
The Online Whole Internet Catalog, dirección de correo electrónico, 194
The Windows NT Resource Center, sitio Web, 398
The World Wide Web Yellow Pages, sitio Web, 401
ThunderBYTE Anti-Virus 95, 33, 265
<TILDE>, etiqueta, 457
times= (parámetro Java de funciones/transiciones), 338
Tips for Writers and Designers, sitio Web, 164
Titan (robot Internet), 421
<TITLE>, etiqueta, 106, 112, 429
títulos, 106, 112

**TkWWW Robot (robot Internet), 420**
**TL Consulting (Proveedor de Servicio Internet), 366**
**TplFile (clave CGI PerForm), 313**
**<TR>, etiqueta, 162, 454**
**tracert (utilería para mantenimiento de sitios Web), 208**
**train.htm (archivo para el sitio Web muestra), 167, 182-183**
**transacciones con tarjeta de crédito, 202-203**
**transacciones financieras, seguridad, 202-203**
**transferencia de datos, variables de ambiente CGI, 143-144**
**Transporte (capa de red), 6, 8**
**<TT>, etiqueta, 115, 441**
**Tucows Winsock Utilities and Shareware, sitio Web, 397**
**TYPE, atributo (etiqueta <INPUT>), 175**
**TYPE, atributo (etiqueta <LI>), 158**
**TYPE, atributo (etiqueta <OL>), 158**
**TYPE, atributo (etiqueta <UL>), 158**
**Tyrell (Proveedor de Servicio Internet), 368**

## U

**<U>, etiqueta, 441**
**UART (Receptor/Transmisor universal asíncrono), 16550 UART, 42**
**<UL>, etiqueta,**
**Unidad de servicio de canal/unidad de servicio de información (CSU/DSU), 45**
**unidades, respaldo en cinta, 26-27**
**UNIX**
  lenguajes de programación CGI, 142
  niveles de seguridad, 15
**unless construct, enunciado de control, lenguaje de programación Perl, 277**
**Unofficial Windows 95 Software Archive, sitio Web, 396**
**UPDATE (enunciado SQL), 331**
**UPS (Fuente de poder ininterrumpible), 219**
**URL= (parámetro Java de funciones/transiciones), 338**
**URLs (Localizadores uniformes de recursos)**
  convenciones, 18
  etiquetas HTML, 112
  exclusión de robots, 259
  # (signo de número), 131
  vínculos de hipertexto en archivos para mapas de imagen, 131-132
**UseColumn (clave CGI PerForm), 313**
**UseCommandFile (comando CGI PerForm), 311**
**UseFieldValue (clave CGI PerForm), 313**
**Usenet, 9, 84**
**utilerías para mantenimiento (sitios Web)**
  sitio Web, 212, 214-218
  WinIPcfg, 209-212
**UUNET Canada, Inc. (Proveedor de Servicio Internet), 371**
**UUNET Technologies, Inc. (Proveedor de Servicio Internet), 369**
**UUNET, acervo (RFCs), 409**

## V

**V.34, módems, 41**
**V.42bis, módems, 41**
**vagabundos (wanderers), *véase* robots**
**VALUE, atributo (etiqueta, <INPUT>), 175**
**VALUE, atributo (etiqueta, <OL>), 158**
**<VAR>, etiqueta, 115, 439**
**Variable (clave CGI PerForm), 313**
**variables (lenguaje de programación Perl), 272**
**variables de ambiente, CGI, 143-144**
**<VEC>, etiqueta, 457**
**Verificar la existencia de los archivos para la lista de correo (opción de configuración para SLmail), 227**
**Verity Inc, sitio Web, 258**
**Veronica, 11**
**VESA-LB (Bus local de la asociación de estándares en electrónica de video), 24**
**ViaCheck, sitio Web, 202**
**Vínculo de la información (capa de red), 6**
**vínculos de hipertexto, 16**
  <A HREF>, etiqueta, 107, 171
  anclas, 114
  bases de datos WAIS, páginas de búsqueda, 245
  creación de páginas Web, 110
  creación de páginas Web, reduciendo el tamaño del archivo, 110
  etiquetas HTML, 112
  gráficos, 124-125, 129-134
  imágenes, 114
  listas, 171
  mapas de imagen, pruebas, 134
  multimedia, 135
  URLs para archivos de mapas de imagen, 131-132
**vínculos, *véase* vínculos de hipertexto**
**virus, 16, 265**
**Visual Basic, 320**
  aplicaciones CGI
    *bugs (errores), 330*
    *enumeración en clave de la sección del archivo de datos, 475*
    *insertar datos del formulario en bases de datos, 327-329*
    *plantilla para formulario HTML, 322-323*
    *tipos de campos, 329*
    *ubicaciones de los directorios, 329*
  optimización de aplicaciones, 320
**Visual Basic Script, lenguaje de programación, 359**
**visualizadores, *véase* visualizadores Web**
**visualizadores Web, 31-32**
  Arena, 156
  compatibilidad con Java, 334
  compatibilidad con las extensiones de Netscape Navigator, 160
  conteo de los contactos con la página Web, 212
  gráficos, alternativas para el texto, 124
  HotJava, 358
  imágenes, desplegado de reemplazos para texto, 170
  Internet Explorer, 361

listas de correo, actualización con Cold Fusion, 253
Lynx, 17
Microsoft Internet Explorer, 74-76, 360
modo local, 167
Mosaic, 16
Netscape Navigator, 17, 34, 76-77, 360-361
páginas Web multimedia, compatibilidad, 136
prueba de la apariencia de la página Web, 111
reconocimiento de vínculos de hipertexto para gráficos en archivos HTML, 133-134
transferencia de archivos, 234
transferencia de datos con CGI, 142
ver el trabajo en progreso, 108
ver los comentarios incrustados en el código HTML, 170
versiones HTML, compatibilidad retrospectiva, 157
WebSpace (VRML), 359
**VLB, *véase* VESA-LB**
**Vnet Internet Access (Proveedor de Servicio Internet), 368**
**Volumen de mensajes a la lista de correo (opción de configuración para SLmail), 227**
**VRML (Lenguaje de modelado para realidad virtual), 121, 359**
**VRML Frequently Asked Questions, sitio Web, 359**

## W

**W3C (Consorcio World Wide Web), 156**
**W3M2 (robot Internet), 417**
**W4 (el vagabundo de World Wide Web), robot Internet, 416**
**W4 Server, servidor Web, 380**
**WAIS, 11 (Servidor de información de área amplia), 242**
bases de datos, 244-245
páginas de búsqueda, vínculos de hipertexto, 245
**WAISLOOK, 242**
**<WBR>, etiqueta, 159**
**Web Developers Warehouse, sitio Web, 317**
**Web Servers Comparison, sitio Web, 375, 396**
**Web, sitios**
Accel Partners, 203
ActiveVRML, 359
Adobe Acrobat, 121
Advanced Systems User Group, Washington, D.C., 398
Alibaba, 377
ALIWEB, 189
An Instantaneous Introduction to CGI Scripts and HTML Forms, 147
ANT_HTML.DOT, 109
aplicaciones CGI, eficiencia, 322
applets Java, 335
archivos de ejemplo, 166-167
autoría de robots, 259
bases de datos, 244, 254
BC Publishing Windows 95 Software Page, 396
Beame and Witheside BW Connect, 376
Beverly Hills Software, 160
BizWeb Company Information Form, 191
Bob Allisons' Web Masters, 396
Branch Mall, 199
búsqueda de grupos de noticias, 86
CGI, 148
CGI PerForm, 31
CGI2Shell Gateway, 317
CGIC (biblioteca de funciones de desarrollo CGI), 317
Charm Net, Inc, 203
CICA Gopher Windows NT Directory, 397
Clearinghouse of Subject-Oriented Internet Resources, 194
código HTML, 160
Cold Fusion, 31
Commerce Builder, 377
Commercial Services on the Net, 18
conteo de contactos, 212
Cool Site of the Day, 194
Counter, 212
criptografía, 200
CSUSM -Windows NT File Archives, 399
Cybercash, 202
Digicash, 202
Digital Equipment Corporation, 397
Dr. Dobbs Journal, 359
EINet Galaxy, 189
EMWAC HTTP Server for Windows NT, 376
EMWAC Information Services, 398
EMWACS WAIS, kit de herramientas basado en freeWAIS 0.202, 399
estadísticas y demografía en Internet, 205
estadísticas, análisis, 278-280
Eudora Light, 32
European Microsoft Windows NT Academic Center, 398
FAQ—Windows NT Administration, 399
FAQ—Windows NT by Dale Reed, 399
Federal Government Information on the Internet, 204, 401
Financial Portfolio Page, 335
First Virtual Holdings, 202
Folio Infobase Web Server, 378
FolkWeb WWW Server, 378
formularios HTML, 148
Frank Condron's Windows 95 Page, 396
From Grass Roots to Corporate Image, 164
Front Page, 378
FTP Site for Native Alpha NT Tools & Utilities, 397
FWTK (Firewall Toolkit), 264
Galaxy Catalog, 203
Georgia Tech (encuestas de usuarios), 204
grupos de noticias CGI, 148
GT_HTML.DOT, 108
Harvest Gatherers, 190
herramientas CGI, 30-31
How to Tame the Wild Mozilla, 160
HTML, 161
HTML+, 161
HTML 3.0, 164
HTML 3.0 Arena, 161
Imagemachine, 134
iMall, 199
Interior Alaska Windows NT User Group, 398
Inter-Links, 194
International Windows NT User Group, 397
Internet Assistant, 108
Internet Banking, 203

INTERNET DRAFT for HyperText Markup Language Specification Version 3.0, 423
Internet Group, 203
Internet Yellow Pages Registration Form, 191
InterNIC Registration Services, 48
ISDN, 43, 401
Java, 358
JavaScript, 121
LED Sign, 337
lenguajes de programación, 30
LIBCGI (biblioteca de funciones CGI), 317
Los Angeles Windows NT User Group, 397
LView Pro (mapeo de archivos de imagen), 126
Lycos Hunting WWW Information, 18
mantenimiento, actualización de vínculos vencidos, 219
Map This!, 30
Microsoft home page, 35
Microsoft Internet Developers, home page 359
Microsoft NT FAQ, 399
Microsoft, 31
Microsoft's 32-bit Applications Catalog, 399
Microsoft's Gopher Server, 397
Microsoft's Web Server, 397
módulo CGI.pm (lenguaje de programación Perl), 278
Monster Board Classified Advertisements, 204, 401
Mother of All Bulletin Board Systems, 193
NCSA, 147
Netchex, 202
Netherlands Windows NT, 399
NetPages White Pages, 189
NetPublisher Demonstration Server, 377
Netscape, 357
Netscape Commerce, 377
Netscape Communications, 161, 377
Netscape home page, 35
Netscape Navigator, 34
New Riders' *World Wide Web Yellow Pages,* 190
NEXOR Ltd Perl Page, 293
Nikos Search Engine, 189
nombres de dominio, registro, 48-49
Northern California Microsoft Windows NT User Group, 398
NT Hardware Compatibility List, 22
NT Information, 398
Open Market, Inc, 201
Open Market, Inc. Commercial Sites Index, 192
página de búsqueda Lycos, 189
Paint Shop Pro, 30, 126
Perl Archive, 293
Perl—Practical Extraction and Report Language, 400
Perl, 270, 293
planeación, 166
PowerToys Home Page, 396
presencia en el mercado, 203
Process Software, 29, 90
protocolo PPP Multilink, 401
proyecto iVALS, 205
Purveyor Desktop, 90, 376
qt2www, 109
Quarterdeck Webserver, 32, 378
RAS+95, 33
RealAudio, 137
referencia HTML, 11
Rick's Windows NT Info Center, 398
robots, exclusión, 258-260
Rocky Mountain Windows NT User Group, 398
RTFTOHTML, 109
SAIC-HTTP Server, 377
San Diego Windows NT User Group, 397
seguridad, *véase* seguridad del sistema
servidor EMWACS Freeware Finger, 399
servidor EMWACS Freeware Gopher, 399
servidor EMWACS Freeware WAIS, 399
SerWeb, 375
S-HTTP, 201
Silicon Graphics Software, 359
Simple Vector Format/ HyperCGM, 121
sitio muestra, configuración, 167
software Internet, 219
Somar Software—Many NT Security Type Applications, 397
Somar Software's NT Security White Paper, 400
Spider's Pick of the Day, 194
Standar for Robot Exclusion, 258
Stat-USA, 204, 401
Stuttgart Windows NT Home Page, 398
Style Guide for online Hypertext, 164
Submit It, 189
Sun HotJava home page, 358
Sunsoft Java, 30
Surfin's Selection of The Best Win95 Apps, 397
Symantec Espresso, 353
The Class Hierarchy of the Java Language, 359
The Coast to Coast Software Repository Windows NT, 397
The Consummate Winsock Apps Page, 34, 397
The Internet Mall, 199
The NCSA What's New Catalog, 194
The net Mall, 199
The Otis Business Index, 192
The Small Business Administration, 204, 401
The Windows NT Resource Center, 398
Tips for Writers and Designers, 164
Tucows Winsock Utilities and Shareware, 397
Unofficial Windows 95 Software Archive, 396
utilerías para mantenimiento, 208
Verity Inc, 258
ViaCheck, 202
Virtual Reality Modeling Language, 121
VRML Frequently Asked Questions, 359
VRML, 359
Web Developers Warehouse, 317
Web Servers Comparison, 375, 396
Web Style Manual, 164
Web4HAM, 376
WebCrawler, 18, 189
Webedit, 29
Weblint, 213
WebQuest, 378
WebSite, 376

WebStone, 212
WebTrac, 279
WHTTPd, 376
Windows 95 Page, 396
Windows 95 TCP/IP Setup HOW-TO/FAQ, 55, 399
Windows 95 Updates, 396
Windows 95, 397
Windows 95, shareware, 34
Windows 95, software, 219
Windows Magazine Home Page, 398
Windows NT FAX software FAQ, 399
Windows NT Information—Stuttgart, 398
Windows NT Information, 398
Windows NT Internet FAQ, 399
Windows NT Network Specialist, 398
Windows NT RAS Setup, 399
Windows NT Shareware, 397
Windows NT Support Center—University of Karlsruhe, 398
Windows NT v3.5 Internet/Connectivity FAQ, 399
Windows Online, 398
WinSMTP, 29
WinZip, 33
World Largest Software Archive for Windows, 35
World Wide Web Consortium, 357
World Wide Web Robots, Wanderers, and Spiders, 257
World Wide Web Yellow Pages, 204
World Wide Web Yellow Pages, The 401
WWW Business Yellow Pages, 192
WWW Developer's Virtual Library, 396
WWW Site for Native Alpha NT Tools & Utilities, 397
WWWusage, 279-280
Yahoo, 18, 193, 203
Yellowpages.com, 204, 401
ZBServer, 376

**Web Style Manual, sitio Web, 164**
**Web4HAM, servidor Web, 376**
**Web4HAM, sitio Web, 376**
**WebCrawler (robot Internet), 18, 189, 416**
**WebEdit (editor HTML), 29, 96, 108**
**Webfoot Robot (robot Internet), 417**
**WebLinker (robot Internet), 418**
**Weblint (utilería para mantenimiento de sitios Web), 212-213**
**WebQuest, servidor Web, 378-379**
**WebSite, servidor Web, 376, 380-381**
**Websnarf (robot Internet), 417**
**WebSpace (visualizador Web VRML), 359**
**WebStone (utilería para mantenimiento de sitios Web), 212**
**WebTrac, sitio Web, 279**
**Webwalk (robot Internet), 419**
**WHTTPd, servidor Web, 376**
**WIDTH, atributo (etiqueta, <HR>), 157**
**WIDTH, atributo (etiqueta, <IMG>), 159**
**Wimsey Information Services (Proveedor de Servicio Internet), 371**
**Win32 API, 242**
**WinCGI 1.2, 142**
**Windows**
aplicaciones CGI, 147
*eficiencia, 321-322*
*encabezados para flujo de datos, 473*
*lanzamiento, 466-467*
*procesamiento de resultados, 472-474*
*requerimientos de la interfaz, 466*
*requerimientos de línea de comandos, 466*
bases de datos CGI con Visual Basic, 320-330
ODBC, 246-247
sitios para bajar información, 396-397

**Windows 95, 27-28**
acceso a Internet (configuración de las opciones de protocolo), 63
acceso a Internet, contactando con los proveedores de servicio, 63-64
Acceso telefónico a redes, 60-62
aplicaciones para servidor de correo electrónico, 224
aplicaciones shareware, sitio Web, 34
desplegado/reproducción páginas Web multimedia, 136
Kit de recursos, configurando Windows 95 para acceso a Internet, 55
Microsoft Exchange, configuración, 68
Microsoft Internet Explorer, 74-76
Notepad, 108
protocolos de red, retirando los que no se utilizan, 56
rastreadores de virus, 265
REGEDIT.EXE, 220
Registry, edición, 219-222
requerimientos de memoria, 22
requerimientos mínimos del sistema, 22-23
seguridad del sistema, 16
servidores Web, revisión, 378-380
sitio Web, 397
software para firewall, 264
software, sitio Web, 219
TCP/IP, 55, 57-58
tendencias, 356-357
utilerías (mantenimiento del sitio Web), 208-212
Win32 API, 242

**Windows 95, Kit de Recursos, 27**
**Windows 95 Page, sitio Web, 396**
**Windows 95 TCP/IP Setup HOW-TO/FAQ, sitio Web, 55, 399**
**Windows 95 Updates, sitio Web, 396**
**Windows Keep_ISP versión 1.0, 34**
**Windows Keep_ISP versión 1.0, dirección de correo electrónico, 34**
**Windows Magazine Home Page, sitio Web, 398**
**Windows NetTools versión 1.0, 33**
**Windows NT**
compatibilidad del hardware, 22
lenguajes de programación CGI, compatibles con Windows NT, 142
mejoras en las nuevas versiones, 356
niveles de seguridad, 15
presencia en el mercado, 356
requerimientos de memoria, 22
servidores Web, revisión, 380-382

software para firewall, 264
Win32 API, 242
**Windows NT FAX software FAQ, sitio Web, 399**
**Windows NT Information—Stuttgart, sitio Web, 398**
**Windows NT Information, sitio Web, 398**
**Windows NT Internet FAQ, sitio Web, 399**
**Windows NT Network Specialist, sitio Web, 398**
**Windows NT RAS Setup, sitio Web, 399**
**Windows NT Shareware, sitio Web, 397**
**Windows NT Support Center—University of Karlsruhe, sitio Web, 398**
**Windows NT v3.5 Internet/Connectivity FAQ, sitio Web, 399**
**Windows Online, sitio Web, 398**
**WinIPcfg (utilería para mantenimiento de sitios Web), 208**
**WinNews, dirección de correo electrónico, 35**
**WinSMTP versión 1.07 Beta 1.8s, 29**
**WinWhois versión Beta 1.0, 33**
**WinZip versión 6.0, 33, 65**
**WithValue (clave CGI PerForm), 313**
**WizRobot (robot Internet), 421**
**WLN (Proveedor de Servicio Internet), 370**
**Word para Windows, 108-109**
**World Wide Web Consortium, sitio Web, 357**
**World Wide Web Robots, Wanderers, and Spiders, sitio Web, 257**
**World Wide Web Yellow Pages, sitio Web, 204**
**World's Largest Software Archive for Windows, sitio Web, 35**
**WWW (World Wide Web), 361**
búsqueda de bases de datos, 166
computadoras, 22-27
criptografía, 199
dirección de negocios, 198-199
Gophers, 11
HTML, 17
índices de sitios Web, 189-192
información sobre el desarrollo, sitios Web, 396
máquinas de búsqueda, 189-190
*véase también* robots
nombres de dominio, registro, 48-49
operaciones bancarias, 202-203
publicación de páginas Web, 39-40
recursos financieros, 203-204
servicios en línea, 39
tipos de conexión para acceso, 40-42
transacciones con tarjeta de crédito, 202-203
*véase también* Internet
**WWW Business Yellow Pages, sitio Web, 192**
**WWW Developer's Virtual Library, sitio Web, 396**
**WWW MailTo & CommentTo Gateway**
corre, 288
correo electrónico, 287
direcciones de correo, restricciones, 291
formularios, 291-292
instalación, 287-293
variables configurables, 290
variables reservadas, 289-291
**WWW Site for Native Alpha NT Tools & Utilities, sitio Web, 397**
**wwwstat (guión para análisis en formato común para archivos de registro), 281**
**WWWusage, 34**
configuración, 281
dirección de correo electrónico, 34
sitio Web, 279-280
**WWWW—the World Wide Web Worm (robot Internet), 417**

## X

**X.25 (servicio de conmutación de línea telefónica), 13**
**XMission (Proveedor de Servicio Internet), 369**
**XNet Information Systems (Proveedor de Servicio Internet), 367**

## Y

**Yahoo, sitio Web, 18, 193, 203**
**Yellowpages.com, sitio Web, 401, 204**

## Z

**Z39.50, protocolo, 242**
**ZBServer, servidor Web, 376, 380**
**zNET (Proveedor de Servicio Internet), 366**

# *Prentice-Hall presenta en exclusiva las únicas referencias para la Construcción de Sitios Web*

## Construya un Site Perfecto de Internet con Linux

*LeBlanc, Dee-Ann*

Conozca la referencia más completa y actualizada que le permitirá construir un site de Internet utilizando Linux. Instrucciones paso a paso le muestran cómo instalar y configurar cada componente de un servidor Internet. Además se incluyen asesorías de expertos que lo conducen por el camino del mantenimiento y la seguridad de su servidor. El CD-ROM que acompaña al libro incluye Slackware Linux 3.0; utilerías especiales para usuarios de Windows que facilitan la instalación de Linux en la computadora; así como diferentes tipos de servidores.

ISBN: 968-880-747-8
Páginas: 408
Nivel: Principiante e intermedio

---

## Construya un servidor de Internet con Unix

*Eckel, George*

Es el único libro que le explica todo lo que necesita saber para crear un sitio de Internet utilizando Unix. Le explica cómo conectarse y el por qué es importante hacerlo como host, al igual que los beneficios que deben obtenerse de Internet. Podrá aprender cómo establecer en forma efectiva un sistema de seguridad en su sitio de Unix. Además se presentan las especificaciones relativas al software y al hardware que deben considerarse cuando se va a instalar un servidor. Se incluye un CD-ROM con Linux y la versión 2.0 de SlackWare.

ISBN: 968-880-793-1
Páginas: 352
Nivel: Intermedio y avanzado

---

## Kit de Construcción de Sitios Web para Windows 95

*Zimmerman, Scott y Brown, Christopher L. T.*

Este libro le permitirá aprender cómo instalar un servidor Web fácil y confiadamente a un bajo costo. Este paquete de libro y CD-ROM le proporciona todo lo que usted necesita para construir un sitio Web profesional en un sistema con Windows 95. Usted no sólo aprenderá a instalar y configurar un servidor, sino también a llenar su sitio con páginas integradas, utilizando HTML, mapas de imágenes, scripts CGI y applets Java.
El CD-ROM incluye el navegador Microsoft Internet Explorer 2.0, programa para correo electrónico Eudora Light, herramienta para búsqueda WS_Archie y mucho más.

ISBN: 968-880-794-X
Páginas: 560
Nivel: Principiante, intermedio y avanzado

**Prentice-Hall Hispanoamericana, S.A.**
**División Computación / Negocios**
Enrique Jacob No. 20
Col. El Conde
Naucalpan de Juárez
C.P. 53500 Edo. de México
MÉXICO

# Página de Instalación del CD-ROM

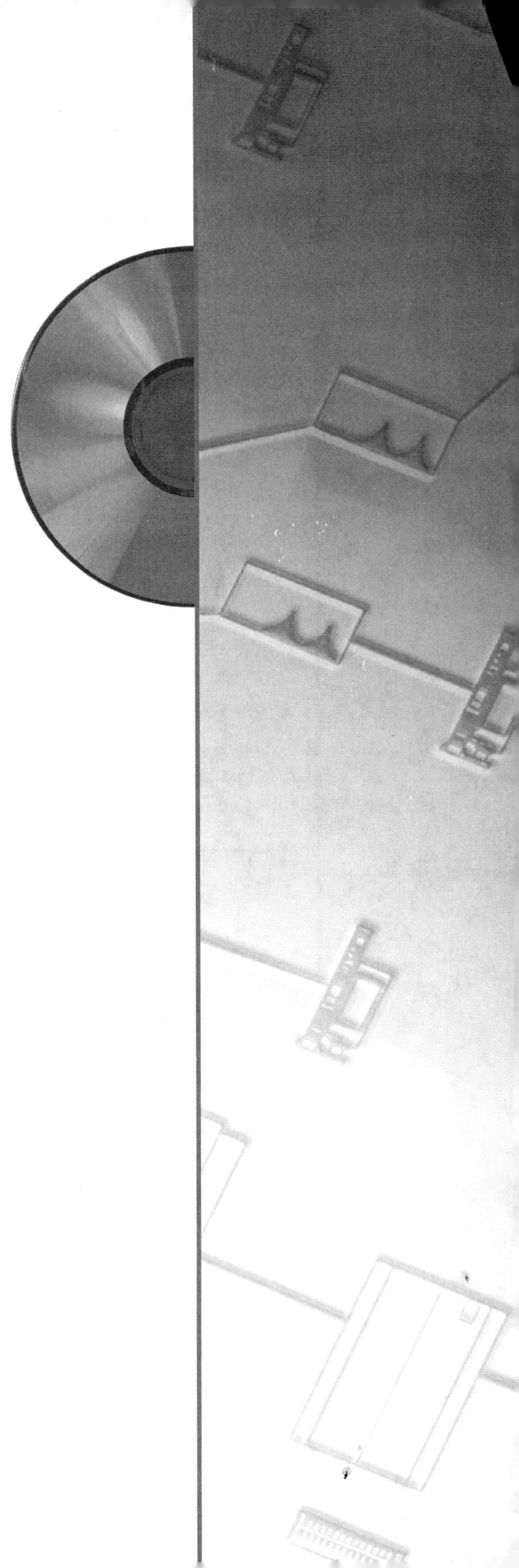

# Instalación del Software desde el CD-ROM

El CD-ROM incluido contiene una versión especial autorizada del software para servidor FolkWeb para Windows 95. El disco también incluye otras utilerías y herramientas para servidor mencionadas en el libro, utilerías en software distribuidas bajo la licencia GNU y muchos ejemplos útiles del libro. Siga los pasos para correr el programa de Instalación (Setup) del disco:

1. Inserte el disco en su unidad CD-ROM.
2. Localice el icono de Mi Computadora en su escritorio y haga doble clic en éste.
3. Haga doble clic en el icono de su unidad CD-ROM. Esto abrirá una ventana que muestra los archivos que contiene el CD-ROM.
4. Haga doble clic en el programa Setup.
5. Siga las instrucciones en pantalla del programa Setup. En este momento no se instalará ningún archivo en su disco duro.
6. Durante la instalación usted tendrá la opción de iniciar la instalación del servidor FolkWeb.

Se creará un grupo de programas llamado *Web Site Construction Kit.* Por favor consulte el Apéndice I para una descripción del software que se encuentra en el disco y la localización de los directorios en los cuales el software puede ser encontrado.

**Requerimientos Mínimos del Sistema**

PC compatible con IBM con procesador 486 o superior
Microsoft Windows 95 o Windows NT 3.51
Tarjeta VGA para gráficos
8Mb en RAM para Windows 95; 16Mb en RAM para Windows NT 3.51
6Mb de espacio libre en disco duro
Controladores TCP/IP para Windows 95 o Windows NT
Una conexión a Internet

## ¡Visítenos En Línea!

Sitio World Wide Web de Sams.net:
`http://www.mcp.com/samsnet`

Sitio Internet FTP de Sams.net:
`ftp.mcp.com/pub/sams`

Sitio Web de ILAR Concepts:
`http://www.ilar.com`